Diálogos sobre a **Língua Portuguesa e a Interpretação de Textos**

MARCELLO GIULIAN

Coordenador:
MOZART BORBA

Diálogos sobre a Língua Portuguesa e a Interpretação de Textos

3ª Edição revista atualizada ampliada

2024

EDITORA JusPODIVM
www.editorajuspodivm.com.br

EDITORA *Jus*PODIVM
www.editorajuspodivm.com.br

Rua Canuto Saraiva, 131 – Mooca – CEP: 03113-010 – São Paulo – São Paulo
Tel: (11) 3582.5757
• Contato: https://www.editorajuspodivm.com.br/central-de-relacionamento

Copyright: Edições *Jus*PODIVM

Diagramação: Equipe *Jus*PODIVM

Capa: Ana Caquetti

G537d Giulian, Marcello
Diálogos Sobre a Língua Portuguesa e a Interpretação de Textos / Marcello Giulian. – 3.ed., rev., atual. e ampl. - São Paulo: Editora JusPodivm, 2024.
1156 p.

ISBN: 978-85-442-4768-6

1. Língua Portuguesa. 2. Provas de seleção. I. Giulian, Marcello. II. Título.

CDD 469.5

BIBLIOTECÁRIA RESPONSÁVEL

Ana Carolina Ribeiro Mois – CRB7 – RJ 007348/0

Agradecimentos

Agradeço, em primeiro lugar, à Manu: minha meta, minha metade, minha seta, minha saudade; maior incentivadora e primeira leitora deste livro; um amor para muitas vidas e uma vitória permanente da delicadeza; se mil vezes eu pudesse escolher, mil vezes eu escolheria você. Agradeço também à minha família: minha mãe, Corine, que estaria felicíssima por causa deste projeto; minha irmã, Paty, e meu irmão, Xandi, sempre presentes e fundamentais; meu pai, Eugênio, o nosso "véio". Aos meus amigos Felipe Pimentel, com quem dividi as primeiras leituras da vida; Andresan Machado, colega querido e sempre disposto a ajudar, inclusive em horas impróprias; Pedro Gonzaga, escritor e companheiro para qualquer aventura literária ou gastronômica. Ao professor Cláudio Moreno, uma das maiores autoridades do país em língua portuguesa, com quem tive a honra de aprender e, mais tarde, dividir a sala de aula. Ao colega e amigo Mozart Borba, mestre na arte de ensinar com leveza, profundidade e bom humor. Ao meu terapeuta, Jorge Almeida, escuta afetiva e empática. Às minhas gatas Tarsila e Pagu, parceiras de dia a dia, amor felino que tem muito de humano. Aos meus milhares de alunos e alunas, de hoje e de ontem, que fazem do meu trabalho uma parte linda da minha vida.

Gratidão é um sentimento imprescritível, e sou imensamente grato por tudo o que recebi e recebo de vocês.

Obrigado, de coração!

Marcello Giulian

Apresentação

Escrevi o *Diálogos sobre a Língua Portuguesa e a Interpretação de Textos* com um único e deliberado propósito: tornar o aprendizado da matéria fluente, sem abrir mão da profundidade necessária. Creio ter atingido o objetivo, mas somente você, que lerá este livro, poderá depois dizer se a minha percepção está certa ou errada.

Sou professor há quase vinte anos. E, mesmo depois de tanto tempo, ainda sou apaixonado pela minha profissão: para mim, lecionar é uma das coisas mais bonitas do mundo. Gosto de gente e acho que desempenho um ofício que me renova sempre e, sobretudo, renova a minha crença nos outros e na humanidade.

Produzir uma obra com estrutura dialógica (construída em forma de diálogos) é muito desafiador, mas também é muito, muito, muito gratificante para quem vive a experiência da sala de aula. Uma das coisas que mais fascina um professor é observar, na expressão do aluno, um olhar de quem diz: "As coisas estão fazendo sentido!". Dar aulas é a tentativa de estabelecer nexos, de facilitar compreensões, é uma maneira de estender a mão ao outro. Na relação entre professor e aluno, paga-se confiança com generosidade, e isso gera amor e respeito mútuos. Durante e depois desse processo, todos os envolvidos saem ganhando.

Este livro não é uma gramática. A ideia não é propor teorias gramaticais nem defender dogmas. O que se quer é ensinar com clareza e proximidade, e tornar o aprendizado do Português um processo lógico, compreensível e assimilável. Eu quero que você me ouça explicando, assim como eu ouvi você perguntando enquanto escrevia. E o livro é todo dialogado *mesmo*. A estrutura não é apenas de perguntas e respostas estabelecidas em termos formais. Trata-se, na verdade, de uma conversa, de um bate-papo: é uma troca, sem nunca perder de vista o conteúdo.

Qualquer pessoa disposta a estudar pode aprender o que está neste livro. Mesmo quando uso expressões como "você deve lembrar" ou "muito se falava sobre isso na época do colégio", tenho o cuidado de mostrar os conceitos necessários para que a explicação faça sentido. Então, se você me perguntasse "Será que este livro é para mim?", eu responderia: "Sim, este livro é para você". Nele, há desde definições básicas (o alfabeto, o que é uma sílaba, o que são vogais e semivogais etc.) até conteúdos complexos (adjunto adnominal, complemento nominal, classificação de orações e muito mais). Começamos pela base, mas tentamos chegar o mais próximo possível do topo.

A obra é dividida em 11 partes. Cada uma delas apresenta um ou mais capítulos (ao todo, são 52). Em cada parte, agrupo matérias entre as quais creio haver maior familiaridade. O objetivo foi sempre facilitar a compreensão por parte do leitor: antes vêm as matérias que são pré-requisitos para as demais; depois, aquelas que têm as demais como pré-requisitos. A divisão é a seguinte:

- **Parte 1: Fonologia e divisão silábica**
  - Capítulo 1: Fonologia
  - Capítulo 2: Divisão silábica
- **Parte 2: Acentuação gráfica**
  - Capítulo 3: Acentuação gráfica
- **Parte 3: Ortografia**
  - Capítulo 4: Ortografia
  - Capítulo 5: Hífen
- **Parte 4: Classes de palavras**
  - Capítulo 6: Substantivo
  - Capítulo 7: Adjetivo
  - Capítulo 8: Advérbio
  - Capítulo 9: Preposição
  - Capítulo 10: Artigo
  - Capítulo 11: Numeral
  - Capítulo 12: Interjeição
  - Capítulo 13: Pronome
  - Capítulo 14: Verbo
  - Capítulo 15: Conjunção
- **Parte 5: Funções sintáticas**
  - Capítulo 16: Sujeito
  - Capítulo 17: Objeto direto
  - Capítulo 18: Objeto indireto
  - Capítulo 19: Aposto
  - Capítulo 20: Vocativo
  - Capítulo 21: Adjunto adverbial
  - Capítulo 22: Predicativo
  - Capítulo 23: Agente da passiva

A extensão dos capítulos varia bastante: alguns têm umas poucas páginas, outros têm dezenas. Ao longo deles, há itens, subitens, muitas explicações e uma quantidade razoável de exemplos. Os tópicos que aparecem em mais de um capítulo foram mais de uma vez explicados, para que o leitor não seja obrigado a ficar indo atrás de outras informações em outras partes do livro para compreender algo. Ao fim de cada capítulo, há um quadro-síntese no qual se encontra um resumo de tudo o que de mais importante foi dito em relação à matéria recém-estudada. Após o término da leitura do livro, pretendo que os quadros-síntese funcionem como um meio de revisão e fixação do conteúdo.

A partir de agora, entrego a você o resultado deste trabalho, que foi tão longo quanto prazeroso. Espero que você goste do que vai encontrar, que aprenda e se divirta. Desejo que este livro seja capaz de estabelecer ainda mais vínculos e amizades.

Um grande abraço,

Marcello Giulian

Prefácio

O ano era 2016. Lembro do espanto do editor quando falei da proposta.

– Você quer escrever um livro de Processo Civil em forma de diálogos entre o professor e um aluno imaginário?

– Exatamente isso. Esse formato de transmissão de conteúdo tem dado muito certo nas minhas redes sociais.

(Longo silêncio)

– Ok. Vamos apostar na ideia, Mozart. Mas olha... ou será o nosso maior sucesso ou o nosso maior fracasso editorial (rs).

Foi mais ou menos assim que surgiu o "Diálogos Sobre o Novo CPC" e, desde o seu lançamento, ele está entre os livros mais vendidos/bem-avaliados do meio jurídico.

Apesar da desconfiança inicial de alguns, nunca duvidei de que esse "método" de transmissão do conteúdo gera maior atenção ao texto escrito e aumenta – naturalmente – a capacidade de absorção da matéria. Provavelmente por isso o sucesso de vendas e o mote para o "método" se transformar em uma coleção.

O que mais me orgulhou durante toda essa caminhada?

Sem dúvidas, o constante *feedback* positivo dos leitores.

Li e ouvi inúmeros relatos de que o livro havia propiciado – a pessoas que nunca entenderam Processo Civil – uma compreensão objetiva e sistemática da matéria.

(...)

E foi essa trajetória que narrei ao Marcello Giulian enquanto almoçávamos no restaurante da PUC/RS, em Porto Alegre.

Lembro bem da reação dele: identificação à primeira vista.

Pois é, um ano se passou e cá estou escrevendo um prefácio para mais um livro da coleção "Diálogos".

Todo prefácio é especial, mas este tem algo bem significativo para mim.

Em 2018 eu deixava um curso preparatório na mesma época em que Marcello entrava nele. Recordo-me da mensagem que ele me enviou dizendo o quanto estava honrado pela oportunidade de poder trabalhar comigo. Que admirava meu trabalho, postura etc. Como foi triste dizer-lhe que isso não iria acontecer naquele momento, pois eu estava de saída da equipe.

Hoje vejo que aquele contato foi essencial para o que viria a seguir, pois foi a partir dele que passei a acompanhar o Prof. Marcello Giulian nas redes sociais.

A cada nova postagem, descobria um professor de português com imenso conteúdo e didática ímpar. Um farol entre seus seguidores. Provavelmente por isso aceitei o convite para ministrar um minicurso no seu preparatório em Porto Alegre.

Foi justamente durante esse minicurso que ocorreu nosso citado almoço... e ali era selada uma amizade cheia de IDENTIDADES profissionais e pessoais.

E nem ouse pensar que este livro se trata de uma oportunidade dada a um confrade. Longe disso.

Marcello representa aquilo que reverencio em um professor: ENTREGA.

Entrega ao conhecimento... entrega à sala de aula, entrega aos alunos. Isso faz com que professores como ele se dispam da vaidade acadêmica e realizem – de forma eficaz e brilhante – o sacerdócio do magistério.

Exagero? Nunca. Basta observar a expressão dos seus alunos após cada encontro ministrado. Ver o fascínio no olhar de quem absorveu o conteúdo de forma simples e perene é indescritível.

Justamente por isso tenho certeza de que o livro "Diálogos sobre a Língua Portuguesa" está nas mãos certas.

E por falar nele... o livro ficou AMPLO e com a DENSIDADE necessária para uma excelente compreensão do conteúdo.

Sua estrutura possui 11 partes subdivididas em mais de 40 capítulos!

O conteúdo abrange **fonologia e divisão silábica, acentuação gráfica, ortografia, semântica, classes de palavras, funções sintáticas, concordância, regência e crase, orações, pontuação e matérias complementares (como vozes verbais, discurso direto e indireto, colocação pronominal etc.).**

Além desse enorme conteúdo, a obra ainda conta com inúmeros recursos didáticos. Tabelas, fluxogramas, quadros comparativos, esquemas de aula etc. Uma fartura visual que consegue transmitir harmonicamente as regras da Gramática Normativa e as nossas inadequações cotidianas.

Penso que poucos são os livros que têm abordagem tão ampla e versátil. Que envolvem o leitor em um diálogo lúdico, mas efetivo, transmitindo conhecimento de forma natural.

Por isso, acredito que o livro transcenderá a preparação para concursos, vestibulares e afins... e se tornará leitura obrigatória sobre o tema.

Pois é, meus caros. Tudo isso apenas demonstra quem Marcello Giulian é. Um acadêmico de enorme conhecimento, mas sem qualquer pedantismo. Um professor despido de vaidades cujo único compromisso é o de transmitir a magia da língua portuguesa aos seus alunos... e agora também LEITORES.

Parabéns, meu amigo. Você escreveu uma obra-prima.

Recife, 01 de outubro de 2020.

Mozart Borba

Sumário

PARTE 2 – ACENTUAÇÃO GRÁFICA

Capítulo 3

PARTE 3 – ORTOGRAFIA

Capítulo 4

Capítulo 7

Capítulo 11

Capítulo 12

Capítulo 13

Capítulo 14

Capítulo 15

PARTE 5 – FUNÇÕES SINTÁTICAS

Capítulo 16

Capítulo 17

Capítulo 18

Capítulo 25

Capítulo 26

Capítulo 27

PARTE 6

CONCORDÂNCIA

Capítulo 28

Capítulo 29

PARTE 7 – REGÊNCIA E CRASE

Capítulo 30

Capítulo 32

PARTE 8 – ORAÇÕES

Capítulo 33

PARTE 9 – PONTUAÇÃO

Capítulo 34

PARTE 10 – MATÉRIAS COMPLEMENTARES DE GRAMÁTICA

Capítulo 35

Capítulo 36

Capítulo 37

Capítulo 39

PARTE 11 – INTERPRETAÇÃO DE TEXTOS

Capítulo 46

Capítulo 47

Capítulo 48

Capítulo 49

Capítulo 50

Uma conversa preliminar

GRAMÁTICA NORMATIVA: A GRAMÁTICA QUE ESTUDAREMOS

Vamos começar este livro abordando uma questão que tem sido muito debatida, inclusive nos cursos de graduação em Letras, sem que se consiga jamais chegar a um consenso:

– Há *uma única maneira correta* de escrever e falar em língua portuguesa?

Bem, você deve concordar com que, no mundo contemporâneo, talvez mais ainda do que em épocas anteriores, será difícil concluir que haja *apenas um modo certo* de fazer qualquer coisa. E daí nasce a discussão, que gera, como em tantas outras, polarização, acusações mútuas, muito barulho e, no fundo, pouca ou nenhuma vontade de "ouvir" o outro lado, analisar sutilezas pertinentes ao tema, concordar ou discordar parcialmente.

A **gramática normativa** se preocupa com a chamada *variedade culta da língua*.

– O que seria a "variedade culta"?

Tentando esclarecer essa questão, podemos dizer que a variedade culta seria o conjunto de regras e normas para o bom uso do idioma. Por isso, ela é chamada também de "Gramática Prescritiva", porque ela "prescreve", "estabelece" o modelo de uso correto do idioma, também na fala, mas principalmente na escrita. Diz respeito ao chamado *padrão culto formal*.

– E quem a define, quem a "oficializa"?

A resposta a essa pergunta é, certamente, o "X" da questão. Em tese, a *variedade culta* é definida e oficializada pelos escritores em língua portuguesa – africanos, brasileiros e portugueses. É por essa razão que, se você procurar os exemplos dados na maioria das gramáticas, encontrará como autores das frases selecionadas escritores clássicos, como Luís de Camões, Antônio Vieira, Alexandre Herculano, Machado de Assis e outros. Você acha que isso quer dizer que *eles* e *somente eles* usam de modo correto o idioma?

– Certamente não...

Sim, você está com a razão. No entanto, ao utilizar passagens desses autores, demonstra-se, em tese, que esses são os "bons usos" do idioma, ou seja, os usos que foram feitos pela *variedade social de maior prestígio*. E é justamente isso, o fato de a variedade culta ser feita pela "variedade social de maior prestígio", que gera tanta discussão. Em um país desigual como o nosso, é evidente que nem todos têm acesso a uma educação qualificada. O questionamento que surge é se poderíamos afirmar que todos os que escrevem fora do padrão culto, fora da variedade formal, fora do estabelecimento de regras da gramática normativa ou prescritiva estariam falando errado, escrevendo errado, comunicando-se errado.

– Eu também diria que é mais provável que não...

Mais uma vez, concordamos. É ponto pacífico entre estudiosos que definir de maneira estanque que há um *modo certo* de falar e escrever e que *todos os demais são errados* seria um exagero e, até certo ponto, uma injustiça social, inclusive.

– E como se resolve essa questão, professor?

Ah, pois é... Eu gostaria muito de ter uma resposta definitiva para dar, mas infelizmente não a tenho. A questão que nos interessa é a seguinte: provas (de vestibulares e concursos, por exemplo) elaboram questões de língua portuguesa baseadas na Gramática Normativa. Não há, portanto, como nos prepararmos para essas provas sem dominarmos essa modalidade de gramática, que não é a única, mas é a cobrada nas seleções das mais variadas espécies.

– Este é, então, um livro que se baseia na Gramática Normativa?

Sim, esse é o fato. Embora este livro não seja propriamente uma gramática, as "regras" que são listadas, as "normas" que são estabelecidas, as "inadequações" que são apontadas sempre se baseiam na Gramática Normativa. Isso se deve ao motivo simples e determinante que citei há pouco: as provas a exigem, e nós somos testados por meio das provas; sendo assim, não há como não dominar os conceitos que vêm dela.

Entendeu o que quero dizer com essa conversa inicial?

– Creio que sim, professor: o que o senhor quer dizer é que estudaremos uma modalidade da língua, mas que ela não é a única. E faremos esse recorte porque é o recorte feito pelas provas que enfrentaremos.

Exatamente. Uma salva de palmas para você! ☺

Além da Gramática Normativa, existem também a Gramática Descritiva, a Gramática Histórica, a Gramática Comparativa e, ainda, muitas outras modalidades linguísticas não abrangidas por nenhuma gramática.

– E é necessário que eu saiba todas elas?

Não! De maneira nenhuma. Essa informação serve apenas para que saibamos que a Gramática que estudaremos é uma entre diversas outras. Mesmo os manuais de gramática, livros que gozam de grande respeitabilidade acadêmica, podem ser estruturados de acordo com vieses diversos: a Gramática Descritiva apresenta a língua em um determinado momento histórico, sendo uma espécie de gramática de usos; a Gramática Histórica acompanha o desenvolvimento de uma língua ao longo de sua história; a Gramática Comparativa estuda, comparativamente, diferentes línguas que façam parte de uma mesma família.

– Entendo...

Para além das gramáticas, como eu disse, existe ainda todo um conjunto de pessoas que vive o dia a dia, comunica-se com os outros, estabelece relações sociais e afetivas por meio da língua que sabe usar, sem levar em conta o fato de ela ter feição gramatical ou não. E há quem defenda que a língua serve, antes de mais nada, para isso: comunicar, dizer, independentemente de *normas de bem falar e bem escrever*. E acho mesmo que, para o cotidiano e para as situações informais, há muito sentido nessa defesa. No entanto, para provas e comunicações em nível formal, aprendamos as regras e saibamos usá-las a nosso favor.

PARTE 1

Fonologia e Divisão Silábica

CAPÍTULO 1

Fonologia

INTRODUÇÃO

– Professor, em primeiro lugar, o que seria a fonologia?

A resposta para essa pergunta é fácil, quase primária: **fonologia** é a parte da gramática que estuda os sons da língua. Por esse motivo, o estudo dela é intimamente relacionado com o modo como as palavras são pronunciadas pelos falantes.

– Mas, então, se eu não souber pronunciar uma palavra, eu não vou conseguir analisá-la em termos fonéticos?

Exato. O fundamento básico da fonologia é saber analisar foneticamente a palavra a partir de sua pronúncia. Além disso, convém ressaltar que, em condições normais, o domínio da *fonologia* antecede o domínio da *ortografia*. Geralmente, sabemos a pronúncia de uma palavra antes de conhecermos a sua escrita. Para confirmar isso, basta pensar no aprendizado de uma criança. Certamente a pronúncia de "mamãe" antecede o fato de essa criança saber que tal palavra é grafada por meio da junção das letras "M", "A", "M", "Ã", "E".

– Ah, então é por isso que eu sei "falar" as palavras de maneira correta e depois me embanano na hora de escrever?

Siiimmm! Isso acontece porque, foneticamente, teremos o que acontece nas palavras abaixo, por exemplo:

+ aSSado / aÇúcar / eXCeto

Os segmentos em letras maiúsculas representam um mesmo fonema (um mesmo som), fato que só é perceptível se pensarmos na pronúncia das palavras em questão. No entanto, esse mesmo fonema ou som é representado por diferentes letras ou conjuntos de letras. Compreende?

– Compreendo, sim!

De qualquer modo, para entender melhor esse assunto, é preciso saber o que é um fonema e, na sequência, o que é uma letra.

– Vamos aos conceitos, então...

Exato.

1. CONCEITUAÇÃO DE "FONEMA" E DE "LETRA"

a) O **fonema** é a menor unidade sonora da língua. Trata-se de uma unidade mínima (porque não pode ser dividida) e distintiva entre diferentes palavras. Imaginemos que as seguintes palavras sejam pronunciadas por um falante:

- mala
- bala
- sala
- cala
- tala
- fala

O que as diferencia foneticamente (e o que faz com que saibamos diferenciá-las umas das outras e diferenciar os sentidos que elas têm quando as escutamos) é o fonema inicial de cada uma delas, ou seja, o som pelo qual cada uma delas é iniciada.

– Perfeito.

b) A **letra**, por sua vez, é a representação gráfica do fonema. A fala, como já vimos, é anterior à escrita; por isso, as letras buscam representar graficamente os sons da fala.

– Isso quer dizer que para cada som existe uma letra?

Quase isso. Não há uma correspondência necessariamente exata entre uma letra e um fonema. Pode ocorrer, como veremos logo em seguida, de uma mesma letra representar diversos fonemas, assim como pode acontecer de um mesmo fonema ser representado por várias diferentes letras. Pode um som apenas conseguir ser expresso com exatidão por meio de uma junção de duas letras. E há ainda a letra "H" inicial de certas palavras, que constitui uma exceção, pois não representa fonema algum.

– Bastante coisa... E eu que achava a fonologia uma das matérias mais simples do Português...

Pois é: esse engano é comum. A fonologia é complexa, como qualquer matéria que seja vista com a seriedade e a profundidade necessárias.

> – E, para conseguir acertar uma questão de fonologia, eu, já adulto, vou ter de ficar contando o numerozinho de sons e de letras de uma palavra?

Isso, isso, isso! Muitas questões são resolvidas apenas por meio dessa contagem, sem que seja cobrado nenhum fenômeno fonológico específico. Então, vamos a alguns paralelos importantes entre quantidade de fonemas e de letras.

2. FONEMAS E LETRAS: COMPARAÇÕES

a) Número de letras igual ao número de fonemas

Uma palavra pode apresentar **idêntico número de letras e de fonemas**. "Casa", por exemplo, é uma palavra formada por quatro letras. Ao contarmos a quantidade de sons audíveis (fonemas) existente na pronúncia desse vocábulo, observaremos que existem também quatro sons:

+ c / a / s / a

Sendo assim, trata-se de uma palavra que apresenta quatro letras e quatro fonemas.

> – Profe, mas, nesse caso, o "C" tem som de "K" e o "S" tem som de "Z"? Isso me atrapalha um pouco...

Muita calma nessa hora. Neste ponto da análise, não é isso o que nos interessa. Simplesmente temos de perceber que, na pronúncia da palavra "casa", ouvimos quatro sons diferentes. Ainda não é importante saber que som é representado por cada letra.

b) Número de letras maior que o número de fonemas

Uma palavra pode apresentar **número de letras maior do que o número de fonemas**. Na palavra "passado", por exemplo, temos sete letras. Ao contarmos a quantidade de fonemas (sons) do vocábulo, no entanto, encontramos apenas seis:

+ p / a / ss / a / d / o

> – Não entendo: o som "ss" não é o som de duas letras?

Não, não é esse o raciocínio. O grupo "ss" representa apenas um som na pronúncia, e esse é o fato significativo. Desse modo, a palavra, embora composta por sete letras, apresentará apenas seis fonemas. Entendeu?

– Agora sim, professor. Como o senhor é bonzinho!

Obrigado. Eu sei. Inclusive eu sempre digo que, se eu não fosse eu, certamente me apaixonaria por mim. ☺

Brincadeiras à parte, sigamos.

Já no caso da palavra "hoje", composta por quatro letras, haverá apenas três fonemas, visto que a letra "H" inicial não é pronunciada:

+ ~~h~~ / o / j / e.

– Fazemos como se o "H" não existisse?

Sim, porque, no âmbito em que estamos analisando, que é o da fonologia (ou seja, o da pronúncia), ele simplesmente não existe. Eis a razão por que, mais uma vez, a palavra terá mais letras (símbolos gráficos) do que fonemas (sons pronunciados).

– Certo. Tranquilo até aqui.

c) Número de fonemas maior que o número de letras

Uma palavra pode ter **número de fonemas maior do que o número de letras**. Isso ocorrerá quando na palavra houver uma letra "X" com som de "KS".

– E tem nome isso?

Tem: quando o "X" equivale a "KS", temos o chamado difono.

– Ai, estava demorando pra vir um nome difícil...

Olha, eu até entendo essa angústia, mas diria que ela é somente mais ou menos justificável. Se pensarmos na grafia da palavra "dífono", ela faz sentido: "di" é dois (como "dissílaba" é a palavra que tem duas sílabas); já "fono" é som (em telefone, "tele" é longe e "fone", som). Sendo assim, "dífono" significa "dois sons": ocorre, e faz sentido, quando temos apenas um sinal gráfico (a letra "X") equivalendo a dois sons ("KS").

– Maravilha.

Trata-se de um fenômeno relativamente raro, mas bastante significativo na língua. No termo "tóxico", por exemplo, teremos seis letras, porém encontraremos sete fonemas:

+ t / ó / k / s / i / c / o

– Profe, e se eu pronunciar "tóchico"?

Bem, aí eu prefiro não comentar...

d) Uma mesma letra = diferentes fonemas

Pode ocorrer de **uma mesma letra representar diferentes fonemas**, a depender da pronúncia que essa letra assume em distintas palavras. O mais clássico exemplo disso na língua portuguesa é a letra "X", que pode apresentar feições bastante diferentes de palavra para palavra. Comparem-se as letras sublinhadas nas seguintes palavras:

+ táxi
+ taxa
+ exame
+ trouxe

Em "táxi", o "X" tem som de "KS"; em "exame", de "Z"; em "taxa", de "CH"; e em "trouxe", de "SS".

– Mas deve haver alguma palavra traiçoeira em que o "X" parece dífono, mas não é...

Sim, é claro que isso existe: o melhor exemplo talvez seja o termo "sintaxe", pronunciado quase universalmente como se fosse um caso de dífono, mas que, na verdade, tem como pronúncia correta com som de "SS" ("sintasse"). O mesmo que ocorre na palavra "próximo", cuja pronúncia é "próssimo".

– Registrado!

e) Um único fonema = diferentes letras

Por fim, **um mesmo fonema pode ser representado por diferentes letras**. Vejamos o que ocorre nas seguintes palavras:

+ base
+ azedo
+ exato

Nessas palavras, as letras "S", "Z" e "X" têm exatamente a mesma pronúncia. Nos três casos, o som assumido por essas letras é aquele tradicionalmente expresso pela letra "Z". É fácil perceber isso se pensarmos que, na eventualidade de que as três palavras fossem escritas com a letra "Z", as pronúncias não seriam alteradas:

+ b / a / z / e
+ a / z / e / d / o
+ e / z / a / t / o

– Mas então é daí que vem a maioria dos erros de ortografia, não?

Exatamente. Desse fato fonológico nascem inúmeros erros ortográficos percebidos na língua portuguesa. Muitas vezes, quando há duas letras que representam exatamente um mesmo fonema, o falante, ao escrever o termo, fica em dúvida acerca de qual usar: pretensioso ou pretencioso? Laje ou lage? Ascensão ou ascenção? Acredite: sublinhadas estão as formas corretas.

– Sério? Que Deus me ajude...

Não se preocupe. Vamos indo pouco a pouco e formando o que chamo de repertório. Quanto maior o nosso repertório (o nosso conhecimento acumulado), maiores são as chances de fazermos com calma e de maneira correta uma questão... ☺

Seguindo adiante, as coisas vão melhorando. Dou minha palavra.

3. FENÔMENOS FONOLÓGICOS

Chegamos ao ponto em que teremos de saber algo fundamental e muito desprezado no estudo do português: as nomenclaturas. Para reconhecer e classificar adequadamente um fenômeno, é preciso saber nomeá-lo.

– Ai, professor, o senhor não larga a minha mão?

Não largo. Segura firme e vem! ☺

Digamos que, em termos ideais, as palavras da língua portuguesa seriam formadas por sequências em que sons vocálicos (sons de vogais) e sons consonantais (sons de consoantes) se alternassem. Exemplos de construções assim seriam palavras como as duas abaixo:

+ P-A-R-A-L-E-L-O
+ A-C-A-B-A-D-O

Na primeira, temos a sequência sonora "consoante, vogal, consoante, vogal" até o fim da palavra. Já no segundo, há "vogal, consoante, vogal, consoante" e assim sucessivamente.

– OK.

Se pararmos para pensar, veremos que palavras com estruturas semelhantes às formações acima citadas não geram dificuldades de pronúncia nem de ortografia, muito raramente incorrendo em erros pelos falantes. Ninguém erra a pronúncia de "M-E-S-A" ou "A-T-A-R-E-F-A-D-O", por exemplo (e pouquíssimas pessoas errariam a escrita de uma dessas palavras).

– É verdade...

Claro que é...

– Se bem que eu, profe, consigo fazer coisa de que até Deus duvida...

Pois se Ele duvida, eu não duvido, porque já vi de tudo em quase vinte anos ensinando língua portuguesa... ☺

Mas vamos aprender e não vamos errar mais.

– Tomara!

Quando essa sequência alternada de sons de vogais e de consoantes ou vice-versa **não** ocorre no interior de uma palavra, estamos diante de fenômenos fonológicos específicos, que devem ser estudados separadamente um do outro.

– E são muitos?

Não. Na verdade, pouquíssimos, embora eles tenham importantes subdivisões internas: são eles os **encontros vocálicos**, os **encontros consonantais** e os **dígrafos**.

3.1. Sílaba, vogais e semivogais

Para que consigamos, no entanto, compreender adequadamente esses fenômenos, precisamos dominar alguns conceitos preliminares: a) sílaba e b) vogal e semivogal. Vamos a eles.

a) Sílaba

> – Eu vou ter de saber separar as sílabas pra entender essa parte? Aí danou-se...

Vai ter de saber...

> – E se eu não conseguir?

Aí danou-se... ☺
Mas vamos conseguir, sim.

Primeiro, umas informaçõezinhas teóricas. A sílaba é cada um dos sons da fala que pronunciamos em uma emissão de voz, ou seja, em uma única expiração (expulsão do ar dos pulmões pelas vias respiratórias). Assim, a contagem de sílabas de uma palavra depende, sempre, da sua pronúncia e dependerá da quantidade de expirações que fizer o falante.

+ ba-na-nei-ra
+ co-a-bi-ta-do
+ ter-mi-no-lo-gi-a

> – A quantidade de vezes que eu puser o ar para fora dos pulmões é a quantidade de sílabas da palavra?

Isso. Há, ainda, uma segunda informação importante. Aliás: para nós, essa segunda informação é A MAIS IMPORTANTE: para fins fonológicos, cada sílaba de uma palavra apresentará necessariamente **uma e apenas uma vogal**. Isso quer dizer que não existe sílaba em que não haja uma vogal, assim como não existe sílaba em que existam duas vogais.

+ ex-ces-si-vo
+ trân-si-to
+ en-ce-fa-lo-pa-ti-a

> – É sério isso? Não pode haver duas vogais em uma mesma sílaba? Desde quando isso?

Em termos fonéticos, desde sempre. Mas, para entender isso, temos de fazer a divisão entre o que são as letras vogais (A, E, I, O, U) e qual é o conceito de vogal e semivogal na fonologia.

> – Como assim, Deus meu?

As letras vogais (A, E, I, O, U) podem aparecer sim uma ao lado da outra dentro de uma sílaba, mas, nesse caso, somente aquela de pronúncia mais forte, que dá sustentação à sílaba, será chamada "vogal"; a outra ou as outras letras vogais que houver nessa mesma sílaba serão chamadas "semivogais".

Nas palavras abaixo, há apenas uma vogal em cada sílaba.

+ a-néis
+ á-gua
+ Pa-ra-guai

De novo: somente a letra sublinhada é considerada foneticamente uma vogal. As demais que se encontram na mesma sílaba são chamadas de semivogais.

– Mas isso é sempre assim? Sempre, sempre? Ou tem exceção?

Olhe, por incrível que pareça, para isso não há exceção. Não existir exceção é evento raro no português, mas às vezes acontece.

– Ótimo!

b) Vogais e semivogais

As letras vogais são as cinco que conhecemos: A, E, I, O, U. No entanto, no estudo da fonologia, tais letras poderão ser vogais (quando forem a única letra vogal da sílaba ou quando forem a letra vogal mais forte da sílaba) ou semivogais (quando, dentro de uma sílaba, forem átonas e estiverem acompanhando uma vogal de fato, que é aquela de pronúncia forte).

– Profe querido, não tem um esqueminha pra facilitar?

Tem, sim. Vamos a ele:

- "A" será sempre vogal; em relação a isso, não há exceções;
- "I" e "U" serão semivogais;
- "E" e "O" poderão ser vogais ou semivogais, dependendo da letra que estejam acompanhando no interior da sílaba e do fato de serem fortes ou fracas na pronúncia.

Vejamos como funciona isso na prática:

+ ca-dei-ra (o "E" é vogal; o "I" é semivogal)
+ a-quo-so (o "O" é vogal; o "U" é semivogal)
+ quais-quer (o "A" é vogal; o "U" e o "I" são semivogais)

– Profe, mas não pode acontecer de virem dentro de uma sílaba um "I" ao lado de um "U" ou um "E" ao lado de um "O" e a pessoa ficar mais perdida do que azeitona em salada de frutas?

Pode. Pode, sim. De fato, a dificuldade aumenta quando há, em uma mesma sílaba, um encontro de "E" e "O" ou um encontro de "I" e "U". Se acontecerem esses encontros, não teremos uma letra norteadora, que sempre (ou quase sempre) será isso ou aquilo. Por isso, teremos de avaliar caso a caso. Mas "não priemos cânico", como dizia o Chapolin Colorado (se você não sabe quem é o Chapolin, perdoe este professor, que está ficando velho...).

Havendo encontro de "I" com "U" ou de "E" com "O", uma dessas duas letras terá de ser a vogal.

– Sério? Mas por quê?

Porque eu já disse que não existe sílaba sem vogal.

– Certeza que já disse?

Absoluta. Volte um pouquinho e veja.

– Verdade. O senhor disse...

Disse. E vamos cuidar dessa memória recente pra não ficar como a Dory, do *Nemo*... ☺

– OK, OK. Mas se uma delas tem de ser vogal, qual será?

Vale o mesmo raciocínio de sempre: a vogal será aquela que apresentar a pronúncia mais forte.

+ tér-r<u>e</u>o

O "O" é vogal; o "E" é semivogal. Nesse caso, o "E" é tão claramente semivogal que é pronunciado como "I". Coloquialmente, dizemos "térrio".

+ gra-tu<u>i</u>-to (o "U" é vogal; o "I" é semivogal)

Em pronúncia incorreta, às vezes há quem diga "gra-tu-í-to".

– Se fosse assim, não haveria semivogais nessa palavra.

Resposta linda: não teríamos mesmo. Feitas essas considerações introdutórias (um pouco longas, mas necessárias), podemos estudar os fenômenos fonológicos em si.

3.2. Encontros vocálicos

Inicialmente, temos de saber o que são encontros vocálicos, para que saibamos enxergá-los e classificá-los.

> – Essa é fácil: pelo nome, só pode ser o encontro de duas vogais...

Não necessariamente...

> – Não acredito!

Acredite...

> – Por que o senhor faz isso comigo?

Porque eu quero ajudar! Na verdade, encontro vocálico é o encontro de dois sons vocálicos.

> – Ué, foi o que eu disse...

Não foi, não. O que você disse é que o encontro vocálico é o encontro de duas vogais... Ocorre que, em uma palavra, pode haver uma letra vogal não pronunciada, como acontece em "quero", por exemplo. Nessa palavra, não temos encontro vocálico, porque não há o encontro de dois sons de vogais, uma vez que o "U" é mudo. Entendeu?

> – Entendi, sim!

Excelente. Vamos aos fenômenos.

3.2.1. Ditongo

O primeiro dos encontros vocálicos é o chamado ditongo. Teremos um ditongo quando houver, em uma mesma sílaba, uma semivogal e uma vogal (ambas pronunciadas, obviamente), em qualquer ordem.

> – Certo, professor. Isso porque não pode haver duas vogais em uma mesma sílaba, então uma delas tem de ser a semivogal, é isso?

Exatamente. O profe ficou orgulhoso. Agora você ganhou uma estrelinha.

– Obrigado, professor. Achei que ia ficar me xingando até o fim do livro...

Viu como eu sou querido? Vamos adiante. ☺

Como recém-visto, podemos dizer que será chamada "semivogal" a letra vogal que tiver pronúncia mais fraca, e será chamada "vogal" a letra vogal que tiver pronúncia mais forte. Disso estamos – se Deus quiser e este livro servir para alguma coisa – cansados de saber. ☺

– Sim, profe, isso já está bem memorizado.

Os ditongos terão algumas subdivisões:

a) **Ditongo crescente:**

Ocorrerá **ditongo crescente** quando vierem, nessa ordem, uma semivogal e uma vogal. É o que ocorre, por exemplo, em construções como as listadas abaixo:

+ sé-riO/ á-guA / má-goA / cá-riE

– É crescente porque a pronúncia cresce? Primeiro a mais fraca e depois a mais forte?

Pa-ra-béns!

– Profe, assim você me magoa...

Não se magoe, é brincadeira minha. ☺

Exatamente: é crescente porque a pronúncia cresce, da mais fraca (a semivogal) para a mais forte (a vogal). Nas palavras citadas há pouco, fica fácil perceber que a pronúncia da vogal que está em maiúscula é mais forte do que a daquela que está em minúscula.

– OK.

b) **Ditongo decrescente:**

– Suponho que seja o contrário do crescente...

Sim! O **ditongo decrescente** ocorrerá quando vierem, nessa ordem, uma vogal e uma semivogal, em construções como as seguintes:

+ vAi-da-de / cOi-ta-do / a-zEi-te / sAu-da-de

– Bem, bem tranquilo até aqui.

c) **Ditongos orais e nasais**

Os ditongos, para além de serem crescentes ou decrescentes, podem ser orais ou nasais. Serão **orais** quando tiverem sua pronúncia feita apenas pela boca, sem a participação do nariz:

+ gló-ria / pei-xe / cai-xa / cal-ví-cie

– Ser oral ou nasal é uma subclassificação? Além de ser crescente ou decrescente, um ditongo será oral ou nasal?

Exatamente. Nas palavras acima, teremos as seguintes classificações:

+ Gló-ria: ditongo crescente oral.
+ Pei-xe: ditongo decrescente oral.
+ Cai-xa: ditongo decrescente oral.
+ Cal-ví-cie: ditongo crescente oral.

Já os ditongos **nasais** terão sua pronúncia nasalizada, ou seja, feita também pelo nariz. Basicamente ocorrerão quando houver til ou quando as letras vogais forem seguidas pelas letras "M" "N" que nasalizam a pronúncia dos dígrafos vocálicos:

+ Pão: ditongo decrescente nasal.
+ A-le-mães: ditongo decrescente nasal.
+ Quan-do: ditongo crescente nasal.
+ Fre-quen-te: ditongo crescente nasal.

Não é difícil, né?

– Não, não parece...

E não é mesmo!

3.2.2. Tritongo

– Se no "DItongo" temos dois sons de vogal em uma sílaba, no "TRItongo" devem ser três...

Viu? Você está pegando o jeito! O **tritongo** ocorre quando, no interior de uma mesma sílaba, tivermos a seguinte disposição de sons vocálicos: semivogal + VOGAL + semivogal. Sempre, sempre, sempre, sempre nessa ordem.

+ sa-guÃo / Pa-ra-guAi

– Sempre com a vogal no meio de duas semivogais...

Sempre.

– Fácil.

Concordo.

- **Tritongos orais e nasais**

Tritongos também podem ser orais ou nasais, a depender de como se dá a sua pronúncia (somente pela boca ou também pelo nariz).

+ En-xa-**guei**: tritongo oral.
+ Pa-ra-**guai**-o: tritongo oral.
+ Sa-**guão**: tritongo nasal.
+ Sa-**guões**: tritongo nasal.

– Pronúncia pela boca, ditongo oral; pronúncia pelo nariz, ditongo nasal.

Perfeito.

3.2.3. Hiato

Você sabe o que significa o termo "hiato" fora da fonologia?

– Não sei, professor...

Se não sabe, convém saber: "hiato" significa, dentre outras coisas mais específicas, "lacuna", ou seja, uma espécie de intervalo. Podemos dizer, por exemplo: "João e Maria estão juntos há três anos, contando aquele hiato de três meses em que ele esteve na Europa". Ou seja, contando aquela lacuna, aquele intervalo, aquele HIATO em que ele esteve na Europa.

– Nossaaaaaa, que interessante... Eu não sabia...

Viu? Pois então saiba! Assim, faz mais sentido que o hiato seja a separação de duas vogais vizinhas, em sílabas diferentes, como ocorre nas palavras abaixo:

- ta-tU-A-dor
- cO-A-li-zão
- sA-Í-da
- cE-Ar

– Bem tranquilo, professor.

Vamos a alguns exemplos comparativos entre os diferentes tipos de encontros vocálicos:

ENCONTROS VOCÁLICOS

Ditongos crescentes	Ditongos decrescentes	Tritongos	Hiatos
ti-lá-pia	pau-ta	i-guais	a-di-a-do
nó-doa	pa-péis	quão	fi-el
tré-gua	pais	sa-guões	ma-re-si-a
cá-rie	cha-péu	a-ve-ri-guei	as-so-ar
e-ques-tre	põe	en-xa-guou	ra-í-zes
sa-gui	lou-ro	quais-quer	ru-im
fre-quên-cia	mãe	U-ru-guai	o-ce-â-ni-co

3.3. Encontros consonantais

– Só pode ser o encontro de duas consoantes...

Quase. Vale o mesmo raciocínio que fizemos para os encontros vocálicos. Na verdade, haverá encontro consonantal quando, lado a lado, em uma palavra, ocorrerem dois sons consonantais *audíveis separadamente*. De novo: eles devem ser *audíveis separadamente*, ou seja, devem-se escutar os dois sons de consoante que estão em sequência. Isso quer dizer que, para que se trate do fenômeno fonológico que designamos "encontro consonantal", é necessário escutar de modo independente o som de uma e de outra consoante.

- TRi-tu-ra-do
- eS-Co-tei-ro
- maG-Ma

– Mas pode acontecer de haver duas consoantes lado a lado e elas não serem escutadas separadamente?

Pode, sim. Nas sequências "SS" na palavra "assado" e "RR" em "carro", por exemplo. Embora haja duas letras consoantes lado a lado, elas não são escutadas em sons diferentes. Não há, portanto, um encontro consonantal.

– Ótimo!

Os encontros consonantais podem ser **perfeitos** ou **imperfeitos**. Isso depende das letras que os formam.

– Só isso, profe? Decorar quais são as letras?

Sim. Simples assim.

a) Haverá o chamado **encontro consonantal perfeito** quando a segunda letra do encontro consonantal for "R" ou "L":

+ "pa-TRi-mô-nio"
+ "com-PLi-ca-do"
+ "DRo-me-dá-rio"
+ "CLi-que"

b) Já o **encontro consonantal imperfeito** ocorrerá quando a segunda letra do encontro consonantal for qualquer uma das outras consoantes:

+ "aD-Vo-ga-do"
+ "suB-Cu-tâ-neo"
+ "aG-Nós-ti-co"

Eu sei que já disse isso, mas repito e acrescento uma coisa. É no fenômeno chamado "dígrafo" (que estudaremos logo a seguir) que as duas letras juntas equivalem a um fonema só. Nos "dígrafos consonantais", como RR, SS, NH, CH e outros, teremos duas letras que equivalem a apenas um som, de modo que não haverá, foneticamente, duas consoantes, e sim apenas uma. Sendo assim, não se poderá falar em encontro consonantal. Entende?

– Aqui e agora eu até entendo, mas como faço pra guardar essa informação e não esquecer?

Ora, isso é simples: pense que, na fonologia, *sempre que houver a noção de "encontro", os dois elementos que se encontram têm de ser "escutados"*, caso contrário eles não existem isoladamente.

– Para que haja um "encontro", tem de haver *dois elementos que se escutem em separado*?

Isso mesmo. A mesma coisa acontecerá nos chamados dígrafos vocálicos, em que as letras "M" e "N" não existem como consoantes, servindo apenas para nasalizar a pronúncia da vogal que as antecede. Em "caM-Po", por exemplo, embora as letras consoantes "M" e "P" estejam uma ao lado da outra, não temos o fenômeno fonológico chamado encontro consonantal, pois o "M" não é pronunciado como consoante; como foi dito, ele serve apenas para nasalizar a pronúncia da vogal anterior. A pronúncia da palavra é "cÃ-Po". Desse modo, não há sequência de dois sons consonantais.

– Nós vamos estudar detalhadamente os dígrafos que o senhor está citando, professor?

Vamos, sim, agora mesmo.

3.4. Dígrafos

Dígrafo nada mais é do que a junção de **duas letras que formam apenas um som**, ou seja, que representam apenas um fonema. Os dígrafos podem ser vocálicos (quando a junção das letras representa um som de vogal) ou consonantais (quando, da junção das duas letras, resulta o som de uma consoante).

– OK, professor. Pelo que estamos vendo, deve poder acontecer de, em um dígrafo consonantal, haver também letras vogais, ou de, em um dígrafo vocálico, haver letras consoantes...

Que orgulho, meu Deus do céu! Exatamente! Quando temos um dígrafo vocálico, ambas as letras juntas equivalem a uma vogal (e isso não depende de ambas serem letras vogais). Já quando temos um dígrafo consonantal, ambas as letras, juntas, equivalem a uma consoante. Deu para entender? Se não deu, venha comigo.

– Deu para entender, sim, e fico feliz de o senhor ficar orgulhoso de mim.

E eu me sinto felicíssimo. ☺

a) Dígrafos consonantais

Ocorrem quando, do encontro de duas letras, resulta um som consonantal, ou seja, um som de consoante.

Os **dígrafos consonantais** são os seguintes:

+ QU → **qu** / e / r / o

+ GU → **gu** / e / i / x / a
+ LH → a / **lh** / o
+ NH → n / i / **nh** / a / d / a
+ CH → **ch** / o / r / o
+ RR → c / a / **rr** / o / ç / a
+ SS → a / **ss** / a / d / o
+ XC → e / **xc** / e / ç / ã / o
+ SC → d / e / **sc** / e
+ SÇ → c / r / e / **sç** / a
+ XS → e / **xs** / u / d / a / r

– São esses? Nenhum mais?

Sim. Esses. As barras dos exemplos não representam, obviamente, a separação das sílabas das palavras, e sim os fonemas (sons audíveis) que compõem tais vocábulos. Percebe-se que, em todas elas, há uma situação em que o encontro de duas letras resulta na pronúncia de apenas um som, de apenas um fonema.

– Sim, é fácil perceber.

Nos exemplos dados, ocorre apenas um dígrafo consonantal em cada palavra, mas pode ocorrer de, em uma mesma palavra, haver mais de um dígrafo:

+ **gu** / e / **rr** / i / **lh** / a (nessa palavra, ocorrem três dígrafos consonantais)

– Profe, então sempre que houver um desses onze encontros de letras que o senhor listou, teremos um dígrafo?

Não exatamente. Quatro dos encontros citados (QU, GU, SC e XC) podem ser ou não dígrafos, a depender da palavra em que estejam e da pronúncia que tenham. Caso ambas as letras sejam ouvidas em um som apenas, há dígrafo. Isso ocorre, por exemplo, como nas seguintes palavras:

+ **qu** / i / l / o
+ e / s / t / r / a / **gu** / e
+ c / r / e / **sc** / e
+ e / **xc** / i / t / a / r

No entanto, se na pronúncia da palavra ambas as letras forem escutadas separadamente, não teremos dígrafo. E isso acontece com muitas palavras:

+ **q** / **u** / a / d / r / a / d / o
+ **g** / **u** / a / r / i / t / a
+ e / **s** / **c** / o / l / t / a
+ e / **x** / **c** / l / u / i / r

– Então, todo cuidado é pouco...

Sim. Isso vale para a Fonética, para as demais matérias e para a vida de modo geral... ☺

b) Dígrafos vocálicos

Os **dígrafos vocálicos** ocorrem quando as letras "M" e "N", antecedidas por uma vogal que se encontra na mesma sílaba, servem apenas para nasalizar a pronúncia da vogal anterior. Isso é o que acontece nos seguintes dez segmentos:

+ AM (c / am / p / o)
+ AN (t / an / t / o)
+ EM (s / em / p / r / e)
+ EN (t / en / t / a / t / i / v / a)
+ IM (s / im / p / l / e / s)
+ IN (t / in / t / o)
+ OM (c / om / p / r / a)
+ ON (t / on / t / u / r / a)
+ UM (t / um / b / a)
+ UN (s / un / t / u / o / s / o)

Em todas essas palavras, as letras "M" e "N" não são pronunciadas como consoantes, servindo apenas para marcar a pronúncia nasal (nasalizada) da vogal anterior.

> – O senhor escreveu ali em cima que é dígrafo vocálico quando o "M" e o "N" estiverem na mesma sílaba da vogal anterior. E se não estiverem na mesma sílaba? Se vierem na sílaba seguinte?

Você entendeu exatamente o que tinha de entender! Se as letras "M" e "N" vierem em sílaba separada da vogal antecedente, não haverá dígrafo. Nesse caso, "M" e "N" serão de fato consoantes e entrarão na contagem fonética. Em palavras como "a-mor" e "a-nu-al", não haverá dígrafo vocálico.

> – Mais uma coisinha: sempre que "M" e "N" vierem na mesma sílaba da vogal anterior, serão dígrafos, ou há exceções, como nos encontros consonantais?

Há, sim, exceções, e elas são absolutamente fundamentais.

Exceções: "AM", "EM", "ENS" em fim de palavra.

Lembra-se de eu ter falado que um encontro vocálico não é necessariamente formado por duas letras vogais, uma vez que o que interessa é o som das letras na pronúncia? Pois é: chegou a hora de entender como isso se dá. As estruturas "AM", "EM" e "ENS", no final de palavras, não serão dígrafos vocálicos, e sim ditongos decrescentes, equivalendo, didaticamente falando, a "ÃO", "EIM" e "EINS".

> – Jura, professor? Então "M" e "N" serão, nessas construções, foneticamente equivalentes a vogais, já que formam um ditongo?

Sim! E você se dar conta disso vai me fazer chorar de emoção! Quando tais construções findarem a palavra de que participam, teremos duas letras e dois fonemas. Vejamos os exemplos abaixo:

- fal**am** (f / a / l / ã / o)
  dit. decr. nasal
- diz**em** (d / i / z / e / im)
  dit. decr. nasal
- tatuag**ens** (t / a / t / u / a / g / e / in / s)
  dit. decr. nasal

Percebe? Nessas palavras, em termos sonoros (isto é, em termos fonéticos), as palavras terminam pelo encontro de dois sons vocálicos que estão na mesma sílaba, motivo pelo qual teremos a presença de ditongos.

– Percebo sim, professor. Com mais facilidade na primeira palavra do que nas outras duas, mas, com o senhor falando, consigo perceber.

Ótimo. Guarde isso. Nas três palavras a seguir, o que há no final são ditongos decrescentes nasais, e não dígrafos:

- coloc**aram** (c /o / l / o / c / a / r / ã / o)
  dit. decr. nasal
- refaz**em** (r / e / f / a / z / e / im)
  dit. decr. nasal
- parag**ens** (p / a / r / a / g / e / in / s)
  dit. decr. nasal

– Certo, certo.

4. LETRAS DIACRÍTICAS

Chamamos de letras diacríticas aquelas que se juntam a outras para lhes dar um valor fonético diferente do que as primeiras teriam caso não houvesse uma letra diacrítica junto a elas. Trata-se das letras que ocorrem nos dígrafos consonantais e vocálicos: H, R, S, C, Ç, U, M e N.

- chá
- carro
- passado
- querido
- tampa
- onde

– Tranquilo, professor.

Esse é um conceito bem adicional mesmo, ou seja, menos essencial do que os demais que estamos vendo aqui. No entanto, não custa saber mais uma informaçãozinha entre tantas.

– Concordo.

5. FONOLOGIA NA LINGUAGEM COLOQUIAL

– Professor, o que seria a linguagem coloquial?

Ora, é a linguagem do colóquio. ☺

– Ah, assim o senhor ajuda muito...

"Colóquio" nada mais é do que a conversa entre duas ou mais pessoas. Ou seja, linguagem coloquial é a linguagem falada, aquela do dia a dia, na qual, além de serem usados alguns termos que não caberiam em um texto mais formal, não há um cuidado tão grande com a pronúncia das palavras.

– Agora entendi direitinho.

Pois então, na linguagem coloquial, é frequente haver o **acréscimo ou a supressão de fonemas** em determinadas palavras. Vejamos. A palavra "advogado", por exemplo, frequentemente "ganha" um fonema em sua pronúncia coloquial:

- a / d / i / v / o / g / a / d / o (pronúncia coloquial)

Já a palavra "madeira" com frequência "perde" um fonema quando falada:

- m / a / d / e / r / a (pronúncia coloquial)

– Profe, mas quando eu posso pensar em fazer essa contagem coloquial?

Boa pergunta! Só quando a banca examinadora falar expressamente em *linguagem coloquial, linguagem do dia a dia, linguagem falada.* Caso contrário, a contagem deve se dar da maneira habitual.

– Perfeito.

Vamos a mais alguns exemplos:

- Pneu → p / i / n / e / u (ganha fonemas na linguagem coloquial)
- Aptidão → a / p / i / t / i / d / ã / o (ganha fonemas na linguagem coloquial)
- Caixa → c / a / x / a (perde fonemas na linguagem coloquial)
- Saleiro → s / a / l / e / r / o (perde fonemas na linguagem coloquial)

6. EUFONIA *X* "DEFEITOS ACÚSTICOS"

6.1. "Eufonia"

Quer dizer, literalmente, "bom som", um som agradável ao ouvido, harmonioso.

– Mas como perceber que há eufonia, professor?

Pergunta excelente: na verdade, a eufonia, quando presente, não é sequer perceptível, de modo geral. O que acontece é notarmos quando há um efeito acústico (ou sonoro) desagradável.

6.2. Defeitos acústicos

Isso ocorrerá quando houver um dos quatro defeitos acústicos possíveis: **colisão, eco, cacofonia** ou **hiato** (de certo tipo que gera um resultado sonoro ruim).

– E veremos um por um?

Um por um. Não são difíceis, não.

a) **Colisão:** ocorre quando há encontro desagradável ou proximidade de consoantes.

+ "O **r**ato **r**oeu a **r**oupa do **r**ei de **R**oma."

– Uma modalidade do que se chama de trava-língua?

Isso. Os trava-línguas são basicamente "colisões" que tornam difícil a pronúncia:

+ "**Larga a tia, lagartixa!**
  Lagartixa, larga a tia!"

– Difícil mesmo.

b) **Eco:** temos eco quando existe repetição próxima de palavras com mesma terminação.

+ O ch**ão** do sagu**ão** da estaç**ão** era feio.

– Uma espécie de rima?

Exatamente. Veja no seguinte exemplo:

+ "Eles reclam**avam** sempre que elas fal**avam** daquilo de que gost**avam**."

– OK.

c) Cacofonia: é o encontro de sílabas de duas ou mais palavras que criam uma nova palavra inadequada, chula ou ridícula pelo contexto.

+ "A tou**ca dela** está suja." (ouve-se "cadela")
+ "Eu encontrei u**ma caco**fonia no texto." (ouve-se "macaco")

– Um pouquinho mais difícil do que as outras...

Concordo. Mas é questão de treino.

+ "A **fé de** Ana é realmente louvável." (ouve-se "fede")

d) Hiato: é a sequência de vogais que ocasionam uma dificuldade de pronúncia.

+ "Vamos pedir par**a a a**dvogada emitir um parecer."

– Se formos de fato pronunciar as três letras "a", dá uma travada também...

Exatamente. Por isso é um "defeito acústico". ☺

7. QUADRO-SÍNTESE

1.Fonema	Unidade sonora mínima (menor som)
2. Letra	Representação gráfica dos fonemas
3. Número de letras *x* número de fonemas	a) Número de letras = Número de fonemas
	b) Número de letras > Número de fonemas
	c) Número de fonemas > Número de letras
4. Dífono (1 letra = 2 fonemas)	"X" = "KS"
5. Dígrafos (2 letras = 1 fonema)	a) Consonantais (RR, SS, QU, GU, LH, NH, CH, SC, SÇ, XC, XS)
	b) Vocálicos (AM, AN, EM, EN, IM, IN, OM, ON, UM, UN)
6. Encontros vocálicos	a) Dit. crescente: SV + V
	b) Dit. decrescente: V + SV
	c) Dit. oral: som oral

6. Encontros vocálicos	d) Dit. nasal: som nasal
	e) Tritongo: SV + V + SV
	f) Hiato: V + V
7. Encontros consonantais	Consoante + consoante (ambas audíveis)

CAPÍTULO 2

Divisão Silábica

INTRODUÇÃO

– Ai, professor, essa matéria me tira o sono...

Ah, eu entendo, e como entendo! Dividir corretamente as sílabas de uma palavra é uma tarefa que atormenta a muitos. E à dificuldade natural de separar as sílabas soma-se um problema maior: a pessoa que está achando difícil separar as sílabas tende a se sentir "burra", porque julga estar diante de uma matéria fácil...

– É bem isso, profe, o senhor está traduzindo o sentimento que tenho.

Pois então relaxe: sentir dificuldade nas matérias do português não é burrice, ou seja, você não é uma pessoa burra.

– O senhor fala isso porque não me conhece, já não nasci muito inteligente, e fui piorando com o tempo...

Não se deprecie! ☺

De fato, por incrível que pareça, separar as sílabas de uma palavra não é fácil. Sabe por quê? Porque, mesmo que saibamos todas as regras, a separação silábica sempre dependerá – e muito – da soletração.

– Soletração?

Sim, da pronúncia. Em seguida eu vou dizer a você, nas regras, que não se separam as vogais que formam um ditongo, mas que se separam as vogais que formam um hiato. Você se sente capaz de guardar essa informação?

– Completamente.

Então a repita para mim.

– Quando houver ditongo, as vogais não se separam; quando houver hiato, as vogais se separam.

Isso. Parece simples, não? Mas difícil não é guardar a regra, e sim saber aplicá-la. Nesse caso mais específico das duas regras que citei, a questão é "como ter certeza acerca dessa dúvida": trata-se de um ditongo ou de um hiato?

– Eu que pergunto, professor: como ter certeza?

Quer uma resposta honesta?

– Sempre.

Certeza 100% absoluta não há como ter. O que podemos fazer (e devemos fazer) é pensar na pronúncia da palavra, entende?

– Entender eu entendo, mas não gosto de saber que é assim...

Há muita coisa nessa vida de que nós não gostamos, mas com as quais devemos nos acostumar...

– Verdade...

Retomando a ideia central deste item da matéria: mesmo que dominemos todas as regras de separação silábica (e dominaremos), teremos ainda de saber pronunciar adequadamente as palavras para que consigamos localizar as sílabas que as compõem. Assim, voltamos à afirmação inicial: *a separação de sílabas depende da soletração* para que não a erremos.

– Então lá vamos nós, adultos, soletrar palavras e quase morrer de medo de errar, como quando tínhamos oito aninhos, ainda na época do colégio...

A minha tese é de que, no fundo, no fundo, a gente nunca sai do colégio... ☺

Vamos adiante com as regras.

1. REGRAS DE SEPARAÇÃO SILÁBICA

a) **Não se separam os ditongos**, independentemente de serem crescentes (semivogal + vogal) ou decrescentes (vogal + semivogal):

- cai-xa
  ditongo decrescente
- á-gua
  ditongo crescente
- an-zóis
  ditongo decrescente

– E como é mesmo que eu reconheço que se trata de um ditongo?

Percebendo que as duas letras vogais ("semivogal + vogal" ou "vogal + semivogal") são pronunciadas em uma mesma expiração, ou seja, em uma única expulsão de ar dos pulmões. Isso mostrará que elas pertencem a uma mesma sílaba.

– Mas e a certeza?

Há poucas na vida. Essa não é uma delas. Vamos ganhando confiança por meio de treino.

– Ah, assim o senhor me tranquiliza...

Fico feliz de saber. ☺

- qua-tro
  ditongo
- ma-dei-ra
  ditongo

– Ótimo.

b) Não se separam os tritongos: semivogal + vogal + semivogal:

- Pa-ra-guai
  tritongo
- quais-quer
  tritongo

– E vamos tentando nos acostumar com a ideia de que no tritongo as três vogais saem numa mesma expiração, isso?

Viu? A gente se acostuma com coisa muito pior na vida. Isso vai ser fácil. O caminho é esse mesmo.

- sa-guão
  tritongo
- U-ru-guai-o
  tritongo

c) Separam-se, necessariamente, os hiatos: vogal + vogal

+ sa-í-da
  hiato
+ vir-tu-o-so
  hiato

– Na separação silábica, tem alguma coisa mais difícil do que saber se é ditongo ou hiato?

Certamente não. Trata-se sempre de uma questão de pronúncia.

– Soletração?

Soletração. Quer ver algumas diferenças interessantes?

+ pais X pa-ís
  ditongo hiato
+ trai X tra-í
  ditongo hiato
+ bai-a X ba-í-a
  ditongo hiato

Viu?

– Vi. Vendo assim, parece simples.

Pois é. Depois de perceber a diferença, como nos pares acima, a questão é treinar e treinar e treinar. Quando alguém me pergunta se determinada palavra tem um ditongo ou um hiato, eu analiso na hora e, baseado na experiência, respondo. Ou seja: eu não tenho guardados na minha memória todos os ditongos e todos os hiatos...

– Então quer dizer que não é porque o senhor é professor que o senhor sabe tudo?

Bem isso. ☺

Várias perguntas que me fazem eu tenho de analisar na hora para responder. Por trabalhar com isso, por ter mais experiência, por ter um conhecimento certamente mais consolidado, minhas chances de acertar aumentam. Mas o que eu faço pode ser feito por você.

– O senhor acredita mesmo nisso?

Demais.

– Agradeço pela confiança, professor amado.

Não agradeça. O melhor modo de me agradecer é estudando e aprendendo. ☺

d) Não se separam os dígrafos consonantais QU, GU, LH, NH e CH:

+ qu-e-ro (qu: dígrafo)
+ gu-e-to (gu: dígrafo)
+ a-lho (lh: dígrafo)
+ ni-nho (nh: dígrafo)
+ chu-va. (ch: dígrafo)

– Nunca, nunca esses serão separados?

Nunca.

– Palavra?

De honra.

– Fazendo duas cruzinhas com os dedos em cima da boca?

Olhe, já estou até em dúvida... Mas sim! ☺

– Então acredito.

e) Separam-se os dígrafos consonantais SC, SÇ, XC, XS, RR e SS:

+ cres-ce
+ des-ça
+ ex-ci-tar
+ ex-su-dar
+ car-ro
+ as-sa-do.

– Sempre também?

Sempre. E juro com o mesmo empenho da regra anterior. Antes que você pergunte.

– Então acredito.

f) Não se separam os dígrafos vocálicos (AM, AN, EM, EN, IM, IN, OM, ON, UM, UN):

Lembra qual é a situação em que as letras "M" e "N" formam dígrafo vocálico com a vogal anterior?

– Quando estão na mesma sílaba?

Sim. E quando isso acontece?

– ...

Quando o "M" e o "N" não funcionam como consoantes, servindo apenas para nasalizar a pronúncia da vogal anterior.

– Lembrei!

Vamos aos exemplos:

- cam-po / am-pli-a-ção (am: dígr.)
- an-ta / can-to (an: dígr.)
- tem-po / sem-pre (em: dígr.)
- en-tra / ten-ta-ti-va (en: dígr.)
- ím-par / sim-ples (ím, im: dígr.)
- sin-to-ma / tin-tu-ra (in: dígr.)
- com-pra-dor / pom-bo (om: dígr.)
- con-ta-to / ton-to (on: dígr.)
- cum-pre / tum-ba (um: dígr.)
- nun-ca / a-cu-pun-tu-ra (un: dígr.)

Conseguiu ver bem os dígrafos?

– Consegui, sim!

Ótimo! Caso o "m" e o "n" venham na sílaba seguinte à vogal anterior (e não na mesma sílaba), então eles serão de fato consoantes e não formarão dígrafo vocálico. Nessa situação, serão separados normalmente:

- e-nó-lo-go ("e" e "n" não formam dígrafo)
- ca-ma-ra-da ("a" e "m" não formam dígrafo)

Nas duas palavras acima, a vogal e a consoante posterior são escutadas em dois diferentes sons e são, foneticamente, uma vogal e uma consoante.

– OK.

g) Não se separam, via de regra, os encontros consonantais perfeitos ("consoante + L" ou "consoante + R"):

- a-cro-ba-ta
  E.C.Perf.
- a-tri-to
  E.C.Perf.
- blu-sa
  E.C.Perf.
- cla-ma
  E.C.Perf.

– Quanto aos perfeitos, eles não são separados independentemente de estarem no início da palavra ou não?

Exato. Muito frequentemente, eles estão no início da palavra, mas podem não estar, como nas duas primeiras palavras acima. Quer mais uma?

– Quero.

Dou mais algumas:

- "con-fli-to" (consoante + "L")
  E.C.Perf.
- "a-cli-ve" (consoante + "L")
  E.C.Perf.
- "in-crí-vel" (consoante + "R")
  E.C.Perf.

– Perfeito.

h) Separam-se os demais encontros consonantais (chamados "imperfeitos"), quando não iniciarem as palavras:

- ab-do-mi-nal
  E.C.Imperf.
- op-ta-ti-vo
  E.C.Imperf.
- per-ti-nen-te
  E.C.Imperf.
- per-tur-ba-do
  E.C.Imperf.

– Então, profe, não separamos os encontros consonantais perfeitos (consoante + "R" ou "L"), mas separamos os demais encontros consonantais, desde que eles não iniciem palavras. É isso?

É exatamente isso.

– E se eu tiver um encontro consonantal que não seja perfeito no início da palavra?

Aí ele se enquadra na próxima regra, a última que veremos.

i) Jamais se separa um encontro consonantal no início da palavra:

+ **Pneu**
E.C. (início)
+ **Psi**-có-lo-go
E.C. (início)
+ **Gno**-mo
E.C. (início)
+ **Cre**-ti-no
E.C. (início)

– No início da palavra, tanto faz se é perfeito ou imperfeito? Nunca separo?

Exatamente.

– E era isso?

Era isso.

– Mas não é assim taaanta coisa para saber.

De fato, não é. ☺

2. QUADRO-SÍNTESE

NÃO SE SEPARAM	
1. Ditongos	Ca-dei-ra
2. Tritongos	Pa-ra-guai
3. Dígrafos QU, GU, LH, NH, CH	Que-ro, gue-to, a-lho
4. Dígrafos vocálicos	An-te-na-do, com-pu-ta-dor
5. Enc. consonantais perf. (C + R/L)	Pro-ble-ma
6. Enc. consonantais em início	Pneu-má-ti-co

SEPARAM-SE	
1. Hiatos	Sa-í-da, ba-ú
2. Dígrafos SC, SÇ, XC, XS, RR, SS	Des-ce, ex-ces-so, ar-roz
3. Demais encontros consonantais	Par-te, es-co-la

PARTE 2

Acentuação Gráfica

CAPÍTULO 3

Acentuação Gráfica

INTRODUÇÃO

– Professor, quem decide se uma palavra precisa ou não ser acentuada?

A acentuação gráfica nasce da necessidade que se tem de, em algumas palavras da língua portuguesa, ser marcada de maneira mais clara a sílaba tônica, para que não haja dúvida ao falante no momento de pronunciá-la. Imaginemos, por exemplo, a junção das cinco letras seguintes na ordem em que aparecem:

- S + A + B + I + A

– Imaginei.

Caso não existissem acentos gráficos, não haveria como saber se se trata de um adjetivo (sábia), de um verbo conjugado no pretérito imperfeito do modo indicativo (sabia) ou de um substantivo (sabiá). Observemos:

- "Deodora tomou uma decisão sábia." (adjetivo que caracteriza "decisão")
- "Paulo sabia a verdade." (verbo conjugado no pretérito imperfeito do indicativo)
- "Joana viu um sabiá pousado no arame." (substantivo que nomeia o pássaro)

– Então, sempre que uma palavra é acentuada há outra igual, mas sem acento, que também existe?

Não. Em muitas palavras, o acento diferencia duas palavras existentes:

- história (substantivo) / historia (forma do verbo "historiar")
- amém (interjeição) / amem (forma do verbo "amar")
- mágoa (substantivo) / magoa (forma do verbo "magoar")

No entanto, há muitas palavras em que o acento serve somente para demonstrar que a pronúncia da palavra não é a mais habitual para os termos que têm aquela estrutura. Por exemplo: quando uma palavra termina em "R", a tendência é que ela seja oxítona:

+ fa-**lar**
+ pa-la-**dar**
+ mor-**der**
+ po-**der**
+ par-**tir**
+ vi-**zir**

Por isso, quando uma palavra termina em "R" e é paroxítona, contrariando a posição mais habitual da sílaba tônica, ela ganha acento gráfico para assinalar esse fato:

+ **ím**-par
+ ca-**rá**-ter
+ **már**-tir
+ **é**-ter
+ **âm**-bar
+ **cân**-cer

– Ah! Sendo assim, uma palavra ser ou não ser acentuada segue uma lógica?

Sim! A acentuação gráfica, como (quase) tudo na língua portuguesa, tem uma lógica. A função fundamental da existência dos acentos gráficos é, portanto, assinalar a posição da sílaba tônica em palavras nas quais tal posição não seria a mais comum, entendeu?

– Entendi bem.

Ótimo.

1. OS ACENTOS GRÁFICOS E OS SINAIS DIACRÍTICOS

Seu eu perguntasse quais são os acentos gráficos, você saberia responder?

– Ah, saberia, sim: acento agudo, acento circunflexo, crase, til...

Pois é: essa resposta é a mais comum e há, nesses quatro itens citados, pelo menos um erro. Os sinais de acentuação gráfica são, de fato, apenas três:

a) acento agudo (´):	tímido, táxi, café
b) acento circunflexo (^):	atômico, tônus, vovô
c) acento grave/crase (`):	este é o acento que marca o fenômeno da crase (a sobreposição de duas letras "a").

O til (~) não é um acento; ele é um sinal diacrítico.

– Oi? Sinal diacrítico?

Sim. Sinais diacríticos são sinais que se acrescentam às palavras para finalidades diversas, dentre as quais marcar a correta pronúncia da palavra. São eles:

a) til (~)	marca a nasalização da pronúncia do "A" e do "O": mãe / põe;
b) cedilha (ç)	marca que o "C" tem som de "SS" antes de "A", "O" e "U": caça / aço / açucena;
c) apóstrofo (')	marca a supressão de uma vogal: minh'alma chora;
d) trema (ü)	marcava a pronúncia do "U" em certas construções, mas agora foi mantido somente em palavras estrangeiras: Müller; mülleriano;
e) hífen (-)	marca a união de vocábulos, a mesóclise, a ênclise e a separação silábica: cachorro-quente / atendê-lo-ei / observa-se / clí-ni-ca.

– Bastante coisa, professor...

Sim, mas, neste tópico específico, interessam-nos apenas os acentos agudo e circunflexo. Não são essenciais os sinais diacríticos nem o acento grave, que será estudado separadamente no tópico referente à crase.

2. A SÍLABA TÔNICA

Excetuando-se uns poucos vocábulos que são átonos, a imensa maioria das palavras terá uma sílaba tônica.

– Mas a posição da sílaba tônica interessa muito?

Na acentuação gráfica, interessa demais, pois, na língua portuguesa, somente haverá acento em um vocábulo em sua sílaba tônica. Assim, ao se enxergar um acento agudo ou um acento circunflexo em determinada sílaba, pode-se ter certeza de que se está diante da sílaba tônica daquela palavra. Do mesmo modo, quando se pensa em colocar acento em uma sílaba, há de se verificar se aquela é a sílaba tônica; caso contrário, não poderá haver acento. Nas palavras abaixo, a sílaba acentuada é, sempre, a tônica.

+ **tár**-ta-ro
+ **tô**-nus
+ a-ca-ra-**jé**
+ sa-**ú**-de

– Professor do céu, e se for uma palavra como "anticonstitucionalismo", o que fazer?

O que fazer? Manter a calma, porque a notícia é boa: a sílaba tônica somente pode estar em três posições em uma palavra: na última, na penúltima ou na antepenúltima sílaba. Caso esteja na última sílaba, a palavra será chamada **"oxítona"**; caso esteja na penúltima, **"paroxítona"**; e caso esteja na antepenúltima, **"proparoxítona"**.

– Sempre em uma dessas posições?

Isso. Mais uma vez, vale a pena lembrar que, via de regra, à exceção de uns pouquíssimos vocábulos átonos, a sílaba tônica existirá independentemente de haver ou não haver acentuação gráfica. Somente as proparoxítonas serão sempre acentuadas, como veremos mais adiante.

cha	mi	**né**	→ Oxítona
pro	fes	**sor**	→ Oxítona

ca	**rá**	ter	→ Paroxítona
can	**ta**	va	→ Paroxítona

hé	li	ce	→ Proparoxítona

3. AS CINCO TERMINAÇÕES ESSENCIAIS

Existem cinco terminações que você vai ter de guardar, decorar, ter em mente o tempo inteiro.

– Quantas, profe?

Só cinco: A(S), E(S), O(S), EM, ENS. Repita para mim.

– A(S), E(S), O(S), EM, ENS.

Isso. Uma vez mais.

– A(S), E(S), O(S), EM, ENS.

Se alguém perguntar o que você aprendeu na aula de acentuação, diga:

A(S), E(S), O(S), EM, ENS.

Ao caminhar na rua sem rumo, repita mentalmente:

A(S), E(S), O(S), EM, ENS.

Antes de dormir, ao fechar os olhos e pensar naquilo que realmente vale a pena, quero que venha à sua cabeça a seguinte sequência:

A(S), E(S), O(S), EM, ENS.

Repita para mim.

– A(S), E(S), O(S), EM, ENS.

Isso.

4. REGRAS DE ACENTUAÇÃO GRÁFICA

4.1. Regra das proparoxítonas

Eu quero que você me diga, sem demora, meia dúzia de coisas que estejam no ambiente em que você está que sejam palavras proparoxítonas.

– Ai, Deus do céu, eu já sei pouco, e se me perguntam assim "de supetão", daí é que não sei mais nada!

Calma, pessoa, calma! ☺

Se procurarmos, há várias palavras proparoxítonas aí perto de você. Vamos lá:

- **lâm**-pa-da
- **câ**-me-ra
- **plás**-ti-co
- **ó**-cu-los

E, se bater o desespero, apelemos para os elementos orgânicos:

- **cé**-re-bro
- es-**tô**-ma-go
- e-**sô**-fa-go
- **tím**-pa-no

– Mas por que é tão difícil encontrar palavras proparoxítonas, profe?

Porque elas são percentualmente poucas na nossa língua. E é justamente por isso que todas elas são acentuadas, sem exceção.

– Todas, todas, todas?

Todas. Simples assim.

Exemplos:

- **tú**mulo
- **ár**vore
- **côm**puto
- **lí**quido
- **fór**mica
- e**pí**logo

– Se tem como sílaba tônica a antepenúltima, sempre com acento?

Sempre, sempre.

4.2. Regra das oxítonas

Você se lembra das terminações de que falei na introdução e que pedi encarecidamente que você decorasse?

– A(S), E(S), (OS), EM, ENS? A(S), E(S), (OS), EM, ENS? A(S), E(S), (OS), EM, ENS?

Isso! Eu não disse que uma hora saber essas terminações seria útil? Pois é: a hora chegou. Acentuam-se as palavras oxítonas *com mais de uma sílaba* terminadas em A(S), E(S), O(S), EM e ENS. Terminadas em quê?

– A(S), E(S), (OS), EM, ENS.

Uma vez mais.

– A(S), E(S), (OS), EM, ENS.

Lembrando novamente: para que se enquadrem nessa regra de acentuação, além de terminarem em A(S), E(S), (OS), EM, ENS, as palavras oxítonas têm de apresentar pelo menos duas sílabas. Os monossílabos (palavras que têm uma sílaba só) serão regulados por uma regra própria e diferente dessa. Assim, são acentuadas as seguintes palavras:

- Mara**já**
- so**fá**
- gam**bá**
- pico**lé**
- jaca**ré**
- Tie**tê**
- ji**ló**
- moco**tó**
- a**vô**
- tam**bém**
- al**guém**
- re**fém**

+ **parabéns**
+ **reféns**
+ **armazéns**
+ **deténs**

– Até aqui, facinho, facinho...

Se uma palavra oxítona estiver acompanhada por um dos pronomes oblíquos átonos, considere que a primeira palavra termina no hífen. É por meio dela que você vai verificar se existe ou não acento.

+ amassá-lo
+ derretê-la
+ recompô-lo

As três palavras acima estão corretamente acentuadas. Elas são acentuadas porque são oxítonas que terminam em A(S), E(S), (OS), EM, ENS.

– Então essas três palavras são acentuadas pelo mesmo motivo que "parabéns" e "também", por exemplo?

Exatamente.

4.3. Regra dos monossílabos tônicos

Será considerada um monossílabo tônico a palavra que apresentar uma única sílaba pronunciada de maneira forte. No caso dos monossílabos tônicos, acentuam-se os que são terminados apenas em A(S), E(S) e O(S):

– Então é igual à regra das oxítonas?

Não, criatura! ☺

Na regra dos monossílabos não entram as terminações EM e ENS.

– Mas é *quase* a mesma coisa, profe...

Sim: é *quase* a mesma coisa, mas não é a mesma coisa. ☺

Vamos ver alguns exemplos:

+ **pá**
+ **má**
+ **fé**
+ **ré**
+ **nó**
+ **dó**

– Meu profe amado: sendo tão parecidas, as regras das oxítonas e dos monossílabos são consideradas regras diferentes?

Bingo! Essa é a questão essencial deste tópico: um monossílabo é acentuado por um motivo e uma oxítona é acentuada por outro. Assim:

+ Pó = má (acentuadas pelo mesmo motivo)
+ cipó = marajá (acentuadas pelo mesmo motivo)
+ pó ≠ cipó (acentuadas por motivos diferentes)

4.4. Regra geral das paroxítonas

As paroxítonas podem ser acentuadas devido a duas sub-regras: cada uma delas é considerada um diferente motivo para a acentuação de um vocábulo.

– Não brinca comigo, professor...

Não estou brincando, infelizmente...

– Além de saber todas as regras uma por uma, ainda vou ter que saber uma dividida em duas?

Exatamente.

– Não tem o que fazer?

Tem: aprender. ☺

Primeiramente, a regra mais fácil: acentuam-se as palavras paroxítonas não terminadas em A(S), E(S), O(S), EM, ENS, **AM**:

+ fós-sil
+ glú-ten
+ re-vól-ver
+ fê-nix
+ bí-ceps
+ í-mã
+ ór-fãs
+ ór-gão
+ bên-çãos
+ fó-rum
+ ál-buns
+ pró-ton
+ ví-rus
+ hó-quei
+ a-má-veis
+ jú-ri
+ lá-pis
+ tá-xis

– Profe, eu não quis interromper antes dos exemplos, mas de onde surgiu esse "AM"?

Pois então: é um adendo que temos de fazer apenas nas paroxítonas. Não influencia em nada nas oxítonas. Mas é fundamental a gente lembrar que, nas paroxítonas, acentuam-se somente aquelas *não terminadas* em

A(S), E(S), O(S), EM, ENS, **AM**. Devido ao acréscimo de mais essa terminação, não se acentuam as palavras abaixo.

- compraram
- amaram
- correram
- lamberam
- dormiram
- levaram

– Paroxítona terminada em "AM", sem acento?

Isso.

4.5. Regra das paroxítonas terminadas em ditongo crescente

Agora a coisa vai se complexificar um pouquinho.

– Vai se o quê?

Complexificar. Ficar mais complexa.

– Ah, OK. Se agora que vai ficar complexo, vou tomar um Rivotril...

Tem receita?

– Não, mas tenho vontade...

Então se segure: vontade é coisa que dá e passa! ☺

Vamos seguir. Além dessas citadas na regra anterior, também serão acentuadas as palavras paroxítonas terminadas em ditongos crescentes (aqueles formados pela estrutura "semivogal + vogal"):

- á-gua
- sé-rie
- mi-cró-bio
- ár-duo
- má-goa

– Além daquelas que não terminam em A(S), E(S), O(S), EM, ENS e AM, também se acentuam as que terminam em ditongo crescente?

Isso mesmo. Guarde isso.

Observação: as paroxítonas terminadas em ditongo crescente são também chamadas de proparoxítonas eventuais, aparentes, relativas ou acidentais.

– Na prática, o que isso quer dizer?

Acredite: isso quer dizer que essas palavras, para alguns gramáticos e algumas bancas examinadoras, aceitam duas diferentes separações silábicas:

+ "á-gua" ou "á-gu-a"
+ "sé-rie" ou "sé-ri-e"
+ "gê-nio" ou "gê-ni-o"

– Professor, isso é inaceitável!

Eu concordo com você! Acho terrível separar essas palavras como se fossem proparoxítonas, mas temos de saber que, em falta de opção melhor, pode-se considerar que as paroxítonas terminadas em ditongo crescente podem ser, também, proparoxítonas.

– Depois dessa, eu não me surpreendo com mais nada...

Aí que você se engana! O português não cansa de surpreender a gente! Quer ver?

– Desculpa, profe, mas não quero não...

Pena não querer, porque vai! ☺

Se a prova eventualmente comparar uma palavra paroxítona que se enquadre na Regra 4.4 e uma palavra paroxítona que se enquadre na Regra 4.5, a tendência imensa é que se considere que ambas são acentuadas por motivos diferentes.

+ tá-xi (regra 4.4) = su-é-ter (regra 4.4)
+ câm-bio (regra 4.5) = per-pé-tuo (regra 4.5)
+ tú-nel (regra 4.4) ≠ á-guia (regra 4.5)

– Por isso o senhor deu número diferente às regras?

Por isso mesmo. Mas, na falta de melhor resposta, analise se a banca examinadora não considerou, loucamente, serem as duas palavras pertencentes à mesma regra.

– OK, compreendi.

Ótimo.

4.6. Regra dos hiatos "I" e "U"

– Hiato eu lembro o que é: vogal ao lado de vogal em sílabas diferentes!

Isso mesmo! Ganhou pontinhos com o profe.

– Obrigado pelo afago, professor, depois de tanta pancada...

De nada. Não precisa agradecer, mas não se acostume... ☺

As letras "I" e "U", quando formarem hiatos com a vogal anterior e obedecerem a determinadas condições especiais, serão acentuadas devido a uma regra própria.

Para que sejam acentuadas, a letra "I" e a letra "U" deverão obedecer a quatro pré-requisitos:

a) devem ser tônicas;

b) devem ser antecedidas por uma vogal diferente;

c) devem formar sílaba sozinhas ou seguidas pela letra "S";

d) não podem ser seguidas por "NH".

Por essa razão, serão acentuadas as seguintes palavras:

+ sa-ú-de
+ sa-í-da
+ Gra-ja-ú
+ a-ça-í

– São acentuadas porque nelas os quatro pré-requisitos ocorrem simultaneamente, isto é, ao mesmo tempo?

Isso. Vejamos a lista a seguir:

	Tônica	Antec. vogal	Sílaba sozinha	Sem NH depois
sa-ú-de	✓	✓	✓	✓
sa-í-da	✓	✓	✓	✓
Gra-ja-ú	✓	✓	✓	✓
a-ça-í	✓	✓	✓	✓

– Ou seja: para caber na regra, precisa dos quatro pré-requisitos ao mesmo tempo?

Sim: ao mesmo tempo.

– Se não tiver unzinho deles, já não vai ter acento?

Se precisa dos quatro AO MESMO TEMPO...

– Tá certo, professor, não seja bruto...

Então não me provoque. ☺

Vamos seguir.

Se a palavra não obedecer a um (qualquer um) desses pré-requisitos, não será acentuada, como se pode perceber na tabelinha abaixo:

	Tônica	Antec. vogal	Sílaba sozinha	Sem NH depois
ga-u-chi-nho	X	✓	✓	✓
xi-i-ta	✓	X	✓	✓
ra-iz	✓	✓	X	✓
ra-i-nha	✓	✓	✓	X

Viu? Não é tão difícil, é?

– É bastante coisa, mas difícil, difícil, até que não...

Que bom que você acha isso, porque, nesta regra, está a mais chata exceção de toda a acentuação gráfica...

– Ai, ai, ai...

Relaxe. Quando na penúltima sílaba da palavra (em posição paroxítona, portanto) e antecedidos por ditongo decrescente, os hiatos "I" e "U" não serão acentuados. Sei que é chato, mas não se preocupe, porque são pouquíssimas palavras que se enquadram nessa exceção, e eu quero que você as decore:

- bai-u-ca / fei-u-ra / bo-cai-u-va

– Sabendo essas três está bom?

Está, sim. Decore e saiba que há essas exceções. Só isso.

– OK.

4.7. Regra dos ditongos abertos "ÉI(S)", "ÓI(S)", "ÉU(S)"

– Ditongo aberto? Além de crescente e decrescente, oral e nasal, ainda existem aberto e fechado?

Existem, mas é bem fácil, por isso nem citei antes.

– Jura?

Juro!

– Por tudo o que há de mais sagrado?

Olhe, um juramento assim tão sério eu prefiro deixar para mais adiante, mas venha comigo. ☺

Um ditongo será *aberto* quando a vogal tiver *pronúncia aberta* (é, ó: hotéis, anzóis); e será *fechado* quando a vogal tiver *pronúncia fechada* (ê, ô: ateu, boi).

– Só isso?

Só. Viu como eu disse que era fácil? Confie...

– Sim, dessa vez estava mesmo fácil.

Detalhe importante: os ditongos abertos "ÉI(S)", "ÓI(S)" e "ÉU(S)" somente serão acentuados em palavras oxítonas e em monossílabos, ou seja, quando eles estiverem na última sílaba da palavra, seguidos ou não por "S". Assim, são acentuadas as palavras seguintes:

- tor-**téi**
- a-**néis**
- he-**rói**
- an-**zóis**
- es-car-**céu**
- tro-**féus**

Quando tais ditongos abertos estiverem em palavras *paroxítonas*, ou seja, quando se posicionarem na penúltima sílaba da palavra, não serão mais acentuados.

– Seria esse o caso de "ideia"?

Exatamente. Quem foi alfabetizado antes de o acordo ortográfico entrar em vigor deve se lembrar bem da palavra "ideia", certamente a primeira palavra em relação à qual tivemos de nos acostumar a uma nova grafia, acostumados que estávamos a ela com o acento que caiu. Pois bem: assim como ocorre em "i-dei-a", há outras palavras que deixaram de ser acentuadas:

+ pla-tei-a / as-sem-blei-a / ji-boi-a / pa-ra-noi-co

– Viu, professor? De tempos em tempos eu dou uma dentro...

É assim que eu fico feliz! Só temos de diminuir cada vez mais esses intervalos... ☺

Agora cuidado mais uma vez: temos de conversar também sobre outra aparente exceçãozinha...

– Ih... Vem notícia ruim por aí...

Bem, é uma maneira de ver a questão. ☺

Há uma observação importante a ser feita. É um detalhe, são pouquinhas palavras (duas, para dizer a verdade), mas cabe dar alguma atenção a elas: as palavras "méi-er" e "des-trói-er" são acentuadas.

– O senhor não tinha prometido que "bocaiuva", "baiuca" e "feiura" eram as únicas exceções?

Sim. Vamos lá: o que ocorre é que, nesse caso, não se trata propriamente de uma exceção. A acentuação dessas duas palavras não se deve à regra dos ditongos abertos, e sim à regra geral das paroxítonas, que determina serem acentuadas as paroxítonas terminadas em "R" (ou seja, aquelas não terminadas em A, E, O, EM, ENS, AM). É o caso, por exemplo, de "caráter" e de "blêizer". E, também, de "méier", "destróier".

– Ah, entendi por que aqui não há propriamente uma exceção...

Viu? Assim como, um pouco antes, pedi para você guardar três palavras sem acento ("baiuca", "feiura" e "bocaiuva"), peço para você botar no seu repertório também essas duas com acento: "méier" e "destróier". E lembre-se de que elas não são acentuadas pela regra dos ditongos abertos, e sim pela regra geral das paroxítonas.

– Certo, professor.

4.8. Regra dos acentos diferenciais

Vamos lá: esses são acentos que servem para...?

– Diferenciar?

Pa-ra-béns! ☺

– Professor, não seja irônico...

Não é ironia: é uma congratulação! Os acentos diferenciais servem exatamente para isso: diferenciar duas palavras que tenham mesma grafia, mas sentidos diferentes.

– Sempre que houver duas palavras com sentidos diferentes e mesma grafia, uma delas será acentuada?

Não! Bem pelo contrário: há milhares de pares de palavras que apresentam mesma grafia e sentidos diferentes, sem que uma delas seja acentuada: "quadro" pode ser uma obra de arte ou a lousa em uma sala de aula; "plano" pode ser o adjetivo que qualifica aquilo que é liso e reto ou pode ser uma construção de ideias que visa a um objetivo; "cadeira" pode ser uma das disciplinas de um curso universitário ou o móvel que usamos para sentar...

– E cadeira também pode ser quadril ou costas, não? Dor nas cadeiras, mexe as cadeiras...

Pode, sim! A lista, tanto de palavras quanto de sentidos que elas poderiam assumir, é infindável. E, entre todas essas hipóteses, restaram apenas quatro acentos diferenciais na nossa língua.

– Só quatro?

Só.

– E, se são tão poucos, por que ficaram?

Porque sim! É de fato pouco explicável. Mas aproveitemos que são poucos os casos e vamos decorá-los todos!

– Tomara!

Vamos, sim! ☺

A) Pôr (verbo) *x* por (preposição)

Quando se tratar do infinitivo verbal, "pôr" receberá acento:

+ "É preciso pôr (verbo) as coisas nos devidos lugares".

Já quando se tratar apenas da preposição "por", não haverá acento:

+ "Quem luta por (preposição) um mundo melhor sente-se realizado".

– O verbo "pôr" não tem vários derivados?

Tem, sim!

– E isso vale para eles também?

Não! Todos os verbos da língua terminados em "-por" são derivados do verbo "pôr". Nenhum deles, no entanto, é acentuado no infinitivo:

+ repor
+ depor
+ compor
+ contrapor
+ antepor
+ pospor

Isso ocorre porque eles obedecem, em termos de acentuação, à regra geral das oxítonas: acentuam-se somente as terminadas em A(S), E(S), O(S), EM, ENS. Seria o mesmo caso de "doutor" e "amor", entre muitas outras.

– Certo.

B) Pôde (pretérito) x pode (presente)

Quando se tratar da conjugação da terceira pessoa do singular do pretérito perfeito do indicativo, a forma "pôde" receberá acento gráfico:

+ "Ele não pôde (pretérito perfeito) comparecer à aula ontem, mas certamente comparecerá às próximas".

Quando se tratar da conjugação da terceira pessoa do singular do presente do indicativo, não haverá acento:

+ "Agora você pode (presente) debater esse assunto sem medo".

– E é possível que, em uma mesma frase, caibam as duas formas, dependendo do que se queira dizer?

Sim, sim e sim. Não só é possível, como também é comum. Em tese, os acentos diferenciais que foram mantidos em vigor são aqueles mais capazes de diferenciar situações de uso quando o contexto não ajuda, como na frase abaixo:

+ "O rapaz pode / pôde jogar a final do campeonato?".

Em uma frase assim, solta, sem dados contextuais que sejam capazes de "iluminar" o sentido, somente a presença ou a ausência do acento vai poder determinar aquilo que se quer dizer. Se o rapaz "pode", trata-se de uma ação presente; se o rapaz "pôde", trata-se de uma ação passada.

– Ótimo!

C) Têm/vêm (3ª pessoa do plural) *x* tem/vem (3ª pessoa do singular)

– Ah, professor, isso cai muito em prova!

Cai, sim. E cai com mais frequência do que qualquer outra regra de acentuação por um motivo bem simples: embora se trate de uma questão que envolve acento gráfico, o que se está cobrando por meio dos vocábulos "têm" e "vêm" com acento é, no fundo, concordância verbal.

– Não entendi...

Simples: o que fará essas duas formas verbais serem grafadas com ou sem acento é o fato de elas estarem concordando com um sujeito singular ou com um sujeito plural.

– Agora acho que entendi...

Entendeu, sim. Quer ver?

Quando conjugadas na terceira pessoa do plural (ou seja, concordando com um sujeito plural), as formas "têm" e "vêm" serão acentuadas:

+ "As meninas **vêm** às nove horas. Elas **têm** um compromisso antes".
(As meninas = sujeito; Elas = sujeito)

Quando conjugadas na terceira pessoa do singular (ou seja, concordando com um sujeito singular), as formas "tem" e "vem" não serão acentuadas:

+ "A menina (sujeito) **vem** às nove horas. Ela (sujeito) **tem** um compromisso antes disso".

– É fácil, profe...

É sim.

D) Mantêm/intervêm (3ª pessoa do plural) x mantém/intervém (3ª pessoa do singular):

– Aqui é regra normal ou depende da concordância, como a anterior?

Viu como as coisas começam a fazer sentido? Essa também depende da concordância.

– Ponto pra mim, professor!

Sim! Lindo, lindo. ☺

Quando conjugadas na terceira pessoa do plural (ou seja, concordando com um sujeito plural), as formas "mantêm" e "intervêm" e similares receberão acento circunflexo:

+ "As autoridades (sujeito) **mantêm** a atenção e os policiais (sujeito) **intervêm pouco**".

Quando conjugadas na terceira pessoa do singular (ou seja, concordando com um sujeito singular), as formas "mantém" e "intervém" e similares receberão acento agudo:

+ "A polícia (sujeito) **mantém** a atenção e o policial (sujeito) **intervém** pouco".

Atenção: essa regra não é exclusiva dos verbos "manter" e "intervir".

– Ah, não...

Ah, sim! Mas calma, porque é bem tranquilo. ☺

Essa mesma regra vale para todos os verbos derivados de "ter" (manter, reter, deter, conter, entreter, ater, etc.) e de "vir" (intervir, convir, advir, sobrevir, etc.). Todos eles, portanto, terão uma forma com acento agudo na terceira pessoa do singular (mantém, detém, entretém, advém, etc.) e uma forma com acento circunflexo na terceira pessoa do plural (mantêm, detêm, entretêm, advêm, etc.).

– E vai depender também de estar concordando com um sujeito singular ou com um sujeito plural?

Sim, mesmíssima coisa!

5. QUADRO-SÍNTESE

<table>
<tr><td>1. Proparoxítonas</td><td>Todas acentuadas</td></tr>
<tr><td>2. Oxítonas</td><td>Term. em A(S), E(S), O(S), EM, ENS</td></tr>
<tr><td>3. Monossílabos tônicos</td><td>Term. em A(S), E(S), O(S)</td></tr>
<tr><td rowspan="2">4. Paroxítonas</td><td>a) Não term. em A(S), E(S), O(S), EM, ENS, AM</td></tr>
<tr><td>b) Terminadas em ditongo crescente</td></tr>
<tr><td>5. ÉI, ÓI, ÉU</td><td>Somente em oxítonas e monossílabos</td></tr>
<tr><td>6. Hiatos "I" e "U"</td><td>- tônicos
- antecedidos por vogal diferente
- sílaba sozinhos ou com "S"
- sem "NH" depois</td></tr>
<tr><td rowspan="4">7. Diferenciais</td><td>a) pôr (verbo) x por (preposição)</td></tr>
<tr><td>b) pôde (pretérito) x pode (presente)</td></tr>
<tr><td>c) têm/vêm (plural) x tem/vem (singular)</td></tr>
<tr><td>d) mantêm/intervêm (plural) x mantém/intervém (singular)</td></tr>
</table>

PARTE 3

Ortografia

CAPÍTULO 4

Ortografia

INTRODUÇÃO

Você deve imaginar qual é o tamanho dessa matéria...

– Não exatamente...

Então eu conto para você: o tamanho da matéria "ortografia" é exatamente o mesmo tamanho do vocabulário da língua portuguesa; afinal, a ortografia determina a "correta grafia" de todos os termos que compõem o nosso idioma.

– Grande notícia, profe...

Imaginei que você ficaria feliz (sim, sim: sei que é uma ironia). Vamos estudar essa matéria do melhor modo possível, mas é importante saber que a maioria dos conhecimentos que temos de ortografia devem-se ao hábito da leitura e à extensão do nosso vocabulário. Portanto, se você quer aprender mais e mais ortografia e cada vez errar menos a escrita das palavras, estude as regras, mas também leia: leia muito.

– Entendida a mensagem, professor.

Vamos começar pela base da base, que é o alfabeto da nossa língua.

1. ALFABETO

O alfabeto da língua portuguesa é formado por 26 letras.

a, b, c, d, e, f, g, h, i, j, k, l, m, n, o, p, q, r, s, t, u, v, w, x, y, z

– Então "K", "W" e "Y" são mesmo parte do nosso alfabeto.

São parte do nosso alfabeto sim, mas não podem ser usadas livremente em qualquer palavra. Essas três letras têm o uso restrito a algumas situações:

a) Antropônimos (nomes de pessoa) e topônimos (nomes de lugar) originários de outras línguas e seus derivados:

- Wagner, wagneriano
- Kant, kantismo
- Darwin, darwinismo
- Kuwait, kuwaitiano
- Malawi, malawiano

– Isso é feito para que não modifiquemos os nomes das pessoas e dos lugares livremente.

Exato.

b) Abreviaturas, siglas e símbolos e unidades de medida de uso internacional:

- kg (quilograma)
- km (quilômetro)
- K (potássio)

Repare bem que, neste caso, quando se tratar do nome inteiro do elemento, ele é feito de acordo com as normas ortográficas da nossa língua, que dispensam o uso de "K", por exemplo.

– Sim: o que o senhor quer dizer é que é "km" (com "K") quando é o símbolo, mas "quilômetro" (com "QU") quando está por extenso.

Isso mesmo.

2. USO CORRETO DAS VOGAIS

No uso de vogais, as duas dúvidas mais comuns são entre "E" e "I" e entre "O" e "U". Mais uma vez, estaremos dependentes do conhecimento acerca da correta grafia da palavra, visto que não há regras definidas.

– Em resumo, a questão é ter ou não ter vocabulário...

Sim. Basicamente isso. Para auxiliar na formação desse vocabulário, vou listar abaixo algumas (dentre muitas) palavras que podem gerar dúvidas.

2.1. "E" ou "I"

a) Escrevem-se com "E":

+ Aborígene (também "aborígine")
+ Área (superfície)
+ Arrear (pôr arreios)
+ Beneficência
+ Cardeal (prelado, ave)
+ Candeeiro
+ Coletânea
+ Deferir (conceder)
+ Despensa (depósito, copa)
+ Disenteria
+ Empecilho
+ Encubar
+ Enteado
+ Lêndea
+ Miscelânea
+ Óleo
+ Ósseo
+ Rédea
+ Róseo
+ Térreo
+ Umedecer

Não custa atentar a alguns desses termos com maior atenção. Para facilitar a assimilação, já mostrarei também outros termos (com "I"), ainda que eles estejam somente na lista subsequente.

– Diga quais, profe, que eu guardo com carinho.

"Área", com "E", é a medida da superfície de algo:

+ "O terreno ocupa uma área de trezentos metros quadrados".

Pode soar estranho "ária", com "I", que é uma composição musical:

+ "Esta é a mais bela ária dessa ópera".

– "Área" é normal; "ária" é estranho.

"Arrear", com "E", é colocar os arreios em um animal:

+ "O ginete arreou o cavalo e ambos partiram em disparada".

Já "arriar", com "I", é "baixar, descer, vergar com o peso de":

+ "O eixo do carro arriou com o peso dos passageiros".

– Tranquilo.

"Deferir", com "E", é "conceder", "atender":

+ "O juiz deferiu o pedido feito pelo advogado de defesa".

Já "diferir", com "I", é "discordar", "divergir", "ser diferente":

+ "A posição de Paulo parece diferir muito da minha".

– Certo: "deferir" é "conceder"; "diferir" é "ser diferente".

Só isso.

"Despensa", com "E", é o compartimento da casa onde se guardam os mantimentos:

+ "Graças a Deus, a despensa está cheia de alimentos, apesar da crise".

"Dispensa", com "I", é o ato de "dispensar":

+ "A dispensa de Paulo do exército sairá semana que vem".

b) Escrevem-se com "I":

+ Adiante
+ Adivinhar ("advinhar" não existe)
+ Ária (tipo de canção musical)
+ Arriar (baixar, vergar)
+ Cordialmente
+ Corrimão
+ Crânio
+ Diferir (divergir, ser diferente de)
+ Dilapidar
+ Dispensa (ato de "dispensar")
+ Estropiar
+ Fatiota
+ Franquiar (lembre de "franquia")
+ Gerânio
+ Lampião
+ Limiar
+ Privilégio
+ Réstia

2.2. "O" ou "U"

a) Escrevem-se com "O":

+ Amontoar
+ Assoar
+ Boato
+ Bússola
+ Coentro
+ Demolir
+ Engolir
+ Femoral
+ Goela
+ Mágoa
+ Polir
+ Roído ("roer")
+ Soalho
+ Sortir ("prover")
+ Tossir

Vamos destacar algumas palavrinhas, para vermos exemplos em relação a elas e para a grafia correta ficar um pouco mais bem marcada.

– Não custa, professor...

Concordo. Eu destacaria, das palavras dessa lista, "demolir", "engolir", "femoral" e "tossir".

+ "A construtora irá demolir o prédio." (e não "demulir")

- "Tenho dificuldades para engolir comprimidos grandes." (e não "engulir")
- "A veia femoral é vital para os homens." (e não "femural")
- "A moça não parava de tossir durante a noite." (e não "tussir")

– Professor, não daria para dizer "ele vai demulir a pau o vizinho"?

Infelizmente, apesar do lirismo da frase, não. ☺

– Tudo bem, acredito. E "femoral" eu também teria dificuldade de escrever certo.

Então guarde bem!

b) Escrevem-se com "U":

- Bueiro
- Bulir
- Curtir
- Curtume
- Embutir
- Entupir
- Escapulir
- Fêmur
- Míngua
- Ruído ("barulho" ou particípio do verbo "ruir")Sinusite
- Supetão
- Surtir ("produzir")
- Tábua
- Tabuada
- Tabuleta
- Urticária
- Urtiga

Vamos a mais alguns destaquezinhos?

– Vamos, sim.

Eu destacaria, deste grupo, "bueiro", "entupir", "supetão", "surtir" e "urtiga":

- "Bem em frente à casa de Paulo há um bueiro entupido".

Como você vê, há duas palavras da lista nessa frase: "bueiro" e "entupido" (que vem de "entupir").

– Sim. Acho que eu ficaria em dúvida em ambas.

Eu também acho. E lembre-se de que agora estamos vendo as formas corretas, então elas parecem naturalmente mais "certas" do que pareceriam no momento da prova.

– Concordo.

- "Ele suspendeu de supetão todas as doações da empresa."
- "Não creio que vá surtir efeito a medida de papai."
- "A urtiga queima a pele como ácido."

Leia com calma, releia e não erre mais.

– Juro que vou tentar.

E vai conseguir.

3. "S", "X", "Z"

3.1. "S", "X" e "Z" em fim de sílaba, com mesmo som (vale a "história" da palavra)

Note que, nas palavras abaixo, as três letras em destaque, todas no fim de sílaba, apresentam exatamente o mesmo som:

- es-pre-mer
- ex-tin-tor
- fe-liz-men-te

– Noto bem, profe.

Ótimo. Quando nós temos, em fim de sílaba, a situação acima, que são as letras "S", "X" ou "Z" com o mesmíssimo som, não haverá regra propriamente para a escolha de uma ou outra. A letra com a qual a palavra é grafada depende da origem da palavra.

– Então vamos ter de saber a grafia "decoradamente", por assim dizer...

Isso. Abaixo mostro uma pequena lista com as principais palavras que apresentam, nessa situação, uma dessas três letras.

a) Escrevem-se com "S":

- espectador (quem assiste a algo)
- espontâneo
- esperto (inteligente, astuto)
- espremer
- esquisito
- estender
- estranho
- estrato (camada)
- misto
- misturar

b) Escrevem-se com "X":

- contexto
- expectador (quem tem expectativa)
- expectorar
- experto (que tem experiência, perito)

- extintor
- extraordinário
- extrato (coisa extraída)
- inexplicável
- pretexto
- sexto
- sêxtuplo
- têxtil
- texto
- textual

c) Escrevem-se com "Z":

- infelizmente
- capazmente
- atrozmente

Nesse caso, convém ter bastante atenção com palavras de mesma pronúncia, mas que apresentam diferentes grafias e, por isso, têm diferentes sentidos.

– Espectador / expectador; esperto / experto; estrato / extrato?

Sim: exatamente essas!

- "Os espectadores gostaram da nova novela televisiva." (= os que assistem)
- "Muitos adultos são expectadores do Natal." (= aguardam-no com expectativa)
- "Ele era esperto desde que era muito criança." (= inteligente)
- "Ele era experto em matérias econômicas." (= perito, "expert")
- "Os estratos mais ricos da população são favoráveis ao governo." (= camadas)
- "O extrato de tomate é útil em várias receitas." (= aquilo que se extrai)

Cabe mencionar que, em relação aos dois primeiros pares, as formas com "S" são imensamente mais comuns no uso: "espectador" e "esperto". Os termos "expectador" e "experto", com suas significações mais particulares e inusuais, servem para ampliar o nosso vocabulário e nos livrar de armadilhas.

– OK, professor.

3.2. "S", "X" e "Z" interiores (em início de sílaba)

No interior de uma palavra, as letras "S", "X" e "Z" podem assumir som de "Z". Quer ver?

- arrasar
- exaltar
- agonizar

Você consegue notar que as letras destacadas nas três palavras apresentam rigorosamente a mesma pronúncia?

– Sim!

Então vamos às listas das principais palavras em que se usa cada uma dessas letras com as considerações posteriores habituais.

a) Escrevem-se com "S":

- alisar
- analisar
- anestesia
- arrasar
- artesão
- asa
- asilo
- atrasar
- besouro
- bisonho
- blusa
- brasa
- catequese (mas catequizar)
- coser (costurar)
- duquesa
- evasão
- frenesi
- lesar
- liso
- narciso
- obséquio
- paralisação
- paralisar
- pêsames
- pesquisa
- pesquisador
- represa
- represália
- sacerdotisa
- siso
- vaso

Daqui, vou destacar "analisar", "catequese", "catequizar", "coser", "cozer", "paralisar" e "siso".

– Profe, nessa lista achei todas, sem exceção, no mínimo traiçoeiras. E se eu fico em dúvida aqui, lendo em paz o seu livro, fico imaginando o tamanho do desespero e da insegurança na hora da prova...

Pois é exatamente por isso que estamos fazendo essas listas e essas seleções.

- "É preciso analisar com muita calma as pesquisas."
- "A análise dos dados demonstrou falhas no procedimento."

Tranquilo?

– Tranquilo. Talvez as duas mais tranquilas desse grupo.

Certo.

- "A catequese dos índios era um dos ideais dos portugueses."

+ "Seria necessário catequizar os índios na época da colonização."

– Professor querido, eis um parzinho muito, muito cruel...

Eu sei. Lembre-se dele: a "catequese", mas "catequizar".

– Vou lembrar!

"Coser", com "S", é costurar:

+ "Precisava coser as próprias meias, que estavam vergonhosas".

Já "cozer", com "Z", é "cozinhar":

+ "Queria cozer os vegetais antes de usá-los na receita".

– Profe, o duro desse par é que não se usa muito nem um nem outro.

Concordo, mas existe, então saibamos. Ainda assim, você está certo: "costurar" é mais usado que "coser", e "cozinhar" é mais usado que "cozer".

"Paralisar" e "paralisação" são duas palavras escritas assim, com "S". Acho ambas muito, muito passíveis de gerar dúvida, sobretudo "paralisação".

+ "Precisamos paralisar as atividades; somente a paralisação fará com que sejamos ouvidos."

– Mas "paralização" fica talvez mais bonito do que o termo certo, professor...

Sei disso. Então, cuidado.

Por fim, "siso", o dente, é palavra escrita assim, com "S" no início e "S" no meio.

+ "Quando extraiu o siso, teve de permanecer quatro dias em casa."

– Professor, essa grafia é quase inaceitável.

Aceite que é melhor. ☺

b) Escrevem-se com "X":

+ exalar
+ exaltar
+ exasperar
+ exasperado
+ execrar
+ exegese
+ exequível
+ exímio
+ êxito
+ êxodo

- exorbitar
- exultante
- exumar
- inexato
- inexorável

Nessa listinha, acho que, embora algumas gerem estranheza, ainda assim não pensaríamos em escrevê-las de outro modo. Trata-se apenas de palavras que não estamos acostumados a ver escritas. Vou destacar "inexorável".

- "O tempo é inexorável e não poupa ninguém."

Destaco essa palavra não pela letra com que é escrita, mas para resgatarmos uma questão da Fonética, lembra?

– O "X" tem som de "Z", não de "KS".

Lindo. A pronúncia é como se o termo fosse escrito "inezorável".

c) Escrevem-se com "Z":

- abalizado
- agonizar
- Andaluzia
- baliza
- bazar
- buzina
- catequizar (mas catequese)
- cerzir
- comezinho
- cozer
- cozinhar
- destreza
- espezinhar
- gozar
- granizo
- lambuzar
- luzidio
- matizar
- prezado
- proeza
- rizotônico
- vazado
- vazar
- vazio

Aqui acho que temos um grupo relativamente tranquilo, não?

– Aparentemente sim, professor...

E acho que é. Vou selecionar só duas palavrinhas: "baliza" e "vazar":

- "O homem fez a prova de baliza e foi reprovado".

Você não erraria. E, se erraria, não errará mais:

- "Existe o risco de o líquido vazar do motor e gerar uma pane".

Não confunda essa grafia com a de "extravasar", assim mesmo, com "S":

- "Quero extravasar as minhas dores em forma de arte".

– "Vazar" com "Z", como vazamento; mas "extravasar" com "S", como "vaso"?

Exato.

4. "S", "SS", "C", "Ç", "X", "SC", "XC" E "XS" INTERNOS

Prepare-se.

– Ai, ai, ai, professor.

Prepare-se.

– Vem notícia ruim?

Não: vem a parte mais difícil de tudo o que estamos vendo. São muitas diferentes grafias, são muitas as palavras que eu poderia selecionar como importantes, são muitos os casos em que, em um ditado, você certamente ficaria em dúvida, muito em dúvida.

– Professor, às vezes a minha ignorância sobre um determinado assunto é tão completa que eu erro sem ter sequer ficado em dúvida, ou seja, vou direto e reto ao erro.

Sei bem o que é isso. Vamos ver na sequência muitas dessas palavras e, em cada um dos grupos, vou separar algumas para usarmos em exemplos e tentarmos fixá-las melhor.

a) Escrevem-se com "S":

- anseio
- ânsia
- ansioso
- ascensão
- consenso
- consertar (endireitar)
- conversão
- convulsão
- dissensão
- entorse
- extensão
- extorsão
- insipiente (ignorante)
- obsessão
- pretensão
- pretensioso
- senso (entendimento)

Daqui, tirarei algumas palavras para já começarmos com o pé direito: "ansioso", "ascensão", "insipiente", "obsessão", "pretensão", "pretensioso" e "senso".

– Vamos a elas.

"Ansioso", "ansiedade", "ansiosamente" e "ânsia" são palavras que devem ser escritas com "S":

+ "A ansiedade é uma espécie de ânsia por adivinhar o futuro".

– Ah, existe o risco real de em um momento de descuido sair um "C", professor... Mas agora pretendo não ter mais esse impulso...

Isso, controle seus impulsos, sobretudo aqueles que podem acarretar erros de questões. ☺

"Ascensão" é uma palavra escrita com "S" no final.

+ "A ascensão de certas ideias assusta os mais racionais."

– Aqui talvez dê vontade de um "ç": "ascenção" não me pareceria errado.

Entendo, mas estaria.

Agora veremos em dupla "censo" e "senso". "Censo", com "C" inicial, é "conjunto de dados estatísticos", "recenseamento":

+ "O censo realizado pelo IBGE revelou a pirâmide social do país".

"Senso", com "S", é "faculdade de apreciar, de julgar, de entender":

+ "O senso de justiça, se não controlado, pode levar a problemas".

– Quando pensar em usar, via de regra, uso com "S", é isso? Senso de responsabilidade, bom senso, senso comum. Com "C", só no sentido de "estatística"?

Assim mesmo. Muito bom. Agora mais uma dupla de palavras.

"Insipiente", com "S", significa, literalmente, "ignorante":

+ "O rapaz é muito insipiente em vários assuntos".

"Incipiente", com "C", é "aquilo que está no início":

+ "A gravidez da moça, ainda incipiente, não era notada pelos demais".

– Muito, muito, muito mais usado o com "C", certo?

Sem dúvida nenhuma: "carreira incipiente", por exemplo, refere-se a quem está no início da carreira. A palavra grafada com "S" é, de fato, bem mais rara.

O substantivo "obsessão" (assim como o adjetivo "obsessivo") é palavra escrita assim: primeiro "S", depois "SS":

+ "Eu tenho obsessão por resultados; Carlos é obsessivo por trabalho".

Tranquilo?

– Tranquilo.

Ótimo. Porque a dúvida pode surgir devido ao fato de o termo "obcecado" ser escrito assim, com "C":

+ "Eu sou obcecado por resultados e por trabalho".

– De fato, dificulta um pouco.

"Obcecado" é o mesmo que "teimoso", ou "com a razão e a inteligência obscurecidas". Já "obsessivo" deriva de "obsessão", que significa "ação de perseguir, de atormentar". São significações próximas, mas diferentes. E, sobretudo, a grafia é diferente.

– "Obcecado", mas "obsessão" e "obsessivo". "Obsessão" e "obsessivo", mas "obcecado". Eu hei de guardar!

Por fim, nesta lista, "pretensão" e, sobretudo "pretensioso" são palavras escritas com "S".

+ "Eu não tenho a pretensão de ser amado por todos."
+ "João tem se tornado cada vez mais pretensioso."

– Certo, professor. É uma dupla de fato meio difícil.

É. E mais difícil é "pretensioso", uma palavra muito, muito frequentemente escrita de maneira errada: "pretencioso". Cuidado.

b) Escrevem-se com "SS":

+ abscesso
+ antisséptico
+ arremessar
+ arremesso
+ assento (móvel sobre o qual se senta)
+ benesse
+ carrossel
+ cassar (tornar nulo)
+ cessão ("ceder")
+ dissensão
+ dissídio
+ insosso
+ lasso (cansado, frouxo)
+ obsessão
+ possesso

Em relação a esse grupo, eu diria que ele é fácil, no entanto tem também as suas dificuldades. Vamos a algumas delas.

– Estou me acostumando às dificuldades, professor.

Isso é bom.

"Abscesso" é palavra dificílima, pois tem duas particularidades: o "SC" do início e o "SS" do final.

+ "O abscesso na coxa deixava Paulo angustiado."

– Profe, eu teria mais dificuldade no SC do início.

Também acho mais difícil; lembre-se, então, de que "abscesso" é duplamente difícil.

"Carrossel" também é uma palavra muito frequentemente escrita de modo equivocado por aí. De maneira comum, coloca-se "C" em lugar do "SS". É erro:

+ "Jamais me esqueço de que, na infância, meu brinquedo preferido era o carrossel".

– Feio não fica com o "C". Prometo tentar guardar!

"Cassar", com "SS", palavra comum em textos de prova, é "tornar nulo ou sem efeito". É de uso amplo na área jurídica, motivo pelo qual o vocábulo segue vivo em nossa língua.

+ "Pretendem cassar o mandato do governador do estado."

Já "caçar", com "Ç", é "perseguir, buscar, andar à caça".

+ "Pretendem caçar pássaros silvestres e animais selvagens."

– Cassar, com "SS", é o da área jurídica, de "tornar nulo ou sem efeito", "suspender". Caçar, com "Ç", é ir à caça. Se um político tivesse sido "caçado", ele teria sido perseguido ou abatido. Seria isso?

Exatamente. ☺

Em tese, "cassa-se" um político, mas "caça-se" um animal, por exemplo.

Agora aproveitaremos o termo "cessão" para, na esteira dele, vermos também "sessão" e "seção".

– Clássico conteúdo de quando se fala em parônimos e homônimos...

Justamente. Vamos lá. "Cessão", com "C" inicial e "SS" na sequência, é "ato de ceder":

+ "A cessão dos direitos autorais das músicas foi assinada na quarta-feira".

"Sessão", com "S" inicial e "SS" na sequência, é espaço de tempo que dura uma reunião", ou "cada uma das apresentações de um espetáculo, de um filme, de um concerto musical, etc.".

+ "O show foi melhor na sessão de sexta-feira do que na de sábado."

Por fim, "seção" ou "secção", ambas as palavras com mesmíssimo significado, são "parte de um todo", "divisão ou subdivisão de algo", "cada um dos setores de uma repartição ou estabelecimento":

+ "Carlos trabalha na seção que fica no oitavo andar".

Resuma para mim "cessão", "sessão" e "seção".

– "Cessão", com "C" e "SS", é o ato de ceder algo; "sessão", com "S" e "SS", é tempo que dura ou cada apresentação"; e "seção" ou "secção" é parte, divisão ou setor.

Isso. Guarde isso e não erre mais.

c) Escrevem-se com "C":

+ acento (sinal)
+ amaciar
+ ancião
+ concerto (obra musical)
+ corcel
+ facínora
+ incipiente (em começo)
+ obcecado
+ obcecar
+ sucinto

Quatro palavrinhas somente dessa lista: "acento", "concerto", "facínora" e "sucinto":

"Acento", com C, é o sinal gráfico que aparece em determinadas palavras:

+ "Os acentos gráficos são o agudo, o grave e o circunflexo".

Na linha de "palavra parecida, mas muito diferente", temos "assento", com "SS", que significa "objeto ou lugar onde alguém se senta":

+ "O assento em que eu estava no avião era duro e desconfortável".

– "Acento", sinal gráfico; "assento", o que tem a ver com "sentar".

Bem isso.

"Concerto", com "C", é apresentação musical:

+ "O concerto de Marisa Monte estava deslumbrante".

"Conserto", com "S", é "ato ou efeito de consertar, de fazer reparo em algo":

+ "O conserto da máquina de lavar demorou mais de duas horas."

– Com "S", verbo "consertar" e também, na mesma linha, "conserto"; "concerto", com "C", só o de música.

Isso. ☺

Para terminar a listinha, duas palavras em que eu tenho medo de que você, erradamente, coloque um "SC" inexistente: "facínora", que significa "pessoa perversa e criminosa"; e "sucinto", que significa "que se serve de poucas palavras". Como você pôde perceber, ambas com "C", apenas.

+ "O facínora assassinou todos os membros daquela família."
+ "Vou ser sucinto: você será demitido."

– Maravilha, professor.

d) Escrevem-se com "Ç":

+ Aço
+ Almaço
+ Caça
+ Caçar
+ Caçula
+ Camurça
+ Cerração
+ Contorção
+ Desavença
+ Maçada
+ Maciço
+ Miçanga
+ Muçarela
+ Muçulmano
+ Pança
+ Presunção
+ Retenção
+ Sumiço

Aqui, no "Ç", vou destacar apenas uma palavra: "muçarela", que se escreve assim mesmo, apesar da estranheza.

+ "Preciso de duzentos gramas de queijo muçarela para a receita."

– "Mussarela" nem pensar?

Nem pensar: "Ç" mesmo, pois a palavra já está bem aportuguesada.

e) Escrevem-se com "SC":

- Ab**sc**esso
- Aquie**sc**er
- A**sc**endente
- A**sc**ensão
- Conde**sc**ender
- Côn**sc**io
- Convale**sc**er (mas prevalecer)
- Di**sc**ente
- Di**sc**ernir
- Di**sc**ípulo
- Eferve**sc**ência
- Fa**sc**ículo
- Fa**sc**ismo
- Flore**sc**er
- Impre**sc**indível
- Intume**sc**er
- Né**sc**io
- Ob**sc**eno
- Remane**sc**ente
- Rena**sc**ença
- Re**sc**indir
- Re**sc**isão
- Ressu**sc**itar
- Su**sc**etível
- Su**sc**itar
- Ví**sc**era

De todas as listas de palavras, eis aquela que, na minha humilde opinião, é a mais difícil de todas.

– Se o senhor acha, tendo fortemente a concordar...

Que bom! "SC" é um problema muito sério na ortografia: às vezes ele aparece onde não devia; às vezes ele não aparece onde devia. Não vou, por isso, nem fazer uma lista inicial de palavras que serão depois, na sequência, alvo de exemplos. Prefiro que você releia a lista com toda a atenção, sabendo que todas as palavras dela são importantes e um pouco difíceis, e depois veja as que eu selecionei.

– Maravilha, professor.

Agora vamos a algumas em particular.

"Aquiescer", que significa "consentir, aprovar", escreve-se desse modo, com "SC":

- "O rapaz <u>aquiesceu</u> aos desejos da namorada".

– Professor, creio que seja fácil de errar até pela semelhança com "aquecer", que é outra coisa completamente diferente...

Isso: "aquecer" é "provocar aquecimento, transmitir calor" e se escreve com "C":

- "Joana <u>aqueceu</u> os pés com uma meia de lã".

"Convalescer", que é "recuperar-se de doença ou moléstia", e os termos da mesma família ("convalescimento" e "convalescente", por exemplo), são escritos com "SC":

+ "Creio que nosso filho vá convalescer, mas pode demorar".

– Poderia ser também "João é um convalescente" ou "O convalescimento dele é aguardado para um futuro próximo"?

Poderia. Perfeito.

O termo "discente", com "SC", diz respeito a "aquele que aprende", ou seja, "é relativo a aluno":

+ "Os discentes reprovaram o novo professor de Matemática".

– E o que diz respeito a "aquele que ensina", "ao professor"?

Para esse caso, o certo é "docente", com "C" apenas:

+ "Os docentes reuniram-se para combinar a sequência do ano".

– Armadilha, professor. "Discente" com "SC"; "docente" com "C".

Exato.

"Fascismo", termo muito em voga nessa época em que tanto se debatem política e ideologia, com frequência é escrito, erradamente, apenas com "C". A forma correta, entretanto, é com "SC":

+ "O Fascismo esteve em voga na Europa na primeira metade do século XX".

– A mesma lógica se aplica a "fascista", "fascistoide" e afins?

Sim. Todas as palavras da família dessa são escritas do mesmo modo:

+ "Ideias fascistas ainda existem em larga escala na sociedade".

"Imprescindível", que significa "indispensável", escreve-se com "SC":

+ "É imprescindível pautarmos as questões relativas à saúde e à segurança".

Agora me diga você: se "imprescindível" é aquilo que não se pode dispensar, o que é "prescindível"?

– É aquilo que se pode dispensar?

Justamente:

+ "É prescindível a sua presença na reunião".

Isso quer dizer que você não precisa ir à reunião.

– Se aparece "prescindir" ou "prescindível" em uma questão relativa a sentido, poderia ser que eu me atrapalhasse...

Sim. Aparece muito mais na nossa língua cotidiana a forma com prefixo de negação ("imprescindível") do que a forma sem ele ("prescindível"). Guarde.

– Guardarei.

f) Escrevem-se com "XC":

+ Exceção
+ Exceder
+ Excelso
+ Excepcional
+ Excessivo
+ Excitar

Vou destacar aqui duas palavras: "exceção" e "excitar".

"Exceção", embora usualíssima no dia a dia, ainda é uma palavra escrita de modo equivocado. O maior erro não costuma ser o "XC", e sim a "Ç" final. Há quem escreva com "SS", forma que se enquadra na categoria "Deus nos livre!".

+ "As crianças costumam ser criativas, e Carlos não é uma exceção."

– Tranquilo.

"Excitar", "excitação", "excitante" e "excitado" são palavras escritas com "XC":

+ "Parece difícil excitar uma pessoa fria como ele, por mais excitante que seja a atividade".

E não confunda de modo algum essa grafia com a de "hesitar", que significa "titubear", "ficar indeciso", "ter dúvida":

+ "Ele deve responder de modo correto sem hesitar, pois estudou muito".

– Bacana, professor.

"Hesitação" e "hesitante", que são da família de "hesitar", seguem a mesma lógica ortográfica.

+ "Não pode haver hesitação: você tem de confiar em si!."

- "Antes de tomar uma decisão, ficou <u>hesitante</u> durante algum tempo."

g) Escrevem-se com "XS":

- **Exsudação (líquido resultante de um processo inflamatório)**
- **Exsudar (expelir em forma de gotas)**
- **Exsudato (o mesmo que "exsudação")**

Acho que você não conhece essas palavras...

> – O senhor acertou impecavelmente: não conheço nenhuma!

Não se preocupe. São raras mesmo. Cabe salientar que, em todas elas, a pronúncia do dígrafo "XS" é feita com som de "SS", e não de "Z": "essu".

> – Certo, profe.

- "O <u>exsudato</u> (ou <u>exsudação</u>) ocorre durante o processo de cicatrização."
- "<u>Exsudar</u> pode significar o mesmo que suar."

> – Se o senhor está dizendo que esta é a pronúncia dessas palavras, acredito.

Ótimo.

5. "J" E "G" INICIAIS E INTERNOS

Eis uma dúvida clássica da época do colégio, que já foi matéria de "cola" para muitos em ditados na longínqua época da infância.

> – Professor, existe o risco real de eu, até hoje, já na idade adulta, não ter certeza na hora de usar uma ou outra dessas letras em algumas palavras.

Não se preocupe: você não é a única pessoa do mundo que sente essa insegurança.

a) Escrevem-se com "J":

- **Berinjela**
- **Canjica**
- **Cerejeira**
- **Enrijecer**
- **Gorjeta**
- **Jeito**
- **Laje**
- **Lisonjear**
- **Majestade**
- **Manjedoura**
- **Manjerona**
- **Pajé**
- **Pajem**
- **Rijeza**

- Sarjeta
- Trejeito
- Viajem (verbo)

Vejamos algumas dessas palavras com maior detalhamento: "berinjela", "enrijecer", "gorjeta", "laje", "pajem", "rijeza" e "viajem" (antecipando, esta última é a mais importante de todas do grupo).

De uma vez só, vejamos "berinjela", "gorjeta", "laje" e "pajem". Todas elas (decore) são com "J". E, graças a Deus, não há uma palavra parecidíssima, mas escrita com "G", para nos confundir.

- "Ana Paula adora comer berinjela assada com queijo."
- "Às vezes dou gorjeta para os garçons, a depender do atendimento feito."
- "O menino subiu à laje de sua casa e mirou o horizonte."
- "Todos os reis têm à sua disposição um pajem que os auxilia."

– Se o senhor está pedindo, decoremos, professor!

O verbo "enrijecer" é escrito com "J":

- "O governo enrijeceu as regras de imigração no segundo semestre".

O substantivo "rijeza" (que é resistente, que não tem flexibilidade) e o adjetivo "rijo" (qualidade do que tem "rijeza") são escritos também com "J":

- "Paulo tinha o corpo rijo; aliás, a rijeza na compleição física era uma característica de todos na família".

Por outro lado, o substantivo "rigidez" (teso, retesado, não flexível) e o adjetivo "rígido" (qualidade do que tem "rigidez") são escritos com "G".

- "A rigidez dos costumes com frequência prejudica a sociedade."
- "Tinha um comportamento ético rígido sempre."

– Professor do céu, fica dificilzinho isso...

Não tanto. Lembre-se de que o verbo é com "J", sendo com "J" também as suas formas conjugadas: enrijecer, enrijeceu, enrijeceríamos, etc. Quanto aos substantivos e adjetivos, pense que têm significado muito próximo, mas são duplas de palavras distintas: rígido/rigidez; rijo/rijeza.

– Vou me esforçar!

Lá na abertura deste grupo de palavras, eu havia avisado que havia uma mais importante que as demais...

– "Viajem", com "J"...

Exato. O verbo "viajar" se escreve com "J" (até porque, se fosse escrito com "G", teria sua pronúncia alterada no infinitivo: "viagar" seria uma grafia impossível). Devido a esse infinitivo com "J", todas as formas verbais se escrevem também com essa letra. Imaginemos a conjugação de "viajar" no pretérito perfeito do indicativo: eu viajei, tu viajaste, ele viajou, nós viajamos, vós viajastes, eles viajaram.

– Sim, professor, até aqui eu acertaria essa conjugação, mas a forma "viajem", com "J", é que me parece pedir para ser escrita com "G"...

O verbo "viajar", em todas as suas conjugações, apresentará "J". Conjugue agora no presente do subjuntivo. Teríamos o seguinte: que eu viaje, que tu viajes, que ele viaje, que nós viajemos, que vós viajeis, que eles viajem. Chegamos ao que nos interessa:

- "Todos nós esperamos que eles viajem na próxima segunda-feira".

De novo: se é uma forma do verbo "viajar", então com "J":

- "Viajem muito e aproveitem o descanso!".

– Ok, profe.

Com "G", escreve-se apenas o substantivo: "a viagem", "esta viagem", "uma viagem", "muitas viagens".

- "Marcaremos a viagem para o período de férias das crianças."
- "Algumas viagens ficam guardadas em nossa memória."

– Com "G" só o substantivo; qualquer forma verbal com "J"?

Isso. No caso da dupla "viajem" / "viagem", exatamente isso.

b) Escrevem-se com "G":

- Agiota
- Álgebra
- Algema
- Angelical
- Bugiganga
- Bugio
- Falange
- Faringe
- Ferrugem
- Garagem
- Ginete
- Herege
- Monge
- Relógio
- Singelo
- Tangente
- Tangerina
- Tigela
- Vagem
- Viagem (substantivo)

Nesta lista, vou arriscar dizer que não há nenhuma palavra especialmente difícil. Creio que dê mais vontade de escrever algumas da lista anterior com "G" do que de escrever as dessa lista com "J". Ainda assim, para não perdermos o hábito, quero que você releia com atenção todas as palavras acima.

– Certo!

Vamos agora a alguns exemplos com algumas delas:

+ "O ginete montou no cavalo e o dominou com grande facilidade."
+ "Havia monges beneditinos em diversos países europeus."
+ "Uma tigela com sopa não mata a fome de um homem daquele tamanho."

– De fato, um grupo tranquilo, professor.

Menos mal.

6. "X" E "CH" INICIAIS E INTERNOS

Última das dúvidas ortográficas mais habituais entre duas estruturas para uma mesma posição em determinada palavra, convém sabermos diferenciar o uso do "X" e do "CH", tanto iniciais quanto internos.

– Vamos adiante.

a) Escrevem-se com "X":

+ Atarraxar
+ Broxa (pincel)
+ Coaxar
+ Coxa
+ Coxo (manco)
+ Desenxabido
+ Elixir
+ Engraxar
+ Enxada
+ Enxaguar
+ Enxame
+ Enxaqueca
+ Enxerto
+ Enxotar
+ Enxoval
+ Enxugar
+ Enxurrada
+ Enxuto
+ Graxa
+ Laxante
+ Lixa
+ Lixo
+ Luxação
+ Macaxeira
+ Mixórdia
+ Paxá
+ Praxe
+ Rixa
+ Taxa (preço)
+ Trouxa
+ Vexar
+ Xale

- **Xangai**
- **Xerife**
- **Xibolete**
- **Xingar**
- **Xodó**
- **Xucro**

Na minha opinião, entre "X" e "CH", a maior parte das dificuldades encontra-se nessa primeira lista, que é a das palavras com "X". Veremos algumas.

"Atarraxar", que é "apertar com tarraxa ou parafuso", grafa-se assim, com "X":

- "João queria atarraxar o quadro na parede de qualquer modo".

– Tarraxa, atarraxou, atarraxar: tudo om "X".

"Broxa", com o sentido de "pincel grande", escreve-se com "X" também:

- "Com uma broxa resistente, pintou todas as paredes da casa".

Na mesma linha, "broxar" é "pintar com uma broxa":

- "Ele broxou as paredes todas em apenas dois dias".

Já "brocha", com "CH", é um prego curto:

- "A marteladas, fixou a brocha na parede".

Nessa outra linha, "brochar" é "cravar brochas em", "fixar":

- "Ele brochou vários pontos da parede".

Pode, ainda, "brochar" significar, na área da editoração, "dar acabamento em brochura", sendo "brochura" o que chamamos de capa mole.

- "O rapaz acaba de brochar o livro."

– Profe, quanta coisa para "broxar" / "brochar". Não estaria faltando nada, nenhuma significação para esse termo?

Das que interessam e podem ser usadas em nível culto, não falta nenhuma. ☺

– Mas e a outra, que não pode ser usada em nível culto, se fosse escrita no "WhatsApp", por exemplo, seria com X ou "CH"?

Com "X". E mais não falo.

– Obrigado!

"Coxa", a parte do corpo, e "coxo" / "coxa", pessoa manca, são termos escritos com "X".

+ "Eu estou com dor na coxa e na panturrilha."
+ "O rapaz ficou coxo desde o acidente de carro."

"Coxo", no sentido de "manco", vem do verbo "coxear", que significa "mancar". Lembre-se de que "coxo" é quem tem problema na perna, que é onde fica a "coxa".

– Interessante, professor, e fácil de lembrar.

"Cocho" é a vasilha onde se coloca o alimento do animal:

+ "Eu pus o milho no cocho, ainda assim o cavalo não o comeu".

Derivada desse sentido, usa-se a expressão "virar o cocho" como sinônimo de "ingratidão": "comer e virar o cocho" seria o que uma pessoa ingrata faz.

– Maravilha!

"Enxada", "enxame", "graxa" e "rixa" (contenda, briga) também são palavras com a letra "X" que muito frequentemente são grafadas de maneira incorreta.

+ "Usou a enxada para abrir um buraco na terra dura."
+ "Um enxame de abelhas aproximou-se com rapidez da casa."
+ "Saía da oficina sempre sujo de graxa, mas cheiroso."
+ "A rixa entre os torcedores dos times rivais era bastante antiga."

– Tranquilo, professor. Mas são palavrinhas de fato traiçoeiras.

"Taxa", com "X", é "imposto, tributo, preço cobrado por certo serviço, tarifa":

+ "Havia uma taxa de exportação que encarecia o produto".

Do mesmo modo, "taxar" é "tributar", "lançar imposto sobre", seguindo a mesma linha de raciocínio:

+ "O governo pretende taxar os produtos agrícolas que vêm da Argentina".

Já "tacha", com CH, é um "preguinho de cabeça chata", ou "mancha, nódoa", ou, ainda, "defeito moral":

+ "O marceneiro fixou uma tacha na porta do guarda-roupas".

"Tachar", com "CH", é "acusar", "atribuir defeito a":

+ "O povo tachou Paulo de agressivo".

– "Taxar", com X, é "tributo"; "tachar", com "CH", é atribuir defeito.

Isso. Assim se usa comumente.

"Xale", espécie de manta que é usada como agasalho, e "xucro", que é o "animal de sela ainda não domesticado" e, por analogia, a "pessoa rude ou ignorante", escrevem-se também com "X".

+ "Mamãe vestiu o xale e saiu para a rua quase correndo."
+ "Tenho um cavalo xucro, mas pretendo domá-lo até o fim do ano."

– Certo, professor. Eis mais uma dupla em que a grafia errada ("chale", "chucro") soa muito bem...

Sim. Cuidado com elas.

Deixei para o fim a palavra "xodó", que, segundo o dicionário, é "namoro", "amor", "paixão". Essa palavra se escreve com "X" e foi imortalizada na música popular brasileira em um pagode do Grupo Raça, na década de 1990, que tinha o seguinte refrão:

+ "O teu chamego é o meu xodó,
O teu xodó me faz um bem,
Quando estou perto de você,
Não vejo mais ninguém."

– Professor, essa música é um clássico dos pagodes antigos.

Nem fale! Só quem viveu sabe! ☺ ☺ ☺

b) Escrevem-se com "CH":

+ **Achincalhar**
+ **Agachar**
+ **Anchova**
+ **Brecha**
+ **Bucha**
+ **Bucho**
+ **Cachimbo**
+ **Cacho**
+ **Capuchinho**
+ **Cartucho** (de espingarda)
+ **Chimpanzé**
+ **Chorume**
+ **Chuchu**
+ **Cocho** (vasilha)
+ **Colchete**
+ **Desabrochar**
+ **Embuchar**
+ **Encher**
+ **Mancha**
+ **Mecha**
+ **Murchar**

- **Pecha**
- **Pechincha**
- **Tacha** (prego, mancha, imperfeição)
- **Tachar** (pregar, classificar, criticar)
- **Tacho** (substantivo)
- **Tocha**

E eis que vamos nos aproximando do finalzinho das nossas dificuldades ortográficas. Aqui só vou destacar em exemplos algumas palavrinhas que são escritas com "CH".

- "Tirou o cachimbo do bolso e o levou até a boca."
- "O chuchu, por ter pouco gosto, é difícil de ser feito."
- "As plantas desabrocham na primavera."
- "Antônio Carlos queria encher os baldes de água."
- "O computador novo da Apple está uma pechincha."

– Não são difíceis mesmo, professor.

Não são.

7. DUPLA GRAFIA

Existem várias palavras da nossa língua (muitas mais do que suporíamos) que aceitam dupla grafia, ou seja, que podem ser escritas de duas maneiras distintas estando ambas corretas e tendo as duas palavras o mesmíssimo sentido.

– "Muitas mais do que suporíamos" é um mau prenúncio...

Não é não. ☺

Vamos à lista de algumas das principais. Aqui não há o que fazer que não seja listá-las.

- aspeto e aspecto
- caracteres e caráteres
- dicção e dição
- ceptro e cetro
- assumpcionista e assuncionista
- assumpção e assunção
- sumptuoso e suntuoso
- súbdito ou súdito
- subtil e sutil
- subtileza e sutileza
- subtilmente e sutilmente
- amígdala e amídala
- amnistia e anistia

+ indemnizar e indenizar
+ omnipotente e onipotente
+ omnisciente e onisciente

– OK, professor...

8. USO DE INICIAIS MAIÚSCULAS E MINÚSCULAS

Para finalizar a ortografia, vamos a algumas das principais situações em que podem ser usadas letras maiúsculas.

– Muita, muita, muita coisa?

Não. Só algumas. Aquelas que nos deixam, creio, mais em dúvida.

a) Começo de período, verso ou citação direta

+ "Para a maioria dos cidadãos, a liberdade é um anseio."
+ "O amor é fogo que arde sem se ver;
  É ferida que dói e não se sente;
  É um contentamento descontente;
  Dor que desatina sem doer."
  (Luís de Camões)

– Posso pensar que é basicamente em início de frase e em início de verso, no caso de um poema?

Sim, pode e deve pensar isso. Em início de verso, sem que o verso anterior tenha terminado em ponto final, tanto ele pode ser iniciado com maiúscula quanto com minúscula. Poetas modernos, de modo geral, preferem que versos que são sequência de frase não terminada anteriormente comecem com letra minúscula, como se pode ver na estrofe abaixo, de Carlos Drummond de Andrade:

+ "As casas espiam os homens
  que correm atrás das mulheres.
  A tarde talvez fosse azul
  não houvesse tantos desejos".

– OK. Em início de frase, obrigatória a maiúscula. Em início de verso, não sendo início de frase, fica a cargo do autor do poema colocar maiúscula ou minúscula.

Exato. Também nas citações (reproduções das palavras de alguém) usa-se geralmente inicial maiúscula.

+ Fernando Pessoa escreveu: "Tudo vale a pena".

– Certo!

b) Substantivos próprios de qualquer natureza, cognomes

Aquilo que "dá nome" é escrito em letra maiúscula. Não interessa se é o nome de uma pessoa, de uma empresa, de um animal, de um planeta ou de qualquer outra coisa:

+ "Mozart Borba é um excelente professor."
+ "Eu costumo comprar roupas na Renner."
+ "Batizei a minha gata mais velha de Tarsila."
+ "Eu amo imaginar os anéis de Saturno."

– Qualquer coisa que tenha um nome próprio vai ter esse nome em maiúscula?

Exato.

Observações:

→ Nomes dos povos são escritos com iniciais minúsculas.

+ "Cabe aos europeus posicionarem-se quanto a isso."
+ "Os chineses são bastante numerosos."

– "Europa", o nome do continente, com maiúscula, mas "europeus", em relação ao povo, com minúscula? Mesma lógica para "China", com maiúscula, e "chineses", com minúscula.

Perfeito.

→ Nomes comuns que acompanham nomes próprios de estados, províncias, cidades e acidentes geográficos, por exemplo, são escritos com minúscula:

+ "O estado do Rio de Janeiro está endividado."
+ "Eu adoro a cidade de Curitiba."
+ "O rio Amazonas é um patrimônio brasileiro."

– Isso ocorre porque próprios são apenas o nome do estado, o nome da cidade, o nome do rio, enquanto as palavras "estado", "cidade" e "rio", por exemplo, são substantivos comuns?

Raciocínio ma-ra-vi-lho-so! Não há o que acrescentar.

– Agradeço, professor.

Merece. ☺

c) Nomes próprios de épocas históricas e épocas notáveis

- "Durante a Idade Média, a racionalidade ficou em segundo plano."
- "Eu vivi o auge da Era do Rádio e posso dizer que foi inesquecível."

– É a mesma coisa de quando se fala, digamos, em "Pré-história".

Exato, mesma coisa.

– E vale também para eventos históricos, como a "Independência", por exemplo?

Vale, sim!

- "A Guerra de Canudos foi uma mancha em nossa história."
- "A Revolução Farroupilha ocorreu no Rio Grande do Sul."

– Perfeito.

d) Nomes de vias e logradouros públicos

Nos nomes de vias e logradouros públicos, além de monumentos e edifícios, por exemplo, o nome próprio vai sempre em maiúscula, e o termo que acompanha pode ser em maiúscula ou minúscula:

- "A avenida Ipiranga tem quilômetros de extensão."
- "A Avenida Ipiranga tem quilômetros de extensão."

– As duas formas estão corretas? Não há uma preferência?

Sim, as duas corretas, indistintamente. O mesmo valeria para a dupla abaixo.

- "A praça Castro Alves fica localizada em Salvador."
- "A Praça Castro Alves fica localizada em Salvador."

– OK, professor.

e) Artes, ciências, disciplinas etc.

+ "Eu confio no poder transformador da Literatura e da Música."
+ "A Economia estuda a sociedade de modo geral."
+ "Eu farei a disciplina Linguística Textual no terceiro semestre."

– É o caso de "Língua Portuguesa", professor?

É sim: trata-se de uma disciplina. Sendo assim, pode ser grafada como você grafou, com maiúsculas, assim como poderia ser grafada com minúsculas, o que é bastante aceito nos elementos desse item.

– OK, professor.

f) Altos cargos ou postos

+ "Ele foi elevado ao cargo de Arcebispo de Brasília."
+ "O decreto foi assinado pelo Presidente da República."

– Obrigatório, nesse caso?

Não. Poderiam esses "altos cargos ou postos" serem escritos em minúscula, sem nenhum problema.

9. GRAFIA DOS PORQUÊS

Eu tenho certeza de que você se lembra deles, dos quatro porquês que a língua portuguesa nos oferece e em relação aos quais temos de fazer escolhas o tempo inteiro.

– Lembro sim, professor: "porque" (junto e sem acento), "por que" (separado e sem acento), "porquê" (junto e com acento) e "por quê" (separado e com acento).

Eles mesmos! Sabe usá-los com tranquilidade?

– Profe, "tranquilidade" não é palavra que caiba bem para mim...

Entendo. E isso é mais difícil do que às vezes parece. Vamos ver uma a uma as quatro grafias dos porquês.

9.1. Porque

Escrevemos "porque", assim, tudo junto e sem acento, quando ele tiver valor causal ou explicativo, equivalendo a "pois":

+ "Tomara que chova amanhã, porque a seca está prejudicando a lavoura." (porque = pois)

+ "Consertaremos amanhã a porta, porque a enchente a estragou." (porque = pois)

– Este é o que usamos em respostas?

Costuma-se dizer que sim, e de fato ele é bem mais comum em frases afirmativas, por isso dizer-se que ele é o das respostas. Mas cuidado, porque ele pode aparecer, por exemplo, no início de uma frase na qual tenha havido uma inversão das orações:

+ "Porque gostas de mim, não consegues me abandonar."

Entende o sentido da frase?

– Creio que sim.

O que está escrito é "não consegues me abandonar, porque / pois gostas de mim".

– Perfeito.

Também, e muito raramente, o "porque" pode fazer parte de uma frase interrogativa, desde que ele equivalha a "pois", "porque" ou "por causa de que" (que, nesse caso aqui, ajuda bastante para identificar a grafia certa).

+ "Você está triste porque eu me atrasei?"

Nota?

– Mais dificilzinho.

Mas não tanto. Na verdade, é a única dificuldade de todos os "porquês" que estudaremos. Repare que não se está perguntando, nesta frase, "por que eu me atrasei". Não é isso. O que se está perguntando é se o atraso é a causa da tristeza:

+ "Você está triste por causa de que eu me atrasei?".
+ "Você está triste por causa de eu ter me atrasado?".

– Entendi, profe. Mas é uma situação meio rara, não?

Bastante rara. De modo geral, serão mesmo frases afirmativas em que a estrutura claramente equivale a "pois", como as abaixo:

+ Almoce logo, porque o restaurante fecha em seguida."
  = pois

+ Aqueles foram anos muito difíceis, porque a Europa estava destruída."
  = pois

– Fechado, professor.

9.2. Por que

Teremos essa grafia, separada e sem acento, em duas situações.

a) Quando equivaler a "por que razão", "por que motivo"

+ "Por que as pessoas estão reagindo dessa maneira?"
  = por que razão / por que motivo

+ "Alguém saberia me dizer por que ela fez isso?"
  = por que razão / por que motivo

– Este é o porquê que se diz por aí que é mais usado em perguntas, mas imagino que não seja sempre assim, porque quase nunca é sempre de um jeito ou sempre de outro...

Exatamente. Quer ver?

+ "Ele não revelou por que estava tão nervoso naquele dia."
  = por que razão / por que motivo

– OK, profe.

b) quando equivaler a "pelo qual", "pela qual", "pelos quais", "pelas quais"

+ "A cidade por que passei estava deserta."
  = pela qual

+ "Eu não sei os motivos por que ele estava furioso."
  = pelos quais

– Aqui é bem tranquilo, professor.

É sim. Então, lembre que "por que", separado e sem acento, ocorre quando a estrutura equivaler a "por que razão" / "por que motivo" ou "pelo qual" / "pela qual" e plurais.

– OK!

9.3. Por quê

Escreve-se assim, separado e com acento, quando equivaler a "por que razão" / "por que motivo" e estiver batendo em sinal de pontuação:

+ "Ela já foi embora? Por quê?"
  = por que razão / por que motivo

– Então, tem de equivaler a "por que razão", "por que motivo" e, além disso, deve necessariamente estar se chocando por sinal de pontuação?

Exatamente. Pode, inclusive, estar sozinho:

+ "Por quê?"
  = por que razão / por que motivo

9.4. Porquê

Por fim, grafa-se essa palavra assim quando ela estiver substantivada.

– Substantivada?

Isso mesmo. Quando a estrutura for antecedida por artigo, pronome ou numeral, estará substantivada.

+ "Alguém imagina o porquê de ela agir dessa maneira?"
+ "Deve haver algum porquê para um comportamento tão estranho."
+ "Eu vou ensinar-lhe a grafia dos quatro porquês."

– Não é difícil, profe...

Nenhum dos que vimos é.

10. DIFICULDADES ORTOGRÁFICAS GERAIS

Para que este capítulo não se alongue infinitamente e não ocupe a quantidade de páginas de um livro inteiro, faremos agora uma lista de palavras que apresentam grafias ou pronúncias idênticas ou semelhantes, mas apresentam diferentes sentidos. O que se deseja é, sobretudo, ampliar o nosso vocabulário.

– OK!

- **Abaixo:** embaixo; em lugar inferior; em posição imediatamente seguinte; em direção descendente.
  + "Havia um quadro menor abaixo do quadro maior."
- **A baixo:** para baixo.
  + "As pessoas me examinaram de cima a baixo."

- **Absolver:** isentar de acusação, crime ou pena; perdoar erros do passado.
  + "Os advogados tentarão absolver o réu rapidamente."
- **Absorver:** encher-se de líquido; embeber; reter em si, incorporar; aspirar, respirar.
  + "Os alunos pretendem absorver o máximo de conteúdo."

- **Acender:** pôr fogo em ou pegar fogo.
  + "O melhor da vida é acender a lareira e ficar diante dela."
- **Ascender:** mover-se para cima, subir; elevar a cargo ou posto.
  + "Ascender socialmente é a meta de muitas pessoas."

- **Acento:** realce de intensidade; sinal gráfico.
  + "A palavra 'picolé' tem acento na última sílaba."
- **Assento:** superfície ou coisa sobre a qual se senta.
  + "O assento das poltronas dos aviões está cada vez menos confortável."

- **Acerca de:** sobre, a respeito de.
  + "As pessoas falam acerca de política todos os dias."
- **A cerca de:** a aproximadamente.
  + "Nós estamos a cerca de 100km do destino."
- **Cerca de:** aproximadamente.
  + "Havia cerca de dois mil manifestantes na avenida Paulista."
- **Há cerca de:** faz aproximadamente; existe ou existem aproximadamente.
  + "Eu saí de lá há cerca de uma hora."
  + "Há cerca de trezentos reais no cofre."

- **Acidente:** acontecimento imprevisto; desastre.
  + "Aconteceu um acidente envolvendo um caminhão e dois carros de passeio."
- **Incidente:** evento que ocorre paralelamente a outro principal; que incide; acontecimento geralmente desagradável.
  + "O incidente quase gerou uma crise diplomática entre os países."

- **Aferir:** comparar pesos, medidas com os padrões; examinar a exatidão para instrumentos de pesar ou de medir.
  - "Antes de pesar o ouro, é necessário aferir a balança."
- **Auferir:** ter como resultado; conseguir, obter.
  - "Essa nova operação certamente vai auferir lucros."

- **Afim:** semelhante, parecido.
  - "Meu pensamento é muito afim ao teu."
  - "Eles têm formações superiores afins."
- **A fim de:** com a finalidade de; com a intenção de; com o objetivo de.
  - "Consertamos o carro, a fim de podermos viajar."

- **Alto:** de altura superior à média; caro.
  - "Mora na cobertura de um prédio bastante alto."
  - "Compramos a casa parceladamente, mas por um preço alto."
- **Auto:** gênero de teatro; registro de investigação judicial ou administrativa; documentos de um processo judicial
  - "O *Auto da Compadecida*, de Ariano Suassuna, é muito popular."
  - "O advogado retirou os autos do processo."

- **Amoral:** moralmente neutro; pessoa sem senso moral.
  - "Ricardo é um homem amoral, incapaz de diferenciar o certo e o errado."
  - "Uma criança ficar nua em público é, por parte dela, um gesto amoral."
- **Imoral:** contrário à moral, às regras de conduta.
  - "Antônio sempre foi imoral, desrespeitando normas e valores."

- **Ante:** preposição; em frente a, diante de.
  - "Ele colocou ante os meus olhos todos os documentos."
- **Ante-:** que precede, anterior.
  - "O anteprojeto será entregue na próxima segunda-feira."
- **Anti-:** prefixo de oposição.
  - "O movimento anticorrupção enfraqueceu-se ultimamente."

- **Ao encontro de:** ser favorável a, aproximar-se de.
  - "Seus pensamentos vão ao encontro de tudo o que penso, por isso nos damos bem."
- **De encontro a:** contra, em oposição a.
  - "O resultado da eleição foi de encontro ao que eu esperava: estou surpreso."

- **Ao invés de:** ao contrário de (noção de oposição).
  - "Durmo de dia, ao invés de dormir de noite."
- **Em vez de:** em lugar de (coisas diferentes).
  - "Comprei um sapato, em vez de comprar um chinelo."

- **Aparte:** fala que interrompe um discurso.
  - "Houve um longo aparte feito pelo advogado da empresa."
- **À parte:** separadamente, isoladamente.
  - "Modéstia à parte, fiz um bom trabalho naquele escritório."

- **Apreçar:** perguntar, discutir ou ajustar o preço de.
  - "É necessário apreçar os produtos antes de os anunciar."
- **Apressar:** agir ou realizar algo com maior agilidade; fazer adquirir velocidade, acelerar.
  - "Carlos, se não apressar o término da obra, será cobrado pelo proprietário."

- **Área:** extensão limitada de espaço, terreno ou superfície; a medida da superfície de uma figura geométrica; campo de conhecimento; pátio interno.
  - "Esta área será coberta por terra."
  - "A área da lateral da pirâmide era de 324 metros."
  - "Eu pouco estudo essa área, então prefiro não opinar."
  - "A área da casa pega sol durante a tarde."
- **Ária:** movimento ou parte de uma ópera, cantata ou oratório, para voz de solista.
  - "Mozart compôs diversas árias lindíssimas."

- **Bimestral:** que ocorre de dois em dois meses.
  - "As provas bimestrais começam na semana que vem."
- **Bimensal:** que ocorre de quinze em quinze dias; quinzenal.
  - "Faremos reuniões bimensais, de modo que nos encontraremos mais de vinte vezes no ano."

- **Caçar:** perseguir animal para prender ou matar; procurar para prender, perseguir; buscar insistentemente.
  - "Aquele homem, apesar da proibição legal, caçava pássaros silvestres."
- **Cassar:** impedir que produza efeito, tornar inválido, anular; privar dos direitos políticos ou profissionais.
  - "O STF mandou cassar o mandato do deputado."

- **Casual:** que ocorre por acaso, pouco frequente, ocasional.
  - "O que ocorreu entre nós foi um encontro casual."

- **Causal:** relativo à causa de algo.
  - "Certamente existe uma relação causal entre a desigualdade e a violência."

- **Cavaleiro:** que anda a cavalo; quem é membro de uma ordem da cavalaria.
  - "Aquele menino é bom cavaleiro desde a primeira vez que subiu em um cavalo."
- **Cavalheiro:** homem de bom caráter, educado e gentil; parceiro de dança; próprio de cavalheiro, cavalheiresco.
  - "O rapaz é cavalheiro com a namorada sempre."
  - "Cabe ao cavalheiro conduzir a dama em uma dança."

- **Cela:** aposento de frades e freiras; quarto muito pequeno; compartimento de prisão.
  - "Há pelo menos dezoito presos em uma cela na qual caberiam cinco pessoas."
- **Sela:** assento que se põe sobre o lombo das montarias; selaria.
  - "Pôs a sela no lombo do cavalo e a seguir montou."

- **Censo:** contagem da população de um país, de uma região; recenseamento.
  - "O último censo realizado pelo IBGE confirmou o Brasil como um país desigual."
- **Senso:** cuidado e bom senso na decisão de como agir, prudência; capacidade de julgar, de apreciar; juízo.
  - "O senso de justiça fica muitas vezes prejudicado pelas paixões."

- **Cerrar:** unir duas ou mais partes de algo, impedindo que passe luz, ar, etc.; fechar, tapar; unir com força apertar.
  - "A neblina cerrava a visão e tornava dirigir algo perigoso."
- **Serrar:** cortar com serra.
  - "O homem serrou a madeira com grande facilidade."

- **Cessão:** ato de ceder.
  - "A cessão de terras públicas aos membros do movimento social irritou as elites."
- **Sessão:** período em que uma assembleia se mantém em reunião; a própria reunião; intervalo de tempo em que se realiza uma atividade ou parte dela.
  - "Assistirei ao filme na sessão das 19h."
- **Seção / Secção:** porção retirada de um inteiro; parcela; cada uma das divisões de um serviço ou estabelecimento comercial; subdivisão de uma obra, tratado, estudo.
  - "Você somente encontrará esse azeite na seção de importados."

- **Cesta:** utensílio para guardar ou carregar coisas; quantidade de objetos que uma cesta pode conter; rede sem fundo, presa a um aro, por onde a bola passa ou cada ponto assinalado no jogo de basquete.
  - "A cesta de vime estava cheia até em cima com lindas maçãs."
  - "Esta foi a mais bela cesta da carreira de Michael Jordan."

- **Sexta:** o que vem depois da quinta; grafia alternativa para sexta-feira.
  - "A sexta rodada de debates vai ocorrer no próximo domingo."

- **Chá:** infusão de folhas e outros tipos de ervas; reunião social com chá e comidas leves.
  - "Costumo tomar chá de camomila para tentar dormir um pouco melhor."
  - "O chá de fraldas será realizado amanhã."
- **Xá:** título de monarcas iranianos até a revolução islâmica de 1979.
  - "O xá iraniano mostrava-se furioso contra as políticas americanas."

- **Cheque:** documento por meio do qual o titular de uma conta ordena ao banco o pagamento de certa quantia a favor de outra pessoa ou firma.
  - "Nem todos os lugares aceitam cheque como pagamento dos produtos."
- **Xeque:** chefe muçulmano (também "xêique"); no xadrez, cerco ao rei; por extensão ao xadrez, situação perigosa, ameaça, risco.
  - "O xeque árabe estabeleceu negócios muito rentáveis na América do Norte."
  - "A pandemia pôs em xeque uma série de convicções das pessoas."

- **Cível:** relativo ao direito civil.
  - "A área cível é muito rentável e, por isso, muito disputada por advogados."
- **Civil:** relativo ao cidadão; que não é militar nem religioso.
  - "Os militares e os civis parecem ter opiniões semelhantes nesse assunto."

- **Comprimento:** maior dimensão horizontal de um objeto ou superfície; extensão de um objeto considerado de uma extremidade à outra.
  - "Um campo de futebol pode passar dos cem metros de comprimento."
- **Cumprimento:** gesto ou palavra de saudação; elogio, felicitação; execução de algo.
  - "O aceno foi o cumprimento mais efusivo que ele fez na vida."
  - "O bom andamento de uma sociedade depende do cumprimento das leis."

- **Concerto:** composição musical; execução pública ou privada de obra musical.
  - "O concerto de Lulu Santos, em Copacabana, foi dos mais lindos a que assisti."
- **Conserto:** restauração ou recomposição de coisa deteriorada; emenda.
  - "O conserto da geladeira sairia tão caro que era melhor comprar uma nova."

- **Conje(c)tura:** opinião baseada em informações incompletas, supostas ou imaginadas; hipótese, suposição.
  - "Essa conjectura feita pelo governador influenciará outros políticos."
- **Conjuntura:** combinação de circunstâncias num dado momento; quadro; oportunidade, ocasião.
  - "Na conjuntura de crise em que vivemos, a economia tende a encolher."

- **Coser:** unir com pontos feitos com agulha e linha, costurar.
  + "A menina cosia vestidos de festa e saias com o apoio da madrinha."
- **Cozer:** cozinhar.
  + "Antes de finalizar o prato, é fundamental cozer a carne."

- **Costear:** navegar ao longo da costa; percorrer pelas margens.
  + "Muitos navios naufragaram tentando costear o território africano."
- **Custear:** pagar despesas, gastos de; financiar.
  + "Não se sabe quem irá custear as obras para a Copa do Mundo."
- **Custar:** ter determinado preço, valer; ser adquirido por determinado preço; ocasionar a alguém prejuízo moral, material, etc.
  + "A chuteira autografada por Cristiano Ronaldo custou caro."
  + "Custou-lhe carregar aquelas mochilas pesadas."

- **Debaixo:** em posição inferior, abaixo.
  + "A gata escondeu-se debaixo dos cobertores durante a tempestade."
- **De baixo:** ponto de partida inferior.
  + "Olhava o pai de baixo para cima, atemorizado."

- **Deferir:** atender a pedido, requerimento; conceder ou atribuir algo a alguém.
  + "O juiz deferiu o pedido do autor, ainda que ele parecesse infundado."
- **Diferir:** ser diferente, distinguir-se; divergir, discordar.
  + "O conceito moderno de felicidade parece diferir muito do de antigamente."

- **Degradar:** tornar indigno, rebaixar; estragar, deteriorar.
  + "A pobreza e a fome degradam qualquer pessoa que as enfrente."
- **Degredar:** expulsar da pátria, banir, desterrar.
  + "O rei de Portugal degredou vários membros do exército, que tiveram de abandonar o país."

- **Delatar:** denunciar como responsável por crime; relatar delito ou fato relacionado a ele; deixar perceber, evidenciar.
  + "O rapaz que foi preso delatou mais cinco envolvidos no crime."
- **Dilatar:** aumentar o volume ou as dimensões de um corpo; aumentar a capacidade, a abertura de; tornar-se mais amplo, expandir; prolongar no tempo.
  + "A universidade dilatou o prazo para as inscrições no concurso vestibular."

- **Demais:** em excesso; de maneira muito forte.
  + "Eu comi demais durante as férias que passamos na Bahia."

- **De mais:** é o contrário de "de menos".
  + "Não havia nada de mais nem de menos, tudo estava na medida exata."

- **Descrição:** relato das características; exposição oral ou escrita.
  + "A descrição da cena feita pelo professor comoveu os alunos."
- **Discrição:** capacidade ou característica de discreto; capacidade de discernir o certo do errado, discernimento.
  + "Carlos sempre demonstrou discrição, ainda que conhecesse os problemas da família."

- **Descriminar:** isentar de culpa, inocentar; retirar o caráter ilegal de um ato.
  + "Tem se debatido com frequência sobre descriminar o uso de drogas."
- **Discriminar:** perceber diferenças entre, distinguir; pôr à parte, especificar, classificar; preterir ou tratar de modo injusto ou desigual um indivíduo ou grupo de indivíduos por característica étnica, cultural, religiosa, etc.
  + "Nem sempre se consegue discriminar uma fala mais forte de uma ofensa."
  + "Ele discriminou todos os produtos que havia em estoque."
  + "Enquanto alguns discriminarem as minorias, não viveremos em um mundo mais justo."

- **Despensa:** local da residência onde se guardam alimentos e objetos ligados à manutenção.
  + "A despensa da casa estava vazia, e a família temia o futuro."
- **Dispensa:** permissão para não executar um trabalho; documento em que se concede ou pede essa permissão; fim do contrato de trabalho por parte do empregador, demissão.
  + "O rapaz pediu dispensa do exército, pois precisava cuidar da mãe."
  + "O patrão dispensou o empregado tão logo foi possível."

- **Despercebido:** que não se percebeu; que não se sentiu, viu ou ouviu; que não percebe o que está ao redor, distraído, desatento.
  + "Esse detalhe não pode passar despercebido pelos sócios."
- **Desapercebido:** descuidado, desprevenido; de que não se tem conhecimento.
  + "A nova tributação brasileira pegou a empresa desapercebida."

- **Destratar:** tratar mal com palavras, insultar.
  + "Os dois diretores destrataram os gerentes durante a reunião."
- **Distratar:** desfazer, anular acordo ou contrato.
  + "As empresas distrataram tudo o que haviam combinado anteriormente."

- **Emenda:** retificação de falta ou defeito, correção; junção de uma peça a outra; lugar dessa junção; arrependimento, regeneração.
  - "O pai fez uma emenda ao comportamento do filho."
  - "Foi feita uma emenda entre as duas partes do cano."
- **Ementa:** anotação, lista; texto resumido, síntese; resumo do conteúdo de lei, posto em sua parte inicial.
  - "A ementa da disciplina será disponibilizada no *site* até sexta-feira."

- **Emergir:** trazer ou vir à tona; tornar-se claro ou perceptível, manifestar-se.
  - "Quando o pai já estava em desespero, o menino emergiu da água e abanou sorrindo."
- **Imergir:** ficar total ou parcialmente coberto, mergulhar, afundar, submergir; entrar em, introduzir-se.
  - "Após desprender-se do dedo, a aliança imergiu na água turva do mar."
  - "A moça imergiu na mais profunda depressão após o assalto."

- **Emigrar:** sair de um país ou do lugar onde se vive para viver em outro; mudar de terra em determinados períodos.
  - "Muitos venezuelanos estão emigrando de sua terra atrás de oportunidades."
- **Imigrar:** ir viver em país estrangeiro, fixar residência em estado, cidade ou região de seu país que não a sua de origem.
  - "A família imigrou para os Estados Unidos há mais de dez anos."

- **Eminente:** acima do que está em volta, proeminente, alto; superior aos demais.
  - "A montanha tinha um pico eminente, do qual se via toda a região."
  - "O eminente empreendedor foi saudado pelos presentes na reunião."
- **Iminente:** que está prestes a ocorrer, próximo.
  - "Parece iminente o fechamento de muitas empresas daquele bairro."

- **Empoçar:** formar poça; meter-se ou cair em poço ou poça.
  - "A água empoçou diante da porta de entrada da clínica."
- **Empossar:** dar posse ou tomar posse.
  - "A empresa empossou a nova diretoria em uma cerimônia solene."

- **Espectador:** quem assiste a um espetáculo; quem presencia um fato, testemunha.
  - "Eu, na condição de espectador, senti-me desrespeitado pelo que ocorreu no palco."

- **Expectador:** que ou quem tem ou está na expectativa.
  + "Éramos todos expectadores do nascimento do bebê."

- **Esperto:** desperto; que percebe tudo, atento, vigilante; perspicaz, inteligente; que age com rapidez e eficiência.
  + "Desde criança, ele se mostrava esperto e bem-humorado."
- **Experto:** especialista, perito.
  + "Embora jovem, aquele professor é experto em história medieval."

- **Espiar:** observar às escondidas, espreitar; observar em segredo para obter informações, espionar.
  + "O menino espiava pela fechadura do quarto a prima."
- **Expiar:** reparar crime ou culpa cumprindo pena ou castigo; pagar; sofrer as consequências de; purificar-se.
  + "Aquele homem expiava as próprias culpas ajoelhando-se no milho."

- **Estada:** permanência geralmente de pessoas em algum lugar.
  + "A estada da família no Rio de Janeiro foi marcada por jantares e comemorações."
- **Estadia:** permanência por tempo limitado (originalmente de navios).
  + "A estadia dos navios no porto custa uma fortuna."

- **Estância:** grande propriedade rural; moradia, habitação; lugar onde se passa uma temporada.
  + "Passava as férias na estância, cercado pelo campo e pelos animais."
- **Instância:** cada um dos tribunais hierarquicamente organizados que sucessivamente conhecem da causa e proferem decisão; ato de solicitar de forma insistente; área de interesse, âmbito.
  + "Os tribunais de segunda instância julgam os recursos."

- **Estrato:** cada camada de rocha estratificada; qualquer camada; conjunto de indivíduos com características sociais semelhantes.
  + "Nos estratos mais populares da população, sente-se mais a dificuldade econômica."
- **Extrato:** coisa extraída de outra; preparação solúvel e concentrada obtida de um alimento.
  + "O extrato de tomate ajuda a engrossar alguns molhos."

- **Féria:** remuneração diária do operário, salário; no comércio, dinheiro apurado das vendas do dia.
  + "Após um dia de trabalho, dirigiu-se ao escritório para receber a féria."
  + "Ao fechar o caixa, notou que a féria era insuficiente para pagar as contas."

- **Férias:** período para descanso de estudantes ou trabalhadores.
  - "Carlos, após quase vinte meses, tirou as primeiras férias na nova empresa."

- **Flagrante:** visto ou registrado no momento em que foi realizado; que não pode ser contestado, evidente; ação registrada no momento da ocorrência; comprovação ou documentação desta ação.
  - "O ladrão foi pego em flagrante, ainda dentro da residência assaltada."
  - "Era flagrante a preferência do chefe por determinados funcionários."
- **Fragrante:** aromático, perfumado, que tem fragrância, cheiro.
  - "Aquela é sem dúvidas uma das flores mais fragrantes daquele jardim."

- **Florescente:** que está em pleno desenvolvimento; próspero; que floresce.
  - "O jardim, todo florescente, inundava o coração da menina de alegria."
- **Fluorescente:** que tem luminescência que cessa logo após a remoção da fonte de radiação.
  - "A lâmpada fluorescente incomodava um pouco a visão dos alunos."

- **Incerto:** que inspira dúvida ou tem diferentes interpretações; sujeito a mudança.
  - "O futuro da corporação era incerto para todos."
- **Inserto:** que se inseriu, introduzido, incluído.
  - "Os anúncios insertos naquela página eram de grandes empresas."

- **Incipiente:** que está no começo.
  - "As mudanças sociais percebidas no país são ainda incipientes."
- **Insipiente:** ignorante; imprudente.
  - "Ele é insipiente em Matemática e em todas as disciplinas exatas."

- **Infligir:** impor, aplicar pena ou castigo; causar, produzir algo desagradável a; obrigar a suportar algo desagradável ou penoso.
  - "Os senhores infligiam duros castigos aos escravos durante o século XIX."
- **Infringir:** não seguir determinações de lei ou norma; transgredir, desrespeitar.
  - "Os homens infringiam leis diversas e nunca eram punidos pelas autoridades."

- **Lista:** série de nomes de pessoas ou coisas, listagem, inventário.
  - "Será elaborada uma lista com todos os convidados para o evento."
- **Listra:** traço vertical ou horizontal em uma superfície; também lista.
  - "A camisa apresentava uma listra horizontal na altura do peito."

- **Mal:** advérbio, oposto de "bem".
  - "Não posso dizer que eles tenham agido mal, mas discordo do que fizeram."
- **Mal:** logo que, assim que.
  - "Mal comecei a cozinhar, fui chamado para uma cirurgia de emergência."
- **Mau:** adjetivo, oposto de "bom".
  - "O homem pode ser mau com outros homens quando tem poder."

- **Malgrado:** apesar de, não obstante, a despeito de.
  - "Malgrado a previsão de chuva para o sábado, resolvemos ir à praia."
- **Mau grado:** má vontade; usa-se basicamente na expressão "de mau grado".
  - "Ele fez de mau grado as tarefas que foram solicitadas por mim."

- **Mandado:** ordem escrita de autoridade pública determinando o cumprimento de algum ato.
  - "O mandado de intimação foi entregue pelo oficial de justiça."
- **Mandato:** poder concedido ou procuração; poder dado pelo povo ao político eleito para que o represente no governo ou nas assembleias legislativas; período de desempenho de um cargo eleitoral.
  - "Rodrigo Maia se encaminha para mais um mandato na Câmara dos Deputados."

- **Más:** plural de "má".
  - "Pessoas más não podem decidir o destino de pessoas boas."
- **Mas:** conjunção basicamente adversativa, que indica oposição.
  - "Pretendo visitar a menina no hospital, mas não posso garantir que vá conseguir."
- **Mais:** geralmente advérbio, que modifica verbo, adjetivo ou outro advérbio.
  - "Ele estava mais cansado do que nas últimas semanas."

- **Paço:** palácio de rei ou bispo.
  - "O Paço Imperial é um dos pontos turísticos da antiga capital federal."
- **Passo:** ato de deslocar cada pé ao andar; espaço compreendido em cada um desses deslocamentos; som produzido por esse deslocamento; movimento de dança; resolução, medida.
  - "O passo de Paulo é muito maior que o meu, por isso ele cansa menos."

- **Preceder:** anteceder.
  - "Na maioria das vezes, a arrogância precede a derrota."

- **Proceder:** vir de; provir de; ter origem em; mostrar-se verdadeiro; dar início, realizar.
  - "Este vinho que estamos bebendo procede de Bento Gonçalves."
  - "O juiz procederá à leitura da sentença em seguida."

- **Prescrever:** dar ordem ou determinação para, determinar; aconselhar norma, padrão, normatizar; receitar remédio ou tratamento; ficar sem efeito pela expiração do prazo legal.
  - "O médico prescreveu um analgésico para o paciente."

- **Proscrever:** fazer sair de um lugar, banir, expulsar; proibir, desaconselhar.
  - "Eu pretendo proscrever os carboidratos dos meus jantares."

- **Prever:** ter ideia antecipada de, antever; perceber fato futuro por meios sobrenaturais; fazer supor, subentender, pressupor.
  - "É impossível prever o resultado das próximas eleições no país."

- **Prover:** abastecer do que for necessário, munir; nomear alguém para cargo ou vaga; preencher.
  - "O governo pretende prover as necessidades do povo."

- **Provir:** ser originário de; ter origem, proceder, derivar; descender de família, geração, raça; surgir como consequência, resultar.
  - "O queijo que compramos deve provir da França ou da Holanda."

- **Ratificar:** declarar como válido, confirmar; mostrar como verdadeiro, comprovar.
  - "A vitória de Lewis Hamilton ratifica a sua superioridade em relação aos demais."

- **Retificar:** emendar, corrigir; tornar reto, alinhar, endireitar; reajustar restaurar motor.
  - "A banca vai retificar o gabarito da questão, pois há um erro claro."

- **Reincidir:** tornar a praticar certo ato, geralmente negativo; recair.
  - "Devido ao fato de sempre reincidir no mesmo crime, ele foi condenado outra vez."

- **Rescindir:** anular ou invalidar contrato.
  - "A universidade pretende rescindir o contrato do professor devido ao escândalo."

- **Repressão:** ação de reprimir, castigo, punição; aquilo que reprime; rejeição de motivações, desejos; suspensão violenta de uma ação ou movimento.
  - "A repressão dos desejos mais íntimos acarreta prejuízos ao indivíduo."

- **Repreensão:** crítica severa, reprimenda.
  + "Ele fez uma repreensão ao aluno que estava tentando colar durante a prova."

- **Senão:** do contrário; mas; exceto; pequena imperfeição, falha.
  + "Faça os exercícios, senão ficará de castigo."
  + "Não conseguiu nada do que queria, senão críticas."
  + "Todos, senão ele, estavam felizes."
  + "Houve apenas um senão na sua apresentação."
- **Se não:** conjunção condicional + advérbio "não".
  + "Se não vieres, ficarei triste."

- **Soar:** emitir ou produzir som; ecoar; impressionar os ouvidos.
  + "Quando o som do violino soou, ficamos impressionados."
- **Suar:** verter suor pelos poros; cobrir-se de ou verter líquido ou umidade.
  + "Carlos suou mais naquele jogo do que em qualquer outro."

- **Sortir:** abastecer de produtos, mercadorias, provisões; pôr junto, misturar.
  + "Ele pretende sortir a despensa antes do Natal."
- **Surtir:** dar como resultado, produzir efeito.
  + "Creio que não vá surtir nenhum efeito a mudança do regulamento."

- **Sustar:** fazer parar, suspender, interromper.
  + "Após parcelar a compra em três vezes, Carlos sustou o segundo e o terceiro cheques."
- **Suster:** segurar para evitar que caia, sustentar; interromper movimento de, fazer parar; conter, refrear. Impedir de soltar-se, deter, segurar.
  + "Ele sustinha a pesada caixa com apenas uma das mãos."

- **Tacha:** prego de cabeça redonda, chata e larga; nódoa, mancha, defeito moral, desonra.
  + "Ele fixou com uma tacha o quadrinho na parede."
- **Taxa:** tributo arrecadado pela União, estados ou municípios; preço cobrado pelo usuário de um serviço; proporção de algo num conjunto.
  + "As taxas pagas ao governo são insuficientes no atual contexto."
- **Tachar:** atribuir defeitos, imperfeições.
  + "As pessoas o tachavam de desonesto e egoísta, mas creio que ele não o fosse."
- **Taxar:** cobrar imposto sobre, tributar; também atribuir qualidade ou defeito.
  + "O governo taxou os cigarros e outras substâncias cancerígenas."

- **Tampouco:** nem, também não.
  + "Não conheço a Europa, tampouco pretendo conhecê-la em breve."

- **Tão pouco:** bem pouco, muito pouco.
  - "Havia tão pouco público no *show* que se ouviam quaisquer ruídos."

- **Tapar:** vedar com rolha, tampa, tampo, etc.; não deixar à mostra; esconder, ocultar, cobrir.
  - "Ele tapou os olhos com as mãos, para evitar a claridade em excesso."
- **Tampar:** pôr tampa ou tampo em, tapar, fechar.
  - "Ele tampou o pote de vidro e o entregou à irmã."

- **Tenção:** o que se pretende fazer, intenção, propósito.
  - "O ministro tem a tenção de tributar pequenas e médias empresas."
- **Tensão:** estado do que está esticado; estado do que ameaça romper-se, desfazer-se.
  - "A tensão entre norte-americanos e chineses pode ser maléfica a todos."

- **Tráfego:** trânsito, circulação.
  - "Haverá aumento de tráfego nas rodovias durante o feriado."
- **Tráfico:** comércio ou negociação ilegal.
  - "O crescimento do tráfico nas zonas nobres preocupa os pais."

- **Trás:** atrás, detrás.
  - "Por trás da cortina, percebia-se com clareza o vulto de uma pessoa."
- **Traz:** forma do verbo "trazer".
  - "O relatório traz notícias atualizadas sobre a doença pandêmica."

- **Viajem:** forma do verbo "viajar".
  - "Eu espero que eles viajem o quanto antes para fora do país."
- **Viagem:** substantivo.
  - "Esta viagem ficará marcada para sempre devido aos problemas que enfrentamos."

- **Vultoso:** que faz grande volume, volumoso; muito grande, considerável; importante.
  - "Uma quantia vultosa de dinheiro foi empregada naquele projeto."
- **Vultuoso:** que tem as faces e os olhos vermelhos e inchados e os olhos salientes.
  - "O rapaz chegou vultuoso ao hospital militar."

CAPÍTULO 5

Hífen

INTRODUÇÃO

Hora de estudar hífen; portanto, hora de dificuldade, de testa franzida e daquela sensação de "ai, meu Deus do céu, isso não é pra mim"...

– Professor, o senhor é um profeta, pois é exatamente isso o que penso quando a matéria é hífen...

Pois é. E, para piorar um pouco, o acordo ortográfico mexeu em algumas coisinhas do hífen, fazendo com que o pouco que sabíamos, às vezes até por hábito de leitura mesmo, tenha se transformado em dificuldade maior.

– Isso! Ainda teve o acordo no meio!

Teve! Mas eu fico sempre meio em dúvida quanto ao potencial "confundidor" do acordo.

– Como assim, professor?

O que eu mais ouço, quando a matéria é hífen, é o seguinte: "Ai, depois que veio o acordo, bagunçou tudo na minha cabeça". E na verdade o que faz com que eu me questione é se, antes do Acordo, as pessoas sabiam mesmo as regras, entende?

– Entendo, sim. É possível que a sua dúvida faça sentido...

De qualquer modo, isso não vem ao caso agora. Iremos aprender tudo o que é necessário. Levezinha a matéria não é, fácil também não. Envolve decoreba, memorização, lembrança de casos específicos. Mas vamos indo e vamos conseguir.

1. NOS TERMOS COMPOSTOS

1.1. Regra

Haverá hífen quando o primeiro elemento do composto for substantivo, adjetivo, numeral ou verbo:

- hora-aula (hora: subst.)
- primeira-dama (primeira: numeral)
- azul-claro (azul: adj.)
- porta-luvas (porta: verbo)

– Quando o primeiro elemento é substantivo, adjetivo, numeral ou verbo?

Isso.

– Sempre e só?

Claro que não. ☺

– Por quê?

Porque a ortografia é a) infinita; b) cheia de exceções; c) influenciada pela evolução (ou não evolução) da língua portuguesa.

– Assim o senhor me estimula demais, professor... Só que não...

Eu sei. Mas vamos lá ao que é mais essencial.

1.2. Observações

a) família "paraquedas" + "mandachuva"

Embora formados por um primeiro elemento verbal, palavras da família de "paraquedas" não são mais grafadas com hífen:

- paraquedas / paraquedista / paraquedismo

O mesmo fenômeno ocorre com o termo "mandachuva", que tem como primeiro elemento um verbo ("mandar"), mas não tem mais hífen.

– A família de "paraquedas" e "mandachuva". Isso?

Isso. Decore.

b) Outras combinações com hífen

+ ave-maria (interj.)
+ abaixo-assinado (adv.)

Por força do uso, algumas palavras, como "ave-maria", que tem como primeiro elemento uma interjeição, e "abaixo-assinado", que tem como primeiro elemento um advérbio, são grafados com hífen.

– Profe, mas daí é para matar o aluno, não?

Completamente de acordo. Logo, decore.

c) Elementos repetidos

Quando um composto for formado por elementos repetidos, sendo o segundo idêntico ou muito semelhante ao primeiro, haverá hífen:

+ tique-taque
+ reco-reco
+ lenga-lenga
+ blá-blá-blá

– Não precisa nem dizer, professor. Se eu eventualmente lamentar, o senhor dirá: "Decore", assim fria e impiedosamente.

Exato. ☺

d) Formas adjetivas "afro-", "euro-", "luso-" e similares

Serão escritos com hífen quando se referirem a mais de uma etnia:

+ afro-lusitano
+ euro-asiático
+ luso-brasileiro

– Difícil, mas até aqui tranquilo.

Já se se referirem a apenas uma etnia, serão sem hífen:

+ afrodescendente
+ eurocentrismo
+ lusofonia

– Já não reclamo: decoro.

Postura absolutamente perfeita.

1.3. Compostos ligados por preposição

Nos compostos em que os elementos são ligados por preposição, a regra geral é não usar mais hífen.

- água de coco
- calcanhar de aquiles
- café com leite
- mula sem cabeça
- pé de moleque

– Tudo isso sem hífen?

Tudo isso sem hífen. E a partir de agora, para que você saiba do que exatamente está se falando, em alguns casos vai ter de orientar-se pelo contexto, sem ter como ser salvo pela grafia.

– Como assim?

Antes, quando havia hífen nesses compostos, "pé-de-moleque" era um doce, enquanto "pé de moleque" era um pé de criança. Entende? Agora, sem a presença do hífen, é pelo contexto que teremos de nos orientar.

- "Eu comi um pé de moleque delicioso." (doce)
- "Ele é alto, mas tem um pé de moleque: calça 36." (parte do corpo)

– Entendi, professor!

Outro exemplo é "mula se cabeça" (hoje sempre sem hífen). Quando havia o hífen nos compostos ligados por preposição, "mula-sem-cabeça" era o personagem das histórias infantis, enquanto "mula sem cabeça" era um animal com a cabeça decepada.

– Agora, só pelo contexto?

Isso.

- "A mula sem cabeça visita os sonhos de crianças desobedientes." (personagem)
- "Havia uma mula sem cabeça na beira da estrada." (animal)

Notícia ruim: nessa regra há exceções significativas.

– Ah, não... E são "exceções" assim no plural?

São, sim.

a) Primeiro, há exceções pontuais. Palavras que, por algum motivo, geralmente a tal "consagração pelo uso" (termos muito usados há tempos), mantêm o hífen.

+ água-de-colônia
+ pé-de-meia
+ arco-da-velha
+ cor-de-rosa

– E aí o senhor quer que eu decore essas quatro palavras assim do nada?

Infelizmente, sim. São palavras que restaram.

– Que triste, profe...

Nem só de alegrias é feita a vida... ☺

b) Também exceções são as espécies botânicas ou zoológicas, que mantêm hífen mesmo quando os termos são ligados por preposição:

+ andorinha-da-serra
+ pimenta-do-reino
+ cravo-da-índia

– Nomes de plantas e de bichos?

Isso: espécies botânicas e zoológicas.

– Que são o mesmo que nomes de plantas e bichos.

Isso. Mesma coisa.

– Certo. Então, posso pensar assim: nos compostos ligados por preposição (qualquer preposição), o hífen não é mais usado; as exceções são os nomes de plantas e de animais e as palavras "água-de-colônia", "pé-de-meia", "arco-da-velha" e "cor-de-rosa".

Maravilha!

2. NAS SEQUÊNCIAS DE PALAVRAS

O hífen é empregado em sequências de palavras que se unem de maneira eventual, não propriamente formando uma nova palavra, e sim um encadeamento de vocábulos para indicar algo em particular:

- Rio-Niterói
- Liberdade-Igualdade-Fraternidade
- Lisboa-Londres

– Certo, profe. De todas as coisas meio absurdas que estamos vendo relacionadas ao hífen, essa é tranquilíssima, até por hábito de uso.

3. NOS CASOS DE MESÓCLISE E ÊNCLISE

Você por acaso se lembra desses termos?

– Lembro perfeitamente: dizem respeito à posição do pronome em relação ao verbo que ele acompanha.

Muito bem! Quando os pronomes pessoais oblíquos átonos "ME", "TE", "SE", "O", "A", "OS", "AS", "LHE", "LHES", "NOS" e "VOS" estiverem em posição de mesóclise (encaixados no meio da forma verbal) ou de ênclise (após a forma verbal), será usado o hífen.

- "Revelar-te-ei os meus planos."
- "Desejaram-se mutuamente."

– Perfeito.

Maravilha.

4. COM OS PREFIXOS

4.1. Prefixos terminados em vogal

a) No caso dos prefixos terminados em vogal, quando o elemento posterior começar por letra diferente da vogal com que termina o prefixo, não haverá hífen:

- Antiaéreo ("I" + "A")
- Anteprojeto ("E" + "P")
- Microestudo ("O" + "E")
- Macroatuação ("O" + "A")
- Semiárido ("I" + "A")

– Se o elemento começar com qualquer letra diferente da vogal com que termina o prefixo, não há hífen, por mais estranha que a palavra fique?

Isso. Para estudar hífen e acertar as grafias, é importante esquecer um pouco esse critério de "estranheza", porque há formas muito, muito estranhas, mas corretas.

– Combinado

b) Quando o segundo elemento começar por "S" ou "R", não haverá hífen e essas consoantes duplicam-se:

+ antissocial
+ microssistema
+ semirrígido
+ autorretrato

– Professor, essas palavras ficam tão, tão, tão estranhas que, se não fosse o senhor estar me dizendo, eu não acreditaria.

Eu entendo, mas é assim mesmo. Sabe aquele movimento feito pela Igreja Católica que se opunha à Reforma Protestante? Hoje, a correta grafia desse movimento é a seguinte:

+ "Contrarreforma"

– Que-coi-sa-mais-hor-rí-vel!

Feio mesmo, mas certo.

c) Quando o segundo elemento terminar em vogal igual à que inicia o segundo elemento ou em "H", haverá hífen:

+ anti-inflamatório
+ micro-ondas
+ semi-intensivo
+ mini-hotel

– Professor, eu poderia jurar que "autorretrato" se escreveria com hífen ("auto-retrato") e que "micro-ondas" se escreveria sem hífen ("microondas").

Sim, mais uma vez: eu superentendo. Por isso, reforço: não há como, no caso do hífen, tentar saber "por instinto". Tem de saber *mesmo*.

– Notei.

Resumindo o hífen com os prefixos terminados em vogal:

- segundo elemento começa com letra diferente, sem hífen: "autoestima".
- segundo elemento começa com "R" ou "S", não há hífen e ocorre "RR" e "SS": "autossustentável".
- segundo elemento começa por mesma vogal ou "H", há hífen: "auto-hibernação".

– Ok.

4.2. "Pré", "pró", "pós", "aquém", "além", "recém", "ex", "vice", "sem"

Quando o prefixo for "pré", "pró", "pós", "aquém", "além", "recém", "ex" (no sentido de anterior), "vice" e "sem", haverá hífen:

- pré-histórico
- pró-reitor
- pós-graduação
- aquém-mar
- além-mar
- recém-casados
- ex-governador
- vice-presidente
- sem-terra

Notou algo?

– Não sei...

Nesse grupo estão todos os prefixos acentuados: "pré", "pró", "pós", "aquém", "além", "recém". Esses são todos acentuados, até para que eles possam manter o seu acento, correto?

– Ah, professor, faz sentido: correto.

Faz, sim. Além disso, incluí nesse grupo "ex", "vice" e "sem".

– Eu vi.

Fiz isso para ficar uma espécie de rima e já decorarmos nove prefixos dentro de uma regra só: pré, pró, pós / aquém, além, recém / ex, vice, sem. Entendeu?

– Entendi.

Então repita para mim.

– Pré, pró, pós / aquém, além, recém / ex, vice, sem.

Uma vez mais.

– Pré, pró, pós / aquém, além, recém / ex, vice, sem.

Isso. Esses sempre com hífen.

– Sempre.

Sempre.

4.3. "Bem" e "mal"

a) Quando o primeiro elemento é representado pela forma "bem", ocorre hífen, independentemente da letra com que se inicie o segundo elemento:

+ bem-humorado
+ bem-vestido
+ bem-vindo
+ bem-amado

– Profe querido: eu jamais diria que "bem" é prefixo e nunca, mas sob hipótese alguma, eu botaria hífen em uma palavra como "bem-vestido", por exemplo.

Quase ninguém botaria. Quase ninguém bota. Todo mundo vive como se esse hífen não existisse. Mas lembre-se das palavras da sua mãe (ou da sua avó): "Você não é todo mundo!". ☺

– Sempre há alguém que diga isso: "você não é todo mundo".

E é uma frase bem certa. ☺

b) Já quando o primeiro elemento é representado pela forma "mal", haverá hífen somente se o segundo elemento for iniciado por vogal, "H" ou "L":

+ mal-afortunado
+ mal-humorado
+ mal-limpo

Você já deve estar notando que a presença de "H" no início do segundo elemento sempre gera hífen.

– Sim!

O mesmo ocorre quando o segundo começa com a mesma letra do primeiro.

– Notei também.

Ótimo.

Nos demais casos (ou seja, quando o segundo elemento não for iniciado por vogal, "H" ou "L"), não haverá hífen:

+ malvisto
+ malcriado
+ malvindo

– Então, uma pessoa de quem eu goste é "bem-vinda" à minha casa, mas uma pessoa de quem eu não goste é "malvinda"? .

Exatamente!

4.4. "Circum" e "Pan"

Com os prefixos "circum" e "pan", usa-se o hífen se o termo seguinte iniciar por "M", "N" ou vogal:

+ circum-meridiano
+ circum-navegação
+ circum-murado
+ pan-americano

– "Circum", professor? Qual seria o significado dessa palavra, que ignoro solenemente?

"Circum" tem o sentido de "em torno de", "ao redor de": "circum-navegar" é navegar em torno; "circum-murado" é murado ao redor.

– Faz sentido...

Mais uma vez, faz sentido. Caso a letra de início da palavra seguinte seja outra que não "M", "N" ou "vogal", não haverá hífen:

+ pansexual
+ panteísmo

– E não saber o que significa "pan", professor, mesmo acompanhando o "pan-americano", por exemplo, há séculos, é muita ignorância?

Não é, não. "Pan" significa "todo": o "pan-americano" é o torneio esportivo que reúne todas as américas: a "do Sul", a "do Norte" e a "Central".

– Certo. Adorei.

4.5. "Sub"

Esse prefixo, em particular, é bastante usado.

– Verdade, professor...

Vamos lá: com o prefixo "sub", usa-se hífen se a palavra seguinte começar por "B", por "R" ou por "H":

- sub-reitor
- sub-base
- sub-humano

Nota que faz sentido?

– Profe, às vezes tenho dificuldade de ver lógica em coisas beeeeem mais fáceis, imagine, então, em hífen...

Pense bem: no caso do prefixo "sub", se não houvesse hífen antes do "R", o som da consoante "R" seria alterado, percebe?

Em "sub-reitor", com hífen, a consoante "R" tem som de "RR", como em "carro". Se escrevêssemos sem hífen ("subreitor"), o som do "R" seria o mesmo que ele tem em "abraço", por exemplo, de modo que seria alterada a pronúncia da palavra.

– Ah, entendi. Então esse tem muita lógica.

Tem. O hífen após o "sub" quando seguido por palavras iniciadas por "B" também faz muito sentido, porque, caso ele não existisse em "sub-base", teríamos uma sequência que não há na nossa língua: "subbase". No português, não há duplo "B". Entre as consoantes, as únicas que podem aparecer duplicadas uma imediatamente após a outra são "RR" e "SS".

– Tem muita lógica também.

Por fim, "H" é a letra inicial que, quando antecedida por prefixo, fará parte de uma palavra que apresenta hífen. Simples assim.

– Ok, professor, o senhor me convenceu. Tudo isso relacionado ao "sub" faz muito sentido. Mas e se a palavra posterior não for iniciada por "B", por "R" nem por "H"?

Nesse caso, não ocorre hífen:

+ subdesenvolvido
+ subgerente
+ subatômico

– Perfeito.

4.6. "Super", "hiper", "inter"

Os prefixos "super", "hiper" e "inter" apresentarão hífen quando o termo seguinte iniciar por "H" ou "R":

+ super-homem
+ hiper-rápido
+ inter-regional

– De acordo com o raciocínio que o senhor vem incansavelmente tentando me fazer entender, a regra desses prefixos é bastante lógica, porque haverá, via de regra, hífen quando o segundo elemento começar por "H" ou pela mesma letra...

Coi-sa-mais-que-ri-da! É bem, bem, bem assim. ☺

Nos demais casos, não haverá hífen:

+ supermercado
+ hiperativo
+ interestadual

5. ADJETIVOS GENTÍLICOS

Os adjetivos gentílicos (ou pátrios), quando compostos, sempre apresentarão hífen:

+ mato-grossense
+ porto-alegrense
+ norte-americano

– Sempre?

Sempre:

+ sul-rio-grandense
+ nova-iorquino

– Eu não pensaria assim.

Antes dessa explicação. Daqui por diante, vai pensar bem assim. ☺

6. ESPÉCIES BOTÂNICAS E ZOOLÓGICAS

Usa-se hífen em compostos que indicam espécies botânicas e zoológicas.

– Nomes de espécies de animais ou de plantas?

Isso mesmo.

- andorinha-grande
- estrela-do-mar
- bem-te-vi
- couve-flor
- joão-de-barro

– Inclusive são esses nomes de animais e plantas os que, mesmo quando ligados por preposição, mantiveram o hífen.

Isso, isso, isso. Resposta lindamente dada.

7. QUADRO-SÍNTESE

HÍFEN NOS COMPOSTOS

Característica	Exemplos
1. Regra: há hífen se o primeiro elemento for forma subst., adj. ou verbal	bomba-relógio, verde-amarelo, guarda-roupas
2. Sem hífen (mesmo com 1º elem. verbal)	paraquedas, paraquedista, mandachuva
3. Com hífen (por força do uso)	ave-maria, alto-falante, abaixo-assinado
4. Com hífen (elementos repetidos)	tique-taque, reco-reco
5. Com hífen (afro, euro, luso = 2 etnias)	afro-americano, luso-espanhol
6. Sem hífen (afro, euro, luso = 1 etnia)	afrodescendente, lusófono
7. Sem hífen (ligados por prep.)	mula sem cabeça

SEQUÊNCIAS DE PALAVRAS E COLOCAÇÃO PRONOMINAL

Característica	Exemplos
1. Sequência de palavras	Rio-São Paulo
2. Mesóclise, ênclise	falar-te-ia, apresentou-se

HÍFEN COM OS PREFIXOS

Prefixo	Característica	Exemplo
1. Term. em vogal	+ outra letra = sem hífen	autoescola antiético
	+ S / R = dobra consoante	contrarregra minissaia
	+ mesma letra / H = hífen	micro-ondas anti-herói
2. Pré, pró, pós, aquém, além, recém, ex, vice, sem	Sempre com hífen	pré-avaliação recém-casados
3. Bem	Sempre com hífen	bem-aventurado bem-vindo
4. Mal	+ vogal / H / L = hífen	mal-amado mal-humorado mal-limpo
5. Circum, pan	+ M, N, vogal = com hífen	circum-navegar pan-americano
6. Sub	+ B, R, H = com hífen	sub-base sub-realista sub-humano
7. Super, hiper, inter	+ H / R: com hífen	super-homem hiper-raro

ADJETIVOS GENTÍLICOS E ESPÉCIES BOTÂNICAS E ZOOLÓGICAS

Categoria	Característica	Exemplos
1. Adjetivos gentílicos	Com hífen	Sul-africano
2. Espécies zoobotânicas (nomes animais e plantas)	Com hífen	Andorinha-morena Couve-flor

PARTE 4

Classes de Palavras

Introdução

Antes de começarmos a estudar essa matéria, posso fazer um pedido?

– Depende, professor...

Um pedido simplesinho.

– Faça...

Eu quero que você liste, mentalmente ou por escrito, quais são as dez classes de palavras que temos na nossa língua.

– Professor, eu vou tentar, mas já adianto que sei que não vou conseguir...

Ô, coisa mais miserável a autoestima de um concurseiro! ☺

Tente agora que na sequência eu já listo.

– OK.

As classes de palavras são apenas dez, e raríssimas são as pessoas capazes de listá-las sem erros.

1. Substantivo
2. Adjetivo
3. Advérbio
4. Preposição
5. Artigo
6. Numeral
7. Interjeição
8. Pronome
9. Conjunção
10. Verbo

– É muito grave se eu coloquei entre as classes "aposto", por exemplo?

Olhe: bom não é, mas também não é uma tragédia. ☺

É absolutamente necessário saber diferenciar qual é a classe gramatical de uma palavra e qual é a função sintática que ela exerce.

– Como assim?

Você pode ficar em dúvida sobre se uma palavra é um "substantivo" ou um "adjetivo" (pois tanto substantivo quanto adjetivo são *classes*), assim como você pode ficar em dúvida sobre se uma estrutura é "sujeito" ou "objeto direto" (pois tanto sujeito quanto objeto direto são funções sintáticas). O que não faz sentido é ficar em dúvida se uma palavra é *substantivo* ou *sujeito*, porque daí estaremos misturando as coisas. Para isso não acontecer, vamos separar em duas colunas as classes e as funções.

– Ai, professor, que pessoa maravilhosa o senhor é.

Como sempre, concordo. ☺

Vamos lá.

CLASSES DE PALAVRAS	FUNÇÕES SINTÁTICAS
	1. Sujeito
1. Substantivo	2. Objeto direto
2. Adjetivo	3. Objeto indireto
3. Advérbio	4. Adjunto adverbial
4. Preposição	5. Aposto
5. Artigo	6. Vocativo
6. Numeral	7. Predicativo do sujeito
7. Interjeição	8. Predicativo do objeto
8. Pronome	9. Agente da passiva
9. Conjunção	10. Predicado
10. Verbo	11. Adjunto adnominal
	12. Complemento nominal

Nunca, jamais, sob hipótese alguma, podemos confundir os elementos de uma coluna com o de outra, porque seria uma confusão de categorias. Perguntar se uma palavra é *substantivo ou sujeito* seria o mesmo que olhar para mim e perguntar: "O senhor é ser humano ou professor?".

Por que isso não faria sentido? Ora, porque eu sou os dois. Digamos que "ser humano" é a minha classe, e "professor" é a minha função.

– OK!

Não se pode confundir uma categoria com a outra. Vejamos a frase abaixo:

+ "Dúvidas perturbam as pessoas".

Se eu perguntasse qual a classificação do termo sublinhado acima, qual seria a sua primeira e mais instintiva resposta: substantivo ou sujeito? Seja qual for, ambas estariam certas.

Mas se eu perguntasse qual a classe gramatical do termo "dúvidas", o que você responderia?

– Substantivo!

Isso! Já se eu perguntasse qual é a função sintática do mesmo termo?

– Sujeito!

Exatamente!

Subst. (classe)
↓
+ "Dúvidas perturbam as pessoas."
Suj. (função)

Entendeu bem a diferença?

– Entendi sim, professor!

Que alegria! Vamos ao estudo detalhado das classes de palavras então!

CAPÍTULO 6

Substantivo

INTRODUÇÃO: O QUE É E O QUE FAZ

Responda sem medo de errar: para que serve um substantivo?

– Para dar nome...

Exato! A função semântica do substantivo é nomear tudo aquilo que pode ser nomeado. Sendo assim, os substantivos nomeiam pessoas, animais, sentimentos, sensações, qualidades, estados, fenômenos, instituições e tudo o mais que seja capaz de receber um nome. Seriam exemplos de substantivos os seguintes termos:

+ homem, cavalo, amor, frio, beleza, liquidez, chuva, universidade e muitos outros.

1. CLASSIFICAÇÕES DOS SUBSTANTIVOS

Agora vamos a algumas classificações que os substantivos podem ter.

– São muitas?

Nem muitas nem poucas. A boa notícia é que, nesta parte do conteúdo, as classificações são todas binárias.

– Oi?

Binárias, ou seja, divididas em dois: o substantivo ou é uma coisa *ou* é outra. Isso facilita muito.

– Pelo menos isso...

1.1. Substantivos comuns *x* substantivos próprios

A primeira divisão que se pode fazer em relação aos substantivos diz respeito a eles serem "comuns" ou "próprios".

a) Serão *substantivos comuns* os que designarem elementos considerados genericamente, sem individualização:

+ cidade
+ time
+ indivíduo
+ empresa

b) Já os *substantivos próprios* são aqueles que designam os elementos particularizados, individualizados. Nesse caso, seriam exemplos de substantivos próprios os abaixo:

+ Fortaleza
+ Grêmio
+ Cristina
+ Tramontina

– Então próprios são aqueles com letra maiúscula inicial sem estar no início da frase?

Correto! O termo "mulher" é substantivo comum, mas "Manuela" é substantivo próprio.

– Ótimo.

1.2. Substantivos concretos *x* substantivos abstratos

Outra divisão que pode ser aplicada aos substantivos diz respeito a eles serem "concretos" ou "abstratos".

– Ih... Essa é complicada, não?

Sendo bem honesto, sim. Essa classificação é bem mais complexa e menos objetiva, então se justifica o temor.

– Se o senhor está dizendo que é difícil, imagina o que vem por aí...

Calma, calma, calma: muita calma nessa hora. Vamos trabalhar, vamos estudar e vamos aprender. Primeiramente, cabe ressaltar que a habitual divisão proposta na escola, de que seriam *concretos* os substantivos em que se pode tocar e *abstratos* aqueles em que não se pode tocar, não funciona. Há vários substantivos "não tocáveis" que são concretos.

– Profe, essa era a única coisa que eu sabia...

Bem, então vamos começar do zero. ☺

Consideraremos basicamente o seguinte:

a) Concretos: serão aqueles elementos que podem ser considerados em si próprios para que tenham sua noção compreendida:

+ pedra
+ nuvem
+ bairro
+ pessoa

b) Abstratos: serão os elementos que se manifestam por meio de outro ser.

+ "amor" (precisa-se de alguém que ame)
+ "beleza" (precisa-se de alguém ou algo que tenha a "beleza")
+ "velocidade" (precisa-se de algo ou alguém que seja dotado de velocidade)

– Profe do céu, não tem como dar uma simplificada?

Tem sim: serão abstratos os substantivos que expressarem "noção", "sentimento", "sensação", "qualidade" e "ação". Então, repita comigo e guarde isso em alguma gavetinha aí do seu cérebro: serão substantivos abstratos aqueles que forem "noção", "sentimento", "sensação", "qualidade" e "ação". Os demais serão concretos. Quais são os substantivos abstratos?

– Noção, sentimento, sensação, qualidade, ação!

Isso mesmo! Agora vamos particularizá-los com alguns exemplos.

Noção	Sentimento	Sensação	Qualidade	Ação
altura peso área	amor inveja saudade	frio calor dor	beleza simpatia inteligência	descoberta invenção caminhada

Tentemos mapeá-los ainda melhor:

+ "noções" são determinados conhecimentos (tamanho);
+ "sentimentos" são subjetivos (ciúme);
+ "sensações" são físicas (fome);
+ "qualidades" são os substantivos derivados de adjetivos (burro ⇒ burrice / claro ⇒ clareza);
+ "ações" são os substantivos derivados de verbos (ler ⇒ leitura / estudar ⇒ estudo / aprovar ⇒ aprovação).

– E esses são os que se expressam por meio de outro ser?

Que pergunta linda! Sim, esses são os que se expressam por meio de outro ser. Basta fazer o teste para que percebamos: "tamanho", "ciúme", "fome", "clareza" e "leitura", por exemplo, são elementos que se expressam por meio de outro ser: algo ou alguém tem de ter o "tamanho"; alguém tem de sentir "ciúme"; alguém tem de sentir "fome"; algo tem de ser dotado de "clareza"; alguém tem de realizar o ato da "leitura". Entendeu?

– Entendi bem, professor. Mas como se pode cobrar isso em prova?

De duas maneiras: ou perguntando diretamente se um substantivo é concreto ou abstrato, ou pedindo que se classifique um determinado segmento como adjunto adnominal ou complemento nominal. Para que saibamos diferenciar o adjunto do complemento, em algumas situações, teremos de saber se o substantivo é concreto ou abstrato.

– É uma matéria, então, que temos a obrigação de saber...

Sim, sem dúvida. ☺

1.3. Substantivos simples *x* substantivos compostos

Sabe qual a diferença entre simples e composto no português?

– Sei não, professor...

É muuuuito fácil: "simples" é sempre relativo a um só; "composto" é relativo a dois ou mais.

– Mesmo?

Mesmo. Sujeito simples é o que tem um único núcleo; sujeito composto é o que tem dois ou mais núcleos. Forma verbal simples é a que tem apenas um verbo; forma verbal composta é aquela formada por dois ou mais verbos.

– Certo.

Nos substantivos, ocorre o mesmo:

a) **substantivo simples**: é aquele que apresenta apenas um radical, ou seja, que tem apenas "uma palavra", digamos assim, na sua base:

+ roupa
+ cachorro
+ navio

b) substantivo composto: é aquele que apresenta dois ou mais radicais, ou seja, que tem "duas ou mais palavras" em sua base:

+ guarda-roupas
+ cachorro-quente
+ navio-escola

– É como se o simples fosse uma palavra só e o composto duas ou mais palavras que foram transformadas em uma?

Mais uma pergunta linda, linda, linda! É bem isso!

1.4. Substantivos coletivos

São coletivos os substantivos que, mesmo no singular, identificam um grupo de seres da mesma espécie.

– Ah, professor, esses são aqueles que sempre fazem parte de uma lista de palavras que se tem de decorar e tal?

São eles mesmos! Vamos a alguns exemplos:

+ arquipélago (conjunto de ilhas)
+ bando (conjunto de desordeiros)
+ cáfila (conjunto de camelos)
+ molho (conjunto de chaves)

– Ok, ok. Coletivo é o substantivo que, no singular, indica noção de coletividade.

Exato. Vamos a uma tabela com os principais coletivos da língua. Não haveria como debatê-los um a um. Então, analise com atenção as tabelas que vêm na sequência. Depois de você as ler, conversaremos mais um pouco sobre isso.

PESSOAS

Alcateia, bando, caterva, corja, horda, farândola, malta, quadrilha, súcia, turba	De ladrões desordeiros, assassinos, malfeitores ou vadios
Cabido	De cônegos de uma catedral

PESSOAS

Caravana	De viajantes
Comitiva, cortejo, séquito, acompanhamento	De pessoas que acompanham outra por dever ou cortesia
Comunidade, confraria, congregação, irmandade, ordem	De religiosos
Coro, conjunto	De pessoas que cantam juntas
Elenco, trupe	De artistas de uma companhia, peça ou filme
Equipagem, marinhagem, companha, maruja, tripulação	De marinheiros
Falange	De heróis, guerreiros, espíritos
Junta	De credores, de médicos
Pessoal	De pessoas de uma fábrica, repartição pública, escola ou loja
Plêiade	De poetas, artistas, talentos
Ronda	De policiais que percorrem as ruas velando pela ordem pública
Turma	De estudantes, trabalhadores, médicos

ANIMAIS

Alcateia	De lobos, panteras ou outros animais ferozes
Bando, revoada	De aves
Cáfila	De camelos
Cardume, corso, manta	De peixes ou aquáticos
Colmeia, enxame, cortiço	De abelhas
Correição, cordão	De formigas
Fato	Rebanho de cabras
Fauna	Conjunto de animais próprios de uma região
Gado	Conjunto de animais criados em fazendas
Junta, cingel, jugo, jugada	De bois

ANIMAIS

Lote	De burros, conjunto de bestas de carga
Malhada, oviário, rebanho	De ovelhas
Manada	De cavalos, porcos, éguas
Matilha	De cães
Ninhada	Rodada de pintos
Nuvem, miríade, onda, praga	De gafanhotos, marimbondos, percevejos
Piara, vara	De porcos
Rebanho, armento, armentio, grei, maromba	De bois, ovelhas
Récova, récua	De cavalgaduras

COISAS

Acervo, chorrilho, enfiada	De asneiras, de tolices. Acervo também se aplica a bens materiais: livros, discos, etc.
Antologia, analecto, crestomatia, coletânea, florilégio, seleta	De trechos literários ou científicos
Aparelho, baixela, serviço	De recipientes para servir, chá, café, jantar
Armada, esquadra, frota	De navios de guerra
Bateria, fileira	De peças de artilharia
Braçada, braçado, buquê, ramo, ramalhete	De flores
Cacho	De uvas, de bananas
Cancioneiro	De canções
Carrada	De razões
Chuva, chuveiro, granizo, saraiva, saraivada	De balas, de pedras, de setas
Coleção	De selos, de quadros, de medalhas, de moedas, de livros
Constelação	De estrelas
Cordilheira, cadeia, série	De montes, de montanhas

COISAS	
Feixe, lio, molho (ó)	De lenha, de capim
Fila, fileira, linha	De cadeiras
Flora	De plantas de uma determinada região
Galeria	De quadros, de estátuas
Herbário	Coleção de plantas para exposição ou estudo
Instrumental	De instrumentos de orquestra, de qualquer ofício mecânico, de cirurgia
Mobília, mobiliário	De móveis
Monte, montão	De pedras, de palha, de lixo
Penca	De bananas, de laranjas, de chaves
Pilha, ruma	De livros, de malas, de tábuas
Réstia	De cebolas, de alhos
Sequência	De cartas do mesmo naipe
Troféu	De bandeiras

– Profe, só para confirmar: não é, então, qualquer substantivo que esteja no plural que vai ser considerado um substantivo coletivo?

Não! De modo nenhum! Coletivos serão somente aqueles que, *no singular*, indicarem um conjunto de seres, entendeu? "Bar", por exemplo, mesmo que esteja no plural ("bares"), não será um substantivo coletivo. Coletivos são somente os que, na forma singular, indicam um conjunto. E os substantivos coletivos terão uma forma singular e outra plural.

– Perfeito.

Não confunda *coletivo* com *plural*.

2. GÊNERO E NÚMERO (ASPECTOS DIVERSOS)

Coloquei entre parênteses "aspectos diversos" porque, na sequência, veremos muitos itens que dizem respeito ao gênero e/ou ao número dos substantivos. Por isso, mantenha a atenção.

– Manterei.

Todos os substantivos apresentarão a categoria de gênero e número, independente de sofrerem ou não flexão nessas duas categorias.

– Como assim?

O que se está dizendo é que todo e qualquer substantivo da língua, em seu contexto de uso, será masculino ou feminino e estará no singular ou no plural, pois quem determina o número do substantivo (singular ou plural) é o artigo ou outro determinante (pronome ou numeral) que o acompanhe – ou que o acompanharia, no caso de não estar explícito.

– Exemplifique para mim, professor.

Claro que exemplifico.

+ "A porta estava aberta."
  subst. fem. sing.

Veja que "porta" é um substantivo feminino que está no singular. Agora vamos a outra frase:

+ "As portas estavam abertas."
  subst. fem. pl.

Aqui, "portas" será um substantivo feminino no plural.

– Mas isso não é óbvio, profe?

Nos casos que vimos, sim. No entanto, nem sempre será tão fácil.

Há substantivos nos quais não conseguimos detectar, neles próprios, se estão no singular ou no plural ou se estão no masculino ou no feminino, devido ao fato de eles não flexionarem, isto é, não mudarem de forma quando mudam de gênero e/ou número.

– Não sei se entendi...

Imagine a palavra "lápis". Você saberia me dizer se ela se refere a um só elemento ou a mais de um elemento? Sem nenhum contexto, creio que não. Somente se eu a colocar em uma frase, concorda? Isso se deve ao fato de ser uma palavra que não flexiona em número.

– Entendi.

Que bom. Apesar disso, por meio do determinante, encontraremos o seu número:

+ "O lápis permanecia sobre a mesa."
  subst. sing.

Na frase, "lápis" será um substantivo masculino que está no singular (O lápis). Agora olhe o exemplo seguinte:

+ "Os lápis permaneciam sobre a mesa."
  subst. pl.

Aqui, "lápis" será um substantivo masculino que estará no plural (OS lápis).

– Tranquilo, professor. Captei.

Quanto ao gênero, o mesmo pode ocorrer. Você saberia me dizer se é masculino ou feminino o termo "paciente"?

– Sem contexto, não...

De fato, precisaremos de um contexto e um determinante para definirmos o gênero do termo:

+ "Eu vi o paciente reclamando do médico."
  subst. masc.

+ "Eu vi a paciente reclamando do médico."
  subst. fem.

O termo "paciente" não flexiona em gênero, mas, ainda assim, terá um gênero no seu contexto de uso.

– Entendi perfeitamente, professor!

Ótimo. Então, vamos adiante.

2.1. Substantivos uniformes *x* substantivos biformes

A maioria dos substantivos aplica-se a elementos que não têm dois "sexos".

– Como assim, professor?

"Cadeira" designa um objeto que não apresenta sexo masculino ou sexo feminino. Não existe "a cadeira" e o "cadeiro", por exemplo. O mesmo raciocínio valeria para "nuvem" (palavra sempre feminina: a nuvem), "inferno" (palavra sempre masculina: o inferno) e infindáveis outras. Isso ocorre porque ter gênero biológico é característico apenas dos seres. Compreende?

– Acho que sim. O que o senhor está dizendo é que "estante" é uma palavra do gênero gramatical feminino, mas não tem gênero biológico, não tem "sexo"; já "vaca" é uma palavra do gênero gramatical feminino que, além do gênero gramatical, tem um gênero biológico, ou seja, um "sexo", também feminino.

Isso, isso, isso. E para os substantivos que se referem aos seres, ou seja, para aqueles que se referem a seres que têm gênero biológico masculino ou feminino, há duas classificações: substantivos uniformes e substantivos biformes.

– E o que seriam os uniformes e os biformes?

Quando os substantivos podem designar seres que tenham sexo masculino ou feminino, receberão a classificação especial de "substantivos biformes" (aqueles que apresentam duas formas diferentes, duas palavras diferentes, uma para o masculino e uma para o feminino) ou "substantivos uniformes" (aqueles que apresentam apenas uma forma, uma mesma palavra, tanto para o masculino quanto para o feminino). Vejamos.

2.1.1. Substantivos biformes

Podem apresentar suas duas formas por três distintos meios.

a) **Biformes por flexão:** são aqueles em que o feminino é formado, basicamente, a partir do acréscimo da desinência "a" na forma feminina:

+ aluno / aluna
+ professor / professora

– Biforme por flexão é aquele em que a diferença do masculino para o feminino é só um "a" final no feminino, como em "juiz / juíza", "dono / dona"?

Exato.

b) **Biformes por sufixação:** são aqueles em que o feminino recebe o acréscimo de um sufixo:

+ poeta / poetisa
+ ator / atriz

– Nesses, a diferença também está só no fim da palavra, mas é mais do que apenas um "a"; tem de ser algo maior que isso.

Isso mesmo. É o que acontece, também, nas duplas seguintes:

- conde / condessa
- duque / duquesa

– Ótimo.

c) **Biformes por heteronímia:** são aqueles em que há duas palavras completamente diferentes para o masculino e o feminino:

- boi / vaca
- homem / mulher

– Heterônimos são os que têm nomes completamente distintos? Como "nora / genro", "padrinho / madrinha", etc.?

Perfeito.

2.1.2. Substantivos uniformes

Apresentam apenas uma única forma tanto para a designação do ser do sexo masculino quanto para a designação do ser do sexo feminino. Eles se subdividem em três classificações:

a) **Uniformes comuns de dois gêneros:** aqueles em que o masculino e o feminino são representados pela mesma palavra, mas que são diferenciados pelo artigo ou determinante:

- **o** policial / **a** policial
- **o** estudante / **a** estudante

Nota que o nome faz sentido?

– Noto, sim!

A palavra para o masculino e para o feminino é "comum" (ou seja, a mesma palavra para os dois), mas apresenta dois gêneros diferentes: a masculina exige determinante masculino, e a feminina exige determinante feminino:

- o paciente / a paciente
- o ascensorista / a ascensorista

– De fato, faz sentido.

Bastante. ☺

b) **Uniformes sobrecomuns:** aplicam-se a pessoas; são aqueles em que haverá somente um gênero para a palavra, independentemente de ela se referir a seres do sexo masculino ou do sexo feminino:

+ a pessoa
+ o indivíduo
+ a criança

É "sobrecomum" porque é comum aos dois em tudo, tanto na palavra quanto no determinante.

– Entendi bem, profe.

c) **Epicenos:** aplicam-se apenas aos animais; geralmente, quando temos um substantivo epiceno, a ele será posposto o termo "macho" ou "fêmea":

+ o jacaré macho / o jacaré fêmea
+ a cobra macho / a cobra fêmea

Perceba que o nome do animal tem apenas um gênero (o jacaré, a cobra, a zebra, o besouro), mas a esse termo se segue a designação "macho" ou "fêmea".

– Compreendi. Não dá pra fazer uma tabelinha e dar aquela simplificada?

Dá sim! Vamos a ela:

UNIFORMES			BIFORMES		
Comuns de dois gêneros	**Epicenos (animais)**	**Sobrecomuns (pessoas)**	**Flexão**	**Sufixação**	**Heteronímia**
mesma palavra, artigo diferente	mesma palavra, mesmo artigo + macho/fêmea	mesma palavra, mesmo artigo	"-a" no feminino	Acréscimo de sufixo no feminino	palavras completamente diferentes
O ascensorista A ascensorista	o pássaro macho / fêmea	A criança O governante	O professor A professora	O poeta A poetisa	O cavalo A égua

2.2. A flexão de número dos substantivos

São muito diversas as formas como um substantivo flexiona em número. Vamos às principais.

2.2.1. *Geral: "-s"*

O plural geral dos substantivos é feito por meio do acréscimo da desinência de plural "-s" ao termo no singular:

- estudo – estudos
- pajé – pajés
- açaí – açaís
- rei – reis
- romã – romãs
- mãe – mães

– Tranquilíssimo, professor. Essas vão bem até no instinto, mesmo para quem tem um instinto nem tão bom assim, como eu: parede / paredes; teto / tetos; táxi / táxis.

Isso mesmo.

2.2.2. *Plural em "-es"*

Ocorre quando o singular termina em "S" em sílaba tônica, "R" ou "Z".

- ás – ases
- rês – reses
- mártir – mártires
- dor – dores
- luz – luzes
- cicatriz – cicatrizes

– Certo, professor.

Aqui há um casinho especial: "cós" pode ser singular e plural (o cós; os cós) e existe também o plural "coses" ("os coses das calças estão cada vez mais baixos").

– Prometo que vou tentar guardar!

2.2.3. *Plural de nomes gregos terminados em "-n"*

Pode-se formar pelo acréscimo do "S" ou de "ES":

- hífen – hifens ou hífenes
- hímen – himens ou hímenes

+ gérmen – germens ou gérmenes
+ dólmen – dolmens ou dólmenes

– Professor amado, parece-me tão melhor a forma só com um "S" no final...

Eu sei. A mim também. ☺

Mas guarde que existe também a forma com "ES", não custa. Cabe referir que "pólen" somente aceita plural com "S": "polens".

– Ok!

2.2.4. *Plural dos nomes terminados em "-ão" tônico*

Aqui chegamos a um dos dramas dos plurais: os nomes terminados em "ÃO" tônico podem fazer três diferentes plurais.

+ "ÃOS": irmão – irmãos / cidadão – cidadãos
+ "ÕES": coração – corações / limão – limões
+ "ÃES": capitão – capitães / pão – pães

– E como saber, professor?

Tristemente, o único modo de sabermos é lendo com atenção as listas a seguir, para confirmarmos aquilo que já sabíamos e botarmos no repertório aquilo que é novidade.

– Se não há o que fazer, vamos a elas.

Vamos.

a) Alguns dos principais em "ÕES" (o mais geral):

+ caminhão – caminhões
+ coração – corações
+ furgão – furgões
+ impressão – impressões
+ navegação – navegações
+ salão – salões
+ tentação – tentações

– Nenhum que eu tenha estranhado, professor.

Excelente. O pior ainda está por vir. ☺

b) Alguns dos principais em "-ÃES":

+ alemão – alemães
+ cão – cães
+ capelão – capelães
+ capitão – capitães
+ catalão – catalães
+ escrivão – escrivães
+ tabelião – tabeliães
+ pão – pães

– Aqui já deu uma atrapalhada: deu vontade de fazer pelo plural anterior pelo menos "catalão", "escrivão" e "tabelião"...

Tranquilo. Vamos formando repertório.

c) Alguns dos principais em "-ÃOS":

+ chão – chãos
+ cidadão – cidadãos
+ cristão – cristãos
+ desvão – desvãos
+ grão – grãos
+ mão – mãos
+ pagão – pagãos
+ irmão – irmãos
+ Paroxítonos em "-ão": bênçãos / órfãos / órgãos

– Ok. Ok. Ok. Vou focar na questão do repertório...

Isso.

Por fim, ainda nesse caso, convém saber que há vários termos terminados em "ÃO" tônico que aceitam dois ou três plurais.

– Aí o senhor me mata, professor.

Não mato, não. E, como dizia a minha mãe, o que não nos mata nos fortalece. ☺

+ alazão – alazões / alazães
+ aldeão – aldeões / aldeãos / aldeães
+ anão – anões / anãos
+ ancião – anciões / anciãos / anciães
+ charlatão – charlatões / charlatães
+ corrimão – corrimãos / corrimões
+ cortesão – cortesãos / cortesões
+ ermitão – ermitões / ermitãos / ermitães
+ guardião – guardiões / guardiães
+ refrão – refrãos / refrães
+ sacristão – sacristãos / sacristães

- verão – verãos / verões
- vilão – vilões / vilãos / vilães
- vulcão – vulcões / vulcãos

> – Mas aqui não há muuuita lógica, concorda, professor?

Concordo completamente. Nas palavras terminadas em "-ÃO" tônico, a questão é ler e reler, decorar o máximo possível e ampliar o vocabulário. O pior é que, com alguma frequência, justamente esses plurais são citados em provas. Por isso, não desanime e os decore.

2.2.5. Plural dos nomes terminados em "-al", "-el", "-ol" → "ais", "éis", "óis"

- pardal – pardais
- carrossel – carrosséis
- lençol – lençóis

> – Aqui o instinto dá uma bela salvada, professor: bananal / bananais; pastel / pastéis; anzol / anzóis.

Excelente. Só para você não se acostumar com facilidades, vamos a duas exceçõezinhas:

- "mal" faz plural "males"; "mel" faz "meles ou méis" (assim como "fel" faz "feles" ou "féis").

2.2.6. Plural dos nomes em "-il"

Para os nomes terminados em "-il", haverá duas hipóteses, uma para se a vogal da sílaba final for átona (fraca) e outra para se a vogal da sílaba final for tônica (forte).

> – Ai, ai, ai...

Vamos com calma e com fé.

a) com vogal átona: final "-il" faz plural "-eis"

- míssil – mísseis
- fóssil – fósseis

> – "Fácil" vira "fáceis.

Isso mesmo.

b) com vogal tônica: "-il" faz plural "-is"

+ funil – funis
+ barril – barris

> – "Corpanzil" vira "corpanzis".

Palavra linda. Isso mesmo.

Há duas palavras com essa terminação que são importantes, porque aceitam duas diferentes grafias e pronúncias no singular e, consequentemente, o mesmo ocorre no plural: réptil / reptil; projétil / projetil.

+ "réptil" e "projétil" fazem plural "répteis" e "projéteis";
+ "reptil" e "projetil" fazem "reptis" e "projetis".

> – "Reptil" e "projetil" ficam horríveis, assim como os respectivos plurais, mas, se o senhor diz, acredito.

Acredite. ☺

2.3. Palavras que não possuem marca de número

Palavras que não apresentam marca de número são aquelas que, tanto no singular quanto no plural, têm idêntica grafia. Ou seja, são palavras que não flexionam em número.

> – Muitas?

Não: pouquinhas.

a) Vocábulos terminados em "-s" em sílabas átonas.

+ o pires / os pires
+ o lápis / os lápis
+ a cútis / as cútis

> – "O ônibus", "os ônibus". Mesmo caso.

Mesmíssimo. Como exceção à regra, há a palavra "simples", que fica invariável ou flexiona para "símplices" no plural.

b) Vocábulos terminados em "-x" equivalente a "KS"

+ o tórax / os tórax
+ a xerox / as xerox
+ o ônix / os ônix

> – "Tóraxes" e "xeroxes" nem pensar?

Nem pensar: erro da categoria "Deus nos livre!".

– Perfeito!

2.4. Plurais metafônicos

São plurais metafônicos aqueles em que o timbre (que é o mesmo que pronúncia) da vogal passa de fechado (ô) a aberto (ó):

- o reforço (ô) / os reforços (ó)

– Compreendi, meu querido profe: é o caso, também, de "miolo", que no singular tem pronúncia fechada (ô), e "miolos", que no plural tem pronúncia aberta (ó). Só não sabia que isso se chama plural metafônico.

Pois é: mas se chama. Várias palavras com "o" fechado tônico alteram essa vogal para aberta no plural.

– Decoro?

Se possível. Se não, ao menos leia e tente guardar que algumas não parecem ser, mas são metafônicas no plural, como "caroços", "chocos", "coros", "despojos" e "socorros".

– Está bem!

A seguir uma lista dos principais plurais metafônicos:

- miolo – miolos
- reforço – reforços
- caroço – caroços
- choco – chocos
- coro – coros
- corpo – corpos
- corvo – corvos
- despojo – despojos
- esforço – esforços
- fogo – fogos
- forno – fornos
- foro – foros
- fosso – fossos
- imposto – impostos
- jogo – jogos
- miolo – miolos
- olho – olhos
- osso – ossos
- ovo – ovos
- poço – poços
- porco – porcos
- porto – portos
- posto – postos
- povo – povos
- reforço – reforços
- rogo – rogos
- socorro – socorros
- tijolo – tijolos
- torto – tortos
- troco – trocos

Já nas palavras seguintes, o "Ô" se mantém fechado na pronúncia mesmo no plural.

– Alguma armadilha?

Creio que não.

– Melhor. ☺

- acordo – acordos
- adorno – adornos
- almoço – almoços
- alvoroço – alvoroços
- arroto – arrotos
- boda – bodas
- bojo – bojos
- bolo – bolos
- bolso – bolsos
- cachorro – cachorros
- caolho – caolhos
- coco – cocos
- contorno – contornos
- esboço – esboços
- esposo – esposos
- estorvo – estorvos
- ferrolho – ferrolhos
- fofo – fofos
- forro – forros
- gafanhoto – gafanhotos
- globo – globos
- gorro – gorros
- gosto – gostos
- gozo – gozos
- jorro – jorros
- logro – logros
- morro – morros
- repolho – repolhos
- rolo – rolos
- sogro – sogros
- soldo – soldos
- sopro – sopros
- soro – soros
- toco – tocos
- toldo – toldos
- topo – topos
- torno – tornos
- transtorno – transtornos

2.5. Palavras que no plural deslocam o acento tônico

Se você prestar atenção, verá que, na maioria das palavras, o plural faz com que se mantenha a posição da sílaba tônica.

– Como assim "a posição"?

Em "**mesa**" e "**mesas**", a sílaba tônica é a primeira da palavra. Em "pa**rede**" e "pa**redes**", a sílaba tônica é a segunda. Em "roda**pé**" e "roda**pés**", é a terceira. Em "ventila**dor**" e "ventila**dores**", é a quarta. E assim por diante.

– Ok, entendi.

Pois então: em algumas palavras, a sílaba tônica do plural se desloca para outra posição, o que não deixa de ser uma armadilha, devido ao fato de contrariar a lógica geral da língua.

- **Júnior** – **juniores**

+ **Júpiter** – jup**í**teres
+ **Lúcifer** – luc**í**feres
+ **Caráter** – carac**te**res (também se aceita "caráteres", que não desloca)

– Professor do céu: "caracteres" e "juniores" eu aceito e compreendo, mas "jupíteres" e "lucíferes" são de uma tal estranheza que o senhor não imagina...

Imagino, sim! Pense que são os plurais do maior planeta do Sistema Solar e o próprio senhor do inferno!

– Júpiter é o maior do Sistema?

O maior.

– Ok. Juro que vou tentar.

2.6. Variações semânticas do mesmo termo no singular e no plural

Normalmente, o sentido no singular e no plural é o mesmo, alterando-se apenas a noção de número / quantidade. No entanto, em certas palavras pode haver alteração completa de sentido:

+ Bem (o que é bom) *x* bens (propriedades)
+ Féria (produto do trabalho diário) *x* férias (dias de descanso)
+ Honra (sentimento) *x* honras (manifestações de respeito)
+ Ferro (metal) *x* ferros (algemas)

– Bem entendidinho!

2.7. *Pluralia tantum*

Termos só (ou predominantemente) usados no plural

E que tal o nome "pluralia tantum"?

– Prefiro não responder.

Imagino. ☺

É uma expressão latina que significa "apenas plurais", o que facilita muito a nossa missão: trata-se de termos que são plurais (tanto que são acompanhados por determinantes no plural) e que são usados em determinado sentido apenas no plural, sem que se use a forma unitária no singular.

– Não sei se entendi.

Certeza de que vai entender. Vamos começar por um bem fácil.

"Costas", no sentido de "região posterior do tronco", não existe no singular e no plural: não faria sentido pensar em "a costa" e "as costas" (nesse sentido, que fique bem claro). Sempre que estamos nos referindo à parte do corpo, dizemos "as costas": "dor nas costas", "carregar nas costas", etc.

– Entendi.

O mesmo ocorre com "férias" no sentido de "tempo de repouso", "tempo de descanso". Ninguém diz: "A minha féria na Bahia foi maravilhosa". Ninguém diz nem deveria dizer. Nesse sentido, a palavra é usada no plural: "As minhas férias foram maravilhosas".

Assim como "costas" e "férias", há as palavras abaixo (das quais seria interessante você se lembrar), que, no sentido que exprimem no plural, ou existem apenas no plural ou, pelo menos, usam-se muito mais no plural do que no singular:

- **Afazeres** (tarefa a ser cumprida, ocupação):
  + "Ao realizar seus afazeres diários, refletia sobre a vida".
- **Anais** (publicação periódica de uma área, registro de memórias, fatos pessoais):
  + "Paulo Ricardo decidiu registrar em livro os anais da sua família".
- **Arredores** (conjunto das localidades vizinhas, redondeza):
  + "Fez um passeio pelos arredores do bairro e gostou do que viu".
- **Belas-artes** (manifestações artísticas, artes plásticas):
  + "Tem grande familiaridade com as belas-artes desde muito jovem".
- **Confins** (fronteira ou limite, lugar distante):
  + "Nós viajamos até os confins da Amazônia atrás dos povos nativos".
- **Fezes** (resíduos expelidos pelo ânus após a digestão):
  + "As fezes da criança estavam escuras e quase líquidas".
- **Núpcias** (casamento, cerimônia do casamento):
  + "As núpcias de Paulo e Ana foram celebradas com grande alegria pelas famílias".
- **Óculos** (armação sustentada sobre o nariz para corrigir ou proteger a visão):
  + "Os meus óculos ficam sempre ao lado da cama".

- **Trevas** (ausência de luz, ignorância, escuridão):
  + "Vive nas trevas desde que decidiu se casar com aquele estúpido".

– Entendido, professor.

Fico feliz de saber! ☺

2.8. Plural dos nomes com sufixo "-zinho"

Considera-se que são dois elementos no plural e suprime-se o "-s" do substantivo.

Entendeu?

– Não saberia dizer com exatidão se entendi...

Imagine que existe o substantivo no plural ("animais") e a ele se une o sufixo ("zinhos"). Após, retira-se o plural do substantivo e deixa-se apenas o do sufixo:

+ animai(~~s~~) + zinhos = animaizinhos
+ coraçõe(~~s~~) + zinhos = coraçõezinhos
+ flore(~~s~~) + zinhos = florezinhas

– Então, faço o plural do substantivo, retiro o "S" final e uno com "zinhos"?

E-xa-ta-men-te!

2.9. Mudança de gênero que gera mudança de significado

Trata-se de diferentes substantivos, que terão um ou outro gênero a depender do significado que tenham.

Aqui não se está falando daqueles substantivos que designam seres que têm sexo / gênero biológico e que podem se referir ao ser do sexo masculino ou ao ser do sexo feminino, como "o biólogo" e "a bióloga", "o professor" e "a professora".

– Não são esses os casos?

Não. Estamos falando aqui de substantivos que, no masculino ou no feminino, têm sentidos completamente diferentes. Exemplo:

+ "A capital era lindíssima." (capital: cidade)
+ "O capital era limitado." (capital: patrimônio)

Enxergou?

– Com clareza!

Excelente. Assim são vários outros substantivos. Vejamos os principais.

- **A cabeça** (parte do corpo) / **o cabeça** (líder)
  + "A cabeça de Ana é absolutamente proporcional ao resto do corpo."
  + "O cabeça do grupo foi capturado em um bairro nobre da cidade."
- **A lotação** (capacidade máxima) / **o lotação** (pequeno ônibus)
  + "O teatro atingiu a lotação poucos minutos antes do *show*."
  + "O lotação é sempre um pouco mais caro do que o ônibus."
- **A moral** (conjunto de valores) / **o moral** (estado de ânimo)
  + "Os defensores da moral e dos bons costumes nem sempre são boas pessoas."
  + "O moral da tropa ficou muito abalado após a derrota."
- **A rádio** (estação) / **o rádio** (aparelho, osso, elemento químico)
  + "A rádio de que mais gosto somente toca música brasileira."
  + "O rádio fica sobre a mesa praticamente como um enfeite."
- **A nascente** (ponto onde nasce um curso d'água, foz) / **o nascente** (onde nasce o sol)
  + "A nascente do rio fica no norte do Amazonas."
  + "O nascente é, para mim, mais bonito do que o poente."
- **A cura** (restabelecimento de saúde) / **o cura** (vigário de aldeia)
  + "A cura somente poderá chegar se ele tomar a vacina."
  + "O cura abençoava as pessoas todas diariamente."
- **A grama** (vegetação) / **o grama** (unidade de medida de massa)
  + "A grama verde do pátio da infância ainda se vê daqui."
  + "O grama do ouro fica mais caro a cada ano."

– E eles aparecem em prova?

Aparecem, sim. Além do mais, enriquecem o vocabulário e permitem maior conhecimento de mundo. ☺

– O senhor foi convincente.

Que bom!

2.10. Gêneros que podem oferecer dúvida

Existem diversas palavras na nossa língua que podem oferecer dúvida quanto ao gênero gramatical: a alface ou o alface? A dinamite ou o dinamite? A musse ou o musse?

> – Difícil assumir uma posição, profe querido...

Pois é. Vamos aos principais termos que conviria saber que são masculinos, femininos ou tanto um quanto outro! Em negrito, aqueles que me parecem mais relevantes.

a) **Masculino**

- letras do alfabeto (o "a", o "bê", o "cê", etc.)
- o clã
- o dó
- o eclipse
- o **milhar**

> – Achei, tranquilo aqui...

Excelente!

b) **Feminino**

- a aguardente
- a alcunha
- a **alface**
- a **bacanal**
- a **cal**
- a cólera (ira, ímpeto)
- a **dinamite**
- a faringe
- a **libido**
- a **musse**
- a nuance
- nomes terminados em "-gem" (a aragem, a paisagem, a viagem, etc.; exceção: personagem)

> – Profe, muita dificuldade de admitir "a alface", "a cal", "a dinamite", "a libido" e "a musse"...

Concordo. Uma coisa só a dizer: decore!

c) **Indiferentemente masculino ou feminino**

- o / a ágape
- o / a avestruz
- o / a cólera (doença)
- o / a componente (masculino no Brasil e feminino em Portugal)
- o / a crisma

- o / a dengue
- o / a diabete(s)
- o / a gambá
- o / a hélice
- o / a íris
- o / a lhama
- o / a laringe (mais usado no feminino)
- o / a pampa
- o / a personagem
- o / a sabiá
- o / a sósia
- o / a suéter

– Em estado de choque com alguns dos que aceitam dois gêneros...

Concentre. Respire. Guarde alguns dos principais: "componente", "sabiá", "diabete(s)", "gambá", "sabiá", "suéter".

– Certo. Por que está grafado "diabete(s)"?

Porque existem, na verdade, quatro diferentes grafias para essa palavra:

- o diabete / a diabete / o diabetes / a diabetes

– Professor do céu... Estou em choque...

Relaxe. Eu já me acostumei. Você também vai se acostumar. A única com a qual tenho alguma implicância, dessas formas, é "a diabete", que, por algum motivo, associo a uma moça vestida de diabinha, entende?

– Entendo, professor. Faz sentido! ☺

Pois é. Guarde.

– Farei o possível.

Fará e será o suficiente. ☺

3. GRAU

Já ouviu alguma vez na vida "concordo em gênero, número e grau com fulano"?

– Sim!

Pois então: é dessa parte da matéria que vem esse ditadinho. A concordância em gênero, número e grau seria uma concordância total, absoluta, entende?

– Mas que bacana!

Viu? Português também é cultura.

Pois bem: outra categoria que poderá ter o substantivo será a categoria de grau. O grau poderá ser normal, aumentativo ou diminutivo.

O grau normal será o próprio substantivo:

+ casa
+ filme
+ homem

– Tranquilo.

Sim. Isso é simples. Interessam-nos mesmo, e muito, os graus aumentativo e diminutivo.

a) Grau aumentativo

O grau aumentativo, quando houver o acréscimo do adjetivo "grande" na sua formação, será chamado analítico:

+ casa grande
+ filme grande
+ homem grande

Quando for formado por meio do acréscimo de um sufixo, será chamado sintético:

+ casarão
+ filmaço
+ homenzarrão

– "Analítico" com duas palavras; "sintético" com uma só.

Exatamente.

b) Grau diminutivo

No grau diminutivo, ocorrerá o mesmo. Quando houver o acréscimo do adjetivo "pequeno", teremos o grau diminutivo analítico:

+ casa pequena
+ filme pequeno
+ homem pequeno

Quando houver o acréscimo de um sufixo, teremos o grau diminutivo sintético:

+ casinha
+ filminho
+ homenzinho

– De onde vêm os nomes "analítico" e "sintético"?

No português, a forma analítica é sempre a forma desenvolvida, a forma maior: no caso do aumentativo dos substantivos, é, como você disse, a forma em que há duas palavras. Já a forma sintética vai ser sempre a forma reduzida, a forma menor: aquela em que se acrescenta um sufixo ao substantivo, de modo que o grau é formado por uma palavra só.

Observação: valor afetivo dos graus.

Agora me diga uma coisa: se eu digo a você que uma pessoa mora em uma "casa pequena" (grau diminutivo analítico), o que você pensaria sobre essa casa?

– Ora, eu pensaria que, como foi dito, ela é pequena, ela não é grande...

Sim, é isso mesmo. Mas e se eu disser que uma pessoa mora em um "casebre" (grau diminutivo sintético), você entenderia apenas que a casa não é grande, ou entenderia algo mais?

– Eu pensaria que a casa é uma casa humilde, sem conforto...

Bingo! Notou a diferença? Essa é uma característica do grau aumentativo e do diminutivo sintéticos: *eles frequentemente têm valor apreciativo ou depreciativo*. Isso quer dizer que, mais do que indicarem apenas o tamanho de algo, eles estabelecem sobre esse algo um juízo de valor, que pode ser apreciativo (elogioso) ou depreciativo (crítico). Vejamos:

+ "Ana é um mulherão: inteligente, decidida, culta." (elogio)
+ "Paula é uma mulherzinha de quinta categoria." (crítica)
+ "Ontem assisti a um filmão que não conhecia." (elogio)
+ "Apesar de toda a fama, é um filminho: chato e previsível." (crítica)

– Profe, o aumentativo é sempre elogioso e o diminutivo é sempre crítico?

Não, não. Pode ser o contrário. Quer ver?

+ "É preciso cuidar das criancinhas." (elogio)
+ "É difícil de dar aula com o crianção sempre incomodando." (crítico)

– Compreendido, profe.

Lembre-se de que o grau aumentativo e o diminutivo sintéticos têm (ou podem ter) valor afetivo.

4. FUNÇÃO SINTÁTICA

Qual será a função sintática primordial do substantivo?

– Sujeito?

Pois é: eu fiz essa pergunta de propósito e já esperava essa resposta.

– E ela deve estar errada...

Parcialmente, sim...

– Então o senhor perguntou só por maldade?

Não! Eu perguntei porque há no português umas imprecisões cristalizadas ao longo do tempo que precisam ser desfeitas, porque limitam a nossa capacidade de assimilar coisas novas. Na verdade, não há uma função sintática típica do substantivo: caberá a ele a condição primordial de núcleo das mais variadas funções sintáticas. Essa é a informação-chave que devemos guardar: o substantivo desempenhará predominantemente função nuclear.

núcleo ↓

+ "O **homem** suspeito fugiu." (Sujeito: O homem suspeito)

núcleo ↓

+ "O rapaz observou o **prédio** luxuoso." (Objeto direto: o prédio luxuoso)

núcleo ↓

+ "Eu preciso de **pessoas** sinceras." (Objeto indireto: de pessoas sinceras)

núcleo ↓

+ "Ayrton Senna, o grande **piloto** brasileiro, faleceu trabalhando." (Aposto explicativo: o grande piloto brasileiro)

– A natureza do substantivo é nuclear, então...

Isso! Pense que, em condições normais, o substantivo é núcleo. É isso.

5. QUADRO-SÍNTESE

Classificação	Exemplos
Comum (não particulariza)	O **homem** sorria.
Próprio (particulariza)	**Paulo** sorria.
Concreto (basta-se para a compreensão)	Eu construí um **muro.**
Abstrato (manifesta-se em outro ser)	Eu sinto **amor**.
Simples (um radical)	Aquilo é um **navio.**
Composto (dois ou mais radicais)	Aquilo é um **navio-escola.**
Coletivo (grupo, mesmo no singular)	Uma **cáfila** cruzava o Saara.

GÊNERO E NÚMERO

Uniformes	**O** atendente / **a** atendente (comuns de dois gêneros) **A** pessoa / **o** indivíduo (sobrecomuns) **O** jacaré **macho** / **o** jacaré **fêmea** (epicenos)
Biformes	O aluno / a alun**a** (por flexão) O conde / a cond**essa** (por sufixação) O **cavalo** / a **égua** (por heteronímia)
A flexão de número	O lixo / os lixos
Palavras sem marca de gênero	O **ônibus** / os **ônibus**
Singular e plural: variação semântica	A **féria** / as **férias**
Pluralia tantum	**As** núpcias / **os** afazeres
Plural com "zinho"	**Sofazinhos**
Mudança de gênero: mudança de sentido	**O** rádio / **a** rádio

GRAU E FUNÇÃO

Grau (analítico e sintético)	Tem um **nariz grande** (analítico) Tem um **nariz pequeno** (analítico) Tem um **narigão** (sintético) Tem um **narizinho** (sintético)
Função sintática (núcleo)	O **homem** entregou o **pacote** ao **empregador**.

CAPÍTULO 7

Adjetivo

INTRODUÇÃO: O QUE É E O QUE FAZ

Pergunta fácil: para que serve um adjetivo?

> – Para atribuir uma qualidade a um substantivo?

Você merece... uma salva de palmas! O adjetivo é a classe de palavras que atribui aos substantivos ou palavras equivalentes qualidades em geral, sobretudo virtudes ou defeitos, mas também modos de ser, estados etc. Vejamos alguns exemplos.

+ "O homem inteligente acertou a resposta." (qualidade)
  (inteligente: adjetivo)

Nessa frase, "inteligente" é um termo que está sendo usado para caracterizar o substantivo "homem" e atribuir a ele uma qualidade. Sendo assim, trata-se de um adjetivo.

+ "A pessoa estressada adentrou o ambiente." (modo de ser)
  (estressada: adjetivo)

Aqui, "estressada" é um termo utilizado para caracterizar o substantivo "pessoa", atribuindo a ele um modo de ser e sendo, portanto, um adjetivo.

> – Tranquilo. Globalmente, posso pensar que adjetivo é a palavra que atribui algo a um substantivo, mesmo que haja pequenas variações nesse "algo" que pode ser atribuído?

Isso. Ótimo.

+ "A prova deixou a turma exausta." (estado)

No período em questão, "exausta" é um termo usado para qualificar a turma e atribuir a ela um estado. Mais uma vez, adjetivo.

1. GÊNERO E NÚMERO

O adjetivo não tem, primordialmente, gênero nem número: ele apenas concordará, em ambas as categorias, com o substantivo que acompanhar.

– Mas todos os adjetivos apresentarão essas duas categorias, professor?

Sim. Todos. É importante salientar que, mesmo que não apresente flexão (variação na sua forma), o adjetivo apresentará as categorias de gênero e número, que serão estabelecidas pelo termo com o qual ele concordar. Vejamos a frase abaixo.

+ "O diretor antipático xingou o estagiário."
adjetivo masculino singular

No exemplo, "antipático" é um adjetivo **masculino** (gênero) e **singular** (número). Ambas as classificações são evidentes na própria estrutura da palavra, que, se fosse feminina, seria "antipática", e se fosse plural seria "antipáticos", por exemplo.

– Sim. Bem tranquilo até aqui.

Ótimo. Agora levemos em consideração a frase seguinte:

+ "O menino consciente obedeceu ao pai."
adjetivo masculino singular

Teremos em "consciente" um adjetivo **singular** (fato visível na própria palavra) e **masculino** (ainda que não sofra flexão). Concluiremos que o termo "consciente" pertence, na frase, ao gênero masculino pelo fato de ele estar concordando com o termo "menino".

– Então o que o senhor quer que eu guarde é que *apresentar categoria de gênero e número* é uma coisa e *flexionar em gênero e número* é outra?

Isso, exatamente isso: o gênero e o número do adjetivo são determinados pelo substantivo com o qual ele estiver concordando, e isso independe de o adjetivo mudar ou não de forma.

Há adjetivos que flexionam em gênero E número; há adjetivos que flexionam apenas em número; e há adjetivos que não flexionam.

O adjetivo "bonito" flexiona em gênero e número: "bonito", "bonita", "bonitos", "bonitas".

- "O carro <u>bonito</u> fazia sucesso."
- "A almofada <u>bonita</u> fazia sucesso."
- "Os carros <u>bonitos</u> faziam sucesso."
- "As almofadas <u>bonitas</u> faziam sucesso."

O adjetivo "triste" flexiona apenas em número: "triste", "tristes".

- "O episódio <u>triste</u> consternou a todos."
- "A cena <u>triste</u> consternou a todos."
- "Os episódios <u>tristes</u> consternaram a todos."
- "As cenas <u>tristes</u> consternaram a todos."

O adjetivo "simples" não flexiona em gênero nem em número: sempre "simples".

- "O conteúdo <u>simples</u> foi compreendido por todos."
- "A matéria <u>simples</u> foi compreendida por todos."
- "Os conteúdos <u>simples</u> foram compreendidos por todos."
- "As matérias <u>simples</u> foram compreendidas por todos."

Outros que não flexionam, além de "simples", são "grátis", "isósceles" e "piegas".

– Tudo fazendo sentido até aqui, professor.

Isso é música para os meus ouvidos. É para isso que estamos aqui: para que tudo faça sentido.

2. GRAU

– Nos adjetivos, o grau é facilzinho como nos substantivos?

Não. Mas não mesmo: a categoria de grau é bastante complexa nos adjetivos, pela excessiva nomenclatura, mas a veremos detalhadamente. ☺

– Ao menos cai pouco em prova, professor?

Depende do ponto de vista. Não cai tanto que mereça ser alvo de grande preocupação, nem tão pouco a ponto de ser matéria que possa ser desprezada.

– Certo.

Um adjetivo pode estar em grau positivo (ou normal), em grau comparativo (que pode ser de superioridade, de igualdade ou de inferioridade)

ou em grau superlativo (que pode ser relativo ou absoluto, cada um deles com ainda duas subdivisões).

– E eu vou ter que saber todos esses nomes, profe?

Sim, todos. Vamos a eles.

a) Grau positivo (normal) → **bonito**

b) Grau comparativo
- → de superioridade: mais **bonito** que
- → de igualdade: tão **bonito** como/quanto
- → de inferioridade: menos **bonito** que

c) Grau superlativo
- → Relativo
  - → de superioridade: o mais **bonito**
  - → de inferioridade: o menos **bonito**
- → Absoluto
  - → Analítico: muito/bastante **bonito**
  - → Sintético: **bonit**íssimo

Estude essa lista. Leia e releia. Tente entender a lógica de cada um dos graus, como explicarei a seguir.

→ O grau comparativo vem sempre com conjunção comparativa (mais... que, tanto... quanto / como, menos... que):

+ "A moto é mais **esportiva** que o carro."
+ "João é *tão* **estudioso** *como / quanto* o irmão."
+ "Eu me sinto hoje *menos* **responsável** *que* antes."

– Sempre com conjunção comparativa explícita?

Sempre, sempre. Havendo a conjunção comparativa, será o grau comparativo e sequer pensaremos na hipótese de ser algum dos demais.

→ O grau superlativo relativo tem esse nome porque a característica em questão é relacionada com a mesma característica de outros seres (algo ou alguém é "o mais" ou "o menos" alguma coisa). Sempre "o mais / a mais / os mais / as mais" ou "o menos / a menos / os menos / as menos". Sempre:

+ "Esta moto é a mais **esportiva** da loja."
+ "Esta moto é a menos **potente** que eu dirigi."

Você nota que, em ambas as frases, a moto citada é colocada em relação a outras motos?

– Noto, sim.

Pois então: a primeira é "a mais esportiva" (*em relação* às demais motos da loja); a segunda é "a menos potente (*em relação* às demais motos pilotadas por quem enuncia a frase).

– Por isso o superlativo é "relativo": porque "relaciona" uma característica de um ser com a mesma característica de outros seres.

Exatamente.

– E não existe a possibilidade de eu confundir o "comparativo" com o "relativo"?

Sabendo as características de um e de outro, não. "Mais... que", "menos... que" e afins, comparativo. "O mais" ou "o menos", relativo.

→ Por fim, o superlativo absoluto considera uma característica em um ser sem o comparar com outros, apenas elevando essa característica a um patamar muito alto ou a rebaixando a um patamar muito baixo (algo ou alguém é "muito" alguma coisa ou "alguma coisa + íssimo"):

+ "O vaso de vidro é **lind***íssimo*".

Repare que não se está comparando esse vaso com nenhum outro; está apenas se salientando a sua grande beleza. O mesmo ocorre na frase abaixo:

+ "Trata-se de uma mulher *muito* **elegante**".

O que se está dizendo é que ela é dotada de muita elegância, sem que a comparemos com outras mulheres (ao menos sem que a *comparemos* ou *relacionemos* diretamente).

– Juro, juro, juro que vou tentar, professor.

Ótimo.

– E não há nenhum deles que seja mais importante? Nenhum pra focar a atenção nele?

Há, sim.

2.1. Grau superlativo absoluto sintético: o mais importante

Das categorias de grau, interessa-nos sobretudo o grau **superlativo absoluto sintético**, que se faz, geralmente, pelo acréscimo do sufixo "íssimo"/"íssima" ao adjetivo, com a queda de "A", "E", "O":

- cuidadosa → cuidadosíssima
- belo → belíssimo
- angustiado → angustiadíssimo
- triste → tristíssimo

Se o adjetivo for terminado em "U", "L" (menos "vel") e "R", basta acrescentar o sufixo sem mais nenhuma alteração:

- cru – cruíssimo
- sutil – sutilíssimo
- regular – regularíssimo

– Se é isso, então é fácil...

Mas nem todos são fáceis assim...

– Ah, eu sabia... Quando um conteúdo parece fácil, sempre há mais um detalhe, e mais um, e mais um...

Eu sei que você sabia...

– Ah, o professor está engraçadinho?

Não, estou brincando só. Vamos seguir adiante. ☺

Há adjetivos com certas terminações que fazem com que a formação do grau superlativo absoluto sintético assuma forma especiais.

a) Nos adjetivos terminados em "-VEL", teremos a terminação "-bilíssimo":

- elogiável → elogiabilíssimo
- notável → notabilíssimo

– E de incrível? Incribilíssimo? Eu teria de dizer: "Nossa, que incribilíssima capacidade de raciocínio você tem"?

Siimmmmm! Coisa linda, não? ☺

– O senhor se magoa se eu disser que não acho assim tão lindo?

Não! Quase nada me magoa! Vamos aprendendo. ☺

b) Nos adjetivos terminados em "-M", teremos a terminação "-níssimo":

+ bom → boníssimo
+ comum → comuníssimo

– Professor, "boníssimo" parece italiano!

Parece muito! Eu consigo até ver um italiano balançando a mão pra cima com os cinco dedos unidos depois de provar um macarrão e dizendo: "Boníssimo! Manja che te fá bene!". No entanto, essa é mesmo a forma certa na língua portuguesa. ☺

– E "comuníssimo" parece relacionado a comunismo...

Mas não é. ☺ É só bem comum mesmo: "opinião comuníssima" = "opinião muito comum".

c) Nos adjetivos terminados em "-z", teremos a terminação "-císsimo":

+ feliz → felicíssimo
+ voraz → voracíssimo

– "Felicíssimo" vai bem, mas "voracíssimo" é muito estranho... Quem é muito capaz é "capacíssimo"? Tipo: "Se eu bem a conheço, ela é capacíssima de uma atitude assim"?

Sim! Estranhamente, sim!

+ tenaz → tenacíssimo
+ veloz → velocíssimo

d) Há, ainda, os adjetivos para os quais existe o superlativo absoluto sintético erudito. Nesses casos, a forma não obedece a nenhum dos procedimentos citados, e sim a uma forma erudita (latina) decorrente da história do desenvolvimento da língua:

+ amigo → amicíssimo
+ célebre → celebérrimo

– De novo: "amicíssimo" vai bem, mas "celebérrimo" é difícil de aceitar...

Acredito e tendo a concordar. Há alguns muito comuns, usuais, com os quais estamos acostumados e sobre os quais nem pensamos:

+ fácil → facílimo
+ difícil → dificílimo

– Esses dois são também fáceis, de fato...

Pois é: mas há muitos que são pouco usuais. Teremos de nos lembrar deles. Segue uma lista com os principais superlativos absolutos sintéticos eruditos. Leia e se esforce.

Acre	Acérrimo
Amargo	Amaríssimo
Amigo	Amicíssimo
Antigo	Antiquíssimo
Áspero	Aspérrimo
Benéfico	Beneficentíssimo
Benévolo	Benevolentíssimo
Célebre	Celebérrimo
Cristão	Cristianíssimo
Cruel	Crudelíssimo
Difícil	Dificílimo
Doce	Dulcíssimo
Fácil	Facílimo
Fiel	Fidelíssimo
Frio	Frigidíssimo
Geral	Generalíssimo
Pessoal	Personalíssimo
Pobre	Paupérrimo
Pródigo	Prodigalíssimo
Provável	Probabilíssimo
Público	Publicíssimo
Sábio	Sapientíssimo

Honorífico	Honorificentíssimo
Humilde	Humílimo
Incrível	Incredibilíssimo
Inimigo	Inimicíssimo
Íntegro	Integérrimo
Livre	Libérrimo
Magnífico	Magnificentíssimo
Magro	Macérrimo
Malédico	Maledicentíssimo
Maléfico	Maleficentíssimo
Malévolo	Malevolentíssimo
Mísero	Misérrimo
Miúdo	Minutíssimo
Negro	Nigérrimo
Nobre	Nobilíssimo
Parco	Parcíssimo
Sagrado	Sacratíssimo
Salubre	Salubérrimo
Simples	Simplicíssimo, simplíssimo
Soberbo	Superbíssimo
Tétrico	Tetérrimo

Em vários dos casos acima, existe também (e é considerado correto) o outro superlativo, formado pelo acréscimo de "+íssimo" ao adjetivo, de modo que se aceitam duas formas:

- Agilíssimo (além de agílimo)
- Antiguíssimo (além de antiquíssimo)
- Asperíssimo (além de aspérrimo)
- Cruelíssimo (além de crudelíssimo)

- Humildíssimo, humilíssimo (além de humílimo)
- Magríssimo (além de macérrimo; magérrimo NÃO)
- Negríssimo (além de nigérrimo)
- Parquíssimo (além de parcíssimo)
- Docíssimo (além de dulcíssimo)
- Facilíssimo (além de facílimo)
- Pobríssimo (além de paupérrimo)

– Certo. Para esses, então, ambas as formas estão corretas?

Isso. Agora muita atenção, porque vem adiante um caso que você vai achar muito, muito, muito estranho.

– Ai, ai, ai, professor...

Vamos a ele: palavras terminadas em "-io" acabam ficando com dois "is", pela queda do "o" final, que se faz antes do acréscimo de "-íssimo".

- Cheio – cheiíssimo
- Feio – feiíssimo
- Frio – friíssimo
- Necessário – necessariíssimo
- Precário – precariíssimo
- Sério – seriíssimo
- Sumário – sumariíssimo
- Vário – variíssimo

– Ah, não! É sério isso?

SerIÍssimo (com "ii")! ☺

Compare:

- Novo + íssimo = nov~~o~~íssimo
- Alto + íssimo = alt~~o~~íssimo

O mesmo ocorre nos vocábulos que terminam em "-io". No entanto, com a queda do "o" final, dobra-se o "i":

- Sério + íssimo = seri~~o~~íssimo

– Faz sentido. Bastante sentido

Sempre faz. Ou quase sempre. ☺

Sei que parece um detalhe meio absurdo, mas acho melhor saber que isso existe do que não saber.

– Concordo.

3. LOCUÇÕES ADJETIVAS

Saberia me dizer o que é uma locução?

– Mais ou menos...

Como assim "mais ou menos"?

– Locução é tipo quando tem... assim... uma estrutura que... sabe?

Pois é: quantas são as coisas no português que nós sabemos "mais ou menos", não? Na língua portuguesa, uma locução é sempre uma estrutura formada por mais de uma palavra. Uma locução é, portanto, um conjunto de palavras.

– Uma locução adjetiva é um conjunto de adjetivos?

Não: uma locução adjetiva *é um conjunto de palavras que equivale a um adjetivo*, mesmo que não haja nenhum adjetivo dentro dela.

– Ai, ai, ai... Mesmo, profe?

Mesmo, mesmo. As locuções adjetivas apresentam sempre uma preposição, que se junta a um substantivo, formando a seguinte estrutura:

preposição + substantivo

Esse conjunto equivale a um adjetivo. O que a locução adjetiva faz é exatamente o mesmo que um adjetivo faria: *qualificar ou caracterizar ou especificar um substantivo* ou um termo equivalente. Quer ver?

– Quero, sim!

Veremos!

+ "A sessão da noite foi espetacular." (= noturna)
  (da noite: loc. adjetiva)

+ "As coroas com flores eram comuns na Antiguidade." (= floridas)
loc. adjetiva

+ "Ele sempre contou com o amor da mãe." (= materno)
loc. adjetiva

+ "Os alimentos sem cheiro não apetecem." (= inodoros)
loc. adjetiva

+ "Os queijos de Minas Gerais têm um sabor único." (= mineiros)
loc. adjetiva

Em todas essas frases, temos a estrutura "preposição + substantivo" equivalendo a um adjetivo.

– Profe, pra ver se é uma locução adjetiva basta ver se tem um adjetivo correspondente?

Às vezes sim, às vezes não.

– Droga...

É um desejo ou uma interjeição de decepção?

– Oi?

Droga...

– Nossa, que mente horrível, profe! É só uma interjeição!

Ufa! Sigamos. ☺

Nas frases acima, percebe-se com clareza que as expressões sublinhadas são locuções adjetivas ao substituí-las por adjetivos correspondentes. No entanto, há muitas locuções adjetivas que *não têm um adjetivo correspondente* e nem por isso deixam de ser locuções adjetivas:

+ "A aula de português foi maravilhosa."
loc. adjetiva

+ "Os automóveis de Paulo encantaram os convidados."
loc. adjetiva

+ "Eu comprei uma jaqueta de couro."
loc. adjetiva

Nas três frases acima, temos locuções adjetivas caracterizando ou qualificando ou especificando um substantivo; no entanto, não há um adjetivo que corresponda exatamente a elas.

– E nesses casos como faço, profe?

Nesses casos temos de reconhecer a estrutura ("preposição + substantivo") e ver se ela está cumprindo a função de qualificar ou caracterizar um substantivo.

– Certo. Sem compreensão, nessa parte, sem aprendizado.

Nessa e em quase todas. Vamos primeiro compreendendo, depois armazenando as informações.

Segue abaixo uma lista de locuções adjetivas com os seus adjetivos correspondentes. Mas lembre sempre: elas não esgotam as locuções adjetivas existentes.

de abelha	apícola
de boi	bovino
de cabelo	capilar
de cabra	caprino
de cão	canino
da chuva	pluvial
da cidade	citadino, urbano
do coração	cardíaco
de criança	infantil, pueril
de estômago	estomacal, gástrico
de estudante	estudantil, discente
de filho	filial
de fogo	ígneo
de gato	felino
de gelo	glacial

de irmão	fraternal, fraterno
do litoral	litorâneo
de mãe	maternal
de manhã	matinal, matutino
do norte	setentrional
do outono	outonal, autunal, outoniço
de ovelha, carneiro	ovelhum
de pai	paternal
de porco	suíno
do povo	popular
de primavera	primaveril, primaveral, vernal
do professor	docente
do rio	fluvial
do sul	austral, meridional
da tarde	vesperal, vespertino

de guerra	bélico
de ilhas	insular
de inverno	hibernal, invernal

de verão	estival
de velho	senil

– Ok!

4. FUNÇÃO SINTÁTICA

Vamos às funções sintáticas que podem ser desempenhadas por um adjetivo.

– Há muitas, professor?

Não: só duas. Os adjetivos desempenham uma dessas funções: *adjunto adnominal* ou *predicativo.*

– Eu fico sempre em dúvida se é uma coisa ou outra.

Ficava. Não vai ficar mais.

– Promete?

Prometo. ☺

Antes de vermos esse conteúdo, vou dizer uma coisa a você: isso é muito, muito, muito útil, porque facilita demais a compreensão de algo bastante complexo. Então, preste atenção e coloque essa informação no seu repertório. Ela retornará em diversos momentos do nosso estudo e, com uma base bem-feita, vai bastar acessá-la.

– Certo, professor. Já estou de olhos arregalados aqui.

Fique assim mesmo. Será útil. ☺

Vamos às duas possibilidades.

a) **Adjunto adnominal:** o adjetivo será adjunto adnominal quando estiver dentro da mesma função sintática do substantivo que ele caracteriza:

adj. adnominal. (↓ bonito) — adj. adnominal (↓ antigo)

+ "O homem **bonito** derrubou o vaso **antigo**."

"O homem bonito" = Sujeito; "o vaso antigo" = Objeto direto

Ambos os adjetivos em negrito desempenham função de adjunto adnominal, pois estão dentro da mesma função sintática do substantivo que caracterizam.

– Isso é um "dado"? É um "fato"? Estando dentro da mesma função sintática que o termo que ele caracteriza, o adjetivo será adjunto adnominal? Simples assim?

Simples assim. Veja alguns exemplos:

adj. adnominal. adj. adnominal
↓ ↓
+ "O diretor **arrogante** xingou o **tímido** funcionário."
sujeito ODT

– Professor, que lindo isso! E tanto faz o adjetivo estar posposto ou anteposto? Das duas maneiras, desde que dentro da mesma função, ele vai ser adjunto adnominal?

Isso mesmo. Guarde isso por enquanto.

b) **Predicativo:** o adjetivo desempenhará função sintática de predicativo quando estiver fora da função sintática do substantivo que ele caracteriza:

predicativo do sujeito predicativo do sujeito
↓ ↓
+ "O homem era **esforçado**; ele chegou **cansado** hoje."
sujeito

Em ambas as ocorrências, os adjetivos desempenham função de *predicativo*, uma vez que estão caracterizando substantivos que desempenham função de núcleo do sujeito e estão ambos fora do sujeito.

– É só isso, profe? É assim: ou uma coisa ou outra?

Sim, é só isso.

– Mas que maravilha! De fato, isso elimina dúvidas imensas!

Também acho! ☺

Vamos a mais um exemplo mostrando como, se soubermos isso, saberemos tudo de que necessitamos:

adj. adn. pred. do suj.
↓ ↓
+ "A garota **chata** estava **linda** na festa."
sujeito

Você entendeu?

– Entendi, professor!

"Chata" é adjunto adnominal por estar dentro da mesma função sintática de "garota"; já "linda", que caracteriza o mesmo substantivo, é predicativo, devido ao fato de estar fora da função do elemento que qualifica.

– Perfeito!

Note que nós temos dois adjetivos caracterizando um mesmo substantivo. Ainda assim, por questões estruturais (estar dentro da função, estar fora da função), eles vão se comportar de maneiras diferentes. Compreendendo isso, sabe-se algo que, em diversas ocasiões, elimina problemas.

– Adorei, professor. A-do-rei.

Adoro que você tenha adorado. ☺

5. QUADRO-SÍNTESE

GÊNERO E NÚMERO

Concordará com o substantivo	O *homem* **bonito.** A *mulher* **bonita.** Os *homens* **bonitos.** As *mulheres* **bonitas.**

GRAU

Normal / neutro		Carlos é um homem **atraente**.
Comparativo		Carlos é *mais* **atraente** *que* João. Carlos é *tão* **atraente** *quanto / como* João. Carlos é *menos* **atraente** *que* João
Superlativo	**Relativo**	Carlos é *o mais* **atraente**.
		Carlos é *o menos* **atraente**.
	Absoluto	Carlos é *muito* **atraente**.
		Carlos é **atraent***íssimo.*

FUNÇÃO SINTÁTICA

Adjunto adnominal (dentro da função)	Eu comprei *joias* **caras**.
Predicativo (fora da função)	As *joias* estavam **caras**.

LOCUÇÃO ADJETIVA

Preposição + substantivo	Luz **da manhã** (= matinal)
	Casa **de madeira** (= sem adjetivo correspondente)

CAPÍTULO 8

Advérbio

INTRODUÇÃO: O QUE É E O QUE FAZ

E se eu pedisse para você me dizer um advérbio, você saberia?

– Sim: "lentamente", "rapidamente", "diariamente"...

Algum não terminado em "-mente"?

– Aí já fica mais difícil...

Pois é! Para não ficarmos na dependência de acharmos que advérbios são as palavras que terminam em "-mente", vamos estudá-los direitinho.

– Tá bem, professor! Então me diga para que serve um advérbio!

Digo sim: os *advérbios são palavras que exprimem circunstâncias* e *modificam o sentido de um verbo, de outro advérbio ou de um adjetivo.*

circunstância de tempo
↓
+ "João comeu anteontem." (modifica o verbo "comer")
advérbio

circunstância de lugar
↓
+ "João comeu lá." (modifica o verbo "comer")
advérbio

circunstância de modo
↓
+ "João comeu rapidamente." (modifica o verbo comer)
advérbio

Os advérbios das frases acima dizem respeito a "quando" se comeu ("anteontem"); "onde" se comeu ("lá"); e "como" se comeu ("rapidamente").

Nas três frases, o advérbio está se referindo a um verbo (dizemos que ele está "modificando" um verbo). Não se esqueça, entretanto, de que, além de verbos, o advérbio também pode modificar adjetivos e outros advérbios.

– Guardo, sim: verbo, adjetivo ou outro advérbio.

Isso. Vamos aos exemplos:

circunstância de intensidade
↓
+ "João discursou muito lindamente."
advérbio
(o advérbio "muito" modifica o advérbio "lindamente")

circunstância de intensidade
↓
+ "João é muito bonito." (o advérbio "muito" modifica o adjetivo "bonito")
advérbio

circunstância de intensidade
↓
+ "João conversa muito." (o advérbio "muito" modifica o verbo "conversar")
advérbio

– Então posso guardar que um advérbio SEMPRE modifica um verbo, um adjetivo ou outro advérbio?

Globalmente, sim...

– Ah, não...

Não se preocupe. Em 99,9% dos casos, os advérbios vão modificar *diretamente* uma palavra de uma dessas três classes. Ainda assim, vamos ver só mais um detalhe que cabe colocarmos no nosso repertório: *alguns advérbios modificam a totalidade de uma oração*, não se referindo a um verbo, a um adjetivo ou a um advérbio em particular:

circunstância de modo
↓
+ "Felizmente, as pessoas todas saíram salvas do prédio."
advérbio
(modifica a oração inteira)

Nessa frase, "felizmente" não está modificando uma palavra em particular, e sim toda a oração na qual está inserido.

Registrado?

– Registrado.

Que alegria! Mas, de novo: é para um adendo apenas. Via de regra (repito: 99,9% das vezes), o advérbio estará diretamente modificando um verbo, um adjetivo ou um advérbio.

– Ok.

1. PREPOSIÇÃO + ADVÉRBIO

Há alguns advérbios de tempo e de lugar que são acompanhados por uma preposição.

+ "Por agora, tudo em paz."
+ "Desde cedo estavam reunidos."
+ "Ninguém parecia normal de longe."
+ "Por aqui há uma série de caminhos."

– Fica tudo certo com eles? Só a particularidade de serem acompanhados por preposição?

Só. Tudo certo, tudo tranquilo.

– Para mim, não muito tranquilo, professor, porque é muita informação...

Relaxe. Aos poucos vai acalmando. ☺

2. ENUMERAÇÃO DE ADVÉRBIOS EM "-MENTE"

Em uma enumeração de advérbios em "-mente", pode-se colocar o sufixo apenas no último:

+ "Eles falavam educada (adv.) e pausadamente (adv.)."

– E todos os elementos enumerados, mesmo os que não apresentam o "-mente", são ainda advérbios em termos de classificação?

Sim. Somente enumeramos elementos de classificações similares. Podem ser três, quatro, cinco elementos: enumerados e com o sufixo suprimido, são todos advérbios.

+ "O rapaz declamava linda (adv.), terna (adv.) e apaixonadamente (adv.) o poema."

Se houver ênfase, pode-se repetir a terminação em todos:

+ "Eles falavam educadamente (adv.) e pausadamente (adv.)."

– Então, não é erro repetir o "-mente"?

Não é. Em um texto, porém, o estilo tende a ficar melhor com o sufixo só no último elemento. Para repetir todos, só se se quiser dar muita ênfase.

– Registrado.

3. UMA CLASSE INVARIÁVEL

Lembra o que eu falei sobre adjetivos e substantivos serem classes de palavras variáveis?

– Lembro bem, professor.

Que bom. Mas os advérbios, ao contrário dos substantivos e dos adjetivos, são invariáveis tanto em gênero quanto em número. Isso quer dizer que é inadequado gramaticalmente que tenhamos um advérbio flexionado em qualquer uma dessas duas categorias, ou seja, eles têm forma fixa, não concordando com nenhum outro termo da frase. Vejamos.

+ "Ele era muito simpático."
+ "Ela era muito simpática."
+ "Eles eram muito simpáticos."
+ "Elas eram muito simpáticas."

Nota-se que o advérbio é idêntico nas quatro frases acima, independentemente de estar modificando um termo singular, plural, masculino ou feminino.

– Está bem professor. Guardarei isso.

4. ADVERBIALIZAÇÃO DO ADJETIVO

Alguns adjetivos poderão funcionar como advérbios na frase de que participam:

+ "Ele come *melhor* hoje em dia." ("melhor" é o modo como ele come)
  adv.

+ "Ana fala *claro* quando tem uma tese." ("claro" é o modo como Ana fala)
  adv.

+ "A cerveja desce <u>*redondo*</u>." ("redondo" é o modo como a cerveja desce)
adv.

– Mas, professor, como fazer para ter certeza se é um advérbio na frase ou se é um adjetivo que está caracterizando algum substantivo do sujeito, do objeto ou de algum outro lugar da frase?

É uma bela dúvida. E olhe: é uma dúvida daquelas que se agarram à pessoa e parecem não a largar nunca mais. Explico isso, explico de novo, explico outra vez, e ainda assim existe a possibilidade de a dúvida se manter. Então, atenção ao que vou dizer: *o critério para ver se se trata de adjetivo ou de advérbio é lembrar que o termo é variável no primeiro caso (quando é adjetivo) e invariável no segundo (quando é advérbio).*

– O senhor me promete que funciona?

Prometo. Pegue qualquer uma das frases acima e teste: o elemento que é advérbio não está concordando com nenhum outro termo e se mantém invariável, mesmo que troquemos outros elementos:

+ "Ele come *melhor* hoje em dia."
+ "Elas comem *melhor* hoje em dia."
+ "Ana fala *claro* quando tem uma tese."
+ "Os homens falam *claro* quando têm uma tese."
+ "A cerveja desce *redondo*."
+ "As cervejas descem *redondo*."

– Perfeito.

Quando se tratar de um adjetivo, na função de predicativo do sujeito, por exemplo, ele estará concordando com o elemento a que se refere.

+ "*A moça* redigiu o trabalho <u>cansada</u>."
adjetivo

+ "*Os rapazes* redigiram o trabalho <u>cansados</u>."
adjetivo

– Entendi bem, profe.

Então, mais do que entenda: guarde. Guardar é aprender. Aprenda.

– Guardarei, ou seja, aprenderei.

Ótimo. Isso é fundamental.

5. CLASSIFICAÇÕES DOS ADVÉRBIOS

Há pouco eu disse que os advérbios indicam diferentes circunstâncias, não é mesmo?

– Sim, o senhor disse.

Mas eu não expliquei que circunstâncias eram essas.

– Não, o senhor não explicou.

Então agora eu vou explicar.

– Obrigado.

De nada. Vamos lá. ☺

Os advérbios têm sete classificações tradicionais.

a) **de tempo:** hoje, amanhã, anteontem, agora, sempre, cedo, tarde, depois, etc.

b) **de lugar:** aqui, ali, cá, lá, perto, longe, dentro, fora, acima, abaixo, etc.

c) **de modo:** bem, mal, nervosamente, lindamente, felizmente, depressa, devagar, etc.

d) **de intensidade:** mais, menos, muito, pouco, bastante demais, excessivamente, etc.

e) **de afirmação:** sim, certamente, etc.

f) **de negação:** não, etc.

g) **de dúvida:** talvez, quiçá, possivelmente, provavelmente, porventura, etc.

– Só esses, professor? Só, só, só?

Não. Há ainda os chamados *advérbios interrogativos*, que introduzem interrogações diretas ou indiretas e são em número de quatro:

a) Advérbio interrogativo de lugar: onde.

+ "Onde estavam as carteiras?"

b) Advérbio interrogativo de tempo: quando.

+ "Quando chegarão os convidados?"

c) Advérbio interrogativo de modo: como.

+ "Como fizeram tantas bobagens?"

d) Advérbio interrogativo de causa: por que.

+ "Por que as pessoas mentem tanto?"

Esses quatro são muito pouco conhecidos. Muito pouco mesmo. Então, coloque-os no repertório.

– Coloco, sim. Agora aposto que vêm mais alguns...

Não, eram só esses mesmo.

– Obrigado de novo, professor.

Não agradeça. ☺

Haverá uma quantidade grande (bem maior que sete!) nos adjuntos adverbiais, que serão estudados nas funções sintáticas.

– Ótimo.

6. GRAUS DO ADVÉRBIO

Os graus dos advérbios são os mesmos muitos dos graus do adjetivo, no entanto são bem menos importantes e bem menos cobrados.

– Fico feliz de saber.

Pode ficar. Vou listá-los mais por alívio da minha consciência. Nessa categoria, em particular, o advérbio pode variar, flexionar. Em gênero e número, entretanto, que são as categorias que de fato nos interessam, jamais.

a) Grau positivo (normal) → Ele falou **alto**.

b) Grau comparativo
- → de superioridade: Ele fala mais **alto** que o irmão.
- → de igualdade: Ele fala tão **alto** como/quanto o irmão.
- → de inferioridade: Ele fala menos **alto** que o irmão.

c) Grau superlativo
- → Relativo
  - → de superioridade: Ele fala o mais **alto**.
  - → de inferioridade: Ele fala o menos **alto**.
- → Absoluto
  - → Analítico: Ele falou muito/bastante **alto**.
  - → Sintético: Ele falou **altíssimo**.

– Ok, profe. Só para constar mesmo?

Sim. Só para constar.

7. LOCUÇÕES ADVERBIAIS

Por acaso você se lembra da locução adjetiva?

– Sim: é um conjunto de palavras (preposição + substantivo) que equivale a um adjetivo.

Muito bem! Nota dez com estrelinha! ☺

Exatamente a mesma lógica que vale para a locução adjetiva vale para a locução adverbial: trata-se de um grupo de palavras, geralmente constituído de "preposição + substantivo" (também pode ser "preposição + advérbio"), que tem valor de advérbio.

preposição + substantivo / advérbio

Essa estrutura equivale a um advérbio:

+ "Ele comprou o cupom às escuras."
  locução adverbial

Percebe?

– Percebo bem: "preposição + substantivo" indicando circunstância de modo, ou seja, equivalendo a um advérbio.

Como essa, há muitas.

+ "Havia um policial à direita."
  locução adverbial de lugar

+ "O homem realizou a prova de manhã."
  locução adverbial de tempo

+ "Eu pedi socorro em vão."
  locução adverbial de modo

+ "Ele vencerá a prova com certeza."
  locução adverbial de afirmação

+ "Não reprovarei a menina de modo algum."
  locução adverbial de negação

+ "A menina comeu carne em excesso."
  locução adverbial de intensidade

– Há muitas mais além dessas?

Há muitas, muitas, muitas. São em quantidade quase tão grande quanto a de locuções adjetivas.

– O que o senhor quer dizer com isso?

Que não adianta decorá-las. Temos de aprender a *reconhecê-las*. O que de fato vai nos salvar é saber reconhecer que se trata de uma locução.

– Certo. Prometo me esforçar!

Vamos indo aos poucos, mas com constância. ☺

8. FUNÇÃO SINTÁTICA

Os advérbios e as locuções adverbiais (e também os adjuntos adverbiais de modo geral, que veremos mais tarde em "Funções Sintáticas") desempenham função de adjunto adverbial.

– Direto e reto?

Direto e reto. Fique tranquilo.

+ "Eu conversarei com ela amanhã."
  adjunto adverbial de tempo

+ "A moça desempenhou o papel com naturalidade."
  adjunto adverbial de modo

– Perfeito.

9. QUADRO-SÍNTESE

INFORMAÇÕES GERAIS	
Podem vir com preposição antes	**Por agora**, terminei.
Enumeração em "-mente"	Agi **rápida, calma e eficazmente.**
São invariáveis	Comi **bastante** / comemos **bastante.**

CLASSIFICAÇÕES	
Tempo	**Hoje** ele virá.
Lugar	**Aqui** estamos nós.
Modo	Ele morreu **rapidamente**.
Afirmação	Nós iremos **sim**.
Negação	**Não** chegaram cartas.
Dúvida	**Talvez** elas venham.
Intensidade	Estou **mais** descrente.

ADVÉRBIOS INTERROGATIVOS	
Tempo	**Quando** chegarás?
Lugar	**Onde** estavam?
Modo	**Como** as pessoas saíram?
Causa	**Por que** houve pânico?

LOCUÇÃO ADVERBIAL	
Preposição + substantivo / advérbio	Eu saí **de tarde** / ele veio **de fora.**

FUNÇÃO SINTÁTICA	
Adjunto adverbial	Nós elaboramos o projeto **hoje.**

CAPÍTULO 9

Preposição

INTRODUÇÃO: O QUE É E O QUE FAZ

Você saberia quantas preposições há na língua portuguesa?

– Nem imagino, profe! Devem ser muitas!

Não são, não: na verdade, as preposições são a primeira classe de palavras em quantidade determinada e reduzida que estudamos. As preposições chamadas essenciais são apenas dezesseis. Além delas, há algumas outras chamadas preposições acidentais. Mas em momento oportuno, logo mais adiante, falaremos disso.

– E para que elas servem?

As preposições são uma classe de palavras também invariável, como a dos advérbios. Elas servem para conectar palavras ou segmentos maiores do texto, estabelecendo entre eles uma relação de subordinação.

– Que seria essa relação de subordinação?

É o seguinte: o termo que exige a preposição é chamado "termo regente", enquanto o termo que vem antecedido pela preposição é chamado "termo regido":

termo regente
↓
+ "Todos precisam de direitos."
↑
termo regido

A preposição é exigida pelo verbo "precisar" (termo regente) e introduz o substantivo "direitos" (termo regido). Entre eles, há uma relação de subordinação, em que "de direitos" *se subordina* a "precisam".

– Perfeito!

1. QUAIS SÃO AS PREPOSIÇÕES ESSENCIAIS

Você lembra de eu dizer há pouco que as preposições eram poucas?

– Lembro, sim!

E quantas eu disse que elas eram?

– Poucas...

Não, eu disse que elas eram dezesseis. Vamos a elas:

- a, ante, após, até
- com, contra
- de, desde
- em, entre
- para, perante, por
- sem, sob, sobre

– Só essas?

Sim. Essas são chamadas de *preposições essenciais*. Dessa lista também faziam parte, algum tempo atrás, "per" e "trás", sobre as quais talvez você já tenha ouvido falar, mas que hoje praticamente caíram em desuso.

– Tranquilo.

Vamos a um exemplo de uso com cada uma das preposições:

+ "Nós nos referíamos **a** certas pessoas."
+ "Todos pararam **ante** o imponente prédio."
+ "Eu entregarei os doces **após** a aula."
+ "Caminhamos **até** a praia para vermos o mar."
+ "Paulo conversava **com** Ana Paula anteontem."
+ "Os homens lutam **contra** injustiças quando lhes convém."
+ "A comitiva partiu **de** Porto Alegre sábado."
+ "Eu estou acordado **desde** as nove horas da manhã."
+ "A contadora montou escritório **em** São Paulo."
+ "Nós coletamos dados **entre** alguns moradores."
+ "Os rapazes viajarão **para** as praias tão logo possam."
+ "Nós ficamos chocados **perante** o prédio destruído."
+ "Todas as pessoas deveriam lutar **por** um mundo melhor."
+ "Ele controlou a situação **sem** maiores problemas."
+ "Aguardávamos **sob** a marquise o arrefecimento da chuva."
+ "Os livros ficavam todos expostos **sobre** a mesa."

– Certo, professor.

Veja que as preposições são poucas, mas usadas à exaustão na escrita e na fala. Ou seja, elas são indispensáveis à língua.

2. COMBINAÇÃO X CONTRAÇÃO

Especial destaque, entre as preposições, merecem algumas que podem se unir, em uma só palavra, a um outro termo, geralmente artigo ou pronome.

+ "A agência necessita **dos** funcionários."
  prep. "de" + art. "os"

+ "Eu aguardarei **neste** mesmo local."
  prep. "em" + pronome "este"

Em ambas as frases acima, a preposição une-se, em uma mesma palavra, com um outro elemento.

– E é essa união que vai ser chamada de combinação ou contração?

Exato. São dois procedimentos diferentes.

a) **Combinação:** ocorre quando a preposição se une a outro elemento sem que haja perda fonética em nenhum dos termos que se unem. Acontece basicamente nesses dois casos:

+ "Eu retornarei **ao** antigo cargo."
  combinação da preposição "a" com o artigo "o"

+ "Eu perguntei **aonde** estávamos indo."
  combinação da preposição "a" com o advérbio "onde"

– São esses os casos? "A + o" ou "a + onde"?

Sim.

b) **Contração:** ocorre quando uma preposição se une a um artigo, pronome ou advérbio havendo perda fonética, ou seja, não se preservando integralmente a pronúncia de ao menos um dos elementos.

+ "As moças interioranas retornariam **à** cidade natal."
  contração da preposição "a" com o pronome "a"

+ "Eu jamais reclamarei **deste** tipo de ação popular."
  contração da preposição "de" com o artigo "este"

+ "Alguns jovens paulistas encontram-se **na** área central."
  contração da preposição "em" com o artigo "a"

+ "Nós fugíamos **pelos** mesmos caminhos."
  contração da preposição "por" com o artigo "os"

– Excetuando-se os dois casos de combinação citados acima, os demais são casos de contração?

Justamente. Trata-se de um fenômeno bem mais frequente que o anterior.

3. PREPOSIÇÕES ACIDENTAIS

Preposições acidentais são palavras que, em certo contexto, comportam-se como se fossem preposições, ainda que pertençam originalmente a outras classes. Exemplo tradicional é a partícula "que" usada na expressão "ter que":

+ "Todos tinham que ver o que aconteceu."
  que: prep. acidental

Repare que, na frase acima, a partícula "que" equivale à preposição "de":

+ "Todos tinham de ver o que aconteceu."

– Certo, professor. Tranquilo. Consigo ver com clareza, nesse caso.

Ótimo. Os demais termos que são preposições acidentais iniciam, via de regra, adjuntos adverbiais. Lembra que adjuntos adverbiais são muitas vezes iniciados por preposições ou locuções prepositivas?

+ "Eu caminhei **por** praias lindas **com** Mariana."
  por: preposição; por praias lindas: adj. adv. lugar
  com: preposição; com Mariana: adj. adv. companhia

+ "Nós aguardávamos o resultado **ao lado da** clínica."
  ao lado da: locução prepositiva; ao lado da clínica: adj. adv. de lugar

– Sim, lembro sim, professor...

Pois então: as preposições acidentais são outros termos, que não preposições nem locuções prepositivas, os quais basicamente introduzem adjuntos adverbiais.

preposição acidental
↓
+ "**Conforme a declaração**, ele seria inocente."
adj. adv. de conformidade

preposição acidental
↓
+ "Os alunos presenciaram a briga **durante a aula de Filosofia**."
adjunto adverbial de tempo

– Mas isso é muito cobrado?

Não. Na verdade, pouco. Bem pouco. Mas elas existem e convém saber. Seguem mais alguns exemplos.

+ durante, como, fora, afora, mediante, exceto, salvo, visto, conforme, segundo, consoante, mais e menos (soma e subtração), etc.

– Ok, profe! Confio no senhor!

Eu fico muito, muito feliz de saber que você confia. ☺

4. ÍNDICE DE FUNÇÃO SINTÁTICA *X* TRANSPOSITOR

Agora, vamos falar de algo que parece muuuuuito difícil em um primeiro momento, mas que, uma vez estudado, ajuda-nos a conseguir compreender algumas coisas consideradas, de modo geral, bastante obscuras.

– Se o senhor diz...

Digo. Pois bem: a preposição pode ser, basicamente, um índice de função sintática ou um transpositor.

– Nomes difíceis...

Mas fazem muito, muito sentido. Vamos aos conceitos.

a) Índice de função sintática

A preposição será *índice de função sintática* quando servir apenas para indicar que está introduzindo uma função sintática preposicionada. Nesse caso, ela *não tem valor semântico*, apenas indica a função do termo subsequente.

– Mas e como saber que ela está nessa condição?

Armazenando uma informação: a preposição será assim classificada quando introduzir complemento nominal ou objeto indireto (que é um complemento verbal):

Índice de função sintática
↓
+ "Os líderes comunitários conversavam **com** os moradores."
Objeto indireto

Índice de função sintática
↓
+ "Entidades anônimas promoveram o ataque ao consulado."
Complemento nominal

Nas duas frases acima, as preposições estão na condição de índice de função sintática. Isto quer dizer que elas não têm valor semântico nenhum (não exprimem nenhum "significado", nenhuma "ideia"). Elas servem apenas para indicar que o elemento por elas introduzido é uma função sintática preposicionada.

– Fácil não é, mas faz bastante sentido.

Muito. ☺

b) Transpositor

Chamaremos a preposição de *transpositor* quando ela permitir que um termo de uma classe gramatical (geralmente substantivo) desempenhe função típica de termo de outra classe (adjetivo ou advérbio).

– Profe, agora embaralhou tudo aqui...

Calma. Desembaralhando: quando a preposição introduz locução adjetiva (adjunto adnominal) ou locução adverbial (adjunto adverbial), ela será um transpositor.

– Mas por que ela será chamada de "transpositor"?

Porque ela permitirá que um substantivo aja como se fosse um adjetivo ou um advérbio, ou seja, ela *transpõe* a função exercida por uma classe de palavras a outra, entende? A partícula que deveria caracterizar um substantivo seria um "adjetivo"; e a partícula que deveria exprimir uma circunstância deveria ser um "advérbio". Quando a preposição é um transpositor, ela *transpõe* um substantivo à condição de adjetivo ou advérbio.

transpositor
↓
+ "O objeto **de metal** feriu a criança."
locução adjetiva = adjunto adnominal = função de adjetivo

transpositor
↓
+ "Nós abandonamos a casa **de manhã**."
locução adverbial = adjunto adverbial = função de advérbio

Nas frases acima, as preposições estão agindo como um transpositor e têm valor semântico (de "matéria", no primeiro caso; e de "tempo", no segundo).

– Professor, entender isso é absolutamente fantástico!

Eu concordo plenamente! Então, lembre: a preposição que introduz um complemento (verbal ou nominal) é apenas um índice de função sintática e não tem valor semântico. Já a preposição que introduz um adjunto (adnominal ou adverbial) é um transpositor e tem valor semântico.

– Guardarei.

Eu tenho certeza de que sim.

5. LOCUÇÕES PREPOSITIVAS

A locução prepositiva é o grupo de palavras terminado em preposição.

– Então não tem a mesma estrutura das locuções adjetivas e das locuções adverbiais, certo?

Isso. Não tem. Mas por que não tem? O que as diferencia?

– Porque as adjetivas e as adverbiais COMEÇAM por preposição, e as prepositivas TERMINAM em preposição.

Meu-deus-do-céu!

– Que foi, profe?

Fiquei comovido com a sua resposta.

– Mesmo, profe? Me comove saber que o senhor está comovido!

Enxuguemos o rosto, então, e sigamos. ☺

É exatamente isso: *a locução prepositiva termina em preposição.* Mais uma vez: a locução prepositiva é um *grupo de palavras terminado em preposição.* Agora me diga você: o que caracteriza a locução prepositiva?

– Ser um grupo de palavras que TERMINA em preposição!

Exato. Veja comigo:

+ "O posto de gasolina fica em frente a um hotel." (em frente a: locução prepositiva)
+ "O aviso foi redigido de acordo com as normas." (de acordo com: locução prepositiva)
+ "A liberdade vai de encontro a esse pensamento." (de encontro a: locução prepositiva)
+ "Vivia à custa de um homem rico." (à custa de: locução prepositiva)

– Perfeito! Não é difícil de entender, não.

Também não é fácil. Se você está entendendo, fique feliz, porque entender esses elementos é começar a ver a matéria fazendo mais e mais sentido.

6. VALOR SEMÂNTICO DAS PREPOSIÇÕES

Semanticamente, as preposições podem exprimir diferentes ideias, que dependerão, necessariamente, do contexto no qual elas são utilizadas.

– Ou seja, o tal valor semântico dependerá, sempre, da interpretação correta do segmento de que a preposição faz parte?

Sim. Sempre que falarmos de aspectos semânticos, estaremos falando de um pouco de interpretação, mas não se assuste, porque faz sentido.

+ "Eu caminhei **com** Paulo." (= companhia)
+ "Ele cortou a grama **com** uma máquina." (= instrumento)
+ "Eu observei aquela cena **com** admiração." (= modo)
+ "Ela chegou **de** manhã." (= tempo)
+ "Ele faleceu **de** tuberculose." (= causa)
+ "Comi um bolo **de** chocolate." (= matéria)
+ "Nós falávamos **de** política." (= assunto)
+ "Eu ouvi uma música **de** Chico Buarque." (= autoria)

– Mais uma vez, não tem como decorar?

Isso. Não tem.

– Acho que vou parar de perguntar isso...

É uma hipótese a ser considerada. ☺

Agora faremos um trabalho de formiguinha, que é ver as principais valorações semânticas das principais preposições. Aqui não há muito o que explicar. Apenas exemplificar para que você vá ampliando o seu repertório. Leia e mantenha a atenção.

a) Preposição A:

- "A depender de mim, iremos." (condição)
- "Não fazia nada, a não ser dormir no sofá." (exceção)
- "Todos chegarão daqui a dez minutos." (tempo)
- "Fechar à chave." (meio, instrumento, modo)
- "Estava à janela." (lugar)
- "Estava a dez metros dos colegas." (distância)
- "Quem sai aos seus não degenera." (semelhança)
- "Mês a mês." (distribuição proporcional)
- "Vendia os mamões a três reais." (preço)

b) Preposição COM:

- "Eu lutava com uma faca." (instrumento)
- "Cheguei com cuidado." (modo)
- "Caminhei com Paulo." (companhia)
- "Com medo, esperei." (causa)

c) Preposição DE:

- "Nós retornamos de Fortaleza." (lugar de onde)
- "A corrente de ouro desapareceu." (matéria)
- "Ele chorava de tristeza." (causa)
- "Nós falávamos de futebol." (assunto)
- "Fomos de carro." (meio)
- "Observávamos de longe." (posição, lugar)
- "Uma colher de chá." (medida)
- "Ela caminhava de noite." (tempo)

d) Preposição EM:

+ "Ele habitava em terras distantes." (lugar)
+ "Eu chegarei em dezembro." (tempo)
+ "Ele pagou em dinheiro." (modo)
+ "A casa foi avaliada em mais de um milhão." (preço, avaliação)
+ "Pedir em casamento." (fim, destinação)
+ "É uma escultura em aço." (matéria)
+ "Entrou em casa." (lugar para onde)
+ "Juntou as mãos em concha." (forma, semelhança, gesto)

e) Preposição ENTRE:

+ "Estava entre a casa e a igreja." (posição intermediária)

f) Preposição PARA:

+ "Para Paulo, não haveria solução." (pessoa a quem se atribui opinião)
+ "Ele lutou muito para a vitória do time." (finalidade)
+ "Foi para a Europa." (direção e demora)

g) Preposição POR:

+ "Eu andava por uma estrada de terra." (lugar)
+ "Segurou pelos cabelos a moça." (meio)
+ "Várias vezes por dia." (distribuição)
+ "Distribuir pelos filhos." (distribuição)
+ "Levar gato por lebre." (substituição)
+ "Ela caminhava por necessidade." (causa)
+ "Morrer pelos seus ideais." (em favor de)
+ "Lutava por obter benefícios." (finalidade = para)
+ "Problema por resolver." (o que deve ser feito e não está feito)

7. FUNÇÃO SINTÁTICA

A preposição não desempenha nenhuma função sintática.

– Mas a preposição não introduz adjuntos ou complementos, por exemplo?

Sim. E também outras estruturas sintáticas. No entanto, dentro dessas estruturas, a preposição não tem uma função sintática.

– Difícil...

Veja comigo:

não tem função sintática
↓
+ "O rapaz precisa de ajuda familiar."
objeto indireto

Dentro do objeto indireto, "ajuda" é o núcleo, "familiar" é adjunto adnominal, mas a preposição não desempenha função nenhuma.

– Compreendi.

Ótimo.

8. QUADRO-SÍNTESE

PREPOSIÇÕES ESSENCIAIS E ACIDENTAIS	
Essenciais: a, ante, após, até, com, contra...	Entrei **após** o discurso.
Acidentais: conforme, segundo, que...	**Segundo** o jornal, haverá aula.

ÍNDICE DE FUNÇÃO X TRANSPOSITOR	
Índice de função (introduz complementos)	Preciso **de ajuda**. (OI) Tenho necessidade **de afeto**. (CN)
Transpositor (introduz adjuntos)	O amor **dos pais** é fundamental. (AAdn.) Nós sairemos **de manhã**. (AAdv.)

LOCUÇÃO PREPOSITIVA	
Termina em preposição	Estávamos **à frente de** um casebre.

PRINCIPAIS VALORES SEMÂNTICOS DAS PREPOSIÇÕES	
Companhia	**Saí com João.**
Tempo	Chegarei **às três horas.**
Matéria	Comi bolo **de chocolate.**
Autoria	Ouço música **de Chico Buarque.**
Assunto	Falo **sobre religião.**
Modo	Sei várias canções **de cor.**
Posse	Fui à praia no carro **de Paulo.**

CAPÍTULO 10

Artigo

INTRODUÇÃO: O QUE É E O QUE FAZ

Já sabe qual é a primeira pergunta que vou fazer, não?

– "Para que servem os artigos?" Seria essa?

Sim, seria, e já vou logo respondendo: os artigos servem, basicamente, para acompanhar os substantivos nos seus contextos de uso na língua.

+ "Eu vi **o** homem e encontrei **a** mulher." (o, a = artigo; homem, mulher = substantivo)

+ "Todos observaram **um** rapaz que criticou **uma** decisão governamental." (um, uma = artigo; rapaz, decisão = substantivo)

– Então, profe, para que eu considere a existência de um artigo, tem de existir um substantivo?

Isso. A função básica do artigo é acompanhar o substantivo, como um determinante.

1. CLASSIFICAÇÕES

ARTIGOS DEFINIDOS	ARTIGOS INDEFINIDOS
o, a, os, as	**um, uma, uns, umas**

– E são só esses? Só esses oito?

Só. A menor de todas as classes, quantitativamente.

– Fácil, então...

Mais ou menos. As estruturas "O" e "A", por exemplo, podem ter várias outras classificações, além de artigo. Então, mantenha a atenção.

– Quais são essas outras classificações?

Em momento oportuno as estudaremos. Não se preocupe com isso agora.

2. ARTIGO E SUBSTANTIVAÇÃO

Qualquer elemento que nomeie a si mesmo, independentemente de sua classe gramatical de origem, passa a ser substantivo se estiver determinado pelo artigo:

- "O sete é meu número preferido."
  subst. (nesse contexto)
- "O este faz referência catafórica."
  subst. (nesse contexto)

– "Sete" é originalmente numeral; "este", pronome. Mas, acompanhados pelo artigo, tornam-se substantivos?

Exatamente. E note: o artigo, nesses casos, está determinando os próprios termos "sete" e "este". É por isso que ele os substantiva.

– Certo, professor. Estou entendendo e feliz por isso!

Ótimo.

3. USOS DOS ARTIGOS

– Pelo título do tópico, professor, imagino que esses poucos artigos possam ser usados de várias maneiras que eu, pobre de mim, vou ter de saber.

Sim.

– E certamente não há como decorar esses usos, confere?

Sim.

– Eu já imaginava tanto uma coisa quanto outra.

Que bom. Para que perguntou, então?

– Pra confirmar.

Ok. Estou brincando, pode perguntar sempre. É para isso que estamos aqui estudando juntos. ☺

– Obrigado, professor.

Vamos aos usos dos artigos.

3.1. Uso dos artigos definidos ("O", "A", "OS", "AS")

a) Grosso modo, podemos dizer que os artigos definidos, genericamente falando, particularizam, especificam o substantivo que acompanham:

+ "O homem errou."

A presença do artigo definido "O" indica que se trata de um homem específico, determinado, previamente conhecido no contexto em que é citado.

– Sim: para que eu diga "o homem" é preciso que o meu interlocutor saiba de que homem se trata, é isso?

Exato.

b) O artigo definido pode referir a totalidade de uma espécie:

+ "O cão é o melhor amigo do homem."

Repare que o artigo sublinhado, a não ser que haja um contexto bem específico, não está se referindo a um "cão" em particular, e sim ao "cão" como espécie.

– "Cão" é referido aqui como a "espécie dos cães", ou seja, "os cães de modo geral".

Exato! O mesmo se poderia dizer do artigo "O" que antecede homem. Certamente, está fazendo referência, na frase, à espécie humana como grupo, como todo.

– Ok. Compreendido.

c) No discurso (na fala) usamos o artigo indefinido para introduzir, apresentar um novo elemento. Posteriormente, usamos o artigo definido para retomá-lo:

+ "Um homem caminhava pela rua próximo a mim. **O** homem carregava uma bengala de madeira."

Quando da utilização do artigo indefinido "UM", apresenta-se o homem. Na sequência, quando se vai citar esse mesmo homem, usa-se o artigo definido "O".

– Posso pensar que, depois de ser apresentado, é como se ele se tornasse "determinado", como se, a partir dali, pudéssemos saber que se está falando de um homem em particular?

Sem dúvida. É exatamente este o raciocínio. Usamos isso no cotidiano sem sequer nos darmos conta:

+ "Eu vi uma mulher linda na rua. A mulher vestia roupas vermelhas."

– Ótimo.

d) Antes de nome próprio, tradicionalmente, a presença do artigo definido denota nossa familiaridade com a pessoa a quem nos referimos (pode ser omitido, nesse caso):

+ "O João Paulo está cada vez mais chateado."

Por esse motivo, diz-se que não se usa artigo definido antes de "vultos históricos".

– "Vultos históricos" parece algo místico professor...

Eu sei. ☺

Mas não é. Chamamos de "vultos históricos" personagens históricas conhecidas. Embora usemos informalmente estruturas como "O Obama cometeu um erro", "O Napoleão era baixinho" e outras, na escrita não devemos fazê-lo.

– No caso dos "vultos", sem artigo nenhum?

Isso, porque não temos intimidade com essas personagens. Pense no modo como um jornal faria uma manchete (certamente sem artigo):

+ "Obama cometeu erros graves."

– Sim. Nunca veríamos em um jornal "O Obama".

Exato.

e) Costuma acompanhar alguns nomes próprios geográficos, principalmente países, oceanos, rios e montanhas:

+ o Canadá, o Pacífico, o Amazonas, os Andes.

– Os Estados Unidos, o Atlântico, o São Francisco, o Everest,...

+ A Argentina, o Índico, o Tietê, o Kilimandjaro.

– Ok, entendi bem! ☺

Que bom, pois o meu repertório de "acidentes geográficos" estava acabando. ☺

f) Nomes de estados e de (pouquíssimas) cidades:

No Brasil, há estados que dispensam o artigo:

+ Alagoas, Goiás, Mato Grosso, Minas Gerais, Santa Catarina, São Paulo, Sergipe, etc.

Outros, no entanto, são acompanhados por artigo:

+ O Rio Grande do Sul, o Rio de Janeiro, o Paraná, o Acre, etc.

– Então depende de estado para estado?

Totalmente.

Cidades geralmente dispensam artigo, salvo algumas exceções consagradas pelo uso, como "o" Rio de Janeiro.

De resto, via de regra, sem artigo:

+ Porto Alegre, Florianópolis, Curitiba, etc.

– Faz sentido de acordo com o modo como usamos, profe. Os nomes de estados também.

Bastante.

g) É omitido em Vossa Alteza, Vossa Senhoria, Vossa Majestade e outras designações cerimoniosas:

+ "Vossa Santidade é um homem abençoado."

– Aqui, professor, se se usasse, pareceria excesso de intimidade. Algo do tipo: "A Vossa Santidade há de me desculpar..."

Exatamente, por isso não se usa. Se houver "A" antes desses nomes, será apenas a preposição.

- "Ele se apresentou a Vossa Alteza." (a = preposição)

h) É omitido antes da palavra "casa" quando indica o próprio lar:

- "Eu estou em casa há alguns dias."

Repare que, quando usamos casa no sentido de "nosso próprio lar", não colocamos artigo.

– Interessante.

Pois é. Olhe mais uma frase:

- "Eu venho de casa até aqui a pé."

Somente usaríamos "estou na casa" ou "venho da casa" com artigo se fosse a casa de outro, não a nossa:

– Faz sentido, professor.

i) É omitido antes do vocábulo "terra", em oposição a "bordo", "água", "mar":

- "Os surfistas ficaram em terra, devido à violência do mar."

Mais uma vez, fosse qualquer outra terra, haveria artigo. No entanto, especificamente quando a palavra "terra" vem em oposição a "bordo", a "água", a "mar", não será acompanhada por artigo.

– Ok!

j) É facultativo junto a possessivo acompanhado de substantivo:

- "O meu livro desapareceu."
- "Meu livro desapareceu."

– 100% opcional nesse caso?

100%! Sem depender de outros fatores.

3.2. Uso dos artigos indefinidos

a) Os artigos indefinidos não especificam, não particularizam o substantivo que acompanham:

+ "**Um** homem passou correndo por nós."

Nota?

– Sim: não se está falando de um homem específico, ou conhecido pelo contexto.

Exato. A presença do artigo indefinido "um" indica que não se trata de um homem particular, determinado ou previamente conhecido no contexto em que é citado. O mesmo ocorreria nas frases abaixo:

+ "**Uma** mulher não deve jamais se submeter à vontade dos outros."
+ "Ao longe, havia **um** latido que ecoava na noite escura."

– Perfeito.

b) O artigo indefinido pode indicar aproximação:

+ "Ficarei fora **uns** vinte dias."

– Isso quer dizer algo como "ficarei fora mais ou menos vinte dias"...

Exato.

c) Pode assumir função enfática:

+ "Era de **uma** precisão incrível."

– Enfatiza a precisão.

Isso, assim como na frase abaixo:

+ "Tinha **uma** retórica que impressionava."

3.3. Substituição de um artigo por outro e sentido da frase

A situação em que os artigos estão sendo usados não é a única coisa que se pergunta em prova. É comum, também, questionar se um artigo definido pode ser substituído por um indefinido e vice-versa.

– E pode?

O que você acha?

– Que não. Ou sim?

Parabéns! De fato, *na maioria das vezes, a substituição de um artigo definido por um indefinido ou o contrário acarreta mudança no sentido geral da frase.*

+ "O veterinário medicou o cão." ≠ "Um veterinário medicou um cão."

– Porque se um elemento estava especificado com o artigo definido, passa a estar não especificado com o indefinido, e o contrário também. É isso?

Viu? Me comoveu de novo: é isso.

– Professor, posso reafirmar uma coisa: adoro fazer o senhor chorar.

Tudo bem, eu aguento. Até hoje, se vejo *Titanic*, eu choro quando a Rose larga a mão do Jack...

– Somos dois!

Pessoas sensíveis num mundo hostil... ☺

Vamos adiante. As frases abaixo também têm sentidos diferentes:

+ "O rapaz encontrou o amigo." ≠ "O rapaz encontrou um amigo."

– Perfeito. Mas deve ter situação em que o definido pode substituir o indefinido, não?

Existe, sim.

– Que tristeza!

Não, não: alegria! Hora de aprender o que pouca gente sabe: quando o artigo definido se refere à totalidade dos seres de uma espécie, ele não está particularizando o substantivo que acompanha, podendo, portanto, ser substituído pelo indefinido sem alteração do sentido da frase. Compreende?

– É possível que sim, mas seja bonzinho e me mostre.

Mostro sim, porque sou um amor:

+ "O filósofo deve agir sempre movido pela razão." = "Um filósofo deve agir sempre movido pela razão."

Entendido? Aqui se quer dizer, em ambas as frases, que "qualquer filósofo" deve agir movido pela razão, que "todos os filósofos" devem agir assim.

– Sim. Entendido. Entendidíssimo!

Vai lembrar?

– Com certeza absoluta!

Excelente!

4. FUNÇÃO SINTÁTICA

Por fim, cabe salientar a função sintática dos artigos.

– Podem ser várias?

Não. Uma só.

– Graças a Deus.

Sim. Os artigos *sempre serão* adjuntos adnominais. *Sempre*. Sejam eles definidos, sejam indefinidos.

– O senhor disse "sempre". Isso é incrível!

É mesmo.

+ "Eu assisti a um programa em que o policial agredia umas pessoas."
  A. Adn. (um) A. Adn. (o) A. Adn. (umas)

CAPÍTULO 11

Numeral

INTRODUÇÃO: O QUE É E O QUE FAZ

– São muito cobrados em concurso os numerais?

Quase nada.

– Então não dá pra pular essa parte?

Não dá.

– Ai, que pena...

Não lamentemos. Força e fé. Vamos! ☺

Os numerais servem para indicar quantidade exata (cardinais), quantidade fracionária (fracionários), quantidade multiplicativa (multiplicativos) ou ordem, posição (ordinais) de qualquer coisa.

No estudo dos numerais, saber que existem essas quatro categorias será certamente nosso maior objetivo.

– Cardinais, fracionários, multiplicativos e ordinais?

Isso mesmo. Em seguida iremos detalhá-los, mas já vá se acostumando com esses nomes.

1. ALGARISMOS ARÁBICOS E ROMANOS

Por serem de origem árabe, nossos numerais são chamados algarismos arábicos. Existem também os algarismos romanos.

- **Arábicos:** 1, 2, 3, 4, 5, 6, 7, 8, 9, 10, 20, 30, 40, 50, 60, 70, 80, 90, 100, 200, 300, 400, 500, 600, 700, 800, 900, 1000.
- **Romanos:** I, II, III, IV, V, VI, VII, VIII, IX, X, XI, XII, XIII, XIV, XV, XVI, XVII, XVIII, XIX, XX, XXX, XL, L, LX, LXX, LXXX, XC, C, CC, CCC, CD, D, DC, DCC, DCCC, CM, M.

– É muito, muito importante que eu saiba as correspondências todas?

Não. Certamente, não. Pela minha experiência, percebo que as pessoas costumam saber as correlações que envolvem 1, 5 e 10 (respectivamente "I", "V" e "X").

– Sim! É rigorosamente até aí que eu vou sem me atrapalhar...

Ótimo! Não se preocupe que você não está só. ☺

Vamos tentar guardar então os demais que são importantes:

+ 50 = L
+ 100 = C
+ 500 = D
+ 1000 = M

Como 100 é "C" (letra com que se inicia a palavra "cem") e 1000 é "M" (letra com que se inicia a palavra "mil"), creio que você precise decorar, mas decorar mesmo, apenas que 50 é "L" e 500 é "D".

– Faz sentido, profe. Vou por aí.

Então repita para mim a partir do 50.

– Com prazer: 50 = L; 100 = C; 500 = D; 1000 = M.

Perfeito. Estou orgulhoso. ☺

2. CLASSIFICAÇÕES DOS NUMERAIS

Os numerais podem ter, como eu disse a você, quatro classificações.

– Cardinais, ordinais, fracionários e multiplicativos.

Exatamente. Lindo, lindo. Vamos à particularização de cada uma delas agora.

2.1. Cardinais

São numerais cardinais aqueles que indicam quantidade.

+ "Eu vi duas meninas caminhando naquela rua."
  num. cardinal

+ "Nós compraremos <u>dez</u> doces para cada convidado."
  num. cardinal

– Em ambas as frases, os numerais cardinais estão quantificando algo ("as meninas", na primeira, e "os doces", na segunda).

Isso mesmo! Parabéns! ☺

Já que você citou a palavra, você diria que "ambos" e "ambas" é um numeral?

– Ah, eu não saberia dizer... É?

"Ambos" e "ambas" são termos predominantemente considerados numerais (há quem os considere pronomes, mas ficaremos com a classificação da maioria). Tanto em uma quanto em outra análise, significam "os dois", "as duas":

+ "<u>Ambos</u> os homens gostaram da apresentação."
  num. cardinal
+ "Eu assisti a dois filmes e gostei de <u>ambos</u>."
  num. cardinal

– Então considero que "ambos" e "ambas" são sim numerais?

Isso. Considere. E guarde isso, porque eles se diferenciam bastante dos demais que estamos acostumados a conhecer como cardinais.

– Perfeito.

Em relação à **flexão**, os numerais cardinais são, via de regra, invariáveis, à exceção de um/uma, dois/duas, ambos/ambas, os terminados em um/uma e dois/duas, e as centenas acima de cem.

Vamos começar exemplificando pelos que são *variáveis*:

+ "Eu comi <u>um</u> pedaço de pizza." (mas "<u>uma</u> fatia")
+ "Ele tem <u>dois</u> telefones." (mas "<u>duas</u> carteiras")
+ "<u>Ambos</u> os meninos choravam." (mas "<u>ambas</u> as meninas")
+ "Eu tenho <u>vinte e um</u> selos." ("mas "<u>vinte e uma</u> moedas")
+ "Doamos <u>duzentos</u> agasalhos." (mas "<u>duzentas</u> camisetas")

– Esses são os cardinais variáveis?

Isso. Os demais são invariáveis:

+ "Eu comi três pedaços / fatias de pizza."
+ "Ele tem sete telefones / carteiras."
+ "Ana comprou vinte e sete selos / moedas."

– Certo, professor: muitíssimos invariáveis e uns poucos (citados acima) variáveis.

Isso. E, se você estiver atento, basta pensar no numeral acompanhado por um termo feminino e verificar se ele é variável ou não.

– Ok.

Muita atenção para o que eu vou dizer agora: "milhar" e "milhão" são substantivos masculinos:

+ "Dois milhões de pessoas."
+ "Os milhares de mulheres."

– Professor, eu não posso crer que "as milhares de mulheres" seria uma construção errada...

Eu vou repetir: "milhar" e "milhão" são substantivos masculinos sempre. Sempre. Sempre, sempre. Qualquer determinante que os acompanhe será masculino:

+ "Estes milhares de pessoas.
+ "Aqueles milhões de mulheres.
+ "Alguns milhares de flores."
+ "Alguns milhões de flores."

Assim mesmo.

– Há pouco, bem pouco, eu não sabia nem acreditaria. Agora, já que o senhor falou assim com tamanha ênfase, estou acreditando...

Ótimo. ☺

Os gramáticos salientam também um uso comum na linguagem falada que pode ser feito dos numerais cardinais: eles são usados, em diversas expressões, para indicar número indeterminado.

+ "Eu peço um minuto de atenção." (= pouco tempo)
+ "Eu preciso trocar duas palavras com o senhor." (= poucas palavras)
+ "Ela tem mil e um modos de agir." (= muitos modos)

– E eu posso usar isso, professor? Posso escrever assim?

Quando se for escrever de acordo com a norma padrão, é melhor não usar expressões assim. No entanto, se tivermos de as reconhecer como "indeterminadas" em um contexto, convém saber que elas existem.

2.2. Ordinais

Indicam ordenação; denotam número de ordem dos seres numa série.

+ "Ele foi o primeiro colocado nas estatísticas."
  numeral ordinal
+ "A moça será a décima contratada da empresa."
  numeral ordinal

Percebe que há uma noção de ordenação, de posicionamento?

– Com clareza, professor: nas estatísticas, ninguém esteve à frente dele; nas contratações da empresa, a moça foi contratada após a nona.

Isso mesmo. É só isso mesmo o que fazem esses numerais. ☺

Há pouco eu falei para você que "milhar" e "milhão" eram substantivos masculinos. Lembra?

– Sim. Quase desmaiei com a informação.

Ótimo que lembra. E não desmaie mais. ☺

Aqui, cabe dizer que "último", "penúltimo", "anterior" e "posterior" não são numerais: são adjetivos. É importante citar isso porque tais palavras são, muitas vezes, usadas em contextos muito semelhantes ao dos numerais. Quer ver?

+ "A segunda apresentação começa em alguns segundos."
  num. ordinal
+ "A penúltima apresentação começa em alguns segundos."
  adjetivo

– Sim, professor, o senhor tem razão...

Quase sempre. ☺

– Não seja sarcástico comigo, professor...

É brincadeira. ☺

→ **Uso dos ordinais**

Existem algumas situações em que devem ser usados numerais ordinais, em vez de cardinais.

– Isso aparece muito em prova, professor?

Não, não aparece. Mas são usos cotidianos, habituais, que muitas vezes podem nos deixar em dúvida. Então, convém pelo menos darmos uma olhadinha em alguns deles. Pensemos que o uso geral é o dos cardinais. Portanto, abaixo, vou apontar os principais usos de ordinais:

a) até décimo, na seriação de monarcas e papas (pronunciado como ordinal, mas geralmente escrito em romanos):

- Pedro I (Pedro "primeiro")
- D. João IV (D. João "quarto")
- Pio X (Pio "décimo")

– E passando do décimo?

Em cardinal:

- Pio XII (Pio "doze")
- Luís XV (Luís "quinze")

– Certo.

b) até décimo na cronologia dos séculos (mais uma vez, pronunciado como ordinal e escrito geralmente em algarismos romanos):

- Século III (século "terceiro")
- Século V (século "quinto)

– Bem menos usual do que o visto acima, não?

Bem menos. Mas essa é a razão por que há quem fale "no século terceiro", mas não há quem fale "no século décimo nono".

– Sim, sim, faz sentido. ☺

c) até nono em números de artigos de lei:

- "Isso consta no artigo 5º da Constituição Federal."

– Autoridades, até o décimo; séculos, até o décimo; mas artigos de lei só até o nono? Isso é um pouco traiçoeiro...

É sim. Por isso guarde, para não ser traído na hora da prova (artigo 9º, mas artigo 10).

d) geralmente usado no primeiro dia de cada mês (não é proibido usar cardinal 1):

+ "1º de junho."

– Aqui, professor, eu diria que todas as pessoas usam assim. Ninguém diz "no dia um de maio"...

Concordo com você, mas proibido não é.

2.3. Fracionários

Indicam uma fração de um todo.

+ "Um terço dos alunos detesta aquele professor."
  numeral fracionário

+ "Eu vendi dois quintos das ações da empresa."
  numeral fracionário

– Olhe, professor, difícil não é. Trata-se claramente de uma fração, então é número fracionário...

Sim. Concordo com você. Nos fracionários, quero só que você tome dois cuidados:

a) Nas frases acima, é numeral fracionário apenas o que eu sublinhei ("terço" e "quintos"). Os números que os antecedem são cardinais e quantificam a quantidade de frações, entende?

– Sim, entendo bem! O senhor está dizendo que o fracionário não é "um terço" nem "dois quintos". Fracionários são "terço" e "quintos". Os números antecedentes indicam a quantidade (portanto, cardinais) de terças partes ou de quintas partes que há.

E-xa-ta-men-te! Lindo, lindo.

b) Alguns fracionários são escritos exatamente com a mesma grafia de certos ordinais. Sendo assim, mantenha a atenção no contexto para não errar:

+ "Ela tem um quarto da minha idade."
  num. fracionário

+ Ele foi o quarto namorado de Ana."
  num. ordinal

– Certo. Sempre se deve ter atenção ao contexto.

Sempre.

2.4. Multiplicativos

Indicam uma multiplicação, multiplicidade de seres.

- "Ele tem o quádruplo do dinheiro de João."
- "Com a metade da tua idade eu já trabalhava."

Pouco há a dizer sobre os multiplicativos, além de que eles, literalmente, são a multiplicação de algo.

> – Entendo, professor... Há coisas que são tão elas mesmas que há pouco a dizer sobre elas além do que elas são...

Achei a resposta bem poética, mas é isso mesmo! ☺

3. FUNÇÕES SINTÁTICAS

Os numerais também poderão cumprir duas funções básicas: em algumas situações, podem substituir os substantivos (caso em que serão chamados "numerais substantivos"); e, em outras situações, podem acompanhar os substantivos, determinando-os (nesse caso, serão chamados "numerais adjetivos").

a) Numerais substantivos: os numerais substantivos desempenharam papel de núcleo das funções sintáticas a que pertencerem:

- "Os **dois** cometeram crimes." ("Dois" é núcleo do sujeito)
  Sujeito

b) Numerais adjetivos: já os numerais adjetivos desempenham função de adjunto adnominal:

- "**Dois** homens fortes agrediram o animal." ("Dois" é adjunto adnominal do núcleo "homens")
  Sujeito

4. TABELA DE NUMERAIS

Para finalizar o tópico, apresento uma tabela com os numerais e as correspondências que eles apresentam entre si.

> – E o senhor quer que eu leia e, mais do que isso, guarde.

Acertou em cheio! ☺

CARDINAIS	ORDINAIS	MULTIPLICATIVOS	FRACIONÁRIOS
zero	–	–	–
um	primeiro	–	–
dois	segundo	dobro, duplo, dúplice	meio, metade
três	terceiro	triplo, tríplice	terço
quatro	quarto	quádruplo	quarto
cinco	quinto	quíntuplo	quinto
seis	sexto	sêxtuplo	sexto
sete	sétimo	sétuplo	sétimo
oito	oitavo	óctuplo	oitavo
nove	nono	nônuplo	nono
dez	décimo	décuplo	décimo
onze	décimo primeiro	–	onze avos
doze	décimo segundo	–	doze avos
treze	décimo terceiro	–	treze avos
quatorze/catorze	décimo quarto	–	catorze avos
quinze	décimo quinto	–	quinze avos
dezesseis	décimo sexto	–	dezesseis avos
dezessete	décimo sétimo	–	dezessete avos
dezoito	décimo oitavo	–	dezoito avos
dezenove	décimo nono	–	dezenove avos
vinte	vigésimo	–	vinte avos
trinta	trigésimo	–	trinta avos
quarenta	quadragésimo	–	quarenta avos
cinquenta	quinquagésimo	–	cinquenta avos
sessenta	sexagésimo	–	sessenta avos
setenta	septuagésimo	–	setenta avos
oitenta	octogésimo	–	oitenta avos
noventa	nonagésimo	–	noventa avos
cem	centésimo	cêntuplo	centésimo
duzentos	ducentésimo	–	ducentésimo
trezentos	trecentésimo	–	trecentésimo
quatrocentos	quadringentésimo	–	quadringentésimo
quinhentos	quingentésimo	–	quingentésimo
seiscentos	sexcentésimo	–	sexcentésimo
setecentos	septingentésimo	–	septingentésimo

CARDINAIS	ORDINAIS	MULTIPLICATIVOS	FRACIONÁRIOS
oitocentos	octingentésimo	–	octingentésimo
novecentos	non(in)gentésimo	–	nongentésimo
mil	milésimo	–	milésimo
milhão	milionésimo	–	milionésimo
bilhão	bilionésimo	–	bilionésimo

CAPÍTULO 12

Interjeição

INTRODUÇÃO: O QUE É E O QUE FAZ

– Eu nem lembrava que Interjeição era uma classe, professor...

Não se sinta mal, porque isso é muito comum: quando se listam as classes de palavras, a das interjeições é sem dúvida a mais esquecida.

– Não lembro muito de ver questões sobre elas...

De fato, não caem muito as interjeições: juntamente com os numerais, são as classes menos cobradas em concursos. Ainda assim, vamos ao essencial.

A interjeição é uma palavra que substitui toda uma frase (por isso é chamada "palavra-frase") para exprimir uma sensação, uma emoção, um sentimento:

+ Viva!
+ Olé!
+ Tomara!
+ Bravo!
+ Adeus!
+ Ai!
+ Ui!

– Putz! Opa! Eca! Isso?

Isso. O significado das interjeições está intimamente ligado à maneira como elas são pronunciadas na fala, motivo pelo qual uma mesma interjeição pode externar sensações ou sentimentos diversos em diferentes contextos de uso.

– É o caso de "ai!", por exemplo?

É sim! O que pode exprimir o "ai!"?

– Dor, prazer...

Isso mesmo! Já deu para entender. ☺

Pode haver também interjeições representadas por grupos de palavras:

+ Deus nos livre!
+ Minha nossa senhora!
+ Que loucura!

– Tranquilo.

→ **Função sintática**

Apesar de carregar consigo um sentido, a interjeição não desempenha nenhuma função sintática. Repita para mim!

– A interjeição não desempenha função sintática!

Perfeito.

CAPÍTULO 13

Pronome

INTRODUÇÃO: O QUE É E O QUE FAZ

– Ai, professor, isso é uma classe que começa e não termina nunca mais...

Exato! A classe dos pronomes é imensa. E, mais do que imensa, é importantíssima e pouco sabida pela grande maioria dos estudantes.

– Mas é importante quanto?

Muito, muito, muito mesmo! Essencial, crucial, fundamental!

– Profe, assim o senhor me deixa com medo...

Na minha infância, meu pai dizia que medo e respeito andam bem pertinho um do outro... Não sei como, mas sobrevivemos às infâncias vividas até os anos oitenta ou noventa, em que uma mãe atirar um tamanco no filho ou persegui-lo com uma vara na mão eram atitudes comuns...

– Professor, nem me fale...

Sigamos. ☺

Gramaticalmente, podemos dizer que os pronomes são estruturas que referem os seres sem nomeá-los, ao contrário dos substantivos, que os nomeiam.

– Achei difícil a definição...

Calma que já explico. ☺

Quando se afirma o seguinte:

+ "Tu és bonito."
  Pron.

Há a referência a um ser. No entanto, esse ser não é nomeado (classificado) como seria se falássemos uma das frases seguintes:

+ "Antônio é bonito."
  Subst.
+ "O homem é bonito."
  Subst.

Entendeu?

– Ah, entendi!

Ufa! ☺

→ **Pronomes adjetivos x pronomes substantivos**

Além das classificações a que estamos habituados (pessoais, demonstrativos, relativos, etc.), os pronomes também podem ser "pronomes adjetivos" ou "pronomes substantivos".

– São subclassificações?

Exatamente. Vamos a elas.

a) Os **pronomes adjetivos** são aqueles que acompanham um substantivo. Nesse caso, o pronome desempenhará função de adjunto adnominal, que acompanha o núcleo:

acompanha o núcleo "homem"
↓
+ "Este homem acaba de chegar".
  pron. adj.

– Acompanhando, pronome adjetivo?

Exato!

b) Os **pronomes substantivos** são aqueles que substituem um substantivo. Nesse caso, serão eles próprios, os pronomes, o núcleo da função sintática:

núcleo do sujeito
↓
+ "Este custou caro".
  pron. subst.

– Substituindo (e sendo núcleo), pronome substantivo.

Exato. Entendeu?

– Sobre ser pronome adjetivo ou pronome substantivo, sim!

Que alegria! Mas...

– O que queria confirmar é o seguinte: "este" é pronome demonstrativo nas duas frases?

É sim! "Pronome adjetivo" e "pronome substantivo" são classificações dos pronomes em relação ao papel que eles desempenham dentro da função sintática de que participam. Ou seja: "este" segue sendo um pronome demonstrativo nas duas frases. O que ocorre é que esse pronome demonstrativo pode desempenhar papel de adjetivo (pronome adjetivo) ou de substantivo (papel de substantivo) dentro de uma função sintática, como vimos.

– Agora sim! Fechou!

Então fechou!

1. PRONOMES PESSOAIS

Você não vai acreditar!

– Profe, diga que eu acredito...

Os pronomes pessoais servem para indicar...

– As pessoas!

Sim! ☺

Mas não necessariamente as pessoas "humanas", por assim dizer, e sim as pessoas do discurso.

– E, se o senhor não se importa de eu perguntar, quais seriam as pessoas do discurso?

As três que existem: a primeira (quem fala), a segunda (com quem se fala) ou a terceira (de quem se fala), tanto no singular quanto no plural.

Vamos à tabelinha com os pronomes pessoais.

PRONOMES PESSOAIS

PESSOA	CASO RETO	CASO OBLÍQUO	
		ÁTONO	TÔNICO
1ª sing.	eu	me	mim, comigo
2ª sing.	tu	te	ti, contigo
3ª sing.	ele, ela (você)	se, o, a, lhe	si, consigo, ele, ela
1ª plural	nós	nos	nós, conosco
2ª plural	vós	vos	vós, convosco
3ª plural	eles, elas (vocês)	se, os, as, lhes	si, consigo, eles, elas

1.1. Pronomes retos x pronomes oblíquos

a) Os **pronomes pessoais do caso reto** são aqueles que desempenham, basicamente, a função de sujeito nas estruturas de que participam. Vejamos:

pron. reto
↓
+ "Eu acordei bastante cedo."
sujeito

pron. retos
↓ ↓
+ "Tu e ele parecem cansados."
sujeito

Em ambas as construções, os pronomes retos sublinhados desempenham função de núcleo do sujeito.

– Então eu posso dizer que o pronome reto é um "pronome sujeito"?

Pode, sim. É basicamente para isso que o usamos. Algumas vezes, poucas, ele pode ser também predicativo:

pronome reto
↓
+ "O responsável é ele."
predicativo

– Certo. Via de regra, quase sempre, sujeito. Muito raramente, predicativo.

Isso mesmo! 99% das vezes será sujeito.

b) Os **pronomes pessoais do caso oblíquo** serão os que desempenharão as demais funções sintáticas.

– Todas as outras?

Não todas, mas algumas: objeto direto, objeto indireto, agente da passiva, complemento nominal e adjunto adnominal, por exemplo.

– Professor, exemplifique antes que eu me perca!

Pedindo assim, com tamanha delicadeza, é claro que eu exemplifico: ☺

pronome oblíquo
↓
+ "O homem o encontrou."
OD

O pronome pessoal oblíquo átono "O" está desempenhando função de objeto direto do verbo "encontrar".

pronome oblíquo
↓
+ "A moça contou-lhe o segredo."
OI

Qual a função que o pronome destacado desempenha aqui?

– Objeto indireto do verbo "contar"!

Perfeito.

pronome oblíquo
↓
+ "A pintura foi executada por mim."
agente da passiva

Aqui, o pronome pessoal oblíquo tônico "mim" está desempenhando função de agente da passiva em uma frase que se encontra na voz passiva analítica.

– Minha curiosidade ficou aguçada pelos pronomes nas condições de adjunto adnominal e complemento nominal...

Em momento oportuno, veremos. Aguarde.

– Aguardo, mas confesso que sinto o meu corpo e a minha mente tomados pela ansiedade...

Compreendo. Mas não se preocupe que a ansiedade em seguida passa. ☺

1.2. Uso dos oblíquos átonos *x* uso dos oblíquos tônicos

– Ah, agora começa o meu drama!

Não faça drama! ☺

Simples os pronomes podem até não ser, mas eles são compreensíveis. Venha comigo!

a) Os **pronomes oblíquos átonos** não serão preposicionados e virão sempre "colados" a um verbo, em posição de próclise, mesóclise ou ênclise:

– Em posição de quê?

De próclise (antes do verbo), de mesóclise (no meio do verbo) ou de ênclise (depois do verbo).

– E custa falar mais simples?

Custa, porque as provas cobram os termos... ☺

– Está bem...

Vamos aos exemplos:

ênclise ↓

+ "Entregou-me o livro." (me: P.P.O. átono)

mesóclise ↓

+ "Entregar-se-ão os livros." (se: P.P.O. átono)

próclise ↓

+ "Não te entregou os livros." (te: P.P.O. átono)

– Todos bem coladinhos ao verbo, todos sem preposição.

Ou seja, todos com as características essenciais que citei há pouco.

b) Os **pronomes oblíquos tônicos** poderão sempre ser deslocados ao longo da oração e aparecerão, invariavelmente, antecedidos por uma preposição. As aparentes exceções são os pronomes "comigo", "contigo", "consigo", "conosco" e "convosco". No entanto, esses pronomes, na verdade, apresentam em sua formação a preposição "com", com a qual se aglutinaram.

– Quem diria, professor...

Viu? ☺

Vejamos alguns exemplos:

+ "A mim, o homem entregou o livro."
  P.P.O. tônico
+ "O homem entregou a mim o livro."
  P.P.O. tônico
+ "O homem entregou o livro a mim."
  P.P.O. tônico

Nota que, ao contrário dos pronomes oblíquos átonos, os pronomes oblíquos tônicos são "móveis", deslocáveis pela oração?

– Noto, sim.

Pois essa, além da necessária presença de preposição, é a diferença essencial entre ambos.

1.3. Para eu x para mim

– Professor Marcello, como tem gente que erra isso, não?

Tem sim. Tem muita. E isso é questão de prova SEMPRE, e não é tão facilzinho quanto parece, quer ver?

a) Para eu: a forma "para eu" somente ocorrerá quando o pronome for sujeito de um verbo no infinitivo:

+ "Eles pediram para eu *estudar* bastante."

O pronome "eu" é sujeito do verbo "estudar". Por isso, usa-se o pronome reto.

b) Para mim: nos demais casos, a forma usada será "para mim":

+ "O trabalho é difícil para mim".

– O que não pode é "ele pediu pra mim telefonar", não é isso?

Exatamente.

– Mas até que estou achando fácil, professor... Não é só pensar que "mim" não pode ser sujeito de uma ação?

É sim. O problema é que se pode deslocar a expressão "para mim" de modo a fazer parecer que o pronome é sujeito de um verbo no infinitivo, quando na verdade ele não o é. Quer ver?

– Quero, sim.

+ "Para mim escrever poemas é muito difícil."

Você diria que essa frase está correta ou incorreta?

– Com honestidade?

Claro!

– Talvez dissesse que está incorreta, mas, pelo que o senhor falou, acho agora que ela está correta...

Pois é: a frase está, de fato, certa. Na verdade, o que se fez foi deslocar a expressão "para mim". Em ordem direta, teríamos o seguinte:

+ "Escrever poemas é muito difícil para mim".

– Mas com o deslocamento não teria de ter uma vírgula depois do "para mim"?

Poderia ter, mas nem sempre há. Portanto, muita atenção com isso. Pense que, se a partícula é deslocável, a forma correta é "para mim":

+ "Escrever poemas é muito difícil para mim".
+ "Escrever poemas, para mim, é muito difícil".
+ "Para mim, escrever poemas é muito difícil".

– Perfeito!

1.4. Para tu *x* para ti

Idêntico raciocínio ao recém-visto vale para os pronomes "tu" e "ti":

- "Ele mandou tu fazeres as tarefas." (o pronome "tu" é sujeito)
- "Ele pediu o prato para ti." (o pronome "ti" não é sujeito).

– Sendo assim, na situação em que cabe "eu" cabe também "tu"; e na situação em que cabe "mim" cabe "ti"?

Exato! O único cuidado é a flexão do verbo quando o pronome estiver na condição de sujeito. Nesse caso, o verbo deve concordar com o pronome.

- O diretor mandou *eu* vigiar a moça. / O diretor mandou *tu* vigiares a moça.

1.5. Conosco *x* com nós

– Professor, "ele conversou com nós" é horrível de feio!

Sim. E, além de feio, é errado, ao menos nessa frase.

– Se "é errado nessa frase" é porque às vezes pode estar certo?

Exato. Vamos ver.

a) **"Conosco":** é a forma habitualmente utilizada.

- "Ele conversará conosco."
- "Conosco a moça nunca teve problemas".

– Certo! Deus nos livre de "conversará com nós", "teve problemas com nós"...

Isso! Deus nos livre!

b) **"Com nós":** é usado somente quando houver uma especificação posterior.

- "Ele conversará com nós **mesmos**."
- "Com nós **dois** a moça nunca teve problemas."

– Sério? Então não pode ser "conta com nós", mas pode ser conta "com nós todos"?

Uma salva de palmas para você! É isso mesmo, simples assim! ☺

1.6. Os pronomes de terceira pessoa (O, A, OS, AS, LHE, LHES) na condição de objetos:

1.6.1. O, A, OS, AS → objeto direto

Os pronomes de terceira pessoa que desempenharão função de objeto direto serão "O", "A", "OS" e "AS":

+ "O rapaz a afagou."
  objeto direto ("afagar" é VTD)

+ "A diretora o cumprimentou."
  objeto direto ("cumprimentar" é VTD)

+ "Nós os reconhecemos."
  objeto direto ("reconhecer" é VTD)

+ "O menino olhou-as."
  objeto direto ("olhar" é VTD)

– Não pode ser "a diretora cumprimentou ele"?

De jeito nenhum. É proibidíssimo que os pronomes "ele", "ela", "eles" e "elas" desempenhem função de objeto direto. Portanto, dizer "beijei ela", "encontrei eles" e por aí vai é incorreto gramaticalmente.

– Ué, profe, mas todo mundo fala assim...

Eu sei, mas, como certamente dizia a sua mãe, "você não é todo mundo". ☺

1.6.2. LHE, LHES → objeto indireto

Por outro lado, os pronomes de terceira pessoa que desempenharão função de objeto indireto serão os pronomes "LHE" e "LHES":

+ "A filha obedeceu-lhe."
  objeto indireto ("obedecer" é VTI)

+ "O homem lhe devolveu os pertences."
  objeto indireto ("devolver" é VTDI)

– Mas como saber, profe, se o objeto é direto ou indireto para escolher um ou outro pronome?

Ah, pois é: a única maneira de tomar essa decisão é se baseando na regência do verbo, ou seja, no fato de o verbo exigir um objeto direto ou um objeto indireto.

> – E tem que saber a regência de todos os verbos da língua, então?

Digamos que sim, mesmo que isso seja impossível. Na verdade, temos de olhar na frase e vermos se o verbo é transitivo direto ou transitivo indireto, o que significa dizer que somos obrigados a olhar se ele exige um complemento sem preposição antes ou com preposição antes.

> – Mas que difícil!

É: fácil não é.

> – E usar "lhe" com verbo transitivo direto nem pensar?

Nem pensar. Exemplo?

+ "O rapaz lhe criticou." (frase errada)

"Criticar" é verbo transitivo direto (quem critica, critica algo ou alguém). Portanto, o certo seria uma das duas estruturas abaixo:

+ "O rapaz **o** criticou." (objeto direto)
+ "O rapaz criticou-**o**." (objeto direto)

> – E não poderia ser "o rapaz criticou ele" porque "ele" nunca é objeto direto, certo?

Certo. Estrelinha para você. E uma quase lágrima de emoção aqui. ☺

1.6.3. Diferentes formas que o objeto direto assume

Vale lembrar que, quando o pronome oblíquo for substituir um objeto direto em posição de ênclise (depois do verbo e a ele unido por hífen), pode assumir diferentes formas, a depender da terminação do verbo em relação ao qual ele for posposto (posto depois).

> – Diferentes de "O", "A", "OS" e "AS"?

Isso mesmo. Em condições normais (isto é, sem que se trate de um caso especial como os que veremos agora), o objeto direto será representado por "O", "A", "OS", "AS". Mas haverá situações em que essas formas irão alterar-se.

a) **Terminado em "R", "S", "Z":** se o verbo terminar em "R", "S" ou "Z", a consoante final desaparece e acrescenta-se uma letra "L" antes do pronome oblíquo (que assumirá as formas "LO", "LA", "LOS", "LAS"):

+ "Preciso contratar o homem" = "Preciso contratá-**lo**"
+ "Nós devemos limpar a calçada" = "nós devemos limpá-**la**"

> – Sim, professor, essa forma é bem comum: demiti-lo, observá-la, percorrê-los, analisá-las...

É verdade. Quando o objeto vem após um verbo terminado em "r", temos relativa facilidade em fazer a adaptação necessária. No entanto, quando o verbo termina em "s" ou "z", a forma correta tende a soar estranha, fato que nos induz a erro.

+ "Trazes o material para mim?" = "Traze-**lo** para mim?"
+ "Refiz o trabalho com carinho" = "Refi-**lo** com carinho"

> – Fica mesmo estranho, professor...

Eu sei, mas fica correto. E atente ao fato de que a posição da sílaba tônica do verbo não se altera quando a ele se junta o pronome. Entendeu?

> – Não tenho certeza se entendi...

Observe. Vou marcar em negrito a sílaba tônica dos verbos nas frases seguintes. Note que, quando o objeto é substituído por um pronome, a sílaba tônica não muda de lugar:

+ "Carre**gar** a mala" = "Carre**gá**-la"
+ "**Fa**zes um bom trabalho" = "**Fa**ze-lo"

> – Agora entendi. Esse não é o caso de "fi-lo porque qui-lo", que alguém disse em algum momento?

Coisa mais linda! Exatamente. Essa foi a frase dita pelo ex-presidente Jânio Quadros ao ser questionado acerca do motivo de sua renúncia, em 1961. A frase equivale a "Fiz **isso** porque quis **isso**". Como "fiz" termina em "z" e "quis", em "s", os objetos diretos assumem as formas "lo". Ainda sobre essa frase célebre, há um probleminha de colocação pronominal, mas isso fica para outro momento.

> – Português também é cultura... Agora já tenho uma informaçãozinha que pode ser usada para eu me exibir em uma mesa de bar...

Viu? ☺

Para esse fim, o português quase sempre serve.

b) Terminados em "M", "ÃO", "ÕE": se o verbo terminar em "M", "ÃO" ou "ÕE", acrescenta-se uma letra "N" antes do pronome oblíquo (que assumirá as formas "NO", "NA", "NOS", "NAS"):

- "Contrataram o rapaz" = "Contrataram-**no**"
- "Dão os presentes aos empregados" = "Dão-**nos** aos empregados"
- "Põe o livro no chão" = "Põe-**no** no chão"

> – Aqui também fica estranho, mas é mais facilzinho porque não desaparece letra nenhuma...

Exatamente.

1.6.4. ME, TE, SE, NOS e VOS: OD ou OI

Os pronomes pessoais oblíquos átonos podem ser tanto objeto direto quanto objeto indireto. Mais uma vez, adivinhe.

> – O quê?

Como faremos para saber se eles são um objeto direto ou um objeto indireto.

> – Certamente, analisaremos a regência do verbo. Caso seja um VTD, o pronome será objeto direto; por outro lado, se o verbo for VTI, ele será um objeto indireto.

Não fale assim que eu choro de emoção.

> – Pois então chore! ☺

Exatamente isso. Vamos a alguns exemplos:

- "A moça me abraçou."
  OD VTD

Na frase acima, "me" é objeto direto, porque "abraçar" é VTD: "quem abraça, abraça algo ou alguém". É um verbo que não exige preposição antes do complemento.

– Ótimo.

No entanto, pode ser um objeto indireto, caso acompanhe um verbo transitivo indireto:

+ "A moça <u>me</u> <u>obedeceu</u>."
  OI VTI

O verbo obedecer é um verbo transitivo indireto, pois "quem obedece, obedece **a** algo ou **a** alguém". Sendo assim, como o verbo exige complemento preposicionado, o pronome desempenhará função de objeto indireto.

– Certo, professor. Mas, mais uma vez, vou dizer meu medo: não saber se o verbo é VTD ou VTI...

Eu entendo o medo, mas posso dizer a você com tranquilidade que, no capítulo referente à "Regência Verbal", detalharemos muito, muito, muito a questão da transitividade dos verbos. Por ora, apenas saiba que "ME", "TE", "SE", "NOS" e "VOS" podem tanto ser objeto direto quanto objeto indireto.

1.7. Pronomes oblíquos em função reflexiva

Cabe lembrar, também, que os pronomes "ME", "TE", "SE", "NOS", "VOS" podem assumir caráter reflexivo:

– Como assim "caráter reflexivo"? O que seria?

Simples: eles podem indicar que o mesmo ser que pratica a ação também a está sofrendo. Ou seja, trata-se de uma ação reflexa: praticada pelo sujeito e também sofrida por ele.

+ "Eu <u>me</u> odeio." (eu odeio a mim mesmo)
+ "Ele <u>se</u> boicota." (ele boicota a si mesmo)
+ "Nós <u>nos</u> elogiamos." (nós elogiamos a nós mesmos)

– E sendo reflexivo ele não deixa de ser pronome oblíquo?

Não deixa, não. Nas frases acima, os pronomes seguem sendo, em termos de classificação, pronomes oblíquos átonos, mas em função reflexiva.

– Ótimo!

No capítulo que tematiza as "Vozes Verbais", haverá um estudo todo voltado para a chamada *voz reflexiva*, em que retornará o conceito de pronome reflexivo, que é fundamental para que se compreenda o funcionamento dessa voz verbal.

1.8. Pronomes de tratamento

Além dos pronomes pessoais de fato, há os pronomes de tratamento: "você", "vocês", "vossa excelência", "vossa alteza", "vossa senhoria", etc.

– E lá vem mais coisa para ter de saber...

Calma, calma, calma. ☺

Sobre os pronomes de tratamento temos de dominar, basicamente, uma informação: esses pronomes, para fins de concordância, sempre serão acompanhados por verbos na terceira pessoa.

+ "Vossa Alteza necessita de auxílio" (como se fosse "Você necessita de auxílio"). verbo na 3ª p. do singular

– Jura que é só isso?

Juro. Só isso. Nada mais. Os verbos que acompanham os pronomes de tratamento sempre ficarão na terceira pessoa. Se o pronome estiver no singular, o verbo ficará na terceira pessoa do singular:

+ "Vossa Excelência precisa / precisou / precisará de apoio."
verbo na 3ª p. do singular

Se o pronome estiver no plural, o verbo ficará na terceira pessoa do plural:

+ "Vossas Excelências precisam / precisaram / precisarão de apoio."
verbo na 3ª p. do plural

– Tenho de guardar que verbo, com o pronome de tratamento, sempre fica na terceira. Sempre na terceira. Haja o que houver, na terceira.

Isso: na terceira. ☺

2. PRONOMES DEMONSTRATIVOS

> – Demonstrativos são aqueles que se pode apontar, não é, meu professor querido?

Sim: é isso o que popularmente se diz sobre eles. ☺

Vamos primeiro a uma tabelinha com todos os pronomes demonstrativos.

PRONOMES DEMONSTRATIVOS

PESSOA	VARIÁVEIS				INVARIÁVEIS
1ª	este	esta	estes	estas	isto
2ª	esse	essa	esses	essas	isso
3ª	aquele	aquela	aqueles	aquelas	aquilo

Convém saber que, para analisar os pronomes demonstrativos, teremos de estar atentos ao tipo de situação textual com a qual estamos nos defrontando.

> – Como assim, profe? O que seria a "situação textual"?

Quero dizer que os pronomes demonstrativos podem, no texto, estar indicando várias diferentes circunstâncias: posição no espaço, posição no tempo, retomada de um elemento anterior e por aí vai. Por essa razão, vamos ter de saber qual dessas situações está colocada para podermos nos posicionar e escolher um pronome demonstrativo ou outro.

> – E o senhor vai passar por todas essas situações para nos mostrar?

Vou sim, uma por uma. Aliás, nós vamos.

2.1. Situando no espaço

Os pronomes demonstrativos podem situar os seres no espaço em relação às pessoas do discurso: a primeira pessoa (a que fala), a segunda pessoa (com quem se fala) ou a terceira pessoa (de quem se fala).

a) **"Este"**: indica proximidade à primeira pessoa.

+ "Este livro que *trago* nas mãos é excelente."

b) "Esse": indica proximidade à segunda pessoa.

+ "Esse livro que *tu carregas* custou caro?"

c) "Aquele": indica distância tanto da primeira quanto da segunda pessoa.

+ "Aquele livro que ficou *na outra sala* é péssimo."

– No espaço, então, "este" para o que está *perto de quem fala*, "esse" para o que está *perto de com quem se fala* e "aquele" *para o que está distante dos dois*?

Isso: lindo, lindo.

2.2. Situando no tempo

Aqui, o uso é um pouco menos rígido que no item anterior. Para situar em relação ao tempo, "este" é utilizado para indicar o presente ou a proximidade do presente:

+ "Este mês está terrivelmente abafado." (o mês atual)
+ "Esta noite ocorrerá a festa de Paula." (a noite atual)

Em relação ao passado e ao futuro, usa-se "esse" de modo mais comum e "aquele" de modo mais raro:

+ "Em 1789 ocorreu a Revolução Francesa. Esse ano mudou o conceito de liberdade".

– Mas qual o limite para definir se algo é próximo do presente ou distante do presente? Dias, meses, anos?

Ah, excelente questão. Quando se trata de alusões temporais, a proximidade ou o distanciamento são mais psicológicos do que cronológicos, entende? Eu costumo dar um exemplo simples: se eu digo que faz bastante tempo que algo não acontece, em quanto tempo você pensa?

– Ué, depende de que "algo" se está falando.

Exatamente. Se eu disser que "faz tempo que não pisco os olhos", isso pode dizer respeito a segundos. Se eu disser que "faz tempo que não tiro os olhos do computador", isso pode dizer respeito a horas. Se eu disser que "faz tempo que não saio de casa", isso pode dizer respeito a dias. E assim por diante. Entende?

– Entendo, sim.

Mais flexível ainda é a noção de tempo para eventos que tenham a ver com o emocional. Se alguém diz: "Faz tempo que eu não me apaixono". Em quanto tempo você pensa?

– Ah, profe, eu às vezes me apaixono mais de uma vez por dia...

Volúvel, você. ☺

Pois é: para alguém que se apaixona fácil, isso pode ser um mês; para alguém que se apaixona pouco, isso pode significar anos. Então, muitas vezes a proximidade ou o distanciamento do presente não obedecem a uma lógica propriamente cronológica.

– Entendi bem!

2.3. Referência anafórica *x* referência catafórica

Sabe o que quer dizer "anafórico" e "catafórico"?

– Profe, conheço mais de ouvir falar...

Então, vamos fazer agora uma apresentação formal entre você e os conceitos. ☺

Há referência anafórica quando se alude a algo anterior (lembre-se: <u>an</u>áfora = <u>an</u>tes); por outro lado, há referência catafórica quando se alude a algo posterior. Tranquilo?

– **An**áfora é **ant**es; e catáfora é depois. Isso?

Isso. Em relação à menção a palavras, expressões e ideias mencionadas no texto, usa-se:

a) **"Esse" / "essa" / "isso"**: em relação a algo já citado no discurso (referência anafórica).

+ "*O responsável pelo roubo segue preso.* <u>Isso</u> não pode ser esquecido."

b) **"Este" / "esta" / "isto"**: para algo que ainda será citado no discurso (referência catafórica).

+ "<u>Isto</u> não pode ser esquecido: *se tudo der errado, seremos presos.*"

– Professor amado, como eu faço para lembrar?

Pense assim: em relação ao que vem antes ou depois no texto, usa-se eSSe para aquilo que está no paSSado do texto e esTe para o que está no fuTuro do texto, entendeu?

– Profe, que legal!

Eu ou o que eu disse?

– Os dois!

Obrigado! Não esqueça: eSSe / paSSado (antes no texto); esTe / fuTuro (depois no texto).

2.4. Retomando dois distintos elementos anteriores

Eis um dos temas de pronomes demonstrativos com maior incidência em prova: na alusão a dois elementos anteriormente citados, saber em relação a qual dos dois se usa "este" e em relação a qual se usa "aquele". Alguma ideia?

– Bem, usando a mesma lógica da posição no espaço e no tempo, eu diria que se usa "este" para o mais próximo e "aquele" para o mais distante.

Muito, muito, muito, muito beeeemmmmmmm!!! Nas situações em que mais de um elemento pode ser retomado no discurso, usa-se:

a) **"este"** para retomar o mais próximo (o que foi apresentado por último); e

b) **"aquele"** para retomar o mais distante (o que foi citado primeiro):

+ "O brasileiro e *o francês* são muito diferentes: *este* tem uma história de séculos; aquele pertence a uma nação de passado curtíssimo".

Entendeu?

– Sim: "este" é o francês e "aquele" é o brasileiro.

Uma salva de palmas para você!

– Não sei se mereço, mas agradeço. ☺

2.5. Demonstrativos pouco comuns

– Professor do céu: há outros demonstrativos além de "este", "esse", "aquele" e as variantes deles?

Há, sim! No português, se formos a fundo, sempre há mais um pouquinho...

– E precisamos ir tão fundo, profe?

Não: só se quisermos acertar as questões mais difíceis...

– Então vamos, profe....

Vamos, sim! ☺

a) **"Tal"** pode ser usado como pronome demonstrativo, equivalendo a "esta", "este", "estas", "estes", "aqueles", "aquelas":

+ "Tais palavras podem ofender as pessoas" (= estas palavras).

– Ótimo.

b) **"Semelhante"**, quando anteposto ao substantivo, também assume caráter de pronome demonstrativo:

+ "De onde saiu semelhante *ideia*?" (= esta ideia).

– Somente anteposto? E posposto?

Posposto será adjetivo, equivalente a "parecido", "similar":

+ "Eu tive uma *ideia* semelhante à tua".

c) **"O", "A", "OS" e "AS":** serão pronomes demonstrativos quando substituírem um substantivo, evitando sua repetição.

– Mas quando é que isso ocorre?

Isso ocorrerá geralmente antes de "que" e "de":

+ "Não comprei o livro daquele escritor; preferi comprar o de Machado de Assis".

O primeiro "o" que aparece na frase é um artigo definido antecedendo o substantivo "livro". Já na segunda ocorrência, em que o "o" está sublinhado, ele é pronome demonstrativo, substituindo a ocorrência do termo "livro", com a estrutura equivalendo a "comprei aquele de Machado de Assis".

– Achei mais difícil que os outros.

E é mais difícil mesmo. A situação em que mais aparece esse "o", entretanto, é na famosa expressão "o que":

+ "O que ela disse me fez refletir bastante."
pron. dem.

Na frase acima, "o" equivale a "aquilo": "aquilo que ela disse".

– Perfeito.

d) **"O":** também será pronome demonstrativo quando substituir um segmento ou todo um período anterior, situação em que equivalerá a "isso":

+ "Ele achava que eu conhecia os detalhes da história, mas eu não **o** sabia" (= eu não sabia isso);
pron. dem.

+ "O homem pediu para eu listar todos os alunos presentes, mas eu não **o** fiz" (= eu não fiz isso).
pron. dem.

– Quanta coisa nova, meu Deus do céu!

E virão outras, e outras, e outras! Prepare-se e sigamos! ☺

3. PRONOMES RELATIVOS

Agora é o seguinte: chegamos a um grupo de pronomes em relação aos quais temos de saber tudo, tudo, tudo, tudo.

– Temos de saber até o menos importante?

Essa é a questão: não há o "menos importante" nos pronomes relativos. Eles são importantes elementos de coesão e retomada, eles têm usos particulares (há situações em que se pode usar um, mas não se pode usar outro relativo), eles introduzem as orações subordinadas adjetivas, eles desempenham sempre uma função sintática, enfim: eles são absurdamente importantes e têm de ser dominados sem lacunas, sem dúvidas, sem inseguranças.

– Ok, professor, o senhor foi bem convincente na sua argumentação!

Era o que eu esperava! ☺

Primeiro vamos à tabelinha de pronomes demonstrativos.

PRONOMES RELATIVOS

VARIÁVEIS				INVARIÁVEIS
cujo	cuja	cujos	cujas	que
quanto	quanta	quantos	quantas	quem
o qual	a qual	os quais	as quais	onde
				como
				quando

3.1. Características básicas dos pronomes relativos

a) Eles retomam elementos anteriores

– Sempre?

Sempre, sempre: um pronome relativo é sempre um pronome de retomada. Por isso ele se chama "relativo", porque estabelece uma *relação*:

+ "Eu adoro a *garota* **que** chegou." ("que" retoma "garota")
  pron. relativo

+ "Visitamos a *cidade* **onde** nasceste." ("onde" retoma "cidade")
  pron. relativo

b) Eles introduzem orações subordinadas adjetivas

– Sempre?

Sempre, sempre: a presença de um pronome relativo indica, necessariamente, a presença de uma oração subordinada adjetiva:

pronome relativo
↓
+ "Eu adoro a garota **que chegou**."
  or. sub. adjetiva

pronome relativo
↓
+ "Visitamos a cidade **onde** nasceste."
or. sub. adjetiva

– Estou acompanhando bem o raciocínio.

Que ótimo!

c) Eles desempenham uma função sintática

– Eu imagino que sempre...

Sim, sempre. As funções sintáticas a serem desempenhadas por um pronome relativo são várias possíveis, e as estudaremos em momento oportuno. Por ora, saiba que o pronome relativo TEM uma função sintática.

sujeito
↓
+ "Eu beijei a garota **que** adoro livros." (**"que" = sujeito da oração adjetiva**)

OD
↓
+ "O sapato **que** eu comprei é lindo." (**"que" é objeto direto da oração adjetiva**)

– Acho que eu não entendi por que os pronomes são sujeito e objeto direto nas frases acima...

Ok. Não tem problema: no momento adequado, logo em seguida (ainda neste capítulo), estudaremos isso e você saberá. Agora basta guardar que os pronomes relativos terão uma função sintática.

3.2. Uso dos pronomes relativos

– O que seriam os usos dos pronomes relativos, professor?

Os usos são as situações em que se pode (e em que não se pode) usar determinado pronome relativo. Em certas situações, caberá somente o pronome "cujo"; em outras caberão tanto "que" quanto "o qual"; em outras caberá "em que", mas não caberá "onde"; e assim por diante.

– Bastante coisa, então.

Bastante. Vamos aos usos.

a) QUE: será pronome relativo quando equivaler a "o qual", "a qual", "os quais", "as quais"; o pronome relativo "que" é de uso amplo e irrestrito, podendo ser utilizado para retomar pessoas, coisas ou lugares:

+ "O *homem* que se dirigiu a mim era deseducado." (= o qual / retoma a pessoa "homem")

+ "O *sapato* que eu comprei parecia cômodo." (= o qual / retoma a coisa "sapato")

+ "O *bairro* que visitei era pobre." (= o qual / retoma o lugar "bairro")

Tranquilo?

– Até aqui tranquilo, profe.

Que bom. Vamos adiante então.

b) O QUAL: o pronome relativo "o qual" também pode ser usado tanto para pessoas quanto para coisas e lugares, ou seja, também é de uso amplo e pode substituir o "que":

+ "*A moça*, a qual estava linda, saiu furiosa." ("a qual" retoma "moça")

+ "*O proprietário*, o qual é riquíssimo, trata mal os funcionários." ("o qual" retoma "proprietário")

+ "*A casa*, a qual vive cercada de assaltantes, é segura." ("a qual" retoma "casa")

Até aqui tudo bem calmo, não?

– Sim, profe: tanto "que" quanto "o qual" podem ser usados para pessoas E coisas E lugares e podem ser, via de regra, substituídos um pelo outro.

Exatamente. Agora vêm as particularidades.

– Eu já estava me preparando para o pior...

Que bom! ☺

c) QUEM: o pronome relativo "quem" somente pode ser usado para retomar pessoas e sempre será antecedido por preposição:

+ "A *aluna* a quem me dirigi foi simpática." ("quem" retoma "aluna" e é antecedido pela preposição "a")

– Ok: "quem" se usa somente para pessoas. Mas me surgiu uma dúvida: para pessoas somente pode se usar "quem"? Ou ele pode ser substituído por "que" e "o qual"?

Excelente pergunta!

– Obrigado, professor: elogio seu é que nem passagem do cometa Halley, de décadas em décadas...

De nada! ☺ Falando em cometa Halley, ele passou em 1986 e volta a passar em 2061...

– Tomara que estejamos aqui, profe!

Estaremos. ☺

Retornando ao pronome que estamos analisando, funciona assim: "quem" somente pode ser usado para pessoas, e "que" e "o qual" podem ser usados *também* para pessoas. Ou seja: tanto "que" quanto "o qual" podem substituir adequadamente "quem":

+ "*O homem* a quem / a que / ao qual contei o segredo me traiu."

As três formas sublinhadas estão corretas. Entendeu?

– Entendi sim: "quem" somente pode ser usado para pessoas, e "que" e "o qual", que são de uso amplo, podem substituir o "quem".

Exatamente!

d) ONDE: o pronome relativo "onde" somente pode ser usado com valor locativo (em relação a lugar, preferencialmente geográfico):

+ "*O bairro* onde nasci está muito diferente." ("onde" retoma o lugar "bairro").

– E assim como no caso do "quem" quando retoma pessoas, também o "onde" quando retoma lugar pode ser substituído por "que" e "o qual"?

Sim, com um detalhe: "onde" é usado com verbos que exigem preposição "em". Por esse motivo, se formos substituir "onde" por "que" ou "o qual", a preposição "em" antecederá o pronome relativo substituto:

+ "*O bairro* onde / em que / no qual nasci está muito diferente".

– Interessante, professor!

Que bom que achou. ☺

e) **CUJO:** o pronome relativo "cujo" é de uso bem mais específico, porque somente pode ser usado se obedecer a dois pré-requisitos:

→ ligar dois substantivos; e

→ estabelecer entre eles relação de posse (de modo que o segundo seja DO primeiro).

– Profe, esse é difícil mesmo... Na fala nunca uso, e se cair em prova morro de medo de errar também...

Calma, pessoa, calma. ☺

De fato, é mais complexo que os outros, mas está longe de ser incompreensível. Vamos devagar e sempre. Vejamos:

DO

+ "*O homem* cujo *filho* foi preso está desesperado".

Nessa frase, o pronome "cujo" liga os substantivos "homem" e "filho". Além disso, há entre ambos relação de posse, pois o "filho" é DO "homem". Trata-se, portanto, de um caso em que se pode usar o pronome relativo "cujo".

– Profe, e se ligasse dois substantivos, por exemplo, e não tivesse ideia de posse?

Aí não caberia o "cujo". Quer ver?

~~DO~~

+ "O golfinho cujo biólogo capturou estava ferido."

Certo ou errado, nessa frase, o uso do pronome?

– Errado.

Muito bem. Por quê?

– Porque liga dois substantivos, mas "o biólogo" não é DO "golfinho". Então, não há relação de posse.

Muuuitoooo bem! Exatamente isso. A frase certa, nesse caso, seria a seguinte:

+ "*O golfinho* que o biólogo capturou estava ferido."

Vamos a mais algumas frases em que "cujo" é corretamente utilizado.

DO

+ "Ficou lindo *o prédio* cuja *fachada* foi reformada."

~~DAS~~

+ "Ele admirava *as mulheres* cujas *obras* permaneciam atuais."

f) COMO: o termo "como" será pronome relativo quando for antecedido por termos como "forma', "jeito", "modo" e "maneira", que ele retomará:

+ "Eu não gostei da *forma* como ele me tratou." ("como" retoma o termo "forma")

– Só é pronome relativo se retomar uma dessas palavras?

Isso.

– E se o "como" não for pronome relativo será o quê?

Bem, daí poderá ser muitas coisas, que irão surgindo e serão mostradas em momento adequado. Por ora, aprenda a reconhecer que ele é um pronome relativo quando retomar uma dessas palavras.

g) QUANDO: o termo "quando" será pronome relativo se retomar expressão temporal:

+ "Na *época* quando nos conhecemos, eu era feliz." ("quando" retoma o termo "época")

– Ok: só se retomar expressão de tempo. Se não for isso, pode ser um monte de outras coisas que não vou nem perguntar agora quais são e que o senhor vai explicar no momento certo. Isso?

Bem isso. ☺

Esses são os usos dos pronomes relativos. Vamos retomar?

– Vamos.

Então me diga quais são os usos de cada um deles.

– "Que" e "o qual" podem ser usados amplamente; "quem" só com pessoa; "onde" só com lugar; "cujo" quando ligar substantivos e tiver relação de posse; "como" com "forma", "jeito", "modo" e "maneira"; e "quando" retomando lugar!

Co-mo-ven-te!

– Modéstia à parte, acho que, nesse caso, mereço a comoção, profe... ☺

Merece, sim!

h) QUANTO: o termo "quanto" será pronome relativo quando retornar o termo "tudo".

+ "Eu odeio *tudo* **quanto** ele diz." ("quanto" retoma o termo "tudo")

– Somente nessa situaçãozinha, profe? Fácil assim?

Isso mesmo: fácil assim. É, de todos, talvez o mais simples de lembrar, embora seja pouco usual citar que o "quanto" pode, sim, ser pronome relativo.

3.3. Função sintática da oração adjetiva

– Agora vamos falar da função sintática do pronome relativo?

Não! Ainda não. Quando se estudam os pronomes relativos, há duas questões que envolvem funções sintáticas que têm de ser absolutamente sabidas:

a) o pronome relativo sempre tem uma função sintática;

b) além disso, a oração adjetiva também sempre tem uma função sintática.

– Ah, eu não acredito... Eu não estava com disposição emocional para lidar duas vezes com funções sintáticas só dentro dos pronomes relativos...

Eu superentendo. Mas mantenha a calma que essa primeira parte é fácil: a oração adjetiva, em sua totalidade, *sempre* desempenhará função sintática de adjunto adnominal. Isso é algo que deve ser decorado e estar sempre à disposição na memória. Entendeu?

– Entendi.

Então me diga qual a função sintática de uma oração adjetiva em sua totalidade.

– Adjunto adnominal.

De novo.

– Adjunto adnominal.

Qual a função sintática de uma oração adjetiva?

– Adjunto adnominal.

Isso. Aprenda. Decore. Guarde.

– Posso perguntar por quê?

Por que guardar a informação?

– Não. Por que é sempre adjunto adnominal?

Pode. Pode, sim. Uma vez que as orações adjetivas são orações que desempenham o papel geralmente desempenhado pelos adjetivos, a função sintática delas vai ser a função sintática habitual dos adjetivos: adjunto adnominal.

Na maioria das vezes, inclusive, conseguimos substituir a oração adjetiva por um adjetivo 100% equivalente à oração adjetiva ou com sentido próximo ao dela. Quer ver?

+ "O rapaz que come em excesso teve uma doença." (= comilão)
  Or. sub. adj. = adjunto adnominal

+ "A moça que se arruma bastante para ir a festas estava linda." (=vaidosa)
Or. sub. adj. = adjunto adnominal

+ "O país, que tem dimensões continentais, está exposto ao vírus." (= imenso)
Or. sub. adj. = adjunto adnominal

Captou?

– Captei bem, professor! Gostei muito da explicação!

Obrigado pelo elogio! Antes tarde do que nunca! ☺

3.4. Função sintática do pronome relativo

– O senhor disse que a oração adjetiva INTEIRA é sempre adjunto adnominal. E o pronome relativo?

Agora começamos a parte mais dificilzinha. O pronome relativo, conforme já dito e redito, sempre desempenhará uma função sintática. Acontece que a função sintática não será sempre a mesma: o pronome relativo poderá desempenhar várias diferentes funções.

– Mas dê ao menos uma pista, professor...

Não vou dar uma pista: vou dar a explicação inteira. A função sintática do pronome relativo será a mesma função que o elemento por ele retomado teria caso tal termo estivesse dentro da oração adjetiva.

– Profe, não registrei...

Então vamos de novo: a função sintática do pronome relativo é a mesma função que o elemento que ele retoma teria dentro da oração adjetiva. Entendeu?

– Mais ou menos...

Então vamos à prática. Vejamos a frase abaixo:

+ "O *homem* que eu cumprimentei veio até mim".
Or. sub. adjetiva

O pronome relativo "que" retoma o substantivo "homem". Caso esse substantivo estivesse dentro da oração adjetiva, teríamos a seguinte estrutura:

+ "O homem eu cumprimentei."

Entendeu?

– Acho que comecei a entender. Siga.

Sigo. Em ordem direta, resultaria a estrutura abaixo:

+ "Eu cumprimentei o homem."
  Suj. VTD OD

Ou seja, a função sintática de "homem" seria objeto direto: essa é, portanto, a função sintática que, dentro da oração adjetiva, desempenha o pronome relativo.

– Entendi, professor. Mas é um trajeto longo até chegar a essa função...

É sim.

Siga a seguinte ordem:

a) Isole a oração adjetiva. Isole mesmo. Desconsidere a outra oração.

b) Substitua o pronome relativo pelo elemento que ele retoma.

c) Coloque os elementos da frase resultante em ordem.

d) Descubra a função sintática do elemento que o pronome retoma. Essa será a função sintática do pronome relativo.

– Pode dar mais um exemplo?

Mais um não. Mais alguns. Vamos a eles.

Exemplo 1:

+ "Eu xinguei o *rapaz* que furou a fila."

O pronome relativo "que" retoma "o rapaz" Agora vamos aos passos.

a) Isole a oração adjetiva. Isole mesmo. Desconsidere a outra oração. O que resta?

+ "Que furou a fila".

b) Substitua o pronome relativo pelo elemento que ele retoma:

+ "O rapaz furou a fila".

c) Coloque os elementos da frase em ordem:

+ "O rapaz furou a fila" (já estavam em ordem).

d) Descubra a função sintática do elemento que o pronome retoma. Essa será a função sintática do pronome relativo:

+ "O rapaz furou a fila."
  Suj. VTD OD

Como o elemento que o pronome relativo retoma desempenharia a função sintática de sujeito dentro da oração adjetiva, essa é a função do pronome.

Conseguiu acompanhar o raciocínio?

– Consegui, professor. Mas o senhor acha que eu consigo fazer isso tudo?

Claro que sim. Quer ver? Vamos lá.

Exemplo 2:

+ "Minha mãe adorou o sapato **que** eu comprei."

O pronome "que" retoma "o sapato". Agora faça você cada um dos passos.

a) Isole a oração adjetiva. Isole mesmo. Desconsidere a outra oração.

– "Que eu comprei."

b) Substitua o pronome relativo pelo elemento que ele retoma.

– "O sapato eu comprei."

c) Coloque os elementos da frase em ordem.

– "Eu comprei o sapato."

d) Descubra a função sintática do elemento que o pronome retoma. Essa será a função sintática do pronome relativo.

– "Eu comprei o sapato".
  Suj. VTD OD

Qual é, então, a função sintática do pronome relativo?

– Objeto direto, porque essa seria a função desempenhada por "o sapato", que é a estrutura retomada.

Lindo! Viu? Exatamente assim é o procedimento. Sempre.

– Profe, mas me diga uma coisa: se eu não souber bem as funções sintáticas eu não tenho como descobrir essa função do pronome relativo, certo?

Certo. Para descobrirmos as funções do pronome relativo, temos de saber bem funções sintáticas, que é uma matéria que vem logo adiante e que será superdetalhada no nosso estudo.

– Ufa! Professor, o senhor é um pai pra mim.

E uma mãe, se precisar. ☺

3.5. A preposição e os pronomes relativos

Por último, vem uma informação não menos importante: os pronomes relativos podem ser antecedidos por uma preposição.

– Sério, professor?

Bem sério.

– Mas quando há preposição antes do pronome relativo? De onde ela vem?

Para que haja preposição antes do pronome relativo, deve haver um verbo ou nome *posterior ao pronome relativo* (e dentro da oração adjetiva) que a exija. De novo: o termo que exige preposição deverá estar, necessariamente, *dentro da oração* adjetiva e deverá vir, necessariamente, *depois do pronome relativo.* Deve estar onde?

– Dentro da oração adjetiva.

E deverá vir de que lugar?

– De depois do pronome relativo.

Muito bem.

– Ai, profe, é complexo...

É, mas dá pra entender. Venha comigo. Vejamos:

- "O auxílio **de** que eu precisava acaba de ser negado."
  Or. sub. adjetiva

Nesse caso, há preposição "de" antecedendo o pronome relativo porque tal preposição é exigida pelo verbo "precisar". Se substituíssemos o pronome relativo pelo termo que ele substitui, teríamos, dentro da adjetiva, a seguinte estrutura: "Eu precisava de auxílio".

– Enxerguei bem, professor.

Ótimo. Por isso, ocorrem construções como as seguintes:

- "A mulher **com** que eu me casei era espetacular." (= eu me casei **com** a mulher)
  Or. sub. adjetiva

- "O assunto **sobre** o qual discutimos era grave." (= discutimos **sobre** o assunto)
  Or. sub. adjetiva

- "A desigualdade **contra** a qual luto se mantém." (= luto **contra** a desigualdade)
  Or. sub. adjetiva

- "O filme a que Ana assistiu é bom." (= Ana assistiu **ao** filme)
  Or. sub. adjetiva

Entendido?

– Entendido, profe! Não é tão difícil!

Isso, não é! Acostume-se a ver a necessidade de preposição antes do pronome relativo, porque a ausência dela, quando é exigida, deixa a frase gramaticalmente incorreta. E a preposição pode ocorrer antes de qualquer pronome relativo.

- "A cidade de onde viemos é linda." (= viemos **da** cidade)
  Or. sub. adjetiva

+ "A moça com quem conversamos adorava cinema." (= conversamos **com** a moça) Or. sub. adjetiva

– Ótimo.

4. PRONOMES POSSESSIVOS

– São os que indicam posse, profe?

Olhe, eu me nego a responder. ☺

– Não seja mau, professor...

Certo. Desculpe. ☺

Vamos à tabelinha:

PRONOMES POSSESSIVOS

POSSUIDOR	OBJETO POSSUÍDO		OBJETOS POSSUÍDOS	
	UM	UMA	MAIS DE UM	MAIS DE UMA
1ª sing.	meu	minha	meus	minhas
2ª sing.	teu	tua	teus	tuas
3ª sing.	seu	sua	seus	suas
1ª plural	nosso	nossa	nossos	nossas
2ª plural	vosso	vossa	vossos	vossas
3ª plural	seu	sua	seus	suas

De todos os grupos de pronomes, esse é o mais curto e o mais fácil.

– Promete?

Prometo.

O mais importante no que diz respeito ao uso dos pronomes possessivos é percebermos que, em algumas situações, eles podem deixar a frase ambígua:

+ "A juíza entregou à estagiária o seu dinheiro." (dinheiro da juíza ou da estagiária?)

– E?

"E" o quê?

– Que se faz em uma situação dessas para saber de quem é o dinheiro?

Ou se reconhece que a frase é ambígua (essa pode ser a pergunta da prova), ou se vê pelo contexto quem é o possuidor. Tem alguma ideia do motivo pelo qual ocorrem essas ambiguidades no uso dos pronomes possessivos?

– Nenhuma.

Isso ocorre porque o pronome possessivo não concorda com o possuidor, e sim com a coisa possuída.

– Explique-se...

Olhe a frase abaixo.

+ "Ana experimentou seu vestido."
pronome possessivo

Com qual elemento o pronome possessivo "seu" está concordando?

– Com "vestido".

Sim, e não com "Ana". Por isso temos dificuldade de saber quem é o *possuidor*. Note que, se mudamos de gênero ou número o elemento possuído, o possessivo vai variando para concordar com ele.

+ "Ana experimentou sua saia."
pronome possessivo

+ "Ana experimentou seus sapatos."
pronome possessivo

+ "Ana experimentou suas sandálias."
pronome possessivo

Por isso a ambiguidade tantas vezes se faz presente: porque o pronome não concorda com o possuidor.

– Entendi.

De fundamental, nos pronomes possessivos, é isso. Acredite.

– Alegria! Devo apenas me lembrar de verificar se não se trata de frase ambígua.

5. PRONOMES INDEFINIDOS

São pronomes que se referem à terceira pessoa do discurso, considerando-a de modo vago, impreciso, indeterminado.

– Então eles são chamados de indefinidos porque não definem com precisão o elemento a que se referem?

Isso, isso, isso. Simples assim. ☺

Vamos à tabela.

PRONOMES INDEFINIDOS

VARIÁVEIS				INVARIÁVEIS
SINGULAR		PLURAL		
MASCULINO	FEMININO	MASCULINO	FEMININO	
algum	alguma	alguns	algumas	alguém
nenhum	nenhuma	nenhuns	nenhumas	algo
todo	toda	todos	todas	ninguém
outro	outra	outros	outras	nada
		vários	várias	tudo
certo	certa	certos	certas	cada
pouco	pouca	poucos	poucas	outrem
muito	muita	muitos	muitas	mais
tanto	tanta	tantos	tantas	menos
quanto	quanta	quantos	quantas	quem
um	uma	uns	umas	
bastante		Bastantes		
qualquer		quaisquer		

Há, entre os pronomes indefinidos, certas particularidades que convém saber.

– Vamos a elas, suponho.

Vamos, sim.

5.1. Algum

O pronome "algum" muda radicalmente de sentido quando aparece anteposto ou posposto a um substantivo. Compare as duas frases abaixo.

- "Eu tenho algum *dinheiro*." (anteposto)
- "Não tenho *dinheiro* algum." (posposto)

Nota a diferença? Qual é?

– Creio que sim. Na primeira frase há dinheiro; na segunda, não há.

Isso. Bem assim. Temos sentidos, portanto, completamente díspares.

5.2. Certo

O termo "certo" será pronome indefinido quando anteposto ao substantivo; se estiver posposto ao substantivo, será adjetivo, sinônimo de "correto", "adequado":

- "Certos *homens* não merecem a confiança dos demais." (anteposto)
  pron. indef.

Como você interpretaria essa frase?

– "Alguns homens"?

Exatamente. Então, é pronome indefinido, assim como seria "alguns", caso a frase fosse escrita com esse pronome.

- "Os *homens* certos terminarão aparecendo."

E aqui?

– "Os homens corretos", "os homens adequados". Algo assim, não?

Algo bem assim, ou melhor, isso mesmo. Essa é outra distinção importante.

5.3. Demais

O termo "demais" pode assumir valor de pronome indefinido quando, substituir o vocábulo "outros":

+ "Alguns professores estarão de plantão; os demais estão dispensados."
pron. indef.

Nessa frase equivale a "os outros", portanto é pronome indefinido.

– Professor, tudo, tudo, tudo o que o senhor falou até agora para mim faz muito sentido, mas muito mesmo. No entanto, eram coisas que eu posso afirmar, quase com certeza, que, até agora, eu não sabia...

Então, vamos nos esforçar para ir organizando no cérebro essas informações, porque é com elas organizadas e compreendidas que tudo fará cada vez mais sentido.

5.4. Cada + substantivo / um / qual

Aqui, uma informação talvez estranha: o pronome "cada" somente pode ser utilizado de modo gramaticalmente correto acompanhando substantivos ou fazendo parte das expressões "cada um" e "cada qual":

+ "Cada homem guardará as suas roupas."
+ "Os livros custavam dez reais cada um."
+ "Cada qual cuidará da sua roupa."

– E qual é o uso que não pode?

O que não pode é o emprego do pronome "cada" isolado, comum na linguagem falada:

+ "Os livros custaram dez reais cada." (frase errada)

Essa frase é considerada gramaticalmente incorreta. Havia um ditado que se falava na minha casa, que era "cada um com seu cada qual", que queria dizer que cada um deveria cuidar da sua própria vida, em linhas gerais.

– E os dois usos do "cada" estão corretos no ditado...

Exato!

5.5. Um

O vocábulo "um" será pronome indefinido especificamente na situação em que vier em oposição a "outro":

+ "Um correu para dentro do mato; o *outro* foi preso pela polícia."
pron. indef.

– Só nesse casinho? Só, só?

Só. Mas não o subestime. Quase ninguém sabe que existe essa classificação para esse vocábulo.

– Prometo, profe.

Acreditarei.

5.6. Tanto / muito / pouco / mais / menos / bastante

As palavras "tanto", "muito", "pouco", "mais", "menos" e "bastante" serão pronomes indefinidos quando estiverem acompanhando substantivos e os quantificando:

substantivo
↓
+ "Sinto tanto *amor* por ele."
pron. indef.

substantivo
↓
+ "Havia pouco *homem* na festa."
pron. indef.

Ok?

– Ok.

Posso dizer uma coisa?

– Deve.

Mesmo que você esteja achando isso fácil aqui, neste momento, isso não é fácil. E vou explicar por que isso não é fácil: todas essas palavras podem ser tanto pronomes indefinidos quanto advérbios.

– Mesmo?

Mesmo. E arrisco dizer que há uma tendência muito maior, quando qualquer uma delas está no singular, de considerá-las advérbios, e não pronomes indefinidos.

– Como eu faço para saber?

Você vai ter de observar qual é a classe da palavra com a qual o termo está se relacionando. Se qualquer um desses termos (tanto / muito / pouco / mais / menos / bastante) estiver se relacionando com um substantivo, ele vai ser um pronome indefinido.

- "Eu nunca comi tanto *chocolate*." (tanto = pron. indef.; chocolate = substantivo)
- "Muito *policial* desconhece a lei." (Muito = pron. indef.; policial = substantivo)
- "Há pouco *leite*." (pouco = pron. indef.; leite = substantivo)
- "Bastante *dinheiro* foi impresso em um único dia." (Bastante = pron. indef.; dinheiro = substantivo)
- "Mais *homens* saíram às ruas." (Mais = pron. indef.; homens = substantivo)
- "Eu tenho menos *dinheiro* hoje." (menos = pron. indef.; dinheiro = substantivo)

Compreendeu?

– Profe, compreendi. Mas me diga honestamente se o senhor acha que, na tensão de uma prova, eu teria paz de espírito para reconhecer "mais" e "menos" como pronomes... Os outros ainda vá, mas esses dois, seria muito difícil...

Mas é claro que eu acho que você reconheceria. Se antes não, agora sim. Apareceu uma dessas palavras? Então olhe para quem ela está acompanhando.

– E quando será advérbio?

Quando estiver acompanhando (e modificando) um verbo, um adjetivo ou um advérbio.

verbo
↓
+ "Eles *comeram* tanto que passaram mal."
advérbio

adjetivo
↓
+ "O rapaz parecia muito *cansado.*"
advérbio

adjetivo
↓
+ "Ele estava pouco *eufórico* para quem ganhou um prêmio literário."
advérbio

advérbio
↓
+ "Paulo demitiu o funcionário bastante *rapidamente.*"
advérbio

adjetivo
↓
+ "Ela está a cada dia mais *bonita.*"
advérbio

adjetivo
↓
+ "Quero os mamões menos *maduros.*"
advérbio

Viu? É questão de olhar para quem acompanha e tomar a decisão na classificação.

– Juro que vou fazer isso, professor.

E eu garanto que você vai conseguir. ☺

6. PRONOMES INTERROGATIVOS

Os pronomes interrogativos são os responsáveis pelo questionamento em frases interrogativas.

– São muitos?

Não! Bem pouquinhos. Sendo mais exato, só quatro: "que", "quem", "qual" e "quanto" (com os seus respectivos femininos e plurais: "quais", "quanta", "quantos", "quantas"). Vamos à tabelinha:

PRONOMES INTERROGATIVOS			
que	quem	qual / quais	quanto / quanta / quantos / quantas

+ "Que fazes aqui?"
  pron. int.
+ "Quem chegou atrasado ao evento?"
  pron. int.
+ "Quantos anos ela tem?"
  pron. int.
+ "Qual a duração de um período naquela escola?"
  pron. int.

– Só isso, professor? São essas quatro palavras quando introduzirem interrogações?

Sim! Vale também lembrar que os pronomes interrogativos podem ser regidos por preposições:

+ "De que personagem gostaste mais?"
+ "Por quais livros devemos começar o estudo?"

– Tranquilo.

Quanto aos interrogativos, há um detalhezinho: cuide, porque uma interrogação pode ser direta ou indireta.

– Ah, é? E qual é a diferença entre a direta e a indireta?

A interrogação direta é aquela que termina em um ponto de interrogação, ou seja, é o que costumamos chamar sempre de frase interrogativa, como a abaixo:

+ "Quem construirá a ponte?"

Já a interrogação indireta tem algumas características particulares, que vamos aprender agora:

→ ocorre sempre em período composto;
→ a questão a ser respondida está contida na segunda oração;
→ o verbo da primeira oração expressa desconhecimento ou desejo de informação;
→ na interrogação indireta, a frase termina em ponto final.

– Tudo isso o senhor quer que eu saiba?

E-xa-ta-men-te. Mas tenho uma notícia boa: você vai saber. Tenho certeza. Vamos ver a frase abaixo:

+ "Eu perguntei quem construiria a ponte".

Enxerga todas as características citadas?

→ ocorre em período composto (Eu perguntei / quem construiria a ponte);

→ a questão a ser respondida está contida na segunda oração (quem vai construir a ponte?);

→ o verbo da primeira oração expressa desconhecimento ou desejo de informação (perguntar);

→ além disso, a frase termina em ponto final.

– Perfeito, professor querido e paciente.

Ótimo. ☺

– Profe, eu não poderia dizer que é uma frase aparentemente afirmativa na qual está embutida uma pergunta?

Sim! Esse é um excelente caminho. Mas, se por acaso surgir dúvida, pense nas características acima (período composto, questionamento na segunda oração, verbo que exprime desconhecimento ou desejo de saber).

Agora me dê mais um exemplo para fecharmos os pronomes!

– Todos queriam saber quais seriam as questões da prova!

Nota... DEEEEZZZZZZZ!

– Fechadíssimo!

7. QUADRO-SÍNTESE

I. Pessoais:

PRONOMES PESSOAIS

PESSOA	CASO RETO	CASO OBLÍQUO	
		ÁTONO	TÔNICO
1ª sing.	eu	me	mim, comigo
2ª sing.	tu	te	ti, contigo
3ª sing.	ele, ela (você)	se, o, a, lhe	si, consigo, ele, ela
1ª plural	nós	nos	nós, conosco
2ª plural	vós	vos	vós, convosco
3ª plural	eles, elas (vocês)	se, os, as, lhes	si, consigo, eles, elas

USO DE RETOS E OBLÍQUOS

Retos (sujeito e predicativo)	**Eu** venderei os bens. (sujeito)
Oblíquos (demais funções)	Ele revelou o plano **a mim**. (OI)

Uso de átonos e tônicos	
Átonos (sem prep. / colado ao verbo)	A moça viu-**me**. O fato **se** revelou.
Tônicos (com prep. / deslocável)	**A mim** o rapaz entregou os relógios.

Para eu / tu *x* para mim / ti	
Para eu / tu (sujeito de verbo no infinitivo)	Ela pediu para **eu** *cantar*. (sujeito)
Para mim / ti (não sujeito)	Ela pediu dinheiro para mim. (OI)

Conosco *x* com nós	
Conosco (sem determinante)	Paulo jantará **conosco**.
Com nós (com determinante)	Paulo jantará **com nós** *dois*.

Os pronomes de terceira pessoa	
Objeto indireto (lhe, lhes)	A moça **lhe** obedecia.
Objeto direto (o, a, os, as)	O homem **o** abraçou.
lo, la, los, las / no, na, nos, nas (OD)	Contratá-**lo**. Roubaram-**na**.

Pronomes "me", "te", "se", "nos" e "vos"	
Objeto direto (em lugar de OD)	A moça **me** escutava. (OD)
Objeto indireto (em lugar de OI)	O rapaz **me** deu o presente. (OI)

Pronomes reflexivos e de tratamento	
Reflexivo (indica que sujeito sofre a ação)	A moça **se** olhava no espelho.
Tratamento	**Vossa Excelência** respeita as normas.

II. Demonstrativos:

PRONOMES DEMONSTRATIVOS

PESSOA	VARIÁVEIS				INVARIÁVEIS
1ª	este	esta	estes	estas	isto
2ª	esse	essa	esses	essas	isso
3ª	aquele	aquela	aqueles	aquelas	aquilo

No espaço	
Este (próximo ao falante)	**Este** casaco que *estou usando* é quente.
Esse (próximo ao interlocutor)	**Esse** casaco que *vestes* parece quente.
Aquele (distante dos dois)	**Aquele casaco** que *vimos na loja* era caro.

No tempo	
Presente	**Esta** noite tenho um jantar especial.
Passado ou futuro	Há vinte anos mamãe faleceu. **Essa** data é inesquecível.

Anafórico e catafórico	
Anafórico (alude ao que vem antes)	Ela tem *fome*: **isso** a incomoda.
Catafórico (alude ao que vem depois)	**Isto** a incomoda: a *fome*.

Retomando dois elementos anteriores	
Este (mais próximo) **Aquele** (mais distante)	Tenho *um filho* e **uma filha: esta** é calma; *aquele* é ansioso.

III. Relativos:

PRONOMES RELATIVOS

VARIÁVEIS				INVARIÁVEIS
cujo	cuja	cujos	cujas	que
quanto	quanta	quantos	quantas	quem
o qual	a qual	os quais	as quais	onde
–				como
				quando

Característica	
Introduzem orações adjetivas	A moça **que** encontrei estava bêbada.

Uso dos pronomes relativos	
Que (uso amplo e irrestrito)	Vi o *homem* **que** veio e a estante **que** chegou.
O qual / a qual (uso amplo e irrestrito)	A *cidade*, **a qual** está cercada, resiste.
Cujo (posse / liga substantivos)	Adoro o homem **cuja** ética é firme.
Onde (retoma lugar)	A cidade **onde** nasci segue linda.
Quem (retoma pessoa e é preposicionado)	A *aluna* **a quem** fiz a pergunta estava séria.
Como (retoma "forma", "jeito", "modo", etc.)	Amo a *forma* **como** ele age nesses casos.
Quando (retoma expressão temporal)	Recordo a *época* **quando** nos conhecemos.
Quanto (retoma "tudo")	Nós vendemos tudo **quanto** compramos.

Função sintática da oração adjetiva	
Adjunto adnominal (sempre)	O livro que li sumiu. (A. Adn.) A Terra, a qual é limitada, corre riscos. (A. Adn.)

Função sintática do pronome relativo	
Função que o elemento que ele retoma *teria* dentro da oração adjetiva.	Eu vi a mulher **que** sorria. (Sujeito) Eu vi o sapato **que** tu compraste. (OD) Eu vi a caneta de **que** precisamos. (OI)

Preposição + pronome relativo	
Prep. é exigida por elemento posterior ao pronome, que está dentro da adjetiva.	Este é o filme a que *assistimos*. Trouxeste o dinheiro **de** que *necessito*. Adorei a moça **com** quem *conversamos*.

IV. Possessivos:

PRONOMES POSSESSIVOS

POSSUIDOR	OBJETO POSSUÍDO		OBJETOS POSSUÍDOS	
	Um	**Uma**	**Mais de um**	**Mais de uma**
1ª sing.	meu	minha	meus	minhas
2ª sing.	teu	tua	teus	tuas
3ª sing.	seu	sua	seus	suas
1ª plural	nosso	nossa	nossos	nossas

2ª plural	vosso	vossa	vossos	vossas
3ª plural	seu	sua	seus	suas

A questão da ambiguidade	
Cuidado com o duplo sentido	Ana entregará ao rapaz **seu** relógio. (de quem?)

V. Indefinidos:

PRONOMES INDEFINIDOS				
VARIÁVEIS				**INVARIÁVEIS**
Singular		**Plural**		
Masculino	**Feminino**	**Masculino**	**Feminino**	
algum	alguma	alguns	algumas	alguém
nenhum	nenhuma	nenhuns	nenhumas	algo
todo	toda	todos	todas	ninguém
outro	outra	outros	outras	nada
		vários	várias	tudo
certo	certa	certos	certas	cada
pouco	pouca	poucos	poucas	outrem
muito	muita	muitos	muitas	mais
tanto	tanta	tantos	tantas	menos
quanto	quanta	quantos	quantas	quem
um	uma	uns	umas	
bastante		bastantes		
qualquer		quaisquer		

Particularidades	
Algum (anteposto / posposto = sentido dif.)	**Algum** dinheiro (há) / dinheiro **algum** (não há)
Certo (anteposto / posposto)	**Certo** homem (pron.) / homem **certo** (adj.)
Demais (= os outros)	Os **demais** homens saíram. (= os outros)
Cada (+ um, qual, subst.)	**Cada** um / **cada** qual / **cada** homem sabe de si.
Um (em oposição a "outro")	**Um** chegou, o outro saiu.
Muito, pouco, mais, menos, bastante (+ subst.)	Havia **mais** homens lá.

VI. Interrogativos:

PRONOMES INTERROGATIVOS			
que	quem	qual / quais	quanto / quanta / quantos / quantas

Usos	
Interrogações diretas	**Que** fazes aqui? **Quem** chegará? **Quais** fizeram as provas? **Quantos** reclamaram?
Interrogações indiretas	Ele perguntou **que** tu fazias lá. Ele perguntou **quem** chegaria. Ele perguntou **quais** fizeram as provas. Ele perguntou **quantos** reclamaram.

CAPÍTULO 14

Verbo

INTRODUÇÃO: O QUE É E O QUE FAZ

– Ai, meu Deus, verbos é uma matéria extensa, não é?

Sinceramente? Muito, muito extensa. É uma matéria cheia de complexidades, cheia de detalhes, cheia de necessidade de reflexão e raciocínio. Quem disser que verbos é uma matéria tranquila estará mentindo. E eu prefiro, como sempre, ser honesto: vem pela frente uma matéria densa e fundamental. Mas tenho uma notícia boa para dar.

– Menos mal, professor... Qual notícia?

Nós veremos verbos com calma e com profundidade. É óbvio que se trata de uma matéria inesgotável, que poderia, somente ela, ocupar um livro talvez do tamanho deste que estamos lendo. Mas vou fazer uma seleção bem bacana de elementos importantes e vou explicá-los com bastante calma. Pode ser?

– Pode sim...

Confia em mim?

– Confio!

E eu acredito que você confie. Caso contrário, já teria me abandonado e não teria chegado nesta parte. Respire fundo e vamos seguir. ☺

De modo sintético, mas muito sintético mesmo, poderíamos dizer que o verbo é a classe de palavras que dinamiza as ações e as localiza no tempo.

– Por que dizer que "dinamiza" as ações, e não apenas que exprime ações?

Porque há outras classes de palavras que se referem às ações, como os substantivos, que as nomeiam: a "descoberta" diz respeito à ação de descobrir; a "corrida" diz respeito à ação de correr; e assim por diante. Também os adjetivos atribuem certas ações a substantivos: país "descobridor", no sentido de país que descobre; rapaz "corredor", no sentido de rapaz que corre; e também por aí vai.

– Acompanhando...

Sendo assim, pode-se dizer que o substantivo nomeia, dentre muitas outras coisas, também as ações. Do mesmo modo, os adjetivos atribuem aos substantivos, dentre muitas outras coisas, também ações. Por isso, a definição de que os verbos dinamizam as ações, ou seja, põem as ações em movimento, é mais precisa, compreende?

– Ah, agora sim. E o senhor disse que eles as localizam no tempo por causa dos tempos verbais?

Sim! Além de colocar as ações em movimento, por assim dizer, os verbos também localizam as ações no tempo:

- "João corre." (no presente)
- "João correu." (no passado)
- "João correrá." (no futuro)

Entendido?

– Sim.

1. FORMAS RIZOTÔNICAS E ARRIZOTÔNICAS

Você sabia, antes de mais nada, que "rizo" é o mesmo que "raiz", "radical"?

– Não sabia mesmo...

Pois agora saiba. E, sabendo isso, tudo faz muito mais sentido.

a) **Rizotônicas:** são rizotônicas as formas que apresentam a sílaba tônica dentro da raiz, do radical do verbo:

- **can**-to
- **can**-tam

– "Rizotônica" é tônica na raiz, no radical. Faz sentido.

Isso mesmo. ☺

b) Arrizotônicas: são arrizotônicas as formas que apresentam a sílaba tônica fora do radical, fora da raiz. Imagine que "a" + "rizo" equivalha a "fora da raiz", ou seja, tônica fora da raiz.

+ Can-ta-ri-a
+ Can-ta-**rei**

– Perfeito.

2. VERBOS NOCIONAIS *X* VERBOS RELACIONAIS

a) Verbos nocionais: são aqueles que expressam alguma noção, algum conceito, ou seja, são os verbos intransitivos e os transitivos (diretos, indiretos, diretos e indiretos).

+ "Paulo morreu." (verbo nocional)
  VI
+ "Antônio comeu estrogonofe." (verbo nocional)
  VTD
+ "A moça necessitará de ajuda." (verbo nocional)
  VTI
+ "Os meninos devolverão o dinheiro ao colega." (verbo nacional)
  VTDI

Por que mesmo são chamados "nocionais?

– Porque todos expressam um sentido, uma noção, uma ação embutida em si?

Exatamente. Trata-se da "ação de morrer", da "ação de comer", da "ação de necessitar" e da "ação de devolver". São verbos que têm significação própria.

– Ok, profe.

b) Verbos relacionais: são chamados verbos relacionais apenas os verbos de ligação: ser, estar, parecer, permanecer, etc.

+ "O rapaz é estudioso." (verbo relacional)
  VL
+ "A moça ficou triste." (verbo relacional)
  VL
+ "Os rapazes permanecem exaustos." (verbo relacional)
  VL

Acho de fato fácil perceber por que eles se chamam relacionais, porque têm a função básica de relacionar o sujeito com o predicativo, ou seja, ligá-los.

– Entendo que seja fácil para o senhor...

Vou mostrar. Quando temos um verbo de ligação, como veremos bem mais calmamente um pouco mais adiante, ele serve apenas para indicar a modalidade de estado em que algo ou alguém se encontra. Por essa razão, o verbo de ligação ("relacional") quase se apaga em termos de sentido:

+ O rapaz ~~era~~ → estudioso.
  VL
+ A moça ~~ficou~~ → triste.
  VL
+ Os rapazes ~~permanecem~~ → exaustos.
  VL

– Peguei, professor!

Ótimo.

3. PESSOA, NÚMERO, TEMPO E MODO

– Começaram as dificuldades, profe?

Não, nem perto disso ainda. Quando começarem, eu aviso. ☺

Aqui estamos "na infância do verbo", isto é, na base da base, nas mais primárias informações que teremos de ter quando nos pusermos a analisar um verbo. Se eu desse a você a forma verbal "passei" e perguntasse o que você tem a dizer sobre ela, o que você me diria?

– Assim sem contexto nenhum?

Isso. No momento não precisamos ainda de contexto. Que informações há contidas nessa forma verbal?

– Ele está no passado... A pessoa é "eu"...

Por aí. A resposta completa seria: a forma verbal "passei" está na *primeira pessoa* do *singular* do *tempo pretérito perfeito* do *modo indicativo*.

– E aí estão as quatro categorias de que estamos falando?

Sim: primeira pessoa (pessoa), do singular (número) do tempo presente (tempo) do modo indicativo (modo). E é exatamente isso o que estamos estudando. Agora vamos detalhar cada uma dessas categorias.

a) Pessoa e número

A **pessoa** verbal é bastante simples. Há apenas três pessoas: a 1ª pessoa (quem fala), a 2ª pessoa (com quem se fala) e a 3ª pessoa (de quem se fala).

– Professor, eu jurava que as pessoas eram seis!

Você e muita gente. No entanto, o que ocorre é que nós temos três pessoas no singular e três pessoas no plural (mas, então, já entra a categoria de número).

O **número** do verbo pode ser singular ou plural. Em "eu como", "tu comes" e "ele come", o verbo encontra-se no singular. Por outro lado, em "nós comemos", "vós comeis" e "eles comem", o verbo encontra-se no plural.

– Então, quando se diz "primeira pessoa do singular" ou "primeira pessoa do plural", está se definindo tanto a pessoa quanto o número do verbo?

Linda resposta! Exatamente.

Note-se que em "eu como" e "nós comemos", altera-se o número (singular no primeiro caso e plural no segundo). A pessoa, entretanto, é a mesma em ambos os casos: a primeira pessoa, que identifica "quem fala" tanto em "eu como" quanto em "nós comemos". Entendeu?

– Entendi.

Diga-me, então, se em "João comeu" e em "Os homens detestaram" os verbos estão na mesma pessoa ou em diferentes pessoas.

– Na mesma pessoa, que é a terceira; o que muda é o número, singular no primeiro caso e plural no segundo!

E-xa-ta-men-te!

E em "tu fazias" e "eles comprovarão", trata-se de mesmo número, mesma pessoa, os dois ou nenhum?

– Nenhum, porque "fazias" está na segunda pessoa e no singular, enquanto "comprovarão" está na terceira pessoa e no plural.

Mais uma vez, certo! Sigamos.

b) Tempo e modo

O tempo **verbal** indica o momento em que se dá a ação expressa pelo verbo.

– Presente, passado ou futuro?

Isso. Com o detalhe de que o passado, nos tempos verbais, é sempre chamado de "pretérito".

+ "Ele come bastante." (presente)
+ "Ele comeu bastante." (pretérito)
+ "Ele comerá bastante." (futuro)

O **modo** verbal indica a atitude do falante diante daquilo que é expresso pelo verbo. Um verbo pode estar em três diferentes modos.

– Atitude do falante? Como assim atitude?

É estranho, eu sei. Mas de fato o que os modos verbais alteram é a atitude do falante em relação ao que o verbo enuncia. Quer ver? Vamos a essas atitudes.

Há o modo indicativo, que geralmente indica *certeza, convicção* por parte de quem enuncia. É algo, por assim dizer, *dado como certo e verdadeiro por quem enuncia*:

+ "Eu estudo Matemática com prazer".

Há também o modo subjuntivo, geralmente utilizado quando há *suposição, dúvida, possibilidade, incerteza*, ou quando a *enunciação é permeada pela subjetividade do falante*:

+ "Tomara que eu estude Matemática amanhã".

E há, ainda, o modo imperativo, aquele que indica *ordem, comando*:

+ "Estude essa matéria logo".

Faz sentido?

– Até faz, profe, mas como se cobra isso em uma prova?

De maneira geral, o que se cobra sobre os modos verbais é que o subjuntivo costuma expressar hipótese, e não certeza.

– Então isso eu tenho de guardar bem guardado?

Exatamente. O modo subjuntivo é aquele utilizado quando se está tratando de uma hipótese. Guarde isso.

4. AS VOZES VERBAIS

Mais tarde, elas serão estudadas particular e detalhadamente. Por ora, temos de saber que as vozes verbais são a voz ativa, a voz passiva e a voz reflexiva.

– E mesmo não sendo ainda o momento do detalhamento, poderíamos antecipar como se faz para saber se uma frase está na ativa, na passiva ou na reflexiva?

Claro. O enquadramento de um verbo ou de uma locução verbal em uma dessas vozes depende da *postura assumida pelo sujeito* em relação à ação expressa pelo verbo.

a) Voz ativa: apresenta sujeito *agente*, sujeito que realiza a ação expressa pelo verbo.

agente da ação de "assinar"
↓
+ "O homem assinou o documento."
sujeito

b) Voz passiva: apresenta sujeito *paciente*, que sofre a ação expressa pelo verbo.

paciente da ação de "ser assinado"
↓
+ "O documento foi assinado pelo homem."
sujeito

c) Voz reflexiva: apresenta sujeito ao mesmo tempo *agente e paciente*.

agente e paciente da ação de "pentear"
↓
+ "A menina se penteou."
sujeito

– Questão de postura: se age é ativa; se sofre é passiva; se age e sofre, reflexiva, porque a ação é reflexa, ou seja, de mão dupla.

Isso mesmo!

5. LOCUÇÃO VERBAL / PERÍFRASE VERBAL

Você já ouviu falar de *perífrase verbal*?

– Não.

Mas você já ouviu falar de *locução verbal*?

– Sim.

Ok, então você já ouviu falar de perífrase verbal, porque locução verbal e perífrase verbal são exatamente a mesma coisa. Daqui por diante, quando eu falar em uma, eu estou falando em outra; e quando eu falar em outra, eu estou falando em uma, Ok?

– Ok, professor!

Assim que eu gosto! Obediência e concordância! ☺

Pois bem: a locução verbal (ou perífrase verbal) é formada por dois ou mais verbos que, juntos, formam uma única unidade de sentido. Por essa razão, uma locução verbal é considerada apenas uma oração na análise sintática. Vejamos.

+ "Os cupins podem estar destruindo os móveis antigos."
locução verbal

Quantos verbos temos na oração acima?

– Três.

Mas eles estão formando o quê?

– Uma locução verbal ou perífrase verbal!

Isso. Então a frase acima apresenta quantas orações?

– Uma só.

Entendido?

– Sim!

Sigamos, então!

+ "Os cupins podem estar destruindo os móveis antigos."
  1 locução verbal = 1 oração

Mais tarde retomaremos essa informação, mas conviria já tê-la guardada.

– Ótimo!

Em uma locução verbal, o último verbo sempre será o verbo principal (que estará necessariamente no infinitivo, no gerúndio ou no particípio). Os demais verbos serão chamados auxiliares, sejam eles quantos forem.

+ "O rapaz pode | verificar os cupons fiscais."
  aux. princ.
+ "A moça continuava | esperando o trem."
  aux. princ.
+ "Os velhinhos tinham | abandonado o abrigo."
  aux. princ.

– Não interessa se a locução tem dois, três ou quatro verbos, por exemplo? É sempre o último o que se chama de principal e todos os demais de auxiliares? É isso?

É bem isso. Se uma locução tiver dois verbos, o primeiro será o auxiliar e o segundo (e último) será o principal. Se uma locução tiver três verbos, os dois primeiros serão os auxiliares e o terceiro (e último) será o principal. Tranquilo? Sempre será assim.

– Se o senhor diz, eu acredito...

Faz bem! ☺

Vamos a mais alguns exemplos um pouquinho mais longos em termos de locução:

+ "Os policiais deveriam ter | auxiliado os torcedores."
  aux. aux. princ.
+ "A moça poderia ter andado | observando a cena."
  aux. aux. aux. princ.

– Perfeito.

5.1. Tipos de verbos auxiliares

Os verbos auxiliares subdividem-se em algumas categorias.

> – Aí é que complica...

Não: aí é que explica! Não dominar os tipos de locução verbal faz com que fiquemos um pouco perdidos quando aparecem dois ou três ou quatro verbos um ao lado do outro. Agora, vamos dividir as locuções pelas características dos verbos auxiliares e você terá muito mais tranquilidade na hora de classificar uma locução.

> – Tomara que ajude a dar uma clareada, professor, porque isso, pra mim, é uma dificuldade imensa...

Vai clarear, sim. É uma matéria difícil pra todo mundo. Mas não vai mais ser para você. ☺

a) Há os **verbos auxiliares de voz**, que formam a voz passiva. Dentre esses, é esmagadoramente maior a presença do verbo ser, que, unido ao particípio, formará a voz passiva analítica:

SER + PARTICÍPIO

+ "O homem foi agredido pelo vizinho."
  (foi agredido: locução de voz passiva)

Haverá situações, no entanto, em que os demais verbos de ligação poderão ocupar o lugar do verbo "ser" e unirem-se ao particípio para formar a voz passiva:

+ "A cidade está apavorada pelos marginais."
  (está apavorada: locução de voz passiva)

  (ativa: "Os marginais apavoram a cidade")

+ "O presidente ficou pressionado pela filha."
  (ficou pressionado: locução de voz passiva)

  (ativa: "A filha pressionou o presidente")

> – E eu tenho que saber que esses verbos de ligação podem ser auxiliares de voz?

De preferência, sim. Mas se lembre de que, majoritariamente, a estrutura "ser + particípio" forma as locuções verbais de voz passiva.

> – Ok. Prometo não esquecer!

Vamos a mais alguns exemplos:

+ "O computador será consertado pelo técnico."
  locução de voz passiva

+ "A garota era assediada por alguns colegas."
  locução de voz passiva

b) Existem também os **verbos auxiliares de tempo composto**, que serão os verbos "ter" e "haver" seguidos pelo particípio. Desses você tem de se lembrar, porque são apenas esses dois verbos seguidos pelo particípio.

TER / HAVER + PARTICÍPIO

O mais famoso uso de locução de tempo composto é no pretérito mais-que-perfeito:

+ "Quando cheguei ao estádio, o jogo tinha/havia começado." (pretérito mais-que-perfeito composto) locução de tempo composto

Você se lembra dessa locução verbal?

– Mais ou menos.

É aquela forma que substitui o pretérito mais-que-perfeito simples sem alterar o sentido da frase:

+ Quando cheguei, o dinheiro desaparecera / tinha desaparecido / havia desaparecido.
  mais-que-perfeito simples / locução de tempo composto / locução de tempo composto

– Sim! E isso frequentemente é questão, não?

Simmm! Apresenta-se a forma simples ("roubara", por exemplo) e se pergunta qual a forma que poderia substituí-la (nesse caso, "tinha roubado" ou "havia roubado").

Embora a mais famosa locução de tempo composto seja essa que citei há pouco, há outras, em outros tempos, que estudaremos mais detalhadamente à frente.

– Pode dar um exemplo?

Um não: alguns.

+ "No momento em que chegar o documento, o rapaz já terá / haverá viajado para o exterior."
  Locução de tempo composto

+ "Caso existisse alguma chance, ele teria / haveria lutado mais pela vitória."
  Locução de tempo composto

c) Além desses, há os **verbos auxiliares de aspecto** (também chamados "acurativos"), que especificam o momento em que a ação verbal se realiza. Eles são fáceis, porque estão relacionados a uma situação temporal específica. Esses auxiliares podem indicar início de uma ação, continuidade de uma ação, término de uma ação, repetição de uma ação, e assim por diante.

Nesse caso, frequentemente haverá uma preposição ligando o verbo auxiliar e o verbo principal. De novo: nem sempre haverá, mas poderá haver:

+ "Comecei a praticar triatlo." (início)
  Locução de aspecto / acurativa
+ "Sigo praticando exercícios." (continuidade, permanência)
  Locução de aspecto / acurativa
+ "Paramos de ler." (término)
  Locução de aspecto / acurativa

Fácil, não?

> – Se "inicia", "continua", "termina" ou "repete", é verbo auxiliar de aspecto?

Isso. Bem assim.

d) Por fim, há os chamados **verbos auxiliares modais**. Eles indicam o *modo* como a ação é vista por aquele que a enuncia, ou seja, trata-se de um tipo de verbo auxiliar que "modaliza" a ação, dando a ela um contorno semântico especial. Podem indicar *obrigação, possibilidade, vontade, tentativa*, etc.:

+ "Pretendo ler." (tentativa, possibilidade)
  Locução modal
+ "Devo estudar essa matéria." (probabilidade, obrigação)
  Locução modal
+ "Quero trabalhar." (desejo, vontade)
  Locução modal

Agora eu pergunto: qual seria o tipo de verbo auxiliar mais difícil?

> – Profe, eu honestamente não acho nenhum muito fácil...

Sabe que eu entendo essa resposta? O nosso bloqueio com a matéria "verbos" é tamanho que tudo o que a envolve parece difícil. Mas um dos tipos de verbo auxiliar é mais difícil de identificar...

– O modal?

Justamente. Mas por quê? Porque nos outros bastam algumas informações mais objetivas e uma análise mais prática e simples para que os identifiquemos. Os modais são os que gerarão dificuldade, por isso são aqueles em relação aos quais mais coloquei exemplos. Eu tinha um aluno presencial muito querido que, sempre que eu perguntava o tipo de verbo auxiliar que estava em uma locução, quando era difícil, ele falava: "Deve ser modal..." A turma ria, eu ria, ele ria, mas era isso mesmo. Os demais eram sempre tranquilos, e só os modais geravam dificuldade.

Portanto, cuidado com eles: leia, releia, leia outra vez. Certo?

– Prometo.

Promessa é dívida.

– Prometido.

Então lá para a frente, bem mais adiante, quando formos estudar orações, vou perguntar o tipo de verbo auxiliar e quero que você me responda certo.

– Combinado.

Repassemos os tipos de verbos auxiliares que temos:

a) **de voz passiva:** ser + particípio;

b) **de tempo composto:** ter / haver + particípio;

c) **de aspecto:** início / continuidade / término de ação;

d) **modais:** indicam as diferentes modalidades como uma ação é vista.

– Perfeito.

5.2. Falsas locuções verbais

Há situações em que temos falsas locuções verbais, ou seja, aparentes locuções verbais que, na verdade, não formam locução.

– Profe, mas a tendência, quando há dois verbos lado a lado, é ser locução ou não ser locução?

A tendência muitíssimo maior é de que seja uma locução verbal. Haverá situações, essas sim uma exceção, em que dois verbos lado a lado (com o segundo no infinitivo, no gerúndio ou no particípio) não formarão locução. Há verbos que jamais serão verbos auxiliares em locução verbal.

– Ufa! E esses, mesmo que o senhor não goste muito que a gente faça isso, podem ser decorados?

Esses podem e devem ser decorados. Embora eu brinque muito com isso, há coisas no português que têm sim de ser decoradas. Aqui na sequência vai uma listinha de verbos que não fazem locução verbal. Memorize-os.

– Já gosto de decorar, com o senhor mandando então, nem se fala...

Vamos lá.

Os chamados verbos causativos (mandar, deixar, fazer) e os verbos sensitivos (ver, ouvir, sentir) não formam, jamais, locução com o infinitivo ou com o gerúndio que vêm na sequência. Nesse caso, serão dois verbos independentes e, por consequência, duas orações independentes:

+ "Eu o vejo (V1) | lendo (V2) sempre a mesma revista."

+ "Eu não o ouvi (V1) | reclamando (V2) de nada."

+ "A moça o mandou (V1) | recolher (V2) os livros."

Mais uma vez, há dois verbos que não formam locução.

– Mas são apenas esses, profe?

Não. Há outros: mas esses exemplos são os principais. Para os verbos que não estão incluídos entre os causativos e os sensitivos, existe outro teste que podemos fazer para nos certificarmos sobre haver ou não haver uma locução verbal.

– Graças a Deus! ☺

Basta transformar o verbo principal no infinitivo, no gerúndio ou no particípio em uma oração substantiva desenvolvida (aquela que é introduzida pelas conjunções integrantes "que" ou "se" e equivale a "isso"):

+ "Ao clube não cabe (V1) | avaliar (V2) esse tipo de questão."

Percebe? A segunda oração da frase acima poderia ser desenvolvida do seguinte modo:

+ "Ao clube não cabe | que avalie esse tipo de questão" ("ao clube não cabe **isso**").

– Tranquilo, profe!

Não se preocupe que a questão das orações desenvolvidas e reduzidas será estudada detalhadamente no capítulo referente às "Orações".

– Ok.

6. TEMPOS VERBAIS: FLEXÃO E USOS

– Professor amado, que tanto nos ajuda, que se mostra bem-disposto e esforçado...

Ok. Estou seduzido já. Pode seguir. ☺

– Poderia nos informar primeiro o que é flexão e o que é uso?

Mas é claro que posso (e devo).

– De fato o senhor é um amor.

Sim, eu sou. ☺

A flexão é a conjugação dos tempos e modos verbais. Flexionar um verbo é conjugá-lo corretamente em pessoa, número, tempo e modo. Saber flexionar um verbo é saber que a primeira pessoa do singular do presente do indicativo do verbo "tossir" é "eu tusso". Entende?

– Sim, entendo, mas erro muito na conjugação dos verbos mais difíceis...

Você e muita gente. Essa é uma das dificuldades da língua portuguesa. Somente há como saber conjugar os verbos mais difíceis por meio da paciente, persistente e braçal tarefa de conjugar e conjugar e conjugar verbos...

– Faremos isso?

Ah, faremos. Faremos muito, um pouquinho mais tarde. Compreendido o que é flexão?

– Sim, compreendido.

Pois bem, sigamos. ☺

O uso dos tempos e dos modos verbais diz respeito ao que o tempo e o modo verbal expressam dentro da frase em que o verbo é utilizado. Se eu perguntasse a você o que deve expressar um verbo conjugado no presente, qual seria a resposta mais óbvia?

– Ora, uma ação presente...

Pois é: o raciocínio está correto, a resposta é a esperada, mas nem sempre será assim. Como veremos logo adiante, aqui na sequência, um verbo conjugado no presente pode indicar uma ação presente, uma ação passada ou uma ação futura, dentre outras hipóteses.

– É possível dar um exemplo misturando as duas coisas (flexão e uso)?

Sim. Isso será feito reiteradamente adiante, mas vamos a um exemplo inicial:

+ "Na infância, eu brincava muito com caminhões de madeira."

Nessa frase, temos *uma flexão* e *um uso* para o verbo "brincar".

O verbo está conjugado no *pretérito imperfeito do modo indicativo* (eu brincava, tu brincavas, ele brincava, nós brincávamos, vós brincáveis, eles brincavam): essa é a sua flexão. Na frase em questão, *o verbo indica uma ação iniciada no passado e já terminada no presente*, além de poder ser considerada uma ação recorrente no passado, uma ação que ocorria com alguma frequência: esse é o seu uso.

– Ah, compreendi, então um mesmo verbo vai ter sempre uma flexão e um uso?

Sim. Isso mesmo. ☺

Agora, vamos detalhar as flexões e os usos de todos os tempos verbais do modo indicativo. Já em relação aos tempos do modo subjuntivo, bastará a flexão, porque os usos não são particularmente cobrados.

6.1. Tempos do modo indicativo

6.1.1. Presente do indicativo

Usos:

a) Pode indicar uma ação chamada *momentânea*, que é aquela que se realiza no momento em que ela é enunciada:

+ "Precisamente neste momento, caminho pela avenida Ipiranga".

– Esse seria o "presente" como nós o reconhecemos, não?

Sim, até sim. Mas certamente não é o uso mais recorrente desse tempo verbal. Na linguagem coloquial, para nos referirmos a uma ação que ocorre no próprio momento, costumamos usar uma locução verbal como "estou caminhando".

– E o sentido seria o mesmo?

Rigorosamente o mesmo.

b) Pode indicar uma ação futura, geralmente prevista para um futuro próximo:

+ "Assim que retornar do trabalho, conserto o chuveiro".

– Mas isso é gramaticalmente correto, profe? Pode ser usado assim?

Siiimmmm. É aceitável e correto em termos gramaticais. Todos os casos que veremos aqui na sequência são considerados corretos. Se eventualmente não o forem, isso será salientado.

– Registrado.

c) Pode indicar uma ação habitual, recorrente, frequente:

+ "Praticamente todos os dias, corro por pelo menos trinta minutos".

Se eu perguntasse a você, que está aqui me lendo e conversando comigo, o que você faz durante uma boa parte do seu dia, que resposta você me daria?

– Eu estudo!

Sim! E você não precisaria estar estudando no mesmo momento em que desse essa resposta. Com ela, você quereria dizer que habitualmente, recorrentemente, cotidianamente você estuda. E isso fica muito claro por meio da resposta dada.

– Fica mesmo. O mesmo em "eu trabalho", "eu pratico atividades físicas", etc.

Isso mesmo.

d) Pode indicar uma ação ocorrida no passado (caso chamado também de "presente histórico"):

+ "Em 1789, eclode a Revolução Francesa, um marco histórico fundamental".

– Por que *presente histórico*?

Porque é uma maneira de trazer um fato histórico (por "histórico", entenda-se "ocorrido no passado") para o presente. E não precisa ser um "fato histórico" desses grandiosos, como a II Guerra Mundial, a Contrarreforma ou algo assim. Basta ser algo ocorrido no passado que, quando escrito ou narrado, é trazido para o presente. Alguma vez você já narrou algo ocorrido no passado colocando os verbos no presente?

– Não sei dizer, professor. Quando estou pensando nos verbos já tenho dificuldade de entender o que estou fazendo, imagina então quando estou contando uma história e não estou pensando nisso...

Eu superentendo. Mas garanto que sim, que você já utilizou esse recurso narrativo. Quer ver? Imagine que eu estou contando uma história e faço do seguinte modo o relato:

+ "Eu contei a você o susto que tomei na semana passada? Na última sexta-feira, eu chego à minha casa pelas 19h, como sempre, estaciono o carro na garagem, subo as escadas e entro em casa. De repente, do nada, surge uma pessoa que eu nunca vi caminhando pelo corredor..."

– Profe, não conte histórias assim que eu sou muito impressionável...

Relaxe, ela é hipotética. ☺

Preste atenção aos verbos sublinhados. Volte e os observe. Todos os verbos sublinhados estão conjugados no presente do indicativo, ainda que se saiba que é uma história ocorrida no passado, devido ao modo como é iniciado o relato: "na semana passada".

– E por que razão se usa isso, profe?

Para colocar o ouvinte/leitor em contato mais direto com a cena contada, como se ela estivesse sendo vivida em tempo real também por ele, entende? É o mesmo caso que ocorre quando, em um livro, uma cena é narrada no presente:

+ "João chega à porta da casa. Toca a campainha e aguarda. Escuta sons que vêm do interior, mas ninguém se manifesta".

Se se trata de uma história relatada em um livro, é óbvio que ela é uma história já acontecida. Mas por que o narrador colocou todos os verbos sublinhados no presente do indicativo?

– Para envolver mais o leitor?

Isso. É um recurso que serve para dar mais emoção ao relato; para passar ao leitor a impressão de que ele está acompanhando aquela cena enquanto ela acontece; para trazer uma "emoção presente" a um fato ocorrido no passado. Entendeu?

– Entendi, sim. Bacana isso, não?

Sim! São recursos expressivos e comunicativos que a língua portuguesa oferece por ser rica e complexa.

– E esses recursos a pessoa acaba usando mesmo que não saiba que os utiliza?

Muito certo!

e) Pode indicar uma verdade universal, algo atemporal ou dado como permanente:

+ "Os seres humanos têm capacidade de raciocínio".

– Será que todos, professor?

É de se pensar. ☺

Mas, quando se enuncia isso, o que se está querendo dizer é que o fato é dado como uma verdade, como algo considerado permanente, ao menos no momento da enunciação. Brincadeiras à parte, convém lembrar que, em uma frase, vale mais a intenção daquilo que se enuncia do que a verdade histórica da enunciação.

– Não sei se entendi...

O que quero dizer é que não é você que deve "concordar ou não" com uma frase. O que importa é perceber o que o autor quis dizer com aquilo que disse.

– Agora acho que entendi...

Imagine a seguinte frase:

+ "Os seres humanos têm três pulmões".

Veja que a frase não está colocando esse fato (inverídico, em termos históricos) em dúvida. Trata-se de uma afirmação. E assim você deverá compreendê-la se ela for feita em um texto.

– Compreendi com-ple-ta-men-te.

Fico feliz!

f) Pode indicar uma ação iniciada no passado e ainda não terminada no momento em que se enuncia:

+ "A Universidade Federal estuda as doenças contemporâneas já há algum tempo".

Nota?

– Noto sim.

Se a universidade "estuda" já há algum tempo, significa que a ação de estudar foi iniciada no passado. E se ela "estuda", não foi terminada ainda no presente. Ou seja: segue.

– Faz sentido.

Ótimo. Vamos ampliando, assim, nosso repertório.

Flexão: "atualmente"

Para conjugar um verbo no presente do indicativo, utilizaremos como recurso colocá-lo em uma frase na qual ele seja antecedido pelo advérbio "atualmente". Pense no verbo "estudar": atualmente eu estudo, tu estudas, ele estuda, nós estudamos, vós estudais, eles estudam.

Entendeu?

– Creio que sim.

Então conjugue agora para mim o verbo "correr".

– Atualmente eu corro, tu corres, ele corre, nós corremos, vós correis, eles correm.

Perfeito. Agora vamos à conjugação dos três verbos mais exemplares em termos de conjugação em todos os tempos verbais.

CANTAR	VENDER	PARTIR
Eu canto	Eu vendo	Eu parto
Tu cantas	Tu vendes	Tu partes
Ele canta	Ele vende	Ele parte
Nós cantamos	Nós vendemos	Nós partimos
Vós cantais	Vós vendeis	Vós partis
Eles cantam	Eles vendem	Eles partem

6.1.2. Pretérito perfeito

Você sabe de onde vem o termo "perfeito", que participa das nomenclaturas de alguns pretéritos?

– Não...

Vem do latim "perfectus", que significa, entre outras coisas, "terminado", "concluído".

– Então os nomes dos tempos verbais não foram inventados por algum desocupado que gosta de complicar as coisas... Eles fazem algum sentido...

Sim! ☺

Algum, não. Fazem todo o sentido, como você vai perceber logo em seguida nos usos desse e de outros tempos verbais.

Usos:

a) Pode indicar uma ação ocorrida no passado e terminada, finalizada, concluída, acabada:

+ "No ano passado, Carlos fotografou a família real britânica".

– Passado perfeito, como no latim: ação já acabada!

Lindo, lindo. Isso mesmo.

b) Pode também indicar uma ação inabitual, pontual ocorrida no passado:

+ "No passado, o menino matou um pássaro a tiros".

Em termos de recorrência da ação de "matar pássaros", certamente entenderíamos que isso não era algo habitual para o menino, ou seja, ocorreu pontualmente em algum momento do passado.

– Perfeito. Como se se dissesse: "houve o momento, a circunstância em que matou".

Exato.

Flexão: "ontem"

A fim de conjugarmos corretamente um verbo no pretérito perfeito, usaremos de apoio o advérbio "ontem": ontem eu corri, tu correste, ele correu, nós corremos, vós correstes, eles correram.

– Ok.

Perceba que a segunda pessoa do singular ("tu") no pretérito perfeito não tem a letra "S" final, como em todas as outras segundas pessoas do singular do Indicativo e do Subjuntivo: tu amaste, tu fizeste, tu dormiste, tu foste, etc.

– Certo, professor.

A 2ª pessoa termina sempre em "-aste", "-este", "-iste" ou "-oste".

CANTAR	VENDER	PARTIR
Eu cantei	Eu vendi	Eu parti
Tu cantaste	Tu vendeste	Tu partiste
Ele cantou	Ele vendeu	Ele partiu
Nós cantamos	Nós vendemos	Nós partimos
Vós cantastes	Vós vendestes	Vós partistes
Eles cantaram	Eles venderam	Eles partiram

6.1.3. Pretérito imperfeito

Usos:

a) Pode indicar uma ação ocorrida no passado e não concluída, não terminada, por alguma razão interrompida enquanto se realizava:

+ "Ele cozinhava o frango, quando foi obrigado a ir até a casa da avó".

Percebeu?

– O quê?

O nome do tempo.

– Imperfeito? Seria "im-" prefixo de negação + "perfectus", ou seja, ação não concluída, não terminada?

Vou chorar de emoção!

– Chore. Mereço. ☺

No cotidiano, para exprimir essa mesma circunstância, costumamos usar uma locução verbal como "Ele *estava cozinhando* quando ocorreu tal coisa". O sentido seria o mesmo.

b) Pode indicar uma ação que no passado ocorria com frequência, com habitualidade:

+ "No passado, o menino matava pássaros a tiros".

Vou dar um exemplo verídico que demonstra bem a diferença entre pretérito perfeito e pretérito imperfeito. Assisti uma vez a uma entrevista com um cardeal durante o conclave.

– Durante o "o quê"?

O conclave: a eleição papal. Fumaça preta, não tem papa; fumaça branca, tem papa. Sabe?

– Ah sim, sim.

Pois é. Era um cardeal sul-americano. A ele foi perguntado o seguinte: "Eu gostaria que o senhor falasse da época em que o senhor ajudava pessoas perseguidas pelo regime militar". Sabe-se que regime militar é sempre um tema espinhoso. E a resposta do cardeal foi a seguinte: "Não posso falar sobre *a época em que eu ajudava*, porque essa época não existiu; posso falar sobre *o momento em que eu ajudei*". Entendeu?

– Acho que sim...

Diga o que entendeu.

– "A época em que o senhor ajudava" dá a ideia de que muitas vezes ele ajudou. Já "o momento em que eu ajudei" dá a entender que a ajuda não era habitual, e sim que foi pontual, em um momento específico.

Exato! E percebeu por que isso se dá? "Ajudava" é pretérito imperfeito, noção de habitualidade; "ajudei" é pretérito perfeito, noção de algo inabitual.

– Captei!

Flexão: "antigamente"

Usaremos o advérbio "antigamente" (e pensaremos em uma ação habitual) para encontrarmos a correta conjugação do pretérito imperfeito: antigamente eu amava, tu amavas, ele amava, nós amávamos, vós amáveis, eles amavam.

– Tranquilo de conjugar, professor.

Também acho. Conjugue o verbo debater.

– Antigamente eu debatia, tu debatias, ele debatia, nós debatíamos, vós debatíeis, eles debatiam.

Perfeito. Vejamos a conjugação.

CANTAR	VENDER	PARTIR
Eu cantava	Eu vendia	Eu partia
Tu cantavas	Tu vendias	Tu partias
Ele cantava	Ele vendia	Ele partia
Nós cantávamos	Nós vendíamos	Nós partíamos
Vós cantáveis	Vós vendíeis	Vós partíeis
Eles cantavam	Eles vendiam	Eles partiam

6.1.4. Pretérito mais-que-perfeito

Uso:

Indica uma ação ocorrida no passado anterior a outra ação também ocorrida no passado. Logo, é o quê?

– O passado do passado?

Isso:

- "Na época em que Paula passou no primeiro concurso, João passara / tinha passado / havia passado em quatro".

Tranquilo entender?

– Sim. Bem tranquilo.

Em relação ao momento em que alguém está enunciando essa frase, quando Paula passou no primeiro concurso? No passado, no presente ou no futuro?

– No passado.

Exato. Não interessa se um mês ou vinte anos antes da enunciação. O que importa é que foi no passado. E, em relação à aprovação de Paula, quando se deram as quatro aprovações de João?

– Antes ainda da primeira de Paula.

Isso, isso, isso. ☺

É importante saber também que o pretérito mais-que-perfeito simples e o pretérito mais-que-perfeito composto (tinha / havia + particípio) têm exatamente o mesmo sentido, como na frase acima.

– Mesmo, mesmo, mesmo sentido?

Mesmíssimo! Qualquer verbo pode ser conjugado no pretérito mais-que-perfeito simples ou composto, como veremos logo a seguir.

– Ótimo.

Flexão: "-ara", "-era", "-ira", "-ora"

Aqui não há uma palavra que nos dirija diretamente à conjugação correta. Temos de saber que a conjugação simples no mais-que-perfeito é aquela que soa mais estranha e arcaica (amara, correra, dormira): eu estudara, tu estudaras, ele estudara, nós estudáramos, vós estudáreis, eles estudaram.

– Ok.

Abaixo, conjugaremos "cantar", "vender" e "partir" no pretérito mais-que-perfeito simples e composto.

CANTAR

Pret. mais-que-perfeito simples	Pret. mais-que-perfeito composto
Eu cantara Tu cantaras Ele cantara Nos cantáramos Vós cantáreis Eles cantaram	Eu tinha / havia cantado Tu tinhas / havias cantado Ele tinha / havia cantado Nós tínhamos / havíamos cantado Vós tínheis / havíeis cantado Eles tinham / haviam cantado

VENDER

Pret. mais-que-perfeito simples	Pret. mais-que-perfeito composto
Eu vendera Tu venderas Ele vendera Nós vendêramos Vós vendêreis Eles venderam	Eu tinha / havia vendido Tu tinhas / havias vendido Ele tinha / havia vendido Nós tínhamos / havíamos vendido Vós tínheis / havíeis vendido Eles tinham / haviam vendido

PARTIR

Pret. mais-que-perfeito simples	Pret. mais-que-perfeito composto
Eu partira Tu partiras Ele partira Nós partíramos Vós partíreis Eles partiram	Eu tinha / havia partido Tu tinhas / havias partido Ele tinha / havia partido Nós tínhamos / havíamos partido Vós tínheis / havíeis partido Eles tinham / haviam partido

6.1.5. Futuro do presente

Uso:

Vamos lá: o futuro do presente indica uma ação que é anunciada para ocorrer no futuro em tom de certeza, de convicção:

+ "Na tarde de amanhã, chegarei ao meu destino".

– Isso quer dizer que tem de ser algo que irá *de fato* acontecer?

Não. Significa que é algo enunciado com convicção e certeza por quem enuncia. Se vai acontecer ou não, isso não interessa. Quer um exemplo? Se eu afirmo: "Eu viverei 500 anos". Alguma chance de isso acontecer?

– Improvável...

Não!!! Hehehe. Não há como acontecer. No entanto, o futuro do presente está indicando uma convicção, uma certeza.

– Ok.

Flexão: "amanhã"

Para conjugarmos corretamente um verbo no futuro do presente do indicativo, usaremos o apoio do advérbio "amanhã": amanhã eu tocarei, tu tocarás, ele tocará, nós tocaremos, vós tocareis, eles tocarão.

– Fácil, fácil, profe...

Concordo.

CANTAR	VENDER	PARTIR
Eu cantarei	Eu venderei	Eu partirei
Tu cantarás	Tu venderás	Tu partirás
Ele cantará	Ele venderá	Ele partirá
Nós cantaremos	Nós venderemos	Nós partiremos
Vós cantareis	Vós vendereis	Vós partireis
Eles cantarão	Eles venderão	Eles partirão

6.1.6. *Futuro do pretérito*

Usos:

Depois da simplicidade do futuro do presente, o futuro do pretérito já é um pouco mais complexo e apresenta, inclusive, uma espécie de exceção dentro do painel geral do modo indicativo.

> – Ai, minha nossa, se o senhor disse ao mesmo tempo que é complexo e tem exceção, deve ser um horror!

Calma, pessoa trágica! ☺

É um pouco mais complexo. Mas a questão da exceção é importante mesmo, porque aparece bastante em provas. Vamos começar por ela.

a) Pode indicar uma hipótese, concretizável ou não, confirmável ou não:

- "Segundo a polícia, o ladrão estaria escondido atrás do carro na hora do tiroteio".

Aqui está a exceção de que eu falava.

> – Aqui mora o perigo, professor querido?

Bem aqui. Como a ideia de "hipótese" é frequentemente (e também corretamente) associada ao modo subjuntivo, é frequente que se cobre o futuro do pretérito como um tempo capaz de expressar possibilidade, hipótese, incerteza. E isso é correto. Entendeu?

> – Então, mesmo sendo um tempo do indicativo, ele é um tempo que pode *não* expressar certeza?

Isso mesmo. Por isso a exceção. Por isso a importância. E por isso o perigo. Assimilado?

> – Assimilado.

Diga-me então o que é propriamente a exceção do futuro do pretérito em relação ao resto dos tempos do Indicativo.

> – É a capacidade que ele tem de expressar uma hipótese ou possibilidade.

Sim. Simples e direto assim.

b) Pode indicar uma ação ocorrida no passado posterior a outra ação ocorrida no passado:

+ "Após descobrirem a América em 1492, os europeus chegariam ao Brasil em 1500".

– E, nesse caso, não é uma hipótese. É algo que ocorreu mesmo.

Isso. É algo de fato acontecido, desde que inserido em uma frase na qual o contexto permita concluir que se trata de algo de fato acontecido, como é o caso da descoberta da América e do Brasil.

– Entendi. Por exemplo: "Depois de se separar de William Bonner, Fátima Bernardes namoraria Túlio Gadelha".

Opa! Tem alguém aqui que gosta de notícias sobre a intimidade dos globais! ☺

É isso mesmo.

– Professor, não é que eu goste; é que é difícil passar ao largo dessas notícias...

Eu entendo...

c) Pode indicar algo que, no passado, foi anunciado para ocorrer no futuro:

+ "Trinta anos atrás, Paulinho afirmou que seria Procurador-geral da República".

– É uma espécie de futuro do passado?

É exatamente isso. Inclusive é o que o nome do tempo verbal significa literalmente: "futuro do pretérito" é a mesma coisa que "futuro do passado". No passado, algo é anunciado para o futuro. O que saiu da boca de Paulinho, trinta anos atrás, certamente foi o seguinte: "Serei Procurador-geral da República".

– Fechou!

Flexão: "-ria"

Para conjugarmos corretamente o futuro do pretérito, teremos de saber, já que não há uma palavra milagrosa, que o ponto de partida se dá com

"-ria": eu escreveria, tu escreverias, ele escreveria, nós escreveríamos, vós escreveríeis, eles escreveriam.

– Tranquilo.

Em seguida, falaremos mais um pouco deste tempo verbal em uma correlação que estudaremos.

CANTAR	VENDER	PARTIR
Eu cantaria	Eu venderia	Eu partiria
Tu cantarias	Tu venderias	Tu partirias
Ele cantaria	Ele venderia	Ele partiria
Nós cantaríamos	Nós venderíamos	Nós partiríamos
Vós cantaríeis	Vós venderíeis	Vós partiríeis
Eles cantariam	Eles venderiam	Eles partiriam

6.2. Tempos do modo subjuntivo

Um detalhe para a flexão no subjuntivo:

Aqui, tenho uma informação a passar que vai facilitar muito, muito, muito a sua vida ao conjugar os verbos no modo subjuntivo.

– Professor amado, eu ando precisando de algo que facilite a minha difícil vida...

Mas que visão melancólica, Deus do céu! ☺

– Certo, acho que carreguei um pouquinho no drama... ☺

Vamos adiante.

No subjuntivo, via de regra, a primeira pessoa do singular repete-se integralmente como base da conjugação das demais pessoas.

– Como é que é?

Nos três tempos do subjuntivo, a primeira pessoa do singular repete-se nas demais pessoas, embasando a conjugação. Isso quer dizer que, ao encontrar a conjugação correta para a primeira pessoa do singular, você pode copiá-la nas demais pessoas e depois somente completar as conjugações com as desinências.

– Mostre, senão a angústia me consome...

Vamos lá. Antes de vermos como se faz a conjugação em cada tempo verbal do subjuntivo, vamos tomar o exemplo do verbo "estudar". Irei conjugá-lo nos três tempos a serem estudados em seguida, e você vai enxergar com clareza o que estou comentando.

PRESENTE	PRETÉRITO IMPERFEITO	FUTURO
Que eu **cante**	Se eu **cantasse**	Quando eu **cantar**
Que tu **cantes**	Se tu **cantasses**	Quando tu **cantares**
Que ele **cante**	Se ele **cantasse**	Quando ele **cantar**
Que nós **cantemos**	Se nós **cantássemos**	Quando nós **cantarmos**
Que vós **canteis**	Se vós **cantásseis**	Quando vós **cantardes**
Que eles **cantem**	Se eles **cantassem**	Quando eles **cantarem**

Percebeu? Se você achar a primeira pessoa do singular de cada tempo (que eu cante, se eu cantasse, quando eu cantar), essa mesma pessoa se repete nas demais, embasando a conjugação toda.

– Professor, isso é sensacional!

Eu também acho! Enquanto, no indicativo, temos de encontrar uma a uma cada conjugação, aqui basta encontrarmos a primeira que as demais vêm no automático.

– Mas professor....

Eu sei qual é o seu medo...

– O senhor lê pensamentos?

Se eles forem de alunos e trágicos e denotarem falta de autoconfiança, sim... ☺

– Então diga no que pensei...

Você pensou: "Mas e se eu errar a conjugação da primeira pessoa?".

– Isso!

Pois é: se você errasse a primeira, seria uma tragédia, porque todas as demais ficariam erradas na sequência. No entanto, confie em mim: você não vai errar.

6.2.1. Presente do subjuntivo

Flexão: "minha mãe quer que eu"

Para conjugar de maneira correta no presente do subjuntivo, use o apoio da expressão "minha mãe quer que eu": minha mãe quer que eu ganhe, que tu ganhes, que ele ganhe, que nós ganhemos, que vós ganheis, que eles ganhem.

– O senhor quer mesmo que eu me lembre, para conjugar o presente do subjuntivo, de toda essa estrutura?

Eu mais do que quero: eu exijo. ☺

Se você decorar isso, nunca, nunca, nunca mais vai errar uma conjugação neste tempo verbal. Quer ver? Conjugue o verbo "regurgitar".

– Minha mãe quer que eu regurgite, que tu regurgites, que ele regurgite, que nós regurgitemos, que vós regurgiteis, que eles regurgitem.

Maravilha! Se conjugou certo esse verbo, não há verbo que você possa errar. Confie em mim! E recorde que mãe (quase) sempre está certa! ☺

– Perfeito, professor. Recordarei! "Minha mãe quer que eu".

CANTAR	VENDER	PARTIR
Que eu cante Que tu cantes Que ele cante Que nós cantemos Que vós canteis Que eles cantem	Que eu venda Que tu vendas Que ele venda Que nós vendamos Que vós vendais Que eles vendam	Que eu parta Que tu partas Que ele parta Que nós partamos Que vos partais Que eles partam

6.2.2. Pretérito imperfeito do subjuntivo

Flexão: "SE" → "-SSE"

Para encontrar a correta conjugação no pretérito imperfeito do subjuntivo, usaremos como apoio a partícula "se" e teremos de encontrar, necessariamente, "-sse" na forma conjugada: se eu amasse, se tu amasses, se ele amasse, se nós amássemos, se vós amásseis, se eles amassem.

– E antes do verbo na frase terá de haver "se"?

Não necessariamente. É só um recurso que vamos utilizar para encontrarmos a conjugação correta e sabermos que ele está no pretérito imperfeito do subjuntivo. Conjugue para mim o verbo "destrinchar".

– Mas que escolha mais amistosa, professor...

Viu que amor eu sou? ☺

– Muito! Vamos lá: se eu destrinchasse, se tu destrinchasses, se ele destrinchasse, se nós destrinchássemos, se vós destrinchásseis, se eles destrinchassem.

Per-fei-to!

CANTAR	VENDER	PARTIR
Se eu cantasse Se tu cantasses Se ele cantasse Se nós cantássemos Se vós cantásseis Se eles cantassem	Se eu vendesse Se tu vendesses Se ele vendesse Se nós vendêssemos Se vós vendêsseis Se eles vendessem	Se eu partisse Se tu partisses Se ele partisse Se nós partíssemos Se vós partísseis Se eles partissem

Observação fun-da-men-tal: "-RIA" / "-SSE"

Existe uma correlação entre tempos e modos verbais que é absolutamente imprescindível que nós saibamos. Sabe bem o que é uma correlação de tempos e modos verbais?

– Creio que não saiba *bem*, profe...

Então vamos lá: há uma correlação de tempos e modos verbais quando um tempo verbal em uma oração "casa" com o de outra, ou seja, fica correto com o verbo da outra oração. Fica mais fácil ver a *ausência* de correlação:

+ "Eu fiz o trabalho, quando chegarei à praia."
  (fiz: Pret. perf.; chegarei: Fut. do pres.)

Você nota que essa frase está "feia", "estranha", "incorreta"?

– Noto muito, professor! A frase está horrível!

Ótimo que você tenha achado. Isso ocorre porque o pretérito perfeito do indicativo e o futuro do presente do indicativo não são tempos correlatos, ou seja, eles não "fecham" um com o outro em orações que tenham relação entre si.

– Compreendi.

Perceba a diferença entre a inadequação da frase acima e a adequação da frase abaixo:

+ "Eu abotoava a camisa, quando ele entrou no ambiente."
Pret. imperf. Pret. perf.

Ficou bom?

– Ficou ótimo!

Isso ocorre porque há correlação entre o pretérito imperfeito do indicativo e o pretérito perfeito do indicativo. Entendeu bem?

– Maravilhosamente bem.

Excelente.

Agora voltemos ao inicial: **existe uma correlação entre o futuro do pretérito do indicativo ("-ria") e o pretérito imperfeito do subjuntivo ("-sse")**. Isso quer dizer que, se há futuro do pretérito ("-ria) em uma oração, ele "chama" o pretérito imperfeito ("-sse") na outra. E o contrário também.

+ "O rapaz compraria o livro, caso tivesse dinheiro."
Fut. do pret. Pret. imperf. do subj.

+ "Embora gostasse mesmo da moça, Carlos não viajaria com ela."
Pret. imperf. do subj. Fut. do pret.

– Não achei tão, tão difícil, profe. E cai muito, muito, muito em prova.

Isso aparece demais em prova, demais mesmo! E parece talvez um pouquinho mais fácil do que de fato é. Coloquialmente, usamos, em par com o pretérito imperfeito do subjuntivo, o pretérito imperfeito do indicativo, fato que costuma ser apontado como inadequado pelas bancas examinadoras:

+ "Se gostasse da Ana, o João viajava mais com ela." (incorreto)
Pret. imperf. do subj. Pret. imperf. do indic.

– De fato, ruim não fica no ouvido...

Mas fica inadequado gramaticalmente. Você conhece, certamente, a música "Se essa rua fosse minha". Nela, há um erro ligado a essa correlação sobre a qual estamos conversando. Quer ver?

+ "Se essa rua, se essa rua fosse minha / eu mandava, eu mandava ladrilhar."
Pret. imperf. do subj. — Pret. imperf. do indic.

Nota?

– Sim! O verbo repetido na segunda oração está no tempo verbal errado. Em vez de estar no pretérito imperfeito do indicativo, deveria estar no futuro do pretérito do indicativo.

Exatamente!!

+ "Se essa rua, se essa rua fosse minha / eu mandaria, eu mandaria ladrilhar."
Pret. imperf. do subj. — Fut. do pret. do indic.

Essa seria a forma correta.

– Professor, como vou escutar essa música inocentemente daqui por diante? Sempre que eu a escutar, vou pensar que está errada...

Sim. Lamento dizer: você nunca mais vai conseguir ouvir essa música sem pensar nisso, o que não deixa de ser uma prova de que você aprendeu bem o que acabamos de debater. ☺

6.2.3. Futuro do subjuntivo

Flexão: "quando"

Para conjugarmos corretamente um verbo no futuro do subjuntivo, vamos utilizar a partícula "quando" antes da conjugação: quando eu falar, tu falares, ele falar, nós falarmos, vós falardes, eles falarem.

– Ok.

É bastante tranquilo, de modo geral.

CANTAR	VENDER	PARTIR
Quando eu cantar	Quando eu vender	Quando eu partir
Quando tu cantares	Quando tu venderes	Quando tu partires
Quando ele cantar	Quando ele vender	Quando ele partir
Quando nós cantarmos	Quando nós vendermos	Quando nós partirmos
Quando vós cantardes	Quando vós venderdes	Quando vós partirdes
Quando eles cantarem	Quando eles venderem	Quando eles partirem

Com alguns verbos irregulares, a conjugação do futuro é um pouco menos óbvia. Ainda assim, creio que sejamos "salvos" pelo conhecimento dos verbos, que temos por meio do uso.

FAZER	SABER	DIZER
Quando eu fizer Quando tu fizeres Quando ele fizer Quando nós fizermos Quando vós fizerdes Quando eles fizerem	Quando eu souber Quando tu souberes Quando ele souber Quando nós soubermos Quando vós souberdes Quando eles souberem	Quando eu disser Quando tu disseres Quando ele disser Quando nós dissermos Quando vós disserdes Quando eles disserem

– Mesmo nesses casos não é tão difícil.

Não é, não.

7. IMPERATIVO: UM PROCESSO DE FORMAÇÃO

O modo imperativo tem uso bastante específico: é o modo que se usa quando se quer dar uma ordem, fazer um comando. Não há como, portanto, perceber que se trata de um verbo conjugado nesse modo se não se levar o contexto em que a frase é veiculada:

+ "Saia já daqui, porque existe risco de um desabamento."
  (Saia: Imperativo)

+ "Não digas nunca palavras agressivas a teu pai!"
  (digas: Imperativo)

Você nota?

– Com absoluta clareza, professor: em ambas as frases há uma ordem, um comando para que alguém faça ou deixe de fazer algo. Por isso, podemos dizer que tanto "saia" quanto "digas" estão no imperativo.

Perfeito. É exatamente isso. ☺

O imperativo tem três "particularidades", digamos assim, que ficarão bem claras quando eu ensinar você a conjugar esse modo verbal corretamente. Antes do detalhamento, vamos ao que interessa, em termos de diferença dos demais.

7.1. Particularidades do imperativo

a) O imperativo é um modo inteirinho derivado da conjugação de outros tempos verbais.

– E o que isso quer exatamente dizer?

Isso quer dizer que, para conjugar de maneira correta o imperativo, teremos primeiro de conjugar o presente do indicativo e o presente do subjuntivo, para só então sabermos como o verbo fica no imperativo.

– Mas isso certamente dificulta as coisas...

Sim! É por essa razão que temos de ter atenção redobrada.

b) Não há, nas duas formas do imperativo (afirmativo e negativo), a primeira pessoa do singular.

– Não há "eu"?

Isso mesmo: não há "eu"; a conjugação do imperativo começa pelo "tu".

– Estranho...

Você não se lembra de ouvir falar, na época do colégio, que não há como uma pessoa dar uma ordem a si mesma? Isso geralmente é comentado nesse ponto da matéria, para que se memorize que o imperativo não apresentará primeira pessoa.

c) Na conjugação do imperativo, os pronomes de terceira pessoa são "você" e "vocês" (e não "ele" e "eles", como estamos acostumados). Sendo assim, as cinco pessoas conjugadas são tu, você, nós, vós, vocês. Entendeu?

– Entendi.

Então repita para mim quais são as pessoas.

– TU, VOCÊ, NÓS, VÓS, VOCÊS. E não há primeira pessoa do singular.

Exatamente. Lindo, lindo.

7.2. A formação do imperativo

Como eu já disse a você, todo o imperativo vem de outros tempos verbais, mais especificamente dos dois presentes (do indicativo e do subjuntivo).

– Terei de saber, então, para conjugar o imperativo, conjugar os dois presentes? O do indicativo e o do subjuntivo?

Isso mesmo. É um excelente ponto de partida. ☺

Logo abaixo, vou colocar a tabela de formação do modo imperativo a partir dos tempos dos quais ele deriva. Você vai, na sequência, ler as informações teóricas acerca da maneira como ele se forma. A cada item lido você vai voltar à tabela e visualizar o que se está dizendo, Ok?

– Ok!

Tabela de formação do modo imperativo:

Pres. do indicativo	Imp. afirmativo	Pres. do subjuntivo	Imp. negativo
Compro	–	Compre	–
Compras –S→	Compra tu	Compres →	Compres tu
Compra	Compre você ←	Compre →	Compre você
Compramos	Compremos nós ←	Compremos →	Compremos nós
Comprais –S→	Comprai vós	Compreis →	Compreis vós
Compram	Comprem vocês ←	Comprem →	Comprem vocês

7.2.1. *Formação do imperativo afirmativo*

a) A segunda pessoa do singular (tu) e a segunda pessoa do plural (vós) virão do presente do indicativo, sem o "-S" final.

+ Tu compras → compra tu / vós comprais → comprai vós
+ Tu vendes → vende tu / vós vendeis → vendei vós
+ Tu partes → parte tu / vós partis → parti vós

– Somente o "tu" e o "vós"? Os dois do presente do indicativo e sem o "-S".

Isso mesmo. O "vós" pode ficar estranho, mas é, se você prestar atenção, a pessoa verbal que tanto aparece em textos litúrgicos, religiosos: amai, fazei, dizei, etc.

– Sim, aparece mesmo!

Pois então: é o "vós" do imperativo. ☺

b) As demais pessoas (você, nós, vocês) vêm do presente do subjuntivo, sem alterações:

+ que ele compre → compre você
+ que nós compremos → compremos nós
+ que eles comprem → comprem vocês

Entendeu bem entendidinho?

– Creio que sim, profe: "tu" e "vós" do presente do indicativo sem o "-S" final; as demais pessoas todas (você, nós, vocês) do presente do subjuntivo sem alterar nada.

Exatamente isso. Se você entendeu até aqui, não vai ter dificuldades no próximo item, pois ele é mais simples.

7.2.2. Formação do imperativo negativo

a) Todas as pessoas (tu, você, nós, vós, vocês) vêm do presente do subjuntivo, sem alterações:

+ que tu compres → não compres tu
+ que ele compre → não compre você
+ que nós compremos → não compremos nós
+ que vós compreis → não compreis vós
+ que eles comprem → não comprem vocês

– Sim, professor. É mais fácil porque vêm todas as pessoas do mesmo tempo (presente do subjuntivo) e sem nenhuma alteração.

Exatamente. ☺

Sei que isso é trabalhoso, que é chato sob certo enfoque, que pode nos levar a pensar: "tudo isso para quê?". Mas o fato é que é possível aprender a formação do imperativo, que cai na prova, ou seja: não há como deixar de lado.

– Vou me esforçar, professor.

Não: você não vai *tentar*, você vai *conseguir*. É só colocar bastante força de vontade nesse corpo.

Veja comigo: das dez pessoas que há no imperativo (cinco no afirmativo e cinco no negativo), oito vêm do presente do subjuntivo sem nenhuma alteração, nenhuma mesmo, igualzinho. As duas únicas exceções, que vêm do presente do indicativo, são o "tu" e o "vós" do afirmativo, que vêm do presente do indicativo sem o "-S" final.

– É verdade, professor! Eu posso então pensar que o imperativo é *igual* ao presente do subjuntivo, com exceção de "tu" e "vós" no afirmativo?

Sim! Você *deve* pensar isso. "Tu" e "vós" do afirmativo vêm do presente do indicativo; de resto, é o presente do subjuntivo.

– Ótimo!

Abaixo, vou mostrar a formação do imperativo de mais alguns verbos, para você pegar o jeito!

VERBO "ESTUDAR"

Pres. do indicativo	Imp. afirmativo	Pres. do subjuntivo	Imp. negativo
Estudo	–	Estude	–
Estudas -S→	Estuda tu	Estudes →	Não estudes tu
Estuda	Estude você ←	Estude →	Não estude você
Estudamos	Estudemos nós ←	Estudemos →	Não estudemos nós
Estudais -S→	Estudai vós	Estudeis →	Não estudeis vós
Estudam	Estudem vocês ←	Estudem →	Não estudem vocês

VERBO "DEBATER"

Pres. do indicativo	Imp. afirmativo	Pres. do subjuntivo	Imp. negativo
Debato	–	Debata	–
Debates -S→	Debate tu	Debatas →	Não debatas tu
Debate	Debata você ←	Debata →	Não debata você
Debatemos	Debatamos nós ←	Debatamos →	Não debatamos nós
Debateis -S→	Debatei vós	Debatais →	Não debatais vós
Debatem	Debatam vocês ←	Debatam →	Não debatam vocês

VERBO "REPETIR"

Pres. do indicativo	Imp. afirmativo	Pres. do subjuntivo	Imp. negativo
Repito	–	Repita	–
Repetes -s →	Repete tu	Repitas →	Não repitas tu
Repete	Repita você ←	Repita →	Não repita você
Repetimos	Repitamos nós ←	Repitamos →	Não repitamos nós
Repetis -s →	Repeti vós	Repitais →	Não repitais vós
Repetem	Repitam vocês ←	Repitam →	Não repitam vocês

Conseguiu?

– Consegui!

Então, termina aqui este ponto!

8. AS FORMAS NOMINAIS DOS VERBOS

As formas nominais dos verbos são três: infinitivo, gerúndio e particípio.

8.1. Por que se chamam formas nominais

Elas são chamadas formas nominais porque, em determinadas situações, comportam-se como nomes (substantivos, adjetivos ou advérbios). Vejamos.

+ "Comer alivia a angústia."

Temos a forma infinitiva "comer" desempenhando a função de núcleo do sujeito. Essa função (núcleo do sujeito) é geralmente desempenhada por um substantivo. Há, então, um verbo comportando-se como se fosse um substantivo.

– Então nessa frase é um verbo no infinitivo que se comporta como um substantivo.

Isso! Perfeito.

+ "O homem realizou a tarefa chorando."

O verbo no gerúndio "chorando" indica o modo como o homem realizou a tarefa, concorda?

– Muito.

Ora, circunstâncias, como a de modo, são expressas geralmente por que classe de palavras?

– Advérbio!

Exato! Trata-se de circunstância indicada geralmente por advérbios / adjuntos adverbiais. A frase apresenta, portanto, a forma verbal "chorando", que equivale a uma estrutura como "chorosamente" (advérbio), "aos prantos" (adjunto adverbial) ou outra semelhante.

+ "João Luís é um homem ferido."

A forma "ferido", particípio do verbo "ferir", desempenha a função de adjunto adnominal ao caracterizar o substantivo "homem". Essa função, como sabemos, é tradicionalmente desempenhada pelos adjetivos.

– Ok, professor.

Entendido? Formas nominais são aquelas que podem, em certos contextos, equivaler a nomes, desempenhando o mesmo papel que eles desempenhariam.

8.2. Infinitivo

O infinitivo é considerado, de modo geral, a forma verbal que *nomeia* um verbo. No entanto, de todas as formas nominais, é a única que apresenta uma subdivisão: há o infinitivo impessoal e o pessoal.

– E nós vamos a elas, suponho...

Vamos, sim!

O **infinitivo impessoal:** não flexiona, ou seja, tem forma fixa. É aquela forma terminada em "-ar", "-er", "-ir":

+ andar
+ correr
+ dormir

– Esse é o infinitivo com o qual estamos mais do que acostumados. Aliás, esse é o infinitivo que conhecemos...

Exatamente. Mas não fique com medo, porque o conhecimento que temos acerca disso vale. Se alguém perguntar o seguinte: "qual o infinitivo do verbo *amar*?". Certamente a pessoa estará se referindo ao infinitivo impessoal, esperando que você responda: "amar".

– Ok.

+ "Compreender a ciência facilita a vida."
  inf. impessoal

Já o **infinitivo pessoal** flexiona e concorda com a pessoa que estiver acompanhando. O infinitivo pessoal pode ser conjugado com o auxílio da preposição "para":

+ para eu andar
  para tu andares
  para ele andar
  para nós andarmos
  para vós andardes
  para eles andarem

– Profe, esse é um pouco mais difícil...

Sem dúvida. Mas acredite: é mais difícil porque não estamos habituados a ele. Só por isso. Vejamos um exemplo:

+ "Ele pediu para tu explicares a questão."
  Inf. pessoal

– Ok.

Alguns usos dos infinitivos

1) Não se flexiona, via de regra, o infinitivo que é verbo principal da locução verbal

+ "Todos começaram a rir da situação."
  Infinitivo impessoal

+ "Os atletas devem correr a maratona."
  Infinitivo impessoal

– "Queremos antecipar", "pararam de estudar" e assim por diante?

Sim. Há, inclusive, certa lógica no que diz respeito à própria pronúncia, pois "Nós queremos anteciparmos o processo" e "as moças pararam de estudarem", por exemplo, ficariam horríveis, não?

– Certamente.

Então, tudo Ok até aqui.

Obs. 1:

Pode-se flexionar o infinitivo, mesmo na locução verbal, quando o verbo auxiliar estiver muito distante do principal:

+ "Devem as pessoas de boa índole observarem o entorno."
Infinitivo pessoal / flexionado

– Serve para manter claro que o sujeito é "as pessoas", fato que seria claramente marcado apenas pelo auxiliar em ordem direta: "As pessoas de boa índole *devem observar* o entorno".

Exatamente. E note: *pode ser flexionado*; não necessariamente será. A forma com o infinitivo impessoal também deixaria a frase correta:

+ "Devem as pessoas de boa índole observar o entorno."
Infinitivo impessoal

– Certo! Podem as duas formas.

Isso.

Obs. 2:

Pode-se também flexionar (mais uma vez: *pode-se*, de modo não obrigatório) quando o verbo auxiliar, explícito em uma primeira ocorrência, for suprimido na segunda:

+ "Queres comprar a casa e promoveres nela reuniões sociais."
Infinitivo pessoal / flexionado

Na frase acima, temos um verbo "querer" implícito em uma segunda ocorrência: "Queres comprar a casa e (queres) promoveres reuniões sociais".

– Profe, nesse caso acho horrível e feia a forma flexionada.

Eu também, ainda mais que a forma invariável poderia ser usada de modo correto também aqui, mas, como a gramática nos ensina que pode, saibamos que pode.

2) Infinitivo preso aos verbos causativos e sensitivos

Pergunta que deve estar passando pela sua cabeça: "Professor do céu, quais são mesmo os verbos causativos e sensitivos?".

> – Era bem no que eu estava pensando.

Pois então vamos relembrá-los (porque nós os vimos em "locuções verbais"): são verbos **causativos** "mandar", "deixar", "fazer" e sinônimos; já **sensitivos** são os verbos "ver", "ouvir", "sentir" e sinônimos.

> – Ok.

Esses verbos, como falamos algumas páginas atrás, jamais formam locução com o verbo que os antecede. O sujeito dos verbos causativos e sensitivos pode ser um substantivo ou um pronome oblíquo átono:

+ "A menina deixou o garoto **fazer** o almoço."
  Sujeito do verbo "fazer"

+ "A menina deixou-o **fazer** o almoço."
  Sujeito do verbo "fazer"

> – Professor, é tão estranho imaginar que "o" é o sujeito do verbo "fazer"...

Eu sei que é esquisitíssimo, mas acredite: nesse caso, o pronome é o sujeito do verbo causativo.

> – Certo. Vou acreditar...

Ótimo. Agora vamos aos usos do infinitivo com sujeito causativo:

a) Com os causativos, se o sujeito for representado por pronome, usa-se obrigatoriamente o impessoal, não flexionado:

sujeito é pronome ↓
+ "O rapaz fê-**los** parar."
  inf. impessoal

sujeito é pronome ↓
+ "Deixou-**os** descansar."
  inf. Impessoal

– No estranho caso em que o pronome é sujeito do verbo causativo, o infinitivo tem de ser obrigatoriamente singular, impessoal.

Exato.

b) Se o sujeito for representado por um substantivo plural, poder-se-á se usar tanto o infinitivo impessoal quanto o pessoal, opcionalmente:

sujeito é subst. plural
↓
+ "O rapaz fez **os pais** parar / pararem."
opcional

sujeito é subst. plural
↓
+ "Deixou **os filhos** descansar / descansarem."
opcional

– Professor, que coisa mais difícil... Se o sujeito do verbo causativo for um substantivo plural, opcional?

Isso. Pronome, impessoal / não flexionado; substantivo, opcional.

3) Infinitivo fora da locução verbal

Quando o infinitivo não é parte de uma locução, flexioná-lo ou não depende de se querer destacar a ação em si (sem flexão) ou de se desejar dar ênfase ao agente (com flexão):

+ "Estudamos para vencer na vida." (ênfase na vitória)
inf. impessoal

+ "Estudamos para vencermos na vida." (ênfase no sujeito "nós")
inf. pessoal

Percebe?

– Percebo, sim, professor. Nesse caso é, então, uma questão de enfatizar o sujeito da ação, flexionando, ou a ação em si, não flexionando?

Exatamente isso. Mas isso só serve no caso de o sujeito não estar explícito. Se o sujeito estiver expresso, a flexão é obrigatória:

sujeito expresso
↓
+ "Estudamos para **nós** vencermos na vida."
inf. pessoal

8.3. Gerúndio

Gerúndio é aquela forma verbal terminada em "-ndo" que indica geralmente ação que se prolonga: "andando", "correndo", "partindo", etc.

1) É usado em orações reduzidas

- "**Chegando** à casa do amigo, viu que ele não estava."
- "**Pretendendo** uma promoção no serviço, elogiava sempre o chefe."

– Trabalharemos, mais tarde, em detalhes as orações reduzidas?

Sim, sem dúvida nenhuma. No tópico "Orações", elas aparecerão diversas vezes.

– Ótimo!

2) Faz parte de diversas locuções verbais, com sentidos diversos

- "A garota continuava **trabalhando** na empresa."
- "Estava **atingindo** o ápice da sua capacidade."

– Esse é um uso muito tranquilo.

Não só esse, o anterior também. É importante que você não se deixe contaminar pelas dificuldades que existem no infinitivo e passe a achar que as formas nominais são todas difíceis. O infinitivo tem as suas dificuldades, mas gerúndio e particípio são bem tranquilos. Eu garanto.

– Tranquiliza meu espírito saber isso, professor.

Que ótimo. ☺

8.4. Particípio

Alguns usos do particípio

Aqui não há nenhuma novidade, praticamente. Em momentos pregressos do estudo de verbos, já vimos quase tudo o que veremos aqui.

1) Faz parte das locuções verbais de voz passiva analítica

- "Os peixinhos foram **devorados** pelos tubarões."
- "A maratona será **disputada** amanhã."

– Locução de voz passiva = "ser + particípio"?

Basicamente, sim. Uma estrutura que sabemos bastante e temos mesmo de saber, porque participa das vozes verbais, matéria que aparece e aparece e aparece em provas...

– Ok.

2) Surge nas locuções verbais de tempo composto

+ "A moça havia **vendido** a sua bolsa importada."
+ "Eu teria **respondido** a essa pergunta, se você me procurasse."

– "Ser + particípio" = locução de voz passiva; "ter / haver + particípio" = locução verbal de tempo composto.

Exato! Como vimos um pouco antes, no estudo das locuções verbais.

3) Pode também aparecer em orações reduzidas de particípio

+ "**Concluído** o trabalho, fomos dormir."
+ "**Assinada** a carta, postei-a."

– Não me assusto porque o senhor disse que vamos estudar com calma as reduzidas mais tarde...

Sim, iremos estudá-las. E, quando as estudarmos, faremos uma conexão direta com o que estamos vendo agora, porque há orações reduzidas de infinitivo, de gerúndio e de particípio.

– Ótimo.

9. OS TEMPOS VERBAIS COMPOSTOS

Todos os tempos verbais que vimos até aqui são os chamados tempos verbais simples, aqueles em que a conjugação é representada por apenas um verbo. Além deles, há os chamados tempos verbais compostos, que são conjugados com o apoio dos verbos "ter" e "haver".

– E por acaso se pergunta em prova qual é o tempo verbal composto de que se trata?

Para nossa sorte, não. Pode aparecer uma locução verbal de tempo composto no assunto "locuções verbais", ou então em termos de análise do que a locução expressa semanticamente, ou ainda na substituição do pretérito mais-que-perfeito simples pelo pretérito mais-que-perfeito composto.

– Então a nossa missão seria, basicamente, saber que esses tempos compostos existem e, de modo mais específico, lembrar o pretérito mais-que-perfeito composto?

Exatamente. Lembremos assim:

Sempre que tivermos "ter / haver + particípio", será uma locução verbal de tempo composto

+ "Antônio tem / há vendido muitos carros ultimamente."
  loc. verbal de tempo composto
+ "No momento em que ela chegou, eu já tinha / havia saído em direção ao curso."
  loc. verbal de tempo composto
+ "Quando chegares, já terei / haverei arrumado toda a casa."
  loc. verbal de tempo composto
+ "Se pudesse, eu teria / haveria concluído o curso."
  loc. verbal de tempo composto

– Caso eu enxergue "ter / haver + particípio", é locução de tempo verbal composto?

Sim. Assim mesmo. ☺

A seguir, uma tabela com os tempos verbais compostos da língua portuguesa.

a) Indicativo

Pretérito perfeito composto	Tenho ou hei cantado, vendido, partido Tens ou hás cantado, vendido, partido Tem ou há cantado, vendido, partido Temos ou havemos cantado, vendido, partido Tendes ou haveis cantado, vendido, partido Têm ou hão cantado, vendido, partido
Pretérito mais-que--perfeito composto	Tinha ou havia cantado, vendido, partido Tinhas ou havia cantado, vendido, partido Tinha ou havia cantado, vendido, partido Tínhamos ou havíamos cantado, vendido, partido Tínheis ou havíeis cantado, vendido, partido Tinham ou haviam cantado, vendido, partido

Futuro do presente composto	Terei ou haverei cantado, vendido, partido Terás ou haverás cantado, vendido, partido Terá ou haverá cantado, vendido, partido Teremos ou haveremos cantado, vendido, partido Tereis ou havereis cantado, vendido, partido Terão ou haverão cantado, vendido, partido
Futuro do pretérito composto	Teria ou haveria cantado, vendido, partido Terias ou haverias cantado, vendido, partido Teria ou haveria cantado, vendido, partido Teríamos ou haveríamos cantado, vendido, partido Teríeis ou haveríeis cantado, vendido, partido Teriam ou haveriam cantado, vendido, partido

b) Subjuntivo

Pretérito perfeito composto	Tenha ou haja cantado, vendido, partido Tenhas ou hajas cantado, vendido, partido Tenha ou haja cantado, vendido, partido Tenhamos ou hajamos cantado, vendido, partido Tenhais ou hajais cantado, vendido, partido Tenham ou hajam cantado, vendido, partido
Pretérito mais-que--perfeito composto	Tivesse ou houvesse cantado, vendido, partido Tivesses ou houvesses cantado, vendido, partido Tivesse ou houvesse cantado, vendido, partido Tivéssemos ou houvéssemos cantado, vendido, partido Tivésseis ou houvésseis cantado, vendido, partido Tivessem ou houvessem cantado, vendido, partido
Futuro composto	Tiver ou houver cantado, vendido, partido Tiveres ou houveres cantado, vendido, partido Tiver ou houver cantado, vendido, partido Tivermos ou houvermos cantado, vendido, partido Tiverdes ou houverdes cantado, vendido, partido Tiverem ou houverem cantado, vendido, partido

c) Formas nominais

Infinitivo pessoal composto	Ter ou haver cantado, vendido, partido Teres ou haveres cantado, vendido partido Ter ou haver cantado, vendido, partido Termos ou havermos cantado, vendido, partido Terdes ou haverdes cantado, vendido, partido Terem ou haverem cantado, vendido, partido
Infinitivo impessoal composto	Ter cantado, vendido, partido
Gerúndio composto	Tendo cantado, vendido, partido

– Ok!

10. TEMPOS PRIMITIVOS E TEMPOS DERIVADOS

Não sei se você se lembra de que existem tempos verbais primitivos e tempos verbais derivados.

– Professor, posso assegurar que não lembro. Acho que posso, inclusive, afirmar que eu nem sabia que eles existiam...

Pois então, vamos lá. ☺

Existem três tempos verbais de cujas conjugações vêm todos os outros tempos verbais. Os tempos verbais primitivos são *presente do indicativo, pretérito perfeito do indicativo* e *infinitivo impessoal*.

– Presente do indicativo, pretérito perfeito do indicativo e infinitivo impessoal. São esses três os que o senhor quer que, inicialmente, eu saiba?

Exato. E dou a você a minha palavra: caso consiga aprender as tabelas que virão a seguir, você nunca mais, nunca mais, nunca mais *mesmo* vai errar a conjugação de um verbo. Dá trabalho saber as tabelas, mas, se bem aprendidas, aprendemos a conjugar para nunca mais errar.

– Decorar tabelas não é de Deus, professor... Mas, se o senhor disser que decorando essas tabelas não erro mais verbos, acho que vale o esforço...

Certeza de que vale. ☺

10.1. Presente do indicativo

A primeira tabela a se saber é a do presente do indicativo. Talvez já tenhamos alguma familiaridade com ela, devido ao fato de ser a tabela que se usa para a formação do Modo Imperativo.

– Creio que sim...

Do presente do Indicativo, de acordo com o esquema abaixo, virão o presente do subjuntivo e os dois imperativos (afirmativo e negativo):

Presente do indicativo	Imperativo afirmativo	Presente do subjuntivo	Imperativo negativo
Canto	–	Cante	–
Cantas –s →	Canta tu	Cantes →	Não cantes tu
Canta	Cante você ←	Cante →	Não cante você
Cantamos	Cantemos nós ←	Cantemos →	Não cantemos nós
Cantais –s →	Cantai vós	Canteis →	Não canteis vós
Cantam	Cantem vocês ←	Cantem →	Não cantem vocês

Agora vamos às particularizações. Quero que, a cada item, você retorne à tabela para "enxergar" o que estou explicando. Pode ser?

– Pode, sim.

Ótimo.

a) Da primeira pessoa do singular do presente do indicativo vem a primeira pessoa do singular do presente do subjuntivo. Altera-se apenas a vogal final:
   - eu canto → que eu cante
   - eu vendo → que eu venda
   - eu parto → que eu parta

– Só se muda a letrinha final?

Só. Depois, seguimos conjugando o presente do subjuntivo, lembrando sempre, como já vimos, que a primeira pessoa do singular se repete em todas as outras, servindo como base para a conjugação:

- Que eu cante, tu cantes, ele cante, nós cantemos, vós canteis, eles cantem.
- Que eu venda, tu vendas, ele venda, nós vendamos, vós vendais, eles vendam.
- Que eu parta, tu partas, ele parta, nós partamos, vós partais, eles partam.

– Perfeito.

b) A segunda pessoa do singular ("tu") e a segunda pessoa do plural ("vós") do imperativo afirmativo virão das respectivas segundas pessoas do presente do indicativo, sem o "S" final, que vamos suprimir:

+ tu cantas → canta tu
+ vós cantais → cantai vós
+ tu vendes → vende tu
+ vós vendeis → vendei vós
+ tu partes → parte tu
+ vós partis → parti vós

– Essas são as únicas duas pessoas do imperativo que vêm do presente do indicativo, certo?

Certo. E sempre sem o "S" final.

c) As demais pessoas que restam vêm, todas elas, do presente do subjuntivo, sem sofrer nenhum tipo de alteração.

– Iguaizinhas?

Iguaizinhas. No afirmativo, a terceira do singular, a primeira e a terceira do plural virão do presente do subjuntivo. No negativo, serão todas as pessoas.

– Ok.

10.2. Pretérito perfeito do indicativo

A segunda tabela que teremos de saber será a do pretérito perfeito do indicativo. Pouca gente a conhece, mas a tabela que veremos vale ouro, porque torna fácil a conjugação dos três tempos verbais certamente mais difíceis de conjugar.

– Se o senhor diz que vale ouro, quer dizer que não saber entra no campo do "Deus nos livre"?

Isso mesmo. Tem de saber. E o ponto de partida aqui é sempre a terceira pessoa do plural do pretérito perfeito, aquela que terminará, necessariamente, em "-ram": eles cantaram, eles venderam, eles partiram, eles amaram, eles fizeram, eles repetiram.

– Sempre terminada em "-ram"

Exato. Pense assim: "ontem eles ... -ram", entende?

– Sim: ontem eles *discutiram*, ontem eles *estudaram*, ontem eles *vieram*, ontem eles *constataram*, e por aí vai.

Isso mesmo.

-M · -AM · -RAM +SSE

Pretérito perfeito	Pretérito mais-que-perf.	Futuro do subjuntivo	Pretérito. imperf. do subj.
	Eu cantara	Quando eu cantar	Se eu cantasse
cantaRAM			

Particularizemos, agora. De novo, vá sempre voltando à tabela para verificar o que se está afirmando.

– Ok.

a) Da terceira pessoa do plural do pretérito perfeito vem a primeira pessoa do singular do pretérito mais-que-perfeito, por meio apenas da supressão da letra "-M" final:

- eles canta**ram** → eu canta**ra**
- eles vende**ram** → eu vende**ra**
- eles parti**ram** → eu parti**ra**

– Facilita muito mesmo...

Sim. Mesmo em relação a verbos mais difíceis:

- eles vie**ram** → eu vie**ra** (verbo "vir")
- eles vi**ram** → eu vi**ra** (verbo "ver")
- eles trouxe**ram** → eu trouxe**ra**

b) Também da terceira pessoa do plural do pretérito perfeito vem a primeira pessoa do singular do futuro do subjuntivo, por meio da supressão da terminação "-am":

- eles canta**ram** → quando eu cantar

- eles vende**ram** → quando eu vender
- eles parti**ram** → quando eu partir

– Fantástico. Também salva nos verbos mais difíceis?

Sim, em todos eles:

- eles vie**ram** → quando eu vier (verbo "vir")
- eles vi**ram** → quando eu vir (verbo "ver")
- eles trouxe**ram** → quando eu trouxer
- eles fize**ram** → quando eu fizer

– Ótimo!

Depois, basta seguir conjugando no futuro do subjuntivo mantendo a primeira pessoa como base:

- Quando eu vier, tu vieres, ele vier, nós viermos, vós vierdes, eles vierem.
- Quando eu vir, tu vires, ele vir, nós virmos, vós virdes, eles virem.
- Quando eu trouxer, tu trouxeres, ele trouxer, nós trouxermos, vós trouxerdes, eles trouxerem.
- Quando eu fizer, tu fizeres, ele fizer, nós fizermos, vós fizerdes, eles fizerem.

– Perfeito.

c) Por fim, da terceira pessoa do plural do pretérito perfeito também vem a primeira pessoa do singular do futuro do subjuntivo, substituindo-se o "-ram" final por "-sse":

- eles canta**ram** → se eu canta**sse**
- eles vende**ram** → se eu vende**sse**
- eles parti**ram** → se eu parti**sse**

– Professor amado do céu, sabendo essas tabelas (caso eu consiga), passo a acreditar que tenho como não mais errar conjugação verbal, o que para mim era, até pouco tempo atrás, um sonho bem distante.

Fico muito feliz em saber. ☺

Vamos observar como isso também funciona nos verbos mais difíceis:

- eles vie**ram** → se eu vie**sse**
- eles vi**ram** → se eu vi**sse**
- eles trouxe**ram** → se eu trouxe**sse**
- eles fize**ram** → se eu fize**sse**

10.3. Infinitivo impessoal

A terceira e última tabela a saber é mais fácil e talvez menos relevante, porque não envolve tempos verbais nos quais tenhamos grandes dificuldades. No entanto, já que estamos vendo tudo, vamos estudá-la também.

+EI | +IA | – AR/ER/IR + AVA/IA

Infinitivo impessoal	Fut. presente	Fut. pretérito	Pret. imperf. ind.
Amar debater	Amarei debaterei	Amaria debateria	Amava debatia

a) Do infinitivo impessoal, vem a primeira pessoa do singular do futuro do presente, acrescentando-se, via de regra, após o infinitivo "-ei":

+ cantar → eu cantar**ei**
+ vender → eu vender**ei**
+ dormir → eu dormir**ei**

– Perto dos outros que estamos vendo é fácil, fácil, professor. Mas acho que isso também se deve ao fato de o futuro não ser um tempo propriamente difícil de conjugar...

Sem dúvida, você tem razão. Como eu disse, aqui é tudo mais fácil do que aquilo que vimos antes.

b) Também do infinitivo impessoal, vem a primeira pessoa do futuro do pretérito, por meio do acréscimo de "-ia" ao infinitivo:

+ cantar → eu cantar**ia**
+ vender → eu vender**ia**
+ dormir → eu dormir**ia**

– Simplesinho também, professor.

Ótimo.

c) Por fim, vem do infinitivo pessoal a primeira pessoa do pretérito imperfeito do indicativo. O que sempre acontece é a queda do "-ar, -er, -ir" final. Depois disso, temos duas hipóteses: para os verbos de primeira conjugação (terminados em "-ar"), acrescentamos "-ava"; para os verbos de segunda e terceira conjugações (terminados em "-er" e "-ir"), acrescentamos "-ia":

+ **cantar → eu cantava**
+ **vender → eu vendia**
+ **partir → eu partia**

– Aqui poderia dificultar um pouquinho, profe, mas é fácil também conjugar no pretérito imperfeito do indicativo: são aquelas formas que terminam, basicamente, em "-va" e "-ia".

Exato!

11. ALGUMAS CLASSIFICAÇÕES DOS VERBOS

11.1. Verbos regulares

São regulares os verbos que mantêm o seu radical inalterado ao longo de todas as conjugações e seguem um padrão geral de conjugação do qual não há desvios. São exemplos de verbos regulares aqueles que conjugamos exaustivamente no estudo dos tempos verbais simples: "cantar", "vender" e "partir".

– Esses são os mais fáceis, não?

Sim. Bem mais fáceis.

– E por que todos os verbos não são assim, mais fáceis, mais tranquilos?

Porque a vida não é um moranguinho, porque se algo pode se complicar geralmente se complica, porque, se todas as coisas fossem fáceis, nós nem saberíamos valorizar as que verdadeiramente são.

– Nossa, profe, que coisa boa uma injeção de ânimo assim tão otimista...

É uma brincadeira só para dar uma sacudida, porque virão mesmo muitas coisas complexas na sequência. ☺

– Já entendi que, quando o senhor fala de "coisas complexas", é porque vem dificuldade pela frente...

Exatamente. Vamos, por enquanto, ver um exemplo de verbo regular em alguns tempos.

CORRER

Pres. do indicativo	Pret. perf. do indicativo	Fut. do subjuntivo
CORRo CORRes CORRe CORRemos CORReis CORRem	CORRi CORReste CORReu CORRemos CORRestes CORReram	CORResse CORResses CORResse CORRêssemos CORRêsseis CORRessem

A classificação de "regular" quer dizer que são verbos que apresentam regularidade, constância de conjugação, porque se conjugam de acordo com os padrões usuais de conjugação. Ou seja, eles não apresentam os desvios que nos atrapalham tanto.

– Então esses são aqueles que não há como errar?

Nessa linha. Sempre há como errar. Mas esses são os mais tranquilos.

11.2. Verbos irregulares

São irregulares os verbos que apresentam variações no radical ou na flexão ao longo das conjugações. Abaixo, alguns exemplos bem práticos e comparativos de verbos que apresentam irregularidades na conjugação.

- ouvir – ouço
- dizer – digo
- perder – perco
- caber – coube

– Aqui começam os problemas, então...

Eu diria que aqui começam e quase terminam os problemas. Porque, na verdade, os verbos de conjugação mais estranha da língua, que são os anômalos (os que veremos a seguir), são apenas dois. Ou seja: eles, mesmo difíceis, podem ser decorados.

– O que o senhor quer dizer com isso?

Na realidade, eu não quero dizer: eu estou dizendo. ☺

Em termos de conjugação, os verbos mais difíceis da língua encontram-se entre os irregulares. Trata-se de verbos que, por fugirem ao padrão habitual de flexão, têm de ser previamente conhecidos para que possam ser corretamente conjugados. Ou seja, basicamente os conhecemos se já fomos atrás deles ou se alguém já os apresentou a nós.

– Professor querido, espero que o senhor os apresente a mim, porque não está entre os meus objetivos próximos sair catando por aí verbos irregulares...

Sim, eu já esperava por isso e entendo completamente a resposta. ☺

Um pouco mais à frente, faremos uma antologia com a conjugação dos verbos mais importantes e difíceis da nossa língua.

Vejamos agora o verbo "dizer" em três diferentes tempos, para enxergarmos a irregularidade.

DIZER

Pres. do indicativo	Pret. perf. do indicativo	Pres. do subjuntivo
DIGo DIZes DIZ DIZemos DIZeis DIZem	DISSe DISSeste DISSe DISSemos DISSestes DISSeram	DIGa DIGas DIGa DIGamos DIGais DIGam

Observação importante:

Há uma outra dificuldade que pode vir associada aos verbos irregulares.

– Eu achava que já estava difícil...

É só mais uma coisinha. Veja comigo.

a) Nos verbos regulares, o infinitivo pessoal *é igual ao* futuro do subjuntivo:

CANTAR (VERBO REGULAR)

Futuro do subjuntivo	Infinitivo pessoal
Quando eu cantar Quando tu cantares Quando ele cantar Quando nós cantarmos Quando vós cantardes Quando eles cantarem	Para eu cantar Para tu cantares Para ele cantar Para nós cantarmos Para vós cantardes Para eles cantarem

– Certo.

b) Nos verbos irregulares, o infinitivo pessoal *é diferente do* futuro do subjuntivo:

DIZER (VERBO IRREGULAR)

Futuro do subjuntivo	Infinitivo pessoal
Quando eu disser Quando tu disseres Quando ele disser Quando nós dissermos Quando vós disserdes Quando eles disserem	Para eu dizer Para tu dizeres Para ele dizer Para nós dizermos Para vós dizerdes Para eles dizerem

– Entendi. Aí surge a dificuldade para diferenciá-los, certo?

Surgiria, se você não estivesse estudando isso e não fosse uma pessoa bem esforçada. ☺

– Aí fico feliz de saber.

Vamos lá! ☺

Se for antecedido por conjunção (geralmente "quando" e "se"), o verbo é conjugado no futuro do subjuntivo:

+ "Quando o rapaz disser a verdade, as pessoas ficarão surpresas."
(Quando = conj.; disser = fut. do subj.)

Se for antecedido por preposição ("de", "para" "por", etc.), o verbo é conjugado no infinitivo pessoal:

+ "O diretor pediu para o rapaz dizer a verdade."
prep. inf. pessoal

– Perfeito, profe. Só isso?

Só! Ótimo!

11.3. Verbos anômalos

– Que nome é esse, professor?

É estranho, mas é autoexplicativo: verbos anômalos são aqueles que apresentam uma anomalia, ou seja, uma anormalidade. Tais verbos apresentam variações tão grandes no radical que se chega a perder a noção de que haja um radical unificando a conjugação.

– Compreendi. Verbo anômalo = verbo anormal, por assim dizer.

Isso. Na verdade, são os verbos que apresentam mais de um radical. A rigor, somente dois verbos da língua portuguesa são anômalos: "ser" e "ir".

– Esses dois e nada mais?

Nada mais.

Vamos mostrar como é anômalo, a título de exemplo, o verbo "ser":

Pres. do indicativo	Pret. perf. do indic.	Pret. perf. do indic.	Pres. do subj.
Eu sou Tu és Ele é Nós somos Vós sois Eles são	Eu fui Tu foste Ele foi Nós fomos Vós fostes Eles foram	Eu era Tu eras Ele era Nós éramos Vós éreis Eles eram	Seja Sejas Seja Sejamos Sejais Sejam

Na sequência deste capítulo, os verbos "ser" e "ir" serão conjugados na íntegra. Não se preocupe.

11.4. Verbos pronominais

Você sabe o que é um verbo pronominal?

– A mim parece óbvio que seja um verbo que vem acompanhado por um pronome...

Bom começo. Mas de que tipo de pronome se está falando?

– Ah, daí já é outra conversa, que não me parece tão óbvia...

Pois então: os verbos pronominais são aqueles que, na sua conjugação, são acompanhados pelos pronomes pessoais oblíquos átonos "ME", "TE", "SE", "NOS", "VOS" e "SE".

– Acho que não entendi.

Tranquilo. Vamos pensar na conjugação de um verbo qualquer, que não seja pronominal, em determinado tempo. Por exemplo: o verbo "lembrar" no presente do indicativo. Conjugue para mim.

– Eu lembro, tu lembras, ele lembra, nós lembramos, vós lembrais, eles lembram.

Muito bem! Perceba que a conjugação foi feita sem a presença dos pronomes pessoais oblíquos átonos. O que nós temos na conjugação são os pronomes retos, que indicam a pessoa de que se trata. Agora, conjuguemos o verbo na forma pronominal:

+ Eu me lembro, tu te lembras, ele se lembra, nós nos lembramos, vós vos lembrais, eles se lembram.

Aqui o verbo conjugado, a rigor, não é "lembrar", e sim "lembrar-se", pois o verbo está conjugado em sua forma pronominal. Compreendeu?

– Creio que compreendi.

São considerados verbos pronominais de fato aqueles em que os pronomes "ME", "TE", "SE", "NOS", "VOS" e "SE" não apresentam valor reflexivo.

+ "A moça queixou-se dos comentários dos colegas."

Note que o pronome não tem valor reflexivo (não se está dizendo que a moça queixou a si própria). Trata-se, portanto, de um verbo pronominal. Essa partícula "SE" é chamada "parte integrante do verbo".

– Tudo ótimo até aqui.

Há os verbos que são essencialmente pronominais. Esses verbos somente são conjugados com o acompanhamento do pronome oblíquo, como "arrepender-se", "atrever-se", "precaver-se" e "suicidar-se". Em todos eles, o pronome é parte integrante do verbo.

PIV
↓
+ "Após a reunião, eu me arrependi da declaração dada."
verbo pronominal

PIV
↓
+ "Eu creio que não te atreveste a falar uma besteira."
verbo pronominal

PIV
↓
+ "O rapaz se suicidou após um período crítico."
verbo pronominal

– Não pode ter valor reflexivo. De jeito nenhum.

Isso. Se tiver, o verbo pertencerá à próxima classificação que veremos.

– Certo.

Há outros verbos que são ocasionalmente pronominais, ou seja, eles podem ser usados de forma não pronominal ou pronominal, dependendo da situação. Nesses verbos, mais uma vez, para que sejam considerados pronominais, os pronomes não terão valor reflexivo. Os dois mais tradicionais, porque sempre estudados na regência, são "esquecer-se" e "lembrar-se".

+ "O rapaz esqueceu a carteira na sala."
verbo não pronominal

PIV
↓
+ "O rapaz se esqueceu da carteira na sala."
verbo pronominal

Perceba que, na frase acima, o pronome não tem valor reflexivo (não é "o rapaz esqueceu a si mesmo"). O "se" é, portanto, parte integrante de um verbo pronominal.

– Ok, profe querido!

Agradeço. ☺

11.5. Verbos reflexivos

Os verbos reflexivos são verbos que não são exclusivamente pronominais, mas que podem ser acompanhados pelos pronomes oblíquos átonos para indicar que a ação expressa pelo verbo incide sobre o sujeito que a praticou.

– Ação reflexiva no sentido de ação reflexa? Uma coisa que é praticada por um ser e reflexamente sofrida por ele?

Exatamente. Quando temos um verbo reflexivo, temos um verbo que, com o auxílio do pronome, estará indicando que o sujeito pratica e sofre a ação por ele praticada.

pronome reflexivo
↓
+ "Aquela menina se odeia."
verbo reflexivo

Não temos um verbo necessariamente pronominal, pois tal verbo aceita ser usado sem o auxílio de um pronome em estruturas como "Ana odeia carne". Percebe isso?

– Sim, percebo.

Ok. No uso "Ana se odeia", no entanto, temos um verbo reflexivo, pois o pronome torna claro que a ação expressa pelo verbo "odiar" recai sobre o sujeito, uma vez que Ana, a um só tempo, é quem odeia (quem pratica a ação) e quem é odiada (quem sofre a ação).

– Perfeito, professor.

11.6. Verbos vicários

– E tome nome de que nunca ouvi falar...

Calma. O nome é estranho, mas o sentido é bem facilzinho. Vicários são verbos que substituem outros verbos, evitando a sua repetição.

+ "Ana bebia cachaça na juventude, mas hoje em dia não o faz mais."
verbo vicário

O verbo "fazer" está sendo usado para que não haja repetição do verbo "beber":

+ "Ana bebia cachaça na juventude, mas hoje em dia não bebe mais".

– Entendi. Mas de onde vem esse nome?

Do dicionário mesmo, do léxico da língua, do vocabulário que existe e não sabemos que existe. Vejamos a definição do *Pequeno Dicionário Houaiss de Língua Portuguesa* para o termo "vicário": "adjetivo; que substitui outra coisa ou pessoa; substituto. Exemplo: plantonista vicário (= plantonista substituto)". Viu?

– Faz muito sentido. Só me faltou saber significado de "vicário"...

Pois é: faltou, mas agora não vai faltar mais. ☺

+ "Se não viajou mais na infância, foi porque os pais não deixaram."

Na frase acima, o verbo "ser" substitui o verbo viajar.

+ "Se não viajou mais na infância, não viajou mais porque os pais não deixaram."

– Ok!

11.7. Verbos defectivos

Você se lembra de eu ter falado que os verbos anômalos são aqueles que têm anomalias, anormalidades?

– Lembro bem.

Pois então: os verbos *defectivos* são aqueles que têm um *defeito*: eles não são conjugados em todas as pessoas de todos os tempos. Isso é considerado um *defeito* que torna o verbo *defectivo*. ☺

– Compreendi.

Para conseguir compreender os verbos defectivos, é importante que você se lembre da primeira tabela que vimos no estudo de tempos verbais primitivos e derivados: do presente do indicativo vêm o presente do subjuntivo e os dois imperativos. Lembra bem?

– Sim!

Se não está com tudo na cabeça, dê uma revisada. Saiba, ao menos, que do presente do indicativo vêm o presente do subjuntivo e os imperativos. Ok?

– Ok. Mas por quê?

Porque todos os verbos defectivos (todos, todos, todos) apresentam defeito na conjugação apenas nos tempos verbais que fazem parte dessa tabela.

Quando um verbo é defectivo, ele pode obedecer a um de dois padrões de defectividade, que vou mostrar aqui abaixo.

- **Padrão 1** – no primeiro padrão, o verbo não apresenta primeira pessoa do singular do presente indicativo, mas apresenta as demais pessoas deste tempo. Levando em conta todo o sistema de derivação que estudamos, em toda essa tabela só haverá sete formas conjugadas: as cinco restantes do presente do indicativo ("tu", "ele", "nós", "vós", "eles") e as segundas do singular e do plural do imperativo afirmativo ("tu" e "vós")

– Somente sete pessoas conjugadas nesses quatro tempos: "tu", "ele", "nós", "vós" e "eles" no presente do indicativo e "tu" e "vós" no imperativo afirmativo? De resto, nada mais?

Isso mesmo. Usemos como exemplo o verbo "abolir", que se enquadra nesse padrão:

Pres. do indicativo	Imp. afirmativo	Pres. do subjuntivo	Imp. negativo
–	–	–	–
Tu aboles –s →	Abole tu	– →	–
Ele abole	– ←	– →	–
Nós abolimos	– ←	– →	–
Vós abolis –s →	Aboli vós	– →	–
Eles abolem	– ←	– →	–

Captou?

– Captei.

Ótimo. Sendo assim, a frase abaixo existe e está correta:

+ "Até onde sei, ele abole todos os maus hábitos dos filhos."
2ª p. sing. pres. ind.

– Certo.

Mas não haveria como conjugá-lo nas pessoas e nos tempos em que ele não existe na tabela. Os verbos abaixo se enquadram todos nesse padrão:

+ abolir, aturdir, banir, bramir, brandir, carpir, colorir, delinquir, demolir, esculpir, exaurir, explodir, extorquir, feder, fulgir, impingir, puir, retorquir, ruir, soer.

– Todos eles só existem nessas sete pessoas.

Isso mesmo.

– E nos demais tempos verbais nada muda?

Nada. Excetuando-se os tempos verbais da primeira tabela, eles existem normalmente nas demais formas. Para você visualizar isso bem, vou mostrar a tabela completa do verbo "abolir".

MODO INDICATIVO

Presente	Pret. perf.	Pret. imperf.	Pret. MQP	Fut. do pres.	Fut. do pret.
----	Aboli	Abolia	Abolira	Abolirei	Aboliria
Aboles	Aboliste	Abolias	Aboliras	Abolirás	Abolirias
Abole	Aboliu	Abolia	Abolira	Abolirá	Aboliria
Abolimos	abolimos	Abolíamos	Abolíramos	Aboliremos	Aboliríamos
Abolis	Abolistes	Abolíeis	Abolíreis	Abolireis	Aboliríeis
Abolem	Aboliram	Aboliam	Aboliram	Abolirão	Aboliriam

MODO SUBJUNTIVO

Presente	Pret. imperf.	Futuro
----	Abolisse	Abolir
----	Abolisses	Abolires
----	Abolisse	Abolir
----	Abolíssemos	Abolirmos
----	Abolísseis	Abolirdes
----	Abolissem	Abolirem

MODO IMPERATIVO

Afirmativo	Negativo
----	----
Abole	----
----	----
----	----
Aboli	----
----	----

- **Padrão 2** – já no segundo padrão, no presente do indicativo o verbo apresenta apenas a primeira e a segunda pessoas do plural; as demais, não. Como temos, de novo, que levar em conta todo o sistema de derivação estudado, em toda essa tabela só haverá três pessoas conjugadas.

– Só três?!

Isso: míseras três. A primeira e a segunda do plural do presente do indicativo e, por consequência, a segunda do plural do imperativo afirmativo.

Usemos como exemplo de verbo que se enquadra neste padrão "reaver":

Pres. do indicativo	Imp. afirmativo	Pres. do subjuntivo	Imp. negativo
–	–	–	–
– —-s→	–	– →	–
–	– ←	– →	–
Nós reavemos	– ←	– →	–
Vós reaveis —-s→	Reavei vós	– →	–
–	– ←	– →	–

– Impressionante.

Pois é, mas o correto é isso mesmo. Os verbos abaixo seguem esse padrão:

+ precaver-se, reaver, adequar, aguerrir, combalir, empedernir, esbaforir, espavorir, falir, florir, fornir, remir, ressarcir, ressequir

– E de novo, só para garantir: nas demais pessoas tudo vai bem e normal?

Isso mesmo. Vejamos a tabela completa de "precaver-se".

MODO INDICATIVO

Presente	Pret. perf.	Pret. imperf.	Pret. MQP	Fut. do pres.	Fut. do pret.
----	Precavi	Precavia	Precavera	Precaverei	Precaveria
----	Precaveste	Precavias	Precaveras	Precaverás	Precaverias
----	Precaveu	Precavia	Precavera	Precaverá	Precaveria
Precavemos	Precavemos	Precavíamos	Precavêramos	Precaveremos	Precaveríamos
Precaveis	Precavestes	Precavíeis	Precavêreis	Precavereis	Precaveríeis
----	Precaveram	Precaviam	Precaveram	Precaverão	Precaveriam

MODO SUBJUNTIVO

Presente	Pret. imperf.	Futuro
----	Precavesse	Precaver
----	Precavesses	Precaveres
----	Precavesse	Precaver
----	Precavêssemos	Precavermos
----	Precavêsseis	Precaverdes
----	Precavessem	Precaverem

MODO IMPERATIVO

Afirmativo	Negativo
----	----
----	----
----	----
----	----
Precavei	----
----	----

11.8. Verbos abundantes

11.8.1. Conceito geral

O que é algo abundante?

– Que existe em abundância...

E o que significa abundância?

– Grande quantidade...

Isso mesmo. E, mais uma vez, isso tem tudo a ver com a nomenclatura que recebem esses verbos. São abundantes os verbos que apresentam duas ou mais formas de mesmo valor e função. Isso pode ocorrer em algumas conjugações. O verbo "haver", por exemplo, na primeira pessoa do plural do presente do indicativo, apresenta duas formas possíveis:

+ "Todos nós hemos / havemos de superar essas dificuldades."

– As duas certas?

As duas certas. Mas, das "abundâncias" que pode haver em um verbo, a mais importante é, sem dúvida, aquela que se dá no particípio.

11.8.2. Verbos abundantes no particípio

O que é mais comum de ser cobrado, no que diz respeito aos verbos abundantes, é o nosso conhecimento acerca dos verbos que são abundantes no particípio, pois, nessa forma nominal, vários verbos apresentam duas formas: o particípio regular e o particípio irregular.

– Pago ou pagado; ganho ou ganhado; gasto ou gastado?

Exatamente. Os três verbos acima são exemplos clássicos de dúvidas em relação ao particípio, e os veremos logo adiante.

a) Particípio regular: é aquele terminado em "-ado" ou "-ido".

+ comprar → comprado
+ vender → vendido
+ partir → partido

– Certo.

b) Particípio irregular: é aquele que apresenta outras terminações.

+ fazer → feito
+ dizer → dito
+ escrever → escrito

– Ok. Tudo certo

Como eu estava falando, o verbo que é abundante no particípio apresenta tanto um particípio regular quanto um particípio irregular.

– E as duas estão certas?

Sim: o verbo somente será abundante se ambas as formas estiverem certas. Se uma delas for usada, mas não estiver certa, o verbo não é abundante. Como veremos adiante, há verbos que parecem abundantes, mas na verdade não o são.

Exemplo de verbo abundante é o verbo "aceitar". Quando o verbo é abundante, os particípios são usados do seguinte modo:

a) usa-se de modo geral o particípio regular com os verbos "ter" e "haver":

verbo "ter"
↓
+ "O homem tinha aceitado o presente."
particípio regular

b) usa-se o particípio irregular com os verbos "ser" e "estar":

verbo "ser"
↓
+ "O presente foi aceito pelo homem."
particípio irregular

Compreendeu?

– Bem compreendidinho.

Ótimo. A seguir, uma lista de verbos aceitos como abundantes no particípio, com as respectivas formas regulares e irregulares.

Verbo	Particípio regular (TER / HAVER)	Particípio irregular (SER / ESTAR)
Aceitar	Aceitado	Aceito
Acender	Acendido	Aceso
Anexar	Anexado	Anexo
Benzer	Benzido	Bento
Despertar	Despertado	Desperto
Dispersar	Dispersado	Disperso

Verbo	Particípio regular (TER / HAVER)	Particípio irregular (SER / ESTAR)
Eleger	Elegido	Eleito
Entregar	Entregado	Entregue
Enxugar	Enxugado	Enxuto
Expelir	Expelido	Expulso
Matar	Matado	Morto
Morrer	Morrido	Morto
Omitir	Omitido	Omisso
Pagar	Pagado	Pago
Pegar	Pegado	Pego
Expressar	Expressado	Expresso
Exprimir	Exprimido	Expresso
Expulsar	Expulsado	Expulso
Extinguir	Extinguido	Extinto
Ganhar	Ganhado	Ganho
Imprimir	Imprimido	Impresso
Incluir	Incluído	Incluso
Incorrer	Incorrido	Incurso
Isentar	Isentado	Isento
Limpar	Limpado	Limpo
Prender	Prendido	Preso
Salvar	Salvado	Salvo
Soltar	Soltado	Solto
Suprimir	Suprimido	Supresso
Suspender	Suspendido	Suspenso

11.8.3. Considerações sobre alguns particípios

Agora, vamos a algumas observações acerca de verbos que geram dúvidas sobre serem regulares, irregulares ou abundantes.

a) "Trazer" e "chegar" são verbos que apresentam apenas o particípio regular, independentemente do verbo auxiliar que os acompanhe:

+ "O navio tinha trazido os imigrantes."
+ "Os mantimentos serão trazidos amanhã."

– "Tinha trago" e "tinha chego" nem pensar?

"Chego" e "trago" como particípio, nem pensar. Ambas as palavras existem, mas somente como primeira pessoa do singular dos verbos "trazer" e "tragar" ("trago", para ambos) e do verbo "chegar" ("chego").

+ "Eu trago boas notícias acerca do acordo." (verbo "trazer" na 1ª p. do sing.)
+ "Eu fumo charuto, mas não trago a fumaça." (verbo "tragar" na 1ª p. do sing.)
+ "Quase sempre eu chego atrasado aos compromissos sociais." (verbo "chegar" na 1ª p. do sing.)

– Entendi, professor. Tudo certo até aqui.

b) "Abrir", "cobrir" e "escrever" apresentam apenas o particípio irregular ("aberto", "coberto" e "escrito", respectivamente):

+ "O buraco maior foi aberto por nós mesmos."
+ "Muitas pessoas tinham aberto as próprias contas."
+ "A mesa será coberta de flores após o funeral."
+ "A neve terá coberto toda a estrada quando voltarmos."
+ "Antônio havia escrito bonitas palavras no cartão."
+ "O bilhete foi escrito por diferentes mãos."

– O que o senhor quer mesmo que eu guarde é que "tinha abrido", "tinha cobrido" e "tinha escrevido" Deus nos livre?

Isso, isso, isso mesmo!

c) "Vir" e, naturalmente, seus derivados ("intervir", "convir", "provir", etc.) são um caso particular de verbo em que o particípio termina em "-ndo":

+ "As pessoas tinham vindo cedo ao escritório."
+ "Se pudesse, a empresa teria intervindo na situação."

Nesses verbos, particípio e gerúndio são idênticos. Teremos de ver se se trata de gerúndio ou particípio de acordo com o contexto:

+ "Eles tinham vindo de carro."
  particípio
  (particípio; a frase equivale a "Eles tinham cheg**ado** de carro")
+ "Eles estavam vindo de carro."
  gerúndio
  (gerúndio; a frase equivale a "Eles estavam cheg**ando** de carro")

– Como em muitos momentos do português, se não se interpretar corretamente a frase, erra-se a questão...

Isso mesmo.

d) "Ganhar", "gastar" e "pagar" são verbos que têm uma particularidade. Quero que você se lembre deles.

– E como lembrar, entre tantos verbos, particularmente desses?

Pense na seguinte frase:

+ "Quem ganha, gasta; e quem gasta, paga."

– "Quem ganha, gasta; e quem gasta, paga." Vou lembrar.

Perfeito. Esses três verbos aceitam tanto particípio regular quanto particípio irregular:

+ "Os rapazes tinham ganho / ganhado uma fortuna."
+ "O governo tem gasto / gastado acima do teto constitucional."
+ "Uma mulher teria pago / pagado o resgate."

– Ok.

12. CONJUGAÇÃO DE ALGUNS VERBOS IMPORTANTES

É difícil até encontrar um adjetivo adequado para esses verbos. Podemos chamá-los de verbos "importantes", "fundamentais", "difíceis", ou alguma nomenclatura assim.

– Verbos "assustadores", verbos "malvados", verbos "sem coração"...

Pode ser também. ☺

O fato é que há um conjunto de verbos que teremos de saber, em sua totalidade ou ao menos em suas particularidades. Não são poucos, mas iremos listando-os e analisando as suas características.

Vem pela frente um trabalho árduo. Se você puder, conjugue esses verbos antes de olhar as tabelas e depois compare a conjugação que fez com a conjugação indicada. Não há como aprender verbos sem "colocar a mão na massa". É conjugando que se aprende a conjugar.

– Vamos adiante, professor!

12.1. Haver

O verbo "haver" vai aqui todo conjugado para que nos familiarizemos com ele. Não é, vale ressaltar, um verbo defectivo. Ou seja, ele é conjugado em todas as pessoas de todos os tempos, mesmo que algumas dessas formas não sejam nunca ou quase nunca usadas.

– E ainda assim eu vou ter de saber?

Ainda assim. Leia e releia. Não neurotize, mas leia e releia.

MODO INDICATIVO

Presente	Pret. perf.	Pret. imperf.	Pret. MQP	Fut. do pres.	Fut. do pret.
Hei	Houve	Havia	Houvera	Haverei	Haveria
Hás	Houveste	Havias	Houveras	Haverás	Haverias
Há	Houve	Havia	Houvera	Haverá	Haveria
Havemos/ hemos	Houvemos	Havíamos	Houvéramos	Haveremos	Haveríamos
Haveis/heis	Houvestes	Havíeis	Houvéreis	Havereis	Haveríeis
Hão	Houveram	Haviam	Houveram	Haverão	Haveria

MODO SUBJUNTIVO

Presente	Pret. imperf.	Futuro
Haja	Houvesse	Houver
Hajas	Houvesses	Houveres
Haja	Houvesse	Houver
Hajamos	Houvéssemos	Houvermos
Hajais	Houvésseis	Houverdes
Hajam	Houvessem	Houverem

MODO IMPERATIVO

Afirmativo	Negativo
–	–
Há	Hajas
Haja	Haja
Hajamos	Hajamos
Havei	Hajais
Hajam	Hajam

FORMAS NOMINAIS

Infinitivo	Gerúndio	Particípio
Haver	Havendo	Havido

"TER", "VIR" E "PÔR": OS TRÊS VERBOS PRIMITIVOS QUE MAIS GERAM VERBOS DERIVADOS

Os três verbos que conjugaremos integralmente a seguir são fundamentais, porque eles são verbos primitivos que geram muitos verbos derivados.

– E isso quer dizer exatamente o que, professor?

Funciona assim: os verbos derivados se formam a partir de um verbo primitivo, por meio do acréscimo de um prefixo. E, mais importante do que isso, é o seguinte: o verbo derivado se conjuga *exatamente do mesmo modo que o verbo primitivo.* Veja abaixo os três primitivos que citamos e alguns dos seus principais derivados.

- ter → reter, deter, manter, conter, ater, etc.
- vir → intervir, convir, advir, provir, sobrevir, etc.
- pôr → repor, depor, compor, contrapor, antepor (e todos os verbos terminados em "-por").

Entendido o que são verbos primitivos e verbos derivados?

– Sim.

E entendido que os verbos derivados são conjugados de acordo com o padrão de conjugação do verbo primitivo?

– Muito entendido.

Certo. Imaginemos o verbo "ter" conjugado na primeira pessoa do singular do pretérito perfeito, como na frase abaixo.

+ "Eu tive dificuldades no exame final."

Todos os verbos derivados dele serão conjugados seguindo o mesmo padrão:

+ "Eu retive os lucros da empresa."
+ "Eu contive os anseios da família."
+ "Eu entretive a filha da minha chefe."

– Sim!

Fico feliz de saber que você está entendendo bem!

– Eu também, profe. Mas, para garantir, dê mais alguns exemplos...

Dou sim, usando os outros dois verbos que estão neste mesmo item.

+ "Ele poria as roupas no armário."
+ "Ele interporia um recurso importante."
+ "Ele comporia uma canção romântica."
+ "Ele anteporia o adjetivo ao substantivo."

– Entendi!

Ótimo. Vamos ver alguns exemplos com o verbo "vir".

+ "Eu vim cedo ao colégio."
+ "Eu intervim a favor dos colegas."
+ "Eu convim com o que foi dito pelo colega."

E por aí vai.

– Ótimo. Guardado.

12.2. Ter

MODO INDICATIVO

Presente	Pret. perf.	Pret. imperf.	Pret. MQP	Fut. do pres.	Fut. do pret.
Tenho	Tive	Tinha	Tivera	Terei	Teria
Tens	Tiveste	Tinhas	Tiveras	Terás	Terias
Tem	Teve	Tinha	Tivera	Terá	Teria

Temos	Tivemos	Tínhamos	Tivéramos	Teremos	Teríamos
Tendes	Tivestes	Tínheis	Tivéreis	Tereis	Teríeis
Têm	Tiveram	Tinham	Tiveram	Terão	Teriam

MODO SUBJUNTIVO

Presente	Pret. imperf.	Futuro
Tenha	Tivesse	Tiver
Tenhas	Tivesses	Tiveres
Tenha	Tivesse	Tiver
Tenhamos	Tivéssemos	Tivermos
Tende	Tivésseis	Tiverdes
Tenham	Tivessem	Tiverem

MODO IMPERATIVO

Afirmativo	Negativo
–	–
Tem	Tenhas
Tenha	Tenha
Tenhamos	Tenhamos
Tende	Tenhais
Tenham	Tenham

FORMAS NOMINAIS

Infinitivo	Gerúndio	Particípio
Ter	Tendo	Tido

Dificuldades:

Aqui, a principal dificuldade não é propriamente o verbo "ter". Conjugá-lo é fácil. Importantes mesmo são os cinco tempos verbais sombreados nas tabelas acima, pois são eles os tempos verbais que podem gerar confusão e erro na conjugação dos verbos derivados. Quer ver?

– Sempre quero.

Então veja.

- "Eu entretive / entreti o filho de Ana."
- "Ele entretinha / entretia o filho de Ana."

+ "Antes de eu pedir, ele entretivera / entretera o filho de Ana."
+ "Eles queriam que eu entretivesse / entretesse o filho de Ana."
+ "Ninguém vai reclamar se eu entretiver / entreter o filho de Ana."

Notou que as formas corretas são as que estão sublinhadas nas frases acima?

– Agora, agora que estou prestando atenção, notei.

Maravilha! Mas é importante que você note que as formas não sublinhadas, que são as formas erradas, não ficam ruins "no ouvido", como costumamos dizer.

– Noto bem. É necessário ter cuidado.

Isso.

12.3. Vir

MODO INDICATIVO

Presente	Pret. perf.	Pret. imperf.	Pret. MQP	Fut. do pres.	Fut. do pret.
Venho	Vim	Vinha	Viera	Virei	Viria
Vens	Vieste	Vinhas	Vieras	Virás	Virias
Vem	Veio	Vinha	Viera	Virá	Viria
Vimos	Viemos	Vínhamos	Viéramos	Viremos	Viríamos
Vindes	Viestes	Vínheis	Viéreis	Vireis	Viríeis
Vêm	Vieram	Vinham	Vieram	Virão	Viriam

MODO SUBJUNTIVO

Presente	Pret. imperf.	Futuro
Venha	Viesse	Vier
Venhas	Viesses	Vieres
Venha	Viesse	Vier
Venhamos	Viéssemos	Viermos
Venhais	Viésseis	Vierdes
Venham	Viessem	Vierem

MODO IMPERATIVO

Afirmativo	Negativo
–	–
Vem	Venhas
Venha	Venha
Venhamos	Venhamos
Vinde	Venhais
Venham	Venham

FORMAS NOMINAIS

Infinitivo	Gerúndio	Particípio
Vir	Vindo	Vindo

Dificuldades:

Aqui, exatamente como foi dito no verbo anterior, a principal dificuldade não é a conjugação: conjugá-lo é tranquilo. Mais uma vez, importantes mesmo são os cinco tempos verbais sombreados. Vejamos:

+ "Eu intervim / intervi em muitos assuntos."
+ "Eu intervinha / intervia em quase tudo."
+ "Quando João me cobrou, eu interviera / intervira na confusão."
+ "Todos esperavam que eu interviesse / intervisse na briga."
+ "Quando eu intervier / intervir, saberão o que penso."

De novo, corretas estão as formas sublinhadas.

– E de novo as formas erradas não ficam ruins "no ouvido"...

Exatamente.

Convém, ainda, destacar que, no caso específico do verbo "vir", gerúndio e particípio são iguais.

– Como vimos quando estudávamos os verbos abundantes?

Isso mesmo.

12.4. Pôr

MODO INDICATIVO

Presente	Pret. perf.	Pret. imperf.	Pret. MQP	Fut. do pres.	Fut. do pret.
Ponho	Pus	Punha	Pusera	Porei	Poria
Pões	Puseste	Punhas	Puseras	Porás	Porias
Põe	Pôs	Punha	Pusera	Porá	Poria
Pomos	Pusemos	Púnhamos	Puséramos	Poremos	Poríamos
Pondes	Pusestes	Púnheis	Puséreis	Poreis	Poríeis
Põem	Puseram	Punham	Puseram	Porão	Poriam

MODO SUBJUNTIVO

Presente	Pret. Imperf.	Futuro
Ponha	Pusesse	Puser
Ponhas	Pusesses	Puseres
Ponha	Pusesse	Puser
Ponhamos	Puséssemos	Pusermos
Ponhais	Pusésseis	Puserdes
Ponham	Pusessem	Puserem

MODO IMPERATIVO

Afirmativo	Negativo
–	–
Põe	Ponhas
Ponha	Ponha
Ponhamos	Ponhamos
Ponde	Ponhais
Ponham	Ponham

FORMAS NOMINAIS

Infinitivo	Gerúndio	Particípio
Pôr	Pondo	Posto

Dificuldades:

Aqui, há os três tempos verbais marcados, que devem ser alvo da nossa atenção tanto para a conjugação dos verbos derivados quanto para a conjugação do próprio verbo primitivo. Entende o que quero dizer com isso?

– Acho que não...

Creio que, em relação ao verbo "pôr", se houver desatenção, pode-se errar inclusive a conjugação do verbo primitivo, ou seja, do próprio verbo "pôr".

+ "Antes de ela chegar, eu pusera / pora a lasanha no forno."
+ "É possível que ele estranhe quando eu puser / pôr meias grossas."

Certas, sempre, as formas sublinhadas.

– Entendi.

Esses três tempos verbais, que já geram confusão até na conjugação do próprio verbo "pôr", muito mais confusão podem gerar para os verbos derivados. Então, fique atento.

+ "Joana não conseguiu sacar o dinheiro, porque eu interpusera / interpora um recurso."
+ "Vocês ficarão surpresos se eu compuser / compor uma canção?"

– De fato, professor, fácil não é.

Nem eu disse que seria. ☺

Os dois verbos anômalos:

Antes de debater o que há de mais significativo aqui, vamos ver a conjugação completa dos dois verbos selecionados neste tópico: "ser" e "ir".

12.5. Ser

MODO INDICATIVO

Presente	Pret. perf.	Pret. imperf.	Pret. MQP	Fut. do pres.	Fut. do pret.
Sou	Fui	Era	Fora	Serei	Seria
És	Foste	Eras	Foras	Serás	Serias

É	Foi	Era	Fora	Será	Seria
Somos	Fomos	Éramos	Fôramos	Seremos	Seríamos
Sois	Fostes	Éreis	Fôreis	Sereis	Seríeis
São	Foram	Eram	Foram	Serão	Seriam

MODO SUBJUNTIVO

Presente	Pret. imperf.	Futuro
Seja	Fosse	For
Sejas	Fosses	Fores
Seja	Fosse	For
Sejamos	Fôssemos	Formos
Sejais	Fôsseis	Fordes
Sejam	Fossem	Forem

MODO IMPERATIVO

Afirmativo	Negativo
–	–
Sê	Sejas
Seja	Seja
Sejamos	Sejamos
Sede	Sejais
Sejam	Sejam

FORMAS NOMINAIS

Infinitivo	Gerúndio	Particípio
Ser	Sendo	Sido

12.6. Ir

MODO INDICATIVO

Presente	Pret. perf.	Pret. imperf.	Pret. MQP	Fut. do pres.	Fut. do pret.
Vou	Fui	Ia	Fora	Irei	Iria
Vais	Foste	Ias	Foras	Irás	Irias
Vai	Foi	Ia	Fora	Irá	Iria

Vamos	Fomos	Íamos	Fôramos	Iremos	Iríamos
Ides	Fostes	Íeis	Fôreis	Ireis	Iríeis
Vão	Foram	Iam	Foram	Irão	Iriam

MODO SUBJUNTIVO

Presente	Pret. imperf.	Futuro
Vá	Fosse	For
Vás	Fosses	Fores
Vá	Fosse	For
Vamos	Fôssemos	Formos
Vades	Fôsseis	Fordes
Vão	Fossem	Forem

MODO IMPERATIVO

Afirmativo	Negativo
–	–
Vai	Vás
Vá	Vá
Vamos	Vamos
Ide	Vades
Vão	Vão

FORMAS NOMINAIS

Infinitivo	Gerúndio	Particípio
Ir	Indo	Ido

Dificuldades:

a) Estamos aqui diante dos verbos anômalos, isto é, dos verbos que, conforme vimos antes, apresentam anomalias graves, desvios gritantes em relação a qualquer padrão de conjugação. Por essa razão básica, já temos de estudar e reestudar *todas* as conjugações que eles têm.

– Eu já vinha com medo deles desde que foram anunciados, no outro tópico, como anômalos...

Convém ter.

b) Há quatro tempos verbais em que os verbos "ser" e "ir" apresentam idêntica conjugação: pretérito perfeito do indicativo, pretérito mais-que-perfeito do indicativo, pretérito imperfeito do subjuntivo e futuro do subjuntivo.

– Mas, se as conjugações são iguais, como saber se estamos diante de um verbo ou de outro?

Somente pelo contexto.

+ "Carlos foi feliz enquanto viveu com Ana."
verbo "ser"
+ "Carlos foi de carro ao encontro de Ana."
verbo "ir"
+ "Caso ele fosse juiz, poderia opinar sobre o veredito."
verbo "ser"
+ "Caso eu fosse aos jogos do Grêmio, iria dormir muito tarde."
verbo "ir"
+ "Quando eu for mais velho, pretendo morar no interior."
verbo "ser"
+ "Quando eu for ao interior, avisarei os parentes."
verbo "ir"

– Sensacional!

Eu também acho. Pode ocorrer, inclusive, de haver duas formas de idêntica grafia na mesma frase.

+ "Eu fui de carro e não fui feliz com essa escolha."
verbo "ir" verbo "ser"

– Muito legal! ☺

c) O verbo "ser" é, de todos os verbos da nossa língua, o único que, na segunda pessoa do singular (tu) e na segunda pessoa do plural (vós) do imperativo afirmativo, apresenta formas próprias, não derivadas do presente do indicativo: sê tu; sede vós.

+ "Sê tudo aquilo que quiseres em todos os dias da tua vida."
+ "Sede vós a bondade esperada dos outros."

– "O único", o professor disse?

O único. ☺

Querer e requerer: às vezes iguais, às vezes diferentes

O verbo "requerer" não é derivado do verbo "querer". Ainda assim, eles são iguais em alguns tempos verbais e diferentes em outros. Seria importante sabermos as situações em que eles se igualam e em que eles diferem.

12.7. Querer

MODO INDICATIVO

Presente	Pret. perf.	Pret. imperf.	Pret. MQP	Fut. do pres.	Fut. do pret.
Quero	Quis	Queria	Quisera	Quererei	Quereria
Queres	Quiseste	Querias	Quiseras	Quererás	Quererias
Quer	Quis	Queria	Quisera	Quererá	Quereria
Queremos	Quisemos	Queríamos	Quiséramos	Quereremos	Quereríamos
Quereis	Quisestes	Queríeis	Quiséreis	Querereis	Quereríeis
Querem	Quiseram	Queriam	Quiseram	Quererão	Quereriam

MODO SUBJUNTIVO

Presente	Pret. imperf.	Futuro
Queira	Quisesse	Quiser
Queiras	Quisesses	Quiseres
Queira	Quisesse	Quiser
Queiramos	Quiséssemos	Quisermos
Queirais	Quisésseis	Quiserdes
Queiram	Quisessem	Quiserem

MODO IMPERATIVO

Afirmativo	Negativo
–	–
Quer(e)	Queiras
Queira	Queira
Queiramos	Queiramos
Querei	Queirais
Queiram	Queiram

FORMAS NOMINAIS

Infinitivo	Gerúndio	Particípio
Querer	Querendo	Querido

12.8. Requerer

MODO INDICATIVO

Presente	Pret. perf.	Pret. imperf.	Pret. MQP	Fut. do pres.	Fut. do pret.
Requeiro	Requeri	Requeria	Requerera	Requererei	Requereria
Requeres	Requereste	Requerias	Requereras	Requererás	Requererias
Requer	Requereu	Requeria	Requerera	Requererá	Requereria
Requeremos	Requeremos	Requeríamos	Requerêramos	Requereremos	Requereríamos
Requereis	Requerestes	Requeríeis	Requerêreis	Requerereis	Requereríeis
Requerem	Requereram	Requeriam	Requereram	Requererão	Requereriam

MODO SUBJUNTIVO

Presente	Pret. imperf.	Futuro
Requeira	Requeresse	Requerer
Requeiras	Requeresses	Requereras
Requeira	Requeresse	Requerer
Requeiramos	Requerêssemos	Requerermos
Requeirais	Requerêsseis	Requererdes
Requeiram	Requeressem	Requererem

MODO IMPERATIVO

Afirmativo	Negativo
–	–
Requer(e)	Requeiras
Requeira	Requeira
Requeiramos	Requeiramos
Requerei	Requeirais
Requeiram	Requeiram

FORMAS NOMINAIS

Infinitivo	Gerúndio	Particípio
Requerer	Requerendo	Requerido

Dificuldades:

a) Nos quatro tempos verbais sombreados acima, os verbos "querer" e "requerer" são conjugados de acordo com idêntico padrão, ou seja, funciona como se "requerer" fosse um derivado de "querer":

- "O rapaz queria o pote de doces para si."
  pret. imperfeito
- "O rapaz requeria todas as informações necessárias."
  pret. imperfeito

Enxerga?

– Enxergo bem. Aqui se conjuga como se fosse perfeitamente derivado.

Isso mesmo. Nos demais tempos citados teremos a mesma correspondência:

- eu quererei / eu requererei;
- eu quereria / eu requereria;
- que eu queira / que eu requeira

b) Em quase todos os demais tempos verbais, haverá diferença total entre a conjugação de um e de outro:

- "Eu quis observar a cena."
  pret. perfeito
- "Eu requeri uma conduta mais formal."
  pret. perfeito

Aqui, eles são conjugados de modo totalmente diferente um do outro.

– Como se um nada tivesse a ver com o outro.

Exato. No pretérito mais-que-perfeito, no pretérito imperfeito do subjuntivo e no futuro do subjuntivo, ocorre a mesma situação.

- eu quisera / eu requerera; se eu quisesse / se eu requeresse; quando eu quiser / quando eu requerer

c) No presente do indicativo, há diferença na primeira pessoa do singular, apenas:

+ "Eu quero um depoimento assinado."
pres. do indicativo
+ "Eu requeiro um depoimento assinado."
pres. do indicativo

As demais pessoas são idênticas: tu queres / tu requeres; ele quer / ele requer; nós queremos / nós requeremos; vós quereis / vós requereis; eles querem / eles requerem.

– Perfeito.

Inclusive, como veremos de novo a seguir, "eu requeiro" é uma das clássicas dificuldades de conjugação na primeira do singular do presente do indicativo.

d) Convém cuidar a conjugação de ambos os verbos no futuro do presente e no futuro do pretérito do indicativo, pois há uma espécie de "trava-língua", pela sequência de duas sílabas com a presença de "R":

+ "O rapaz quererá uma premiação adequada."
+ "Se possível, eu quererei conversar com vocês."

– Professor, da minha boca há o perigo de sair até uma sílaba a mais: "eu querererei"!

Pois é: cuidado. Porque, na hora do desespero, tudo é possível.

VERBOS TERMINADOS EM "-IAR": PADRÃO GERAL E "MARIO"

São muitos os verbos da língua portuguesa terminados em "-iar":

+ Abreviar / acariciar / adiar / agraciar / aliviar / anunciar / asfixiar / associar / atrofiar / confiar / copiar / desafiar / desconfiar / enfiar / enviar / espiar / fantasiar / influenciar / miar / noticiar / piar / propiciar / resfriar / saciar / silenciar / e muitos outros.

Todos esses verbos listados acima, e os outros terminados em "-iar", de modo geral, obedecem ao parâmetro de conjugação do verbo "copiar", integralmente conjugado abaixo.

12.9. Verbos terminados em "-iar"

MODO INDICATIVO

Presente	Pret. perf.	Pret. imperf.	Pret. MQP	Fut. do pres.	Fut. do pret.
Copio	Copiei	Copiava	Copiara	Copiarei	Copiaria
Copias	Copiaste	Copiavas	Copiaras	Copiarás	Copiarias
Copias	Copiou	Copiava	Copiara	Copiará	Copiaria
Copiamos	Copiamos	Copiávamos	Copiáramos	Copiaremos	Copiaríamos
Copiais	Copiastes	Copiáveis	Copiáreis	Copiareis	Copiaríeis
Copiam	Copiaram	Copiavam	Copiaram	Copiarão	Copiariam

MODO SUBJUNTIVO

Presente	Pret. imperf.	Futuro
Copie	Copiasse	Copiar
Copies	Copiasses	Copiares
Copie	Copiasse	Copiar
Copiemos	Copiássemos	Copiarmos
Copieis	Copiásseis	Copiardes
Copiem	Copiassem	Copiarem

MODO IMPERATIVO

Afirmativo	Negativo
–	–
Copia	Copies
Copie	Copie
Copiemos	Copiemos
Copiai	Copieis
Copiem	Copiem

FORMAS NOMINAIS

Infinitivo	Gerúndio	Particípio
Copiar	Copiando	Copiado

Dificuldades:

No conjunto de cinco verbos que serão conjugados adiante, como você deve ter percebido pelo sombreamento das tabelas, interessam-nos dois tempos verbais: presente do indicativo e presente do subjuntivo.

– Ou seja, os dois presentes. Só isso?

De difícil (ou melhor, de estranho), só isso. Nos verbos terminados em "-iar" (copiar, avaliar, criar, afiar, etc.), há um padrão de conjugação nesses dois tempos que dominamos bem, sem problemas.

→ **Presente do indicativo:**

+ Eu copio, tu copias, ele copia, nós copiamos, vós copiais, eles copiam
+ Eu avalio, tu avalias, ele avalia, nós avaliamos, vós avaliais, eles avaliam
+ Eu crio, tu crias, ele cria, nós criamos, vós criais, eles criam
+ Eu afio, tu afias, ele afia, nós afiamos, vós afiais, eles afiam

→ **Presente do subjuntivo:**

+ Que eu copie, que tu copies, que ele copie, que nós copiemos, que vós copieis, que eles copiem
+ Que eu avalie, que tu avalies, que ele avalie, que nós avaliemos, que vós avalieis, que eles avaliem
+ Que eu crie, que tu cries, que ele crie, que nós criemos, que vós crieis, que eles criem
+ Que eu afie, que tu afies, que ele afie, que nós afiemos, que vós afieis, que eles afiem

– Certo, professor, verbos tranquilos e conjugações tranquilas.

Ok. E você já ouviu falar dos verbos da turma do "MARIO"?

– Não poderia afirmar que sim...

Pois então, saiba: existem verbos (a turma do "MARIO") que são exceções a esse padrão de conjugação que vimos aqui acima e que você achou tranquilo.

– Mas por que "MARIO"?

Porque a palavra "MARIO" tem as letras iniciais dos verbos que temos de saber, de decorar, de colocar no repertório de alguma maneira.

Mediar (e "intermediar")
Ansiar
Remediar
Incendiar
Odiar

Para saber conjugar esses verbos, teremos de usar, como parâmetro de conjugação, o verbo "odiar".

– Por que particularmente "odiar"?

Devido a uma razão bem simples. Por um desses motivos que nem sempre sabemos explicar, a conjugação do verbo "odiar", no presente do indicativo e no presente do subjuntivo, sai naturalmente. E, pelo mesmo parâmetro dele, serão conjugados os outros cinco, como demonstrado a seguir.

Presente do indicativo:

ODIAR	MEDIAR	ANSIAR	REMEDIAR	INCENDIAR
Eu odeio	Eu medeio	Eu anseio	Eu remedeio	Eu incendeio
Tu odeias	Tu medeias	Tu anseias	Tu remedeias	Tu incendeias
Ele odeia	Ele medeia	Ele anseia	Ele remedeia	Ele incendeia
Nós odiamos	Nós mediamos	Nós ansiamos	Nós remediamos	Nós incendia-mos
Vós odiais	Vós mediais	Vós ansiais	Vós remediais	Vós incendiais
Eles odeiam	Eles medeiam	Eles anseiam	Eles remedeiam	Eles incendeiam

Percebeu?

– Percebi muito. "Eu odeio" é bem tranquilo. Mas "eu medeio", "eu anseio", "eu remedeio" e "eu incendeio" não posso garantir que sejam formas tão tranquilas.

É por isso que temos de dominá-las bem.

+ "Aquela moça medeia conflitos como ninguém."
+ "Eu quase incendeio sem querer este lustre agora mesmo."

O mesmo ocorre no presente do subjuntivo (que, como sabemos, deriva do presente do indicativo):

Presente do subjuntivo:

ODIAR	MEDIAR	ANSIAR	REMEDIAR	INCENDIAR
Eu odeie	Eu medeie	Eu anseie	Eu remedeie	Eu incendeie
Tu odeies	Tu medeies	Tu anseies	Tu remedeies	Tu incendeies
Ele odeie	Ele medeie	Ele anseie	Ele remedeie	Ele incendeie
Nós odiemos	Nós mediemos	Nós ansiemos	Nós remediemos	Nós incendie-mos
Vós odieis	Vós medieis	Vós ansieis	Vós remedieis	Vós incendieis
Eles odeiem	Eles medeiem	Eles anseiem	Eles remedeiem	Eles incendeiem

Você nota que essas conjugações ficam muito, mas muito estranhas mesmo?

– Noto, sim. Noto muito!

Maravilha! Por isso, muitas das formas erradas não soariam erradas. Aprenda e não erre mais.

12.10. Verbos terminados em "-ear":

No caso dos verbos terminados em "-ear", não há as exceções que nos dificultam a vida.

– Fico feliz de saber!

A má notícia é que as dificuldades estão no interior das conjugações dos próprios verbos terminados, de modo geral, em "-ear", que também são muitos:

+ Alardear / arrear / assear / atear / balancear / barbear / basear / bombardear / bronzear / cambalear / chatear / desencadear / encadear / esfaquear / falsear / folhear / frear / golear / golpear / hastear / homenagear / lisonjear / nocautear / nomear / parafrasear / pisotear / pleitear e muitos outros.

Vamos conjugar os verbos "pentear" e "estrear". Todos os demais listados acima se conjugam pelo mesmo parâmetro de conjugação.

Pentear:

MODO INDICATIVO

Presente	Pret. perf.	Pret. imperf.	Pret. MQP	Fut. do pres.	Fut. do pret.
Penteio	Penteei	Penteava	Penteara	Pentearei	Pentearia
Penteias	Penteaste	Penteavas	Pentearas	Pentearás	Pentearias

Penteia	Penteou	Penteava	Penteara	Penteará	Pentearia
Penteamos	Penteamos	Penteávamos	Penteáramos	Pentearemos	Pentearía-mos
Penteais	Penteastes	Penteáveis	Penteáreis	Penteareis	Penteareis
Penteiam	Pentearam	Penteavam	Pentearam	Pentearão	Penteariam

MODO SUBJUNTIVO

Presente	Pret. imperf.	Futuro
Penteie	Penteasse	Pentear
Penteies	Penteasses	Penteares
Penteie	Penteasse	Pentear
Penteemos	Penteássemos	Pentearmos
Penteeis	Penteásseis	Penteardes
Penteiem	Penteassem	Pentearem

MODO IMPERATIVO

Afirmativo	Negativo
–	–
Penteia	Penteies
Penteie	Penteie
Penteemos	Penteemos
Penteai	Penteeis
Penteiem	Penteiem

FORMAS NOMINAIS

Infinitivo	Gerúndio	Particípio
Pentear	Penteando	Penteado

Estrear:

MODO INDICATIVO

Presente	Pret. perf.	Pret. imperf.	Pret. MQP	Fut. do pres.	Fut. do pret.
Estreio	Estreei	Estreava	Estreara	Estrearei	Estrearia
Estreias	Estreaste	Estreavas	Estrearas	Estrearás	Estrearias
Estreia	Estreou	Estreava	Estreara	Estreará	Estrearia
Estreamos	Estreamos	Estreávamos	Estreáramos	Estrearemos	Estrearíamos

Estreais	Estreastes	Estreáveis	Estreáreis	Estreareis	Estrearíeis
Estreiam	Estrearam	Estreavam	Estrearam	Estrearão	Estreariam

MODO SUBJUNTIVO

Presente	Pret. imperf.	Futuro
Estreie	Estreasse	Estrear
Estreies	Estreasses	Estreares
Estreie	Estreasse	Estrear
Estreemos	Estreássemos	Estrearmos
Estreeis	Estreásseis	Estreardes
Estreiem	Estreassem	Estrearem

MODO IMPERATIVO

Afirmativo	Negativo
–	–
Estreia	Estreies
Estreie	Estreie
Estreemos	Estreemos
Estreai	Estreeis
Estreiem	Estreiem

FORMAS NOMINAIS

Infinitivo	Gerúndio	Particípio
Estrear	Estreando	Estreado

Dificuldades:

Há, aqui nos verbos terminados em "-ear", uma série de detalhes a serem sabidos, que não dizem respeito somente a decorar as conjugações dos tempos verbais, mas também a saber detalhes no interior de alguns tempos verbais.

– Como assim?

Explicarei em seguida com mais calma. Vamos aos itens.

a) na primeira e na segunda pessoa do plural do presente do indicativo não ocorre a letra "i" que ocorre nas demais pessoas do mesmo tempo.

- Penteio, penteias, penteia, penteamos, penteais, penteiam.
- Estreio, estreias, estreia, estreamos, estreais, estreiam.
- Freio, freias, freia, freamos, freais, freiam.
- Receio, receias, receia, receamos, receais, receiam.

– Professor do céu, dá uma vontade grande de manter o "i" das outras pessoas na primeira do plural: "nós estreiamos o espetáculo", "nós freiamos o carro assim que possível"...

Sim. Dá vontade. Por isso temos de saber:

- "Nós freamos o carro rapidamente."

– Certo.

b) A primeira pessoa do plural do presente do indicativo e do pretérito perfeito (justamente uma das pessoas em que há risco de colocar o "i" que não existe) são idênticas. Somente pelo contexto poderemos diferenciá-las.

- "Nós estreamos no mês passado a peça."
  pretérito perfeito
- Nós estreamos em seguida o espetáculo."
  presente

– E se usa mais em qual dos dois?

Muito mais no pretérito. Então lembre que, ao referir ação já ocorrida, não vai o "i" nos verbos terminados em "-ear":

- Nós penteamos, nós freamos, nós receamos, nós estreamos, etc.

– Ok.

c) No pretérito perfeito, dobra-se a vogal "e" na primeira pessoa do singular e não há aquele "i" que temos vontade de colocar em nenhuma das pessoas:

- eu penteei, tu penteaste, ele penteou, nós penteamos, vós penteastes, eles pentearam
- eu freei, tu freaste, ele freou, nós freamos, vós freastes, eles frearam
- eu estreei, tu estreaste, ele estreou, nós estreamos, vós estreastes, eles estrearam
- eu receei, tu receaste, ele receou, nós receamos, vós receastes, eles recearam

– Muita, muita vontade de escrever "ele freiou", "ele estreiou", etc.

Sei que dá, mas tem que conter. Como digo e repito, vontade é coisa que dá e passa. ☺

d) Como deriva da primeira pessoa do presente do indicativo, o presente do subjuntivo apresenta estrutura semelhante à do tempo do qual vem, não apresentando o "i" na primeira e na segunda do plural, pessoas em que ocorre a dobra do "e":

+ que eu penteie, que tu penteies, que ele penteie, que nós <u>penteemos</u>, que vós <u>penteeis</u>, que eles penteiem.

– "Penteiemos" não dá vontade de escrever, mas com "i " talvez: "pentiemos".

Pois é. Saibamos, então, e não erremos. Deus nos livre!

e) No pretérito imperfeito do subjuntivo e no futuro do subjuntivo, não usaremos também o "i" que fica pairando ao nosso redor na conjugação desses verbos.

+ Se eu penteasse, se tu penteasses, se ele penteasse, etc.
+ Se eu freasse, se tu freasses, se ele freasse, etc.
+ Se eu estreasse, se tu estreasses, se ele estreasse, etc.
+ Se eu receasse, se tu receasses, se ele receasse, etc.
+ Quando eu pentear, quando tu penteares, quando ele pentear, etc.
+ Quando eu frear, quando tu freares, quando ele frear, etc.
+ Quando eu estrear, quando tu estreares, quando ele estrear, etc.
+ Quando eu recear, quando tu receares, quando ele recear, etc.

– Perfeito.

12.11. Ver

MODO INDICATIVO

Presente	Pret. perf.	Pret. imperf.	Pret. MQP	Fut. do pres.	Fut. do pret.
Vejo	Vi	Via	Vira	Verei	Veria
Vês	Viste	Vias	Viras	Verás	Verias
Vê	Viu	Via	Vira	Verá	Veria
Vemos	Vimos	Víamos	Víramos	Veremos	Veríamos
Vedes	Vistes	Víeis	Víreis	Vereis	Veríeis
Veem	Viram	Viam	Viram	Verão	Veriam

MODO SUBJUNTIVO

Presente	Pret. imperf.	Futuro
Veja	Visse	Vir
Vejas	Visses	Vires
Veja	Visse	Vir
Vejamos	Víssemos	Virmos
Vejais	Vísseis	Virdes
Vejam	Vissem	Virem

MODO IMPERATIVO

Afirmativo	Negativo
–	–
Vê	Vejas
Veja	Veja
Vejamos	Vejamos
Vede	Vejais
Vejam	Vejam

FORMAS NOMINAIS

Infinitivo	Gerúndio	Particípio
Ver	Vendo	Visto

Dificuldades:

Na conjugação do verbo "ver", não há *muitas* dificuldades, mas elas são relevantes.

a) A segunda pessoa do plural do presente do indicativo é "vedes":

+ eu vejo, tu vês, ele vê, nós vemos, vós vedes, eles veem.
+ "Vós vedes tudo o que acontece."

– Perfeito.

b) O muito, muito, muito fundamental é o futuro do subjuntivo do verbo "ver":

+ quando eu vir, quando tu vires, quando ele vir, quando nós virmos, quando vós virdes, quando eles virem.

– Dá vontade de conjugar "quando eu ver, quando tu veres, quando ele ver" e por aí vai...

Dá vontade, sim. Então lembre: em frases nas quais esteja conjugado nesse tempo verbal, essa é a conjugação:

+ "Quando ele vir o que acontece, ficará chocado."
futuro do subjuntivo

– "Quando ele ver" Deus nos livre?

Deus nos livre! ☺

c) Alguns verbos são derivados do verbo "ver": "rever, "antever", "prever" e outros. Sendo assim, eles também têm a mesma conjugação em todos os tempos, mas temos de lembrar, especialmente, o futuro do subjuntivo.

+ "Quando ele revir as filhas, ficará emocionado."
futuro do subjuntivo

+ "Se ela previr acontecimentos futuros, será uma surpresa."
futuro do subjuntivo

– Ok!

"PROVER": ÀS VEZES IGUAL A "VER", ÀS VEZES DIFERENTE

12.12. Prover

O verbo "prover", em diversos tempos, é conjugado como se fosse um perfeito derivado do verbo "ver"; em outros, no entanto, conjuga-se de modo absolutamente diferente. Temos de estar atentos a essas variações.

MODO INDICATIVO

Presente	Pret. perf.	Pret. imperf.	Pret. MQP	Fut. do pres.	Fut. do pret.
Provejo	Provi	Provia	Provera	Proverei	Proveria
Provês	Proveste	Provias	Proveras	Proverás	Proverias
Provê	Proveu	Provia	Provera	Proverá	Proveria
Provemos	Provemos	Províamos	Provêramos	Proveremos	Proveríamos
Provedes	Provestes	Províeis	Provêreis	Provereis	Proveríeis
Proveem	Proveram	Proviam	Proveram	Proverão	Proveriam

MODO SUBJUNTIVO

Presente	Pret. imperf.	Futuro
Proveja	Provesse	Prover
Provejas	Provesses	Proveres

Proveja	Provesse	Prover
Provejamos	Provêssemos	Provermos
Provejais	Provêsseis	Proverdes
Provejam	Provessem	Proverem

MODO IMPERATIVO

Afirmativo	Negativo
–	–
Provê	Provejas
Proveja	Proveja
Provejamos	Provejamos
Provede	Provejais
Provejam	Provejam

FORMAS NOMINAIS

Infinitivo	Gerúndio	Particípio
Prover	Provendo	Provido

Dificuldades:

a) Nas formas sombreadas, o verbo "prover" conjuga-se pelo parâmetro do verbo "ver". Isso ocorre no presente do indicativo, no pretérito imperfeito do indicativo, no futuro do presente e no futuro do pretérito do indicativo e no presente do subjuntivo:

+ "Eu vejo as pessoas necessitadas."
  pres. do indic.

+ "Eu provejo as pessoas necessitadas."
  pres. do indic.

– Visualizo bem.

b) Nos demais tempos verbais, a conjugação se dá de maneira autônoma, diferente:

+ "Se eu visse essa cena, ficaria chocado."
  pret. imperf. do subj.

+ "Se eu provesse essa pessoa, sentir-me-ia responsável."
  pret. imperf. do subj.

– É guardar e tentar decorar que é igual em alguns e diferente em outros.

Isso mesmo. E há mais um detalhezinho.

c) No pretérito perfeito do indicativo, a primeira pessoa do singular é igual, mas as demais são diferentes:

+ "Eu sempre vi isso com bons olhos."
  1ª p. sing.

+ "Eu sempre provi os meus familiares."
  1ª p. sing.

+ "Ele sempre viu isso com bons olhos."
  3ª p. sing.

+ "Ele sempre proveu os seus familiares."
  3ª p. sing.

– No caso desse tempo, em particular, uma pessoa (a primeira) segue o mesmo parâmetro e as demais não?

Justamente.

12.13. Verbos com importante primeira pessoa do singular do presente do indicativo

Há uma série de verbos que apresentam uma primeira pessoa do singular (no presente do indicativo) estranha, inusual, difícil.

a) a principal lista dos principais verbos com essa característica é composta por verbos da terceira conjugação (terminados em "-ir"), como a extensa lista abaixo:

+ Aderir / advertir / aferir / assentir / auferir / compelir / competir / conferir / conseguir / consentir / convergir / deferir / desferir / desmentir / despir / desservir / diferir / digerir / discernir / divergir / divertir / expelir / ferir / impelir / ingerir / mentir / preferir / pressentir / preterir / proferir / prosseguir / referir / refletir / repelir / repetir / seguir / servir / sugerir / transferir / vestir e outros.

– E o senhor quer que eu saiba todas as conjugações de todos esses verbos?

Não! Nem precisaria. São verbos muito fáceis de conjugar, de modo geral. Eu quero que você saiba a primeira pessoa do singular do presente do indicativo, apenas. E não precisa decorar, quero que você leia e releia essa lista e vá se familiarizando com ela.

– Ok. Isso é mais possível.

Isso é bem possível. ☺

Primeiro, vamos nos dar ao trabalho de ver todos esses verbos aqui conjugados ao menos no presente do indicativo.

PRESENTE DO INDICATIVO

Aderir	Advertir	Aferir	Assentir	Auferir	Compelir
Adiro	Advirto	Afiro	Assinto	Aufiro	compilo
Aderes	Advertes	Aferes	Assentes	Auferes	Compeles
Adere	Adverte	Afere	Assente	Aufere	Compele
Aderimos	Advertimos	Aferimos	Assentimos	Auferimos	Compelimos
Aderis	Advertis	Aferis	Assentis	Auferis	Compelis
Aderem	Advertem	Aferem	Assentem	Auferem	Compelem

PRESENTE DO INDICATIVO

Competir	Conferir	Conseguir	Consentir	Convergir
Compito	Confiro	Consigo	Consinto	Convirjo
Competes	Conferes	Consegues	Consentes	Converges
Compete	Confere	Consegue	Consente	Converge
Competimos	Conferimos	Conseguimos	Consentimos	Convergimos
Competis	Conferis	Conseguis	Consentis	Convergis
Competem	Conferem	Conseguem	Consentem	Convergem

PRESENTE DO INDICATIVO

Deferir	Desferir	Desmentir	Despir	Desservir	Diferir
Defiro	Desfiro	Desminto	Dispo	Dessirvo	Difiro
Deferes	Desferes	Desmentes	Despes	Desserves	Diferes
Defere	Desfere	Desmente	Despe	Desserve	Difere
Deferimos	Desferimos	Desmenti-mos	Despimos	Desservimos	Diferimos
Deferis	Desferis	Desmentis	Despis	Desservis	Diferis
Deferem	Desferem	Desmentem	Despem	Desservem	Diferem

PRESENTE DO INDICATIVO

Digerir	Discernir	Divergir	Divertir	Expelir	Ferir
Digiro	Discirno	Divirjo	Divirto	Expilo	Firo
Digeres	Discernes	Diverges	Divertes	Expeles	Feres

Digere	Discerne	Diverge	Diverte	Expele	Fere
Digerimos	Discernimos	Divergimos	Divertimos	Expelimos	Ferimos
Digeris	Discernis	Divergis	Divertis	Expelis	Feris
Digerem	Discernem	Divergem	Divertem	Expelem	Ferem

PRESENTE DO INDICATIVO

Impelir	Ingerir	Mentir	Preferir	Pressentir	Preterir
Impilo	Ingiro	Minto	Prefiro	Pressinto	Pretiro
Impeles	Ingeres	Mentes	Preferes	Pressentes	Preteres
Impele	Ingere	Mente	Prefere	Pressente	Pretere
Impelimos	Ingerimos	Mentimos	Preferimos	Pressentimos	Preterimos
Impelis	Ingeris	Mentis	Preferis	Pressentis	Preteris
Impelem	Ingerem	Mentem	Preferem	Pressentem	Preterem

PRESENTE DO INDICATIVO

Proferir	Prosseguir	Referir	Refletir	Repelir	Repetir
Profiro	Prossigo	Refiro	Reflito	Repilo	Repito
Proferes	Prossegues	Referes	Refletes	Repeles	Repetes
Profere	Prossegue	Refere	Reflete	Repele	Repete
Proferimos	Prossegui-mos	Referimos	Refletimos	Repelimos	Repetimos
Proferis	Prosseguis	Referis	Refletis	Repelis	Repetis
Proferem	Prosseguem	Referem	Refletem	Repelem	Repetem

Seguir	Servir	Sugerir	Transferir	Vestir
Sigo	Sirvo	Sugiro	Transfiro	Visto
Segues	Serves	Sugeres	Transferes	Vestes
Segue	Serve	Sugere	Transfere	Veste
Seguimos	Servimos	Sugerimos	Transferimos	Vestimos
Seguis	Servis	Sugeris	Transferis	Vestis
Seguem	Servem	Sugerem	Transferem	Vestem

b) Há outros verbos com importantes primeiras pessoas do singular, como "caber", "valer", "requerer", "polir" e "haver", por exemplo.

PRESENTE DO INDICATIVO

Caber	Valer	Requerer	Polir	Haver	Parir
Caibo	Valho	Requeiro	Pulo	Hei	Pairo
Cabes	Vales	Requeres	Poles	Hás	Pares
Cabe	Vale	Requer	Pole	Há	Pare
Cabemos	Valemos	Requeremos	Polimos	Hemos / havemos	Parimos
Cabeis	Valeis	Requereis	Polis	Heis / haveis	Paris
Cabem	Valem	Requerem	Polem	Hão	Parem

– "Pulo" é uma surpresa... "Pairo", para "parir", mais do que uma surpresa, é um susto!

Imagino!

Vamos conjugar abaixo, na íntegra, os verbos "caber", valer", "polir" e "parir".

– Ok.

12.14. Caber

MODO INDICATIVO

Presente	Pret. perf.	Pret. imperf.	Pret. MQP	Fut. do pres.	Fut. do pret.
Caibo	Coube	Cabia	Coubera	Caberei	Caberia
Cabes	Coubeste	Cabias	Couberas	Caberás	Caberias
Cabe	Coube	Cabia	Coubera	Caberá	Caberia
Cabemos	Coubemos	Cabíamos	Coubéramos	Caberemos	Caberíamos
Cabeis	Coubestes	Cabíeis	Coubéreis	Cabereis	Caberíeis
Cabem	Couberam	Cabiam	Couberam	Caberão	Caberiam

MODO SUBJUNTIVO

Presente	Pret. imperf.	Futuro
Caiba	Coubesse	Couber
Caibas	Coubesses	Couberes
Caiba	Coubesse	Couber

Caibamos	Coubéssemos	Coubermos
Caibais	Coubésseis	Couberdes
Caibam	Coubessem	Couberem

MODO IMPERATIVO

Afirmativo	Negativo
–	–
Cabe	Caibas
Caiba	Caiba
Caibamos	Caibamos
Cabei	Caibais
Caibam	Caibam

FORMAS NOMINAIS

Infinitivo	Gerúndio	Particípio
Caber	Cabendo	Cabido

12.15. Valer

MODO INDICATIVO

Presente	Pret. perf.	Pret. imperf.	Pret. MQP	Fut. do pres.	Fut. do pret.
Valho	Vali	Valia	Valera	Valerei	Valeria
Vales	Valeste	Valias	Valeras	Valerás	Valerias
Vale	Valeu	Valia	Valera	Valerá	Valeria
Valemos	Valemos	Valíamos	Valêramos	Valeremos	Valeríamos
Valeis	Valestes	Valíeis	Valêreis	Valereis	Valeríeis
Valem	Valeram	Valiam	Valeram	Valerão	Valeriam

MODO SUBJUNTIVO

Presente	Pret. imperf.	Futuro
Valha	Valesse	Valer
Valhas	Valesses	Valeres
Valha	Valesse	Valer
Valhamos	Valêssemos	Valermos
Valhais	Valêsseis	Valerdes
Valham	Valessem	Valerem

MODO IMPERATIVO

Afirmativo	Negativo
–	–
Vale	Valhas
Valha	Valha
Valhamos	Valhamos
Valei	Valhais
Valham	Valham

FORMAS NOMINAIS

Infinitivo	Gerúndio	Particípio
Valer	Valendo	Valido

12.16. Polir

MODO INDICATIVO

Presente	Pret. perf.	Pret. imperf.	Pret. MQP	Fut. do pres.	Fut. do pret.
Pulo	Poli	Polia	Polira	Polirei	Poliria
Pules	Poliste	Polias	Poliras	Polirás	Polirias
Pule	Poliu	Polia	Polira	Polirá	Poliria
Polimos	Polimos	Políamos	Políramos	Poliremos	Poliríamos
Polis	Polistes	Políeis	Políreis	Polireis	Poliríeis
Pulem	Poliram	Poliam	Poliram	Polirão	Poliriam

MODO SUBJUNTIVO

Presente	Pret. Imperf.	Futuro
Pula	Polisse	Polir
Pulas	Polisses	Polires
Pula	Polisse	Polir
Pulamos	Políssemos	Polirmos
Pulais	Polísseis	Polirdes
Pulam	Polissem	Polirem

MODO IMPERATIVO

Afirmativo	Negativo
–	–
Pule	Pulas
Pula	Pula
Pulamos	Pulamos
Poli	Pulais
Pulam	Pulam

FORMAS NOMINAIS

Infinitivo	Gerúndio	Particípio
Polir	Polindo	Polido

12.17. Parir

MODO INDICATIVO

Presente	Pret. perf.	Pret. imperf.	Pret. MQP	Fut. do pres.	Fut. do pret.
Pairo	Pari	Paria	Parira	Parirei	Pariria
Pares	Pariste	Parias	Pariras	Parirás	Paririas
Pare	Pariu	Paria	Parira	Parirá	Pariria
Parimos	Parimos	Paríamos	Paríramos	Pariremos	Pariríamos
Paris	Paristes	Paríeis	Paríreis	Parireis	Pariríeis
Parem	Pariram	Pariam	Pariram	Parirão	Paririam

MODO SUBJUNTIVO

Presente	Pret. imperf.	Futuro
Paira	Parisse	Parir
Pairas	Parisses	Parires
Paira	Parisse	Parir
Pairamos	Paríssemos	Parirmos
Pairais	Parísseis	Parirdes
Pairam	Parissem	Parirem

MODO IMPERATIVO

Afirmativo	Negativo
–	–
Pare	Pairas
Paira	Paira
Pairamos	Pairamos
Pari	Pairais
Pairam	Pairam

FORMAS NOMINAIS

Infinitivo	Gerúndio	Particípio
Parir	Parindo	Parido

ALGUNS VERBOS COMPLEMENTARES

12.18. Arguir

MODO INDICATIVO

Presente	Pret. perf.	Pret. imperf.	Pret. MQP	Fut. do pres.	Fut. do pret.
Arguo	Arguí	Arguía	Arguíra	Arguirei	Arguiria
Arguis	Arguíste	Arguías	Arguíras	Arguirás	Arguirias
Argui	Arguiu	Arguía	Arguíra	Arguirá	Arguiria
Arguímos	Arguímos	Arguíamos	Arguíaramos	Arguiremos	Arguiríamos
Arguís	Arguistes	Arguíeis	Arguíreis	Arguireis	Arguiríeis
Arguem	Arguíram	Arguiam	Arguiram	Arguirão	Arguiriam

MODO SUBJUNTIVO

Presente	Pret. imperf.	Futuro
Argua	Arguisse	Arguir
Arguas	Arguísses	Arguires
Argua	Arguisse	Arguir
Arguamos	Arguíssemos	Arguirmos
Arguais	Arguísseis	Arguirdes
Arguam	Arguissem	Arguirem

MODO IMPERATIVO

Afirmativo	Negativo
–	–
Argui	Arguas
Argua	Argua
Arguamos	Arguamos
Arguí	Arguais
Arguam	Arguam

FORMAS NOMINAIS

Infinitivo	Gerúndio	Particípio
Arguir	Arguindo	Arguído

12.19. Pedir

MODO INDICATIVO

Presente	Pret. perf.	Pret. imperf.	Pret. MQP	Fut. do pres.	Fut. do pret.
Peço	Pedi	Pedia	Pedira	Pedirei	Pediria
Pedes	Pediste	Pedias	Pediras	Pedirás	Pedirias
Pede	Pediu	Pedia	Pedira	Pedirá	Pediria
Pedimos	Pedimos	Pedíamos	Pedíramos	Pediremos	Pediríamos
Pedis	Pedistes	Pedíeis	Pedíreis	Pedireis	Pediríeis
Pedem	Pediram	Pediam	Pediram	Pedirão	Pediriam

MODO SUBJUNTIVO

Presente	Pret. imperf.	Futuro
Peça	Pedisse	Pedir
Peças	Pedisses	Pedires
Peça	Pedisse	Pedir
Peçamos	Pedíssemos	Pedirmos
Peçais	Pedísseis	Pedirdes
Peçam	Pedissem	Pedirem

MODO IMPERATIVO

Afirmativo	Negativo
–	–
Pede	Peças
Peça	Peça
Peçamos	Peçamos
Pedi	Peçais
Peçam	Peçam

FORMAS NOMINAIS

Infinitivo	Gerúndio	Particípio
Pedir	Pedindo	Pedido

AGUAR, MINGUAR, MOBILIAR

12.20. Aguar

MODO INDICATIVO

Presente	Pret. perf.	Pret. imperf.	Pret. MQP	Fut. do pres.	Fut. do pret.
Águo/Aguo	Aguei	Aguava	Aguara	Aguarei	Aguaria
Águas / Aguas	Aguaste	Aguavas	Aguaras	Aguarás	Aguarias
Água / Agua	Aguou	Aguava	Aguara	Aguará	Aguaria
Aguamos /	Aguamos	Aguávamos	Aguáramos	Aguaremos	Aguaríamos
Aguais	Aguastes	Aguáveis	Aguáreis	Aguareis	Aguaríeis
Águam / Aguam	Aguaram	Aguavam	Aguaram	Aguarão	Aguariam

MODO SUBJUNTIVO

Presente	Pret. imperf.	Futuro
Águe / Ague	Aguasse	Aguar
Águes / Agues	Aguasses	Aguares
Águe / Ague	Aguasse	Aguar
Aguemos	Aguássemos	Aguarmos
Agueis	Aguásseis	Aguardes
Águem / Aguem	Aguassem	Aguarem

MODO IMPERATIVO

Afirmativo	Negativo
–	–
Água / Agua	Águes / Agues
Água	Águe / Ague
Aguemos	Aguemos
Aguai	Agueis
Águem	Águem / Aguem

FORMAS NOMINAIS

Infinitivo	Gerúndio	Particípio
Aguar	Aguando	Aguado

12.21. Minguar

MODO INDICATIVO

Presente	Pret. perf.	Pret. imperf.	Pret. MQP	Fut. do pres.	Fut. do pret.
Mínguo	Minguei	Minguava	Minguara	Minguarei	Minguaria
Mínguas	Minguaste	Minguavas	Minguaras	Minguarás	Minguarias
Míngua	Minguou	Minguava	Minguara	Minguará	Minguaria
Minguamos	Minguamos	Minguávamos	Minguáramos	Minguaremos	Minguaríamos
Minguais	Minguastes	Minguáveis	Minguáreis	Minguareis	Minguaríeis
Minguam	Minguaram	Minguavam	Minguaram	Minguarão	Minguariam

MODO SUBJUNTIVO

Presente	Pret. imperf.	Futuro
Míngue	Minguasse	Minguar
Míngues	Minguasses	Minguares
Míngue	Minguasse	Minguar
Minguemos	Minguássemos	Minguarmos
Mingueis	Minguásseis	Minguardes
Mínguem	Minguassem	Minguarem

MODO IMPERATIVO

Afirmativo	Negativo
–	–
Míngua	Míngues
Míngue	Míngue
Minguemos	Minguemos
Minguai	Mingueis
Mínguem	Mínguem

FORMAS NOMINAIS

Infinitivo	Gerúndio	Particípio
Minguar	Minguando	Minguado

12.22. Mobiliar

MODO INDICATIVO

Presente	Pret. perf.	Pret. imperf.	Pret. MQP	Fut. do pres.	Fut. do pret.
Mobílio	Mobiliei	Mobiliava	Mobiliara	Mobiliarei	Mobiliaria
Mobílias	Mobiliaste	Mobiliavas	Mobiliaras	Mobiliarás	Mobiliarias
Mobília	Mobiliou	Mobiliava	Mobiliara	Mobiliará	Mobiliaria
Mobiliamos	Mobiliamos	Mobiliávamos	Mobiliáramos	Mobiliaremos	Mobiliaría-mos
Mobiliais	Mobilias-tes	Mobiliáveis	Mobiliáreis	Mobiliareis	Mobiliaríeis
Mobíliam	Mobiliaram	Mobiliavam	Mobiliaram	Mobiliarão	Mobiliariam

MODO SUBJUNTIVO

Presente	Pret. imperf.	Futuro
Mobílie	Mobiliasse	Mobiliar
Mobílies	Mobiliasses	Mobiliares
Mobílie	Mobiliasse	Mobiliar
Mobiliemos	Mobiliássemos	Mobiliarmos
Mobilieis	Mobiliásseis	Mobiliardes
Mobíliem	Mobiliassem	Mobiliarem

MODO IMPERATIVO

Afirmativo	Negativo
–	–
Mobília	Mobílies
Mobílie	Mobílie
Mobílies	Mobiliemos
Mobiliai	Mobilieis
Mobíliem	Mobíliem

FORMAS NOMINAIS

Infinitivo	Gerúndio	Particípio
Mobilizar	Mobiliando	Mobiliado

CONJUGAÇÃO DE VERBOS PRONOMINAIS

12.23. Apiedar-se

Ao conjugar os verbos pronominais – ou quaisquer verbos que estejam acompanhados pelos pronomes "ME", "TE", "SE", "NOS", "VOS" e "SE" –, poderá haver duas hipóteses.

a) Nada muda na conjugação se o pronome estiver em posição proclítica (antes do verbo):

+ Eu me apiedo
Tu te apiedas
Ele se apieda
Nós nos apiedamos
Vós vos apiedais
Eles se apiedam

Reparou? Fica idêntica a conjugação a como ficaria se não houvesse o pronome.

–Tranquilíssimo, nesse caso.

Sim. Nesse é muito. ☺

b) Se o pronome estiver em posição enclítica (após o verbo), a primeira pessoa do plural perde o "S" final:

+ Eu apiedo-me
Tu apiedas-te

Ele apieda-se
Nós *apiedamo*-nos (em vez de apiedamos-nos)
Vós apiedais-vos
Eles apiedam-se

– Só isso? Com pronome depois, cai o "-S" final da 1ª pessoa do plural? Por isso "apiedamos" fica "apiedamo-nos"?

Isso mesmo! Vamos conjugar!

MODO INDICATIVO

Presente	Pret. perf.	Pret. imperf.	Pret. MQP	Fut. do pres.	Fut. do pret.
Apiedo-me	Apiedei-me	Apiedava-me	Apiedara-me	Apiedar-me-ei	Apiedar-me-ia
Apiedas-te	Apiedaste-te	Apiedavas-te	Apiedaras-te	Apiedar-te-ás	Apiedar-te-ias
Apieda-se	Apiedou-se	Apiedava-se	Apiedara-se	Apiedar-se-á	Apiedar-se-ia
Apiedamo--nos	Apiedamo--nos	Apiedávamo--nos	Apiedáramo--nos	Apiedar-nos--emos	Apiedar-nos-í-amos
Apiedais--vos	Apiedastes--vos	Apiedáveis--vos	Apiedáreis--vos	Apiedar-vos--eis	Apiedar-vos-íeis
Apiedam--se	Apiedaram-se	Apiedavam--se	Apiedaram-se	Apiedar-se--ão	Apiedar-se-iam

MODO SUBJUNTIVO

Presente	Pret. imperf.	Futuro
Apiede-me	Apiedasse-me	Apiedar-me
Apiedes-te	Apiedasses-te	Apiedares-te
Apiede-se	Apiedasse-se	Apiedar-se
Apiedemo-nos	Apiedássemo-nos	Apiedarmo-nos
Apiedeis-vos	Apiedásseis-vos	Apiedardes-vos
Apiedem-se	Apiedassem-se	Apiedarem-se

MODO IMPERATIVO

Afirmativo	Negativo
–	–
Apieda-te	Não te apiedes
Apiede-se	Não se apiede
Apiedemo-nos	Não nos apiedemos
Apiedai-vos	Não vos apiedeis
Apiedem-se	Não se apiedem

FORMAS NOMINAIS

Infinitivo	Gerúndio	Particípio
Apiedar-me Apiedar-te Apiedar-se Apiedar-nos Apiedar-vos Apiedar-se	Apiedando-me Apiedando-te Apiedando-se Apiedando-nos Apiedando-vos Apiedando-se	Não se usa pronome nesta forma

12.24. Cinco verbos com particularidades de pronúncia no presente do indicativo

+ **dignar-se / indignar-se / impregnar / impugnar / ritmar**

PRESENTE DO INDICATIVO

Dignar-se	Indignar-se	Impregnar	Impugnar	Ritmar
Digno-me (dí)	In**dig**no-me (dí)	Im**preg**no (é)	Im**pug**no (ú)	**Rit**mo (í)
Dignas-te (dí)	in**dig**nas-te (dí)	Im**preg**nas (é)	Im**pug**nas (ú)	**Rit**mas (í)
Digna-se (dí)	In**dig**na-se (dí)	Im**preg**na (é)	Im**pug**na (ú)	**Rit**ma (í)
Dig**na**mo-nos	Indig**na**mo-nos	Impreg**na**mos	Impug**na**mos	Rit**ma**mos
Dig**nais**-vos	Indig**nais**-vos	Impreg**nais**	Impug**nais**	Rit**mais**
Dignam-se (dí)	In**dig**nam-se (dí)	Im**preg**nam (é)	Im**pug**nam (ú)	**Rit**mam (í)

Nos verbos acima, a sílaba tônica é a que vem em negrito (e tem a pronúncia indicada entre parênteses).

– Certo, professor, tranquilo!

12.25. Conjugação de todas as formas simples e compostas dos verbos "cantar", "vender" e "partir"

– Para terminar, vamos conjugar os verbos "cantar", "vender" e "partir" em todos os tempos, simples e compostos, de todos os tempos.

MODO INDICATIVO (TEMPOS SIMPLES)

Presente		
Canto	Vendo	Parto
Cantas	Vendes	Partes
Canta	Vende	Parte
Cantamos	Vendemos	Partimos
Cantais	Vendeis	Partis
Cantam	Vendem	Partem
Pretérito perfeito		
Cantei	Vendi	Parti
Cantaste	Vendeste	Partiste
Cantou	Vendeu	Partiu
Cantamos	Vendemos	Partimos
Cantastes	Vendestes	Partistes
Cantaram	Venderam	Partiram
Pretérito imperfeito		
Cantava	Vendia	Partia
Cantavas	Vendias	Partias
Cantava	Vendia	Partia
Cantávamos	Vendíamos	Partíamos
Cantáveis	Vendíeis	Partíeis
Cantavam	Vendiam	Partiam
Pretérito mais-que-perfeito		
Cantara	Vendera	Partira
Cantaras	Venderas	Partiras
Cantara	Vendera	Partira
Cantáramos	Vendêramos	Partíramos
Cantáreis	Vendêreis	Partíreis
Cantaram	Venderam	Partiram
Futuro do presente		
Cantarei	Venderei	Partirei
Cantarás	Venderás	Partirás
Cantará	Venderá	Partirá
Cantaremos	Venderemos	Partiremos
Cantareis	Vendereis	Partireis
Cantarão	Venderão	Partirão

MODO INDICATIVO (TEMPOS SIMPLES)

Futuro do pretérito		
Cantaria	Venderia	Partiria
Cantarias	Venderias	Partirias
Cantaria	Venderia	Partiria
Cantaríamos	Venderíamos	Partiríamos
Cantaríeis	Venderíeis	Partiríeis
Cantariam	Venderiam	Partiriam

MODO SUBJUNTIVO (TEMPOS SIMPLES)

Presente		
Cante	Venda	Parta
Cantes	Vendas	Partas
Cante	Venda	Parta
Cantemos	Vendamos	Partamos
Canteis	Vendais	Partais
Cantem	Vendam	Partam
Pretérito imperfeito		
Cantasse	Vendesse	Partisse
Cantasses	Vendesses	Partisses
Cantasse	Vendesse	Partisse
Cantássemos	Vendêssemos	Partíssemos
Cantásseis	Vendêsseis	Partísseis
Cantassem	Vendessem	Partissem
Futuro		
Cantar	Vender	Partir
Cantares	Venderes	Partires
Cantar	Vender	Partir
Cantarmos	Vendermos	Partirmos
Cantardes	Venderdes	Partirdes
Cantarem	Venderem	Partirem

MODO INDICATIVO (TEMPOS COMPOSTOS)

Pretérito-perfeito composto		
Tenho cantado	Tenho vendido	Tenho partido
Tens cantado	Tens vendido	Tens partido
Tem cantado	Tem vendido	Tem partido

Temos cantado	Temos vendido	Temos partido
Tendes cantado	Tendes vendido	Tendes partido
Têm cantado	Têm vendido	Têm partido
Pretérito mais-que-perfeito composto		
Tinha cantado	Tinha vendido	Tinha partido
Tinhas cantado	Tinhas vendido	Tinhas partido
Tinha cantado	Tinha vendido	Tinha partido
Tínhamos cantado	Tínhamos vendido	Tínhamos partido
Tínheis cantado	Tínheis vendido	Tínheis partido
Tinham cantado	Tinham vendido	Tinham partido
Futuro do presente composto		
Terei cantado	Terei vendido	Terei partido
Terás cantado	Terás vendido	Terás partido
Terá cantado	Terá vendido	Terá partido
Teremos cantado	Teremos vendido	Teremos partido
Tereis cantado	Tereis vendido	Tereis partido
Terão cantado	Terão vendido	Terão partido
Futuro do pretérito composto		
Teria cantado	Teria vendido	Teria partido
Terás cantado	Terias cantado	Terias partido
Terá cantado	Teria cantado	Teria partido
Teremos cantado	Teríamos cantado	Teríamos partido
Tereis cantado	Teríeis cantado	Teríeis partido
Terão cantado	Teriam cantado	Teriam partido

MODO SUBJUNTIVO (TEMPOS COMPOSTOS)

Pretérito perfeito composto		
Tenha cantado	Tenha vendido	Tenha partido
Tenhas cantado	Tenhas vendido	Tenhas partido
Tenha cantado	Tenha vendido	Tenha partido
Tenhamos cantado	Tenhamos vendido	Tenhamos partido
Tenhais cantado	Tenhais vendido	Tenhais partido
Tenham cantado	Tenham vendido	Tenham partido
Pretérito mais-que-perfeito composto		
Tivesse cantado	Tivesse vendido	Tivesse partido
Tivesses cantado	Tivesses vendido	Tivesses partido

Tivesse cantado	Tivesse vendido	Tivesse partido
Tivéssemos cantado	Tivéssemos vendido	Tivéssemos partido
Tivésseis cantado	Tivésseis vendido	Tivésseis partido
Tivessem cantado	Tivessem vendido	Tivessem partido
	Futuro composto	
Tiver cantado	Tiver vendido	Tiver partido
Tiveres cantado	Tiveres vendido	Tiveres partido
Tiver cantado	Tiver vendido	Tiver partido
Tivermos cantado	Tivermos vendido	Tivermos partido
Tiverdes cantado	Tiverdes vendido	Tiverdes partido
Tiverem cantado	Tiverem vendido	Tiverem partido

13. QUADRO-SÍNTESE

ALGUNS CONCEITOS

Formas rizotônicas **Formas arrizotônicas**	**Can**-ta (sílaba tônica no radical) Can-ta-**rão** (sílaba tônica fora do radical)
Nocionais *x* **relacionais**	Nocionais: VI, VTD, VTI, VTDI (noção) Relacionais: VL (relação)
Pessoa e número	1ª, 2ª, 3ª (p.) + sing., plural (número)
Tempo	Presente, pretérito, futuro
Modo	Indicativo, subjuntivo, imperativo

VOZES VERBAIS

Ativa (sujeito agente)	O homem **mordeu** o sanduíche.
Passiva (sujeito paciente)	O sanduíche **foi mordido** pelo homem.
Reflexiva (sujeito agente e paciente)	O homem **se mordeu.**

LOCUÇÕES VERBAIS

Dois ou mais verbos = 1 ação / 1 oração	João **deve estar escutando** música.
Loc. de voz passiva (ser + part.)	O carro **foi vendido** pela empresa.
Loc. de tempo composto (ter / haver + part.)	João **tinha alcançado** a glória.
Loc. de aspecto (início, continuidade, fim)	Antônio **continua reclamando** do filho.
Loc. modal ("modalidade" da ação)	Carlos **deve chegar** bem cedo.
Falsas locuções (causativos e sensitivos)	Ela o **mandou** // **analisar** o relatório.

PRINCIPAIS USOS DOS TEMPOS E MODOS VERBAIS (INDICATIVO)

Indicativo	
Presente	Agora **estudo** português. (momentânea) Amanhã **troco** a fechadura. (futura) Todo dia **caminho** meia hora. (habitual) Em 1500, **descobre-se** o Brasil. (passada) O homem **é** falho. (algo permanente)
Pretérito perfeito	Eu **li** o livro. (ação concluída) Eu **tive** um trauma na infância. (inabitual)
Pretérito imperfeito	Eu **lia** quando dormi. (ação interrompida) Eu **incomodava** bastante. (ação habitual)
Pretérito mais-que--perfeito	Ele chegou, eu **dormira**. (passado do passado)
Futuro do presente	Eu **vencerei** na vida. (projeção dada como certa)
Futuro do pretérito	Ele **seria** o autor do artigo. (hipótese) Ele sempre disse que **seria** médico. (fut. do passado) Após ser jogador, Tite **seria** técnico. (ação ocorrida)

TEMPOS VERBAIS COMPOSTOS

Indicativo	
Pretérito perfeito composto	Tenho ou hei cantado, vendido, partido
Pretérito mais-que-perfeito composto	Tinha ou havia cantado, vendido, partido
Futuro do presente composto	Terei ou haverei cantado, vendido, partido
Futuro do pretérito composto	Teria ou haveria cantado, vendido, partido
Subjuntivo	
Pretérito perfeito composto	Tenha ou haja cantado, vendido, partido
Pretérito mais-que-perfeito composto	Tivesse ou houvesse cantado, vendido, partido
Futuro composto	Tiver ou houver cantado, vendido, partido

CLASSIFICAÇÕES DOS VERBOS

Regulares (padrão radical e flexões)	Canto, cantaria, cantasse
Irregulares (alterações radical e flexões)	Digo, dissesse, dizemos
Anômalos (mais de um radical)	Ser / ir

Pronominais (conjugados com pronome)	Queixar-se ("se" = parte integrante)
Reflexivos (sujeito pratica e sofre)	Pentear-se ("se" = pronome reflexivo)
Vicários (substituem)	Fazer / Ser
Defectivos (pessoas não conjugadas)	Reaver / precaver-se
Abundantes (duas formas iguais)	Foi salvo / tinha salvado

CAPÍTULO 15

Conjunção

INTRODUÇÃO: O QUE É E O QUE FAZ

Conjunções são, basicamente, uma palavra ou um conjunto de palavras que cumpre a função de conectar partes, como detalharemos adiante.

1. CARACTERÍSTICAS ESSENCIAIS

As conjunções são dotadas de algumas características que convém sabermos bem:

a) São, via de regra, dotadas de um ou de mais de um sentido. Isso vale para as conjunções subordinativas adverbiais e para as conjunções coordenativas. O único grupo de conjunções que não apresenta nenhum traço semântico é o das conjunções integrantes ("que" e "se");

b) As conjunções são uma classe de palavras invariável, ou seja, elas não mudam de forma, não flexionam;

c) Elas não exercem nenhuma função sintática (assim como as preposições e as interjeições).

Entendeu?

– O senhor quer que eu *já* tenha entendido?

Mas é claro que sim! Pode ainda não ter aprendido, guardado, registrado para nunca mais esquecer, mas entendido já deve! Resuma para mim as três características essenciais das conjunções.

– Elas são dotadas de um sentido (menos as "integrantes"), são invariáveis e não desempenham função sintática.

Uma salva de palmas. ☺

Vejamos uma frase logo abaixo e analisemos o segmento destacado:

+ "O rapaz se esforçou, **mas** a menina não o quis."

Nessa palavra, há as três características ressaltadas:

a) ela é dotada de um sentido (no caso particular da frase, sentido de oposição, contrariedade);

b) ela é invariável, não existindo outra grafia para essa conjunção que não essa mesma: "mas";

c) ela não desempenha nenhuma função sintática, diferentemente dos demais termos que fazem parte da oração ("a menina" é sujeito; "não" é adjunto adverbial; "quis" é verbo; "o" é objeto direto).

– Está bem, professor. Visualizo, compreendo.

Ótimo.

2. O QUE FAZEM AS CONJUNÇÕES

As conjunções cumprem a função básica de ligar ou unir as mais variadas estruturas, e não somente orações, como costumamos pensar. Sua função básica é, portanto, conectar segmentos do texto, motivo pelo qual muitas vezes as conjunções são chamadas também de "conectivos" ou "conectores".

+ "Eu comprarei sapatos ou ternos." (ou = conjunção)

+ "Saí cedo de casa, embora não tivesse compromisso." (embora = conjunção)

+ "Eu criei Maria. Portanto, conheço-a melhor do que a mim mesmo." (Portanto = conjunção)

Você nota que as estruturas unidas pelas conjunções "ou", "embora" e "portanto" nas frases acima não são, necessariamente, orações?

– Noto sim, ainda que eu não saiba exatamente especificar o que são as estruturas que elas unem...

Tranquilo. Isso, aqui, é secundário, mas eu explico a você.

Na primeira frase, a conjunção "ou" une elementos de mesma função sintática (no caso, os dois núcleos do objeto direto):

+ "Eu comprarei sapatos ou ternos." (Eu = S; comprarei = VTD; sapatos ou ternos = OD)

Na segunda frase, a conjunção une duas orações (uma oração principal e uma oração subordinada adverbial concessiva):

+ "Saí cedo de casa, **embora** não tivesse compromisso".
OR. principal Or. sub. adv.

Na terceira frase, a conjunção une dois períodos:

+ "Eu criei Maria. **Portanto**, conheço-a melhor do que a mim mesmo".
Período 1 Período 2

– Podemos considerar que as conjunções podem unir palavras, orações, períodos e por aí vai?

Exatamente. Podem também unir parágrafos, como faz a conjunção destacada no trecho abaixo, extraído de uma crônica de Rubem Braga:

+ "Se eu dissesse que cantava, mentiria. Não cantava. Estava quieto; demorou-se algum tempo, depois partiu.

  Mas eu presto meu depoimento perante a História. Eu vi. Era um sabiá, e pousou no alto da palmeira. 'Minha terra tem palmeiras onde canta o sabiá.' Não cantou. Ouviu o canto de outro sabiá que cantava longe, e partiu".

– Compreendido: as conjunções podem unir quase tudo o que é "unível..."

Exatamente.

3. POSIÇÃO DAS CONJUNÇÕES

Em termos de posição, a conjunção estará geralmente no início da oração de que ela faz parte, ou seja, da oração que ela introduz:

conjunção
↓
+ "Pretendo arrumar a casa toda, **já que** receberei vistas."
Or. sub. adv. causal

conjunção
↓
+ "**Ainda que** seja uma pessoa boa, cometeu uma maldade."
Or. sub. adv. concessiva

– Não necessariamente *entre* as orações, e sim no início das orações de que participam?

Isso. Regularmente, sim. Há, no entanto, dois grupos de conjunções que podem aparecer no meio ou mesmo no final da oração de que participam: as conjunções adversativas e as conjunções conclusivas.

+ "Ele não bebeu em excesso; vomitou, **entretanto**, após a festa."
  (conjunção: entretanto; "vomitou, entretanto, após a festa" – Or. coord. sind. adversativa)

+ "Carlos dormiu mais de oito horas; acordou descansado, **portanto**."
  (conjunção: portanto; "acordou descansado, portanto" – Or. coord. sind. conclusiva)

– Somente esses dois grupos podem aparecer no meio ou no final da oração?

Somente eles. Dizemos que, nesse caso, as conjunções são *pospositivas*, porque podem ser *pospostas ao verbo da oração de que participam.*

– Perfeito.

4. LOCUÇÕES CONJUNTIVAS

Você imagina o que seja uma locução conjuntiva?

– Tendo em vista o fato de termos estudado que locuções adjetivas são um conjunto de palavras com valor de adjetivo; que locuções adverbiais são um conjunto de palavras com valor de advérbio; e que locuções prepositivas são um conjunto de palavras com valor de preposição; suponho que locução conjuntiva seja um conjunto de palavras com valor de conjunção.

E-xa-ta-men-te. Lindo. Comovente. Sensacional.

– Obrigado!

De nada. ☺

Se o conector for formado por apenas uma palavra, será chamado de conjunção.

+ "O Brasil é grande, porém segue pobre."
  (porém: conjunção)

+ "Amanhã, caso alguém queira companhia, basta ligar para João."
  (caso: conjunção)

+ "Guarde todas as joias, porque haverá assaltos neste bairro."
conjunção

– Ok.

Se for formada por um grupo de palavras que desempenhe o mesmo papel que uma conjunção, teremos uma locução conjuntiva:

+ "João ganha muito bem, uma vez que tem cargo diretivo."
locução conjuntiva

+ "Toda vez que você age assim, gera confusões na família."
locução conjuntiva

+ "Fica alcoolizado com facilidade, por isso evita beber."
locução conjuntiva

– Mais um grupo de locuções no repertório.

Ótimo. Já são vários. ☺

As conjunções podem ser coordenativas (ligando termos sintaticamente independentes) ou subordinativas (quando ligam termos sintaticamente dependentes). Quanto à dependência ou independência dos elementos unidos pelas conjunções, faremos um estudo mais detalhado sobre isso no capítulo sobre "Orações".

– Promete, professor?

Prometo. Não é o essencial no momento. Para a sequência do nosso trabalho neste capítulo, o que faremos será basicamente listar e exemplificar as principais conjunções. Como eu disse (e prometi), tudo isso retornará mais detalhadamente no capítulo de "Orações".

– Certo.

5. TIPOS DE CONJUNÇÕES

5.1. Conjunções coordenativas

a) Aditivas: indicam relação de adição, soma, acréscimo.

- E
- Nem (= e não)
- Nem... nem
- Tampouco
- Não só... mas também
- Tanto... quanto/como

- "Eu saí do quarto **e** ingressei na cozinha."
- "Não gosto de camarão **nem** como peixe."
- "**Nem** ele **nem** ela têm preocupações sociais."
- "Jamais agredi um filho, **tampouco** briguei na rua."
- "**Não só** jogo bem futebol, **mas também** tenho talento no tênis."
- "**Tanto** eu **quanto** Ana somos civilizados."

– E quais são as "campeãs" em prova, professor?

Você está bem emocionalmente? Podemos ter uma conversa séria?

– Estava bem até o senhor fazer essa pergunta, agora já não sei mais...

Acalme o coração. Não se trata de um assunto trágico; apenas de um assunto sério.

As conjunções são muito importantes, muito fundamentais, muito cobradas.

– Isso eu já sabia...

Pois é, mas o que eu preciso falar para você é que as conjunções devem ser todas, todas, todas dominadas. Não podemos selecionar as aparentemente mais significativas. Elas existem em imensa quantidade, mas têm de ser sabidas. Quanto mais conjunções soubermos, maiores as condições que teremos de acertar questões que as tematizem, seja diretamente, seja por meio da reescrita.

– O senhor quer dizer que não adianta eu ficar perguntando "qual mais cai" e coisas semelhantes?

Sim. É isso mesmo o que estou dizendo. ☺

– Vou tentar!

b) Adversativas: indicam oposição, contrariedade, antagonismo, adversidade.

• Mas	• Contudo
• Porém	• Entretanto
• Todavia	• No entanto

São, via de regra, intercambiáveis entre si.

– Intercambiáveis?

Isso: onde cabe uma tendem a caber todas as outras.

+ Passei mal, **mas / porém / todavia / contudo / entretanto / no entanto** estou bem agora.

Quando a conjunção adversativa estiver deslocada para o meio ou o final da segunda oração, não caberá a conjunção "mas"; as outras todas caberão normalmente:

+ "Passei mal; estou, **porém**, bem agora."
+ "Passei mal; estou, **entretanto**, bem agora."
+ "Passei mal; estou, **todavia**, bem agora."

c) **Alternativas:** indicam alternância, alternativa, opção, escolha, exclusão.

- Ou
- Ou... ou
- Ora... ora
- Quer... quer
- Seja... seja

+ "O time deverá ser modificado, **ou** perderá as partidas restantes.
+ "**Ou** conversamos agora, **ou** não conversaremos mais."
+ "**Ora** bebe água, **ora** bebe cerveja."
+ "Iremos ao médico, **quer** goste, **quer** não goste."
+ "Sempre é arrogante, **seja** na escola, **seja** em casa."

– Exclusão é a circunstância que mais estranho...

E é a circunstância mais "estranhável" mesmo. Geralmente, a ideia de exclusão virá com a estrutura correlativa "ou... ou":

+ "Às 16h de amanhã, **ou** estarei no shopping, **ou** estarei no clube".

Se a pessoa estiver no shopping, não estará no clube. Se estiver no clube, não estará no shopping. Ou seja, são ideias excludentes entre si.

– Perfeito.

d) **Conclusivas:** indicam conclusão ou consequência.

- Logo
- Portanto
- Por isso
- Por conseguinte
- Consequentemente
- Assim
- Então
- Destarte

+ "Estou no último semestre, **logo** vou me formar esse ano."
+ "Sofreu uma queda da moto, **portanto** está com o joelho esfolado."
+ "Ana gosta de João, **por isso** fica tímida na presença dele."
+ "Eles beberam pouca água, **por conseguinte** estão com sede."
+ "Cometeste um erro grave, **consequentemente** serás demitido."
+ "Comi demais no almoço, **assim** estou sem fome."
+ "João estudou muito, **então** ficou cansado."
+ "Sairemos cedo, **destarte** chegaremos a tempo."

– Tanto faz falar em "conclusão" ou "consequência"?

Em termos práticos, sim. E lembre-se de que, havendo uma consequência, haverá também, necessariamente uma causa.

– São circunstâncias indissociáveis: uma causa acarreta uma consequência; uma consequência é acarretada por uma causa.

Justamente. E pode-se ainda falar em causa e efeito.

– Que quer dizer rigorosamente a mesma coisa.

Isso.

e) Explicativas: indicam ideia de explicação. As orações explicativas geralmente informam a razão pela qual se afirmou o que está na outra oração.

- Porque
- Pois
- Porquanto
- Que

+ "Deverá chover amanhã, **porque** o dia está muito abafado."

Costumam vir após hipótese, ordem, pedido, desejo ou conselho.

– Na frase acima, vem após uma hipótese. É isso?

Exatamente. Na frase abaixo, vem após uma ordem:

+ "Saia, **porquanto** não há tempo para conversarmos agora."

– Certo.

Mais alguns exemplos:

+ "Quero muito que você venha, **pois** estou com saudade."
+ "Desapareça daqui, **que** estou furioso."

5.2. Conjunções subordinativas

5.2.1. Integrantes

As conjunções integrantes introduzem as orações subordinadas substantivas, que são orações que desempenham a função sintática de sujeito, objeto direto, objeto indireto, complemento nominal, aposto ou predicativo.

São apenas duas as conjunções integrantes: "que" e "se"; essas estruturas serão conjunções integrantes quando a oração por elas introduzidas equivaler a "isso".

– Oi?

Para testar se o "que" e o "se" são conjunções integrantes, você vai substituir a oração inteira que essa partícula introduz por "isso":

Conjunção integrante
↓
+ "Ele disse **que** existem problemas." (ele disse **isso**)
Or. sub. subst.

Conjunção integrante
↓
+ "A moça perguntava **se** haveria novas reuniões." (a moça perguntava **isso**)
Or. sub. subst.

– Compreendi.

Ótimo. Agora vamos aos exemplos de cada um dos tipos de oração substantiva. Lembrando: tudo isso será aprofundado no capítulo acerca de "Orações".

Conjunção integrante
↓
+ "É importante **que** façam a chamada." (é importante **isso**)
Or. sub. subst. subjetiva

Conjunção integrante
↓
+ "Antônia questionou **se** estava doente." (Antônia questionou **isso**)
Or. sub. subst. objetiva direta

Conjunção integrante
↓
+ "Eu necessito **de** que venhas." (eu necessito **disso**)
Or. sub. subst. objetiva indireta

Conjunção integrante
↓
+ "Tenho certeza **de** que ela vencerá." (tenho certeza **disso**)
Or. Sub. subst. completiva nominal

Conjunção integrante
↓
+ "Ana tem um medo: que ele volte." (tenho um medo: **isso**)
Or. sub. subst. apositiva

Conjunção integrante
↓
+ "O fundamental é que nos ouçam." (o fundamental é **isso**)
Or. sub. subst. predicativa

– Professor, algo me diz que aqui temos uma dificuldade daquelas bem grandes...

Parabéns: seu sexto sentido está dando sinais certos. ☺

Sabe por que as dificuldades são tão grandes?

– Não exatamente.

Quando chegarmos a essa parte da matéria, lidaremos com funções sintáticas, conteúdo por si só muito difícil. Não bastasse a dificuldade natural do tópico, ele virá associado a orações, outra matéria que assusta.

– Ah, pois é: morro de medo de funções sintáticas e morro de medo de orações. Junta as duas, o senhor imagina o que acontece!

Imagino! Mas não se assuste. Em "Orações", voltaremos ao tema e veremos tudo com calma e profundidade.

– O senhor acalma o meu coração...

Fico felicíssimo de saber. ☺

5.2.2. Adverbiais

a) **Causais**: exprimem uma causa.

- Porque
- Pois
- Já que
- Visto que
- Uma vez que
- Dado que

+ "Comi pouco, **porque** estava um pouco enjoado."
+ "Perdeu a partida, **pois** a abandonou antes do fim."
+ "Os bancos estarão fechados, **já que** é feriado."
+ "Darei duas aulas extras, **visto que** o conteúdo não foi terminado."
+ "Minha esposa viajará ao interior, **uma vez que** sua mãe está doente."
+ "Ele será demitido, **dado que** roubou dinheiro."

– E se tem causa, tem consequência, como o senhor já salientou...

Exatamente. Sendo a causal uma causa, a outra oração será uma consequência.

– Aos poucos, vai-se aprendendo...

Excelente.

b) Conformativas: exprimem conformidade.

- Conforme
- Segundo
- Consoante
- Como

+ "Ela depositou os cheques, **conforme** pedi."
+ "**Segundo** afirmou o prefeito, a prova será cancelada."
+ "A moça suspendeu o processo, **consoante** havia dito que faria."
+ "Eu cozinhei os legumes separadamente, **como** vovó solicitou."

– Grupo tranquilíssimo, professor.

Que bom!

c) Comparativas: exprimem comparação, aproximação entre elementos.

- Como
- Tão ... como / quanto
- Tanto ... como quanto
- Mais / menos / maior / menor ... que
- Tal qual
- Tal como

+ "Ele agia **como** uma criança mimada e inconsequente."
+ "A sabedoria dos anciãos é **tão** importante **como** a dos mais jovens."
+ "Ana caminhava **tanto quanto** eu naquela época."
+ "Os russos bebem **mais** vodca **que** os brasileiros."
+ "Ele fazia trabalhos braçais **tal qual** um adulto."
+ "Ana tem habilidades culinárias **tal como** sua mãe."

– E as conjunções não são necessariamente *apenas* essas...

Não. Uma lista exaustiva (no sentido de "completa") dos nexos de qualquer um dos grupos seria absolutamente impossível.

– Entendo. São muitos os termos.

São. E, mais do que isso, são variáveis. Há expressões que não estariam classificadas eventualmente como comparativas que passam a ser assim usadas. Quer ver?

– Claro que quero!

Na linguagem coloquial, podem ser usadas estruturas como as abaixo (ao menos no Rio Grande do Sul):

- "Ela se porta **que nem** uma criança."
- "O rapaz é forte **feito** um camelo."

As duas expressões acima seriam "conjunções comparativas" em termos de valor.

– Então, posso usar?

Deus nos livre! De modo algum! Mas, se fossem usadas em um texto de prova (uma crônica, um conto) e nos perguntassem acerca do sentido que elas têm, deveríamos dizer que "comparativo".

– Entendi.

d) Consecutivas: exprimem consequência, efeito.

- Tão... que
- Tal... que
- Tanto... que
- Tamanho... que

- "Estava **tão** frio **que** nossos dedos ficaram roxos."
- "Aplicou **tal** violência no golpe **que** o oponente desmaiou."
- "Comíamos **tanto** naquele tempo **que** sequer conseguíamos dormir depois."
- "É **tamanho** o meu desprezo **que** não consigo cumprimentá-lo."

– Se são consequência, a outra é a causa.

Perfeito.

e) Finais: indicam finalidade, intenção, objetivo, fim.

- a fim de que
- para que

+ "Eu consertei as válvulas, **a fim de que** não vazasse mais gás."
+ "**Para que** haja verdadeiras mudanças, a população precisa agir."

Nota que "fim" é aqui uma "finalidade"?

– Creio que sim.

Olhe a frase a seguir:

+ "Eu agi com o fim de interceder a favor dela".

– Percebo, professor: com a finalidade, com a intenção, com o objetivo de interceder a favor dela.

Ótimo.

f) Proporcionais: exprimem proporcionalidade, equivalência.

- À proporção que
- À medida que
- Quanto mais... menos
- Quanto mais... mais
- Quanto menos... mais
- Quanto menos... menos

+ "Meu conhecimento cresce **à proporção que** estudo."
+ "**À medida que** as tropas avançam, os civis recuam."
+ "**Quanto mais** convivo com meus gatos, **mais** os amo."
+ "**Quanto mais** me insultarem, **menos** atenção darei a eles."
+ "**Quanto menos** te esforças, **mais** me conquistas."
+ "**Quando menos** a menina estuda, **menos** conhecimento acumula."

– Aparentemente, não há grandes dificuldades.

Não há mesmo. Grupo tranquilo.

g) Temporais: exprimem tempo.

- Quando
- Antes que
- Depois que
- Enquanto
- Mal
- Logo que
- Assim que
- Toda vez que
- Até que
- Desde que

+ "**Quando** Cabral chegou ao Brasil, Colombo já descobrira a América."
+ "Eu farei um acordo **antes que** a dívida se torne impagável."
+ "A moça irá para casa **depois que** assinarmos o contrato."
+ "**Enquanto** eu cozinhava um risoto, Ana punha a mesa."
+ "**Mal** pus o pé fora de casa, começou a chover com violência."
+ "**Logo que** cheguei ao local, percebi que algo estranho havia ocorrido."
+ "**Assim que** a polícia tiver uma posição, o advogado será avisado."
+ "Eu choro **toda vez que** assisto a esse filme."
+ "Ele insistiu **até que** eu confessasse a culpa."
+ "**Desde que** entrei neste ambiente, estou sendo observado por ela."

Você percebe que há muitas diferentes circunstâncias temporais nas frases acima?

– Olhe, professor, eu acho que sim: há coisas que ocorrem ao mesmo tempo, que ocorrem antes, que ocorrem depois, que ocorrem um pouquinho depois, e por aí vai, não?

Exatamente. As circunstâncias temporais expressas por essas conjunções são muito variadas: pode ser tempo anterior, posterior, concomitante; pode ser limite inicial de tempo, limite final de tempo; pode ser algo que ocorre repetidas vezes no tempo. Pode ser, enfim, uma porção de coisas.

– Perfeito.

E tudo isso será mais tarde estudado. Promessa minha.

– Ok.

h) **Condicionais:** exprimem uma condição, um requisito para que um evento se realize ou deixe de se realizar.

- Se
- Caso
- Desde que
- Contanto que
- A menos que
- A não ser que
- Salvo se

+ "Posso adiantar o almoço, **se** a moça tiver de sair."
+ "**Caso** haja uma revolta, o poder agirá com celeridade."
+ "Carlos poderia ter auxiliado, **desde que** o avisassem de que era necessário."

+ "Estarei no casamento, **contanto que** me convidem."
+ "A moça aceitou fazer a delação, **contanto que** não a denunciem."
+ "**A menos que** a estrada esteja cheia, chegaremos rápido."
+ "Eu posso partir, **a não ser que** você queira que eu permaneça."
+ "**Salvo se** fizer um acordo, João será condenado."

– Importantes?

Importantíssimas.

– Decoro?

Essas e todas.

– Ok.

i) Concessivas: exprimem concessão ou ressalva.

- Embora
- Ainda que
- Mesmo que
- Se bem que
- Apesar de que
- Conquanto
- Posto que
- Malgrado

+ "A garota será aprovada, **embora** precise de uma boa nota."
+ "**Ainda que** me pedissem de joelhos, eu não aceitaria as desculpas."
+ "A paz seria estabelecida, **mesmo que** houvesse resistência."
+ "Pretendo ir à festa, **se bem que** esteja bastante cansado."
+ "Ele ficou satisfeito, **apesar de que** tenha sido xingado por alguns."
+ "**Conquanto** ela pareça estar bem, sigo preocupado."
+ "Teve de viajar à Europa, **posto que** quisesse ficar no Brasil."
+ "Mantenha a calma, **malgrado** existam várias dificuldades para isso."

– Também muito fundamentais, se não me falha a memória.

Muito, muito. Talvez o grupo mais importante. Fechamos por enquanto.

6. QUADRO-SÍNTESE

CONJUNÇÕES

Coordenativas	• Aditivas (e, nem, etc.) • Adversativas (mas, porém, etc.) • Alternativas (ou, ou... ou, etc.) • Conclusivas (logo, portanto, etc.) • Explicativas (porque, pois, etc.)
Subordinativas integrantes	• Que (= isso) • Se (= isso)
Subordinativas adverbiais	• Causais (já que, visto que, etc.) • Comparativas (como, mais... que, etc.) • Conformativas (conforme, segundo, etc.) • Consecutivas (tão... que, tal... que, etc.) • Finais (a fim de que, para que) • Proporcionais (à proporção que, etc.) • Temporais (quando, logo que, etc.) • Condicionais (se, caso, etc.) • Concessivas (embora, ainda que, etc.)

PARTE 5

Funções Sintáticas

Introdução

Os elementos que formam as denominadas funções sintáticas compõem as chamadas "orações".

> – Sim: as funções sintáticas são funções que os elementos desempenham dentro da oração, normalmente.

Exatamente isso. Esses elementos são classificados como termos essenciais, termos acessórios e termos integrantes.

> – E eu vou ter de saber qual é qual?

Convém lembrar, mas não é a coisa mais essencial do mundo. Poucas vezes alguma questão de prova se refere a qualquer dessas estruturas nesses termos. Mas vamos a elas.

a) Termos essenciais: sujeito e predicado.

b) Termos integrantes: objeto direto, objeto indireto, complemento nominal e agente da passiva (predicativos também costumam ser enquadrados aqui, embora haja debate sobre isso).

c) Termos acessórios: adjunto adnominal, adjunto adverbial e aposto.

> – E os nomes vêm de onde?

Bem, os nomes são quase autoexplicativos: essenciais são os termos que formam a base de uma oração, sem os quais ela não existiria; integrantes são os que têm uma espécie de função *complementar*, complementando o sentido de nomes e verbos; acessórios são os termos que podem ser, teoricamente, suprimidos.

> – Pensando por aí, faz algum sentido...

Pois é: às vezes faz mais, às vezes faz menos. Mas guarde-os, pelo menos aqueles em relação aos quais não há debate. E lembre-se de que o vocativo não faz parte do sujeito nem do predicado, sendo, a rigor, um termo solto; sem função sintática, portanto.

– Então, para os predicativos não há bem certeza e o vocativo não é uma função, é isso?

Exatamente. Vamos estudar o vocativo nesta parte porque é onde ele costuma ser enquadrado. Mas só por isso.

CAPÍTULO 16

Sujeito

Se eu perguntasse, na teoria, quem é o sujeito de um verbo, o que você me diria?

– Eu diria que é aquele que pratica a ação verbal...

Eu imaginei.

– Profe, é impressão minha ou há um tom crítico nesse "eu imaginei"?

É impressão sua.

– Que bom, caso contrário o senhor me magoaria...

Não, não se preocupe. ☺

Embora a mais tradicional definição do sujeito seja a de que sujeito é aquele que pratica a ação expressa pela forma verbal, ela não é suficiente.

– Então nem sempre?

Nem sempre. Existe, por exemplo, a voz passiva, em que o sujeito sofre a ação, em vez de praticá-la. Há, também, o chamado sujeito oracional, que a rigor não *pratica* propriamente ação nenhuma.

– Mas, então, o sujeito não tem conceituação?

Tem. Não uma definição exata que abarque a totalidade dessa função, mas a melhor talvez seja a seguinte:

Sujeito é sobre quem se afirma algo.

– Por que essa é a melhor?

Porque, quando o sujeito é uma oração, como veremos adiante, essa oração não pratica ação nenhuma, mas é sobre a oração que se afirma algo.

Quando há uma voz passiva e o sujeito é paciente, sofrendo a ação, é sobre esse sujeito paciente que se afirma algo. Compreende? Essa definição abarca situações que a definição tradicional ("aquele que pratica a ação") não abarca.

Agora outra coisa: você sabe identificar qual estrutura será o núcleo do sujeito?

– A palavra mais importante do sujeito?

Sim. Mas qual será ela?

– Como saber sem uma frase?

Pois então: vamos a uma definição teórica que nos ajude, antes mesmo de haver uma frase. Aliás, você já deve ter notado que gosto muito de definições teóricas, não?

– Sim, profe, até demais...

Que bom que você percebeu! Faço isso porque acho que o domínio teórico é o que nos dá segurança. Vamos à definição de núcleo do sujeito.

O núcleo do sujeito será um substantivo (ou uma palavra equivalente) e não será antecedido por preposição.

– E preciso muuuuito do núcleo?

Muito, muito, muito. O núcleo é o que determina, em certa medida, diante de que tipo de sujeito estamos. Vamos a alguns exemplos. Não se trata ainda de classificar o sujeito, mas apenas de reconhecer qual o seu núcleo (ou quais os seus núcleos).

- "O rapaz de terno tossiu."

Qual o sujeito da frase acima?

– "O rapaz de terno".

Note que há dois substantivos. Qual deles é o núcleo?

– "Rapaz".

Exato. E por que "terno" não é núcleo?

– Porque é antecedido por preposição.

Uma salva de palmas, uma lágrima de emoção e uma estrelinha pra você. Essa é a lógica que sempre seguiremos.

1. PERGUNTA DO SUJEITO

Bem, antes que possamos classificar o sujeito, é preciso que saibamos localizá-lo. Para isso, há três perguntas que podemos fazer.

– Eu faço essas perguntas e encontro como resposta o sujeito da oração?

Isso mesmo. Vamos a elas com os respectivos exemplos.

a) Quem é que + verbo?

+ "Os homens roubaram o carregamento."

Qual seria a pergunta, já que há uma pessoa dentro da hipotética estrutura que pode ser sujeito?

– Quem é que roubou?

Exatamente. Resposta: "os homens". Esse é, portanto, o sujeito.

– Compreendi.

b) Que é que + verbo?

+ "Os vasos caíram no chão."

Não havendo pessoa dentro da estrutura, a pergunta deve ser a seguinte: "que é que caiu?".

– Resposta: "os vasos".

Isso. "Os vasos" é o nosso sujeito.

c) Que(m) é que se + verbo?

Por fim, se o verbo vier acompanhado pela partícula "se" e precisarmos buscar o sujeito, colocaremos o "se" junto à pergunta.

+ "Vendem-se casas mobiliadas."

Que é que se vende?

– "Casas mobiliadas". Como é a nossa resposta, trata-se do sujeito.

Perfeito. É assim que teremos de proceder. ☺

Há duas questõezinhas que devem ser alvo de atenção aqui:

1º) Na pergunta, deixe sempre o verbo no singular, mesmo que, na frase, ele esteja no plural. Isso facilita a estruturação da pergunta:

+ "As mulheres vestiram os casacos." (quem é que **vestiu**? "As mulheres")
Sujeito

+ "As granadas explodiram." (que é que **explodiu**? "As granadas)
Sujeito

+ "Observam-se crimes hediondos." (que é que se **observa**? "Crimes hediondos")
Sujeito

Entendeu?

– Entendi bem. Ao perguntar pelo sujeito, em qualquer uma das três perguntas, o senhor quer que eu coloque o verbo no singular.

Isso. A pergunta fica melhor e fica mais fácil achar a resposta.

2º) Sempre, sempre, sempre devemos classificar o sujeito antes de procurarmos as demais funções sintáticas. Não interessa em qual frase: primeiro buscamos e classificamos o sujeito, somente depois vamos atrás do resto.

+ "Faltam alguns minutos." (que é que falta? "Alguns minutos")
sujeito

+ "Chegaram argentinos e uruguaios." (quem é que chegou? "Argentinos e uruguaios")
sujeito

Compreendido?

– Compreendido. Mas por que temos de procurar primeiro o sujeito?

Pergunta excelente. Para não corrermos o risco de confundir o sujeito com outras estruturas sintáticas (principalmente com o objeto direto), como eu mostrarei logo adiante.

– Ok.

2. CLASSIFICAÇÕES DO SUJEITO

2.1. Sujeito simples

É aquele que apresenta apenas um núcleo.

– Por isso é importante saber localizar o núcleo...

Isso, isso, isso.

núcleo
↓
+ "O **animal** agonizante repousava à beira da estrada."
Suj. simples

(um núcleo = "animal")

núcleo
↓
+ "**Ninguém** obedece às ordens dos chefes." (um núcleo = "ninguém")
Suj. simples

– Tranquilo, profe.

Ótimo. Esse é bem fácil.

2.2. Sujeito composto

É aquele que apresenta dois ou mais núcleos:

Núcleo 1 Núcleo 2
↓ ↓
+ "O **homem** e a **mulher** complicaram a situação."
Sujeito composto

("homem" e "mulher" são núcleos)

– "Simples" e "composto" são palavras que aparecem bastante no português, não, profe?

Sim! Aparecem demais. Há as formas verbais simples e as formas verbais compostas, o período simples e o período composto, e por aí vai. Você lembra o que querem dizer esses termos?

– Não sei se lembro, professor...

É uma barbada! Sempre a mesma coisa: "simples" é um só; "composto" é dois ou mais. Repita para mim.

– Simples é um só; composto é mais de um.

Ótimo. Guarde isso. Guarde bem!

2.3. Sujeito oculto / elíptico / desinencial

– Tenho de saber qual dos três nomes, profe?

Os três. O mais famoso é "oculto", que me parece sempre uma coisa meio mal-assombrada: quando se fala em sujeito oculto, tenho a impressão de que é um espírito...

– Cruzes, professor, que horror!

Também acho, mas não consigo evitar. ☺

Voltando: o nome mais famoso é "oculto", mas tão importantes quanto são as designações "elíptico" e "desinencial". O sujeito "elíptico", "desinencial" ou "oculto" é um sujeito que *existe e é determinado*, mas *não está explícito na oração*. Ele é facilmente identificável pelo contexto ou pela desinência verbal.

+ "Comprei um automóvel de boa qualidade." (sujeito oculto: "eu")

Sabe-se, pela desinência da forma verbal "comprei", que o sujeito é "eu". Como tal sujeito está ausente da frase, é chamado sujeito elíptico / oculto / desinencial.

– "Elíptico" faz sentido: é como em elipse do Sol ou da Lua, não?

Não!!! O que acontece com o Sol e com a Lua é eclipse, que é a ocultação de um astro ou de uma parte dele devido à interposição de um outro astro entre ele e uma fonte de luz. No português, nunca há eclipse. Só elipse. ☺

– E elipse o que é?

É a supressão de um termo que pode ser facilmente subentendido pelo contexto linguístico ou pela situação.

– Mas se eu lembrar de eclipse e associar a elipse...

Está valendo: importante é, de algum jeito, resgatar o conceito na cabeça. ☺

2.4. Sujeito indeterminado

O nome é bem autoexplicativo: sujeito indeterminado é aquele que existe, mas que não se consegue determinar quem é. E ele pode ocorrer em três situações. Até agora, os tipos de sujeito estão fáceis ou difíceis?

– Olhe, professor, tenho sempre medo de usar a palavra "fácil" no português, mas até agora não estou achando muito difícil, não...

Que bom! Mas a notícia que trago não é das melhores.

– Vem coisa difícil por aí...

Vem, sim. Se compararmos às três primeiras classificações vistas (simples, composto, oculto), esta que estamos vendo e as duas próximas são bem mais difíceis. Então, respiremos fundo e sigamos.

– Vamos.

a) **Situação 1:** quando o verbo estiver conjugado na terceira pessoa do plural e o sujeito não estiver explícito nem for identificável pelo contexto.

+ "Picharam o muro durante a madrugada."

Não podemos dizer, sem que a frase esteja em um contexto que deixe isso claro, que o sujeito é "eles". Na verdade, esse é o tipo de estrutura que se usa quando não se sabe ou não se pode determinar o sujeito da ação.

– Então, sujeito indeterminado?

Exato.

Leia as seguintes frases, que são mais dois exemplos de sujeito indeterminado com verbo na terceira pessoa do plural.

+ "Mataram um homem naquele bairro."
+ "Apagaram os vestígios do crime."

– Mas por que eu não posso dizer que o sujeito é "eles"?

Porque nessas frases, ao menos assim como elas estão escritas, o que se está dizendo não é que "*eles* mataram" ou "*eles* apagaram", e sim que "***alguém não sabido*** matou" e "***alguém não sabido*** apagou", entende?

– Entendo, sim.

Se você diz o seguinte: "Roubaram o meu carro de madrugada". Você está querendo dizer com isso que sabe que o carro foi roubado por um grupo?

– Não. O que eu quereria dizer é que "alguém" roubou o carro...

Justamente. É o que temos nesse caso.

b) Situação 2: também ocorre sujeito indeterminado quando houver verbo acompanhado por uma partícula "se" que seja índice de indeterminação do sujeito. Isso ocorrerá quando se unir à partícula "se" um verbo que, na voz ativa, seja verbo intransitivo, verbo de ligação ou verbo transitivo indireto.

– Oi?

Complicadinho, não?

– Muito.

Pois é: quando a partícula "se" se une a um verbo intransitivo, a um verbo de ligação ou a um verbo transitivo indireto, ela faz com que o sujeito se torne indeterminado. Entendeu?

– Lendo assim eu acho que entendo, mas é difícil...

Bastante. Mas teremos de guardar:

- VI + SE
- VTI + SE
- VL + SE

} **Sujeito indeterminado**

Vamos aos exemplos.

+ "Precisa-se de auxiliares de escritório."
  VTI SE OI

Nessa frase, por exemplo, "de auxiliares de escritório" é uma estrutura preposicionada que complementa o verbo "precisar". Sua função é, portanto, objeto indireto. Temos um sujeito indeterminado, sendo a partícula "se" o índice de indeterminação desse sujeito.

– Ok.

+ "Era-se feliz naquela época."
VL SE PS AA

Já nessa frase, o verbo de ligação "ser" une-se à partícula "se", o que automaticamente indetermina o sujeito da oração. O termo "feliz" é o predicativo do sujeito, e "naquela época" é adjunto adverbial de tempo. Indica quando se era feliz.

– Profe, "feliz" é predicativo do sujeito? De qual sujeito?

Do sujeito indeterminado: acredite. Alguém, que não se sabe quem é, era feliz naquele tempo. O fato de não conseguirmos determinar o sujeito não impede que atribuamos a ele um predicativo, uma qualidade qualquer. Interessante, não?

– Muito!

Achou mesmo ou é deboche?

– Achei!

Que bom! Eu também acho muito bacana!

+ "Morria-se lentamente."
VI SE AA

Aqui o verbo intransitivo "morrer" une-se à partícula "se". O sujeito torna-se indeterminado. "Lentamente" é um adjunto adverbial de modo: de modo lento, de maneira lenta.

– Compreendido.

Note que, para esses três tipos de verbos que exemplifiquei, não teremos sujeito paciente explícito na frase.

– Noto, sim.

c) **Situação 3:** por fim, verbo que esteja no infinitivo impessoal terá sujeito indeterminado. Lembrando: infinitivo impessoal é o infinitivo que não flexiona.

– Ai, ai, ai...

Aqui tem de respirar fundo, acalmar o coração, me dar a mão e pensar que vai entender, haja o que houver.

– Profe, para o senhor dizer isso, deve ser horrível de difícil essa matéria...

Eu diria que, mais do que difícil, o que vou mostrar em seguida soa "estranho", além do fato de a maioria dos alunos nunca ter ouvido falar *deste* sujeito indeterminado aqui. Vamos ao *checklist* emocional. Respirou fundo?

– Sim.

Acalmou o coração?

– Mais ou menos.

Então me dê a mão e venha, que o resto eu explico. ☺

Olhe a frase a seguir. Nela, há duas dificuldades, e as duas envolvem o sujeito.

+ "Dormir é bom."

Quem é o sujeito do verbo "ser"?

– Prefiro me manter em silêncio.

É um direito seu. ☺

Nessa frase, e eu sei que isso é bastante esquisito, "dormir" é o sujeito do verbo "ser" (pergunta do sujeito: que é que é bom? Resposta: "dormir" = sujeito). Até aqui tudo bem?

– Não muito.

Sabe por quê? Porque não estamos acostumados a ver o sujeito representado por um verbo. Estamos acostumados a ver o sujeito representado por um substantivo ("*O descanso* é bom") ou por um pronome ("*Ele* é bom"). No entanto, acontece, como na frase acima, de o sujeito ser representado por um verbo.

– Pode dar uns exemplos, pra ir entrando aos pouquinhos na cabeça?

Claro. Podemos ver vários.

+ "Correr melhora a saúde." (que é que melhora a saúde? "Correr" = sujeito)
+ "Trabalhar amadurece o indivíduo." (que é que amadurece? "Trabalhar" = sujeito)

Até aqui chegamos?

– Sim, chegamos.

Pois bem: nessas frases que vimos acima, o sujeito é representado por verbos no infinitivo impessoal (lembra do infinitivo impessoal? É o nome do verbo, terminado em "-ar", "-er", "-ir"). Tudo certo?

– Sim, tudo certo.

Ok. Esses verbos, que são sujeitos de outros verbos, também têm um sujeito.

– Professor, buguei.

É compreensível. Pensemos assim: todo e qualquer verbo vai ter algum tipo de sujeito. Trazendo de novo a primeira frase:

+ "Dormir é bom".

Nessa frase, temos dois sujeitos classificáveis: "dormir" é sujeito do verbo "ser". Isso já entendemos. E agora a informação que fiz toda essa volta para dar de modo que você pudesse entender: o verbo "dormir" também tem, ele próprio, um sujeito, que é classificado como indeterminado.

– Sério?

Muito.

– Jura?

Por tudo o que é mais sagrado.

– Quem diria...

Pois é: o mesmo raciocínio vale para as outras duas frases que citei.

+ "Correr melhora a saúde."
+ "Trabalhar amadurece o indivíduo."

Responda você e me deixe feliz. Qual o sujeito do verbo "melhorar" na primeira frase?

– O verbo "correr".

Exato. E qual o sujeito do verbo "correr"?

– Indeterminado.

Coisa mais linda! Idêntica lógica se aplica também à outra frase.

– O sujeito de "amadurecer" é "trabalhar"; e o sujeito de "trabalhar" é indeterminado.

Uma salva de palmas para você. ☺

2.5. Sujeito inexistente

O sujeito inexistente é uma categoria bastante particular, que ocorre quando tivermos uma circunstância específica na frase.

– Qual?

Verbo impessoal.

– E que é verbo impessoal?

É aquele que tem sujeito inexistente. Ou seja: saber classificar um sujeito como sujeito inexistente depende de saber quais são os verbos impessoais.

– E são muitos?

Não tantos. Há os mais famosos ("haver" e "fazer", em circunstâncias específicas) e alguns outros menos famosos, que também estudaremos. Vamos aos principais verbos impessoais.

2.5.1. Haver

a) O verbo "haver" será impessoal, primeiramente, nos sentidos de "existir", "ocorrer", "acontecer".

– Mas ele sempre é impessoal?

Não. Não sempre. Mas é, por assim dizer, quase sempre, ou muitas vezes.

- "Há questões importantes." (equivale a "existem questões importantes" = sujeito inexistente)
- "Houve debates desagradáveis." (equivale a "existiram/ocorreram/aconteceram debates desagradáveis" = sujeito inexistente)

Você de lembra das locuções verbais?

– Sim: de voz passiva, de tempo composto, de aspecto e modais!

Uma lágrima aqui, de emoção: exatamente. ☺

Temos de saber ("temos de saber" é locução verbal) o seguinte: quando o verbo "haver" for impessoal (no sentido de "existir", "ocorrer" ou "acontecer") e for verbo principal de uma locução verbal (o verbo principal é sempre o último), toda a locução será impessoal e nenhum verbo irá para o plural. Entendeu?

– Entendi.

Repita para mim, então.

– Quando o verbo haver for impessoal e último verbo de uma locução, nenhum verbo (nem ele, nem os auxiliares) irá para o plural.

Exato. Vamos ao exemplo:

- "Deveria haver maior cuidado com os adolescentes."

Nessa frase, "deveria haver" equivale a "deveria existir". Portanto, sujeito inexistente, uma vez que a locução inteira é impessoal.

– E quando, ó professor amado, o verbo "haver" não será impessoal?

Basicamente em duas situações, uma mais comum e muito cobrada em provas, a outra raríssima e quase nunca cobrada.

– Vamos começar com a mais importante e comum?

É claro que sim.

1ª) quando o verbo "haver" for auxiliar de um verbo "pessoal", isto é, de um verbo que não seja impessoal:

+ "Haviam acontecido muitas festas."

O verbo "acontecer" é um verbo "pessoal", ou seja, um verbo que poderíamos de chamar de "normal". O verbo "haver" o está acompanhando e não é, nessa situação, impessoal, pois não equivale a "existir", "ocorrer", "acontecer". Por esse motivo, ele pode ser pluralizado normalmente. Nesse caso, há sujeito, que é "muitas festas".

– Perfeito.

2ª) Nos sentidos de "ter certa conduta / portar-se" ou de "dar conta de", o verbo "haver" pode ir para o plural. Nesse caso, será sempre acompanhado por pronome pessoal oblíquo átono (ME, TE, SE, NOS, VOS):

+ "As pessoas se houveram bem no evento".

– Mas há no mundo quem fale ainda hoje uma frase dessas?

Eu não saberia responder com certeza se há, mas que é considerado culto e pode cair em prova, isso eu garanto. O que a frase acima está dizendo é que as pessoas "se portaram bem", "comportaram-se bem".

– Está bem, professor. Se o senhor diz, eu acredito.

Faz bem. ☺

b) "Haver" também será impessoal indicando tempo decorrido:

+ "Eu comprei o carro há dias."

– Certo. Essa é bem fácil.

É sim! Sigamos.

2.5.2. *Fazer*

"Fazer" é impessoal em dois sentidos, ambos muito usados e muito necessários:

a) Indicando "tempo decorrido":

+ "A primavera começou faz dez dias".

– Alguma chance de, em alguma frase, eu não me dar conta de que se trata de tempo decorrido?

Creio que não. Pensemos que a noção de tempo decorrido é a noção de tempo que passa: segundos, minutos, horas, dias, semanas, quinzenas, meses, anos e assim infinitamente. O único cuidado talvez especial a se ter é que a noção de "tempo decorrido" não indica necessariamente um tempo passado, pretérito. Pode o verbo fazer estar nessa acepção e ser impessoal no futuro:

- "Daqui a pouco, <u>fará</u> anos que enfrentamos uma pandemia."

– Certo. Entendi.

b) Indicando condição climática ou meteorológica:

- "Na noite passada, <u>fazia</u> 3ºC quando cheguei ao sítio."

– Tem de ser temperatura?

Não. É um pouco mais vago do que isso. Pode ser qualquer elemento que diga respeito a condição climática:

- "<u>Fez</u> noites quentes em julho".

– Ok.

A mim, ajuda bastante pensar em condição climática ou meteorológica também como "tempo", mas em sentido mais amplo do que o tempo cronológico. Quando, pela manhã, você acorda e quer saber se está chovendo ou não, se está frio ou não, você pensa "preciso saber como estão as condições meteorológicas hoje"?

– Certamente não.

Você pensaria em quê?

– Em "como é que está o tempo".

Pois é isso mesmo. Nesse sentido, também é impessoal:

- "<u>Fez</u> noites quentes em janeiro".

– É impessoal, então, indicando tempo em sentido cronológico ou tempo em sentido de condição climática. Faz bastante sentido.

Fico feliz.

2.5.3. Verbos que indicam fenômeno da natureza

Havendo verbos que indicam fenômenos da natureza, desde que usados em sentido literal, não haverá sujeito, de modo que teremos *sujeito inexistente* ou *oração sem sujeito.*

+ "Choveu por três dias consecutivos em São Paulo."

Percebe que nessa frase não há "quem choveu"?

– Não seria "a chuva"?

Deus nos livre de uma resposta dessas! ☺

Na frase acima, o sujeito é inexistente. O mesmo ocorreria nas duas frases a seguir.

+ "Sempre nevava no Canadá."
+ "Ventaria por três dias consecutivos após a morte dele."

– Perfeito.

O que pode haver é o uso figurado de um verbo que está relacionado a fenômeno da natureza. Nesse caso, haverá sujeito:

sentido figurado ↓

+ "**Choviam** reclamações acerca da publicação." (sujeito: reclamações)

Que é que chovia?

– Reclamações.

Exato. "Reclamações" é sujeito, porque o verbo "chover" está usado em sentido figurado, metafórico, significando "chegar em grande quantidade". O mesmo raciocínio teríamos na frase seguinte:

sentido figurado ↓

+ "O diretor **trovejava** xingamentos pelos corredores da empresa." (sujeito: O diretor)

Mais uma vez, uso figurado: aqui "trovejar" é "soar forte como um trovão". Em outras palavras, o diretor "gritava xingamentos".

– Fechado.

2.5.4. *"Ser" (indicando hora, tempo, data, distância)*

O verbo "ser" é, na maioria das vezes, um verbo "pessoal", que apresenta sujeito. Quando ele é usado, no entanto, para indicar uma das quatro situações acima, ele é impessoal:

+ "Agora já são três da tarde."
  Impessoal

Nesse exemplo, indicando "hora", o verbo "ser" é impessoal e não tem sujeito.

– E ainda assim vai para o plural? Mesmo sendo impessoal?

Excelente pergunta! Entre todos os verbos impessoais, o verbo ser é o único que pode ir para o plural, pois ele concorda com a hora, o tempo, a data, a distância.

– Quem diria, professor, que um verbo impessoal iria para o plural...

Pois é: somente o "ser". Todos os demais (de novo: todos os demais) ficarão no singular quando forem impessoais.

+ "De Porto Alegre até Florianópolis são pelo menos cinco horas." (tempo)
  impessoal

+ "Hoje são 21 de setembro." (data)
  impessoal

+ "São cem quilômetros sem uma viva alma nos campos." (distância)
  impessoal

Vai guardar?

– Vou.

O quê?

– Que o verbo "ser" é impessoal indicando "hora", "tempo", "data" e "distância" E QUE ele é o único dos verbos impessoais que pode ir para o plural.

Ótimo. Uma salva de palmas para você. ☺

2.5.5. *"Passar de" (indicando tempo)*

A expressão "passar de", quando indica "tempo, "hora", é impessoal:

+ "Anteontem, passava das dez horas quando eles chegaram."

– Nesse caso, não há sujeito? Só nesse caso?

Só nesse caso. Em outros contextos, com outros significados, o verbo "passar" terá sujeito, e ele poderá ter diferentes classificações.

+ "As pessoas passavam dos limites com frequência." (Sujeito = "As pessoas")

– Ok, assimilado.

Ótimo!

2.5.6. *"Bastar de" e "Chegar de" (indicando suficiência)*

Mais duas expressões que, nesse sentido específico, serão impessoais.

+ "Basta das reclamações de sempre!"
+ "Chega de discussões e de brigas."

– Então, de novo, só nesse sentido.

Só nesse.

2.5.7. *"Tratar-se de" (indicando assunto)*

Por fim, a expressão "tratar-se de", indicando o assunto de algo, é impessoal:

+ "Trata-se de questões sérias e relevantes."

– Tranquilo.

Guarde essas quatro finais, que são menos faladas que as anteriores: "passar de" (tempo); "bastar de" e "chegar de" (suficiência); e "tratar-se de" (assunto).

– Ok. Guardarei, amado mestre.

Isso, assim você deixa o profe feliz. ☺

2.6. Sujeito oracional

Sujeito oracional será aquele que apresenta como núcleo um verbo.

Você se lembra daquele complicado caso em que o verbo no infinitivo impessoal é sujeito de outro verbo e tem sujeito indeterminado?

– Lembro, sim.

Eu não classifiquei naquele momento, mas o verbo no infinitivo que é sujeito de outro é classificado como Sujeito Oracional. Vejamos:

- "Acordar é difícil." (o sujeito do verbo "ser" é a forma verbal "acordar")
  suj. oracional

– "Acordar" é um sujeito oracional?

Isso. Além de ter como sujeito um verbo no infinitivo, também ocorre de o sujeito oracional ser representado por uma oração introduzida pelas conjunções integrantes "que" e "se".

– Pode relembrar as conjunções integrantes, professor?

Sim, e nós as detalharemos em momento oportuno, no estudo das Orações Substantivas. Por ora, recorde que conjunções integrantes são aquelas que introduzem orações que equivalem a "isso".

– "Que" e "se" são conjunções integrantes quando a oração equivaler a "isso". O senhor, preocupado que é, quer que eu já vá pondo essa informação no meu repertório. Acertei?

Acertou em cheio. ☺

Agora vamos a um exemplo de sujeito oracional que seja uma oração introduzida por conjunção integrante:

- "É importante que os homens trabalhem." (é importante "isso")
  sujeito oracional

O sujeito do verbo "ser" será a estrutura "que os homens trabalhem", que tem como núcleo o verbo "trabalhar".

– Perfeito, profe.

CAPÍTULO 17

Objeto Direto

1. PERGUNTA DO OBJETO DIRETO

Primeiro, antes de qualquer outra coisa, saibamos que há uma pergunta para descobrir o objeto direto:

VERBO + QUE / QUEM?

A resposta será o objeto direto:

+ "A garota comprou o carro."

Comprou o quê?

– "O carro".

Exatamente. É, então, o objeto direto.

+ "O pai beijou a filha."

Beijou quem?

– "A filha" = objeto direto.

É isso mesmo. ☺

Fundamental: você somente fará a pergunta do objeto após ter procurado e classificado o sujeito. Ok?

– Se o senhor está pedindo assim com tanta ênfase, ok. Mas por quê?

Para não correr o risco de confundir uma estrutura com a outra. Somente podemos classificar um objeto após já termos eliminado a possibilidade de a estrutura ser sujeito. Vamos a um exemplo:

+ "Sobraram doces."

Na frase acima, se você fizesse a pergunta do sujeito ("que é que sobrou?"), encontraria "doces" como resposta; se você fizesse a pergunta do objeto ("sobrou o quê?"), encontraria como resposta, também, "doces".

– E agora, professor? O que fazer?

Simples: devemos saber que primeiro localizamos e classificamos o sujeito, e somente depois podemos ir atrás do objeto. Uma estrutura que achemos que pode ser tanto um quanto outro será, portanto, sujeito:

+ "Sobraram doces." (doces = sujeito)

– Primeiro, sempre, haja o que houver, faça chuva ou faça sol, procuro o sujeito. Só depois, se sobrar alguma coisa, eu posso pensar que é objeto?

Isso mesmo. Guarde essa informação, pois ela é crucial. Há alguns verbos que tradicionalmente vêm antepostos ao sujeito, fazendo com que corramos risco de errar: restar, faltar, sobrar, chegar, existir, ocorrer, acontecer e outros. Cuidado com eles.

+ "Restam poucos segundos." (poucos segundos = sujeito)
+ "Faltarão alguns detalhes." (alguns detalhes = sujeito)
+ "Sobra sempre alguma coisa." (alguma coisa = sujeito)
+ "Chegaram os mantimentos." (os mantimentos = sujeito)
+ "Existem dúvidas inquietantes." (dúvidas inquietantes = sujeito)
+ "Ocorreriam problemas." (problemas = sujeito)
+ "Acontecerão acidentes fatais naquela estrada." (acidentes fatais = sujeito)

– Entendi tudo bem, bem, bem entendidinho.

Maravilha!

2. CARACTERÍSTICAS DO OBJETO DIRETO

De início, é bom salientar que o objeto direto sempre será um complemento verbal.

– Só o *direto*?

Não: na verdade, o indireto também. E essa informação é crucial: ambos são complementos verbais, de modo que não faz sentido um objeto sem a presença de um verbo do qual ele esteja complementando o sentido. Ok?

– Ok: objetos são sempre complementos verbais.

Sempre, sempre, sempre. ☺

As características do objeto direto serão as seguintes:

a) é um **complemento verbal**;

b) geralmente é **não preposicionado**;

c) apresenta **sentido paciente**.

– Sentido paciente?

Sim! O objeto direto sempre sofre diretamente a ação expressa pelo verbo. Perceba:

+ "O homem comprou o carro."
OD

O objeto direto "o carro" sofre a ação de ser comprado; tem, portanto, função paciente, passiva.

– E isso é regra, profe? Sempre assim?

Sempre:

+ "O rapaz alcança os objetivos".
OD

O objeto direto "os objetivos" sofre a ação de ser alcançado; mais uma vez, a função é passiva. Viu que lindo? Entendeu?

– Entendi bem direitinho.

Como prêmio, vou antecipar uma informação subsequente que tem a ver com isso: é por ter sentido paciente que o objeto direto vai se transformar em sujeito quando uma frase é passada para a voz passiva.

– Ah, é?

É! Só vai para a voz passiva a frase que tem objeto direto, porque o objeto direto é o complemento de sentido paciente, passivo, que sofre a ação expressa pelo verbo. Por isso, transforma-se em sujeito paciente na voz passiva. As duas frases que dei como exemplo têm voz passiva, e elas seriam as seguintes:

+ "O carro foi comprado pelo homem."
+ "Os objetivos serão alcançados pelos rapazes."

– Mas então faz sentido, profe!

Sempre faz sentido.

– Sempre é uma palavra meio forte...

Também acho! ☺

Mas vamos lá: quase sempre faz sentido, e entendendo o sentido fica muito, mas muito mais fácil aprender.

– Professor, que pessoa maravilhosa o senhor deve ser...

Sou sim! Pode confiar! ☺

Agora vamos analisar uma frase e buscar nela as três características que salientei no objeto direto:

a) complemento verbal;

b) geralmente não antecedido por preposição;

c) tem função paciente.

+ "O médico examinou o paciente." (o paciente = OD)

Nem pensemos muito na estrutura "o médico", que é sujeito. Vamos nos fixar no objeto. Nessa frase, "quem examina, examina algo ou alguém", e a estrutura "o paciente" é que está complementando o sentido do verbo "examinar". Não é estrutura preposicionada e complementa o sentido de um verbo.

– Portanto, objeto direto.

Isso. Vamos a outra:

+ "Os garotos chutaram as lixeiras." (as lixeiras = OD)

Também aqui teremos objeto direto: nesse caso, representado por "as lixeiras", estrutura que complementa o sentido do verbo "chutar", não é preposicionada e tem sentido paciente. Estamos tranquilos na teoria geral do objeto direto?

– Olha, profe, *tranquilo* nunca é palavra bem adequada a quem faz concursos...

Ah, eu sei. Talvez "tranquilo", dentro do possível, seja a pergunta mais adequada.

– Até que sim. Dentro do possível, sim.

Ótimo. Agora vamos a mais, e mais, e mais, e mais informações sobre o objeto direto.

3. OBJETO DIRETO PREPOSICIONADO

Você reparou que eu disse que o objeto direto é uma estrutura "geralmente" não preposicionada?

– Profe, na verdade não reparei...

Então volte um pouquinho e veja: está lá na primeira descrição do que é o objeto direto.

– Pois é: o senhor disse. Sempre que o senhor diz que disse é porque o senhor disse...

Confie! ☺

– Já entendi: se o senhor disse que *geralmente* não é preposicionado, é porque às vezes é...

Isso! Existe, e é uma exceção à lógica geral, o objeto direto preposicionado. Nesse caso, o que se terá será um complemento verbal, de sentido paciente, mas antecedido por preposição devido a alguma razão nem sempre justificável.

– Por que *razão nem sempre justificável*? Aí o senhor me quebra, profe...

Eu sei. Infelizmente, o português tem dessas: a grande maioria das coisas tem justificativa, mas algumas simplesmente não têm...

Geralmente o objeto direto preposicionado visa a dar ênfase ou transmitir clareza. O que mais temos de saber é que não é o verbo quem exige a preposição.

– Não é o verbo que a exige?

Não é.

Vamos a alguns casos em que o objeto direto será preposicionado:

a) Objeto direto partitivo:

Esse exemplo que darei, e que é o mais habitual, é bíblico, para você ver como faz tempo que se usa essa estrutura. ☺

+ "Ele comeu (VTD) do pão (OD prep.) e bebeu (VTD) da água (OD prep.)."

Nota?

– Acho que noto...

Nota, sim. Tanto o verbo "comer" quanto o verbo "beber" são verbos transitivos diretos, pois "quem come, come algo" e "quem bebe, bebe algo".

– Sim.

No entanto, o objeto, que é direto, veio antecedido por preposição. Nesse caso, o motivo da preposição é bastante "explicável". Quando se diz que "ele comeu DO pão e bebeu DA água", o que se quer dizer é que ele comeu "uma parte" do pão e bebeu "uma porção" da água. Por isso, esse objeto direto preposicionado é chamado partitivo: porque indica que se trata de uma parte de um todo maior.

– Está certo, então, professor... Esse faz sentido...

Faz, sim. Mas não se acostume: nem todos os objetos diretos preposicionados fazem sentido. ☺

b) Troca de posição de sujeito e objeto direto:

Quando lemos uma frase, costumamos pensar que a ordem em que os elementos virão será a seguinte: sujeito – verbo – complemento. Mas, como se sabe, a língua portuguesa admite que haja deslocamentos de termos dentro de uma oração. Se eu digo a seguinte frase:

+ "A mulher agrediu o homem."
Sujeito VTD OD

Como você a entenderia?

– Como assim, professor?

Quem é que agrediu e quem é que foi agredido?

– Ora: quem agrediu foi a mulher e quem foi agredido foi o homem.

Isso. E certamente é a adequada compreensão dessa frase. Agora, digamos que, por algum motivo, eu queira colocar o ser agredido antes do verbo e o ser agressor depois do verbo. Entendeu?

– Entendi. Mas, professor, por que o senhor ou alguém faria isso?

Porque é uma das possibilidades de escrita de uma frase. E, desde que se assinale com preposição, para fins de clareza, que o elemento anterior é o objeto, está tudo bem.

+ "Ao Botafogo o Grêmio venceu com grande facilidade."
OD Prep.

Nessa frase, "ao Botafogo" é objeto direto preposicionado. A preposição serve, aí, para deixar claro que o time que venceu foi o Grêmio, e o time vencido foi o Botafogo. De novo e sempre: a preposição, quando há um objeto direto preposicionado, nunca é exigida pelo verbo.

– Nunca?

No objeto direto preposicionado, nunca.

– Profe, eu adoro quando é uma parte da matéria em que, no mapa mental ou no resumo, eu posso escrever bem grande em vermelho: "NUNCA!"

Ótimo! Nessa parte, pode. ☺

c) Pronome oblíquo tônico na condição de OD:

Os pronomes oblíquos tônicos (mim, ti, si) são sempre preposicionados.

+ "Ele se dirigiu **a** mim."
+ "Todos lutam **por** mim."
+ "Ela revelou o plano **para** mim."

+ "Ana pôs-se **contra** mim."

Percebe? O pronome oblíquo "mim", por exemplo, em qualquer frase será antecedido por preposição.

– O senhor disse "sempre"?

Eu disse "sempre". E eles são sempre. Pois então: quando o objeto direto for um pronome pessoal oblíquo tônico, ele será preposicionado.

OD prep.
↓
+ "Paulo observava o filho e **a mim** com atenção."
OD

Quem observa, observa algo ou alguém. "Observar" é, portanto, verbo transitivo direto, tanto que a estrutura "o filho" não é preposicionada. Como não há modo de o pronome "mim" não ser preposicionado, ainda que seja o segundo núcleo de um objeto direto, haverá preposição antes dele.

– Entendi!

Ótimo. Essas são as principais situações em que há objeto direto preposicionado. Se você entendeu essa parte, não há de ter dificuldade no que vem pela frente.

– Até aqui, entendi tudo bem direitinho. Tomara que o senhor esteja certo e que eu entenda tudo o que vem pela frente.

Vai entender sim! ☺

4. PRONOMES OBLÍQUOS ÁTONOS NA CONDIÇÃO DE OBJETO DIRETO

O objeto direto pode ser substituído por diversos dos pronomes oblíquos átonos (ME, TE, SE, O, A, OS, AS, NOS, VOS):

+ "O policial ajudou-me."
OD

Nessa frase, o pronome "ME" desempenha função de objeto direto. Seria o mesmo que escrever, por exemplo, o seguinte:

+ "O policial ajudou o garoto".
OD

"O garoto" seria o objeto direto.

– Mas como ter certeza, profe, de que o objeto é direto?

Somente há como ter certeza tendo certeza da regência do verbo. Se o verbo acompanhado pelo pronome oblíquo átono for transitivo direto, o pronome terá a função de objeto direto.

– Mais uma vez, é necessário saber bem sabida a regência...

Sempre.

Observação: em relação aos *pronomes de terceira pessoa*, há duas coisas importantes a saber:

a) os pronomes "ele", "ela", "eles" e "elas" não aceitam ser objeto direto. Por isso, é gramaticalmente errada esta frase seguinte, tão comum na linguagem coloquial:

+ "O homem beijou ela." (frase errada)
  pronome inadequado

– Professor do céu, todo mundo fala isso o tempo inteiro: "eu encontrei ela"; "eu via ele reclamando"; eu abraçava eles"; etc.

Lembre, então, outra vez mais, a lição da sua mãe, ou da sua avó, ou da sua tia: você não é todo mundo! ☺

O uso desses pronomes na condição de objeto direto é inaceitável.

– Certo.

Guarde bem isso.

b) Os *únicos pronomes oblíquos de terceira pessoa* que podem substituir o objeto direto são os pronomes O, A, OS e AS. O certo, para a frase anteriormente citada, seria:

+ "O homem beijou-a."
  (a = OD)

+ "O homem a beijou."
  (a = OD)

– "O homem lhe beijou", nem pensar.

Nem pensar! Os pronomes "LHE" e "LHES" não podem, jamais, sob hipótese alguma, substituir o objeto direto. Jamais.

– Registrei!

De novo: entre os pronomes de terceira pessoa, O, A, OS e AS desempenharão função de objeto direto. Jamais "LHE" e "LHES". Repita para mim.

– Os pronomes que podem ser objeto direto são O, A, OS e AS. Nunca, nunca, nunca mesmo "LHE" e "LHES".

Perfeito. Vamos a mais alguns exemplos:

- "Todos as (OD) elogiavam pelas posturas que assumiam."
- "O rapaz os (OD) agrediu na saída da festa."

5. OBJETO DIRETO PLEONÁSTICO

Há, ainda, o objeto direto pleonástico.

– Pelo amor de Deus, professor, o que seria isso?

O pleonasmo é uma redundância em termos de palavras, expressões ou ideias, ou seja, é uma repetição de algo. Embora haja os chamados pleonasmos viciosos (como "subir pra cima" e "descer pra baixo", por exemplo), o uso pleonástico de um termo pode ser aceito para fins de ênfase. É o que ocorre quando se diz:

- "Eu *vi* o roubo *com os meus próprios olhos.*"

Percebe?

– Sim, uma pessoa não teria como ter visto algo por meio de olhos que não fossem os seus...

Isso. No entanto, usa-se essa estrutura para que fique enfaticamente mais claro que se trata de algo *indesmentível*.

– Entendi.

Ótimo. Feita essa introdução, podemos chegar ao objeto direto pleonástico. Ele ocorre quando um objeto direto, *já expresso*, é repetido, é reiterado por um pronome pessoal oblíquo.

OD Pleon.
↓
+ "O carro, eu o comprarei na próxima semana."
OD

Nessa frase há "dois" objetos diretos, por assim dizer, mas não são dois diferentes: é um mesmo objeto que aparece duas vezes. Na primeira vez, representado pelo segmento "o carro"; na segunda, representado pelo pronome "o". Um deles é o objeto direto; o outro, o objeto direto pleonástico (que é o *redundante*, o *reiterado*, o *repetido*).

– Mas qual deles é o *objeto direto de fato* e qual é o *objeto direto pleonástico*?

O objeto direto "de verdade" é o que aparece primeiro. O que vem na sequência, e que repete aquele que já tinha aparecido, é o pleonástico. Na frase anterior, "o carro" é o objeto direto, e o pronome pessoal oblíquo "o" é o objeto direto pleonástico.

OD Pleon.
↓
+ "O livro, eu o emprestei a Paulo."
OD

Na frase acima, "eu" é sujeito e "o livro" é o objeto direto de fato. O pronome oblíquo "o" é um reforço do objeto direto já presente, sendo chamado de "objeto direto pleonástico".

– Entendi.

Então, com esse trecho entendido, é chegado o momento de nos despedirmos do objeto direto.

CAPÍTULO 18

Objeto Indireto

1. PERGUNTA DO OBJETO INDIRETO

Comecemos, também no objeto indireto, pela pergunta que faremos para encontrá-lo:

VERBO + PREPOSIÇÃO + QUE / QUEM

A única diferença para a pergunta do objeto direto é que, nessa, haverá a presença de preposição. A resposta (preposicionada) será a estrutura que estamos procurando.

+ "Antônio precisa de mantimentos."
objeto indireto

Precisa de quê?

– "De mantimentos" = objeto indireto.

Exato. Só isso.

– E aqui, mais uma vez, procura-se antes o sujeito?

Aqui e sempre. A primeira estrutura a ser localizada (sempre, sempre, sempre) é o sujeito. Somente depois vamos atrás do resto.

– Perfeito.

2. CARACTERÍSTICAS DO OBJETO INDIRETO

Vamos listar as duas características básicas. Depois as debateremos:

a) é um **complemento verbal**;

b) é **antecedido por preposição**.

O que eu falei sobre o objeto direto que vale também para o objeto indireto?

– Que ambos são complementos verbais.

Exatamente. Assim como o objeto direto, o objeto indireto também será sempre um complemento verbal, ou seja, ele estará acompanhando um verbo e complementando o sentido dele. A diferença básica em relação ao objeto direto é que, excetuando-se quando estiver representado por um pronome, o objeto indireto será antecedido por preposição:

+ "O paciente recorreu ao médico"
OI

Aqui, "O paciente" é o sujeito do verbo "recorrer". Além disso, nessa frase, "quem recorre, recorre A algo ou A alguém", e a estrutura "ao médico", antecedida pela preposição "a" (AO = preposição A + artigo O), é que está complementando o sentido do verbo.

– Fácil, professor.

Concordo. Se tivermos certeza de que o elemento é um objeto e tivermos apenas de classificá-lo, não é mesmo muito difícil. Até porque, salva a exceção representada pelo objeto direto preposicionado, a presença ou ausência de preposição irá diferenciá-los.

Até aqui, "numa relax, numa tranquila, numa boa"? (Já ouviu o álbum "Tim Maia Racional"? Ótimo. Não ouviu? Então vá ouvir logo depois que acabar o estudo. ☺)

– Numa relax, numa tranquila, numa boa.

Ótimo. Sigamos.

+ "Os garotos necessitam das chuteiras."
OI

Outra vez teremos objeto indireto: nesse caso, representado por "das chuteiras", estrutura preposicionada que complementa o sentido do verbo "chutar".

– Ok.

3. PRONOMES OBLÍQUOS ÁTONOS NA CONDIÇÃO DE OBJETO INDIRETO

O objeto indireto também pode ser substituído por vários dos pronomes oblíquos átonos (me, te, se, lhe, lhes, nos, vos):

Na frase abaixo, por exemplo, o pronome complementa o sentido do verbo "obedecer", que é sempre verbo transitivo indireto que exige a preposição "a":

+ "A criança obedeceu-me."
OI

O pronome "me" desempenha função de objeto indireto. Seria o mesmo que escrever, por exemplo, o seguinte:

+ "A criança obedeceu **ao pai**"
OI

Nela, "AO pai" seria o objeto indireto.

– Mais uma vez: para garantir a classificação do objeto, só sabendo a regência do verbo?

Só assim. Não há o que fazer. O caminho é esse. Vamos a mais uma frase.

+ "A mulher me revelou o plano."
OI OD

O verbo "revelar" é VTDI, que exige preposição "a" antes do objeto indireto. Como é esse o objeto que está sendo substituído pelo pronome "me", essa será a sua função. Seria como na frase seguinte:

+ "A mulher revelou o plano ao marido."
OD OI

– Ótimo.

Observação: em relação aos pronomes de terceira pessoa, também há duas coisas importantes a saber:

a) os pronomes "ele", "ela", "eles" e "elas", que não aceitam ser objetos diretos, aceitam ser objetos indiretos, obviamente antecedidos por alguma preposição. Por isso, é gramaticalmente correta esta frase:

+ "A criança obedeceu a ele".

– Perfeito, profe.

b) Os únicos pronomes oblíquos de terceira pessoa que podem substituir o objeto indireto são os pronomes LHE e LHES. A correta substituição por um pronome, na frase anteriormente citada, seria uma das seguintes:

+ "A criança obedeceu-lhe." (lhe = OI)
+ "A criança lhe obedeceu." (lhe = OI)

Não podem, jamais, sob hipótese alguma, substituir o objeto indireto os pronomes O, A, OS e AS. Nesse caso, a frase "A criança obedeceu-o" estaria errada, assim como a frase "A criança o obedeceu".

> – Entre os de terceira pessoa, "o", "a", "os", "as" são objetos diretos; "lhe", "lhes" são objetos indiretos.

Isso. Muito isso. Fiquei feliz. Repita para mim.

> – Entre os de terceira pessoa, "o", "a", "os", "as" são objetos diretos; "lhe", "lhes" são objetos indiretos.

Per-fei-to!

4. OBJETO INDIRETO PLEONÁSTICO

Lembra do que falamos sobre o objeto pleonástico há pouco, quando nos referíamos à função anterior?

> – Lembro tudo, tim-tim por tim-tim: é um objeto que, por ênfase, é repetido. O primeiro que aparece é o objeto, de fato, e o segundo é o pleonástico.

Ô, alegria! Isso mesmo. ☺

Lembrando: é um recurso incomum na língua falada, por exemplo, mas gramaticalmente permitido e, por isso, às vezes presente na prova.

+ "Ao pai, eu lhe obedeci sempre." (Ao pai = OI; lhe = OI Pleon.)

Na frase acima, "eu" é sujeito e "ao pai" é o objeto indireto de fato. O pronome oblíquo "lhe" é um reforço do objeto indireto já presente, sendo chamado de "objeto indireto pleonástico".

> – Captei. E gostei.

Fico feliz de saber. ☺

CAPÍTULO 19

Aposto

O aposto é, via de regra, uma explicação ou um esclarecimento em relação a um termo que o antecede. Ele será, excetuando-se um caso que veremos mais adiante, isolado por sinais de pontuação.

+ "Galvão Bueno, narrador da Rede Globo, tem uma vinícola."
  Aposto

– Professor, percebo com clareza que o segmento entre vírgulas na frase acima é um aposto, mas já senti alguma angústia quando o senhor falou que há uma exceção no que diz respeito à pontuação...

Não deixe a angústia dominar você. Exceções quase sempre há na língua portuguesa. Temos de saber que elas existem e que são isso mesmo: exceções. Primeiro, temos de dominar globalmente o conteúdo, para depois termos condições de guardarmos as exceções.

– Certo.

Pensemos, em um primeiro momento, que o aposto explica ou esclarece um termo anterior, é geralmente isolado por vírgulas ou outros sinais de pontuação e equivale ao termo com o qual ele se relaciona.

– Não sei se entendi a questão da equivalência ao termo com que se relaciona...

Relaxe por agora. Na sequência vou mostrar em um exemplo o que isso quer dizer, por ora, guarde que o aposto e o que ele explica têm, entre si, uma relação de equivalência.

– Ok.

1. CLASSIFICAÇÕES DO APOSTO

a) Aposto explicativo:

Esse é o aposto mais famoso, o aposto do qual todo mundo fala, o aposto que não há quem não conheça.

– Então esse deve ser o único que eu sei...

Talvez. Mas, se é o único que você domina agora, daqui a pouquinho será um dos cinco. Vamos indo. O aposto explicativo é aquele que de fato explica, esclarece ou explicita o sentido de algum elemento do texto ao qual ele equivale exatamente.

+ "O Brasil, maior país da América Latina, tem economia forte".
Aposto explicativo

Enxerga que "maior país da América Latina" está explicando, esclarecendo ou explicitando um termo anterior, que nesse caso é "Brasil"?

– Noto, sim.

Ali em cima eu falei que o aposto explica um elemento ao qual ele equivale completamente. O que eu quis dizer com isso? Que, na frase do exemplo, o "Brasil" é o "maior país da América Latina" e "maior país da América Latina" é o "Brasil". Ou seja, uma coisa equivale à outra. Essa é uma característica muito importante do aposto.

– Ok. E quanto às vírgulas? Quando elas isolam o aposto, elas podem ser substituídas por alguma outra pontuação?

Podem sim. Na verdade, o aposto explicativo sempre será isolado por *sinais de pontuação*, que podem ser vírgulas, travessões, parênteses ou dois-pontos (dois-pontos somente se o aposto estiver no final da frase). A frase acima estaria corretamente pontuada, portanto, se apresentasse uma das duas estruturas seguintes:

+ "O Brasil – maior país da América Latina – tem economia forte".
Aposto explicativo

+ "O Brasil (maior país da América Latina) tem economia forte".
Aposto explicativo

– Entendi. E o sentido é o mesmo nas três frases?

O mesmo.

Estando no fim da frase, cabem, além das pontuações já apontadas, ainda os dois-pontos para isolar o aposto:

+ "Eu moro no Brasil, maior país da América Latina."
  Aposto explicativo

+ "Eu moro no Brasil – maior país da América Latina."
  Aposto explicativo

+ "Eu moro no Brasil (maior país da América Latina)."
  Aposto explicativo

+ "Eu moro no Brasil: maior país da América Latina."
  Aposto explicativo

– Perfeito.

Sigamos.

b) Aposto enumerativo:

– Aqui ele também é uma explicação ou um esclarecimento?

Em todas as primeiras quatro classificações (explicativo, enumerativo, resumitivo e distributivo) ele é uma explicação ou um esclarecimento. A depender da estrutura que essa explicação assuma, ele variará de nome.

– Que bom!

Bom que varia de nome?

– Não! Bom que é sempre uma explicação.

Ah, sim. Concordo. ☺

O aposto enumerativo ocorre quando a explicação sobre o item anterior se dá em forma de enumeração de elementos. Simples assim.

+ "Ele destruiu tudo: cadeiras, sofás, almofadas, pufes, bancos".
  Aposto enumerativo

Nessa frase, "cadeiras, sofás, almofadas, pufes, bancos" é uma estrutura que tem função de aposto enumerativo, uma vez que, em forma de enumeração, explica o que é o "tudo" que ele destruiu.

– Bem tranquilo, professor. É um aposto com forma de enumeração? Só isso?

Só.

– Excelente.

c) **Aposto resumitivo:**

– Se o enumerativo é uma enumeração, suponho que o resumitivo seja um resumo...

Suposição... certa! Ele ocorre quando a explicação dos elementos anteriores se dá por meio de uma síntese ou de um resumo.

+ "Eu comprei cadernos, canetas, lápis, borrachas, livros: todos os materiais."
  Aposto resumitivo

Nessa situação, a expressão "todos os materiais" sintetiza os elementos anteriormente citados.

– Ok. Registrado.

Não sei se você nota, mas o aposto resumitivo é exatamente o contrário do aposto enumerativo.

– Como assim?

O aposto enumerativo desenvolve, por meio de uma enumeração, algo que tinha sido dito de modo mais sintético. Já no resumitivo, o que temos é um aposto que sintetiza algo que havia sido dito de modo mais desenvolvido. Basta comparar os dois.

+ "Ela é perfeita: inteligente, trabalhadora, humana e sensível."
  Aposto enumerativo

+ "Ela é inteligente, trabalhadora, humana e sensível: perfeita."
  Aposto resumitivo

– Interessante, professor! Percebi bem.

Ótimo.

d) **Aposto distributivo:**

Aposto distributivo é aquele que literalmente distribui, em explicações distintas, dados sobre dois ou mais elementos anteriormente citados:

+ "Eu detesto Antônio e Ricardo: este um arrogante; aquele um estúpido."
Aposto distributivo

– Professor do céu: acho que desse aposto eu nunca tinha ouvido falar em toda a minha vida. E, nesse caso, acho que não é *desculpa*: não tenho lembrança nenhuma.

É possível. Fala-se mesmo pouco sobre o aposto distributivo. Mas não é difícil reconhecê-lo, se soubermos que ele existe. O que os dois segmentos posteriores aos dois-pontos fazem é explicar, separadamente, algo sobre Antônio (o primeiro elemento citado) e algo sobre Ricardo (o segundo elemento citado).

– Sim, sim: sabendo que existe, é mesmo fácil classificar.

Excelente. É disso que precisamos.

e) Aposto especificativo ou restritivo:

Chegou a hora da exceção, que já vou antecipar: esse aposto não será isolado por vírgulas nem por nenhum outro sinal de pontuação.

– Devo ficar feliz ou triste, o senhor acha?

Depende. Se aprendeu bem os anteriores e essa vai ser uma informação a mais, feliz. Se já estiver achando tudo muito complicado e, para além de toda a complicação, tiver de vir ainda uma exceção, triste.

– Até agora entendi tudinho, tudinho...

Então pode ficar feliz, porque, embora seja pouco conhecido, embora tenha um nome que pode assustar e embora exija algum grau de reflexão e bom nível de memória para ser identificado, eu honestamente não acho esse aposto difícil de ser aprendido.

– Mas pode ser que o senhor ache fácil e que eu ache terrivelmente difícil...

Pode ser. Mas tomara que não seja! Vamos lá. ☺

O *aposto especificativo* será um substantivo de sentido mais restrito que especifica um substantivo de uso genérico, particularizando-o. Geralmente, será um substantivo próprio que se segue ao substantivo comum. Ao contrário do que se costuma pensar sobre qualquer tipo de aposto, **o aposto especificativo ou restritivo, repito, não será isolado por vírgulas**:

+ "A avenida Ipiranga é uma das principais da cidade."
Aposto especificativo

– Professor, até é fácil ver que a frase deve ser assim escrita, sem vírgulas, mas não é muito fácil saber que se trata de um aposto especificativo.

Ok, mas se trata. Nesse exemplo, "Ipiranga" desempenha papel de aposto especificativo porque *especifica* de que avenida se fala. Vamos a outro exemplo:

+ "O político Leonel Brizola teve grande influência na política nacional."
Aposto especificativo

– "Leonel Brizola" é um aposto especificativo, que especifica o político de que se está falando.

Exatamente. Essa é a estrutura comum do aposto especificativo: substantivo próprio após substantivo comum. Vamos a outros exemplos:

+ "O supermercado Pão de Açúcar faz promoções diárias."
Aposto especificativo

+ "A empresa Gerdau está demitindo funcionários."
Aposto especificativo

+ "O professor Marcello Giulian redigiu este livro."
Aposto especificativo

– Olhe, professor: caso a pessoa se acostume com esse tipo de estrutura, ela não é propriamente difícil mesmo. Creio que, com o uso, a gente se acostuma.

Exato! É disso que precisamos.

Em alguns casos, sobretudo em ***nomes de cidades e de estados***, o aposto especificativo poderá ser antecedido por preposição:

+ "A cidade de Lisboa encanta os turistas brasileiros."
Aposto especificativo

Nesse exemplo, "de Lisboa" é o aposto especificativo que está especificando a cidade da qual se fala. E lembre-se: somente é aposto porque está nomeando a cidade.

– É como teríamos em "O estado de São Paulo apresenta grande população"?
Aposto especificativo

Exatamente. Lembre-se sempre: os preposicionados serão apostos especificativos apenas quando nomearem o local a que se referem.

– Perfeito.

Por fim, pode haver, mas é bem mais raro, aposto especificativo que não seja representado por substantivo próprio:

+ "A cidade luz encanta os turistas."
  Aposto especificativo

No caso, ao acrescer o substantivo "luz" ao termo cidade, especifica-se que não é uma cidade qualquer, e sim Paris.

– Compreendido, profe!

Guarde que o aposto restritivo ou especificativo é sempre uma estrutura de valor substantivo. Por isso não podemos confundi-la com um adjunto adnominal, por exemplo.

– Ok! Não confundirei porque entendi bem!

Ótimo!

CAPÍTULO 20

Vocativo

– Professor, aprendi sempre que é um chamamento. Posso pensar assim?

Pode, sim. O vocativo é um termo que serve para chamar, interpelar ou evocar o interlocutor, seja ele real, seja ele imaginário. Vejamos:

+ "Ana Paula, nós precisamos de você"
  Vocativo

"Ana Paula" é o ser com quem se está falando, que é trazido para dentro do discurso, sendo, por isso, o vocativo e estando, também por isso, isolado por vírgulas. O vocativo é, sempre, portanto, com quem se fala. Guarde isso.

– Que é com quem se fala?

Isso. Quem é o vocativo?

– É com quem se fala.

Exato. Mais uma vez.

– O vocativo é com quem se fala

Exato. Outra informação: o vocativo é completamente deslocável dentro da estrutura de que participa:

+ "Nós precisamos, Ana Paula, de você."
  Vocativo
+ "Nós precisamos de você, Ana Paula".
  Vocativo

– Completamente mesmo? Em qualquer lugar?

Em qualquer posição. Todas. E importante também é saber que, esteja onde estiver, o vocativo será isolado por vírgulas.

– E eu posso, professor, como no aposto, substituir as vírgulas por travessões ou parênteses?

Não pode, não. O vocativo não é isolável por qualquer sinal de pontuação: somente por vírgula(s). A frase acima poderia ser escrita de qualquer uma das três formas (vocativo no início, no meio ou no fim), mantendo o seu sentido original, desde que vírgulas isolassem o vocativo.

– Certo.

Responda para mim: qual a diferença, então, na pontuação do aposto e do vocativo?

– O aposto pode ser isolado por vírgulas, travessões ou parênteses.

Isso, isso, isso. Mais uma vez: isso.

Outra coisa: um vocativo não é sempre uma pessoa. Pode ser qualquer coisa com a qual se fale diretamente. Uma das minhas gatas chama-se Tarsila (em homenagem a Tarsila do Amaral, pintora modernista, de quem sou fã desde a adolescência, aquela que pintou o *Abaporu*, que tem uma cabecinha pequena e um pé bem grande, com um cacto e o sol ao fundo).

– Que chique, professor! Uma gata com nome de artista plástica!

Obrigado! ☺

Seguindo. Se eu for chamar minha gata (mesmo que ela jamais obedeça a um chamado), ela será meu vocativo:

+ "Tarsila, saia da frente do computador."
  (Tarsila = Vocativo)

– Sim: como o senhor a está chamando diretamente, ela é o vocativo.

Exatamente. Do mesmo modo, se eu me referir a algo inanimado, por exemplo, mas tratar esse algo como animado, ele será meu vocativo:

+ "Porta, abre-te agora!"
  (Porta = Vocativo)

– Entendo, professor. Mas seria estranho o senhor falar com uma porta...

Sim, eu concordo. ☺

Ainda assim, fundamental é compreender a lógica de funcionamento da estrutura.

– Certo! Isso eu entendi bem.

Então está ótimo.

Observação: cabe mencionar, também, que o vocativo é um elemento isolado, um termo solto, não fazendo parte nem do sujeito nem do predicado. Por essa razão, não é propriamente uma função sintática, embora costume ser estudado nessa parte da matéria.

– Se entendi bem, o vocativo não é uma função sintática, é isso?

Sim, você entendeu bem: ele é um elemento independente. Mas, como não há onde encaixá-lo, ele termina sendo visto juntamente às funções sintáticas. E se, na prova, o vocativo for colocado entre as funções, simplesmente aceite.

– Está bem!

CAPÍTULO 21

Adjunto Adverbial

Eis aqui mais um daqueles pontos tão, tão, tão importantes quanto, às vezes, subestimados.

– Por que "subestimados", professor?

Porque há, por parte dos alunos, uma preocupação real (e válida) com o estudo dos objetos, direto e indireto. Isso não é ruim: os complementos verbais, que são os objetos, são de fato importantes. No entanto, muitas vezes, mas muitas vezes mesmo, diferenciar se o elemento em análise é um objeto ou um adjunto adverbial é o que permite acertar uma questão.

– O que o senhor está dizendo é que o domínio dos adjuntos é determinante para que saibamos diferenciá-los dos objetos?

Sim, é só isso. Vamos aprender os adjuntos para sabermos, mais tarde, a regência correta dos verbos, a classificação de objetos diretos e objetos indiretos e a identificação dos adjuntos adverbiais. Quer saber qual é a maior dificuldade?

– Claro que quero.

O objeto direto não é introduzido por preposição. O objeto indireto é introduzido por preposição. É facílimo, portanto, diferenciarmos um do outro, se essa for a nossa única missão. Já o adjunto adverbial pode ser introduzido ou não por preposição.

– E?

E, por isso, sempre existe a possibilidade de confundirmos um objeto com um adjunto. Vamos ter de saber se um elemento não preposicionado é objeto direto ou adjunto adverbial. Do mesmo modo, vamos ter de saber se um elemento preposicionado é objeto indireto ou adjunto adverbial.

– E há como saber isso, professor?

Mas é claro que há! Vamos indo por partes. ☺

Você lembra que os objetos, tanto o direto quanto o indireto, respondem a uma de duas perguntas?

– Sim: "o quê?" ou "quem?", não é isso?

É isso. Os objetos sempre respondem às perguntas "o quê?" ou "quem?" Se a estrutura que queremos analisar não responder a uma dessas duas perguntas, não será um objeto.

– Será um adjunto adverbial?

Tenderá muito a ser. Mas diferenciar um objeto de um adjunto adverbial é resultado de um treinamento. Somente saberemos fazer essa diferenciação se, reiteradamente, analisarmos objetos e adjuntos, e estudarmos verbos os mais variados, e quebrarmos a cabeça para fazer as diferenciações necessárias.

– Ok, professor, o senhor me convenceu de que é difícil e exige esforço.

Eu gostaria de poder dizer que não é isso, mas, na verdade, você acertou: é difícil e exige esforço. Comecemos a caminhada, que mais tarde será retomada em outros trechos do nosso estudo.

Os adjuntos adverbiais são estruturas que exprimem circunstâncias.

– Não necessariamente serão um advérbio?

Não. O advérbio sempre será adjunto adverbial, é fato.

advérbio
↓
+ **"Nós comemos pizza anteontem."**
Adjunto adverbial

advérbio
↓
+ "Ele percorreu a sala lentamente."
Adjunto adverbial

No entanto, pode um adjunto adverbial expressar essas mesmas circunstâncias sem que haja nenhum advérbio dentro dele:

prep. subst.
↓ ↓
+ "Nós comemos pizza em janeiro."
Adjunto adverbial

prep. subst. adj.
↓ ↓ ↓
+ "Ele percorreu a sala de maneira lenta."
Adjunto adverbial

– Entendido. Um adjunto adverbial não precisa ter um advérbio dentro de si.

Exatamente. Voltando: adjuntos adverbiais sempre expressam circunstâncias.

– Certo, mas que circunstâncias, professor?

Muitas. Muitas mesmo. Há as principais, que veremos primeiro. Há diversas outras, que veremos na sequência. Aqui, o importante é você entrar em contato com as mais diversas classificações que um adjunto adverbial pode ter e ir se acostumando com elas. Vamos estudá-las agora, em dois blocos distintos.

1. PRINCIPAIS CIRCUNSTÂNCIAS

a) Tempo:

Os adjuntos adverbiais de tempo respondem sempre a uma mesma pergunta: "quando?"

– "Sempre", o senhor disse?

Sempre.

+ "O homem fará o depoimento na próxima terça-feira."
Adj. adv. de tempo

Para que eu fornecesse como resposta "na próxima terça-feira", que pergunta teria de me ter sido feita?

– Quando?

Exatamente. Essa pergunta pode ser antecedida por algumas preposições, mas, no fundo, o que está em questão é sempre "quando".

+ "Nós acompanharemos as notícias até o desfecho do caso."
Adj. adv. de tempo

Para que a resposta fosse "até o desfecho do caso", qual seria a pergunta?

– Até quando?

Exato.

b) Lugar:

A pergunta a que os adjuntos adverbiais de lugar vão responder é sempre a mesma: "onde?"

– Se tem uma coisa que eu gosto é de ver o senhor escrever "sempre".

Eu entendo. Dá segurança, não é? Então aproveite, porque pouca coisa é "sempre" no Português. Aqui está uma delas. ☺

+ "A moça contraiu a doença na cidade de Taubaté."
Adj. adv. de lugar

Mais uma vez: para que eu respondesse "na cidade de Taubaté", que pergunta teria de ter sido feita?

– Onde?

Isso. Será que aqui também pode a pergunta ser antecedida por uma preposição?

– Certamente.

Acertou de novo.

+ "O rapaz retornou de Santa Catarina."
Adj. adv. de lugar

Qual a pergunta para se obter a resposta "de Santa Catarina"?

– Retornou de onde?

Isso. Então, circunstância de lugar.

c) Modo:

Adjuntos adverbiais de modo responderão à pergunta "como?" (que equivale a "de que modo?", "de que maneira?").

+ "Ele abandonou o local rapidamente."
Adj. adv. de modo

Quem abandonou? "Ele" = sujeito. Abandonou o quê? "O local" = objeto direto. Agora sim o que nos interessa: para que obtivéssemos como resposta "rapidamente", que pergunta deveria ter sido feita?

– Abandonou "como"?

Exato. Então "rapidamente" é, nessa frase, adjunto adverbial de modo.

– E, como nos anteriores que vimos, para que seja um adjunto adverbial de modo, não precisa ser necessariamente um advérbio de modo, isso? Pode ser um segmento que não tenha propriamente um advérbio dentro?

Pode. Muitas vezes será. Observe a frase abaixo.

+ "Ele agrediu o vizinho com extrema violência."
Adj. adv. de modo

No segmento "com extrema violência", há algum advérbio?

– Nenhum: "com" é preposição"; "extrema" é adjetivo; "violência" é substantivo.

Análise linda. ☺

Mas veja: se eu perguntasse a você "agrediu como?", qual seria a resposta?

– Com extrema violência.

Justamente. Então é um adjunto adverbial de modo.

d) Causa:

Adjuntos adverbiais de causa respondem à pergunta "por que razão?", "por que motivo?", "por causa de quê?".

– Testo sempre todas as perguntas?

Não. Escolha uma e teste. É só para termos mais recursos.

+ "Eu desisti da viagem por causa da chuva."
Adj. adv. de causa

Qual a pergunta?

– Por quê?

Ótimo. Aqui estamos fazendo uma linha de raciocínio e você vai entendendo o que se vai falando. Mas tome sempre muito cuidado: a partir daqui saímos da nossa zona de conforto e é importantíssimo sabermos também os outros adjuntos adverbiais que virão.

– Por que "saímos da zona de conforto"?

Porque os adjuntos adverbiais que nos vêm à mente, quando se fala sobre eles, são os de "tempo", "lugar" e "modo", como se eles fossem os únicos que existissem, e há muitos, muitos outros. Já coloquei, inclusive, o de causa entre os principais. Atenção, portanto.

– Certo, professor. O senhor é bem convincente quando apavora.

Que bom. ☺

2. OUTRAS CIRCUNSTÂNCIAS

e) Companhia:

Adjuntos adverbiais de companhia introduzem sempre a seguinte ideia: "em companhia de". Sendo assim, poderíamos pensar na seguinte pergunta: "em companhia de quem?"

+ "A moça caminhou com os pais."
Adj. adv. de companhia

Nota?

– Noto: a moça caminhou "em companhia dos pais".

Isso. Por isso, adjunto adverbial de companhia. Aqui estamos diante de um dos adjuntos adverbiais mais difíceis de serem reconhecidos, por haver muitos objetos indiretos introduzidos pela preposição "com".

– "Medo" é a palavra que me define, professor.

Compreendo, mas não tenha. Pense que o adjunto adverbial de companhia é aquele que equivale a "em companhia de". Veja a frase seguinte.

+ "Ana se casou com Paulo."
Objeto indireto

Aqui não há um adjunto adverbial de companhia, e sim um objeto indireto. Perceba que a ideia não é a de que Ana se casou "em companhia de Paulo". Paulo é a própria pessoa com quem ela se casou. Sendo assim, o segmento "com Paulo" responde à pergunta do objeto ("casou com quem?"), e não à pergunta do adjunto adverbial de companhia ("casou em companhia de quem?"). Entende?

– Entendo. Mas repito: tenho medo, muito medo de confundir.

Totalmente compreensível. Mas calma. Foque no "em companhia de".

– Focarei.

Agora começam os adjuntos adverbiais em que não há uma pergunta ou uma estrutura que os identifique automaticamente.

– Notícia ruim.

De certo modo. Mas veja pelo lado bom: veremos cada um deles e, a partir de agora, eles passarão a fazer parte do seu repertório.

– É uma maneira boa de ver.

É, sim. ☺

f) Instrumento:

O adjunto adverbial de instrumento indica o instrumento por meio do qual uma ação foi executada.

+ "O rapaz cortou a grama com uma foice."
  Adj. adv. de instrumento

A "foice" é o instrumento com o qual se corta a grama. Nota?

– Creio que noto. Mas não poderia ser de companhia, por exemplo?

Você acha que a frase faria sentido se fosse "O rapaz cortou a grama em companhia de uma foice"?

– Não faria muito sentido.

Certamente não, pois "uma foice" é o *instrumento* com que se cortou, e não *em companhia de* quem se cortou. Vamos a mais alguns de instrumento.

+ "Ele abriu a garrafa com uma faca."
  Adj. adv. de instrumento
+ "Com uma pedra, ele agrediu o torcedor rival."
  Adj. adv. de instrumento

– Certo.

g) Meio:

Trata-se do meio de que alguém se utiliza para algo. Pode ser um meio palpável ou não:

+ "O chefe entregava os mantimentos aos funcionários a cavalo".
Adj. adv. de meio

– Eu não poderia confundir com o de instrumento?

Com certeza, sim. É uma confusão muito plausível. Mas digo, sem medo, que em uma prova não se pediria para identificar se é "meio" ou "instrumento", justamente pela grande proximidade que há entre ambos. Ainda assim, creio que seja mais viável imaginar um cavalo como um "meio" de que o chefe se utiliza do que propriamente um instrumento.

– Faz sentido.

+ "O rapaz ofendeu a moça por meio de palavras agressivas."
Adj. adv. de meio

– Nessa o "por meio de" dá uma boa ajudada...

O objetivo era esse. ☺

h) Concessão:

Os adjuntos adverbiais de concessão indicam uma ressalva em relação a outro evento:

+ "Apesar das dificuldades, nós obtivemos a vitória".
Adj. adv. de concessão

– Mais especificamente falando, o que seria uma ressalva, profe?

Uma ressalva (ou concessão) é algo que se opõe a um evento, mas não é suficientemente forte para impedi-lo. Veja na frase acima. Em tese, "haver dificuldades" se opõe a "obtermos uma vitória", no entanto essa oposição não é suficiente para impedir que vençamos, entende?

– Entendo bem, sim.

De todo modo, falaremos mais disso quando estudarmos as orações subordinadas adverbiais concessivas. Geralmente, o adjunto de concessão será introduzido por "apesar de" ou "mesmo":

+ "Mesmo com dificuldades, obtivemos a vitória."
Adj. adv. de concessão

– Perfeito.

Ótimo.

i) Assunto:

Bem, teremos adjunto adverbial de assunto quando o segmento indicar o... assunto de que se fala:

+ "A mulher conversou com o rapaz sobre problemas sociais."
Adj. adv. de assunto

– "Sobre problemas sociais" é o assunto de que se conversou.

Exatamente. Ocorre o mesmo na frase abaixo:

+ "Nós falamos de futebol."
Adj. adv. de assunto

– Esse, professor, ao menos nesse momento, em que estamos estudando isso e eu estou com a minha atenção 100% voltada para os adjuntos adverbiais, parecem-me bem fácil...

Concordo com você. No momento em que estamos bem focados, tudo faz sentido. Importante é naturalizarmos esse processo para cada vez mais haver uma quantidade maior de informações à disposição.

j) Conformidade:

Indicam, como se pode ver, conformidade. Costumam ser introduzidos por "conforme", "segundo", "consoante" e "de acordo com":

+ "Conforme o jornalista, a partida será cancelada."
Adj. adv. de conformidade

– Acho, apesar do medo de dizer isso, que é tranquilo.

É, sim. No fim do tópico dos adjuntos adverbiais vou fazer uma observação para clarear ainda mais um item daqui. Aguarde. Logo em seguida.

k) Condição:

Indicam a condição, o requisito para que um evento ocorra ou deixe de ocorrer:

+ "Sem estudo e dedicação, você não será aprovado."
Adj. adv. de condição

– A condição para a aprovação é haver estudo e dedicação.

Isso. Simples assim.

– Concordo.

Por fim, somente para complementar, vejamos exemplos de mais quatro adjuntos adverbiais. Além desses, pode ainda haver outros. Na verdade, um termo ou segmento pode ser adjunto adverbial e nem ter uma classificação específica. Mas já vimos muitos. Acredite.

– Acredito, sim!

l) Afirmação:

+ "Com certeza absoluta ele entregará os documentos à polícia."
  Adj. adv. de afirmação

m) Dúvida:

+ "Talvez eu pague um lanche ao rapazinho interiorano."
  Adj. adv. de dúvida

n) Negação:

+ "Eu não contarei os detalhes aos alunos."
  Adj. adv. de negação

o) Intensidade:

+ "Ele estava mais atarefado."
  Adj. adv. de intensidade

3. ADJUNTO ADVERBIAL *X* ORAÇÃO SUBORDINADA ADVERBIAL

Alguns adjuntos adverbiais podem ser confundidos com orações subordinadas adverbiais, se não estivermos atentos. Isso ocorre porque determinadas circunstâncias podem ser expressas tanto por adjuntos adverbiais quanto por orações subordinadas adverbiais.

– Todas essas circunstâncias que vimos?

Não, mas algumas delas: tempo, causa, concessão, conformidade e condição, por exemplo. Então, escute bem, escute com atenção, esteja atento ao que vou dizer agora.

– Já estou, professor!

A diferença é que os *adjuntos adverbiais não terão verbo*, enquanto as *orações adverbiais serão, necessariamente, estruturas verbais*:

Ausência de verbo
↓
+ "**Sem ousadia**, não chegarás ao teu objetivo."
Adj. adv. de condição

Estrutura verbal ("ousar")
↓
+ "**Se não ousares**, não chegarás ao teu objetivo."
Or. sub. adv. condicional

– Só isso?

Só: oração adverbial é uma estrutura verbal, adjunto adverbial não.

Ausência de verbo
↓
+ "Eu saí **após o jogo**."
Adj. adv. de tempo

Estrutura verbal ("terminar")
↓
+ "Eu saí **quando o jogo terminou**."
Or. sub. adv. temporal

Ausência de verbo
↓
+ "Carlos trancou a porta **por medo**."
Adj. adv. de causa

Estrutura verbal ("ter")
↓
+ "Carlos trancou a porta **porque teve medo**."
Or. sub. adv. causal

Ausência de verbo
↓
+ "**Apesar do medo**, foi à rua."
Adj. adv. de concessão

Estrutura verbal ("sentir")
↓
+ "**Embora sentisse medo**, foi à rua."
Or. sub. adv. concessiva

Ausência de verbo
↓
+ "**Conforme o jornalista**, haverá greve."
Adj. adv. de conformidade

Estrutura verbal ("afirmar")
↓
+ "**Conforme afirmou o jornalista**. Haverá greve."
Or. sub. adv. conformativa

– Entendi completa e absolutamente tudo o que o senhor explicou!

Alegria, alegria! Porque isso é muito, muito importante.

CAPÍTULO 22

Predicativo

Haverá dois diferentes tipos de predicativo: o predicativo do sujeito e o predicativo do objeto.

– E qual dos dois o senhor diria que é o mais importante?

Olhe, eu diria que os dois, porque um deles (o do sujeito) é mais habitual, mas o outro (o do objeto) também aparece em provas e é mais difícil. Então, teremos de saber ambos.

– Certo, professor. Então vamos estudar os dois e vou saber os dois!

Excelente! ☺

1. PREDICATIVO DO SUJEITO

É a atribuição de uma característica ou de uma qualidade ao sujeito. O predicativo do sujeito sempre estará *fora do sujeito*, e aparecerá, na imensa maioria das vezes, com verbos de ligação, mas pode ocorrer também com outros verbos.

– Ah, não...

Ah, sim... Antes, porém, vejamos o predicativo do sujeito em orações nas quais haja verbos de ligação.

– Prefiro.

Ótimo. Quais são os verbos de ligação?

– Aqueles habituais...

Sim: os habituais. Vamos por partes: verbos de ligação são aqueles que indicam "estado": estado permanente, estado aparente, mudança de estado, estado transitório, etc. Seja qual for o tipo de "estado", o verbo de ligação estará relacionado a "estado".

– Qualquer verbo que indique "estado"?

Na verdade, são poucos os verbos de ligação:

+ Ser, estar, parecer, permanecer, continuar, ficar, tornar-se, virar, andar, viver.

– Esses?

Basicamente esses. E lembre-se de que, para que sejam verbos de ligação, esses verbos acima têm de estar ligando um sujeito a um atributo seu, a uma característica sua, que é justamente o chamado predicativo do sujeito.

+ "A **proprietária** da empresa é elegante."
  Pred. do suj.

+ "O **local** da prova parece sujo e perigoso."
  Pred. do suj.

+ "Todos os **estudantes** pareciam surpresos."
  Pred. do suj.

+ "Os **torcedores** do time permanecem tristes."
  Pred. do suj.

Você percebeu que, em todas as frases acima, o predicativo do sujeito é representado por um adjetivo?

– Agora que o senhor está perguntando, eu percebo...

Ótimo. Mas não é sempre assim. Um predicativo do sujeito pode ser, além de um adjetivo, também um substantivo ou até mesmo um longo segmento.

+ "A **capital** do Paraná é Curitiba."
  Pred. do suj.

+ "O **homem** parece uma estátua."
  Pred. do suj.

+ "Este **vaso** parece a principal prova da presença espanhola na cidade."
Pred. do suj.

Tranquilo até aqui?

– Tranquilo. Mas quando o senhor pergunta isso é porque vem algo estranho na sequência.

Sim: mais uma vez, você acertou! ☺

Pode acontecer de o predicativo do sujeito estar presente em uma frase na qual não haja verbo de ligação. Se você voltar um pouquinho, verá que, na abertura deste tópico, eu afirmei que o predicativo do sujeito "aparecerá, *na imensa maioria das vezes*, com verbos de ligação".

– Eu lembro...

Pois então: haverá situações em que essa estrutura sintática estará em frases nas quais não haja verbos de ligação. Mas acredite em mim: isso não é assim tão difícil. Acalme esse coração ansioso. Basta você manter a tranquilidade para enxergar o que eu vou dizer.

– Professor, se é necessário manter a tranquilidade, danou-se...

Danou-se nada. Quer ver? Vamos a uma frase em que há um Predicativo do Sujeito com um verbo intransitivo.

VI
↓
+ "A mulher entrou furiosa."
Pred. do suj.

Na frase em questão, "furiosa" é um predicativo (um atributo, uma qualidade, uma característica) do sujeito simples "a mulher".

– Professor amado, mas como saber, como ter certeza?

Por dois caminhos:

a) Quando o elemento é um predicativo do sujeito, podemos pensar que está implícito antes do predicativo, quase sempre, o segmento "e estava":

+ "A mulher entrou (e estava) furiosa."

– O senhor garante que funciona?

Garanto. Mas há ainda uma segunda constatação possível.

b) O predicativo do sujeito tenderá a concordar com o sujeito em gênero e número. Sendo assim, pode-se mudar o gênero e o número do sujeito e ver se o elemento acompanha a mudança:

+ "A mulher entrou (e estava) furiosa." (Pred. do suj.)
+ "As mulheres entraram (e estavam) furiosas." (Pred. do suj.)
+ "O homem entrou (e estava) furioso." (Pred. do suj.)
+ "Os homens entraram (e estavam) furiosos." (Pred. do suj.)

Não há verbo de ligação. "Entrar" é, em todas as frases, verbo intransitivo. Mas por que não é de ligação? Porque não indica nenhum estado. Ainda assim, "furiosa" é um predicativo do sujeito, fato que pode ser constatado por meio do teste sugerido: é como se o que está escrito fosse "A mulher entrou (e estava) furiosa".

> – Meu coração, que estava saindo pela boca, está começando a bater mais calmamente, *se esses testes funcionam...*

Funcionam. Vamos lá.

+ "A moça assinou o contrato *desolada*." (Pred. do suj.)

Façamos ambos os testes:

a) A moça assinou o contrato (e estava) desolada.

b) As moças assinaram o contrato (e estavam) desoladas.

> – Mas o verbo "estar" não está *mesmo* ali, certo? Não há, de fato, verbo de ligação nessas frases...

Exato. O verbo de ligação não está ali: é apenas um teste prático para perceber que se trata de um predicativo do sujeito. O que há, de fato, na frase acima é um verbo transitivo direto (com o seu objeto direto) e um predicativo do sujeito:

+ "A moça assinou o contrato desolada."
Suj. VTD OD Pred. do suj.

– Correto: então, não há verbo de ligação. É apenas um teste.

Exato. O predicativo do sujeito pode aparecer, portanto, com qualquer tipo de verbo, inclusive, por exemplo, com um verbo transitivo direto e indireto.

+ "As alunas entregaram o trabalho ao professor confiantes."
Suj. VTDI OD OI Pred. do suj.

Conforme explicitado acima, temos um verbo transitivo direto e indireto com ambos os complementos: objeto direto e objeto indireto. Há, ainda, um predicativo do sujeito.

– Que ma-ra-vi-lha!

Mais uma informaçãozinha: o Predicativo do Sujeito pode ser isolado por vírgulas do restante da oração (na maioria das vezes, inclusive, será):

+ "As alunas entregaram, confiantes, o trabalho ao professor."
Pred. do suj.

E, se vier colado ao sujeito, o predicativo necessariamente será isolado por virgulas:

+ "Confiantes, **as meninas** entregaram o trabalho ao professor."
Pred. do suj.

+ "**As meninas**, confiantes, entregaram o trabalho ao professor."
Pred. do suj.

– E se vier logo após o núcleo e sem vírgulas, é Adjunto Adnominal?

Isso mesmo!

Adjunto Adnominal
↓
+ "As meninas confiantes entregaram o trabalho ao professor."
Sujeito

Repare que, quando é predicativo do sujeito, o termo "confiantes" é uma característica momentânea do sujeito, não inerente a ele. Já quando é adjunto adnominal, o termo "confiantes" é dado como uma característica inerente ao substantivo.

– Medo...

Não, não. Nada disso. Vamos rever as frases acima e vai ficar bem claro.

é um *estado* das meninas
↓
+ "As meninas, confiantes, entregaram o trabalho ao professor."
Pred. do suj.

Na frase acima, "confiantes" é um *estado* das meninas, é como elas *estavam* quando entregaram o trabalho. Percebe?

– Percebo.

Ótimo. Agora vamos à outra frase:

é uma *condição* das meninas
↓
+ "As meninas confiantes entregaram o trabalho ao professor."
Sujeito

Aqui, "confiantes" é uma condição das meninas, é como elas *são*, entende?

– Perfeitamente, professor. Agora ficou bem, bem claro.

Isso me alegra! ☺

2. PREDICATIVO DO OBJETO

Prepare-se!

– Ihhh...

Sim. Conteúdo importante e dificultoso. Vamos a ele. Pode-se dizer que o predicativo do objeto é um elemento que modifica o objeto direto e encontra-se fora dele.

– Fora dele?

Isso. Ao nomear uma estrutura como predicativo do objeto, estaremos nomeando uma função sintática que está fora do objeto direto, ou seja, refere-se a ele, mas não está dentro dele. Comecemos por um exemplo:

+ O comentário do professor deixou a turma assustada.
Sujeito VTD OD Pred. do Obj.

– Professor, eu acho *mesmo*, do fundo do meu coração, que eu não saberia classificar "assustada" como predicativo do objeto e que não diria que essa estrutura se encontra fora do objeto...

Certo. Não condeno você. Isso é mesmo complicadinho. Vamos indo aos poucos e melhorando o conhecimento sobre essa estrutura sintática. Podemos pensar que o predicativo do objeto é a atribuição de uma característica passageira, transitória, nova ou inesperada a um objeto. Na frase acima, por exemplo, a turma não *é assustada*: *assustada* é uma característica da turma após o comentário do professor. Entendeu?

– Com alguma dificuldade, mas creio que sim...

É isso mesmo. Vamos seguindo: primeiro construímos um conhecimento e somente depois o consolidamos. A presença do predicativo do objeto é mais comum com os verbos chamados transobjetivos.

– Ai, ai, ai...

Calma: transobjetivos são verbos transitivos diretos que necessitam, para a complementação do seu sentido, de um predicativo do objeto. Exemplos de verbos transobjetivos são "julgar", "nomear", "achar", "deixar", "eleger", "encontrar" e outros.

- "O diretor julgou a ação precipitada." (a ação = OD; precipitada = Pred. do Obj.)
- "O dono da fazenda nomeou os netos herdeiros." (os netos = OD; herdeiros = Pred. do Obj.)
- "Os adultos não acharam a piada engraçada." (a piada = OD; engraçada = Pred. do Obj.)
- "O prefeito elegeu a filha secretária de governo." (a filha = OD; secretária de governo = Pred. do Obj.)
- "O policial encontrou a menina desmaiada." (a menina = OD; desmaiada = Pred. do Obj.)

– Difícil, professor... Difícil... Mas vou compreendendo aos poucos...

Eu sei. Vamos a um teste que revela, de imediato, se se trata ou não de um predicativo do objeto.

– Se o senhor me mostrar um teste que funciona, mas que funciona *mesmo* para esclarecer uma matéria difícil como essa, vou chorar de emoção...

Pois então prepare o seu lencinho.

Observação: Teste do predicativo do objeto.

Quando estivermos em dúvida sobre se um elemento é ou não é predicativo do objeto, o teste é o seguinte: *devemos passar a frase para a voz passiva analítica.* De novo: *devemos passar a frase para a voz passiva analítica.* Uma vez mais: *devemos passar a frase para a voz passiva analítica.*

– E?

E então haverá duas hipóteses:

a) se o segmento sobre o qual estamos em dúvida vier após a locução verbal, confirmamos que ele era, na ativa, predicativo do objeto (na passiva, ele será predicativo do sujeito):

+ "O diretor julgou a ação precipitada." (precipitada = Pred. do Obj.)

+ Passiva: "A ação foi julgada **precipitada** pelo diretor". (A ação = S; foi julgada = Loc. Verbal; precipitada = P. S.)

– Sim, professor. Percebi. E por que ele vira predicativo do sujeito na passiva?

Porque na passiva ele passa a ser um atributo do sujeito que se encontra fora do sujeito, como vimos há pouco. Se era um atributo que estava fora do objeto, será um atributo que está fora do sujeito.

– Faz muito sentido. Professor, fico muito feliz por entender isso! Porque isso, a não ser que eu muito me engane, é uma coisa bem, bem difícil.

De fato! Tem de ficar feliz mesmo. Vamos retomar os outros exemplos dados de frases com predicativo do objeto. Perceba que, em todas as passivas, *o elemento fica depois da locução verbal*, tornando-se, nessa nova voz, predicativo do sujeito.

+ "O dono da fazenda nomeou os netos herdeiros."
Pred. do Obj.

+ Passiva: "Os netos foram nomeados **herdeiros** pelo dono da fazenda."
S Loc. Verbal P. S.

+ "Os adultos não acharam a piada engraçada."
Pred. do Obj.

+ Passiva: "A piada não foi achada **engraçada** pelos adultos".
S Loc. Verbal P. S.

+ "O prefeito elegeu a filha secretária de governo."
Pred. do Obj.

+ Passiva: A filha foi eleita **secretária de governo** pelo prefeito".
S Loc. Verbal P.S.

+ "O policial encontrou a menina desmaiada."
Pred. do Obj.

+ Passiva: "A menina foi encontrada **desmaiada** pelo policial".
S Loc. Verbal P.S.

Percebe?

– Percebo, professor, percebo sim. Se, ao passar a frase para a passiva, o elemento que eu acho que pode ser predicativo do objeto vier após a locução verbal, eu confirmo que ele era de fato um predicativo do objeto (que, na passiva, transforma-se em predicativo do sujeito)

Lindo raciocínio. É isso mesmo!

b) Se, ao passar a frase para a voz passiva analítica, o segmento sobre o qual estamos em dúvida vier *colado ao sujeito* e, portanto, dentro dele, será apenas um *adjunto adnominal*. Por exemplo:

+ "O rapaz beijou a menina bonita."
Adj. Adn.

Adjunto Adnominal
↓
+ Passiva: "A menina bonita foi beijada pelo rapaz"
Sujeito

Note que o elemento fica dentro do sujeito, ao lado do núcleo. É, portanto, adjunto adnominal.

– Professor, ficou agora tudo límpido e claro.

Eu fico muito feliz de saber. ☺

CAPÍTULO 23

Agente da Passiva

O agente da passiva é uma função sintática relativamente fácil, mas eu tenho um terrível medo de que você erre caso ela apareça em uma prova.

– Mas de onde vem essa sua desconfiança a respeito da minha capacidade de acertar algo fácil, professor?

De uma razão bastante simples: muitas vezes sequer se cogita que uma estrutura possa ser agente da passiva. Quando peço a um aluno ou a uma aluna para listar as funções sintáticas, uma das funções mais "esquecidas", ou seja, não listadas, é o agente da passiva. Então, o primeiro esforço deve ser colocar na cabeça que o agente da passiva existe.

– Nem se preocupe que isso vou deixar bem registrado.

Ótimo.

1. CARACTERÍSTICAS

O agente da passiva tem três características:

a) é uma função sintática **presente apenas na voz passiva analítica** (aquela que costuma apresentar em seu interior a estrutura "ser + particípio");

b) é **introduzido por preposição** (quase sempre a preposição "por", com as variáveis "pelo", "pela", "pelos", "pelas");

c) é, necessariamente, **quem realiza a ação na voz passiva.**

– As três características ao mesmo tempo?

Sim. Tem de estar na voz passiva analítica E ser introduzido pela preposição "por" E ser quem realiza a ação na voz passiva, tudo isso simultaneamente. Vejamos a seguinte frase:

+ "O exercício foi feito pelo rapaz".
Agente da Passiva

Nota que se trata de um agente da passiva porque estão presentes ao mesmo tempo as três características citadas?

– Eu diria que noto, professor.

Pois então, vamos a elas.

1º) Trata-se de uma frase na voz passiva analítica, uma vez que apresenta a forma "foi feito", que é "ser + particípio".

2º) O segmento "pelo rapaz" é introduzido pela preposição "por" ("pelo" = "por" + "o").

3º) É "o rapaz" quem realiza a ação na voz passiva. O sujeito "o exercício" é paciente, ou seja, sofre a ação de ser feito, enquanto é "o rapaz" que realiza a ação de fazer os exercícios.

– O segmento sublinhado é, somente porque tem as três características citadas, agente da passiva.

Perfeito. Tenha cuidado, sobretudo, com a última das características que salientei: o agente da passiva deve, *necessariamente*, ser aquele que realiza a ação na voz passiva.

– E se não realizar a ação, o que ele será?

Na estrutura que mais pode nos deixar em dúvida, tende a ser adjunto adverbial de causa. Compare as duas frases abaixo:

+ "O empresário foi processado por dois funcionários."
Agente da Passiva

+ "O empresário foi processado por desacato."
Adjunto Adverbial de Causa

Você enxerga por que o elemento destacado é agente da passiva na primeira frase, mas adjunto adverbial de causa na segunda?

– Creio que sim, professor, mas não sei se não é porque agora estou procurando cuidadosamente os três requisitos...

Perfeito! É assim mesmo que se dá o aprendizado. Acompanhe comigo: o segmento sublinhado na primeira frase apresenta os três pré-requisitos necessários para se enquadrar nessa classificação.

Vejamos de novo os tais requisitos:

1º) o segmento está em uma passiva analítica ("foi processado");

2º) é introduzido pela preposição "por";

3º) é quem realiza a ação, pois são os funcionários que processam o empresário.

– Perfeito, professor. Já na segunda frase, há um item que impede o elemento de ser agente da passiva: não é ele quem realiza a ação...

Justamente. Olhemos a frase de novo.

+ "O empresário foi processado por desacato."
Adjunto Adverbial de Causa

Trata-se de uma passiva analítica. O segmento é introduzido por preposição "por". No entanto, não é ele quem realiza a ação, pois "o desacato" não é quem processa, e sim o motivo pelo qual se processa, ou seja, a causa do processo.

– Maravilha, professor.

Alegria minha!

CAPÍTULO 24

Predicado

Você lembra qual foi a primeira divisão sintática que aprendemos no colégio?

– Sujeito e predicado.

Siiiimmmm: sujeito e predicado. E, por incrível que pareça, cada vez mais têm aparecido questões sobre o predicado. Você pode pensar: "Mas deve ser fácil, não?" Resposta: não necessariamente, pois, quando se cobra o predicado, cobra-se também a sua classificação: se o predicado é verbal, nominal ou verbo-nominal.

– Saber o que é predicado não me assusta. Classificá-lo me assusta um pouco.

Não se assuste. Respeite a matéria, mas não a tema. A definição de predicado é fácil: o predicado é tudo aquilo que não for o sujeito da oração. De novo: o predicado é tudo aquilo que não for o sujeito da oração.

– Ok. O que não for sujeito da oração será predicado.

Sim. Só isso. Vamos a alguns exemplos.

+ "O garoto roubou os documentos do chefe da secretaria."
  Suj. (O garoto) — Predicado (roubou os documentos do chefe da secretaria)

Qual o sujeito desta frase?

– O garoto.

Sim: "o garoto" é o sujeito. Sendo assim, todo o resto da oração ("roubou os documentos do chefe da secretaria") é o predicado. Entendido?

– Sim. Só isso?

Só isso. Mesmo em uma oração na qual o sujeito seja inexistente, existirá um predicado:

+ "Houve desavenças violentas."
Predicado

O verbo "haver" é impessoal, de modo que temos um sujeito inexistente ou uma oração sem sujeito. Nesse caso, tudo o que há na oração será predicado ("Houve desavenças violentas").

– Quem diria, professor...

Pois é: agora já sabemos.

1. TIPOS DE PREDICADO

De acordo com o núcleo que apresentar, o predicado poderá ser de três tipos: nominal, verbal ou verbo-nominal. É imprescindível saber tais classificações.

– Vamos a elas, professor?

Vamos, sim.

a) Predicado nominal:

Ocorrerá quando tivermos verbo de ligação. Ou seja, um daqueles dez verbos que vimos (ser, estar, parecer, permanecer, continuar, ficar, andar, virar, tornar-se, viver) acompanhado por predicativo do sujeito. Nesse caso, o núcleo será o predicativo:

Núcleo do Predicado
↓
+ "Os homens estão **confiantes**."
Predicado Nominal

Primeiro, o mais óbvio: o predicado é "estão confiantes".

– Porque é tudo aquilo que não é o sujeito, no caso, "os homens".

Exato. O verbo "estar" é verbo de ligação e "confiantes" é predicativo do sujeito. Esse é um predicado nominal, que tem como núcleo o termo "confiantes" (um "nome", porque os adjetivos são nomes).

– Certo, mas por que o núcleo é "confiantes"?

Porque o verbo de ligação serve apenas para conectar o sujeito a uma característica dele. Por essa razão, o núcleo de sentido do predicado está contido no predicativo.

– Ok. Perfeito.

b) Predicado verbal:

Ocorrerá quando tivermos um dos verbos nocionais, que são aqueles verbos que exprimem noções, ações (VI, VTD, VTI, VTDI) e não houver na frase predicativo de nenhuma natureza (nem predicativo do sujeito, nem predicativo do objeto). Nesse caso, o núcleo será o próprio verbo:

Núcleo do Predicado
↓
+ "Os empresários **transferiram** o dinheiro."
Predicado Verbal

Repassando a frase acima: qual o Predicado?

– O Predicado é "transferiram o dinheiro".

Maravilha. Nessa frase, "transferir" é verbo transitivo direto e "o dinheiro" é objeto direto; e o predicado "transferiram o dinheiro" é um predicado verbal, cujo núcleo é a forma verbal "transferiram".

– Porque, quando há um verbo que não é de ligação, considera-se que ele é núcleo de sentido. É isso?

É exatamente isso.

c) Predicado verbo-nominal:

Ocorrerá quando tivermos um verbo nocional (VI, VTD, VTI, VTDI) e também, na mesma oração, um predicativo.

– Pode ser predicativo do sujeito ou do objeto? Qualquer um dos dois?

Isso. Qualquer um dos dois. Vamos começar com uma frase em que haja um predicativo do sujeito.

+ "A moça entrou indignada."
VI P.S.

Temos, na frase acima, "entrou", que é um verbo intransitivo, e "indignada", que é um predicativo do sujeito. Lembra?

– Lembro: "A moça entrou (e estava) indignada."

Resposta da categoria "coisa mais amada"! É bem isso. ☺

Nesse caso, o predicado tem dois núcleos (o verbo e o predicativo), sendo, portanto, considerado um Predicado Verbo-nominal.

Núcleo ↓ Núcleo ↓

+ "A moça **entrou indignada.**"
Predicado verbo-nominal

Também se tivermos um verbo nocional acompanhado por um predicativo do objeto, o predicado será verbo-nominal.

+ "O professor encontrou o aluno alcoolizado."
VTD OD P.O.

O verbo "encontrar" é verbo transitivo direto; "alcoolizado" é predicativo do objeto, pois complementa o sentido do objeto direto "aluno" e é uma característica transitória, não permanente, dele. Como há verbo nocional e predicativo do objeto, temos predicado verbo-nominal.

Núcleo ↓ Núcleo ↓

+ "O professor **encontrou** o aluno **alcoolizado**."
Predicado Verbo-nominal

– Entendi tudo, tudo, tudo, profe.

CAPÍTULO 25

Complemento Nominal

Antes das particularizações que serão feitas a seguir, vou listar as características todas desta função sintática.

> – A única coisa que eu diria, quase sem medo de errar (quase) é que o complemento nominal deve complementar um nome.

Muito bem. Você acertou. ☺

1. CARACTERÍSTICAS

Vamos às características dessa estrutura sintática:

a) ele sempre é **antecedido por preposição**;

b) ele **complementa um nome**, que pode ser um *adjetivo*, um *advérbio* ou um *substantivo abstrato*;

c) ele é uma **função sintática dentro de outra** função sintática;

d) quando **complementa substantivo abstrato**, ele *tem sentido paciente*, passivo, ou seja, sofre a ação expressa por esse substantivo.

Pegou tudo até aqui?

> – Olhe, professor: seria pretensão da minha parte dizer que "peguei tudo"... Vamos indo e vou me acostumando à matéria...

Ótimo. Agora vamos ao passo a passo, item por item.

a) O complemento nominal sempre será antecedido por preposição.

> – Sempre?

Sempre, sempre. Se não houver uma preposição antes, não pode ser complemento nominal.

> – Voltei, vi e concordo.

Certo. São variadas as preposições que podem anteceder um complemento nominal. Vamos a alguns exemplos.

+ "As enfermeiras são carinhosas **com** os pacientes."
  Compl. Nominal

+ "A Polícia promete duro combate **a** criminosos."
  Compl. Nominal

+ "O técnico do time tinha convicção **da** vitória."
  Compl. Nominal

+ "Os religiosos mantêm a luta **por** um mundo melhor."
  Compl. Nominal

– Visto e constatado, professor.

Ótimo. ☺

b) O Complemento complementa um adjetivo, um advérbio ou um substantivo abstrato.

+ "O rapaz continua carinhoso com os pais."
  Adj. Compl. Nominal

+ "A ministra votou favoravelmente ao *impeachment*."
  Adv. Compl. Nominal

+ "Eu presenciei a agressão ao policial militar."
  Subst. Abstr. Compl. nominal

É importante que você perceba com clareza que os elementos que assinalei como complemento nominal estão complementando o sentido de um adjetivo, na primeira frase; de um advérbio, na segunda; e de um substantivo abstrato, na terceira.

– Eu percebo, professor, de modo claro e cristalino.

+ "De modo claro e cristalino" me deixa orgulhoso! ☺

– Pode ficar, porque foi assim que vi.

Excelente.

c) O Complemento Nominal é uma função sintática dentro de outra função sintática.

Em todos os exemplos dados anteriormente, o complemento nominal faz parte da mesma função sintática de que faz parte o termo que ele complementa, ou seja, ele está dentro da mesma função em que está o termo que ele acompanha. Vamos repetir as três frases do primeiro item, mudando o viés de análise.

Compl. Nominal ↓

+ "O rapaz continua carinhoso **com os pais**."
  Suj. (O rapaz) — VL (continua) — Pred. do Suj. (carinhoso com os pais)

Compl. Nominal ↓

+ "A ministra votou favoravelmente **ao *impeachment***."
  Suj. (A ministra) — VI (votou) — Adj. Adv. de Modo (favoravelmente ao impeachment)

Compl. Nominal ↓

+ "Eu presenciei a agressão **ao policial militar**."
  Suj. (Eu) — VTD (presenciei) — Obj. Direto (a agressão ao policial militar)

– Nunca uma função sintática independente?

Nunca. Sempre uma função no interior de outra função maior.

– Ok.

Perfeito.

d) Quando complementa substantivo abstrato, o Complemento Nominal tem função passiva.

Veja bem: isso que estamos vendo aqui serve somente para quando o complemento nominal complementar o sentido de um substantivo abstrato.

– Se é adjetivo ou advérbio que ele complementa, isso não interessa?

Exatamente. A característica "d" (ou seja, esta que estamos vendo) só deve ser levada em consideração quando se tratar de um *complemento de substantivo abstrato*.

Lembra bem quais são os substantivos abstratos?

– Mais ou menos, professor... Eu tenho muito, muito medo dos substantivos abstratos.

Ok! Eu entendo, mas isso não faz com que você não tenha de dominar o que eles são. Lembra?

– Noção, sentimento, sensação, qualidade, ação?

Ah, não... Assim eu fico feliz demais: noção, sentimento, sensação, qualidade, ação.

a) Noção: altura, área, peso, etc.;

b) Sentimento: amor, ódio, inveja, etc.;

c) Sensação: frio, calor, fome, etc.;

d) Qualidade (derivados se adjetivos): belo → beleza; íntegro → integridade, etc.;

e) Ação (derivados de verbos): descobrir → descoberta; receber → recebimento, etc.

– Professor, eu lembrei. Eu lembrei, professor. Coisa boa dizer: "Eu lembrei!"

Vamos a algumas frases em que temos elementos complementando substantivos abstratos.

+ "A simpatia ao time marcava aquela torcida."
  Subst. Abstr. (simpatia) – CN (ao time)

+ "Eu comemorei a atenção ao rapaz."
  Subst. Abstr. (atenção) – CN (ao rapaz)

+ "A luta por liberdade emociona."
  Subst. Abstr. (luta) – CN (por liberdade)

Agora, vamos de novo: ao complementar substantivos abstratos, o Complemento Nominal tem função passiva, paciente, sofrendo a ação.

– Ok.

Vamos a exemplos, além dos das frases acima:

O Brasil sofre a ação de ser descoberto.
↓
+ "A descoberta do Brasil ocorreu no ano de 1500."
Compl. Nominal

A corrupção sofre a ação de ser combatida.
↓
+ "Alguns políticos celebram o combate à corrupção."
Compl. Nominal

Os presentes sofrem a ação de serem distribuídos.
↓
+ "Eu auxiliei na distribuição dos presentes."
Compl. Nominal

O crime sofre a ação de ser enfrentado.
↓
+ "O enfrentamento ao crime alegra a população."
Compl. Nominal

– Compreendi, professor! Que alegria!

Ótimo!

2. PRONOME "LHE" COMO COMPLEMENTO NOMINAL

O pronome "lhe" será complemento nominal quando equivaler a "a ele" e complementar o sentido de um nome:

+ "O filho sempre lhe foi submisso."
CN (foi submisso "a ele")

+ "Esta dívida lhe diz respeito."
CN (diz respeito "a ele")

+ "A matéria estudada parece **lhe** ser estranha."
CN (parece estranha "a ele")

– Professor, eu tenho uma predisposição mental imensa a ver o pronome "lhe" como um objeto indireto. Creio que, na hora extrema, sequer me ocorresse pensar em outras classificações...

Eu entendo e me solidarizo, inclusive. De fato, na maioria das vezes, o "lhe" será mesmo um objeto indireto, mas temos de estar preparados para vê-lo também como complemento nominal (depois ainda verei mais uma função que ele pode desempenhar).

– Ok. Sempre equivalendo a "a ele"?

Sim, isso mesmo.

CAPÍTULO 26

Adjunto Adnominal

Um Adjunto Adnominal é uma estrutura sintática que restringe ou determina o sentido de um substantivo ou termo equivalente, caracterizando-o, particularizando-o.

Eu gosto sempre de, antes de mais nada, mostrar quais são as estruturas que podem ser adjuntos adnominais.

– Mostre, professor.

Mostro.

1. ESTRUTURAS QUE SÃO ADJUNTOS ADNOMINAIS

Vamos lá. Poderão ser adjuntos adnominais os artigos e os segmentos de natureza adjetiva: adjetivos, locuções adjetivas, orações subordinadas adjetivas, pronomes adjetivos e numerais adjetivos.

– É muita coisa...

Será mesmo que é tanta coisa assim? Se você prestar atenção, verá que os adjuntos adnominais são os artigos e os termos adjetivos, independentemente da forma que eles assumam.

– Artigos e adjetivos (seja qual for a natureza desse adjetivo)? Gostei.

Calma que eu mostro um a um. ☺

a) Artigos:

Sempre, sempre, sempre os artigos desempenharão função de adjuntos adnominais.

– Professor, eu já disse, redisse e repito: adoro o "sempre". Se é "sempre, sempre, sempre", adoro mais ainda.

Pois então fique feliz. Os artigos, definidos ou indefinidos, sempre estarão acompanhando um núcleo e serão adjuntos adnominais.

+ "O policial dispersou umas pessoas ali presentes."
A. Adn. A. Adn.

– Guardadinha a informação.

b) Adjetivos:

A função sintática básica e mais comum dos adjetivos, conforme vimos nas classes de palavras, é adjunto adnominal.

A. Adn. ↓ A. Adn. ↓

+ "Propostas **levianas** marcam governos **incompetentes**."
Sujeito OD

O adjetivo "levianas", que caracteriza o substantivo "propostas", e o adjetivo "incompetentes", que caracteriza o substantivo "governos", são ambos adjuntos adnominais.

– Mas há casos em que o adjetivo não é adjunto adnominal, certo?

Há: o adjetivo será adjunto adnominal quando estiver dentro da mesma função sintática do substantivo que ele acompanha.

A. Adn. ↓ A. Adn. ↓

+ "O homem **cínico** criticou as mulheres **talentosas**."
Sujeito OD

– Estando dentro da mesma função sintática, posso ir direto e reto e ter certeza de que é um adjunto adnominal?

Direto e reto.

c) Orações Adjetivas:

Orações adjetivas são aquelas que são introduzidas por pronomes relativos.

– Que, o qual, cujo, onde, quem?

Coisa linda. Diga de novo.

– Que, o qual, cujo, onde, quem?

Isso. E mais alguns menos comuns e complementares vistos no tópico "Pronomes Relativos".

– Ok.

Pois então: as orações adjetivas sempre terão função sintática de adjunto adnominal. Sei que você gosta, então repito: sempre.

+ "O rapaz que roubou a motocicleta foi baleado."
Or. Sub. Adjetiva = Adj. Adnominal

– Amo quando é "sempre".

Então guarde: oração adjetiva é adjunto adnominal. É. Sempre:

+ "Eu cumprimentei o professor que fez o discurso."
Or. Sub. Adjetiva = A. Adn.

+ "As casas onde eu morei tinham grandes pátios."
Or. Sub. Adjetiva = A. Adn.

+ "A mulher por quem eu era apaixonado tinha nacionalidade alemã."
Or. Sub. Adjetiva = A. Adn.

– Gostei, professor.

Se você gostou, eu gosto também. ☺

d) Locução Adjetiva:

Você lembra qual a estrutura básica das locuções adjetivas?

– Preposição + substantivo?

Exatamente. Mas lembre-se: para que se trate de uma locução adjetiva, além de haver essa estrutura de "preposição + substantivo", esse conjunto de palavras deve estar desempenhando a mesma função que desempenha um adjetivo: caracterizar, qualificar, especificar um substantivo que ela esteja acompanhando.

– Ok. Tem de ter essa estrutura E estar desempenhando função de adjetivo.

Exato.

+ "João sentia por Ana um amor de irmão."
Loc. Adjetiva = A. Adn.

A estrutura "de irmão" é tão imensamente adjetiva que há, inclusive, um adjetivo correspondente: "amor *fraterno*".

– Fácil, fácil de ver.

Lembre-se, entretanto de que nem toda locução adjetiva terá um adjetivo correspondente. Por isso, o esforço principal deve ser perceber a função adjetiva, e não encontrar o adjetivo que a ele corresponde.

– Porque esse adjetivo correspondente pode não existir.

Isso. Olhemos na frase abaixo.

+ "O muro de pedra cercava as casas mais ricas."
Loc. Adjetiva = A. Adn.

Note que, para "de pedra", não há um adjetivo correspondente. Ainda assim, a função é adjetiva, ou seja, o que o termo faz é caracterizar ou qualificar o substantivo que acompanha.

– Notado, professor!

e) Pronomes Adjetivos e Numerais Adjetivos:

Já estudamos os pronomes adjetivos e os numerais adjetivos. E tenho muita fé de que você se lembre disso.

– Pronomes adjetivos e numerais adjetivos são aqueles que *acompanham* substantivos.

Coisa mais amada do mundo! Sim, os pronomes adjetivos e os numerais adjetivos acompanham os substantivos e desempenham, portanto, a função sintática de adjunto adnominal.

Pron. adj. (A.A.) ↓ Num. adj. (A.A.) ↓

+ "Aquela mulher acusou três homens."
subst. subst.

Tanto "aquela" (pronome adjetivo que acompanha o substantivo "mulher") quanto "três" (numeral adjetivo que acompanha o substantivo "homens") desempenham função sintática de adjunto adnominal.

– Assim exposto, professor, esse raciocínio faz sentido, bastante sentido. Além dos artigos, também são adjuntos adnominais os adjetivos e "suas variações", digamos assim: orações adjetivas, locuções adjetivas, pronomes adjetivos e numerais adjetivos.

Exato e lindo!

2. ALGUMAS INFORMAÇÕES ADICIONAIS

Depois de termos visto todas as estruturas que podem ser adjuntos adnominais, vamos tecer algumas considerações acerca dessa estrutura que podem ser úteis a você.

1ª) O adjunto adnominal, posposto ao núcleo, muitas vezes não será antecedido por preposição.

+ "A moça bonita (A. Adn.) assistiu ao filme antigo (A. Adn.)."

Como estudamos, o complemento nominal sempre será antecedido por preposição. Portanto, quando ficarmos em dúvida entre uma estrutura ser complemento nominal ou adjunto adnominal, se não houver preposição antes, ela será adjunto adnominal.

– Perfeito.

Ótimo.

2ª) O adjunto adnominal pode ser antecedido pelas preposições "de" e, mais raramente, "com" e "sem" (as duas últimas somente quando o substantivo é concreto).

Quando vem após substantivo abstrato, o adjunto adnominal pode ser antecedido pela preposição "de":

+ "A declaração (Subst. Abstr.) de Carlos (A. Adn.) impressionou a plateia."

– Mas como eu saberia, nesse caso, que ele não é um complemento nominal?

Compreendo a dúvida. A 5ª característica que veremos aqui esclarece isso. Mas percebe que, aqui, "de Carlos" é uma locução adjetiva.

– Ok.

Já com substantivo concreto, o adjunto adnominal pode ser antecedido pelas preposições "de", "com" e "sem":

+ "A porta de madeira está velha."
+ "O homem sem caráter chegou."
+ "A mulher com cabelo crespo estava gritando."

– E, em todas essas frases, o adjunto adnominal é uma locução adjetiva?

Exatamente.

3ª) O Adjunto Adnominal é uma função sintática dentro de outra função sintática.

– Sempre?

Sempre. Esse é um fator que dificulta muito a sua localização e classificação (assim como no caso do CN): o fato de ser uma função sintática que *se esconde* dentro de outra faz com que, muitas vezes, não o enxerguemos.

A. Adn. (A) · A. Adn. (bonita) · A. Adn. (estes) · A. Adn. (de plástico)

+ "**A** garota **bonita** comprou **estes** copos **de plástico**." (Sujeito: A garota bonita; Objeto Direto: estes copos de plástico)

Percebe?

– Sim. Todos os elementos que são adjuntos adnominais estão dentro de outras funções: o artigo e o adjetivo dentro do sujeito, e o pronome e a locução adjetiva dentro do objeto direto.

Perfeito. É isso mesmo. E essa é uma característica necessária do adjunto adnominal.

4ª) Adjuntos Adnominais podem acompanhar substantivos concretos.

O elemento que acompanha um substantivo concreto será adjunto adnominal. É impossível um complemento nominal junto de substantivo concreto:

+ "O vendaval derrubou a parede de alvenaria." (Subst. concreto: parede; Adj. Adn.: de alvenaria)

De novo: o acompanhamento de um substantivo concreto é sempre um adjunto adnominal. Sempre. Não há como o elemento que acompanha um substantivo concreto ser um complemento nominal. Ok?

– Ok! Se acompanha substantivo concreto, é Adjunto Adnominal.

Isso mesmo. Mais alguns exemplos:

Subst. concreto
↓
+ "Eu devorei um bolo de chocolate."
Adj. Adn.

Subst. concreto
↓
+ "O prédio do cartório representa o século XIX."
Adj. Adn.

Subst. concreto
↓
+ "Os pedreiros precisavam de peças de madeira."
Adj. Adn.

– Perfeito.

5ª) Adjuntos Adnominais também podem acompanhar substantivos abstratos.

Escutou direitinho? Podem *também* acompanhar substantivos abstratos:

Subst. abstrato
↓
+ "O amor materno é o maior que há."
Adj. Adn.

Subst. abstrato
↓
+ "O avião foi a grande invenção de Santos Dumont."
Adj. Adn.

Subst. abstrato
↓
+ "Todos admiravam sempre a beleza da paisagem."
Adj. Adn.

Primeiro precisamos enxergar isso: "materno", "de Santos Dumont" e "da paisagem" estão acompanhando substantivos abstratos ("amor", "invenção" e "beleza"). Enxerga bem?

– Enxergo, sim.

Ótimo. Vamos dar mais um passo, então. Terminados os comentários adicionais, veremos um novo item.

– Vamos.

3. PARTICULARIDADES AO COMPLEMENTAR SUBSTANTIVO ABSTRATO

Quando complementa substantivo abstrato, o adjunto adnominal tem basicamente uma de duas ideias possíveis:

a) Agente (quando complementa substantivo abstrato que exprime ação):

Subst. abstrato (exprime "ação de entrar)
↓
+ Os colegas observaram a entrada do aluno na sala de aula.
Adj. Adn. (o aluno é agente da ação de "entrar")

Entendido? Os substantivos abstratos que exprimem ação derivam de verbos. E é só esse o caminho que você fará: transforme o substantivo abstrato que exprime ação em um verbo.

+ A entrada – entrar
+ A agressão – agredir
+ O grito – gritar

Após, verifique se o elemento que é adjunto adnominal é quem realiza essa ação. Se sim, ele é agente, é ativo da ação de realizar. Logo, adjunto adnominal.

– Maravilha, professor.

Vamos a mais uma frase de exemplo:

Subst. abstrato (exprime "ação de gritar")
↓
+ "Ecoou pela noite o grito da moça."
Adj. Adn. ("a moça" é agente da ação de "gritar")

– Entendi completamente, profe amado!

Ótimo.

b) Posse (quando complementa substantivo abstrato que exprime qualidade):

Quando complementa substantivo abstrato que exprime "qualidade" (portanto, derivado de adjetivo: belo / beleza; simpático / simpatia; etc.), o adjunto adnominal tem noção de "posse".

Subst. abstrato (exprime qualidade)
↓
+ "Eu me surpreendi com a beleza da moça."
Adj. Adn. (a moça "tem" beleza = relação de posse)

Nota? Verifique se o Adjunto Adnominal é quem "tem" a qualidade que é expressa pelo substantivo abstrato que ele acompanha.

– Professor, adorei e compreendi bem.

Excelente. Vamos a mais um exemplozinho:

Subst. abstrato (exprime qualidade)
↓
+ "Os fãs de futebol admiram a habilidade dos jogadores."
Adj. Adn. (os jogadores "têm" habilidade = relação de posse)

– Lindo, lindo, lindo, professor!

4. PRONOME "LHE" COMO ADJUNTO ADNOMINAL

O pronome "lhe" será adjunto adnominal quando tiver valor possessivo, equivalendo a "dele":

"cabeça dele"
↓
+ "Arranquei-lhe a cabeça."
Adj. Adn.

"passadas dele"
↓
+ "A moça lhe seguia as passadas."

– Profe, mais uma vez eu acho que confundiria com o objeto indireto...

Vá então pela noção semântica de que falei: deve equivaler a "dele". Havendo essa equivalência, será Adjunto Adnominal.

– Certo, professor!

OBSERVAÇÃO: diferenciar CN e AA quando há "substantivo abstrato + prep. DE".

Há uma situação que é, talvez, a mais associada por muitos alunos ao conceito de dificuldade na língua portuguesa: diferenciar adjunto adnominal e complemento nominal.

– Professor, isso é, de fato, muito, muito difícil.

Olhe, eu vou a dizer a você que há uma parte de verdade nisso. Não é propriamente fácil. No entanto, não se trata de algo impossível. Longe disso. A rigor, há apenas uma situação que pode nos deixar muito inseguros:

Substantivo abstrato + Preposição "de"

– Só essa, professor? Só, só, só?

Só. Quer ver? Como eu sou muito, muito legal, vou fazer uma lista de todas as situações em que, devido a uma ou outra característica, temos de ter certeza de que se trata de um adjunto adnominal ou de um complemento nominal.

– O senhor é um anjo que caiu do céu, professor.

Não me chantageie. ☺

a) Se o elemento não for antecedido por preposição, será adjunto adnominal:

não preposicionado ↓

+ "O carro **importado** impressionava os vizinhos." (Adjunto adnominal)

b) Se acompanhar substantivo concreto, mesmo que preposicionado, será adjunto adnominal:

subst. concreto ↓

+ "A **parede** de alvenaria dividia as propriedades." (Adjunto adnominal)

c) Se complementar adjetivo ou advérbio, será complemento nominal:

adjetivo ↓

+ "O homem é **amoroso** com os filhos." (Complemento nominal)

advérbio ↓

+ "Todos se posicionaram **favoravelmente** ao julgamento." (Complemento nominal)

Certo?

– Certo, professor. Nesses casos, não há como haver dúvida: ou é um, ou é outro. Isso?

Bem isso. ☺

Voltemos agora à situação que pode gerar (e gera) insegurança:

Substantivo abstrato + Preposição "de"

Nesse caso, o que definirá a situação será o seguinte:

1. Se tiver sentido passivo em relação ao substantivo abstrato, será complemento nominal:

Subst. abstrato + prep. "de"
↓
+ "A **invenção do** avião revolucionou a humanidade."
Complemento nominal
↓
Sofre a ação de ser inventado.

Subst. abstrato + prep. "de"
↓
+ "A **descoberta do** Brasil enriqueceu Portugal."
Complemento nominal
↓
Sofre a ação de ser descoberto.

– Compreendido, professor. Visto assim, chego a acreditar que é fácil...

Não se iluda. Não é. Mas é decodificável. Vamos ao próximo tópico.

2. Se tiver sentido ativo em relação ao substantivo abstrato, será adjunto adnominal:

Subst. abstrato + prep. "de"
↓
+ "A **invenção de** Santos Dumont revolucionou a humanidade."
Adjunto Adnominal
↓
Realiza a ação de inventar.

Subst. abstrato + prep. "de"
↓
+ "A **descoberta de** Cabral enriqueceu Portugal."
Adjunto adnominal
↓
Realiza a ação de descobrir.

– Passivo, complemento. Ativo, adjunto. Isso?

Isso mesmo.

Vejamos uma breve tabela comparativa entre Complemento Nominal e Adjunto Adnominal:

COMPLEMENTO NOMINAL	ADJUNTO ADNOMINAL
a) Antecedido por preposição (sempre);	a) Não antecedido por preposição ou antecedido pelas preposições "de", "com" ou "sem";
b) Complementa substantivo abstrato, adjetivo ou advérbio;	b) Complementa substantivo abstrato ou substantivo concreto;
c) É uma função sintática dentro de outra função sintática;	c) É uma função sintática dentro de outra função sintática;
d) Quando complementa substantivo abstrato e é antecedido por preposição "de", tem sentido passivo.	d) Quando complementa substantivo abstrato e é antecedido por preposição "de", tem sentido ativo.

CAPÍTULO 27

Quadro-síntese geral das funções

1. SUJEITO

PERGUNTA DO SUJEITO

Característica	Pergunta	Exemplos
Pessoa	Quem é que + verbo	**A moça** faleceu. (quem é que faleceu?)
Coisa	Que é que + verbo	**Os tijolos** quebraram. (que é que quebrou?)
Part. "se"	Que(m) é que se + verbo	Vendem-se **casas novas**. (que é que se vende?)

CLASSIFICAÇÕES DO SUJEITO

Classificação	Característica	Exemplos
Simples	Um núcleo	**O homem** chorou.
Composto	Dois ou mais núcleos	**O homem e a mulher** choraram.
Oculto / desinencial	Ausente da oração	Comprei um colar. ("**Eu**")
Indeterminado	Não conhecido	Roubaram o carro. ("**Alguém**") Precisa-se de cuidado. ("**Alguém**") Dormir é bom. ("**Alguém**")
Inexistente	Verbos impessoais	**Houve** progressos. **Faz** trinta minutos. **Choveu** em abundância. **São** 18 de outubro. **Passava das** 18 horas. **Basta de** reclamações. **Chega de** escândalos. **Trata-se** de um problema
Oracional	Núcleo é verbo	**Trabalhar** cansa. É difícil **que ele venha**.

2. OBJETO DIRETO

PERGUNTA DO OBJETO DIRETO

Pergunta	Exemplos
Verbo + o quê?	Ele viu **a briga**. (viu o quê?)
Verbo + quem?	Ele observou **o filho**. (observou quem?)

CARACTERÍSTICAS DO OBJETO DIRETO

Características	Exemplos
a) complemento verbal; b) não preposicionado; c) paciente da ação verbal	O homem chutou **as bandeiras.** O calor estourou **o prato**. As moças temiam **o calor**.

PARTICULARIDADES DO OBJETO DIRETO

Particularidade	Exemplos
OD Preposicionado	A moça bebeu **da água e desapareceu.** **Ao rapaz** xingou o idoso. Ele detesta o sogro **e a ti**.
Me, te, se, nos, vos	A garota derrotou-**me**.
O, a, os, as	Todos **o** admiravam.
OD Pleonástico	**O carro**, eu **o** empurrava com força.

3. OBJETO INDIRETO

PERGUNTA DO OBJETO INDIRETO

Pergunta	Exemplos
Verbo + preposição + quê?	Todos necessitam **de paz**. (necessitam de quê?)
Verbo + preposição + quem?	Ele conversará **com João**. (com quem?)

CARACTERÍSTICAS DO OBJETO INDIRETO

Característica	Exemplos
a) é um complemento verbal; b) é preposicionado;	O rapaz necessita **de auxílio.** O grupo resiste **ao assédio governamental.**

PARTICULARIDADES DO OBJETO INDIRETO

Particularidade	Exemplos
Me, te, se, nos, vos	O rapaz obedecia-me cegamente.
Lhe, lhes	Eu lhe revelei os planos.
OI Pleonástico	Ao chefe, eu lhe contei meus problemas.

4. APOSTO

CLASSIFICAÇÕES DO APOSTO

Classificação	Exemplos
Aposto explicativo	Rafael, **filho de Carlos**, comprou verduras.
Aposto enumerativo	Eu vendi muitas coisas: **colares, anéis, pedras**.
Aposto resumitivo	O homem entregou papéis, documentos, canetas: **tudo**.
Aposto distributivo	Amo leite e pão: **este pelo gosto, aquele pela textura**.
Aposto especificativo	O professor **Marcello** criticou os desafetos.

5. VOCATIVO

VOCATIVO

Não é uma função sintática de fato	
Com quem se fala	**Meu querido**, eu quero teu auxílio.

6. ADJUNTO ADVERBIAL

ADJUNTO ADVERBIAL

Circunstância	Exemplo
Tempo	Eu vi o rapaz **ontem**.
Lugar	Ela comeu o cachorro-quente **na rua**.
Modo	Todos reagiram **rapidamente**.
Causa	Ele está em casa **por autopreservação**.
Companhia	Caminharemos **com Júlio**.
Instrumento	Fiz a barba **com uma gilete**.
Meio	Nós visitamos a praia **de carro**.
Concessão	Pus um casaco, **apesar do calor**.

ADJUNTO ADVERBIAL

Circunstância	Exemplo
Assunto	As meninas conversam **sobre música.**
Conformidade	**Conforme o ditado**, não está morto quem luta.
Condição	**Sem descanso**, ele não terá um bom final.
Afirmação	**Certamente**, iremos até lá.
Dúvida	**Talvez** haja sol amanhã.
Negação	Eu **não** fiz o meu trabalho.
Intensidade	Eu estou **bastante** triste.

ADJUNTO ADVERBIAL X ORAÇÃO ADVERBIAL

Adjunto Adverbial	Oração Adverbial
Não há verbo no interior	Há verbo no interior
Sem esforço, nada atingimos. (condição)	**Se não me esforço**, nada atinjo. (condição)
Por medo, fiquei calado. (causa)	**Já que senti medo**, fiquei calado. (causa)
Apesar do cansaço, fui à festa. (concessão)	**Embora estivesse mal**, fui à festa. (concessão)

7. PREDICATIVO DO SUJEITO E PREDICATIVO DO OBJETO

PREDICATIVO DO SUJEITO

Característica	Exemplos
Atributo do sujeito / fora do sujeito	O homem estava **exausto.**
Com verbo de ligação (estado)	A mulher permaneceu **silenciosa.**
Sem verbo de ligação (ação)	Os homens chegaram **tristes.**
Colado ao sujeito, há vírgula	**Cansado**, ele desistiu do projeto.

PREDICATIVO DO OBJETO

Característica	Exemplos
Atributo do objeto / fora do objeto	O homem deixou o filho **assustado.**
Verbos transobjetivos (OD + P.O)	A população elegeu Bolsonaro **presidente**.

Teste: na passiva, PO torna-se PS	Ele viu o filho **bêbado**. O filho foi visto **bêbado** por ele.

8. AGENTE DA PASSIVA

AGENTE DA PASSIVA	
Características	**Exemplos**
a) Passiva analítica (ser + part.);	O rapaz foi raptado **pela garota**.
b) Introduzido por prep. ("por");	A jaqueta será comprada **pelo motoqueiro**.
c) Realiza a ação na passiva	Os homens eram testados **pela tempestade**.

9. PREDICADO

PREDICADO	
Definição	**Exemplos**
Tudo o que não é sujeito	Eu **desafiava os professores**. **Comprei um caminhão**.
Classificação	**Exemplo**
Nominal (VL + PS)	O rapaz estava **doente**. (núcleo)
Verbal (VI, VTD, VTI, VTDI / Sem Pred.)	O homem **deu** o carro a ela. (núcleo)
Verbo-nominal (VI, VTD, VTI, VTDI + Pred.)	Ele **chegou cansado**. (núcleos) Ele **tornou** a situação **desagradável**. (núcleos)

10. COMPLEMENTO NOMINAL

COMPLEMENTO NOMINAL	
Característica	**Exemplos**
a) Antecedido por preposição (sempre);	Ela segue certa **da vitória**.
b) Complementa substantivo abstrato, adjetivo ou advérbio;	Vi a extração **do ouro**. Fui desfavorável **ao projeto**. Voto contrariamente **a ele**.
c) É uma função sintática dentro de outra função sintática;	O amor **ao cinema** me emociona. Sujeito

d) Quando complementa substantivo abstrato e é antecedido por preposição "de", tem sentido passivo.	A fritura **do bife** é lenta. (paciente da ação de fritar)

11. ADJUNTO ADNOMINAL

ADJUNTO ADNOMINAL

Característica	Exemplos
a) Não antecedido por preposição ou antecedido pelas preposições "de", "com" ou "sem";	Conheci um homem **culto.** Vi o rapaz **do interior / com boné / sem beleza.**
b) Complementa substantivo abstrato ou substantivo concreto;	Admito a inteligência **de Paulo.** Adorei o vaso **de vidro.**
c) É uma função sintática dentro de outra função sintática;	A moça **desastrada** deixou o vaso cair. Sujeito
d) Quando complementa substantivo abstrato e é antecedido por preposição "de", tem sentido ativo.	A entrada **de Paulo** foi triunfal. (Agente da ação de entrar)

PARTE 6

Concordância

CAPÍTULO 28

Concordância Verbal

INTRODUÇÃO

– Profe amado, acho tão difícil que já não me dá nem vontade começar...

Então vamos fazer um acordo.

– Depende.

Começamos, e depois você me diz se dá vontade de seguir. Porque vai fazer sentido e, fazendo sentido, a tendência é gostar.

– Vamos. Mas não fique chateado se depois eu continuar não querendo seguir...

Ser professor torna a pessoa resiliente: pouca coisa chateia. ☺

A **Concordância Verbal** é a matéria que trata da correta flexão do verbo, em número e pessoa, em relação ao sujeito com o qual ele deve concordar.

Sendo assim, teremos determinadas normas que deverão ser seguidas.

– Ah, pois é. Mas essas normas são muitíssimas, não são?

Poucas não são. Como em todo o português, a matéria é mais extensa do que propriamente difícil. Dou a minha palavra de que vou explicar tudo o que for necessário. E posso garantir que você vai entender tudo o que eu disser.

– Mas será que vou conseguir guardar depois de entender?

Sim, concordo. Esse é o mais difícil. Por isso, o primeiro passo é só entender com clareza. Mais tarde, com estudos, revisões e exercícios a matéria termina sendo assimilada. Sem entender, não há como guardar; sem guardar, não há como aprender; sem aprender, não há como acertar...

– O que faço então, profe?

Dê um passo de cada vez. O primeiro é sempre entender. ☺

1. SOBRE COM QUEM O VERBO CONCORDA

Com quem você me diria que o verbo concorda?

– Com o sujeito...

Não exatamente. Na verdade, na verdade, o verbo concorda com o *núcleo do sujeito*. E eu já tinha dito isso, quase da mesma maneira como estou dizendo agora...

– Tinha mesmo, profe? O senhor não está falando só para que eu sinta culpa?

Tinha mesmo, mas, se você não lembra, é perdoável, porque faz um tempinho já: foi quando estudávamos os tipos de sujeito. Quer relembrar as características do núcleo do sujeito?

– Não custa...

Não mesmo. Para descobrir o núcleo do sujeito, deve-se ter em mente que ele será um substantivo ou palavra equivalente (pronomes substantivos, numerais substantivos) e não será antecedido por preposição. Lembra?

– Lembrei!

Como já dizia minha falecida mãe, dona Corine, "antes tarde do que nunca"... ☺

Vejamos:

núcleo
↓
+ "O **proprietário** das máquinas *vendeu* o ponto."
Sujeito

Nessa frase, quem é o sujeito? Quem é que vendeu?

– O proprietário das máquinas.

Isso. Mas repare bem: dentro desse sujeito há tanto um substantivo singular ("proprietário") quanto um substantivo plural ("máquinas"). Daí vem a importância de sabermos qual é o núcleo, entende?

– Entendo. No caso, é "proprietário", porque "máquinas" vem antecedido por preposição...

Lindo, lindo. O raciocínio deverá sempre ser esse: primeiro localizar o núcleo do sujeito, para somente depois pensar na concordância.

– Certo!

núcleo
↓
+ "A **dona** dos hotéis *recebeu* os valores."
Sujeito

núcleo
↓
+ "O **grupo** de médicos *constatou* um erro."
Sujeito

Observação: "hora da onça beber" ou "de a onça beber"?

Já vimos que o núcleo do sujeito não poderá ser antecedido por preposição e já assimilamos isso, certo?

– Certíssimo!

Ok. Imagine, então, a seguinte situação: temos uma preposição "de" + "artigo O" + "núcleo do sujeito". Você me diria que a preposição pode se contrair com o artigo ou não?

– Não sei se entendi, profe.

Vamos a duas frases. Apenas uma delas está correta. Quero que você me diga qual das duas é considerada gramaticalmente adequada de acordo com a visão predominante entre os gramáticos:

+ 1ª) "Está na hora da onça beber água."
+ 2ª) "Está na hora de a onça beber água."

– Professor, sendo muito honesto com o senhor, eu diria que as duas me parecem meio certas, mas, ainda assim, se eu tivesse de escolher apenas uma, escolheria a primeira...

Entendo. De fato, soa até melhor ao ouvido do que a segunda. Mas note: na frase, "a onça" é o sujeito do verbo "beber". Sendo assim, não pode haver a contração do artigo que antecede esse núcleo com a preposição. A frase certa é a segunda:

+ "Está na hora **de a** onça beber água."

– Professor, soa tão, tão estranho.

Pode achar estranho, não tem problema. Somente guarde, pelo amor de Deus: não pode a preposição "de" que antecede o sujeito contrair com o artigo que antecede o núcleo. As formas corretas são as abaixo, portanto:

+ "Chegou a hora de a moça perceber as falhas."
+ "Eu discordei da forma de os homens conduzirem a negociação."

– Certo, profe.

Há quem considere o contrário. Há gramáticos que acham (e defendem com excelentes argumentos) que pode haver a contração "da" nessa situação. No entanto, a visão predominante das provas é de que, nesse caso, a forma adequada é mesmo a separada: "de a".

– Ok.

2. REGRA GERAL: VERBO CONCORDA COM O NÚCLEO DO SUJEITO

A Regra Geral de concordância determina que o verbo deverá concordar em pessoa e número com o núcleo do sujeito. Essa regra vigora na imensa maioria dos casos. Sendo assim, se o núcleo for singular, o verbo ficará no singular; se o núcleo for plural, o verbo ficará no plural. Que acha?

– Mamão com açúcar...

Ô, alegria. Bom achar isso neste ponto do estudo, porque vêm coisas um pouquinho mais amargas na sequência...

– Professor, deixe eu me iludir por enquanto...

Deixo, sim. Vejamos a seguinte frase:

núcleo
↓
+ "Os **garotos** da terceira série das escolas gaúchas periféricas *viajaram*."
Sujeito

Teremos como sujeito o imenso segmento "Os garotos da terceira série das escolas gaúchas periféricas". Como nesse sujeito há tanto palavras no singular quanto palavras no plural, seria impossível estabelecer a concordância sem saber o quê?

– Qual é o núcleo.

Isso. E qual é?

– É o substantivo "garotos".

Fechou! Logo, o verbo está no plural devido ao fato de o núcleo do sujeito ser plural.

Desse modo, se o sujeito for simples, o verbo concordará em gênero e número com esse único núcleo, que pode ser singular ou plural:

núcleo
↓
+ "O **curso** *disponibilizou* materiais."
Sujeito

núcleo
↓
+ "Os **cursos** *disponibilizaram* materiais."
Sujeito

– Tranquilo até aqui.

Ótimo. Vamos a mais dois exemplos:

núcleo
↓
+ "O **grupo** de alunos *viajou* anteontem."
Sujeito

núcleo
↓
+ "Os **homens** sem camisa *discutiram* com o diretor."
Sujeito

– Perfeito.

3. CASOS ESPECIAIS

3.1. Haver / Fazer (quando impessoais): ficam no singular

Quando os verbos "haver" e "fazer" forem impessoais, ficarão sempre na terceira pessoa do singular:

+ "**Há** pessoas equivocadas naquela cidade."
+ "**Fez** dias muito quentes na minha região."

Entendido?

> – Entendido.

A questão mais importante para nós é a seguinte: quando esses verbos serão impessoais?

> – Sempre?

Não. Nenhum verbo é por natureza impessoal. Todos os verbos ("haver" e "fazer", inclusive) são impessoais quando tiverem determinados sentidos ou estiverem em determinadas situações, que são justamente as que vamos estudar. Vamos a elas.

a) **Haver:** será impessoal em duas situações.

➔ Nos sentidos de "existir, ocorrer, acontecer":

singular
↓

+ "**Haverá** grandes transtornos."
Impessoal — OD

Tem sentido de "existir", "ocorrer", "acontecer"?

> – Tem sim: "existirão grandes transtornos", "ocorrerão grandes transtornos".

Exato. Então o verbo é impessoal e, por isso, ficará no singular. Nesse caso, o segmento que acompanha o verbo "haver" (a "coisa que há") é objeto direto. Entendido?

> – Entendido. Mas e se substituir o verbo "haver" por um dos sinônimos ("existir", "ocorrer", "acontecer"), eles também serão impessoais?

Pergunta linda. Linda e essencial. Resposta: não. Ao substituirmos o verbo impessoal "haver" por um dos seus sinônimos, os sinônimos serão verbos *pessoais*, ou seja, *verbos normais para fins de concordância*: terão um sujeito e com ele concordarão, podendo ir para o plural normalmente.

– Ahhhh...

Viu só? Vamos aos exemplos:

+ "**Haverá** grandes transtornos." (verbo impessoal / oração sem sujeito)
  OD
+ "**Existirão** grandes transtornos." (verbo pessoal / tem sujeito)
  Sujeito
+ "**Ocorrerão** grandes transtornos." (verbo pessoal / tem sujeito)
  Sujeito
+ "**Acontecerão** grandes transtornos". (verbo pessoal / tem sujeito)
  Sujeito

– Outra coisa, professor...

Diga.

– E o verbo "haver" somente será impessoal e ficará no singular se eu conseguir substituir pelos três sinônimos?

Não! O sinônimo de fato do verbo "haver" quando é impessoal é "existir". "Ocorrer" e "acontecer" são sinônimos de apoio, digamos assim, para dar mais segurança. Mas há frases em que cabe somente o "existir", sem que caibam os outros dois:

+ "**Havia** poucos candidatos."

Caberiam aí os verbos "acontecer" ou "ocorrer"?

– "Ocorriam poucos candidatos"? "Aconteciam poucos candidatos"? Eu diria que não.

E você diria certo. Mas o "existir" caberia: "Existiam poucos candidatos".

→ O verbo "haver" também é impessoal e permanece no singular quando está indicando tempo decorrido.

+ "**Há** dois dias estou aguardando o resultado."

Estaria errada mais uma vez, portanto, a forma plural: "Hão dois dias estou aguardando o resultado."

– Sim. Inclusive a frase ficaria estranhíssima.

Fato. Concordo com você.

b) **Fazer:** será impessoal também em duas situações possíveis. Assim como o verbo "haver" quando é impessoal, em ambos os casos o verbo "fazer" ficará no singular.

→ Quando indicar tempo decorrido:

+ "**Faz** dois anos que desapareceram os turistas." (tempo decorrido)

Verbo no singular. Isso se dá por quê?

– Porque ele é impessoal: verbo impessoal não tem sujeito. Se não tem sujeito, não há razão para o verbo ir para o plural.

Assim você me deixa comovido.

– Profe, com honestidade, também me comove saber dar uma resposta dessas.

Se estivéssemos um na frente do outro, nos abraçávamos e chorávamos. Como não estamos, sigamos comovidamente adiante. ☺

– Sigamos. ☺

→ Também quando indica condição climática ou meteorológica, ele é impessoal.

+ "**Fará** 30 °C amanhã." (condição climática)

– Professor, indicando tempo eu acho tranquilo de guardar; indicando condição climática ou meteorológica eu tenho medo de esquecer.

Entendo. Mais uma vez a nomenclatura não ajuda. Vamos tentar simplificar. Quando você acorda de manhã, procura saber se está fazendo frio ou calor, se há chuva, se a previsão é de que a temperatura seja 5 °C ou 30 °C?

– Sim.

Como você faz isso?

– Olhando no celular.

Muito bem. Eu, que sou mais primitivo, sinto-me mais seguro colocando o braço para fora da janela e olhando para o céu. ☺

Mas vamos ao que interessa. Quando você está interessado em saber a temperatura, a previsão de chuva e afins, o que você pergunta: "como será que está o tempo hoje" ou "como será que estão as condições meteorológicas hoje"?

– Ora: como será que está o tempo.

Então, guarde isso: o verbo "fazer" é impessoal quando está indicando tempo: seja o "tempo" cronológico (tempo decorrido), seja o "tempo" relacionado ao clima (condição climática ou meteorológica). Assim, você reduz duas informações a uma só. Quando o verbo "fazer" é impessoal?

– Quando indica "tempo".

Que tempo?

– Cronológico ou relacionado ao clima.

Pronto: ganhei meu dia.

- **Observação: as locuções verbais com verbos impessoais**

Lembra como funciona a concordância de uma locução verbal?

– Não muito.

Relembro: quem vai para o plural é o verbo auxiliar. Aqui tranquilo?

– Acho que sim.

Vamos lá:

+ "O rapaz deve (aux.) estar (princ.) em casa."
+ "Os rapazes devem (aux.) estar (princ.) em casa."

Ok? Isso, mesmo que você *não* soubesse em termos teóricos, faria certo na prática.

– Profe, eu já lhe disse: na prova sou capaz de errar coisa de que até Deus duvida...

Errava. Agora não vai mais errar. Confie em nós.

– No senhor eu confio, não confio é em mim...

Ok. Sigamos. ☺

Embora quem vá para o plural seja o verbo auxiliar, quem define se a locução pode ou não ir para o plural é o verbo principal. Lembra qual é, sempre, o verbo principal de uma locução verbal?

– O último.

Isso: sempre, sempre, sempre o verbo principal de uma locução é o último.

Voltando: o verbo principal é o *principal*, é *o mais importante*, é *quem manda em todos os demais*.

– E isso quer dizer o quê, profe?

Quer dizer que, se o verbo principal for um verbo normal, a locução inteira irá comportar-se normalmente, ou seja, poderá ir para o plural:

verbo pessoal
↓
+ "Podem **existir** soluções."
(plural) sujeito

Já se o verbo principal for impessoal, então toda a locução irá se comportar como impessoal, ou seja, *a locução ficará no singular*. Entendeu a teoria?

– Eu diria que sim.

Pois então vamos à prática: tanto o verbo "haver" quanto o verbo "fazer", quando forem impessoais e forem os verbos principais de locuções verbais, farão com que toda a locução fique no singular. Desse modo, a forma correta na frase abaixo seria a seguinte:

verbo impessoal
↓
+ "Pode **haver** políticos corruptos."
(sing.) OD

Entendeu bem e completamente o porquê disso?

– Sim! Porque o verbo principal da locução é impessoal, de modo que nenhum dos verbos da locução pode ir para o plural.

Exata e lindamente sim! Nesse caso, a impessoalidade do verbo impessoal "contamina" o verbo auxiliar ("poder"), fazendo com que ele fique, também, no singular.

– E isso cai tanto em prova, professor...

Sem parar. Por isso temos de saber bem, bem, bem sabido. Da mesma forma que ocorre com o verbo "haver", seria certo escrever no singular toda a locução verbal da frase abaixo:

verbo impessoal
↓
+ "Deve **fazer** seis horas que estou aqui."
(sing.)

– Profe, mas e se o verbo "haver" estiver na condição de auxiliar?

Quem manda é o verbo principal. Quem manda é o verbo principal. Quem manda é o verbo principal. Repita para mim.

– Quem manda é o verbo principal. Quem manda é o verbo principal.

Uma vez só estava bom. ☺

Vamos lá: se o verbo "haver" for verbo auxiliar de um verbo normal (dos chamados "verbos pessoais") em uma locução verbal, não terá o sentido de "existir", "ocorrer" ou "acontecer" e irá para o plural normalmente:

verbo principal
↓
+ "Haviam **ocorrido** eventos grandiosos".
(plural) Sujeito

Nesse último caso, o verbo principal é "ocorrer", e "eventos grandiosos" é o sujeito.

– Perfeito.

3.2. Concordância com a partícula "SE": verbo concorda quando há sujeito determinado

Vamos a uma informação teórica que eu quero que você domine para esse trecho da matéria, para outros tópicos importantes do nosso estudo e para todas as provas que você for enfrentar.

– Diga, professor. Pelo anúncio solene, vem coisa importante por aí.

Vem sim. ☺

a) "SE" → Partícula apassivadora → verbo concorda com o sujeito

Quando o "SE" for partícula apassivadora, haverá sujeito e o verbo concordará com ele. Nesse caso, a frase estará na voz passiva sintética.

– Mas quando isso ocorrerá? Quando o "SE" será partícula apassivadora?

A frase estará na passiva sintética quando um verbo que **apresenta** objeto direto na voz ativa (VTD ou VTDI) se une à partícula "SE". Vejamos:

+ "Vendem-se carros luxuosos."

– E como vou saber se, antes da chegada da partícula "SE", o verbo era VTD ou VTDI ou outra coisa na voz ativa?

Tapando a partícula "SE".

– Oi?

Isso mesmo: tapando a partícula "SE", ou seja, retirando a partícula "SE" da frase. Simples assim. Imagine a frase dada sem o "SE":

+ "Vendem carros luxuosos".

Quem é que vende?

– Alguém que eu não sei quem é.

Sim: sujeito indeterminado. Quem vende, vende algo. Logo, qual a regência do verbo?

– VTD.

Eis a análise completa da frase antes de acrescentarmos a partícula "SE":

+ "[________] Vendem carros luxuosos." (voz ativa)
Suj Indet. VTD OD

Temos, portanto, na ativa, um VTD ("carros luxuosos" é objeto direto).

– Até aqui, tudo ótimo.

Quando juntamos uma partícula "SE" a esse verbo, o "SE" é partícula apassivadora e a frase passa, automaticamente, para a voz passiva sintética.

+ "Vendem-se carros luxuosos."
V + SE + Sujeito

A estrutura que era objeto direto na ativa transforma-se em sujeito na passiva, e o verbo, naturalmente, concorda com esse sujeito.

– Ok. Mas é difícil.

Não é, não. Nem fácil. ☺

O que ocorre é que o verbo que era VTD ou VTDI na voz ativa, ao juntar-se à partícula "SE", vai para a voz passiva sintética. E o que era objeto direto vira sujeito paciente.

– Compreendidinho.

Ótimo. Observe as frases abaixo, em que a partícula "SE", ao unir-se a um VTD ou a um VTDI, que tinha sujeito indeterminado na ativa, passa a ser classificada como partícula apassivadora e "joga" a frase para a voz passiva sintética:

+ "[________] Devolveram os documentos aos alunos." (voz ativa)
Suj. Indet. VTDI OD OI

partícula apassivadora
↓

+ "Devolveram-se os documentos aos alunos." (voz passiva)
V + SE + Sujeito OI

+ "[________] Percebem erros graves." (voz ativa)
Suj. Indet. VTD OD

partícula apassivadora
↓

+ "Percebem-se erros graves." (voz passiva)
V + SE + Sujeito

– Professor, eu posso garantir ao senhor que entendi.

Fico muito feliz. E guarde mais uma informação: somente pode ir para a voz passiva sintética (com o "SE" na condição de partícula apassivadora, portanto), a frase que apresentar sujeito indeterminado na voz ativa.

– Como em todos os exemplos que o senhor deu.

Exatamente. Isso será mais detalhadamente visto no capítulo referente às Vozes Verbais. Prometo.

b) "SE" → Índice de Indeterminação do Sujeito → verbo fica na 3ª pessoa do singular

Já se a partícula "SE" for um índice de indeterminação do sujeito, o sujeito será (como o nome da partícula sugere) indeterminado, o verbo ficará *sempre* no singular e a frase estará na voz ativa. Mais uma vez, é possível que você esteja se (e me) fazendo a mesma pergunta de há pouco.

– O senhor acertou: quando o "SE" será índice de indeterminação do sujeito?

Quando o "SE" se unir a um verbo que não seja VTD nem VTDI. Que verbos são esses?

– VI, VTI e VL.

Traduza.

– Verbos intransitivos, verbos transitivos indiretos e verbos de ligação.

Justamente: resumindo, todos os verbos que não têm objeto direto na voz ativa, ao unirem-se à partícula "se", terão a partícula "se" como índice de indeterminação do sujeito e o sujeito será indeterminado.

Vejamos:

+ "Precisa-se de carros luxuosos"

Tapando o "SE", o que temos?

– Precisa de carros luxuosos.

Esta é a frase antes do acréscimo da partícula "SE", ok? É ela que estamos analisando.

– Ok.

Então sigamos. Quem é que precisa?

– Ele.

Exato, sujeito oculto. Quem precisa, precisa de algo. Qual a regência do verbo "precisar" na frase, então?

– VTI.

Certo. Eis a frase, antes de chegar o "SE", com a sua análise completa:

+ "[Ele] precisa de carros luxuosos."
  Oculto VTI OI

Nessa frase, um verbo transitivo indireto ("precisar": quem precisa, precisa "DE") une-se à partícula "SE", que é classificada, então, como "índice de indeterminação do sujeito". A estrutura "de carros luxuosos" tem, aqui, função de objeto indireto. Esta nova frase, com a partícula "SE", tem sujeito indeterminado. Ou seja, o "SE" é quem "indetermina" o sujeito.

– Perfeitamente.

Vamos a mais três frases de exemplo, uma com cada tipo de verbo:

+ "Foi feliz nessa época." (sem partícula "SE" = sujeito oculto)
  VL PS A. A. Tempo

  índ. de ind. do suj.
  ↓
+ "Foi-se feliz nessa época." (com partícula "SE" = sujeito indeterminado)
  VL SE PS A. A.Tempo
+ "Necessitava de boas companhias." (sem partícula "SE" = sujeito oculto)
  VTI OI

  índ. de ind. do suj.
  ↓
+ "Necessitava-se de boas companhias." (com partícula "SE" = sujeito indeterminado)
  VTI SE OI
+ "Comia muito bem em São Paulo." (sem partícula "SE" = sujeito oculto)
  VI A. A. Modo A. A. Lugar

  índ. de ind. do suj.
  ↓
+ "Comia-se muito bem em São Paulo." (com partícula "SE" = sujeito indeterminado)
  VI SE A. A. Modo A. A. Lugar

– Professor, eu entendi. Professor, eu entendi. Professor, eu entendi!

Fico feliz demais com isso! Vamos a uma síntese do que vimos.

- VTD
- VTDI

+ SE (partícula apassivadora)

- VI
- VL
- VTI

+ SE (índice de indeterminação)

– Fechamos, professor!

3.3. Expressões partitivas: concordância opcional

– Só de ouvir esse termo, já me canso um pouco...

Mas não devia, porque há duas coisas bacanÍssimas sobre as expressões partitivas:

a) elas caem muito, muito, muito em prova;

b) elas não são, mesmo, difíceis; caso lembremos que elas existem e determinam uma regra particular de concordância, certamente não erraremos.

– Se o senhor está dizendo...

Digo e banco o que digo: você vai estudar as partitivas, aprender as partitivas e nunca mais vai errar as partitivas. Primeiro veremos o que elas são, depois qual a regra que a elas se aplica.

Serão expressões partitivas aquelas que referem parte de um todo maior:

+ "a maioria de" / "a minoria de" / "a maior parte de" / "a menor parte de" / "grande parte de" / "pequena parte de" / "parte de" etc.

Ok?

– E são partitivas porque sempre são uma parte de um todo...

Isso: sempre uma parte de um todo.

– Certo. Essa parte é sabida.

Agora a regra: quando o sujeito for representado por uma *expressão partitiva*, a concordância do verbo **será opcional** com o núcleo do sujeito (a própria expressão partitiva) ou com o substantivo que acompanha a partitiva.

– Ok. Então concorda com a partitiva ou com quem a acompanha. Só isso?

Só isso. E isso cai em prova e cai em prova e cai em prova sem parar. Vamos a alguns exemplos:

+ "*A* ***maioria*** *dos estudantes* **reclamou** / *reclamaram* do horário das aulas."

Ambas as formas estão certas. Isso se dá porque o sujeito "A maioria dos estudantes" é uma expressão partitiva, ou seja, o verbo "reclamar" pode tanto ficar no singular, concordando com o núcleo do sujeito ("maioria"), quanto ficar no plural, concordando com o substantivo que a acompanha ("estudantes"). Bem entendidinho?

– Bem, bem.

Pois então: se eu der para você agora, nesse exato momento, mais cem exemplos, você vai acertar cem vezes, compreende?

– É o que muitas vezes acontece, profe: acerto aqui, mas depois, na hora da prova...

"Ô vida desgraçada, ô vida sem jeito", parafraseando o que dizia Chicó... (Se você não sabe quem é Chicó, pegue seu primeiro intervalo de estudos e vá assistir ao filme *O Auto da Compadecida*, baseado na peça de mesmo nome, escrita por Ariano Suassuna).

Sabe por que isso acontece?

– Se soubesse, corrigiria, professor... ☺

Acontece porque você entende, mas não aprende. Venha aprender essa matéria para nunca mais errar. O que são expressões partitivas?

– São aquelas que se referem a parte de um todo!

Exemplos.

– A maioria de, a maior parte de, grande parte de...

Exatamente. Bem assim. E quando há expressão partitiva no sujeito, com quem o verbo concorda?

– A concordância será opcional: concorda ou com a partitiva ou com o substantivo que a acompanhar.

Lindo! Mais alguns exemplos:

- "***Grande parte*** *dos alunos* **compreendeu** / *compreenderam* a matéria."
- "***Pequena parte*** *das mulheres* **forneceu** / *forneceram* dados."

3.4. Sujeito composto: há duas situações de concordância

Já falei algumas vezes: o que é composto no português?

– É mais de um.

Isso. E que será que é o sujeito composto?

– É aquele que tem dois ou mais núcleos!

Fico tão feliz de você saber assim, na ponta da língua!

– É que o senhor já tinha dado lá nos tipos de sujeito e guardei...

Que alegria: isso é aprender. Se você aprende, o professor fica feliz, você fica feliz, o nível de acertos sobe, você tem um bom desempenho, a nomeação vem, o salário se torna líquido e certo...

– Professor, pare que meu coração não aguenta assim!

Pois pense mais vezes nisso: isso é um combustível que deixa você mais forte para os estudos! ☺

Vamos seguir: quando houver sujeito composto, haverá duas situações diferentes, dependendo do fato de o verbo estar anteposto ao sujeito ou posposto a ele. Tudo bem?

– Primeiro mostre, depois eu digo se está tudo bem... ☺

a) Verbo posposto ao sujeito composto: quando o verbo estiver posposto ao sujeito, ele irá para o plural, concordando com todos os núcleos:

núcleo ↓ núcleo ↓

+ "<u>Um refrigerante e uma fatia de bolo</u> **<u>restaram</u>**".
  sujeito — verbo posposto

A frase acima está correta. Aliás, para a frase acima, esta é a única forma correta. Você acha que "um refrigerante e uma fatia de bolo *restou*" ficaria bem?

– Não, profe, eu acho horrível.

E é. Mas vamos adiante para você aprender uma coisa nova.

b) Verbo anteposto ao sujeito composto: quando o verbo for colocado *antes* de um sujeito composto, a concordância verbal será opcional; o verbo poderá ir para o plural, concordando com todos os núcleos, ou concordar apenas com o núcleo mais próximo.

– De novo a importância dos núcleos, nos quais o senhor tanto bate...

Sim... Imagine a seguinte frase:

núcleo ↓ núcleo ↓

+ "**<u>Restou / Restaram</u>** <u>um refrigerante e uma fatia de bolo</u>."
  verbo anteposto — Sujeito

O que parece mais certo? Restou ou restaram?

– Olhe, professor, se eu paro para pensar, parece mais certo "restaram".

Pois é, mas, nessa frase, o sujeito será "um refrigerante e uma fatia de bolo", que terá como núcleos "refrigerante" e "fatia", sendo, por esse fato, um sujeito composto. Apesar disso, *ambas as formas verbais estariam corretamente utilizadas*. O verbo "restar" tanto poderia ir para o plural, concordando com ambos os núcleos ("*Restaram* um refrigerante e uma fatia"), quanto poderia ficar no singular, concordando apenas com o núcleo mais próximo ("*Restou* um refrigerante").

– Interessante!

E importante afu!

– Afu?

Gauchismo: é um advérbio de intensidade, cuja origem não convém dizer aqui...

– Ah, mas eu imagino...

Imagine, mas eu não confirmo... ☺

3.5. Ser (impessoal): concorda com o predicativo

– Professor, quem é que sabe fazer a concordância com o verbo "ser" nesse mundo?

Olhe, eu quase posso dizer que ninguém, porque, mesmo entre os gramáticos, não há nunca consenso sobre os casos todos que envolvem esse verbo. Mas esse caso aqui que veremos é mais tranquilo. Apesar de ter também a sua peculiaridade...

– Ai, ai, ai...

Calma: é uma peculiaridade simplesinha.

O verbo "**ser**" será impessoal indicando hora, tempo, data e distância.

+ "Já **serão** quatro horas da tarde quando ele chegar." (quatro horas: hora)
+ "Daqui até lá **eram** seis horas de viagem de trem." (seis horas de viagem de trem: tempo)
+ "Hoje **são** 17 de outubro." (17 de outubro: data)
+ "De Porto Alegre até São Paulo **serão** mais de mil quilômetros." (mais de mil quilômetros: distância)

– Percebi as circunstâncias que ele está indicando.

Ótimo. Eu disse, ao lado do título deste item, que o verbo "ser" que estamos estudando é impessoal. Bem, quando dizemos que um verbo é impessoal, o que estamos dizendo sobre ele?

– Que ele não tem sujeito...

Lindo! Mas há uma diferença entre o verbo "ser" quando é impessoal e os demais verbos impessoais: ao contrário de "haver" quando tem sentido de "existir" ou de "fazer" indicando "tempo", por exemplo, o verbo "ser", mesmo sendo impessoal, pode ir pra o plural. Lembra?

– Lembro!

Nesses casos, a *hora*, o *tempo*, a *data* e a *distância* serão o predicativo, com o qual o verbo concordará.

– Vai existir um predicativo mesmo sem existir um sujeito...

Exatamente. É estranho, mas é assim. Você notou, inclusive, como fica estranha a primeira frase com a concordância correta?

+ "Hoje **são** 17 de outubro."

– Fica de fato muito estranha.

Pois é. No entanto, se sabemos que o verbo ser concorda com a data, sabemos que ele deve ir para o plural, porque "17" é plural. Do mesmo modo ocorreria se houvesse a alusão a uma data passada ou futura.

+ "Ontem **foram** 11 de março."
+ "Amanhã **serão** 29 de dezembro."

– Se o senhor diz, ok...

Acredite!

3.6. Cada um de + plural: verbo no singular

Nos casos em que o sujeito for representado pela expressão "**cada um de + plural**", o verbo fica sempre no singular:

+ "Cada um dos homens **recebeu** o prêmio."
+ "Cada uma das mulheres **notou** o descaso do governo."

– Só decorar?

Só, só. Agradeça, porque aqui não há variação. ☺

Além disso, nesse caso específico faz bastante sentido, pois o que se está afirmando está sendo afirmado sobre "cada um" dos indivíduos do grupo. Ou seja, alude-se a algo singular mesmo.

– Sim, tem lógica.

Mas não se acostume muito, porque na concordância nem sempre terá.

3.7. Que / Quem (na condição de sujeito)

Para um deles, vale uma regra; para o outro, vale outra.

– Ah, eu já supunha...

Estou orgulhoso pelo uso do pretérito imperfeito do verbo "supor"...

– Agradeço.

a) **"QUE":** quando tivermos como sujeito da oração o pronome relativo "**que**", o verbo concordará com o antecedente deste pronome:

+ "Sou eu que tenho de auxiliar os colegas."

+ "Tu que terás o poder de tomar decisões."

– Pode tanto ficar no singular quanto ir para o plural?

Pode. Depende do elemento que o pronome está substituindo: se estiver substituindo um elemento singular, ficará no singular; se estiver substituindo um elemento plural, irá para o plural.

+ "Acho que é o sindicato que **deve** explicações."

+ "Acho que são os sindicatos que **devem** explicações."

– Entendido. E sem dificuldades.

b) **"QUEM":** quando for sujeito da oração o pronome relativo "**quem**", o verbo irá para a terceira pessoa do singular (concordando com o "quem"), ou concordará com o antecedente:

– É, então, um caso de concordância opcional?

Exato: um caso de concordância opcional. Na frase abaixo, teremos o verbo concordando com o antecedente do pronome "quem" (no caso, o pronome pessoal reto "tu").

+ "És tu quem me dás esse prazer."

Já na próxima frase, o verbo estará concordando com o próprio pronome "quem", motivo pelo qual ele está na terceira pessoa do singular:

+ "És tu quem me dá esse prazer".

– No caso do "quem" é opcional e no caso do "que" somente há uma concordância possível?

Na mosca! Trata-se, portanto, de uma distinção importante: com o pronome relativo "que" como sujeito, somente estará correta a concordância com o antecedente; com o pronome relativo "quem" como sujeito, a concordância será opcional, estando correta tanto quando estabelecida com o antecedente, quanto quando estabelecida com o próprio pronome.

– Perfeito.

3.8. Haja vista

Qual das duas formas abaixo você acharia menos esquisita?

1ª) "Ficaremos em casa, **haja vista** os assaltos que estão ocorrendo no bairro."

2ª) "Ficaremos em casa, **hajam vista** os assaltos que estão ocorrendo no bairro."

– Professor, sem nenhuma dúvida a primeira, e vai ser uma surpresa se o senhor disser que a segunda não está errada.

Pode segurar o queixo, então! ☺

Quando a expressão "**haja vista**" estiver acompanhada por substantivo plural, as duas formas estão corretas: pode ser tanto "haja vista" quanto "hajam vista".

– Ah, não...

Ah, sim. É estranho, eu sei. Mas estão certas, desse modo, ambas as construções seguintes:

+ "Ficou furioso, **haja vista** os muitos erros cometidos pela equipe."
+ "Ficou furioso, **hajam vista** os muitos erros cometidos pela equipe."

– O termo "vista", que faz parte da expressão, não muda nunca?

Não: o termo "vista" é invariável. Estão incorretas, por isso, as formas "hajam vistas" e "haja visto".

– Ao menos isso!

3.9. Sujeito oracional: verbo que concorda com o sujeito oracional fica no singular

Você se lembra do sujeito oracional, aquele mais difícil entre todos os tipos de sujeito?

– Como esquecer, professor? Posso não me lembrar da regra, mas de que ele existe eu me lembro...

Primeiro, então, vamos relembrar quais são as formas que pode assumir o sujeito oracional.

a) **Verbo no infinitivo pessoal ou impessoal:** ele pode ser representado por uma oração reduzida.

+ "Caminhar melhora os batimentos cardíacos."
  Suj. Oracional

+ "Fazer exercícios físicos melhora os batimentos cardíacos."
  Suj. Oracional

– Posso ver isso mil vezes, mil vezes acho isso difícil...

Calma... Vai diminuindo a dificuldade. Pode parecer que não, mas, na primeira vez em que se vê isso, parece impossível. Com o tempo, como com tudo na vida, vamos nos acostumando.

b) **Conjunção integrante:** ele pode ser representado por uma oração desenvolvida introduzida pela conjunção integrante "que".

– Aquela situação em que o "que" equivale a "isso"?

A própria:

+ "É necessário que as contas sejam pagas."
  Suj. Oracional

Percebe?

– É necessário "isso".

Justamente. Relembradas e entendidas as duas formas básicas que pode assumir o sujeito oracional?

– Bem relembradas.

Ok. Nesse ponto da matéria, vamos um passo além do reconhecimento do sujeito oracional. Agora é o momento de, além de reconhecer esse tipo de sujeito, saber como se comporta o verbo que com ele concorda.

– Professor amado: já que reconhecer o sujeito é difícil, diga ao menos que a regra de concordância é fácil...

É fácil, é bem fácil, é uma só: *o verbo que concordar com um sujeito oracional ficará sempre no singular.*

– Não o verbo que está dentro do sujeito oracional, certo?

Isso mesmo: não se está falando do verbo que está dentro do sujeito (que é o verbo que torna o sujeito oracional). O verbo que sempre ficará no singular será aquele que concorda com o sujeito (esse verbo sempre estará, necessariamente, fora do sujeito). Vejamos.

+ "Parece que os homens estão inseguros."
  Suj. Oracional

Pergunto e você me responde: que é que parece?

– "Isso". Parece "isso".

Coi-sa-mais-lin-da-do-mun-do! Isso mesmo: teremos o sujeito oracional "que os homens estão cada vez mais inseguros". Assim, o verbo "parece" mantém-se no singular. Isso acontece porque, no sujeito oracional, o núcleo é sempre o verbo.

– Posso achar estranho?

Pode. Você é livre. ☺

Mas lembre: o verbo que concorda com o sujeito oracional fica no singular. Simples assim.

3.10. Perto de / cerca de

Com as expressões "**perto de**", "**cerca de**" e equivalentes, o verbo concorda com o termo que vem após a expressão.

> – Plural, plural; singular, singular?

Isso. Vá diretamente ao que segue a expressão e faça o verbo concordar com essa sequência.

+ "Cerca de quinhentas pessoas **morreram** no desastre aéreo".

Note que o verbo "morrer" está concordando com o termo "pessoas", que é plural.

Se o termo posterior à expressão vier no singular, o verbo naturalmente ficará no singular:

+ "Perto de uma tonelada de comida **estragou**".

> – Olho sempre para o termo posterior à expressão?

Sim. Somente tenha cuidado com a possibilidade, sobre a qual já falei uma setecentas e noventa e três vezes até aqui, de o verbo estar anteposto à expressão, o que sempre atrapalha um pouco.

+ "**Faltavam** cerca de cinco horas para que o evento começasse."

> – É, professor, daí dificulta, porque parece, por proximidade, que fica no singular junto com o "cerca"...

Pois é: olho aberto.

3.11. Ser (um verbo complexo)

O verbo "ser" é um dos mais difíceis verbos da língua portuguesa no que diz respeito à concordância. Isso se deve ao fato de haver muitas, muitas, muitas particularidades que o envolvem. Vamos agora às mais significativas delas.

> – Após a introduçãozinha feita para assustar, vamos. ☺

Normalmente, o verbo "ser" concordará com o sujeito, como os demais verbos:

+ "O menino **era** um bom aluno."
  Sujeito

+ "Os meninos **eram** bons alunos."
  Sujeito

Haverá, no entanto, diversas situações em que o verbo "ser" poderá concordar com o predicativo.

– É estranho um verbo deliberadamente não concordar com o sujeito, havendo um sujeito...

Sem dúvida. Eis a grande particularidade de concordância do verbo "ser". Isso (de ele não concordar com o sujeito) acontece algumas vezes. Vamos às principais situações.

a) Quando o sujeito é representado pelos pronomes "isto", "isso", "aquilo", "tudo", "ninguém", "nenhum" ou expressões de valor coletivo como "o resto" e "o mais", geralmente o verbo "ser" concordará com o predicativo:

+ "Tudo **são** flores quando se está feliz."
  Predicativo

+ "O resto **são** intrigas da oposição."
  Predicativo

– Compreendido.

Ótimo. Embora bastante mais rara, também será correta a concordância normal com o sujeito:

+ "Tudo **é** flores quando se está feliz."
  Sujeito

+ "O resto **é** intrigas da oposição."
  Sujeito

– Não pode ser: são então as duas corretas?

Sim: ambas corretas. Não se esqueça, porém, de que você deve, aqui, guardar aquelas situações em que o verbo ao menos *pode* concordar com o predicativo. Isso servirá para que, na prova, caso aconteça de aparecer uma concordância como "Isso **são** intrigas da oposição", uma luzinha verde acenda no seu cérebro e você pense: "Ah, esse é um dos casos em que o verbo pode concordar com o predicativo!".

– Ok, profe. Vou guardar.

b) Também concordará com o predicativo o verbo "ser" quando o sujeito for representado pelos pronomes interrogativos "o que", "que" ou "quem":

+ "Quem **seriam** aquelas pessoas?" (aquelas pessoas: predicativo)
+ "O que **são** orações coordenadas?" (orações coordenadas: predicativo)
+ "Que **eram** as luzes que brilhavam no céu?" (as luzes: predicativo)

– Aqui necessariamente?

Sim.

– Não é nem caso opcional?

Não. Concorda só com o predicativo.

c) Quando o sujeito for representado por pronome pessoal, o verbo sempre concordará com o pronome, independentemente do número do predicativo:

+ "Eu **sou** as maiores preocupações de minha mãe." (Eu: Sujeito)

– Até porque "eu são as maiores preocupações" ficaria horrível...

Sim, sem dúvida.

3.12. Sujeito ligado por "COM"

Quando o sujeito no singular é seguido de outro termo antecedido pela preposição "com", o que muito predominantemente cai em prova é o seguinte: se o elemento introduzido por "com" estiver isolado por vírgulas, o verbo concordará somente com o elemento anterior; se o elemento introduzido por "com" não vier isolado por vírgulas, o verbo vai para o plural, concordando com ambos.

+ "O pai, com o restante da família, **permanecia** em Paris." (com vírgulas)

+ "O pai com o restante da família **permaneciam** em Lisboa." (sem vírgulas)

– Acho eu que entendi, professor. Se houver isolamento por vírgulas, considera-se que é uma espécie de "elemento intercalado", digamos assim, e o verbo concorda só com o que vem antes. Já se não houver vírgulas, considera-se que é parte mesmo do sujeito e o verbo concorda com os dois.

Exatamente isso! Parabéns!

3.13. Sujeito ligado por "NEM ... NEM"

Quando houver sujeito ligado pela estrutura "nem ... nem", o verbo normalmente vai para o plural, mas pode também ficar no singular.

+ "Nem a esperança nem o medo **abateram** a mulher."
+ "Nem um nem outro **compareceu** à festa."

– Aqui não parece fazer muito sentido...

Eu avisei que nem sempre faria ao longo da concordância...

– Tristemente... E por que nada foi sublinhado na segunda frase?

Porque, quando fica no singular, o verbo está concordando *com um ou com outro elemento*. Não há um deles em particular que "puxe" a concordância.

3.14. Sujeito ligado por "OU"

De modo geral, consideraremos que a conjunção "ou" estabelecerá uma lógica de exclusão ou retificação, de modo que o verbo concordará com o núcleo mais próximo:

+ "A doença ou a idade **impossibilitou** a recuperação."

+ "Um ou dois homens **desapareceram**."

– Vale a lógica de que, se há retificação ou exclusão, está referindo-se a apenas um dos elementos, então é com ele que o verbo concorda.

Exato. Se a ideia se referir, no entanto, a toda a série do sujeito composto, o verbo poderá ir para o plural, mas poderá, ainda, ficar no singular.

+ "A ignorância ou a omissão **geram** problemas."

+ "A ignorância ou a omissão **gera** problemas."

– Esse tipo de regra quebra a pessoa, professor...

Sei bem, mas sigamos. ☺

3.15. Concordância com "MAIS DE UM"

Aqui estamos diante de mais um caso em que não há uma lógica absoluta. Depois de "mais de um", o verbo vem geralmente no singular, mas pode aparecer no plural.

+ "Mais de um aluno **xingou** o professor."
+ "Mais de um aluno **reclamaram** dos eventos."

– O senhor diz que não tem uma lógica absoluta porque, em vários casos, se há mais de um, há no mínimo dois...

Sim! "Mais de um homem" não há como ser um homem e meio, concorda? Apesar disso, o verbo pode ficar no singular.

– Entendi.

Ainda em relação ao "mais de um", existem dois casos em que o verbo *necessariamente* tem de ir para o plural: se a ação for recíproca ou se a expressão vier repetida.

+ "Mais de um se **xingaram**." (ação recíproca)
plural obrigatório

+ "Mais de um problema, mais de uma incomodação **geraram** a revolta." (expressão repetida)
plural obrigatório

– Pois é: aqui, estranhamente, parece valer a lógica de que se trata de no mínimo dois...

Exato.

3.16. Concordância com a expressão "QUAIS DE NÓS / VÓS" e "QUAIS DENTRE NÓS / VÓS": opcional

A concordância será opcional se o sujeito for constituído por um pronome partitivo plural (quais, quantos, alguns, muitos, poucos) seguido por "de" ou "dentre". O verbo concorda com a expressão introduzida por "de" ou "dentre" ou vai para a terceira pessoa do plural, concordando com o pronome:

+ "Quais de nós **somos** mesmo verdadeiros?"
+ "Quais de nós **são** mesmo verdadeiros?"
+ "Quantos de nós **estudamos** a matéria inteira?"
+ "Quantos de nós **estudaram** a matéria inteira?"

– Certo, professor.

Já se o primeiro pronome estiver no singular, o verbo ficará no singular.

+ "Qual de nós **saiu** ferido?"
+ "Algum de vós **leu** os livros?"

– Ok.

3.17. Concordância de "dar" e sinônimos associados a horas

Verbos como "dar", "bater" e "soar", por exemplo, podem aparecer associados a horas. Haverá uma regrinha especial de concordância nessa situação.

– Como quase sempre há...

Exatamente. ☺

No caso de aparecer o sujeito expresso (quem bate, quem soa, quem dá), o verbo concorda com ele:

+ "O relógio **deu** três horas."

Quem é que deu?

– O relógio.

Exato. É o sujeito e o verbo vai concordar com ele.

Não havendo esse sujeito explícito, o verbo concorda com a expressão numérica:

+ "No relógio da sala, **deram** duas horas."

Aqui, "no relógio da sala" é adjunto adverbial de lugar. Não puxa para si, portanto, a concordância.

– Certo, profe. Um pouco estranho, mas não propriamente difícil.

Eu também penso isso sobre essa parte.

3.18. A concordância de títulos no plural

Existem obras artísticas que têm um título plural: *Os Sertões*, de Euclides da Cunha; *Memórias Póstumas de Brás Cubas*, de Machado de Assis; e muitas outras.

– *Os Lusíadas*, de Camões?

Isso. *Os Lusíadas* também!

Em geral, o verbo vai para o plural, sobretudo nos casos em que há artigo no plural acompanhando o título:

+ "*Os Sertões* **mudaram** o panorama da literatura brasileira."

Com verbo "ser" e predicativo no singular, pode ocorrer o singular.

+ "*Os Sertões* **é** um grande livro."
Predicativo singular

– Entendidinho, professor.

Ótimo.

3.19. Concordância com porcentagem

Quando houver um número percentual não acompanhado por nenhum especificador, o verbo concordará com o número anterior à vírgula.

+ "1% **aprovou** a medida."
sing.

+ "10% **aprovaram** a medida."
pl.

– E se fosse "1,9%"?

Vale um raciocínio que eu sempre uso: menos de dois ainda é um. Como concorda com o número anterior à vírgula, ficaria assim:

+ "1,9% **aprovou** a medida."
sing.

Caso o número percentual esteja *acompanhado por uma especificação*, a concordância torna-se opcional.

– Opcional entre quem e quem?

Entre o número anterior à vírgula e o núcleo da especificação.

+ "1% das pessoas **aprovou** a medida."

+ "1% das pessoas **aprovaram** a medida."

Na frase acima, ambas as concordâncias estão corretas, pois tanto o verbo pode concordar com o numeral "1" da porcentagem quanto pode concordar com o núcleo "pessoas" da especificação.

– Interessante...

Interessantíssimo. E note bem que essa opcionalidade pode gerar várias diferentes situações.

a) Ambos no singular:

+ "1% da população **teme** o atual governador."

+ "1% da população **teme** o atual governador."

Nesse caso, como tanto o numeral da fração quanto o especificador são singulares, o verbo fica obrigatoriamente no singular.

– Entendido!

b) Um no singular, outro no plural:

+ "1% das pessoas **teme** o atual governador."

+ "1% das pessoas **temem** o atual governador."

Aqui há opcionalidade, porque um dos elementos é singular e o outro é plural.

– Ok.

c) Ambos no plural:

+ "25% das pessoas **temem** o atual governador."

+ "25% das pessoas **temem** o atual governador."

Por fim, neste exemplo, o verbo deve ficar necessariamente no plural, porque ambos os elementos são plurais.

– Perfeito, profe.

3.20. Silepse / concordância ideológica

– Achei os dois nomes estranhos.

Eles são um pouco estranhos. Mais importante ainda do que guardarmos esses nomes é sabermos do que se trata. A *silepse* (ou *concordância ideológica*) se dá quando o verbo concorda *não com o gênero, o número ou a pessoa gramaticais* do elemento a que ele se refere, mas *sim com o sentido que esse elemento apresenta.*

– Por enquanto está difícil...

Eu sei. Não se preocupe: esse mesmo tópico vai ser reanalisado em "Figuras de Linguagem". Mas vamos adiante. Vejamos um exemplo para ir esclarecendo melhor essa parte do conteúdo. Diga-me com honestidade se você notaria, à primeira vista, um erro na frase abaixo:

+ "O casal chegou ao hotel. Estavam famintos e cansados."
(os membros do casal)

– Acho mesmo, e muito, que eu não perceberia "erro" nenhum.

Acredito. Se observarmos por um viés apenas gramatical o segmento acima, há um problema na concordância, mais especificamente na segunda oração. O referencial do verbo "estar" é "o casal", explicitado na oração anterior. Sendo assim, a concordância deveria obedecer à lógica geral:

+ "O casal chegou ao hotel. **Estava** cansado e faminto."

– Percebi.

Ótimo. Agora perceba com mais clareza a razão pela qual o verbo vai para o plural: para qualquer pessoa, o termo "casal" traz à mente a ideia de dois indivíduos. Por isso, não estranhamos a concordância proposta com o segundo verbo no plural. Pensamos o seguinte:

+ "**Estavam** (os membros do casal) cansados e famintos."

– E por isso a concordância com o verbo "estar" no plural é considerada ideológica: porque está concordando com a noção de coletividade que está embutida no termo "casal".

Exatamente. Se a concordância se desse de maneira apenas gramatical, o verbo deveria concordar em número (singular) com o substantivo de referência (no caso, "casal"). Mas, como a concordância se estabelece com uma "noção", com uma "ideia", chama-se concordância ideológica ou silepse.

– Compreendido. Mas não entendi uma coisa: essa concordância é ou não é um erro? Eu posso fazer essa concordância quando escrevo?

Pergunta maravilhosa. Digamos que a concordância ideológica é um recurso estilístico de que os autores se utilizam. Nós, reles mortais, temos de saber reconhecer a concordância ideológica e nomeá-la, para o caso de aparecer em uma prova. No entanto, se a utilizarmos em uma redação, por exemplo, certamente o corretor consideraria que há um erro.

– Então os escritores podem usar, mas nós não podemos, apenas por não sermos escritores?

Exatamente. ☺

– Está bem.

A silepse pode ser basicamente de número ou de pessoa. Lembrando: "número" é singular ou plural; "pessoa" é primeira (eu, nós), segunda (tu, vós) ou terceira (ele, eles).

a) Silepse de número:

A silepse muito, muito, muito mais comum é a de número.

+ "A multidão saiu às ruas. Reivindicavam mudanças políticas e sociais."
(as pessoas da multidão)

O verbo "reivindicar" está concordando com a noção de grupo do termo "multidão", e não com o seu número gramatical (singular).

– Certo.

b) Silepse de pessoa:

Já a silepse de pessoa ocorre, por exemplo, quando o verbo deveria estar na terceira pessoa, mas está na primeira, devido a uma concordância estabelecida pelo sentido.

+ "Os três, isolados do mundo ao redor, **combinávamos** uma revolução."
("nós três"; quem enuncia é parte do grupo)

Repare que, na concordância gramatical, deveríamos ter a terceira pessoa do plural:

+ "Os três **combinavam** uma revolução".

No entanto, a concordância foi trazida para a primeira pessoa do plural devido ao fato de quem enuncia a frase colocar-se como parte do grupo de três pessoas que faziam a combinação.

– Muuuuito interessante. Compreendi.

Que bom que achou bacana e que compreendeu.

3.21. Nomes no plural

Quando há nomes no plural, como "Estados Unidos", "Minas Gerais" ou "Ilhas Maldivas", por exemplo, estaremos diante de um caso particular de concordância.

– E vem mais coisa difícil...

Não vem não. É simples. O verbo que acompanha o nome plural *concordará com o artigo* que acompanhar o nome. E, se não houver artigo, ficará no singular.

– Com o artigo que acompanhar o nome?

Isso. Simples assim. Vamos lá.

+ "Os Estados Unidos **testaram** uma nova vacina."
+ "Estados Unidos **testou** uma nova vacina."

– Entendido. Só isso? O senhor me dá a sua palavra?

Dou, sim.

– "Minas Gerais comemorou o fim da quarentena", mas "As Minas Gerais comemoraram o fim da quarentena"?

Sem tirar nem pôr. Bem assim.

3.22. Pronomes de tratamento: verbo sempre na terceira pessoa

Os pronomes de tratamento (aqueles que usamos para nos referirmos a outras pessoas em situações comunicativas: "vossa senhoria", "sua excelência", etc.) levam sempre o verbo para a terceira pessoa, que pode ser do singular ou do plural, a depender do número em que se encontra o pronome.

+ "Vossa Excelência **testemunhou** no processo."
+ "Vossas Excelências **testemunharam** no processo."

– Se (e somente se) é só isso, é fácil.

É, sim. O que você deve lembrar (que poderia ser um fator de atrapalhação) é que as formas de tratamento, como Vossa Excelência, Vossa Alteza, Vossa Santidade e as outras todas nunca serão acompanhadas por verbos na segunda pessoa do plural, como se se tratasse do pronome "vós", entende?

– Entendo sim.

Então pense que, para fins de concordância, esses pronomes sempre equivalem a "você" (se estiverem no singular) ou "vocês" (se estiverem no plural).

– Ok!

3.23. Sujeito acusativo: um "sujeito objeto" ou um "objeto sujeito"

Trabalhamos com o conceito "sujeito acusativo"?

– Creio que não...

Tranquilo. ☺

Sujeito acusativo é aquele que, ao mesmo tempo em que é objeto de um verbo sensitivo ("ver", "ouvir", "sentir") ou causativo ("mandar", "deixar", "fazer"), é também sujeito de um verbo posterior:

+ "A moça ouviu o rapaz reclamar."

Na frase acima, "o rapaz" é objeto direto do verbo "ouvir" e, ao mesmo tempo, sujeito do verbo "reclamar".

– Isso é muito, muito, muito estranho.

Estou completamente de acordo. É estranhíssimo, mas é assim. E, para ficar ainda mais esquisito, o elemento que é objeto de um verbo e sujeito de outro pode ser representado por um pronome oblíquo.

+ "A moça ouviu-o reclamar."

Na frase acima, o segmento que está na dupla função (objeto de "ouvir" e sujeito de "reclamar") é o pronome pessoal oblíquo átono "o".

– Enxergo, professor, apesar do choque que senti ao ver um pronome oblíquo na condição de sujeito.

Pois é, é a exceção da exceção da exceção. E veja bem: ainda não entramos na regra de concordância. Agora é que falaremos dela. Por enquanto, estou só explicando a você o que é o tal *sujeito acusativo*.

– Ótimo. Já entendi. Podemos ir à regra. Estou confiante!

Coisa boa de ler! Vamos adiante, então.

a) Sujeito acusativo = substantivo plural:

Com o sujeito representado por um substantivo plural, o verbo no infinitivo na sequência pode ou não, opcionalmente, flexionar:

+ "A menina mandou os rapazes **fazer** o exercício."
+ "A menina mandou os rapazes **fazerem** o exercício."

Captou?

– Captei: se o sujeito acusativo for um substantivo plural, tanto faz o verbo subsequente ir para o plural ou ficar no singular.

Exatamente. Uma salva de palmas para você! ☺

b) Sujeito acusativo = pronome oblíquo átono:

Com o sujeito representado por um pronome oblíquo átono, o verbo no infinitivo necessariamente ficará no singular, ou seja, não flexionado:

+ "A menina mandou-os **fazer** o exercício."

Nesse caso, colocá-lo no plural deixaria a frase errada.

– Não é fácil de guardar, mas eu entendo completamente.

E eu, que sou seu professor, fico felicíssimo de saber.

4. QUADRO-SÍNTESE

REGRA GERAL → SUJEITO SIMPLES

Verbo concorda com núcleo do sujeito.	O homem **relativizou** os crimes. Os homens **relativizaram** os crimes. **Faltou** um aluno. **Faltaram** vários alunos.

CASOS ESPECIAIS

Caso	Característica	Exemplo
Haver	= Tempo (invariável)	Saímos **há** dois meses.
	= Existir (invariável)	**Havia** situações ruins.

CASOS ESPECIAIS

Caso	Característica	Exemplo
Fazer	= Tempo (invariável)	**Faz** três ou quatro meses.
	= Clima (invariável)	**Fez** temperaturas baixas lá.
Se (partícula apassiv.)	Verbo concorda	**Vendem-se** ingressos.
Se (índ. de indet. do suj.)	Verbo na 3ª p. do sing.	**Precisa-se** de ingressos.
Expressões partitivas	Opcional	A maioria dos tios **reza / rezam**.
Sujeito composto	Posposto (verbo plural)	O copo e a garrafa **caíram**.
	Anteposto (opcional)	**Caiu / Caíram** o copo e a garrafa.
Ser (concorda com Pred.)	Hora	**São** 3 da tarde.
	Tempo	Daqui até lá, **são** duas horas.
	Data	Amanhã **serão** 12 de outubro.
	Distância	**São** mais de cem quilômetros.
Ser (concorda com Pred.)	Suj. = isto, isso (opcional)	Isto **é / são** traumas pessoais.
	Suj. = o que, que, quem	Quem **são** os culpados?
Ser (concorda com Suj.)	Suj. = pron. pessoal	Eu **sou** as velhas tradições.
Cada um de + plural	Verbo no singular	Cada um dos homens **rezou**.
Que	Concorda com antec.	Fui eu que **caí**.
Quem	Opcional: antec. ou 3ª p. sing.	Fui eu quem **caí / caiu**.
Haja vista	"Haja" ou "hajam"	Fui, **haja / hajam** vista os convites.
Sujeito oracional	Verbo no singular	Ouvir pessoas boas **melhora** a vida.
Perto de, cerca de	Verbo concorda com posterior	Cerca de um quilo **estragou**. Cerca de dois quilos **estragaram**.
Suj. ligado por "com"	Isolado vírgulas (singular)	A mulher, com João, **viu** a cena.
	Não isolado (plural)	A mulher com João **viram** a cena.
Nem ... nem	Opcional	Nem ele nem ela **fará / farão** nada.
"Suj." ligado por "ou"	Normalmente sing.	Grêmio ou Inter **será** campeão.
	Toda a série (pode pl.)	Pedro ou Paulo **virá / virão** aqui.

CASOS ESPECIAIS

Caso	Característica	Exemplo
Mais de um	Opcional	Mais de um homem **riu / riram**.
	Recíproco = plural	Mais de um homem **abraçaram-se**.
	Expr. repetida = plural	Mais de um homem, mais de uma mulher **riram** da piada.
Quais de nós	Opcional 1ª p. pl. ou 3ª p. pl.	Quais de nós **vamos / vão** até lá.
Dar (horas)	Suj. expresso = conc.	O relógio **deu** duas horas.
	Sem suj. = conc. num.	**Deram** duas horas no sino antigo.
Títulos no plural	Em geral = plural	*Os Lusíadas* **impressionam**.
	Verbo ser = pode sing.	*Os Lusíadas* **é** excelente.
Porcentagem + det.	Opcional	1% das pessoas **vota / votam** nele. 10% do povo **quer / querem** ajuda. 1% do povo **vota** nele. 10% das pessoas **querem** ajuda.
Silepse (noção)	Gênero	Vossa Senhoria é capacitado.
	Número	O povo sofria. **Queriam** justiça.
	Pessoa	Os gaúchos **somos** regionalistas.
Nomes plurais	Conc. com artigo	Os Estados Unidos **querem** poder.
	Sem artigo, sing.	Estados Unidos **quer** poder.
Pron. de tratamento	Verbo na 3ª p.	Vossa Excelência **deve** aguardar.
Sujeito acusativo	Subst. pl. = opcional	Ele deixou os livros **cair / caírem**
	Pron. oblíquo = sing.	Ele deixou-os **cair**.

CAPÍTULO 29

Concordância Nominal

INTRODUÇÃO

A concordância nominal diz respeito ao fato de os determinantes (artigo, pronome, numeral ou adjetivo) concordarem com o substantivo a que se referem e com que se relacionam.

– Se concorda e não é verbo, diz respeito à concordância nominal?

Bem isso: quando se trata de um verbo concordando, temos concordância verbal. De resto, é tudo concordância nominal.

1. REGRA GERAL

Quando temos um adjetivo, um pronome, um artigo ou um numeral estabelecendo concordância, trata-se de analisar os casos de concordância nominal.

– Entendido.

Excelente. Vejamos.

+ "Os teus dois **primos** inteligentes chegaram."
  art. pron. num. adj.

Todos os elementos sublinhados na frase acima concordam com o substantivo "primos": os primos, teus primos, dois primos, primos inteligentes.

– Ok. Isso é tranquilo.

Isso é a base e o fundamental de concordância nominal. Na frase acima, o que temos são palavras de quatro diferentes classes (além do verbo) concordando com o substantivo primos: "os" (artigo definido), "teus" (pronome possessivo), "dois" (numeral) e "inteligentes" (adjetivo).

Vamos olhar mais um exemplo.

+ "O **rapaz** bonito e audacioso aproximou-se da **moça** tímida."
adj. adj. adj.

– Os adjetivos "bonito" e "audacioso" estão concordando com o substantivo "rapaz", enquanto o adjetivo "tímida" está concordando com o substantivo "moça".

Coisa mais linda! É isso mesmo o que está acontecendo.

2. CASOS ESPECIAIS DE CONCORDÂNCIA NOMINAL

Bem, digamos que isso que vimos acima é o que orienta a concordância nominal globalmente. Quando não estivermos diante de casos como esse, estaremos diante de um dos muitos casos especiais que teremos de analisar.

2.1. Adjetivo composto

Quando houver um adjetivo composto, somente o segundo elemento variará para fins de concordância.

+ "A **tensão** econômico-**financeira** acompanha toda a história do país."
subst. adj. composto

– O primeiro dos elementos não variará?

Pela regra, não. Somente o segundo, que concordará em gênero e número com o substantivo a que se referir:

+ "As **culturas** judaico-**cristãs** dependem de novos fiéis sempre."
subst. adj. composto

– Ok. Tranquilo.

Há uma exceção. Mas antes que você entre em desespero, ache que não sabe nada e fique dizendo que o português é difícil e sempre existe alguma exceção cafajeste para dificultar a vida – antes de tudo isso, eu digo a você para manter a calma e acreditar em mim, porque é uma exceçãozinha só que temos de guardar.

– Está bem, profe. Vou confiar.

No caso específico do adjetivo "surdo-mudo", ambos os elementos são variáveis e concordam com o substantivo.

+ "O **garoto** surdo-mudo chegou."
+ "A **garota** surda-muda chegou."
+ "Os **garotos** surdos-mudos chegaram."
+ "As **garotas** surdas-mudas chegaram."

– Só esse adjetivo composto em particular?

Só esse. Relaxe.

– Certo.

2.2. Um adjetivo caracterizando dois ou mais substantivos

Há diversos casos em que um único adjetivo caracteriza dois ou mais substantivos.

– E suponho que deva haver uma regrinha especial para esse caso...

Suposição perfeita: há! ☺

a) Adjetivo posposto aos substantivos:

Nesse caso, o adjetivo concordará, opcionalmente, com todos os substantivos (predominando o gênero masculino sobre o feminino), ou somente com o substantivo mais próximo.

+ "A **casa** e o **carro** bonitos custaram uma verdadeira fortuna."
+ "A casa e o **carro** bonito custaram uma verdadeira fortuna."

– Tanto faz?

Tanto faz. Ambas corretas e ambas com o mesmíssimo significado.

– Ah, não, professor! Mesmo significado é difícil de aceitar! Parece muito, na segunda frase, que "bonito" é só o carro...

Parece, mas não é assim. O adjetivo somente não estará caracterizando todos os substantivos se houver uma impossibilidade lógica.

– Como assim "uma impossibilidade lógica"?

+ "Comprei um gato e um **cavalo** *relinchante*."

Percebe? Nesse caso, não haveria como um gato "relinchar" (ao menos em condições normais ☺). Logo, o adjetivo estará referindo apenas o cavalo, ser que, por natureza e definição, relincha.

– Exemplificando, fica claro.

Por isso sempre exemplifico.

– Aí sempre fica claro.

Ótimo. ☺

b) Adjetivo anteposto aos substantivos:

No caso de o adjetivo vir antes dos substantivos, ele concordará somente com o substantivo mais próximo. Somente com ele. Somente.

– Entendi. Somente com o mais próximo.

Isso.

+ "Bonitas **moças** e rapazes cantaram no festival."

Ainda que haja dois núcleos a que se refere o adjetivo, ele, por estar anteposto, concorda somente com o núcleo mais próximo. No caso, "meninas".

– E nesse caso também o adjetivo caracteriza todos os elementos, e não apenas o mais próximo?

Isso: todos. Tenho um pedido encarecido a fazer.

– Faça, professor.

Guarde essa informação: mesmo concordando somente com o substantivo mais próximo, o adjetivo estará caracterizando todos os substantivos. A nossa cabeça tende a não aceitar essa hipótese, porque ela soa estranha. Mas ela é verdadeira.

– Já que o senhor pediu expressamente, eu guardo.

Agradeço. ☺

Por fim, convém salientar que há uma exceçãozinha no caso do adjetivo anteposto a dois ou mais substantivos.

– Estava tão bom, professor: o senhor explicando, eu entendendo; o senhor pedindo pra eu guardar a informação, eu guardando... Aí vem uma exceção?

Relaxe que é coisa pouca. Se o adjetivo estiver anteposto a nomes de pessoas ou graus de parentesco, irá necessariamente para o plural concordando com todos. De novo: mesmo estando anteposto. Só isso.

+ "Os prestativos **João e Maria** auxiliaram na mudança."

– Só isso? Só, só mesmo? Nome de pessoa e grau de parentesco?

Só. Por desencargo de consciência.

+ "As cuidadosas **mãe e tia** aconselhavam o jovem rapaz."

– Certo. Vou guardar.

2.3. Adjetivo com substantivos em gradação

Existem casos em que os substantivos estão em *gradação*.

– Que seria exatamente uma *gradação*?

Gradação é a situação em que ocorre uma mudança ou passagem gradual de um elemento a outro. Nesse caso, o adjetivo concorda somente com o último elemento. Vamos à exemplificação:

+ "A mão, o braço, o **corpo** forte resistia às tentações."
+ "A bola, os jogadores, o campo, a arquibancada, o **estádio** eletrizado tremulava."

– Não é um pouco difícil de ver?

Um pouco, sim, mas impossível, não. Note que se trata, geralmente, de uma parte que vai se transformando em um todo. Ou seja, algo vai transbordando a outros elementos que o vão abrangendo.

– Ficou meio poético, mas deu bem pra entender.

Assim espero. ☺

2.4. Dois ou mais adjetivos caracterizando um substantivo

Existe, e é comum, a situação de dois ou mais adjetivos caracterizarem um único substantivo, em frases como as seguintes:

+ "As camisas branca e amarela estão na área."
+ "A camisa branca e a amarela estão na área."

Nota que, em ambas as frases acima, temos dois adjetivos ("branca" e "amarela") caracterizando um único substantivo ("camisas" / "camisa").

– Noto, sim.

Nesse caso, o nosso foco deve ser sempre o número do substantivo. Deixemos de lado os adjetivos, porque não são eles que flexionarão. O substantivo às vezes ficará no singular, às vezes irá para o plural, a depender da estruturação que dermos à expressão.

– Mais um caso de concordância opcional?

Não! Opcional é quando há duas formas que se equivalem, tanto fazendo usar uma ou outra. No tópico que estamos analisando, depende. Em certa situação, o substantivo fica no plural; em outra situação, ele fica no singular.

– Mostre, professor.

a) **Substantivo no plural:** se nenhum adjetivo vier com artigo antes; essa é a situação *mais* habitual.

Vamos começar já por um exemplo, para desanuviar o seu pensamento:

+ "Os **móveis** argentino e brasileiro são muito diferentes entre si."

– Tranquilo, professor. Seria o mesmo que, por exemplo, "os **cadernos** branco e azul estão sobre a mesa"?

Exatamente a mesma situação.

– Certo.

b) **Substantivo no singular:** se o 2º adjetivo vier com artigo antes; essa a situação *menos* habitual.

– Ai, ai, ai...

Relaxe! Vamos enxergar primeiro do que se está falando.

+ "O **móvel** argentino e **o** brasileiro são muito diferentes entre si."

Percebeu?

> – Creio que percebi.

Vamos tentar organizar a explicação.

- **Situação A:** substantivo no plural e adjetivos no singular (nenhum deles com artigo antes):
  + "Os **turistas** lusitano e nova-iorquino chegaram."
- **Situação B:** substantivo no singular e segundo adjetivo antecedido por artigo.
  + "O **turista** lusitano e **o** nova-iorquino chegaram."

> – Perfeito.

2.5. "É bom", "é preciso", "é necessário", "é essencial" e afins

Nessas expressões categóricas em que o verbo "ser" acompanha um adjetivo ou um particípio, a concordância pode se dar de duas formas, dependendo do modo como estiver estruturado o sujeito.

> – Professor, haver dois modos diferentes é coisa que não me assusta mais, porque quase tudo no português tem duas maneiras diferentes, dependendo disso ou daquilo...

Pois então: não posso dizer que você esteja completamente delirante, porque muitas vezes é assim mesmo. Vamos aos casos.

a) **O adjetivo não varia** quando estiver se referindo a um sujeito não determinado por artigo, pronome ou numeral, ou seja, um sujeito tomado genericamente.

não determ.
↓
+ "**Cerveja** é bom nos dias de calor."
↓
não varia

não determ.
↓
+ "É proibido **saída** antes do sinal."
↓
não varia

– Ó vida meio cruel, professor... Não havendo determinante no início do sujeito, a expressão fica invariável. É isso?

É isso e bem isso e só isso.

b) **O adjetivo varia** quando estiver se referindo a um sujeito determinado por artigo, pronome, ou numeral, ou seja, um sujeito particularizado por um determinante.

determ.
↓
+ "**A cerveja** é boa nos dias de calor."
↓
varia

determ.
↓
+ "É proibida **tua saída** antes do sinal."
↓
varia

– Então, funciona assim: com determinante acompanhando o sujeito, a estrutura é variável; sem determinante, a estrutura é invariável.

Maravilha. Uma salva de palmas para você. ☺

2.6. "Dado", "visto" e outros particípios

Lembra a discussão entre um elemento ser "particípio" ou "adjetivo"?

– Impossível esquecer que esse drama existe....

E estamos firmes em relação a isso?

– Professor, como dizia minha avó, "estamos firmes como prego na areia"...

Hehehehe. Entendo. Mas, aqui, a notícia é boa: o particípio, nas orações reduzidas e na voz passiva analítica, obedece às mesmas regras de concordância que o adjetivo. Sendo assim, quando estiver em referência a um único substantivo, vai concordar com ele, quer esteja anteposto, quer esteja posposto.

- "Assinada **a carta**, partimos em direção à fazenda."
- "**As plataformas** foram desenvolvidas por pioneiros."

– O particípio se comporta, para fins de concordância, do mesmo modo que um adjetivo se comportaria?

Isso. Esse é o padrão geral. Mas há uma observação importante.

– Sempre há.

Sempre há.

– Então faça, professor.

Posso?

– Pode.

Ok. ☺

O particípio não varia quando faz parte das locuções de tempo verbal composto (ter / haver + particípio).

- "Os alunos tinham guardado os materiais."
  locução verbal de tempo composto
- "Todos haverão observado o erro."
  locução verbal de tempo composto

– Nesse caso, seria absurdo o plural?

Absurdo. Nem pensar. E, se você tentar usá-lo, vai ver que fica estranhíssimo.

– Ok, profe. Concordo.

2.7. "Anexo", "apenso", "incluso", "mesmo", "próprio", "obrigado", "quite" e "só"

Todas as palavras acima têm valor adjetivo e variam normalmente, concordando com o substantivo a que se referem.

+ "Os **valores** todos estão anexos ao documento."
+ "Apensas ao documento envio as **perícias**."
+ "**Passagem** aérea inclusa no pacote turístico."
+ "A **delegada** mesma colheu o depoimento."
+ "Os **rapazes** próprios confirmaram a versão."
+ "A **moça** disse, comovida: "Muito obrigada"."
+ "**João e Paulo** estão quites com a Receita Federal."
+ "Os **homens** ficaram sós no quarto e ninguém sabe o que pode ter ocorrido."

Tranquilo?

> – Aparentemente tranquilo. Mas devem existir algumas exceções ou alguns comentários...

Alguns comentários, apenas. ☺

"Obrigado", o agradecimento, também varia em gênero e número, dependendo de com quem concorde.

> – Varia em número também?

Sim:

+ "Muito obrigado", disse o **rapaz**.
+ "Muito obrigada", disse a **moça**.
+ "Muito obrigados", disse o rapaz em nome da família. (**todos** estão agradecidos)
+ "Muito obrigadas", disse a moça em nome das irmãs. (**todas** estão agradecidas)

> – Acho estranhíssimo no plural, mas compreendo a lógica de funcionamento.

Ótimo.

Quando "mesmo" equivale a "realmente" ou "de fato", ele é advérbio e não varia:

+ "Eles estavam mesmo cansados".
  advérbio = invariável

> – Eles estavam "realmente" cansados, eles estavam cansados "de fato".

Maravilha! É assim mesmo.

Por fim, quando "só" significar "apenas" ou "somente", também será advérbio e não variará.

+ "Os meliantes estavam só esperando a partida do ônibus."
  advérbio = invariável

– Assimilado, professor!

Lindo, lindo.

2.8. Em anexo, menos, alerta

"Anexo", sem preposição antes, varia. No entanto, a estrutura "em anexo" é invariável:

+ "A carta em anexo traz as informações."
+ "As cartas em anexo trazem as informações."

– "Anexo" varia, "em anexo" não varia.

Exato.

Somente para constar, vou dizer a você que "menos" não varia, ou seja, Deus nos livre de usar, haja o que houver, "menas":

+ "Ele está menos estressado."
+ "Ela está menos estressada."

– Confie em mim, professor: nunca usarei!

Ótimo.

Por fim, quando "alerta" significar "em estado de alerta", fica também invariável:

+ "Aguardávamos alerta os resultados."

– Fica um pouco estranho...

Eu sei, mas guarde! ☺

– Guardarei.

2.9. Tal e qual

Tal concorda em gênero e número com o substantivo que acompanhar:

+ "Tal **situação** deixou marcas na garota."
+ "Tais **situações** deixaram marcas na garota."

– Mas não seria isso óbvio, amado profe?

Isso até seria. Mas quero ver o que você acha do que vem em seguida: em correlação, "tal" e "qual" concordam cada um com o seu determinado.

+ **"Ele** não era tal quais seus **primos."**

– Não me diga uma coisa dessas, professor?

Já disse. Não estava muito óbvio? Pois agora temos uma não obviedade.

– Não seja irônico com quem está em desespero, professor.

Certo. Desculpe. ☺

Jamais esqueça isso, então.

2.10. "O mais ... possível" e similares

Antes de eu mostrar com calma, assimile já uma informação.

– Certo.

O adjetivo "possível" acompanhará em número o artigo:

+ "o mais ... possível";
+ "os mais ... possíveis".

– Ok, profe. Isso não parece difícil.

Certo. Então você já sabe tudo o que tem de saber.

a) Com "o mais possível", "o menos possível", "o melhor possível", "o pior possível", o adjetivo "possível" fica sempre no singular.

+ **"Paisagens** o mais **belas** possível."
+ **"Paisagens** o mais possível **belas."**

– Fica feio. Fica bastante feio, profe. Mas, se concorda com o artigo, é isso aí...

Acredite. O outro adjetivo que esteja na frase (no caso, "belas") concorda normalmente com o substantivo.

– Certo.

b) Com os plurais "os mais", "os menos", "os melhores", "os piores", o adjetivo vai para o plural:

+ "**Paisagens** as mais **belas** possíveis."
+ "**Paisagens** as mais possíveis **belas.**"

– Está bem, professor. Vou acreditar no senhor e tentar botar no meu repertório.

Vai tentar não: vai botar. O adjetivo, nesse caso, concorda com o número do artigo. Só isso.

+ "Conheci um **rapaz** o mais **chato** possível."
+ "Conheci **rapazes** o mais **chatos** possível."
+ "Conheci **rapazes** os mais **chatos** possíveis."

– "Possível" concorda com o número do artigo que acompanha "mais"; e o outro adjetivo que haja concorda com o substantivo?

E-xa-ta-men-te.

2.11. Todo / Toda x Todo o / Toda a

Aqui temos uma questão muito comum e, sob certo aspecto, simples:

a) Todo / toda (sem artigo): significa "qualquer".

+ "Todo homem tem defeitos." (= qualquer homem)
+ "Toda cidade tem os seus problemas." (= qualquer cidade)

– "Todo" e "toda", sem artigo depois, tem sentido genérico equivalendo a "qualquer"?

Exatamente. Só isso.

b) Todo o / toda a (com artigo): traz a noção de "inteireza" (inteiro, inteira):

+ "Todo o corpo dela estava sujo." (= o corpo inteiro)
+ "Toda a cidade está sendo assolada por assaltos." (= a cidade inteira)

– "Todo o" e "toda a" = inteiro, inteira. Simples assim?

Simples assim. Essa variação de sentido atinge, também duas expressões que usamos com recorrência: "todo mundo" (= qualquer pessoa) e "todo o mundo" (= o mundo inteiro).

+ "Todo mundo sabe que ela está mentindo." (= qualquer pessoa sabe)
+ "Todo o mundo sofre as consequências das ações americanas." (= o mundo inteiro)

– Perfeito, professor. Então, ao substituir "todo" por "todo o" ou vice-versa, altera-se o sentido daquilo que se afirma?

Exatamente. Ocorre alteração semântica. Esse é o fundamental. ☺

Por fim, saibamos que, quando o pronome vier no plural e na sequência vier um substantivo, haverá artigo:

+ "Todos os homens reclamaram."
+ "Todas as velas foram acesas."

– Ok!

2.12. Nomes de cores

Adivinhe.

– Existe mais de uma norma para a concordância com os nomes de cores...

Você adivinhou.

– Não consigo nem ficar feliz por ter acertado, porque agora vêm mais coisas a saber...

Sim: vêm mais coisas a saber. E esse é o bacana.

– Ok, estamos estudando, então é para isso que estamos aqui.

Resposta linda. ☺

Antes de sabermos as regras de concordância que envolvem os nomes de cores, temos de saber o que são nomes de cores "adjetivos" e o que são nomes de cores "substantivos". Você sabe?

– Eu diria que não...

Não tem problema. Vou explicar.

Os **nomes de cores** são **adjetivos** quando eles são originalmente nomes de cores: "azul", "amarelo", "vermelho", "preto", "branco", "roxo", "marrom" são exemplos de nomes de cores adjetivos. Essas palavras existem na nossa língua, antes de mais nada, para designar as cores.

– Ok.

Por outro lado, os **nomes de cores** serão **substantivos** quando o nome da cor tiver sido *derivado, por uma lógica de semelhança, de algum substantivo já existente na nossa língua*: "violeta" (que vem da flor), "gelo" (que vem do estado sólido da água), "laranja" (que vem da fruta), "rosa" (que vem de outra flor), "cinza" (que vem daquilo que sucede a brasa), e por aí vai.

– Então, vamos retomar. Se for palavra que existe só para dar nome à cor, é adjetivo; se for um nome de cor derivado feito em analogia com um substantivo já existente, é substantivo.

Isso mesmo.

+ "Eu comprei uma camisa vermelha e uma jaqueta cinza."
  (vermelha: nome de cor adjetivo; cinza: nome de cor substantivo)

– Perfeito.

Sabida a diferença entre nome de cor adjetivo e nome de cor substantivo, podemos começar a ver as regras.

2.12.1. *Nomes de cor simples*

Nomes de cor *simples* são aqueles formados por uma só palavra. Para eles, há duas situações especiais de concordância.

a) Os nomes de cores serão *variáveis* quando forem *adjetivos*:

+ "Ele sempre usava **camisas** vermelhas."
+ "Os **sapatos** pretos de João são sóbrios e elegantes."

– Nomes de cor adjetivos são aqueles que servem originalmente para designar uma cor...

Isso mesmo.

b) Já quando forem representados por um *substantivo*, serão *invariáveis*:

+ "As camisas cinza balançavam no varal." (cinza: invariável)

+ "Sapatos rosa não combinam com todas as roupas." (rosa: invariável)

– Professor, fica estranhíssimo no singular...

Sei disso. E é bem isso o que temos de saber. Nomes de cor que sejam substantivos não flexionam e, portanto, não estabelecem concordância.

+ "As paredes gelo da casa estavam molhadas." (gelo: invariável)

+ "Havia pessoas de blusas violeta naquele local." (violeta: invariável)

– E por que isso acontece? Por que não variam esses nomes de cor?

Porque em todos eles está implícita a noção de "cor de...". Percebe? É como se tivéssemos o seguinte:

+ "As camisas (cor de) cinza balançavam no varal."
+ "Sapatos (cor de) rosa não combinam com todas as roupas."
+ "As paredes (cor de) gelo da casa estavam molhadas."
+ "Havia pessoas de blusas (cor de) violeta naquele local."

– Gostei. Achei que faz sentido.

Fico feliz que você tenha gostado. ☺

2.12.2. Nomes de cor compostos

São nomes de cor compostos aqueles formados por duas palavras. Neles, o primeiro elemento nunca variará, ficando na sua forma masculina e singular. Sempre.

– Não preciso me preocupar nunca, nunca, nunca com o primeiro elemento?

Nunca. Agora vamos ao que acontece com o segundo. Digo a você que, se você aprendeu bem o que vale para os nomes de cor simples, aprenderá com facilidade o que vale para os nomes de cor compostos.

– Os simples eu aprendi bem: adjetivo varia; substantivo não varia.

É isso mesmo. A lógica que vale para o segundo elemento (já que o primeiro nunca varia) é exatamente a mesma.

a) O segundo elemento varia quando é adjetivo:

+ "As **bandeiras** verde-amarelas estavam hasteadas." (amarelas: adjetivo)

+ "Ele comprou **calças** vermelho-claras." (claras: adjetivo)

– É fácil porque é igual ao que vimos antes.

Exatamente. A novidade é não variar o primeiro elemento. Quanto ao segundo, sendo adjetivo, via de regra varia. Exceto em duas exceções...

– Ah, eu sabia que estava muito bom para ser verdade...

Calma que são só duas.

- **Exceções:** "azul-celeste" e "azul-marinho" são invariáveis.

São exceções a essa regra "azul-marinho" e "azul-celeste", que, embora apresentem como segundo elemento um adjetivo ("celeste" e "marinho" são adjetivos), ficam invariáveis.

+ "As geladeiras azul-celeste acabam de chegar." (azul-celeste: invariável)

+ "Eu comprei vários casacos azul-marinho." (azul-marinho: invariável)

– Se são só esses, ok.

São. Relaxe.

b) O segundo elemento não varia quando é substantivo:

Nesse caso, o nome inteiro da cor fica invariável.

+ "Ele comprou camisas vermelho-sangue." (sangue: substantivo; vermelho-sangue: invariável)

substantivo ↓

+ "As paredes azul-bebê da casa ficaram lindas."
invariável

– Perfeito, professor. Sem problemas. E as exceções?

Não há. ☺

– Excelente.

3. PLURAL DE SUBSTANTIVOS COMPOSTOS

Para a formação do plural dos substantivos compostos, há algumas particularidades que dependem dos elementos constituintes desses substantivos.

– Difíceis?

Não tão difíceis, no entanto às vezes fica difícil lembrar todas as regras, porque no cotidiano lidamos pouco com elas. Na língua escrita do dia a dia não nos deparamos com tanta frequência com os substantivos compostos, e menos ainda com os seus plurais.

– Faz sentido...

Bastante. Vamos aos casos.

3.1. Situações em que somente o último elemento varia

a) Nos compostos em que um verbo ou palavra invariável (advérbio, interjeição) unir-se com termo de caráter adjetivo ou substantivo:

+ beija-flor → beija-flores (verbo, subst.)
+ Abaixo-assinado → abaixo-assinados (adv., adj.)
+ Ave-maria → ave-marias (interj., subst.)

– Verbo ou Advérbio ou Interjeição + Substantivo ou Adjetivo = varia somente o segundo!

Isso mesmo.

b) Nos compostos que são uma onomatopeia, com o segundo elemento repetindo totalmente ou parcialmente o primeiro:

+ reco-reco → reco-recos
+ tique-taque → tique-taques

– O senhor se importa de lembrar o que é uma onomatopeia?

Claro que não. Temos uma onomatopeia quando a grafia de um termo procura repetir um som: "plaft!" para um tapa; "bum!" para uma explosão e assim por diante.

– Ok, lembrado.

Perceba que nos compostos que serviram de exemplo acima, temos a tentativa de repetir ortograficamente o som emitido por um instrumento (reco-reco) e o som que faz o relógio (tique-taque). Por isso são onomatopeias.

– Sim, percebo.

3.2. Situações em que somente o primeiro elemento varia

a) Nos compostos em que haja preposição:

+ cana-de-açúcar → canas-**de**-açúcar

– Esse é o caso em que a maioria das palavras perdeu hífen, salvo algumas exceções e as espécies zoológicas ou botânicas?

Exatamente! E, caso se trate de um composto que perdeu o hífen, vale a mesma regra:

+ Pé de moleque → pés **de** moleque (o doce)
+ Mula sem cabeça → mulas **sem** cabeça (personagem)

– Perfeito.

b) Nos compostos de dois substantivos, em que o segundo especifica ou limita a significação do primeiro:

+ bomba-relógio → bombas-relógio
+ elemento-chave → elementos-chave

+ navio-escola → navios-escola
+ peixe-boi → peixes-boi
+ pombo-correio → pombos-correio

- **Observação:** neste caso, aceita-se também que variem ambos os elementos.

+ bomba-relógio → bombas-relógios
+ elemento-chave → elementos-chaves
+ navio-escola → navios-escolas
+ peixe-boi → peixes-bois
+ pombo-correio → pombos-correios

– Ok, professor. Seria o caso de "hora-aula" e "tatu-bola"?

Exatamente. Note que o raciocínio seria mais ou menos o seguinte: é uma "bomba" do tipo "relógio", não uma bomba qualquer; é um "elemento" do tipo "chave"; é um "pombo" do tipo "correio"; e por aí vai.

– E que seria uma "hora" do tipo "aula"?

É a hora que calcula a duração efetiva da aula. A chamada "hora-relógio" tem 60 minutos. A "hora-aula" varia de instituição para instituição, mas costuma ter, em média, de 45 a 50 minutos.

– Lindo, profe.

Que bom que achou. ☺

E, só para constar, quais os plurais de "hora-aula" e "tatu-bola"?

– "Horas-aula" e "horas-aulas"; "tatus-bola" e "tatus-bolas".

Perfeito.

3.3. Situações em que ambos os elementos variam

a) Nos compostos gerais em que tanto o primeiro quanto o segundo elementos sejam substantivos ou adjetivos, em qualquer combinação (substantivo + substantivo, substantivo + adjetivo ou adjetivo + substantivo):

+ Amor-perfeito → amores-perfeitos (amores: subst.; perfeitos: adj.)

+ Segunda-feira → segundas-feiras
adj. subst.

– Posso pensar que, nesse caso, como ambos seriam variáveis se estivessem sozinhos e não há nenhuma particularização especial, ambos seguem variáveis quando em um composto?

Exatamente. Sendo os dois elementos variáveis, ou seja, passíveis de flexão no plural, mesmo quando em um composto eles mantêm essa característica:

+ Cachorro-quente → cachorros-quentes
subst. adj.

b) Nos compostos em que há formas verbais repetidas:

+ corre-corre → corres-corres
verbo verbo

+ pula-pula → pulas-pulas
verbo verbo

Observação: estes também admitem que se pluralize apenas o segundo:

+ corre-corre → corre-corres
verbo verbo

+ pula-pula → pula-pulas
verbo verbo

– Verbo + verbo ou varia só o primeiro ou variam os dois?

Isso mesmo.

4. QUADRO-SÍNTESE

REGRA GERAL

Concordam com o substantivo	Exemplo
Artigo	O homem → os homens
Adjetivo	Homem bonito → mulheres bonitas
Pronome	Este homem → estas mulheres
Numeral	Primeiro homem → primeiras mulheres

CASOS ESPECIAIS

Caso	Característica	Exemplo
Adjetivo composto	Varia somente 2º	Posição **político-econômica.**
1 adj. e 2 ou + subst.	Adj. posposto = opcional	Mulher e homem **bonito / bonitos.**
	Adj. anteposto = + próx.	**Bonito** homem e mulher.
Adj. e subst. em gradação	Conc. com o último	A mão, o braço, o corpo **doía.**
2 ou + adj. e 1 subst.	Duas hipóteses	Os **atletas** peruano e francês.
		O **atleta** peruano e **o** francês.
É bom, é preciso, etc.	Suj. com det. (varia)	**É necessária** a alteração.
	Suj. sem det. (não varia)	**É necessário** alteração.
Dado, visto, particípios	Concordam	**Dado** o problema, dada a falha.
Anexo **Apenso** **Incluso** **Mesmo** **Próprio** **Obrigado** **Quite** **Só**	Variam	Papel **anexo** / carta **anexa** Documento **apenso** / nota **apensa** Valor **incluso** / viagem **inclusa** O rapaz **mesmo** / a moça **mesma** Ele **próprio** / ela **própria** Muito **obrigado** / muito **obrigada** Estou **quite** / estamos **quites** Ele estava **só** / eles estavam **sós**
Em anexo **Menos** **Alerta**	Invariáveis	Os documentos estão **em anexo.** Elas parecem **menos** altas. Permaneceremos **alerta.**
Tal... qual	Cada um com o referencial	Ela era tal quais os amigos
O mais... possível	Adj. acompanha artigo	Ele é **o mais** esforçado **possível.** Eles são **o mais** esforçados **possível.** Eles são **os mais** esforçados **possíveis.**
Todo *x* todo o	Qualquer *x* inteiro	**Todo** grupo sabe (= qualquer grupo) **Todo o** grupo sabe (= o grupo inteiro)
Cores simples	Adjetivo varia	Camisetas **amarelas**
	Substantivo não varia	Camisetas **rosa**

CASOS ESPECIAIS

Caso	Característica	Exemplo
Cores compostas	Só o 2º: adj. varia Só o 2º: subst. não varia	Camisetas **verde-amarelas** Camisetas **verde-musgo**
Subst. compostos	Só o 2º varia: adv., verbo ou interj. + adj. ou subst.	Os quebra-**galhos**. Os alto-**falantes** As ave-**marias**
	Só o 2º varia: onomatopeia	Os tique-**taques**
	Só o 1º varia: unido prep.	As **mulas** sem cabeça
	Só o 1º varia ou ambos: subst. + subst. com 2º det. primeiro.	As **bombas**-relógio As **bombas-relógios**
	Ambos variam: adj. + subst. em qualquer ordem	As **sextas-feiras** Os **cachorros-quentes**

PARTE 7

Regência e Crase

CAPÍTULO 30

Regência Verbal

INTRODUÇÃO

Você sabe o que é predicação verbal?

– Professor, é muito vergonhoso se eu disser que talvez nunca tenha ouvido falar em predicação verbal?

Não, não mesmo: não se fala muito dessa matéria com esse nome.

– Então por que o senhor o usa?

Porque é o nome da matéria, ora. ☺

Simplificadoramente falando, podemos dizer que a predicação verbal estuda as diferentes regências que podem ter os verbos. Disso você já ouviu falar, e já ouviu muito, não?

– De regência verbal, sim. E acho terrível...

Eu entendo bem esse trauma. Quando se estuda regência, o que parece é que há apenas os casos especiais, aqueles difíceis, em que os verbos têm duas ou três diferentes regências improváveis, em que há verbos que aceitam ou deixam de aceitar determinado pronome...

– Exatamente! Diga que não é isso professor...

Não é só isso. É isso também.

– Viu?

Não. Confie. A predicação verbal (ou a regência verbal) é, antes de chegarmos aos casos especiais, a regência de todos os verbos com os quais lidamos cotidianamente, muitos dos quais dominamos por uso e/ou instinto.

– Instinto é o que mais me orienta no português, profe...

Não deveria ser. ☺

Vamos tentar organizar os conhecimentos, para deixar os instintos só para situações extremas.

Os verbos podem ter cinco diferentes predicações: podem ser intransitivos (VI), transitivos diretos (VTD), transitivos indiretos (VTI), transitivos diretos e indiretos (VTDI) ou de ligação (VL).

– Profe do céu, saber isso é um inferno...

Não é, não. Mesmo. Vamos aprender. Uma vez só. Depois praticamos e praticamos e praticamos e nos tornamos reconhecedores profissionais de regência. Maaaasssss...

– Sempre tem um "mas"...

Claro que sempre tem: saber é difícil, mas é para isso que estamos aqui. Nós vamos, para que se possa fazer um estudo adequado da regência, fazer uma introdução que não é só introdutória: é uma introdução que contém em si o fundamental.

– Então não deveria se chamar de "introdução".

Ah, eu também acho. Mas tanto se fala dos casos especiais de regência (aqueles verbos como "proceder", "visar", "aspirar", etc.) que parece que não existe a matéria regência, e sim somente os casos especiais...

– Pois então...

Minha proposta é que, além dos casos especiais, você aprenda a lógica da regência.

– Então será uma coisa a mais a saber, professor?

Sim, mas a ideia é saber mais uma coisa que facilitará muito a compreensão da "decoreba" habitual dos casos especiais. Vamos?

– Tenho escolha?

Tem. A gente sempre tem. Você pode pular essa introdução não introdutória e ir direto para os casos especiais e decorá-los...

> – Profe, mas agora que eu já sei que existe essa introdução, se eu pular direto para os casos especiais, vou ter um terrível sentimento de culpa...

Ótimo: a culpa é também um bom móvel para as ações. ☺

Venha comigo, então. Vamos começar pelos três passos fundamentais da regência.

1. PASSOS FUNDAMENTAIS DA REGÊNCIA

1º Passo: Localizar o sujeito.

> – Profe, mas o assunto aqui não é regência do verbo?

É.

> – E o primeiro passo é localizar o sujeito?

Sim. Sabe por quê? Porque há, como já falamos, uma confusão muito comum entre sujeito e objeto. São duas estruturas sintáticas frequentemente confundidas uma com a outra. Então, para não corrermos o risco de achar que se trata de um objeto quando na verdade se tem um sujeito, *vamos começar localizando o sujeito* e o excluindo de interferir na regência do verbo. Quer ver?

- "Sobrou uma cerveja."

Você acha completamente absurdo achar que "uma cerveja" é objeto direto?

> – Não acho nem um pouco absurdo, profe...

Pois então. Se você começar pela localização do sujeito, não há como fazer essa confusão.

> – E por que essa é uma confusão comum?

Por uma programação mental que temos para a posição de determinados elementos: estamos preparados para ver o sujeito antes do verbo, entende?

– Hum...

Entretanto, há vários verbos que tradicionalmente vêm antepostos ao seu sujeito. Esses são os que mais atrapalham.

– E o senhor, bonzinho que é, pode mostrar de novo quais são os principais?

Depois de ser assim espontaneamente chamado de bonzinho, eu posso o que você quiser. ☺

Os principais verbos que se antepõem ao sujeito são "restar", "sobrar", "faltar", "existir", "ocorrer", "acontecer" e "bastar", entre outros.

+ "Na geladeira, restam algumas garrafas de cerveja." (Sujeito: algumas garrafas de cerveja)
+ "Sobrou uma única vaga." (Sujeito: uma única vaga)
+ "Agora faltam três colheres de açúcar." (Sujeito: três colheres de açúcar)
+ "Existem sentimentos humanos incompreensíveis." (Sujeito: sentimentos humanos incompreensíveis)
+ "Ocorreu uma catástrofe ambiental na Amazônia." (Sujeito: uma catástrofe ambiental)
+ "Acontecerão em março as provas do mestrado." (Sujeito: as provas do mestrado)
+ "Bastam alguns cuidados especiais." (Sujeito: alguns cuidados especiais)

– Entendido, professor.

Se você sempre procurar primeiro pelo sujeito, nunca vai confundi-lo com o objeto. Eu prometo.

2º Passo: Identificar os objetos.

Quando podemos procurar os objetos?

– Só depois de localizado e classificado o sujeito.

Assim estamos nos entendendo bem. Pois então: uma vez que tenhamos conseguido achar o sujeito, é hora de irmos atrás dos objetos, diretos ou indiretos. Para identificar os objetos, devemos saber antes que os objetos, que são os complementos verbais, respondem a apenas duas perguntas:

+ "o quê?"
+ "quem?"

} resposta = Objeto

– Somente a essas?

Somente.

– E tanto o direto quanto o indireto?

Sim, os dois. A diferença básica e fundamental entre eles é que o objeto indireto é antecedido por preposição, e o objeto direto não o é.

– Professor, o senhor adivinha o que vou pedir?

Exemplos?

– Acertou.

Certo. Vamos a eles.

+ "Os peritos (Sujeito) encontraram (VTD) documentos falsos (OD)."

Está bem claro na frase que o sujeito é "os peritos". Vencida essa etapa, devemos procurar os objetos (caso existam objetos, porque pode ocorrer de a frase simplesmente não os ter). Para que procurássemos o objeto, aí a pergunta seria a seguinte:

"Encontraram o quê"? Depois de classificarmos o sujeito, há resposta para uma pergunta que seja "o quê" ou "quem"?

– Há!

Então há objeto e, como ele não é antecedido por preposição, é um objeto direto.

– Professor, com o senhor explicando fica tudo claro como uma verdade!

Nossa, que palavras bonitas! Agradeço, mas não mereço. ☺

Vamos a mais exemplos.

+ "A moça necessita de auxílio financeiro."
Sujeito VTI OI

O sujeito, facilmente identificável, é "a moça". Em sequência, fazemos a pergunta do objeto: "precisa de quê?" Há resposta para essa pergunta?

– Há: "de auxílio financeiro".

De fato há e de fato é essa, o que revela que temos um objeto na frase, no caso indireto, por vir antecedido por preposição. Mais algumas.

+ "As meninas observaram os colegas."
Sujeito VTD OD

Observaram quem? Resposta: "os colegas". Portanto, objeto direto.

+ "O rapaz conversou com médicos experientes."
Sujeito VTI OI

Conversou com quem? Resposta: "com médicos experientes". Sendo assim, objeto indireto.

– Fechado, professor!

Ótimo!

3º Passo: Reconhecer adjuntos adverbiais.

Quando apresentei o 1º Passo, agora há pouco, falei que identificar o sujeito faz com que não se cometa um erro básico que pode nos levar a errar a regência de um verbo: confundir o sujeito com um objeto. Essa dúvida já está dirimida.

– Dirimida?

Sim. É o mesmo que desfeita: desfeita a dúvida, ou seja, esclarecida a questão.

– Hum... Que chique!

Grato! ☺

Pois bem: há ainda um outro problema grave que pode surgir, aliás bem mais grave do que o primeiro.

– Ai, professor, e eu feliz que já não confundia mais sujeito com objeto direto!

Isso! E agora vem mais uma coisa que você não pode (e não vai mais) confundir: objetos e adjuntos adverbiais.

– E como se faz pra não se confundir?

Assim: os objetos, como já vimos e como você já aprendeu, respondem sempre às perguntas "o quê?" ou "quem?". Tranquilo? Respondo eu: tranquilo.

Agora, daremos um passinho a mais, um pouco mais sutil: vamos identificar os adjuntos adverbiais.

– Pois é, professor, isso me embanana bastante...

Vamos por partes. Veremos de novo, apesar de já termos visto. Os adjuntos adverbiais respondem, basicamente, às perguntas da curiosidade, ou, mais explicitamente falando, às perguntas que fazemos quando estamos fazendo uma fofoca, ou ao menos participando de uma. Lembra?

– Fofoca?

Isso mesmo. Você vai me dizer que não sabe o que é uma fofoca?

– Saber eu sei, mas não gosto...

Não gosta de quê?

– De fofoca...

Olhe, eu sei que essa é uma mentira bem-intencionada que a gente conta, mas ainda assim uma mentira.

– O senhor está dizendo que eu minto?

Não: que faz fofoca! ☺

Assim como eu, como meus vizinhos, como todo mundo que eu conheço... Sabe que, para mim, a fofoca, desde que não seja moralmente depreciativa, é até um dos temperos da comunicação cotidiana... Se nos impedissem de falar da vida dos outros, quase não falaríamos, concorda?

– De certo modo, sim.

Alegria! Então sigamos.

Retomando o fio da meada: adjuntos adverbiais respondem a todas as perguntas básicas de quando estamos fazendo uma fofoca: "onde?", "quando?", "como?", "com quem?", "por quê?" e outras. Entendeu?

– Sim, eu acho.

Resposta certa: "sim, com certeza!"

– Sim, com certeza!

Tem certeza?

– Não, mas o senhor disse que era a resposta certa, então repeti!

Coisa mais querida!!! Vamos lá. Testemos em frases.

+ "João morreu no hospital."
(João = Suj.; morreu = VI; no hospital = Adj. Adv.)

Quem morreu foi "João", sujeito. Agora note que a pergunta que teríamos de fazer para que obtivéssemos a resposta "no hospital" não seria "o quê?" nem "quem?" (essas seriam as perguntas que teriam como resposta um objeto, direto sem preposição e indireto com preposição).

Ajude este professor que com tanto empenho lhe explica o português e diga: que pergunta teria de ser feita para que a resposta fosse "no hospital"?

– Onde.

Sim! Sim! Outra vez: sim! "Onde" não é pergunta que se faça para encontrar objeto: é pergunta que se faz para encontrar adjunto adverbial de lugar. Nota?

– Noto.

Então, você já entendeu. Daqui para a frente é só questão de treino, e treinaremos. Nas frases seguintes, deixemos de lado o sujeito e os objetos e nos fixemos nos elementos que são adjuntos adverbiais, atentando para o fato de que eles respondem a perguntas típicas, que são as perguntas da curiosidade, que são as perguntas da... fofoca.

– Perfeito.

+ "Ele comprou muitas frutas na segunda-feira."
Adj. Adv.

A que pergunta "na segunda-feira" responderia?

– Quando.

Sim: portanto, adjunto adverbial de tempo.

+ "O advogado respondeu às perguntas de maneira agressiva."
Adj. Adv.

Qual a pergunta que teria de ser feita para que a resposta fosse "de maneira agressiva?"

– Como.

Mais uma vez, sim. Então é adjunto adverbial de modo. Percebe a lógica de funcionamento? É com base no tipo de pergunta à qual a estrutura funcionaria como resposta que saberemos se se trata de um objeto ou de um adjunto adverbial. Entendeu?

– Entendi, profe, mas não vai haver situações em que se fica na dúvida?

Vai, é claro que vai. Português não é matemática, não é ciência exata: sempre haverá casos limítrofes. Mas esses serão as exceções, os casos especiais, as questões discutíveis, e por aí vai. De modo geral, essa "receita" que estamos vendo, de observar com atenção as perguntas a serem feitas, tende a resolver com tranquilidade as dúvidas mais gerais. Você deve estar querendo relembrar, agora, quais são as perguntas mais habituais que geram como respostas adjuntos adverbiais.

– Profe, se o senhor tiver essas perguntas para me dar, ainda que seja mais uma vez, agradeço muito...

Não tenho todas, mas tenho as principais, que costumam nos tirar de apuros banais.

a) Onde? = adjunto adverbial de lugar:

+ "Nós encontramos dinheiro dentro do cofre."
Adj. Adv. Lugar

b) Quando? = adjunto adverbial de tempo:

+ "No dia 5 de março, ele recebeu o salário."
  Adj. Adv. Tempo

c) Como? = adjunto adverbial de modo:

+ "Os rapazes agiram irresponsavelmente."
  Adj. Adv. Modo

d) Em companhia de quem? = adjunto adverbial de companhia:

+ "Nós caminhamos com os alunos da escola."
  Adj. Adv. Companhia

e) Por que razão? (por causa de quê?) = adjunto adverbial de causa:

+ "Nós atravessamos a rua por medo do rapaz."
  Adj. Adv. Causa

f) Com que instrumento? = adjunto adverbial de instrumento:

+ "Ele cortou o pão com uma faca de serra."
  Adj. Adv. Instrumento

– Professor querido e amado, o senhor quer mesmo que eu saiba todas essas perguntas?

Não. Eu quero que você saiba basicamente que os objetos respondem apenas às perguntas "o quê?" e "quem?" e que as demais perguntas têm como respostas adjuntos adverbiais. O que eu fiz dando essa lista foi tentar dar mais segurança a respeito do tipo de pergunta a que responde um adjunto adverbial.

– Ah, entendi...

Folgo em saber!

– Oi?

Folgo em saber, isto é, fico feliz de saber!

– Ah, bom...

Quer ver uma coisa? Vamos tomar como exemplo uma frase com sujeito, verbo e objeto, e a ela vamos acrescentando adjuntos adverbiais. Primeiro, a frase original, sem os adjuntos.

+ "O rapaz matou o vizinho."
  Sujeito VTD OD

Ok?

– Ok. Meio trágica. Mas ok.

Foco na gramática. Sigamos.

+ "O rapaz matou o vizinho no escritório." (onde?)
  A. A. Lugar
+ "O rapaz matou o vizinho à tarde." (quando?)
  A. A. Tempo
+ "Com extrema violência, o rapaz matou o vizinho." (como?)
  A. A. Modo
+ "O rapaz, com dois comparsas, matou o vizinho." (em companhia de quem?)
  A. A. Companhia
+ "O rapaz matou o vizinho com uma machadinha." (com que instrumento?)
  A. A. Instrumento
+ "O rapaz matou o vizinho por ciúme." (por causa de quê?)
  A. A. Causa

Você há de convir que até aqui não parece tão dramático, concorda?

– Concordo.

Mas há um motivo para que você esteja tranquilo; ou melhor, dois.

– Quais?

O primeiro, as minhas pacientes explicações até aqui. ☺

– Ok, professor, não é uma afirmação muito humilde, mas eu até concordo com o senhor...

Agradecido. E o segundo, e certamente mais importante: estamos vendo, até aqui, as duas faces da matéria isoladas: primeiro procuramos só os objetos, depois procuramos só os adjuntos.

Por óbvio, as dificuldades se ampliam, no português e em tudo o mais, quando se misturam as coisas. Vamos misturá-las?

– Há remédio? Vamos.

Identifiquemos os elementos das frases abaixo.

- **Frase 1:** "Restaram algumas dúvidas após a aula de sábado".

Que é que restou? Resposta: "algumas dúvidas". Portanto, esse é o sujeito. Agora: a que pergunta responderia a estrutura "após a aula de sábado"?

– Quando.

Isso, exatamente isso. Trata-se, então, de adjunto adverbial de lugar, e não de objeto. Temos nessa frase apresentada os seguintes elementos:

+ "Restaram algumas dúvidas após a aula de sábado."
  VI Suj. A. A. Tempo

– Certo. Consegui acompanhar.

- **Frase 2:** "Os homens rapidamente entregaram os presentes aos militares".

Primeiro, procuramos o quê?

– Sujeito.

Isso. Quem é que entregou?

– "Os homens".

Justo: "os homens" é sujeito. Entregaram o quê?

– "Os presentes".

Se responde às perguntas "o quê?" ou "quem?", é objeto ou adjunto?

– Objeto.

Certo mais uma vez. Então "os presentes" é objeto direto. Entregaram a quem?

– "Aos militares".

Se é "a quem", é objeto. Como é antecedido por preposição, "aos militares" é objeto indireto.

Por fim, para ganhar estrelinha, que pergunta teria de ser feita para que a resposta fosse "rapidamente"?

– "Como?".

Lindo: "como?". Então fechou: se responde à pergunta "como?", é adjunto adverbial de modo. E assim analisamos toda a frase, sem deixar nenhuma lacuna.

+ "Os homens rapidamente entregaram os presentes aos militares."
Sujeito A. A. Modo VTDI OD OI

Tudo tranquilo? Agora vamos fazer o seguinte: eu dou a frase três, você vai propondo as perguntas certas e eu vou dando as respostas, pode ser?

– Pode, sim. Se acertar tudo, eu choro de emoção.

Chore mesmo, porque merece. Acertar tudo de análise sintática é mais comovente do que assistir ao show da Marília Mendonça depois de ter tomado um pé na bunda. ☺

- **Frase 3:** "Na praia, eu cortei a grama com uma foice."

– Quem é que cortou?

"Eu". Ou seja, "eu" é o sujeito.

– Cortei o quê?

"A grama". Então, "a grama" é objeto direto.

– Onde?

Onde se realizou a ação? "Na praia". "Na praia" é adjunto adverbial de lugar.

– Cortou com que instrumento?

"Com uma foice". O mais difícil, sem dúvida, de classificar nessa frase: é adjunto adverbial de instrumento. Conseguiu?

– Consegui. E as lágrimas? ☺

Vamos ver a frase aqui abaixo com todos os elementos classificados.

+ "Na praia, eu cortei a grama com uma foice."
A. A. L. Suj. VTD OD A. A. I.

– Perfeito, professor.

2. OS TIPOS DE VERBO (PREDICAÇÃO VERBAL)

Agora que já vimos as linhas mestras da distinção entre objetos e adjuntos, podemos começar a trabalhar os cinco tipos de verbo, aqueles que existem na nossa língua e podem ser (e são) cobrados em prova.

> – Medo é a palavra que define o que eu sinto de tudo que envolva verbos, professor...

Só é corajoso quem sente medo, sabia?

> – Sabia não...

Se você não sente medo, é só um irresponsável. Coragem mesmo é sentir medo e conseguir enfrentá-lo. Medo temos o tempo todo: importante é só não nos paralisarmos por causa dele.

> – Bonita tese, professor!

E verdadeira. No mais, você não precisa sentir medo. O mais difícil você já conseguiu: distinguir, diferenciar objetos e adjuntos. Agora, daqui por diante, é só uma questão de adequação. Prometo.

> – Se o senhor promete, eu acredito!

2.1. Verbos intransitivos

A mais habitual definição dos verbos intransitivos: aqueles que valem por si, que não precisam de complemento. Não é?

> – Profe, não me diga que isso não funciona, por favor...

Trago verdades: isso não funciona, não. Há verbos que parecem muito precisar de um complemento, mas que, ainda assim, são intransitivos (como veremos nos casos especiais de regência, mais adiante). Vamos pensar assim: são intransitivos, globalmente, os verbos não acompanhados por objetos, nem diretos nem indiretos. Certinho?

> – Pode haver adjuntos adverbiais acompanhando?

Pode. E geralmente haverá. Sabe por quê? Se nos é dado um verbo intransitivo acompanhado apenas pelo sujeito, fica muito fácil ver que ele é intransitivo.

+ "O remédio sumiu".
  Sujeito VI

Que é que sumiu? "O remédio". Não havendo mais nada na frase, o verbo só pode ser mesmo intransitivo.

– Mas é claro! E se fica óbvio não tem por que cair em prova desse modo...

Isso. O elaborador da questão é "do mal": é ele contra nós. Cabe a nós nos defendermos. E eu estou aqui para treinar você a saber se defender. ☺

O mesmo ocorre nas frases abaixo:

+ "O caminhão capotou."
  Sujeito VI

+ "A criança nasceu."
  Sujeito VI

A única maneira de tentar dar uma dificultada na frase sem que haja outros elementos além do sujeito e do verbo é invertê-los.

– Como já fizemos há pouco para não confundirmos sujeito e objeto?

Isso mesmo.

+ "Desapareceram os cachos de uva."
  VI Sujeito

Que é que desapareceu?

– "Os cachos de uva".

Isso. Logo, sujeito. Logo, o verbo é intransitivo. Logo, você está se tornando um exímio reconhecedor das regências dos verbos. Logo, você está de parabéns.

– Nós estamos, professor!

Ok, ok: modéstia à parte, eu também acho que nós estamos. ☺

De resto, o verbo intransitivo pode vir com um ou mais adjuntos adverbiais:

+ "As garotas desapareceram ontem à noite, na praça da cidade."
A. A. T. A. A. L.

"Ontem à noite" é quando; "na praça central da cidade" é onde. Portanto, adjuntos adverbiais.

– Perfeito.

2.2. Verbos transitivos diretos

Por mais idiota que pareça afirmar isso, verbos transitivos diretos são verbos que apresentam objeto direto. Simples assim. Costuma-se dizer que são verbos que exigem um complemento não preposicionado. Serve também a definição. Mas a questão de fato, a que importa mesmo, é a presença de objeto direto.

– Um "o quê?" ou "quem?" que responda à pergunta do verbo?

Isso. Simples assim. Direto assim. Objetivo assim. Vamos ver.

+ "Ele demonstrou grande força pessoal."
Suj. VTD OD

Quem demonstrou? "Ele", sujeito. Demonstrou o quê?

– "Grande força pessoal."

Isso. Objeto direto

+ "O diretor humilhou os alunos reprovados."
Suj. VTD OD

+ "Os fatos contradizem as estatísticas oficiais."
Suj. VTD OD

Naturalmente, em uma frase na qual haja um verbo transitivo direto, pode haver um adjunto adverbial, ou mesmo mais de um.

+ "O professor estimulou os colegas carinhosamente."
Sujeito VTD OD A. A. Modo

Quem estimulou? "O professor", que é sujeito. Estimulou quem? "Os colegas", que é objeto direto. E o que é carinhosamente?

– É "como" ele estimulou. Adjunto adverbial de modo.

Lindo demais. Os adjuntos adverbiais, lembremos sempre, não alteram a regência de um verbo.

– E pode haver vários adjuntos adverbiais em uma mesma frase sempre, correto?

Correto. Os adjuntos podem ser um, dois, três, quatro, e por aí vai. A quantidade é ilimitada. Vejamos.

+ "Amanhã (A. A. T.) o rapaz (Suj.) adquirirá (VTD) na loja dos tios (A. A. L.) um aspirador de pó (OD)."

Quem é que adquirirá? "O rapaz", sujeito. Adquirirá o quê? "Um aspirador de pó", objeto direto. Que são "amanhã" e "na loja dos tios"?

– "Quando" e "onde" ele vai adquirir. Adjuntos adverbiais, de tempo e lugar.

Exato.

2.3. Verbos transitivos indiretos

Verbos transitivos indiretos serão aqueles que apresentarem adivinha o quê?

– Objeto indireto?

Isso, ou seja, uma estrutura que responda às perguntas "o quê?" ou "quem?", mas antecedida por preposição. Perguntas do tipo: "de quê?", "de quem?", "com quê?", "com quem?" e assim por diante.

– Mesma coisa que o objeto direto, só que com preposição antes?

Isso. Vamos a alguns exemplos? Ignoremos o sujeito, que estará bastante claro, e nos fixemos nos objetos.

+ "O homem (Sujeito) desconfia (VTI) do funcionário (OI)."

Desconfia de quem?

– "Do funcionário".

Exato. Objeto indireto.

+ "Todos nós (Sujeito) precisaríamos (VTI) de apoio familiar individual (OI)."

Precisaríamos de quê?

– "De apoio familiar individual".

Sim. Objeto indireto. Mais uma vez, digo o que sempre digo: se agora eu der mil exemplos, mil vezes você vai acertar. A história é sempre aquela mesma, de passar o conteúdo do campo do entendimento ("ah, entendi...") para o campo do aprendizado ("agora aprendi e não esqueço nem erro mais").

Pergunto eu agora: pode um verbo vir com um elemento preposicionado que não seja um objeto e seja um adjunto adverbial?

– Pode, sim. Adjunto sempre pode, não?

Isso: resposta linda. O adjunto adverbial sempre pode aparecer, com qualquer tipo de verbo. E aparecerá. Quer ver? Vamos ver algumas estruturas **com** adjunto adverbial preposicionado e **sem** objeto indireto.

+ "Eu desmaiei na sala."
  Suj. VI A. A. L.

Desmaiei "onde"? "Na sala". É "onde"? Então é adjunto adverbial. O verbo é, na verdade, intransitivo.

+ "O jogo acabou de jeito muito estranho."
  Suj. VI A. A. M

Acabou "como"? "De jeito muito estranho". É "como"? Adjunto adverbial de modo. O verbo dessa frase é, mais uma vez, intransitivo.

Agora vejamos alguns exemplos em que **há** objeto indireto e **há** adjunto adverbial preposicionado.

+ "João casou-se com Ana no primeiro sábado de maio."
  Suj. VTI OI A. A. T.

Quem é que se casou? "João", sujeito. Casou-se com quem? "Com Ana", objeto indireto. Casou-se quando? "No primeiro sábado de maio". É "quando"? É: então, é adjunto adverbial de tempo.

Você está percebendo que, desde antes das classificações dos verbos, estou fazendo questão de não deixar sair de cena o adjunto adverbial?

– Sim...

Pois é: se se tira o adjunto adverbial do raciocínio, a matéria fica falsamente fácil e óbvia.

> – Ótimo. Estou acompanhando e bem.

2.4. Verbos transitivos diretos e indiretos

O que serão os verbos transitivos diretos e indiretos? Sim, eles são exatamente o que parecem ser: são verbos que apresentam dois objetos, um direto e um indireto. Simples assim.

+ "Os policiais entregaram a documentação ao diretor geral."

Os policiais	entregaram	a documentação	ao diretor geral.
Sujeito	VTDI	OD	OI

Quem entregou? "Os policiais", ou seja, sujeito. Agora vamos ao que interessa. Entregaram o quê? "A documentação". É "o que" foi entregue? É. Então é objeto direto. Entregaram "a quem"? "Ao diretor geral". Ou seja, objeto indireto. Captou?

> – Captei a vossa mensagem!

Pois então.

> – E os adjuntos adverbiais aqui, professor?

Estão liberados, aqui e em qualquer outro lugar.

+ "Anteontem, o motorista contou, na porta do hotel, uma fofoca ao turista."

Anteontem,	o motorista	contou,	na porta do hotel,	uma fofoca	ao turista.
A. A. T.	Sujeito	VTDI	A. A. L.	OD	OI

Viu?

> – Estou vendo...

Pois é. Deixa que eu organizo por escrito aqui o que certamente você já fez mentalmente aí.

Quem é que contou? "O motorista", sujeito. Contou o quê? "Uma fofoca", objeto direto. Contou "a quem"? "Ao turista", objeto indireto. E aí, para que não nos esqueçamos deles, há aí dois adjuntos adverbiais, certo?

> – Um de tempo ("anteontem"), que responde à pergunta "quando?"; e outro de lugar ("na porta do hotel"), que responde à pergunta "onde?".

É para isso que a gente trabalha!

2.5. Verbos de ligação

Chegamos agora a uma categoria muito especial de verbos: os verbos de ligação.

– Profe, esses são infernais. Não são?

Não, não são. Esses são verbos com as suas peculiaridades, mas de número limitado e uso bastante específico. Mais uma vez, outra vez mais, e mais uma vez ainda: é só entender e, depois, sair colocando em prática e acertando sempre. Você vai aprender de uma vez por todas.

– Palavra, professor? Promete?

Promessa de escoteiro. Já ouviu falar nisso?

– Olhe, acho que não...

Era expressão comum na minha infância. Sinônimo de promessa "de verdade". ☺

Os verbos de ligação são aqueles verbos que indicam "estado". Eles são em número limitado e *sempre estarão acompanhados por um predicativo do sujeito.*

– Tudo isso pra saber?

Sim, mas vamos por partes.

- **Primeira coisa:** se é verbo de ligação, tem a ver, necessariamente, com "estado".

– Que "estado"?

Já, já veremos. Por enquanto, guarde isso. São verbos relacionados com estado. Com "estado", entendeu?

– Entendi.

Com o quê?

– Com "estado".

Lindo. Agora vamos particularizar essa definição genérica de que os verbos de ligação estão relacionados a estado. Na verdade, eles estão relacionados a diferentes tipos de estado: estado permanente, estado transitório, estado aparente, mudança de estado, e assim por diante. Ok?

– Acho que sim....

Acha não: tem certeza. Ok?

– Sim! Tenho certeza.

Ótimo. ☺

Então, vamos aos exemplos. Por agora, basta perceber que os verbos de ligação estão indicando diferentes estados. Não se preocupe ainda com as informações mais específicas (se é só isso ou com quais são todos os verbos de ligação). Isso fica para um pouquinho mais adiante.

+ "O homem é charmoso." ("é" = estado permanente)
  é = VL

+ "As moças estão cansadas." ("estão" = estado transitório, pois estão agora)
  estão = VL

+ "A professora parecia nervosa." ("parecia" = estado aparente)
  parecia = VL

+ "O móvel ficou irreconhecível." ("ficou" = mudança de estado)
  ficou = VL

Percebeu?

– Professor, percebi.

Ótimo. Seguimos.

- **Segunda coisa:** os verbos de ligação são em número limitado. Não é qualquer verbo que pode ser verbo de ligação. São somente aqueles que podem exprimir os diferentes tipos de estado:

ser, estar, parecer, permanecer, continuar, ficar, tornar-se, andar, virar, viver.

– Professor, os primeiros são tranquilos, mas "andar", "virar" e "viver" são de ligação desde quando? Tem a ver com o acordo ortográfico?

Não, pessoa louca! ☺

São de ligação desde sempre, se estiverem em determinada situação. Mas isso fica para daqui a pouco. Por ora, repitamos esses verbos e guardemos: ser, estar, parecer, permanecer, continuar, ficar, tornar-se, andar, virar e viver. Repita para mim.

– Ser, estar, parecer, permanecer, continuar, ficar, tornar-se, andar, virar e viver.

Isso: ser, estar, parecer, permanecer, continuar, ficar, tornar-se, andar, virar e viver.

- **Terceira coisa:** esses verbos somente serão de ligação se estiverem ligando o sujeito a um predicativo do sujeito, ou seja, a uma característica do sujeito. Note nas frases a seguir.

+ "Carlos é bonito."
  Suj. VL Pred. do Suj.

Nesta frase, "É" é verbo de ligação, pois "bonito" é um atributo, uma característica de "Carlos", sendo classificado, então, como predicativo do sujeito.

– Tranquilo, professor.

Já na frase abaixo, "É" não será verbo de ligação, porque "amanhã" é apenas um adjunto adverbial de tempo. O verbo "ser", neste caso, será classificado como verbo intransitivo, por mais estranho que pareça.

+ "O jogo é amanhã."
  Suj. VI A. A. T.

– Olhe, professor: para mim é um pouco difícil aceitar que o verbo "ser" possa ser intransitivo...

Entendo. Lembre-se de que, para que seja um verbo de ligação, deve haver, necessariamente, um predicativo do sujeito. Caso não haja, o verbo terá qualquer outra classificação, mas verbo de ligação ele não será. Vamos a mais um par de exemplos.

+ "A moça vive cansada."
  Sujeito VL Pred. do Suj.

+ "A moça vive uma história de amor."
Suj. VTD OD

Na primeira frase, "viver" é verbo de ligação, pois está unindo um sujeito a um predicativo (um atributo do sujeito). Já na segunda frase, ele é verbo transitivo direto, pois "uma história de amor" não é um atributo da moça, e sim o que ela vive, portanto, um complemento do verbo "viver".

– Acho que entendi, professor. Não quer aproveitar para me contar quando os verbos "virar", "andar" e "viver" são verbos de ligação?

Claro que sim!

- "Virar" é verbo de ligação no sentido de "tornar-se":

+ "O rapaz virou uma pessoa insuportável." ("tornou-se" uma pessoa insuportável)
VL

- "Andar" é verbo de ligação no sentido de "estar":

+ "Os deputados andam temerosos." ("estão" temerosos)
VL

- "Viver" é verbo de ligação no sentido aproximadamente de "estar sempre":

+ "Elas vivem arrumadas." ("estão sempre" arrumadas)
VL

– Certo, professor. Já é uma luz.

Que bom!

3. PARALELISMO DE REGÊNCIA: COMPLEMENTOS DE TERMOS DE REGÊNCIAS DIFERENTES

Quando isso aparece em prova, há uma grande dificuldade de reconhecer o erro que há na frase. Muitas vezes, inclusive, chegamos a notar que há algo estranho, mas não sabemos especificar o que é.

– Medo, profe...

Não sinta. Vamos ao fato. Simplificando ao máximo: não podemos usar um mesmo complemento para termos que tenham diferentes regências. Exemplo de erro:

+ "Entrei e saí de casa."

Creio que não seja muito claramente perceptível que há um errinho de regência na frase acima.

– Também creio que não seja muito claramente perceptível...

Vamos aprender. O verbo "entrar" exige preposição "em": quem entra, entra EM algum lugar; já o verbo "sair" exige preposição "de": quem sai, sai DE algum lugar. Desse modo, não podemos colocar um único complemento para os dois verbos. A forma correta seria:

- "Entrei em casa e saí dela."

Note que, agora, cada verbo está com o seu correto complemento, cada um introduzido pela preposição correta: "entrei EM, saí DE".

– Profe, eu noto, mas é dificilzinho notar isso sem auxílio...

Concordo. Temos de ir acostumando o olho. Mais uma frase. Quero que você aponte o erro.

- "A moça não confia nem desconfia de pessoas próximas."

– O erro está no fato de um dos verbos exigir preposição "em" (quem confia, confia EM algo / alguém) e o outro exige preposição "de" (quem desconfia, desconfia DE algo / alguém).

Resposta maravilhosamente linda! E como deveria ser escrita a frase?

– A moça não confia nas pessoas nem desconfia delas.

Exato. Ou então o contrário:

- "A moça não desconfia das pessoas nem confia nelas."

Tanto em uma quanto em outra estrutura, cada verbo está acompanhado da sua respectiva preposição. Há, assim, correção gramatical.

– Compreendi perfeitamente, professor.

Ótimo. Nos dois exemplos que dei até agora, coloquei em sequência dois verbos que exigem diferentes preposições e que têm de ter essa particularidade respeitada. Do mesmo modo, não podemos colocar em sequência, com um mesmo complemento, UM VTD e UM VTI, por exemplo:

- "Ele namorou e casou-se com Paula."

Pode ser um pouco dificilzinho de notar, mas os verbos da frase acima apresentam regências diferentes: "namorar" é VTD (quem namora, namora alguém); "casar-se" é VTI (quem se casa, se casa COM alguém).

– Mas muita gente usa "namorar" como se fosse VTI: "eu namorei com uma menina paulista".

Sim. Muita gente usa. Ainda assim, está errado. O certo seria "eu namorei uma menina paulista".

A correta escrita da frase acima seria a seguinte:

+ "Ele namorou Paula e casou-se com ela."

– Perfeito.

4. CASOS IMPORTANTES DE REGÊNCIA VERBAL

Agora, que já fizemos um amplo painel a respeito de regência verbal, estamos preparados para os chamados casos especiais de regência.

– Que seriam os casos especiais, profe?

Os casos especiais são aqueles que, por algum motivo particular, temos de lembrar. Eles podem ser especiais por vários motivos: por terem mais de uma regência; por terem uma regência diferente daquela que aparentam ter; por serem frequentemente mal-utilizados no cotidiano; e assim por diante.

O fato é que são casos dos quais teremos de nos lembrar. De todos eles.

– Certo.

4.1. Querer

a) no sentido de "desejar", será VTD:

+ "A moça (Sujeito) quer (VTD) presentes delicados (OD)."

+ "O homem (Sujeito) quereria (VTD) este prêmio (OD)."

– É nesse sentido que se usa geralmente, não?

Sim, nesse mesmo. Aliás, eu diria que, hoje em dia, usa-se esse verbo somente nesse sentido. O outro uso, embora gramaticalmente previsto e eventualmente presente em prova, está praticamente abolido do uso, mas, ainda assim, convém saber.

– Se é melhor saber, saibamos.

b) no sentido de "querer bem", "estimar", "ter estima por", será VTI que exige presença da preposição "a":

+ "Ele quer aos netos".
Suj. VTI OI

– Mas me diga: se não se usa, por que tenho de saber?

Por um motivo muito simples: estamos aqui para melhorar o nosso nível de português, sem dúvida nenhuma, mas principalmente estamos aqui para acertarmos as questões de prova. Como aparece em prova, teremos de saber...

– O senhor foi conciso e bastante convincente.

Agradeço. ☺

4.2. Proceder

a) no sentido de "dar início", "realizar", é VTI que exige presença da preposição "a":

+ "Os policiais procederam ao interrogatório previsto".
Sujeito VTI OI

– Esse não se usa taaaanto assim, mas se usa...

Sim. Esse verbo, com essa regência, é usado sobretudo na área jurídica. E todos os elementos de uso comum na área jurídica terminam permanecendo muito vivos na língua, ainda que não sejam muito usados por pessoas de outras áreas no cotidiano.

– Tranquilo.

b) no sentido de "ser verdadeiro", é VI:

+ "A notícia do falecimento do jovem procede".
Sujeito VI

Você nota que este é um daqueles verbos intransitivos que, se antepostos ao sujeito, podem parecer casos de VTD, quando na verdade não o são?

– Não tinha me ocorrido, não, professor...

Basta, para que possa haver confusão, inverter a ordem do sujeito e do verbo:

+ "Procede a informação dada pelo rapaz?"
  (Procede: VI; a informação dada pelo rapaz: Sujeito)

Nessa frase, que é que procede?

– "A informação dada pelo rapaz"?

Exato. Essa estrutura ("a informação dada pelo rapaz") é, portanto, sujeito.

– De fato fica mais difícil assim, profe...

Sim, casinho difícil. Mas estejamos preparados, porque, para dificultar mais um pouco, o sujeito poderia ser oracional:

+ "Procede que haverá demissões em massa?"
  (Procede: VI; que haverá demissões em massa: Sujeito)

Que é que procede?

– "Que haverá demissões em massa."

Sim. Sujeito oracional.

– Assimilado.

c) no sentido de "ser originário de", é VI, mas, mais uma vez, pode haver confusão, porque é exigida a presença de um adjunto adverbial introduzido pela preposição "de":

+ "O rapaz procede do interior baiano".
  (O rapaz: Sujeito; procede: VI; do interior baiano: A. A. L.)

Percebe? Retomando o que vimos, revimos e vimos outra vez, que pergunta teríamos de ter feito para que a resposta fosse "do interior baiano"?

– De onde.

Logo, isso faz com que "do interior baiano" seja o quê?

– Adjunto adverbial de lugar, profe.

Isso. Lindo. Mas lembre-se de que, neste exato momento, estamos falando apenas disso – a regência –, de modo que talvez fique mais fácil chegar a essa conclusão.

– Concordo.

4.3. Assistir

Eis um verbo muito, muito, muito habitual no uso, sobre o qual sempre pairam dúvidas e em relação ao qual com muita frequência há dificuldades.

– É que tem vários sentidos, não é? E cada um com uma regência...

Não só isso: tem vários sentidos, com várias regências, e, em alguns sentidos, pode haver mais de uma regência.

– Mas daí é para matar a pessoa, professor amado...

É, sim. Vamos ver. ☺

a) No sentido de "presenciar", é VTI que exige a preposição "a":

+ "O garoto (Suj.) assistiu (VTI) ao filme (OI); a garota (Suj.) assistiu (VTI) à série (OI)".

– Nesse sentido, é sempre VTI?

Nesse sentido, sempre. Eu sei que, no uso cotidiano, usamos como se fosse VTD. É comum usar no dia a dia a estrutura incorreta "eu assisti o filme ontem". Por isso, reitero: usar como VTD, no sentido de "presenciar", é erro.

– Guardei.

Assim espero. Há outro detalhezinho...

– Não gosto muito de "detalhezinhos", profe...

Ok. Mas existe um detalhe e ele vai ter de ser guardado. Nesse sentido que estamos estudando, o de "presenciar", o objeto indireto não pode ser substituído pelos pronomes "lhe" ou "lhes". Não pode. Para substituir o objeto indireto aqui devemos usar "a ele", "a ela", "a eles", "a elas".

+ "Eu assisti ao debate político."
  Suj. VTI OI

+ "Eu lhe assisti." / "Eu assisti-lhe." (frases incorretas)

+ "Eu assisti a ele." / "A ele eu assisti." (frases corretas)
  Suj. VTI OI OI Suj. VTI

– Quando o verbo "assistir" for usado no sentido de "presenciar", ele terá objeto indireto antecedido pela preposição "A", mas esse objeto indireto não poderá ser substituído pelos pronomes "lhe" e "lhes", mas poderá ser substituído por "a ele", "a ela" e similares. Isso?

Exatamente isso.

b) No sentido de "prestar assistência", "auxiliar", "ajudar", o verbo "assistir" pode ser indistintamente VTD ou VTI.

– Como assim "indistintamente", professor?

O que eu disse é que pode tanto apresentar objeto direto quanto objeto indireto antecedido pela preposição "A" sem que haja erro. As duas frases abaixo estão corretas.

+ "A enfermeira assistiu o garoto ferido."
  Sujeito VTD OD

+ "A enfermeira assistiu ao garoto ferido."
  Sujeito VTI OI

– E essas duas frases estão corretas e têm o mesmo sentido?

Isso, isso, isso. O que eu estou dizendo, aqui, é que, no sentido de "prestar assistência", são duas formas corretas de expressar exatamente a mesma coisa.

– Professor, eu quase não posso acreditar: eu sempre achei que, nesse sentido, fosse somente VTD.

Muita gente pensa, mas não é. Pode ser de um modo ou de outro. E, nesse sentido, se o objeto for direto, podemos substituí-lo pelos pronomes

"O", "A", "OS", "AS"; e, se o objeto for indireto, podemos substituí-lo por "LHE" ou "LHES".

+ "A enfermeira assistiu o garoto ferido."
Sujeito VTD OD

+ "A enfermeira o assistiu."
Sujeito OD VTD

+ "A enfermeira assistiu ao garoto ferido."
Sujeito VTI OI

+ "A enfermeira lhe assistiu."
Sujeito OI VTI

– Ok. Não pode "LHE" para o sentido de "presenciar", mas pode "O" ou "LHE" para o sentido de "prestar assistência".

E-xa-ta-men-te.

c) No sentido de "ser da competência de", "caber a", o verbo "assistir" será VTI que exige preposição "A".

+ "Assiste aos desembargadores essa difícil decisão."
VTI OI Sujeito

– Profe, eu acho que eu nem conhecia esse verbo nesse sentido...

Acho que conhecia, sim. Nesse sentido, é mais comum que o sujeito seja oracional e que o objeto indireto seja representado pelo pronome "LHE":

+ "Não lhe assiste opinar sobre isso."
OI VTI Sujeito

– Se o senhor está dizendo, acredito.

Ótimo. ☺

d) O verbo assistir ainda pode ter uma quarta regência: no sentido de "morar", "residir", ele é VI (isso mesmo, verbo intransitivo) que vem acompanhado por adjunto adverbial de lugar introduzido pela preposição "EM":

+ "Os rapazes assistem em Capão Redondo."
Sujeito VI A. A. L

– O senhor jura pra mim que esse verbo pode ter esse sentido?

Juro.

– Eu não sabia...

Agora sabe. ☺

4.4. Aspirar

Que sentidos esse verbo tem?

– O de cheirar e o outro.

Que outro?

– O que não é o de cheirar.

É por aí, mas assim a resposta está meio imprecisa. Vamos lá. ☺

a) O verbo "aspirar" é VTI que exige a preposição "A" no sentido de "almejar", "desejar":

+ "O militar aspira ao posto de general".
  Sujeito VTI OI

– Esse é o outro.

O outro?

– O outro sentido de que falei.

Isso. Esse é o outro. Nesse sentido, é obrigatória, 100% obrigatória, a presença da preposição "A".

– Tranquilo.

Detalhezinho: nesse sentido, o verbo "aspirar" não aceita que o objeto seja substituído pelos pronomes "LHE" e "LHES". Assim como ocorreu com o verbo "assistir" no sentido de "presenciar", teremos de substituir o objeto por "a ele", "a ela" e afins.

+ "A moça aspirava a uma aposentadoria digna."
  Sujeito VTI OI

+ "A moça aspirava a ela." (frase correta)
  Sujeito VTI OI

– Ok.

b) No sentido de "atrair por aspiração", "sugar", "fazer sucção", é VTD:

+ "O rapaz aspirou o perfume da manhã."
  Sujeito VTD OD

– Esse é o sentido de "cheirar".

Isso, mas não gosto muito dessa definição. Sabe por quê? Porque nem sempre ele está nesse sentido de "cheirar", como nas frases abaixo.

+ "O homem aspirou o pó da sala com um aspirador elétrico."
  Sujeito VTD OD A. A. Instrumento

+ "O médico aspirou o líquido dos pulmões do paciente."
  Sujeito VTD OD

– Entendido, profe.

4.5. Agradar

Mais um verbo que existe em dois sentidos, mas que tem um dos sentidos que é esmagadoramente dominante no uso.

– Mas o senhor, se eu bem o conheço, quer que eu saiba os dois igualmente.

Isso. Que bom que já estamos nos conhecendo bem. ☺

a) O verbo "agradar" será VTI que exige preposição "A" no sentido de "gerar satisfação":

+ "A nota do menino em Português agradou aos pais e aos professores".
  Sujeito VTI OI

– É esse o mais usado?

Sim, é esse. Mas nem sempre ele é usado de modo correto. Muito se vê o uso desse verbo como se ele fosse VTD: "A nota obtida pelo menino agradou os pais e os professores". Esse é um uso inadequado.

– Inaceitável?

Inaceitável.

– Ok.

b) No sentido de "acariciar", "acarinhar", será VTD:

+ "A garota agradou o cãozinho da amiga".
Sujeito VTD OD

Nessa frase, o que se quer dizer, é que a garota "acariciou" o cão.

– Não se usa muito mesmo...

Pois é, mas existe.

– Saberei. Combinado.

4.6. Visar

Chegamos a um verbo que tem alguns diferentes sentidos, com algumas diferentes regências. Além disso, ele é particularmente importante e um pouco difícil.

– Sempre me assusto um pouco quando o senhor faz uma abertura assim...

Meu pai sempre dizia que, para ele, "respeito" e "medo" andavam um bem pertinho do outro... ☺

Mas, falando sério, quando faço essas aberturas chamando a atenção para a dificuldade da coisa, é importante mesmo manter "as orelhas em pé".

a) "Visar" será VTI que exige preposição "A" no sentido de "objetivar", "ambicionar":

+ "O projeto visava ao aumento de vagas no regime semiaberto."
Sujeito VTI OI A. A. Lugar

Essa é, sem dúvida, a regência mais importante.

– Aquela que não posso esquecer de jeito nenhum?

Isso: a que não pode esquecer. A que tem de estar disponível e acessível a qualquer momento. Promete pra mim?

– Prometo.

Mais um exemplo.

+ "A moça visa à promoção no emprego."
Sujeito VTI OI

E há, ainda, um detalhe que dificulta um pouco.

– Ainda mais?

Não, porque na verdade nem há ainda uma dificuldade: até agora, no sentido de "ambicionar", "objetivar", o verbo "visar" é VTI com a preposição "A". A questão que surge é quando o complemento do verbo "visar" é uma oração com verbo no infinitivo.

– Oi?

Assim:

+ "O governo visava retomar a economia" ou "O governo visava a retomar a economia"?

– Não sei...

Nas duas frases acima não há uma locução verbal. O que há são dois verbos independentes: o verbo "visar" e o verbo "retomar". Pois então: quando o complemento do verbo "visar" for uma oração introduzida por verbo no infinitivo, a presença da preposição "A" é opcional.

– Sério, professor?

Seriíssimo! Sendo assim, as duas formas estão certas:

+ "O governo visava retomar a economia."
+ "O governo visava a retomar a economia."

Mas isso só, e somente só, se o complemento estiver em forma de oração.

– Entendi.

b) No sentido de "pôr o visto" ou de "mirar", será VTD:

+ "Os fiscais da Receita Federal visavam os passaportes dos estrangeiros."
Sujeito VTD OD

+ "O rapaz visava o ambiente de trabalho com desconfiança."
Sujeito VTD OD A. A. Modo

– Com o sentido de "pôr o visto" até já vi, mas, com o sentido de "mirar", creio que nunca...

Não se preocupe, você é uma pessoa normal: não se usa mesmo, mas existe.

4.7. Obedecer

"Obedecer" tem uma regência fácil: será sempre VTI que exigirá presença da preposição "A":

+ "Ele obedeceu prontamente aos pedidos dos filhos."
Suj. VTI A. A. Modo OI

+ "A secretária obedece ao superior."
Sujeito VTI OI

– Só isso?

Só. Não custa acrescentar que "desobedecer" tem idêntica regência:

+ "A moça desobedeceu a todos os protocolos da empresa."
Sujeito VTI OI

– Guardei.

4.8. Ensinar

O verbo "ensinar" é VTDI.

– Quem ensina, ensina algo a alguém?

Olhe, essa é a estruturação mais comum para distribuir os objetos. Mas, na verdade, há duas hipóteses.

a) A primeira é essa mesma que você sugeriu: "quem ensina, ensina algo A alguém":

+ "Ele ensinou os valores morais ao filho".
Suj. VTD OD OI

– Fácil, professor, e até óbvio em certo sentido. Sem querer ofender...

Não me ofende, não. Que bom que é tranquilo assim. ☺

Vamos ao outro caso.

b) A segunda hipótese é a seguinte: se a coisa ensinada apresentar forma de oração reduzida de infinitivo (se for uma estrutura iniciada por verbo no infinitivo), ela será o objeto indireto, e a pessoa a quem se ensina será o objeto direto. Nesse caso, "ensina-se alguém A fazer algo":

+ "Ele ensinou o filho a ter valores morais".
  Suj. VTDI OD OI

– Entendi. Nessa frase o objeto direto é "o filho" e o indireto "a ter valores morais"?

Exatamente. Resumindo, nós teríamos as duas seguintes hipóteses como possíveis e corretas:

+ "Ensina-se algo a alguém."
  OD OI

+ "Ensina-se alguém a fazer algo."
  OD OI

– Perfeito.

4.9. Esquecer / Lembrar

As duas regências que os verbos "esquecer" e "lembrar" apresentam se baseiam em uma mesma lógica, ou seja, exatamente o mesmo raciocínio que vale para um vale para o outro.

– E são bem importantes, não?

Demais! São dois dos verbos que mais aparecem em provas entre todos os verbos que estamos estudando como casos especiais. Ou seja, eles terminam sendo os verbos mais importantes entre os mais importantes.

a) Os verbos "esquecer" e "lembrar" serão verbos transitivos indiretos que exigem preposição "DE" quando estiverem na forma pronominal.

– Profe, será que eu lembro bem o que é a forma pronominal de um verbo ou já esqueci?

Se você esqueceu, vamos lembrar. ☺

Um verbo estará em sua forma pronominal quando for acompanhado pelos pronomes pessoais oblíquos átonos "ME", "TE", "SE", "NOS", "VOS", "SE".

– Ai, ai, ai...

Calma, pessoa, calma! Vamos lá. É tranquilo. Vamos conjugar abaixo, no presente do indicativo, o verbo "lembrar" na forma não pronominal e na forma pronominal.

Não pronominal: eu lembro, tu lembras, ele lembra, nós lembramos, vós lembrais, eles lembram.

Pronominal: eu **me** lembro, tu **te** lembras, ele **se** lembra, nós **nos** lembramos, vós **vos** lembrais, eles **se** lembram.

– Lembrei.

É só isso. Resumidamente, podemos dizer que quem "**se** lembra" ou quem "**se** esquece", se lembra ou se esquece **de** alguém ou **de** algo.

+ "O rapaz **se** lembrou **dos** amigos de infância."
  Sujeito / VTI / OI

+ "Eu nunca **me** esqueci **das** palavras maternas."
  Suj. / A.A.T. / VTI / OI

Tranquilo? Sereno? Facilzinho?

– Olha, não seriam essas as palavras, profe, mas até aqui, ok.

b) Os verbos "esquecer" e "lembrar" serão verbos transitivos diretos quando não estiverem na forma pronominal.

+ "O advogado esqueceu o prazo estipulado."
  Sujeito / VTD / OD

Não pode ser "O advogado esqueceu *do* prazo estipulado". Isso constituiria erro gramatical.

– Por não estar na forma pronominal, que, nesse caso, seria "se esqueceu" ou "esqueceu-se"?

Isso. Exatamente isso.

– Profe, mas eu acho que eu seria, tranquilamente capaz de falar ou escrever "o advogado esqueceu do prazo".

Eu tenho certeza de que você seria capaz. Todos nós seríamos. Não fica sequer "estranho" no ouvido. Por isso, é importante ter em mente essas regrinhas especiais. A essa mesma lógica obedece também o verbo "lembrar": quando está em sua forma não pronominal, é VTD, mas, por incrível que pareça, quando usado certo parece errado.

– Oi?

Qual das duas formas abaixo soa melhor ao seu ouvido?

+ "O rapaz lembrou do incêndio que destruiu a boate."
+ "O rapaz lembrou o incêndio que destruiu a boate."

– Eu diria que a primeira...

Pois é. Mas a certa é, como você já deve desconfiar, a segunda. Sabe por quê? Porque o verbo está na sua forma não pronominal:

+ "O rapaz (Sujeito) lembrou (VTD) o incêndio que destruiu a boate (OD)".

– Já entendi.

Ótimo. Pronominal, com preposição; não pronominal, sem preposição.

+ "Ela esqueceu o jantar."
+ "Ela se esqueceu do jantar."

4.10. Fugir

Há, para o verbo "fugir", duas regências possíveis.

a) Primeiro, o verbo "fugir" poderá ser VI:

+ "O prisioneiro (Suj.) fugiu (VI)."

– Profe, até aqui tudo tranquilo. Não há nada difícil ainda.

Nada. Até aqui, bem tranquilo.

b) No entanto, o verbo "fugir" também poderá ser VTI, apresentando, portanto, objeto indireto. Nesse caso, esse objeto indireto poderá ser introduzido tanto pela preposição "DE" quanto pela preposição "A":

+ "O meu candidato fugiu do debate."
Sujeito VTI OI

+ "O meu candidato fugiu ao debate."
Sujeito VTI OI

– O senhor quer me dizer que tanto faz, que as duas formas estão certas e que o sentido, em um caso e em outro, é o mesmo?

É isso mesmo o que quero dizer: são duas formas indistintamente corretas, que exprimem o mesmo sentido.

4.11. Implicar

Eis mais um verbo que apresenta mais de uma regência.

– Eu já imaginava...

a) O verbo "implicar", no sentido de "hostilizar", é VTI que exige preposição "COM":

+ "Ele implica com as roupas da irmã".
Suj. VTI OI

– Aqui é "implicar" no sentido de "ter implicância com"?

Isso! Na minha infância, para esse sentido, usava-se a forma "inticar". Não sei se é um regionalismo particular do Rio Grande do Sul, mas as mães diziam: "Para de inticar com o teu irmão!".

b) No sentido de "acarretar", "resultar", ele é VTD:

+ "Esta atitude irresponsável implica atos enérgicos".
Sujeito VTD OD

Aqui está o perigo: muito frequentemente, nessa acepção, coloca-se, erradamente, a preposição "EM": "Uma atitude assim implica *em* atos enérgicos". Esta frase está errada!

–Errada mesmo? É indefensável?

Sim: "implicar em", "implicar no", "implicar na", "implicar nisto" e afins são formas erradas. Não aceitáveis na língua culta.

– Registrado.

Mais um exemplo:

+ "Terrorismo implica medo."
Suj. VTD OD

– Ok.

4.12. Informar e afins

O verbo "informar", na verdade, apresenta apenas uma regência que de fato nos interessa: ele é verbo transitivo direto e indireto.

– E por que ele está em uma lista de verbos especiais, então?

Porque esse é um verbo em que os objetos direto e indireto podem assumir duas diferentes feições.

a) Na primeira hipótese, "informa-se algo A alguém":

+ "O homem informou o problema ao filho."
Sujeito VTDI OD OI

– Neste primeiro caso, a *coisa informada* é o objeto direto e a *pessoa a quem se informa* é o objeto indireto?

Exatamente. A situação pode se complicar um pouquinho quando um dos objetos estiver em forma oracional:

+ "O homem informou ao filho que havia problemas."
Sujeito VTDI OI OD

Enxerga?

– Agora, com o senhor perguntando e praticamente apontando, enxergo, mas é difícil mesmo.

Pois então. O objeto direto está em forma oracional. Ele é, portanto, uma oração subordinada substantiva objetiva direta. Aquela que equivale a "isso".

– Está certo.

b) Na segunda hipótese, "informa-se alguém de algo":

+ "O homem informou o filho do problema."
Sujeito VTDI OD OI

– Como sempre, pode-se inverter a ordem do objeto direto e indireto?

Como sempre. A forma seguinte estaria certa também.

+ "O homem informou do problema o filho."
Sujeito VTDI OI OD

Aqui, mais uma vez, poderia um dos objetos assumir forma oracional.

+ "O homem informou o filho de que havia problemas."
OD OI

– Profe, é bonito isso.

Isso o quê? A frase?

– Não: saber isso. Ver as coisas fazendo sentido e ir entendendo. Ir olhando o português por dentro.

Fico muito lisonjeado.

Idêntica regência, terão vários verbos assemelhados, tais como "avisar", "certificar", "cientificar", "notificar", etc.

– Para todos vale a mesma coisa?

Mesma, mesma.

– São todos casos de VTDI nesse mesmo estilo?

Mesmo.

+ "Ele avisou a tragédia ao policial."
Suj. VTDI OD OI

+ "Ele avisou o policial da tragédia."
Suj. VTDI OD OI

+ "Ele avisou ao policial que houve uma tragédia."
Suj. VTDI OI OD

+ "Ele avisou o policial de que houve uma tragédia."
Suj. VTDI OD OI

– Tudo bem entendidinho.

O que não pode é com dois objetos indiretos.

4.13. Lembrar

Há uma particularidade sobre o verbo "lembrar".

– Mais uma?

Mais uma: o verbo "lembrar", em sentido informativo, pode ser usado com a mesma regência que o verbo "informar", como VTDI.

– Que seria "em sentido informativo"?

Digamos assim: no sentido de trazer algo à memória de alguém.

+ "Ele lembrou o local da prova (OD) ao filho (OI)".

– Ah, entendi.

E também pode ser com a seguinte configuração:

+ "Ele lembrou o filho (OD) do local da prova (OI)."

– Ok.

4.14. Pagar / Perdoar

Os verbos "pagar" e "perdoar" apresentarão mesmo funcionamento quanto à regência.

– Duas regências, para variar?

Não é bem isso: eles serão, geralmente, verbos transitivos diretos e indiretos. O que os particulariza é a "natureza" de cada um dos objetos.

– Ai, ai, ai, professor.

Calma, muita calma nessa hora.

a) Será objeto direto aquilo que se paga ou perdoa:

+ "Eu (Suj.) paguei (VTD) o jantar (OD)."

+ "Ele (Suj.) sempre (A. A. T.) perdoou (VTD) os deslizes maternos (OD)."

– Nesse caso, "o jantar" é aquilo que é pago e "os deslizes maternos" é aquilo que é perdoado?

Exatamente.

b) **Será objeto indireto a quem se paga ou a quem se perdoa.**

+ "Eu paguei ao padeiro."
  Suj. VTI OI

+ "Ela perdoou ao marido".
  Suj. VTI OI

Aqui está "a" questão, notou?

– Acho que sim: soa bem "eu paguei o padeiro" ou "ela perdoou o marido", mas o senhor vai dizer que está errado...

Muito bem! Na verdade, eu não vou dizer; eu vou apenas passar a você, porque não sou eu que faço as regras: "a quem se paga" e "a quem se perdoa" são objetos indiretos. Essa é a visão predominante entre os gramáticos.

4.15. Preferir

O verbo "preferir" será verbo transitivo direto e indireto: "quem prefere, prefere algo/alguém A algo/alguém":

+ "O rapaz prefere o quarto ao escritório."
  Suj. VTDI OD OI

– E a dificuldade é qual, professor?

A primeira dificuldade diz respeito a um paralelismo que teremos de cuidar: se houver artigo antes do primeiro elemento, haverá antes do segundo; se não houver antes do primeiro, não haverá antes do segundo:

somente preposição ↓

+ "O homem preferia churrasco **a** risoto."
  Suj. VTDI OD OI
  ↓ ↓
  sem artigo sem artigo

preposição + artigo ↓

+ "O homem preferia **o** churrasco **ao** risoto."
  Suj. VTDI OD OI
  ↓ ↓
  com artigo com artigo

– Compreendido, profe amado.

A segunda dificuldade é algo que fazemos às vezes na pronúncia coloquial, usando, em vez da preposição "A", a estrutura "QUE" ou "DO QUE":

+ "Eu prefiro o quarto do que o escritório." (frase errada)

– Assim é errado?

Totalmente errado. Não podemos nem pensar em usar uma estrutura dessas.

+ "Todos preferem carinho a xingamento."
  Suj. VTDI OD OI

+ "O homem prefere morrer a desculpar-se."
  Suj. VTDI OD OI

– Certo.

4.16. Ir / Voltar / Chegar

Você saberia dizer por que esses verbos estão agrupados?

– Não.

Porque eles são os chamados "verbos de movimento". Todos eles indicam movimentação, deslocamento: quem vai, quem volta, quem chega está se deslocando, se movimentando.

– Muito interessante.

Também acho. Esses verbos são na verdade verbos intransitivos, pois o que os acompanha, indicando uma circunstância de lugar, é um adjunto adverbial preposicionado. A questão, mas a questão mesmo, é a preposição que acompanha esse adjunto adverbial. Esses verbos são acompanhados por uma dessas três preposições: "A", "DE" ou "PARA".

+ "Eu irei ao evento."
  Suj. VI A. A. L.

+ "Eu irei para o Rio de Janeiro."
  Suj. VI A. A. L.

+ "Eu voltei ao colégio."
  Suj. VI A. A. L.

+ "Eu voltei do colégio."
  Suj. VI A. A. L.

+ "Eu cheguei ao estádio agora."
  Suj. VI A. A. L. A. A. T.

+ "Eu cheguei do estádio agora."
  Suj. VI A. A. L. A. A. T.

Será que eu não estaria esquecendo uma preposição que pode acompanhar esses verbos?

– Talvez, professor... A preposição "EM"?

Parece que cabe, não? Veja se a frase abaixo não parece boa.

+ "Eu acabo de chegar no clube." (**Alerta:** frase com erro)

– Não me diga, pelo amor de Deus, não me diga que essa frase está errada, e é inaceitável...

Digo. Desculpe, mas digo: não pode.

– Professor eu falei isso a vida inteira!

E você vai seguir falando, mesmo eu dizendo que está errado em termos gramaticais. Falar pode, falar não é crime, no falar as regras são mais flexíveis, mas, em termos de escrita, jamais. O certo seria a seguinte estrutura:

+ "Eu acabo de chegar ao clube."

– Não posso crer...

Pode crer sim. Aqui, não se pode usar a preposição "em" jamais, com nenhum desses verbos. Guarde isso.

4.17. Morar / Residir / Situar-se

Aqui, há novamente um grupo de verbos. Nesse caso, eles estão agrupados por serem os chamados "verbos de quietação".

– E tome palavra difícil...

Até não. "Quietação" tem a ver com "quieto", ou seja, estático, sem movimento. São verbos que indicam estaticidade. Aqui sim entra a preposição que eu disse que não entra de modo algum no item anterior: "EM".

+ "Ele mora em São Paulo."
  Suj. VI A. A. L.

+ "Eu resido neste endereço."
  Suj. VI A. A. L.

– Agora pode "EM"?

Não: agora deve. Mais do que pode: deve. Espero que você tenha notado nas frases de exemplo que, assim como no item anterior, esses verbos são intransitivos. O elemento introduzido pela preposição "EM" é o adjunto adverbial de lugar.

– Sim, tranquilo.

Mais uma coisinha: o termo "sito", no sentido de "situado", também exige esta mesma preposição "EM".

+ "O imóvel, sito na avenida Ipiranga, será leiloado em breve."

– Muita gente usa "sito a": sito à avenida Ipiranga...

Sim, mas é um uso incorreto.

4.18. Ajudar

O verbo "ajudar" exige, indiferentemente, objeto direto ou objeto indireto.

+ "A moça (Sujeito) ajudou (VTD) os homens (OD)." / "A moça (Sujeito) os (OD) ajudou (VTD)."

+ "A moça (Sujeito) ajudou (VTI) aos homens (OI)." / "A moça (Sujeito) lhes (OI) ajudou (VTI)."

– Aqui é caso de "tanto faz"? As duas formas estão certas e as duas formas têm o mesmíssimo sentido?

Exato.

4.19. Atender

Mais um verbo que pode ser transitivo direto ou transitivo indireto sem que nada mude.

+ "O policial (Sujeito) atendeu (VTD) os pedidos de ajuda (OD)."

+ "O policial (Sujeito) atendeu (VTI.) aos pedidos de ajuda (OI)."

– Mesmo sentido e ambos corretos.

Isso mesmo. Segundo Evanildo Bechara, quando objeto vier representado por pronome átono, deve-se dar preferência aos pronomes "O", "A", "OS" e "AS".

4.20. Chamar

a) No sentido de "solicitar a presença de alguém", é VTD.

+ "Eu chamei o homem." / "Eu o chamei."
  Suj. VTD OD Suj. OD VTD

– Esse uso é comum e fácil, não?

Sim, as duas coisas. A dificuldadezinha está no próximo uso.

b) No sentido de "dar nome", "apelidar", pode ser tanto VTD quanto VTI com a preposição "A". Nesse caso, o complemento (seja objeto direto, seja objeto indireto) vem acompanhado por um predicativo do objeto (que pode, também, ser antecedido ou não por preposição):

+ "Nós chamamos o homem de burro."
  Suj. VTD OD PO
+ "Nós chamamos ao homem de burro."
  Suj. VTI OI PO
+ "Nós o chamamos burro."
  Suj. OD VTD PO
+ "Nós o chamamos de burro."
  Suj. OD VTD PO
+ "Nós lhe chamamos burro."
  Suj. OI VTI PO
+ "Nós lhe chamamos de burro."
  Suj. OI VTI PO

Entendeu?

– Profe, posso quase concluir que esse verbo, quando tem esse sentido, aceita praticamente tudo?

Sim, essa é uma maneira de ver a situação.

Primeiro: o objeto pode ser direto ou indireto, tanto faz. Sendo assim, quando ele for substituído por um pronome oblíquo, aceitará tanto o pronome "O" (objeto direto) quanto o pronome "LHE" (objeto indireto).

– Certo.

Segundo: em todos os exemplos, "burro" e "de burro" são predicativos do objeto. Com esse verbo, o predicativo do objeto pode vir preposicionado ou não, sempre atendendo à clareza da frase. Quando o objeto não vem representado por um pronome, certamente a ausência de preposição antes do predicativo do objeto prejudicaria a compreensão da frase. Veja:

+ "Nós chamamos o rapaz burro."

Percebe que aqui parece que nós "solicitamos a presença" de um "rapaz burro"?

– Percebo profe.

Por isso, coloca-se a preposição. Quando o objeto vem representado por pronome, pode haver ou não preposição antes do predicativo do objeto, pois o sentido fica, de qualquer modo, claro.

– Perfeito.

4.21. Presidir

O verbo "presidir" é, indiferentemente, verbo transitivo direto ou verbo transitivo indireto.

+ "O senador presidiu o encontro."
  Sujeito VTD OD

+ "O senador presidiu ao encontro."
  Sujeito VTI OI

– Adoro quando é assim: duas regências e mesmo sentido, ou seja, tanto faz.

Sim, fica mais fácil mesmo.

4.22. Requerer

O verbo "requerer" é um verbo transitivo direto e indireto, com a seguinte peculiaridade: a "coisa requerida" é objeto direto e "a quem se requer" é objeto indireto:

+ "Eu requeri o documento ao chefe."
  Suj. VTDI OD OI

– E se vier só com um objeto, se for a "coisa requerida", será objeto direto; se for "a quem se requer", será objeto indireto?

Isso mesmo:

+ "Os advogados requererão a nota fiscal."
  Sujeito VTD OD

+ "Os advogados requererão ao juiz."
  Sujeito VTI OI

– Tudo certo.

Convém saber também que pode aparecer preposição "DE" em lugar da preposição "A", introduzindo o objeto indireto:

+ "Eu requeri de todos o pagamento."
Suj. VTDI OI OD

– Não muda a regência, muda só a preposição?

Exatamente.

4.23. Responder

O verbo "responder" exige objeto indireto da "coisa ou pessoa a que se responde" e objeto direto do que se responde.

+ "Ele respondeu ao professor."
Suj. VTI OI

+ "Ele respondeu ao professor o questionamento feito."
Suj. VTDI OI OD

– Ok, professor.

4.24. Satisfazer

Pede objeto direto ou objeto indireto.

+ "O rapaz satisfez o desejo paterno." / "O rapaz o satisfez."
Suj. VTD OD Suj. OD VTD

+ "O rapaz satisfez ao desejo paterno." / "O rapaz lhe satisfez."
Suj. VTI OI Suj. OI VTI

– Fácil, fácil.

Ótimo.

4.25. Suceder

a) No sentido de substituir, ser o sucessor, geralmente é preposicionada a pessoa substituída:

+ "O filho sucedeu ao pai."
Suj. VTI OI

Mais raramente, pode ser sem preposição:

+ "O filho sucedeu o pai."
Suj. VTD OD

– No fundo, no fundo, podem os dois, então?

Podem.

b) No sentido de acontecer algo a alguém, o sujeito é a "coisa acontecida" e o objeto indireto, com a preposição "A" ou com a preposição "COM", é "a quem acontece":

+ "Sucedeu um problema a mim / comigo." (ou "a mim", ou "comigo")
  Sucedeu = VTI; um problema = Sujeito; a mim = OI; comigo = OI

+ "Sucederam problemas a mim / comigo." (ou "a mim", ou "comigo")
  Sucederam = VTI; problemas = Sujeito; a mim = OI; comigo = OI

– Ok, professor.

5. QUADRO-SÍNTESE

PASSOS PARA A REGÊNCIA

Passo	Exemplo
1º) Localizar o sujeito	O rapaz refugou o plano ontem.
2º) Localizar objetos	O rapaz recebeu o presente. (o quê?) O homem beijou a mãe. (quem?) O armário precisa de reparos. (de quê?) Eu conto com João. (com quem?)
3º) Localizar adjuntos adverbiais	Comprei o carro aqui. (onde?) Comprei o carro ontem. (quando?) Comprei o carro inesperadamente. (como?) Comprei o carro por necessidade. (por quê?) Comprei o carro com João. (em companhia de quem?)

TIPOS DE VERBO

→ Adjunto adverbial pode acompanhar qualquer verbo e não altera a regência.

Classificação	Exemplo
1. Intransitivos (VI)	O homem **faleceu**.
2. Transitivos diretos (VTD)	As moças **prepararam** o trabalho.
3. Transitivos indiretos (VTI)	Antônio **resistiu** ao trabalho.
4. Transitivos diretos e indiretos (VTDI)	Ela **entregou** o envelope ao empresário.
5. De Ligação (VL)	Ele **é** / **está** / **parece** / **ficou** cansado

CASOS IMPORTANTES

Verbo	Regência	Exemplos
1. Querer	Desejar (VTD)	A moça **queria** os recibos.
	Estimar (VTI: "A")	Ele sempre **quis** ao neto.
2. Proceder	Dar início (VTI: "A")	O médico **procedeu** ao debate.
	Ser verídico (VI)	A queixa do policial **procede.**
	Ser originário (VI + A.A.L.)	A menina **procede** da Europa.
3. Assistir	Presenciar (VTI: "A")	**Assistimos** ao debate ontem.
	Auxiliar (VTD ou VTI: "A")	O paramédico **assistiu** o / ao paciente.
	Ser da competência de (VTI: "A")	Esta tarefa **assiste** aos diretores.
	Morar (VI + A.A.L.)	Eles **assistem** em locais afastados.
4. Aspirar	Almejar (VTI: "A")	O presidente **aspira** ao poder.
	Atrair por aspiração (VTD)	O aparelho **aspira** o pó.
5. Agradar	Gerar satisfação (VTI: "A")	A ideia **agrada** aos executivos.
	Acariciar (VTD)	Ela **agradou** o cãozinho.
6. Visar	Ambicionar (VTI: "A")	O projeto **visa** ao desenvolvimento.
	Pôr o visto, mirar: (VTD)	Ele **visou** o campo e a estrada.
7. Obedecer	Sempre VTI: "A"	Sempre **obedecemos** aos pais.
8. Ensinar	VTDI: "A" → algo a alguém.	**Ensinei** o conteúdo ao garoto.
	VTDI: "A" → alguém a fazer algo	**Ensinei** o garoto a fazer questões.
9. Esquecer / Lembrar	Não pronominais (VTD)	Ana **esqueceu** o colar. O garoto **lembrou** o fato.
	Pronominais (VTI: "A")	Ana **se esqueceu** do colar O garoto **se lembrou** do fato.
10. Fugir	VI ou VTI ("A" ou "DE")	A redação **fugiu** do / ao tema.
11. Implicar	Hostilizar: (VTI: "COM")	Ana sempre **implicou** com o filho.
	Acarretar (VTD)	A decisão **implicava** consequências.
12. Informar	VTDI → algo a alguém	**Informei** o crime ao policial.
	VTDI alguém de algo	**Informei** o policial das confusões.
13. Lembrar	VTDI → algo a alguém	Ele **lembrou** a data ao filho.
	VTDI alguém de algo	Ele **lembrou** o filho da data.

CASOS IMPORTANTES

Verbo	Regência	Exemplos
14. Pagar / Perdoar	OD: o que se paga / perdoa OI: a quem se paga / se perdoa	**Paguei** o almoço ao rapaz. **Perdoei** ao rapaz. **Perdoamos** o erro.
15. Preferir	VTDI ("A"): X a Y.	**Prefiro** saladas a carne.
16. Ir / Voltar / Chegar	VI + A.A.L. ("A", "DE", "PARA")	**Cheguei** ao clube **Voltamos** da praia.
17. Morar / Residir / Situar-se	VI + A.A.L. ("EM")	A moça **mora** em Salvador. Os jovens **residem** na cidade. O bar **se situa** na periferia.
18. Ajudar	VTD ou VTI ("A")	Ele **ajudava** os / aos filhos.
19. Atender	VTD ou VTI ("A")	A moça **atendeu** o / ao rapaz.
20. Chamar	Solicitar a presença: VTD	O delegado **chamou** as testemunhas.
	Dar apelido: VTD ou VTI ("A") + Pred. do Obj.	Ele **chamou** o / ao homem de canalha.
21. Presidir	VTD ou VTI ("A")	O rapaz **presidia** o / ao conselho.
22. Requerer	VTDI → coisa requerida (OD)	Eu **requeri** o documento.
	VTDI a quem se requer (VTI: "A")	Eu **requeri** ao rapaz.
23. Responder	Sempre tem OI("A");	**Responderemos** ao questionamento.
	Pode ser VTDI	**Respondi** a pergunta ao chefe.
24. Satisfazer	VTD ou VTI("A")	O almoço **satisfez** o / ao rapaz
25. Suceder	Substituir (VTD ou VTI: "A")	João **sucedeu** o / ao avô.
	Algo ocorre a alguém (VTI: "A")	Uma doença **sucedeu** ao rapaz.

CAPÍTULO 31

Regência Nominal

INTRODUÇÃO

Chegamos a uma matéria que está no conteúdo programático de língua portuguesa em absolutamente todos os editais. Ainda assim, muitas vezes o pobre candidato não sabe sequer do que se trata.

> – Profe amado, acho que eu poderia me enquadrar nesse grupo que o senhor chamou de "pobre candidato...".

Não tem problema. Não se envergonhe. De fato, quando se fala em regência, costuma-se falar muito mais na chamada *regência verbal*, com seus verbos intransitivos, verbos transitivos, verbos de ligação e com seus muitos casos especiais, que são aqueles verbos em relação aos quais devemos decorar a regência: "assistir", "visar", "aspirar", etc.

> – Exato. Se alguém fala em regência, é já nisso que penso...

Está tudo bem. Você não está pensando em nada errado. Acontece que você está pensando apenas na regência verbal.

> – Sim, sim.

A questão é a seguinte: assim como existem verbos que exigem complementos preposicionados, existem também nomes (substantivos, adjetivos e advérbios) que exigem preposição antes de seus complementos:

+ "Eu sou **favorável a** medidas de contenção."

> – Nessa frase, quem pede a preposição não é o verbo "SER", e sim o adjetivo "favorável", é isso?

É exatamente isso, O verbo "SER" é um verbo de ligação, e todo o segmento "favorável a medidas de contenção" é o predicativo do sujeito. Ainda assim, dentro do predicativo, o adjetivo "favorável" está pedindo "uma ajuda" no que diz respeito à complementação do seu significado: quem é favorável, é favorável **a** algo ou **a** alguém.

– Claro, profe. Não é difícil entender.

Não é. Temos um caso de regência nominal quando um nome (substantivo, adjetivo ou advérbio) exige um complemento preposicionado. Só isso.

– Se quem exige o complemento é o verbo, regência verbal. Se quem exige é o nome (substantivo, adjetivo ou advérbio), regência nominal. Simples assim.

Simples assim. Do mesmo modo que a regência verbal, a regência nominal é também imensa, pois muitos (muitos, muitos) são os nomes que exigem complementos preposicionados. Como seria impossível mostrar todos detalhadamente, resolvi fazer o seguinte: vou mostrar de modo mais detido alguns casos, para que você entenda a lógica de funcionamento da regência nominal, e os demais serão listados na sequência, sempre com exemplos.

– Certo, profe...

Nesse capítulo em especial, não quero que você decore nenhuma informação. Quero que você simplesmente se sinta preparado para "enxergar" os procedimentos de regência nominal. Só isso.

– Só?

Só. E já é muito.

1. TRÊS SUBSTANTIVOS QUE EXIGEM PREPOSIÇÃO

Para entendermos da melhor forma a lógica da regência nominal, vamos ver o funcionamento dela na prática. Aqui na sequência, listo três substantivos que exigem complementação de seu sentido por meio de um elemento preposicionado.

1.1. Aceitação

Você concorda que o substantivo feminino "aceitação" pode ter seu sentido complementado por um elemento preposicionado?

– Sim: aceitação "DE" algo ou alguém, por exemplo.

Justamente. E temos aí um caso de regência nominal:

+ "A **aceitação dos** termos do contrato ocorreu ontem."
CN

– Tranquilo, professor.

1.2. Fornecimento

Quando se fala em "fornecimento", podemos pensar em quê?

– Em fornecimento "DE" algo?

Maravilha. É uma hipótese:

+ "A prefeitura suspendeu o **fornecimento de** água."
CN

Poderíamos, inclusive, ir um pouco mais longe, e vermos que o substantivo "fornecimento" pode exigir dois diferentes complementos preposicionados.

– Ai, ai, ai, professor...

"Ai, ai, ai" nada. Tenha confiança. Não se poderia citar o fornecimento "de algo a alguém"?

– Sim, seria possível.

Ótimo. Nesse caso, teríamos dois complementos do termo "fornecimento" preposicionados, ou seja, teríamos dois exemplos de regência nominal em relação a um mesmo termo.

+ "A prefeitura suspendeu o **fornecimento de** água **aos** moradores."
CN CN

– E tanto "de água" quanto "aos moradores" estão complementando "fornecimento"?

Sim. Pense comigo:

+ "Fornecimento de água" / "fornecimento aos moradores".

– Entendido, professor. Feliz por entender.

Eu também.

1.3. Necessidade

Clássico, em termos de cobrança em prova, é o substantivo feminino "necessidade". Agora me diga você, antes de haver tempo de surgirem as confusões: qual a preposição exigida em expressões como "tem necessidade", "sente necessidade" ou "demonstra necessidade"?

> – "DE", professor. "Tem necessidade de", "sente necessidade de", "demonstra necessidade de".

Exato. E mais uma vez e sempre: como a preposição é exigida pelo substantivo, temos um caso de regência nominal:

+ "A moça tem **necessidade de** carinho." (CN)

> – Não é difícil, profe.

Que bom que achou. ☺

Mas aqui se pode fazer uma armadilha na qual é muito fácil cair. Quer ver?

+ "A moça **necessita de** carinho." (necessita: V; de carinho: OI)

Enxergou? Na frase acima há preposição e ela é exigida por um termo anterior, mas não se trata de um caso de regência nominal.

> – Professor, nessa frase a preposição é exigida pelo verbo "necessitar", é isso?

Exatamente. Quando complementa o substantivo "necessidade", "de carinho" é complemento nominal; quando complementa o verbo "necessitar", é objeto indireto.

+ "A moça tem **necessidade de** carinho." (necessidade: Subst.; de carinho: CN)

+ "A moça **necessita de** carinho." (necessita: V; de carinho: OI)

> – Perfeito, profe. E de fato um pouco traiçoeiro.

Muito. Então, mantenha a atenção.

2. TRÊS ADJETIVOS QUE EXIGEM PREPOSIÇÃO

Agora, vamos listar três adjetivos que exigem complementos preposicionados para uma melhor compreensão do seu sentido.

2.1. Embaraçoso

Diga-me rápido: se existe algo embaraçoso, esse algo é embaraçoso...

– "A" alguém.

Exatamente:

+ "A situação parecia **embaraçosa ao** advogado." (ao advogado: CN)

– Não haveria como achar que a preposição é exigida pelo verbo, haveria?

Creio que não. Faça sempre o teste: "parecia ao advogado" ou "embaraçosa ao advogado"? O que faz mais sentido?

– Embaraçosa ao advogado.

Então não há confusão: complementa mesmo o sentido de um nome.

2.2. Carinhoso

O adjetivo carinhoso pode ter seu sentido complementado por um elemento preposicionado.

– "Carinhoso" com alguém?

Exato: com alguém:

+ "A moça continua **carinhosa com** a avó." (com a avó: CN)

– Maravilha, professor.

2.3. Leal

Uma pessoa que é leal...

– É leal "A" algo ou "A" alguém!

Ou ainda "COM" algo ou com alguém:

+ "Antônio mantém-se **leal** ao pai."
CN

+ "A menina é **leal** com os colegas."
CN

– Ok, ok, ok.

3. TRÊS ADVÉRBIOS QUE EXIGEM PREPOSIÇÃO

Por fim, vamos a três advérbios que exigem complemento.

3.1. Conjuntamente

Se uma pessoa age conjuntamente, ela deve agir conjuntamente...

– "COM" algo ou com alguém?

Sim. Viu só que fácil é a língua portuguesa? ☺

+ "O rapaz agiu **conjuntamente** com os traficantes."
CN

+ "A chuva, **conjuntamente** com o vento, destruiu a casa."
CN

– Ótimo.

3.2. Contrariamente

– "A".

Que orgulho!

+ "O policial opinou **contrariamente** ao chefe."
CN

– É só ir repetindo e repetindo e repetindo umas mil e quinhentas vezes que se pega o jeito.

Menos mal. ☺

3.3. Diferentemente

Qual a preposição exigida aqui?

– Diferentemente "DE" algo ou "DE" alguém.

É: acho que você entendeu mesmo como funciona! ☺

+ "Carlos é falante, **diferentemente** de mim, que sou tímido."
CN

– Entendi o funcionamento, professor.

Entendeu mesmo? Diz isso do fundo do coração?

– Digo do fundo bem fundo do meu coração tão vivido...

Pare, que senão já vem lamento na sequência! ☺

Isso que vimos é a regência nominal. Digo isso não porque a matéria tenha sido esgotada; muito pelo contrário. A regência nominal, assim como a regência verbal, é inesgotável. Poderíamos escrever um livro sobre cada um dos tópicos se pretendêssemos ver casos e mais casos. Na prova, no entanto, no que diz respeito a essa matéria, não vai cair algo que você tenha lido e, por isso, lembre. Vai cair uma situação que você terá de reconhecer. E é isso o que quero.

– Entendido, professor. Entendido mesmo.

Excelente. Vamos fazer o seguinte: vou listar vários casos de nomes iniciados por cada letra que sejam exemplificativos de concordância nominal.

– E o senhor vai passar pelo alfabeto inteiro?

Quase. Vou colocar os termos nominais que exigem preposição e colocarei, entre parênteses, exemplos. Daqui para a frente, então, até o fim desse capítulo, teremos um extenso, um muito extenso exemplário.

– Ok!

4. MEGAEXEMPLÁRIO (EM ORDEM ALFABÉTICA)

A

Abaixo-assinado a favor de, contra, por (abaixo-assinado contra manifestações populares).
Abalo com (abalo com a solução tardia).
Abandono a, de (abandono a / de menores).
Aberto a (aberto a sugestões úteis).
Abertura de, a (abertura das fronteiras, abertura ao novo).
Abraço em (abraço nos meus filhos).
Absorção de (absorção de ar contaminado).
Absorto em (absorto em seus pensamentos).
Abstinência de (abstinência do álcool).
Abundância de (abundância de recursos hídricos).
Abuso de (abuso de autoridade).
Aceitação de (aceitação do acordo).
Acerto entre, de (acerto de contas definitivo, acerto entre as partes).
Acessível a (acessível a crianças).
Acesso a (acesso ao bairro nobre).
Aconselhamento de (aconselhamento de jovens e adolescentes).
Aconselhável a (aconselhável a todos).
Acostumado a (acostumado ao luxo).
Acumulação de (acumulação de bens).
Adaptável a (adaptável aos desígnios divinos).
Adepto de (adepto de rituais místicos).
Adesão a, contra (adesão ao governo).
Adiantamento de, a (adiantamento de alguns valores).
Adjacente a (adjacente ao supermercado).
Adjunto a (adjunto a núcleos substantivos).
Admiração a, de, por (admiração aos pais, admiração por pessoas inteligentes).
Adoração a, de, por (adoração a times de futebol, adoração por livros bonitos).
Afetuoso a, com (afetuoso com os filhos).
Afinidade entre, com, por (afinidade com a tecnologia).
Agradável a (agradável aos ouvidos).
Alergia a, por (alergia a pelos).
Alheio a (alheio aos acontecimentos atuais).
Aliança com, entre, por, contra (aliança entre partidos).
Aluguel a, de (o aluguel do apartamento).
Alusivo a (alusivo ao 11 de setembro).
Ameaça a, de, para (ameaça ao ambiente democrático, ameaça dos vizinhos).
Amigo de (amigo de Alexandre).
Amizade a, com, entre, por (amizade com os estrangeiros).
Amor a, por (amor aos animais).
Amoroso com (amorosos com os alunos).
Ampliação de (ampliação do mercado).
Analfabeto em (analfabeta em informática).
Anexo a (anexo ao documento).
Anseio de, por (anseio por bens materiais).
Antagônico a (antagônico a projetos sociais).
Anteposto a (anteposto ao substantivo).
Anterior a (anterior ao surto pandêmico).
Anteriormente a (anteriormente ao evento).
Antipatia a, contra, por, entre (antipatia aos pobres, antipatia entre eles, antipatia por soluções).
Antipático a, com (antipática com os correntistas).
Apenso a (apenso ao resto do material).
Aprazível a (aprazível aos olhos).
Apreço a, por (apreço por pessoas esforçadas e modestas, apreço por joias).
Apto a, para (apto ao investimento).
Assalto a, de (assalto ao trem pagador).
Asqueroso a (asqueroso aos homens bons).
Assédio a (assédio a jovens jogadores).
Assemelhado a, com (assemelhado ao teu).
Associado a, com, em (associado a atos criminosos).
Atemorizado por, com (atemorizada com os assaltos).
Atencioso a, com (atencioso com questões importantes).
Atentatório a, contra (ato atentatório contra os direitos humanos).
Atraente a, para (atraente aos olhos).
Avesso a (avesso ao contrato social).
Ávido por (ávido por lucros).

B

Bacharel em (bacharel em Direito).
Benéfico a (benéfico aos bancos / à moça).
Benevolente com, em, para (benevolente com os filhos).
Benquisto a, de, por (benquisto de João, benquisto pela vizinhança, benquisto de todos).
Briga com, entre (briga com o pai, briga entre amigos).
Brinde a (brinde ao sucesso, brinde à vitória)
Busca a (busca aos desaparecidos).

C

Capacidade de, para (capacidade de mudança, capacidade para as transformações).

Capaz de, para (capaz de vencer, capaz para a vitória).
Caro a (caro aos amigos e alunos).
Certo de (certo da transformação).
Certeza de (certeza da conquista).
Cessão de (cessão de direitos autorais).
Cheio de (cheio de inseguranças e dúvidas).
Coerente com (coerente com os seus ideais).
Comemorativo de (comemorativo de cem anos).
Compaixão de, por (compaixão pelos mais humildes).
Compatível com (compatível com a capacidade financeira).
Compreensível a (compreensível a todos os presentes).
Comum a, de (comum a eles).
Condizente com (condizente com meus valores).
Confiante em (confiante em um bom desempenho).
Consciente de (consciente das próprias limitações).
Constante de, em (constante em todas as apostilas).
Constituído com, de, por (constituído por células novas).
Contemporâneo a, de (contemporâneo a Paulo, contemporâneo de João).
Contente com, de, por, em (contente com a nota, contente pela nota).
Contíguo a (contíguo ao meu quarto).
Contrário a (contrário aos interesses públicos).
Cruel com, para, para com (cruel com os filhos).
Cuidadoso com (cuidadoso com as palavras).
Cúmplice em (cúmplice em vários crimes).
Curioso a, de, para por (curioso de novos conhecimentos).

D

Dedicado a (dedicado aos filhos).
Desagradável a (desagradável aos ouvidos).
Desatento a (desatento a qualquer reclamação).
Descontente com (descontente com as notícias).
Desejoso de (desejoso de vingança).
Desfavorável a (desfavorável aos democratas e à democracia).
Desgostoso com, de (desgostoso com as eleições).
Desleal a (desleal a todos os amigos).
Desprezo a, de, por (desprezo ao advogado, desprezo pelo advogado).
Desrespeito a, contra (desrespeito aos homens, desrespeito contra as instituições).
Dever de (dever de lealdade).
Devoção a, para com, por (devoção a Santo Antônio, devoção pelos pais).
Devoto a, de (devoto a São Francisco, devoto de todas as santas).
Diferente de (diferente de mim).
Difícil de (difícil de convencer).
Digno de (digno de repúdio e pena).
Direito a, contra, de, em, para sobre (direito a ampla defesa, direito de interceder).
Disposto a (disposto a lutar bravamente).
Diverso de (diversos de meus amigos).
Doce a (doce aos paladares mais sofisticados).
Dócil a, para, com (dócil ao comando do dono).
Doente de (doente da cabeça).
Domiciliado em (domiciliado em Porto Alegre).
Doutor em (doutor em Letras e Psicologia).
Duro de (duro de matar).
Dúvida acerca de, em, sobre (dúvida em algumas matérias).

E

Embaraçoso a, para (embaraçoso aos pais dele).
Empenho de, em, por (empenho em transformar o mundo).
Encarregado de (encarregado de realizar pedidos).
Entendido em (entendido em ciências humanas).
Envio de... a (envio de materiais a pais e alunos).
Estendido a, de... a, até, em, para, sobre (estendido da estrada ao mar).
Equivalente a (equivalente ao meu rendimento mensal).
Erudito em (erudito em música popular brasileira).
Escasso de (escasso de valores e de bondade).
Essencial a, em, para (essencial ao projeto).
Estranho a (estranho aos homens estrangeiros).

F

Fácil a, de, em, para (fácil a eles, fácil para João).
Falha em (falha em tudo).
Fanático por (fanático por futebol e basquete).
Farto em (farto em desculpas esfarrapadas).
Favorável a (favorável aos meus ideais).

Fecundo em (fecundo em boas soluções).
Feliz com, de, em, por (feliz com a vitória, feliz pelo desfecho).
Fértil de, em (fértil de pensamentos).
Fiel a (fiel aos companheiros mais antigos).
Firme em (firme em manter a postura).
Furioso com (furioso com os governantes todos).

G

Generoso com (generoso com os pais).
Gosto por (gosto por conteúdos difíceis).
Gostoso a (gostoso aos que provaram).
Grande de (grande de coração).
Gratidão a, por, para, com (gratidão aos colegas, gratidão pelos outros).
Guerra a, com, contra, entre (guerra ao crime, guerra contra as dificuldades).

H

Hábil em, para (hábil em resolver problemas).
Habilidade de, em, para (habilidade de lidar com situações difíceis).
Habituado a (habituado aos xingamentos hostis).
Harmonia com, entre (harmonia com o grupo, harmonia entre eles).
Hino a (hino ao sentimento nacionalista).
Homenagem a (homenagem a professores aposentados).
Hora de (hora de comer).
Horror a (horror a filmes de suspense).
Horrorizado com, por, sobre (horrorizado com os gastos).
Hostil a, com, contra, em (hostil à esposa e aos filhos, hostil contra as instituições).

I

Idêntico a (idêntico aos pais).
Imbuído de, em (imbuído de nobres intenções).
Imediato a (imediato ao desfecho da situação).
Impaciência com (impaciência com debates longos).
Impaciente com (impaciente com pessoas amargas).
Impossibilidade de (impossibilidade de mudar a situação).
Impossível de (impossível de convencer).
Impotente contra, para (impotente contra o crime organizado).
Impróprio para (impróprio para menores de dezoito anos).
Imune a, de (imune a doenças virais).
Inábil para (inábil para o debate).
Inacessível a (inacessível às camadas mais pobres).
Inapto a, para (inapto para o trabalho).
Incapaz de, para (incapaz de perceber erros).
Incompatível com (incompatível com o cargo que ocupa).
Incompreensível a (incompreensível aos presentes).
Inconsequente com (inconsequente com as palavras proferidas).
Inconstante em (inconstante em seu desempenho).
Independente de, em (independente da proteção dos pais).
Indiferente a (indiferente ao meu sofrimento).
Indigno de (indigno de qualquer palavra amiga).
Indulgente com (indulgente com pessoas humildes).
Inerente a, em (inerente aos conteúdos estudados, inerente em todas as matérias).
Inferior a (inferior ao que esperava de si).
Infiel a (infiel aos colegas de partido).
Ingrato com (ingrato com quem o ajudou).
Inimigo de (inimigo de certezas incontestáveis).
Insensível a (insensível aos apelas da mulher).
Inseparável de (inseparável de seus livros e cadernos).
Interesse em, por (interesse em matérias institucionais).
Intolerância a, contra, em, para, para com (intolerância com os diferentes, intolerância contra o leite).
Intolerante com, para com (intolerante com opositores).
Inútil a, para (inútil a todos nós, inútil para os candidatos).
Investimento em (investimento em fundos de ações).
Isento de (isento de culpa e de remorso).

J

Jeito de, para (jeito para o trabalho).
Jeitoso para (jeitoso com as palavras).
Jogo com, contra entre (jogo com equipes europeias, jogo contra o time do irmão).
Juízo sobre (juízo sobre questões morais e éticas).
Junto a, de (junto ao pai, junto dos irmãos).
Juramento a, de (juramento ao Congresso Nacional, juramento de lealdade).

L

Leal a, em, com, para (leal aos princípios liberais).

Lembrança de (lembrança da infância).
Lento em (lento em tomar decisões).
Levante contra (levante contra as instituições).
Liberal com (liberal com os filhos).
Limpo de (limpo de caráter).
Livre de (livre de questionamentos).
Louco de, com, para, por (louco por chocolate).

M

Manifestação a favor de, contra, de (manifestação contra o governo).
Medo a, de (medo de escuro).
Menor de (menor de idade).
Misericordioso com, para (misericordioso com os pecadores).

N

Necessário a, para (necessário aos mais velhos).
Necessitado de (necessitado de auxílio financeiro).
Negligente em (negligente em acompanhar os gastos).
Nivelado a, com, por (nivelado aos mais baixos seres).
Nobre de, em, por (nobre de sentimentos).
Noção de, sobre (noção de seu próprio tamanho).
Nocivo a (nocivo a certas pessoas).
Nojo a, de (nojo aos que mentem).
Notável em, por (notável por seus conhecimentos).
Núpcias com (núpcias com a esposa).

O

Obediente a (obediente aos mandamentos religiosos).
Obrigação de (obrigação de lutar contra o mal).
Ódio a, contra, de (ódio aos opositores, ódio contra certas pessoas).
Odioso a, para (odioso aos paladares mais sensíveis).
Ojeriza a, contra, por (ojeriza a baratas, ojeriza contra notícias falsas).
Oneroso a (oneroso ao erário público).
Oposto a (oposto ao bom senso).
Orgulhoso com, de (orgulhoso com o desempenho).

P

Paixão por (paixão por futebol).
Paralelo a (paralelo ao jogo).
Parecido a, com (parecido com o tio).
Passível de (passível de explicações).
Peculiar a (peculiar aos usuários do aplicativo).
Perito em (perito em informática).
Permissivo a (permissivo a determinadas posturas).
Pernicioso a (pernicioso aos jovens e às crianças).
Perpendicular a (perpendicular à calçada).
Pesado a (pesado a quem o carrega).
Piedade com, de, para, por (piedade por todos os homens).
Posterior a (posterior ao término do campeonato).
Preferível a (preferível a erros).
Prejudicial a (prejudicial ao corpo).
Preocupação com, de, em, para sobre (preocupação com a taxa de juros).
Preocupado com, de, em, por (preocupado com os gastos familiares).
Pródigo de, em (pródigo em vitórias e bons desempenhos).
Pronto a, em para (pronto a auxiliar).
Propenso a, para (propenso a efetivar a compra).
Propício a (propício aos estrangeiros).
Próprio de, para (próprio para a prática esportiva).
Protesto a, contra de (protesto contra as desigualdades sociais).
Proveitoso a (proveitoso aos alunos mais esforçados).
Próximo a, de (próximo aos filhos, próximo dos homens).

Q

queixa a, contra, de sobre (queixa contra os policiais).
querido de, por (querido por todos).
quite com, de (quite com a Receita Federal).

R

Rebelde a (rebelde aos bons modos).
Relacionado com (relacionado com militares).
Relativo a (relativo ao senso de equilíbrio).
Rente a, com, de (rente ao poste).
Residente em (residente em um paraíso tropical).
Respeito a, com, de, para, por (respeito aos mais velhos, respeito pelas leis).
Responsável por (responsável por organizar o apartamento).
Rumo a, para (rumo ao título).

S

Sábio em (sábio em muitas áreas).

Satisfeito com, de, em, por (satisfeito com a pontuação).
Saudade de, por (saudade de várias pessoas).
Sedento de, por (sedento por água com gás).
Semelhante a (semelhante aos livros de História).
Sensível a (sensível a comentários maldosos).
Severo com, em (severo com os irmãos).
Simpatia a, por (simpatia ao homem da portaria).
Sito em (sito em um bairro nobilíssimo).
Situado em, entre (situado em local agradável).
Solícito com (solícito com os clientes da empresa).
Solidário com (solidário com os que perderam tudo).
Superior a (superior ao comum dos homens).
Surdo a, de (surdo a críticas e reclamações).

T

Tachado de (tachado de mau caráter).
Talentoso em, para (talentoso em trabalhos manuais).
Tédio a, de, por (tédio ao cotidiano do lar).
Temente a (temente a Deus e a alguns homens).
Temeroso de (temeroso de reações desfavoráveis).
Temível a (temível aos que cometem crimes).
Temperado com, de, em, por (temperado com salsinha).
Tendência a, de, para (tendência a distorcer situações).
Teoria de, sobre (teoria sobre o fim do mundo).
Terror de, por, sobre (terror de casa suja).
Testemunha de (testemunha de um crime hediondo).
Traidor a, de (traidor dos pactos feitos).
Transversal a (transversal às nossas áreas de estudos).
Triste com (triste com o resultado da pesquisa).

U

Último a, de, em (último a saber).
Ultraje a (ultraje ao bom senso).
Unânime em (unânime em afirmar isso).
União a, com, entre (união com os radicais).
Unido a, a favor de, contra, entre (unido aos ideais republicanos).
Urgente a, para (urgente aos mais necessitados).
Útil a, para (útil aos homens e às mulheres).

V

Vacina contra (vacina contra os vírus fatais).
Vaga de, para (vaga de estágio).
Vaia a, contra, em (vaia ao cantor paulista).
Vaidade de, em (vaidade em ser o preferido).
Vaidoso de (vaidoso de suas virtudes).
Valioso a, para (valioso aos empresários).
Vantajoso a, para (vantajoso a todas as crianças).
Vazio de (vazio de alma).
Venda a, de, para (venda ao novo proprietário).
Veneração a, de, por (veneração a entidades místicas).
Verdade sobre (verdade sobre o crime).
Vergonha de, para (vergonha das mentiras contadas).
Versão para, sobre (versão para guitarra).
Veterano em (veterano em conflitos armados).
Viciado em (viciado em heroína e cocaína).
Vinculado a, com, entre (vinculado a uma instituição).
Visível a (visível aos olhos alheios).
Vital a, para (vital para a economia).
Vizinho a, com, de (vizinho ao bar).
Vocação a, de, para (vocação para o trabalho comunitário).
Voltado a, contra, para, sobre (voltado contra os mais frágeis).
Vontade de, para (vontade de beber água gelada).
Vulnerável a (vulnerável a todo tipo de humilhação).

X

Xingado de (xingado de canalha e cínico).

Z

Zangado com, por (zangado com as mentiras).
Zelo a, com, de, por (zelo aos afetos conquistados).
Zeloso com (zeloso com os familiares próximos).

CAPÍTULO 32

Crase

INTRODUÇÃO

Chegou a hora desta matéria, a famigerada crase, tão desprezada, tão posta em segundo plano, tão pouco sabida... Quantas vezes você já assistiu a aulas de crase?

– Professor, eu nem saberia dizer, mas foram muitas...

E você não acha triste que ainda haja dúvidas acerca de uma matéria já vista e revista, estudada e reestudada e alvo constante de questões de prova?

– Vista por esse viés, a situação é triste mesmo...

Pois então: se cair na prova a crase mais básica, aquela em que se substitui o feminino pelo masculino e o "A" vira "AO", você acerta, seus colegas acertam, seu sobrinho de onze aninhos acerta...

– Professor, não seja sarcástico... Deus tá vendo...

Certo, certo... Peço desculpas. ☺

Mas a minha proposta é a mesma de sempre: vejamos a matéria como deve ser vista, entendamos aquilo que fica geralmente meio obscuro, aprendamos o suficiente para não mais errar.

– Combinado.

1. A CRASE NÃO É *SÓ* UM ACENTO; ELA É *TAMBÉM* UM FENÔMENO

– Como assim, professor?

A crase é um outro nome que recebe o acento grave (já falarei sobre isso). Mas quero que você saiba, e encare isso de frente, que a crase é também um fenômeno que assinala **a fusão, a sobreposição de duas letras "A"**.

– Interessante, professor...

Eu acho interessantíssimo. Quando vemos um "a craseado", na maior parte das vezes o que ocorre é essa citada fusão. Vamos ao exemplo.

+ "A empresa recorreu à polícia."

No "À" destacado, ocorre o fenômeno da crase (uma preposição "A" sobrepõe-se a um artigo "A"). Esse é o fato.

– E o senhor disse que o nome desse acento é "acento grave"?

Isso mesmo: é acento grave. Se é novidade essa informação, lembre-se dela por oposição ao acento agudo, que é o mais famoso.

– Que loucura isso, professor...

Pois é. De novo: o nome do acento é acento grave.

– Registrado.

2. AS PRINCIPAIS CONTRAÇÕES

Chamamos essa sobreposição de duas letras "A" de *contração*. Ou seja: a preposição "A" se contrai com um outro "A", sobrepondo-se a ele e dando origem ao famoso "a craseado".

– Ok.

Então, vamos aos elementos com os quais a preposição "A" habitualmente se contrai.

a) Preposição A + Artigo A:

Na maior parte dos casos, o que ocorre é a fusão da preposição "A" com o artigo definido feminino "A" (aquele que antecede substantivos femininos). Reafirmando: haverá artigo definido "A" na presença de substantivo feminino:

+ "O homem resistiu à proposta de suborno."

Enxerga?

– Dependendo do que o senhor quiser que eu enxergue, talvez sim...?

Percebe os dois "A" na frase acima? Quem resiste, resiste "A" algo ou alguém. Logo na sequência, há o substantivo feminino "proposta", antecedido pelo artigo definido "A" ("A" proposta). Em termos mais resumidos, poderíamos fazer a seguinte organização:

+ "O homem resistiu a + a proposta."
  prep. art.

– Fechou, professor. Lindo, lindo.

Excelente.

b) Prep. A + Pron. Demonstrativo A:

Pode ocorrer também de a preposição "A" fundir-se com o pronome demonstrativo "A". Por um acaso você lembra bem quando o "A" é pronome demonstrativo?

– Olhe, professor, dizer que eu lembro beeeeem, seria um exagero...

Lembra vagamente, ao menos...

– É possível...

Vamos ver. Como sou muito querido, vou relembrar com você. O "A" será pronome demonstrativo, basicamente, nas estruturas "a que" e "a de", com o "A" equivalendo a "aquela":

+ "A bicicleta que comprei é superior **à de** João."

Nesta frase, temos um "A" pronome demonstrativo, equivalendo a "aquela".

– Professor, tenho uma inclinação imensa a achar que há um substantivo feminino subentendido aí...

Não se preocupe, por dois motivos básicos. Primeiro: para o tópico que estamos estudando, o resultado seria o mesmo. Segundo: até mesmo as bancas examinadoras às vezes fazem essa confusão.

– Isso me tranquiliza, professor...

Que bom. Minha intenção é tranquilizar você e fazer com que você aprenda tudo de que precisa. Vamos indo com calma. Leia de novo a frase que escrevi acima:

+ "A bicicleta que comprei é superior à de João."

Nela, o termo sublinhado é a contração da preposição "A" exigida pelo adjetivo "superior" (quem é superior, é superior A algo ou A alguém) com o pronome demonstrativo "A" ("a de João" equivale a "aquela" de João). Por essa razão, ocorre crase e acento grave.

+ "A bicicleta que comprei é superior a + a (= aquela) de João."
prep. pron. dem.

– Certinho, profe.

c) Prep. A + Aquele(s) / Aquela(s) / Aquilo:

Aqui, trata-se de uma contração em que se encontram a preposição "A" e o "A" inicial dos pronomes demonstrativos "aquele(s)", "aquela(s)", "aquilo":

+ "Eu me apresentei àquela pessoa de maneira muito natural."

– Esse caso é mais famoso que o anterior, não?

Sim, bastante mais. Na frase acima, temos a preposição "A" (quem se apresenta, se apresenta A algo ou A alguém) e temos na sequência o pronome demonstrativo "aquela", com cujo "A" inicial ocorre a contração da preposição "A".

– "Com cujo". Coisa linda, hein, professor?

Obrigado! Mas atenção aqui:

+ "Eu me apresentei a + aquela pessoa de maneira muito natural."
prep. pron. "aquela"

– Perfeito.

d) Preposição A + Pronome relativo "a qual":

Há, ainda, uma quarta situação em que se fundem duas letras "A": no encontro entre uma preposição "A" e o pronome relativo "a qual".

+ "A situação à qual me referi foi complicada."

– Acho que enxergo o que está acontecendo: existe uma preposição "A" exigida pelo verbo "referir-se" e existe ainda o "A" que inicia o pronome relativo "a qual". É isso?

É isso mesmo! São, portanto, duas letras "A" sobrespostas.

– Faz sentido total, profe.

Ótimo.

3. NÃO É SÓ O VERBO QUE PODE EXIGIR PREPOSIÇÃO

Quando você pensa na preposição "A" exigida por algum termo anterior, a qual classe você costuma pensar que esse termo pertence?

– Verbo.

Pois é, nem sempre: interessa-nos saber que a preposição pode ser exigida por um verbo ou por um nome.

– Ai, professor, que nome?

Substantivo, adjetivo ou advérbio. Mas, como você sabe que sou muito querido, vou relembrar um por um com você, porque já vimos isso...

– Jura que já?

Juro.

– Em que parte da matéria?

Em regência nominal.

– Vou revisar...

Depois. Agora eu mostro. Vamos lá:

a) Preposição exigida por substantivo:

+ "Eu estou inseguro em relação à empresa."
  (em relação A + A empresa)

Neste caso, quem exige preposição é o substantivo relação: uma coisa se dá em relação A outra.

– Ok, professor, tranquilo.

b) Preposição exigida por um adjetivo:

+ "O deputado é resistente à investigação."
  (resistente A + A investigação)

– Aqui, quem é resistente, é resistente A algo ou A alguém; quem exige a preposição é, portanto, o adjetivo "resistente".

Muuuuito bem! É bem isso!

c) Preposição exigida por advérbio:

+ "Todos votaram favoravelmente à renúncia."
(favoravelmente A + A renúncia)

– Nessa frase, é o advérbio "favoravelmente" que exige preposição: favoravelmente A algo ou A alguém.

Mais uma vez, resposta perfeita. Lembramos o essencial, então?

– Lembramos, sim.

Ótimo. Saiba sempre: a preposição pode ser exigida tanto por um verbo quanto por um nome. Isso pode ser muito útil, por exemplo, em uma questão na qual se pergunte se o acento grave indicativo de crase se deve à regência verbal ou à regência nominal.

– Caso se pergunte isso, eu vou ter de verificar se quem está pedindo a preposição é um verbo ou um nome antes de escolher a alternativa.

Exatamente.

4. CRASE (TEORICAMENTE) PROIBIDA

Convém lembrar que há uma série de casos em que não ocorre a crase.

– E é preciso sabê-los?

Olhe, eu diria que não custa nada saber. Na verdade, dominar os casos de crase proibida (ou dita proibida) serve mais para conseguirmos, em um curto espaço de tempo, eliminar determinadas alternativas.

– Ah, isso é muito útil, profe.

Demais! Vejamos os principais casos em que não ocorrerá crase:

a) Não haverá crase antes de palavras masculinas:

+ "Ele andava a cavalo."
+ "Eu paguei o carro a prazo."

– Isso é regra, regra mesmo? Ao ver uma palavra masculina, posso eliminar a possibilidade de presença de crase?

Pode. Completamente. Se há palavra masculina, não há artigo feminino, faz sentido?

– Faz sim: artigo feminino só com substantivo feminino. Isso?

Exato. Então não haverá a crase, porque não haverá duas letras "a".

+ "Fomos a pé em direção ao açude."

b) Antes de verbos:

Mais uma vez: como antes de um verbo nunca haverá artigo feminino, não haverá crase.

+ "A moça estava prestes a mostrar os resultados."

– Faz sentido.

Muito. Muito sentido.

+ "Estava propenso a mentir."

– Crase em "à partir", então, Deus nos livre?

Deus nos livre.

– Mas tem quem ponha.

Sempre tem. Não você.

– Não eu.

Ótimo.

c) Antes de pronomes pessoais:

"Mim", "ti", "si", "ele", "ela", "nós" e "vós" nunca serão antecedidos por crase.

+ "Referia-se a ela com desprezo e amargura."

– Adoro: "nunca".

Isso. Guarde: nunca.

+ "Veio a mim."

– Guardado.

d) **Antes dos pronomes demonstrativos "este", "esta" e "isto":**

+ "Eu não me refiro a esta pessoa."

Veja bem: é antes desses demonstrativos que nunca haverá.

– Antes de outros pode haver?

Pode. Como vimos na introdução desse capítulo mesmo, "aquele", "aquela" e "aquilo" poderão apresentar acento grave, bastando, para isso, que sejam antecedidos por preposição "A".

– Sim, o senhor tinha falado.

Sim, eu tinha falado.

– Está bem.

e) **Antes de pronomes indefinidos:**

+ "Ele estava inseguro em relação a todo o processo."

Aqui temos um item muito importante, mas muito mesmo.

– Por?

Porque os pronomes indefinidos aparecem muito associados à crase, e pouca gente é firme em saber quais são os pronomes indefinidos. No caso, o que se faz é colocar uma crase que não poderia haver antes de um pronome indefinido.

– Entendi.

+ "Eu vou a qualquer lugar."

– "Qualquer" é indefinido.

Isso, assim como "todo", "toda", "alguém", "ninguém" e outros.

– Ok, profe. Tranquilo.

+ "Elas se apresentam a cada pessoa que entra no ambiente."

– Aqui também não há, porque "cada" é indefinido.

Excelente.

f) Antes de expressões de tratamento introduzidas por "vossa" ou "sua":

+ "O presidente se refere a Vossa Excelência com respeito."

Atenção aqui: não poderá haver crase antes de "vossa" e "sua" quando forem expressões de tratamento.

– Ah: isso é importante porque "sua" e "vossa" também podem ser pronomes possessivos, certo?

Certinho. E quando eles forem pronomes possessivos, vão ser enquadrados em outra regra, que veremos mais adiante. Por ora, guardemos que, quando "vossa" e "sua" fizerem parte de expressões de tratamento, não serão antecedidos por crase.

+ "Eu peço compreensão a Vossa Majestade."

– E a que isso se deve?

Ao fato de que, antes dessas expressões de tratamento, até por uma questão de polidez, de educação, não há artigo definido "A". Não dizemos assim: "A vossa senhoria está convidada a participar do evento". Certo seria dizer o seguinte: "Vossa senhoria está convidada a participar". Se antes do pronome de tratamento não há artigo, não haverá crase, mesmo que antes dele exista a preposição "A".

– Sim. Entendido.

g) Antes de substantivos plurais quando o "A" estiver no singular:

+ "Eu recorri a professoras experientes."

Aqui há um macete antigo, antigo, antigo, mas que funciona muito.

– Qual?

+ "A" no singular + palavra no plural = crase nem a pau!

– Mesmo, mesmo?

Mesmo, mesmo, mesmo. Se o "A" estiver no singular e a palavra posterior estiver no plural, não haverá crase de maneira nenhuma! Dou minha palavra!

– Assim facilita!

Ótimo.

+ "Nós nos apresentamos a pessoas ricas e influentes."

h) Após preposições (exceção: "até"):

Já que um dos dois elementos que se unem para que ocorra crase é a preposição "A", podemos concluir que, via de regra, após as demais preposições não haverá acento grave indicativo de crase.

+ "Eu cheguei após a reunião."

– E isso se deve à ausência da preposição "A"?

Isso. Vamos pensar por exclusão: se está presente a preposição "após", não está presente a preposição "A".

– Faz sentido.

Faz sim. Vale o mesmo para a presença de outras preposições antes do "A":

+ "Eu luto contra a desigualdade."
+ "Paramos ante a porta do estabelecimento."
+ "Eles conversaram com a mãe da garota."
+ "Carlos opinou, mas sem a presença de tanto ódio."

– O senhor disse, no título mesmo, que a exceção é a preposição "até"?

Isso mesmo: entre todas, a preposição "até" é a única que pode, em certas situações, ser seguida por crase. Mas logo em seguida, no momento oportuno, veremos isso.

– Promete?

Prometo.

– Então acredito.

i) Em expressões nas quais o "A" unir palavras idênticas:

– Tipo "passo a passo"?

"Tipo". No caso de "passo a passo", não poderia de modo algum, porque "passo" é palavra masculina. No entanto, também não haverá crase quando o "A" unir idênticas palavras femininas.

+ "Estavam cara a cara".

– Valeria o mesmo para "frente a frente", "gota a gota"?

Sim: o mesmo. Conhece a expressão "cabeça a cabeça"?

– Creio que não...

Imaginei. Para essa expressão vale também o mesmo raciocínio. A origem de "cabeça a cabeça" está relacionada ao turfe (corrida ou carreira de cavalos). Quando um final de carreira é muito disputado, diz-se que os competidores estão disputando "cabeça a cabeça" a vitória.

– Que interessante. ☺

Por analogia, é utilizada a mesma expressão em situações nas quais há uma disputa acirrada por qualquer coisa: "João e Paulo estão disputando cabeça a cabeça o segundo turno da eleição", por exemplo.

5. TESTE PRÁTICO – UMA ESPÉCIE DE REGRA GERAL

Dez entre dez alunos, ao se deparar com uma questão de crase, tentam, antes de mais nada, fazer um determinado teste prático que, de fato, funciona na maioria das vezes.

– Substituir o substantivo feminino por um masculino?

E-xa-ta-men-te: substituir o substantivo feminino por um masculino e ver se o "A" se transforma em "AO". Embora eu suponha que você já saiba fazer esse teste, não custa que o vejamos, até porque estamos vendo muitas coisas.

– Melhor. Não custa.

Também acho. Vamos que vamos. Quando quisermos fazer um teste prático para verificarmos se há ou não há crase, deveremos fazer o seguinte: substituir o substantivo feminino após o "A" por um substantivo masculino. Ocorrerá crase antes do feminino somente se, antes do masculino, o "A" se transformar em "AO".

– Somente se o "A" virar "AO"?

Isso. Assim:

- "A" vira "O" = A (sem crase, porque é somente artigo):
  - "Eu comprei a lancha." (a: artigo)
  - "Eu comprei o carro." (o: artigo)
- "A" segue "A" = A (sem crase, porque é somente preposição):
  - "Ele tem resistência a certa pessoa." (a: preposição)
  - "Ele tem resistência a certo homem." (a: preposição)
- **"A" transforma-se em "AO" = À (com crase, porque há preposição e artigo):**
  - "Quase todos resistiram à ideia." (à: preposição + artigo)
  - "Quase todos resistiram ao pensamento." (ao: preposição + artigo)

Ou seja, ao substituirmos o substantivo feminino por um masculino, encontrarmos como resultado "AO", haverá crase.

Vejamos outros exemplos.

- "Ela demonstra amor à irmã."
  (Ela demonstra amor ao irmão.)
- "O rapaz pareceu desfavorável à opinião."
  (O rapaz pareceu desfavorável ao juízo)
- "Relativamente à lei, não sei o que penso."
  (Relativamente ao artigo, não sei o que penso.)
- "A moça assistiu à operação."
  (A moça assistiu ao procedimento cirúrgico.)

– Entendidíssimo, professor!

Excelente.

– Posso fazer uma confissão da qual me envergonho um pouco?

Pode, e não se envergonhe.

– Sei que temos de substituir o feminino pelo masculino. Sei que, se o "A" tornar-se "AO", ocorre crase. Sei e tenho a impressão de que isso eu sempre soube. Mas há um porém: ao substituir o feminino pelo masculino, tenho, muitas vezes, a impressão de que caberia um "AO" na situação em que, quando se corrige o exercício, descubro que somente caberia o "O".

Que linda declaração! Não há razão para nenhuma, nenhuma, nenhuma vergonha. Veja bem: essa é a dúvida de muitos, eu diria que de todos. Se tivéssemos certeza acerca de o verbo exigir ou não a preposição "A", que é a dúvida que está no fundo do seu questionamento, não haveria jamais dúvida sobre a crase. A dúvida técnica, teórica sobre a crase é a seguinte: há ou não há preposição "A" nessa estrutura? A dúvida prática, de quem está tentando descobrir se há ou não há crase: ao substituir o feminino pelo masculino, o "A" se transforma em "O" ou em "AO"? Entende o que eu quero dizer?

– Acho que entendo, professor.

Pois então. A sua dúvida diz respeito à questão-chave da crase.

– E há uma luz que o senhor possa me dar?

Há sim. A minha sugestão é: na dúvida entre "O" ou "AO", opte por "O". Certo?

– Talvez.

Na dúvida sobre haver ou não haver a preposição "A", considere que não há. Sabe por quê? Porque existem pessoas que acham que um "A" sempre cabe, e por isso ocorrem muitos erros. Na dúvida, considere que não há preposição "A", ou seja, que o "A" transforma-se em "O".

– Está certo, profe.

- "Ele ama a irmã."
  (Ele ama o irmão)
- "A moça admira a professora."
  (A moça admira o professor)

– Ok.

6. CASOS ESPECIAIS DE CRASE

Há, além desses casos mais gerais, uma série de **casos específicos em que se justifica (ou não) a presença da estrutura "À"**. Vejamos os principais casos especiais e as informações mais importantes acerca de cada um deles.

– Vejamos.

6.1. Aquele / Aquela / Aquilo

Os pronomes demonstrativos "**aquele**", "**aquela**" e "**aquilo**" apresentarão crase quando forem antecedidos por termos que exijam a presença da preposição "A".

+ "Eu assisti àquela discussão com profundo desconforto."

– Esse é o único caso em que a crase acontece em formas que não sejam "À" ou "ÀS"?

Exatamente. O que ocorre, nesta frase, é a sobreposição da preposição "A" com o "A" inicial do pronome. Também podem ocorrer as formas "àquele" e "àquilo". Por exemplo:

+ "Esse assunto é pertinente àquilo que discutíamos."

Se você ficar em dúvida, como sempre, quanto à regência, há aqui um testezinho prático que pode funcionar bastante.

– Isso é sempre uma alegria, professor!

Basta substituir os pronomes "aquele", "aquela" e "aquilo" por "este", "esta" e "isto". Caso resultem as formas "**a** este", "**a** esta" ou "**a** isto", comprova-se a presença de preposição "A" e, por isso, ocorre crase nos termos originais.

– Exemplos, profe, pelo amor de Deus.

Claro.

+ "A moça se referiu àquele colega com desprezo."

Substitua "aquele" por este e me diga como fica a frase.

– "A moça se referiu **a este** colega com desprezo."

Exatamente. Por isso ocorre a crase, porque a forma resultante é "a este".

– Perfeito.

6.2. Nomes de lugar (topônimos)

Aqui existe um macete também antigo, mas que funciona que é uma beleza.

– Nunca se renega um macete, professor. Vá que ele salve um dia...

Concordo. Com nomes de lugar, temos o seguinte:

+ Vai a, volta DA = Crase há.
+ Vai a, volta DE = Crase pra quê?

– Como é?

+ Se se vai A e se volta DA = Crase há.
+ Se se vai A e se volta DE = Crase pra quê?

– Profe querido: assim parece ficar fácil...

Fica mesmo. Quer ver?

+ "Todos retornarão a Campinas após o feriado."

Por que não houve crase?

– Porque se vai A Campinas e se volta DE Campinas. Se vai A e volta DE, crase pra quê?

Isso mesmo. Mais uma.

+ "Todos retornarão à Austrália após o feriado."

Por que ocorreu crase?

– Porque uma pessoa vai À Austrália e volta DA Austrália. Se vai À e volta DA, crase há!

Exato.

– Mas, professor, e se eu perguntasse por que esse macete funciona, haveria uma explicação? Ou é "porque sim", simplesmente?

Há explicação, sim. Esse teste é feito para que consigamos nos certificar sobre ocorrer ou não artigo "A". Vamos ver algumas tendências.

As **cidades**, por exemplo, geralmente não serão antecedidas por artigo: "Veneza", e não "a Veneza"; "Porto Alegre", e não "a Porto Alegre"; "São Paulo", e não "a São Paulo". Há exceções, como "o Rio de Janeiro" e "o Recife", mas são, como eu disse, exceções.

– Certo.

Países, de modo geral, serão antecedidos por artigo: "a Itália", "a Islândia", "a França", "o Marrocos", "a Rússia". **Continentes** também aceitam artigo: "a Europa", "a Ásia", "a Oceania", "a América", "a África".

– Interessante, professor. Eu nunca tinha visto isso assim, nesses termos.

Agora viu. E funciona. ☺

Observação: Cabe ressaltar que, se o nome do lugar estiver determinado por um adjetivo ou por uma expressão equivalente, passará a ocorrer crase.

– Estava tranquilo demais...

Segue tranquilo. Imaginemos que, em vez de "Eles retornarão a Roma", tivéssemos a frase seguinte:

+ "Eles retornarão **à** bela Roma."

Nesse caso, passaria a haver crase, conforme seria percebido se fizéssemos o teste citado: "alguém vai À bela Roma e volta DA bela Roma". E por que isso ocorre?

– Porque quando se põe um adjetivo antes de um nome de lugar naturalmente se põe junto o artigo?

Resposta mais linda não haveria como ser. Qual das duas formas abaixo você escolheria?

+ "Bela Roma é impressionante."
+ "A bela Roma é impressionante."

– Certamente a segunda, professor...

Você acertou. Posso dificultar um pouquinho?

– Deve.

+ "Em breve, irei à Porto Alegre das ruas arborizadas e do clima frio."

Enxerga?

– Acho que não...

Bem, primeiro devo dizer que o teste prático, se corretamente aplicado aqui, daria também o resultado certo (que confirma a presença da crase): alguém vai À Porto Alegre das ruas arborizadas e do clima frio e volta DA Porto Alegre das ruas arborizadas e do clima frio.

– Ainda com dificuldade...

Ok. Eu sei. Pense nas duas frases abaixo e me diga qual você escolheria.

+ "Porto Alegre das ruas arborizadas e do clima frio me seduz."
+ "A Porto Alegre das ruas arborizadas e do clima frio me seduz."

– A segunda...

Ótimo. E isso aconteceria porque você estaria falando de "uma" Porto Alegre em particular, particularmente "a" Porto Alegre das árvores e do frio. Compreende?

– Sim, professor!

Pois então: é por isso que ocorre a crase.

– Que lindo!

6.3. A que / A de

Nas expressões "**a que**" e "**a de**" haverá acento grave, dando origem às formas "à que" e "à de", se, ao substituirmos uma palavra feminina subentendida por uma palavra masculina, forem geradas as formas "AO que" ou "AO de".

– Parece difícil...

Parece difícil, mas não é. Observemos:

+ "A mochila daquele garoto é semelhante à que compramos ontem".

Na frase anterior, podemos supor a palavra feminina "mochila" subentendida:

+ "A mochila daquele garoto é semelhante à (mochila) que compramos ontem".

Ao substituirmos a palavra "mochila" pela palavra "casaco", por exemplo, o "A" irá transformar-se em "AO":

+ "O casaco daquele garoto é semelhante AO (casaco) que compramos ontem".

– Sim, consigo perceber.

Ótimo. Sendo assim, haverá crase na frase original:

+ "A mochila daquele garoto é superior à que compramos ontem".

Vamos a mais uma frase:

+ "No que diz respeito à postura, eu nada disse em relação à de alguns diretores."

Substitua "postura" por um substantivo masculino e verifique o que ocorre.

– No que diz respeito ao pensamento, eu nada disse em relação ao de alguns diretores.

Perfeito.

6.4. Palavras "moda" ou "maneira" subentendidas

Existem diversas expressões em que ocorrem as palavras "moda" ou "maneira" subentendidas. Nessas expressões, haverá crase.

+ "Comemos um bacalhau à portuguesa." (à moda / à maneira portuguesa")
+ "Eles servirão o jantar à americana." ("à moda / maneira americana")

– Sim, profe: fácil, fácil de ver.

Ótimo. Isso é muito comum em relação a uma série de pratos:

+ "Mamãe serviu arroz à grega aos convidados."
(= à moda / maneira grega)

+ "A massa à bolonhesa está entre as minhas preferidas."
(= à moda / maneira bolonhesa)

– Eu comi um filé à parmegiana. (= à moda / à maneira parmegiana)

Exatamente. É nessa regra em particular em que pode aparecer uma crase que aparentemente esteja antes de palavra masculina.

– Mas o senhor não tinha dito que não haveria nunca crase antes de palavra masculina?

Tinha dito e mantenho o que disse. Veja a frase abaixo.

+ "Eu comi um bacalhau à Gomes de Sá."

Percebe que aqui, embora a crase aparente estar antes de uma palavra masculina, na verdade está antes de uma palavra feminina, mas subentendida?

– Sim: eu comi um bacalhau à moda / maneira Gomes de Sá.

Maravilha! Ocorre também em outras situações, como a seguir:

+ "Há um artista contemporâneo que pinta à Picasso." (= à moda / maneira Picasso)

– Lindo, lindo.

6.5. As palavras "casa" / "terra" / "distância"

a) Casa = próprio lar:

Quando a palavra "casa" não estiver acompanhada por um determinante, sendo usada no sentido de "próprio lar", "própria casa" de quem é citado na frase, não haverá crase. Assim, teremos, mesmo que soe estranho, a seguinte estrutura:

+ "O garoto retornou a casa."

– Professor, eu teria muita vontade de colocar crase, ainda mais por pensar imediatamente em substituir casa por uma palavra masculina, como "bairro": "o garoto retornou ao bairro".

Entendo completamente. Mas é necessário que lembremos que "casa" é uma palavra especial e que, nessa conotação de "próprio lar" não será antecedida por crase. Alguma ideia do motivo pelo qual isso acontece?

– Nenhuma...

Fácil, fácil: quando usamos o termo "casa" para nos referirmos ao nosso próprio lar, não usamos artigo antes dele. Ao comunicar a alguém que você recém-saiu de sua própria casa, qual das duas formas abaixo usaria:

+ 1ª) Faz dez minutos que eu saí de casa.
  preposição

+ 2ª) Faz dez minutos que eu saí da casa.
  preposição + artigo

– Com certeza, eu usaria a primeira.

Perfeito. Note que você usou, antes do termo "casa", apenas a preposição "de", sem usar o artigo "A".

– É verdade...

Mais uma situação agora. Ao comunicar a alguém que você está na sua própria casa, qual das formas a seguir você usaria?

+ 1ª) Eu estou em casa agora.
  preposição

+ 2ª) Eu estou na casa agora.
  preposição + artigo

– Mais uma vez, certamente a primeira...

Concordo 100% com você. Nota? Ao nos referirmos ao nosso próprio lar por meio da palavra "casa", usamos apenas a preposição:

+ "Eu estou em casa."
  preposição
+ "Eu saí de casa."
  preposição

+ "Eu retornei a casa."
  preposição

– Profe, mais uma coisa que passa a fazer muito sentido.

Ótimo. No entanto, teríamos construções distintas caso se tratasse de uma casa acompanhada por um determinante (casa DE alguém, casa DE algo):

+ "O garoto retornou à casa dos avós."
  preposição + artigo

+ "O garoto irá à casa paterna."
  preposição + artigo

– Sim, sim: agora entendo bem. Do mesmo modo, usando os verbos que foram usados antes, teríamos "eu estou NA casa dos meus avós", "eu saí DA casa dos meus avós".

Exatamente. Lindo, lindo.

b) Terra = terra firme:

Outra palavra que dispensará crase, mesmo antecedida por preposição, será a palavra **"terra"** quando estiver em oposição a "bordo", em oposição a "água". Nesse caso, teríamos o seguinte:

+ "O navio retornou a terra, após meses em alto-mar".
  preposição

– Por uma lógica semelhante à do item anterior: "o navio estava EM terra (firme)"; "após meses no mar, sinto saudade DE terra (firme)".

Exato. Não é bom entender?

– É ótimo!

Não estando no sentido de "terra firme", ou seja, tratando de uma terra específica, haverá crase:

+ "O navio retornou à terra de que havia partido meses antes."
  preposição + artigo

Essa frase equivaleria à seguinte estrutura:

+ "O navio retornou AO local de que havia partido meses antes."

– E se fosse o planeta Terra?

Valeria o mesmo pensamento: havendo preposição "A" antes, ocorreria crase, porque o termo não estaria sendo utilizado no sentido de "terra firme".

+ "A aeronave voltou à Terra após três meses no espaço."
  preposição + artigo

– Cem por cento compreendido.

c) Distância:

A palavra "distância" também constitui um caso especial. Caso a distância esteja especificada, explicitada, ocorrerá crase:

+ "Eu vi tudo à distância de um metro."

Se a distância não estiver especificada, não haverá crase:

+ "Eu vi tudo a distância."

– Caso se diga qual é a distância, com crase; caso não se diga, sem crase?

Exatamente isso.

6.6. Crase opcional

Haverá algumas situações em que a presença ou ausência de crase será opcional. Essas situações são muito frequentes em provas, por isso temos de dominá-las bem.

a) Prep. A + Nomes próprios femininos:

No caso dos **nomes próprios femininos**, quando eles forem antecedidos pela preposição "A", a crase será opcional:

+ "A menina se apresentou a / à Maria Clara."

– Por que é opcional? Não gosto muito de coisas opcionais no português...

Acostume-se: há várias. A crase aqui é opcional porque, antes de nomes próprios, o que é opcional, na verdade, é a presença do artigo.

– Como assim?

Simples. Antes de um nome próprio, seja ele feminino, seja ele masculino, podemos usar ou não o artigo.

+ "Ana chegou atrasada ao evento." / "A Ana chegou atrasada ao evento."
+ "Paula está cansada." / "A Paula está cansada".

Nota que tanto faria uma forma ou outra em ambos os pares de frases acima?

– Noto.

Sendo assim, havendo a presença de preposição exigida por verbo ou nome anterior, a crase será opcional, porque poderá haver ou não o artigo:

+ "Ele recorreu a / à Ana para ter notícias"

– Entendido.

b) Prep. A + Pronome possessivo feminino singular:

Também será opcional a crase antes de **pronomes possessivos femininos no singular**, desde que esteja presente a preposição "A" exigida por um verbo ou nome:

+ "Eu entreguei o documento a / à tua advogada."

– Opcional é, de novo, o artigo?

Excelente. O motivo é exatamente o mesmo que torna opcional a crase antes de nomes próprios femininos: o fato de ser opcional a presença do artigo.

+ "Tua carteira está sobre a mesa." / "A tua carteira está sobre a mesa."
+ "Minha vez está próxima." / "A minha vez está próxima."

– De novo, os dois pares têm o mesmo sentido.

De novo. Por essa razão, havendo preposição antes do possessivo feminino, será opcional usar ou não crase:

+ "Ele se referiu à / a minha postura de maneira elogiosa".

– Ok.

Observação: O mesmo não ocorre (a opcionalidade) quando houver pronome possessivo feminino no plural. Nesse caso, OU haverá crase, OU não haverá crase. Havendo preposição e estando o "A" na forma plural "AS", ocorre crase, pois teremos a estrutura "A + AS = ÀS". Vejamos:

+ "Ele resistiu às minhas sugestões."

Podemos afirmar, com certeza absoluta, que há artigo, pois esta seria a única razão para o "A" estar no plural.

Caso o "A" esteja no singular e o pronome possessivo no plural, vale a proibição vista lá no início, de que "A" no singular + palavra no plural = crase nem a pau!

+ "Ele resistiu a minhas sugestões."

– Entendido.

c) Até a / à:

Você se lembra de eu ter escrito, no início do estudo da crase, que não haveria crase após preposição?

– Eu lembro, sim, professor, mas lembro também de o senhor dizer que após o "ATÉ" era uma exceção...

Maravilha! É exatamente isso. A preposição "ATÉ" poderá ser seguida por crase, porque, após a preposição "ATÉ" aceita-se a presença da preposição "A".

– Mas em que caso?

Em que caso pode haver crase após "ATÉ"? Sempre que se tratar de preposição e for seguido por substantivo feminino.

+ "As pessoas foram até a / à cidade para participar da festa."

– O senhor jura que as duas formas estão corretas?

Sim. As duas formas estão corretas. É estranho, mas é verdade.

+ "Caminhamos até à / a praia no sábado."

– Se o senhor diz, acredito.

Acredite!

6.7. A *x* Há (tempo)

Se você notar bem, em nenhum dos dois itens deste tópico temos presença de crase propriamente dita...

– Pois é...

Então talvez você se perguntasse por que estamos estudando esses dois elementos aqui, em meio ao estudo da crase.

– Talvez...

Por um motivo simples: a questão em que se cobra a crase, muitas vezes, é uma questão de preenchimento de lacunas. E, além das hipóteses "A" craseado ou não, também pode aparecer a possibilidade da forma "HÁ", do verbo "HAVER".

– Sim: pede-se que se preencha a lacuna com "À", "A" ou "HÁ".

Isso mesmo. Precisamos, então, saber quando se usa "A" ou "HÁ" em alusões temporais.

a) **"HÁ":** a forma "HÁ", do verbo "HAVER", somente é usada quando se fizer alusão a um tempo passado, pretérito:

+ "O rapaz chegou há no mínimo duas horas."
passado

– Tranquilo.

Nesse caso, a forma verbal equivale, semanticamente, a "FAZ" indicando tempo decorrido:

+ "O rapaz chegou faz no mínimo duas horas".

b) **"A":** se a referência disser respeito a um tempo futuro, a forma a ser usada deverá ser "A":

+ "O jogo ocorrerá daqui a duas semanas".
futuro

– Deus nos livre usar "HÁ" para tempo futuro?

Deus nos livre.

6.8. Horas

Haverá crase antes de "**horas**", quando se fizer referência ao horário específico de realização de um evento:

+ "Chegaremos às quatorze horas para participarmos da reunião".

Do mesmo modo, a forma correta será a seguinte:

+ "A reunião deve durar das nove às onze horas".

– O que o senhor quer dizer com "alusão ao horário específico"?

Quero dizer que deve ser especificado o horário em que ocorrerá o evento (ou em que ele será iniciado ou terminado). Quando se tratar de um intervalo de tempo ou de um horário aproximado, contudo, não haverá crase:

+ "A reunião deve durar de duas a três horas".
+ "Os primeiros alunos chegarão após as quinze horas."

– Captei a vossa mensagem, amado mestre.

Excelente!

6.9. Locuções femininas

Por fim (mas de modo algum menos importante), haverá crase nas locuções adverbiais, prepositivas e conjuntivas formadas por palavra feminina.

– Momento tenso...

Sim. Este tópico está bem no finalzinho do nosso estudo de crase, depois de já termos visto muitas coisas e de termos guardado muitas informações. Mas devemos lembrar que se trata de um tópico essencial. Aliás, ele é um dos mais importantes, porque exige atenção e capacidade de raciocínio para que possamos identificá-lo e percebermos que estamos diante dele.

– Professor Marcello, é com pesar que admito: atenção e raciocínio não são os meus pontos mais fortes na língua portuguesa...

Acredito que você se sinta assim. Mas é com alegria que eu constato: com o conhecimento de um tópico, vêm junto a atenção, a capacidade de raciocínio, a autoconfiança e várias coisas mais. Venha comigo que você não se arrepende.

– Vou, sim.

Para sabermos este tópico, temos de dominar, com clareza, o que são os três tipos de locução citadas acima. Você lembra?

– É possível...

Vamos relembrando quais são os tipos de locuções e já vamos aos associando à crase.

a) Locuções adverbiais:

Conjunto formado por *preposição + substantivo / advérbio* indicando uma circunstância. Quando a preposição for "A" e o termo posterior for substantivo feminino, haverá crase:

- "As comemorações tiveram início à tarde."
- "Todos saíram às pressas do ambiente."

– Pode ser singular ou plural?

Sim. Pode ser *a + substantivo singular* ou *as + substantivo plural.*

+ "Eu aguardava à porta que fosse atendido por alguém."
+ "Pretendo deixar tudo às claras na reunião."
+ "O rapaz aguardava à mesa a chegada da moça."

– Perfeito.

b) Locuções conjuntivas:

São locuções conjuntivas com crase somente as proporcionais "à medida que" e "à proporção que".

– Só as duas?

Só, só: mais nada.

+ "À proporção que a polícia investigava, mais clara ficava a autoria do homicídio."
+ "As pessoas se corrompem à medida que se deixam guiar pela ambição."

– Assim fica bem mais tranquilo.

Concordo.

c) Locuções prepositivas:

São aquelas terminadas em preposição, lembra? As locuções adjetivas e as locuções adverbiais são *iniciadas* por preposição. Já as prepositivas são *terminadas* por preposição.

+ "Ele era um homem à frente do seu tempo."
+ "Ele conseguiu a vitória no processo à força de recursos ilegítimos."

– Professor: difícil não seria exatamente a palavra, seria?

Creio que não. Talvez mais difícil seja lembrar quais são as locuções adverbiais, as locuções conjuntivas e as locuções prepositivas. Mas, uma vez recordadas, fica simples.

7. QUADRO-SÍNTESE

CRASE = CONTRAÇÃO

A contração	Exemplos
1. Prep. A + Art. A	Iremos à feira.
2. Prep. A + Pron. Dem. A	A tua televisão é superior **à que** comprei.

3. Prep. A + Aquele / Aquela	Assistiremos **àquele** debate.
4. Prep. A + A qual	A cidade **à qual** me referi estava cheia.

CRASE PROIBIDA

Caso	Exemplos
1. Antes de masculino	Revelei o plano a *Paulo.*
2. Antes de verbos	Estou prestes a *comemorar.*
3. Antes de pron. pessoais	Ela se apresentou a *mim.*
4. Antes de "este", "esta", "isto"	Assistiu a *este* filme.
5. Antes de pron. indef. no sing.	Contarei o plano a *qualquer* pessoa.
6. Antes de pron. trat. (vossa/sua)	Obedecemos a *Vossa* Majestade.
7. A sing. + Subst. Plural	Fomos a *praias* paradisíacas.
8. Após preposições	Eles estão *com* a diretora.
9. Unindo palavras iguais	Ficaremos *frente* a *frente.*

REGRA GERAL

Caso	Exemplos
1. A vira AO = há crase	Eu irei à escola. (ao teatro)
2. AS vira AOS = há crase	Apresentei-me **às** mulheres. (aos homens)

CASOS ESPECIAIS

Caso	Característica	Exemplos
1. Aquele / aquela / aquilo	= A este / A esta / A isto	Obedecemos **àquela** pessoa.
2. Nomes de lugar	Vai A, volta DA = crase há	Fomos à Ucrânia.
3. A que / a de	= AO que / AO de	Blusa igual à que comprei
4. Moda, maneira	Subentendidas	Arroz à grega.
5. Casa	Equivale a "lar" = sem crase	Retornei a casa.
6. Terra	"Terra firme" = sem crase	Os navios voltaram a terra.
7. Distância	Não especificada = sem crase	Observarei a distância.

8. Opcional	A + nome feminino	Enviei o documento a / à Paula.
	A + possessivo fem. sing.	Recorri a / à tua amiga.
	Até A + palavra feminina	Fui até a / à padaria
9. Horas	Específica = crase	Chegaremos **às** dezoito horas.
	Intervalo / aprox. = sem crase	De duas a três horas. Após as três horas.
10. Locuções femininas	Locuções adverbiais	À noite, à espera
	Locuções conjuntivas	À medida que, à proporção que
	Locuções prepositivas	À frente de, à força de

PARTE 8

Orações

CAPÍTULO 33

Orações

INTRODUÇÃO

Chegou a hora: matéria fundamental, importantíssima, que eu particularmente adoro e sem a qual acho, mesmo, que não há como se dizer que se domina com convicção o Português: Orações!

– Professor, mas isso é tão, tão, tão difícil...

Olhe: fácil não é, mas não se subestime. Eu não subestimo você! Arrisco dizer, mesmo que possa parecer um pouco pretensioso, um pouco arrogante, que você vai ver essa matéria de um modo como nunca viu.

– Está confiante assim professor?

Estou.

– O senhor não me empresta um pouco dessa confiança?

Não tenho como emprestar, mas ajudo você a construí-la. Palavra de honra, palavra de escoteiro, promessa dessas fortes que a gente só faz em horas extremas: vou ensinar orações a você de modo que, ao final da matéria, você domine tudo aquilo de que precisa.

Comecemos logo. E comecemos com uma pergunta tão básica quanto fundamental: você sabe, com firmeza, com convicção, diferenciar uma frase, uma oração e um período?

– Professor, quando alguém pergunta dessa forma, querendo saber se tenho firmeza e convicção, eu fico em dúvida até a respeito do nome que tenho...

Não se preocupe. É assim mesmo. Mas tente me dizer: acha que sabe diferenciar com clareza uma frase, uma oração e um período?

– Acho que, com clareza, clareza mesmo, não...

Pois então comecemos do começo.

1. FRASE, ORAÇÃO, PERÍODO

Antes de fazermos um estudo mais detalhado das orações e de tudo aquilo que é importante em relação a esse assunto, cabe traçarmos a diferenciação básica – mas essencial – entre frase, oração e período.

Vamos?

– Professor, pra tudo que o senhor me convida eu tenho ido...

Ô, alegria. ☺

1.1. Frase

É todo e qualquer enunciado de sentido completo, delimitado por uma maiúscula inicial e por um sinal de pontuação final.

+ "Até mais!"
+ "Eu comprarei as mercadorias."
+ "Será que é verdade isso?"

– Professor, qualquer coisa que esteja entre uma maiúscula inicial e um ponto final é uma frase, sem interessar se tem uma só palavra ou vinte linhas?

Qualquer coisa.

– Se é assim, é simples, profe.

É sim. Das três definições (frase, oração, período), essa é a mais fácil. No entanto, existem subdivisões para a frase que, embora inusuais em prova, não são proibidas de aparecer, motivo pelo qual as veremos.

– Estava bom demais para ser verdade...

Não estava, não. Vai só melhorar. Confie. Aqui tudo ainda é simples.

a) Quando houver verbo no interior da frase, ela será chamada **frase verbal**.

+ "Eu sou o mais trabalhador." (frase verbal)
  verbo

+ "Ele desistiu de todos os cargos." (frase verbal)
  verbo

b) Quando a frase não apresentar verbo, ela será chamada **frase nominal.**

+ "Silêncio!"
  substantivo

+ "Agora."
  advérbio

– "Verbal" quando houver verbo e "nominal" quando não houver?

Isso.

1.2. Oração

Eis um conceito fundamental para o estudo que estamos empreendendo. Oração é toda aquela estrutura que orbita em torno de um verbo ou de uma locução verbal. Pegou a definição inteira?

– Creio que peguei.

Prestou atenção na parte da locução verbal?

– Prestei, sim. Prestei?

Tomara que sim. Uma única oração é tudo aquilo que orbita em torno de um verbo ou de uma locução verbal. Isso é fundamental saber: uma locução verbal constitui, em termos de análise sintática, também apenas uma oração. Vamos lá.

+ "Os homens recebem dons naturais." (um verbo = uma oração)
  verbo

+ "As pessoas devem estar tristes com o resultado." (uma locução verbal = uma oração)
  locução verbal

Você entendeu isso? Mesmo, mesmo, mesmo?

– Mesmo. O que o senhor, preocupado e benevolente que é, quer que eu lembre é que uma locução verbal representa apenas uma oração.

Sim! É o que o preocupado e benevolente professor Marcello quer. ☺

Você vai lembrar?

– Vou sim: registrado aqui já.

Nunca, nunca vai esquecer?

– "Nunca" sempre me parece palavra forte demais. Quem nunca disse "nunca" e não conseguiu cumprir o "nunca" dito?

Profundo. Vamos voltar aos trilhos. ☺

A oração é, portanto, uma estrutura necessariamente verbal, diferentemente de frase, que não necessariamente terá verbo. Uma frase nominal não apresenta nenhuma oração, pois não tem verbo nenhum.

– Mas uma frase pode também ter várias orações, não?

Sim. Não há um limite máximo de orações.

+ "Eu **discordo** dela, mas **entendo** a sua posição, já que ela **é** parente do chefe, embora eles **tenham** sobrenomes diferentes."

Aqui acima há uma única frase, mas quatro orações, cada uma delas nucleada por um dos verbos em negrito.

– Ok.

Quando tivermos uma oração ocupando a totalidade de uma frase, essa oração será chamada de *oração absoluta*.

+ "A proprietária do terreno **avaliará** a proposta."
Oração Absoluta

Tente guardar essa informação por meio do termo "absoluta": trata-se de uma oração que vale por si, que não se relaciona com outras, que é, portanto, "absoluta", no sentido de autossuficiente.

– Certo.

1.3. Período

É uma frase que apresenta uma ou mais orações. Apenas isso. O período pode ser simples ou composto. Lembra a diferença entre simples e composto na língua portuguesa?

– Sim: simples é um só; composto é dois ou mais.

Exato. Seja do que for.

a) Período simples:

Quando apresentar apenas uma oração, será chamado período simples.

+ "A pessoa cometeu erros de avaliação."
1ª Oração (absoluta) = período simples

Viu? Temos apenas um verbo; logo, uma oração, que é absoluta; logo, período simples.

– Perfeito.

b) Período composto:

Quando houver mais de uma oração no período, ele será chamado período composto.

+ "Eu fiz um trabalho belíssimo, já que adoro a matéria." (período composto)
1ª oração / 2ª oração

– Duas orações, professor, porque dois verbos. Em termos de período, temos um só, mas composto. É isso?

Exatamente.

2. COORDENAÇÃO *X* SUBORDINAÇÃO – PROCESSOS DISTINTOS

Você já ouviu muito falar que há orações coordenadas e orações subordinadas e que elas estabelecem diferentes relações com as orações que as acompanham, não?

– Sim, professor, muito.

Pois então: simplificadoramente, costuma-se dizer que as coordenadas são independentes, como se valessem sozinhas, enquanto as subordinadas não seriam independentes e precisariam de outra.

– Isso...

Vamos construir uma lógica de raciocínio que deve clarear melhor as diferenças existentes entre elas: quando se fala de dependência ou independência envolvendo orações subordinadas e coordenadas, não se está falando em termos semânticos (de sentido), e sim em termos sintáticos (de estrutura). Não se assuste. Vamos deixar isso mais claro.

a) Processo de subordinação:

Primeira informação fundamental: uma oração subordinada é sempre acompanhada por uma oração principal.

– Sempre?

Sempre. A presença de uma oração subordinada implica que, necessariamente, haja uma oração principal.

– Certo.

Alguns exemplos:

+ "A bomba estourou quando entramos no ambiente."
  oração principal: "A bomba estourou" / oração subordinada adverbial: "quando entramos no ambiente"
+ "João Carlos afirmou que haverá retaliações."
  oração principal: "João Carlos afirmou" / oração subordinada substantiva: "que haverá retaliações"
+ "Eu sempre admirei o homem que faleceu ontem."
  oração principal: "Eu sempre admirei o homem" / oração subordinada adjetiva: "que faleceu ontem"

Neste momento, você não precisa ainda saber classificar cada uma das orações subordinadas como adverbiais, substantivas ou adjetivas. O que quero aqui é que você perceba que a presença de uma subordinada, de qualquer classificação, garante-nos a presença de uma oração principal.

– Entendi. O senhor quer que eu guarde o par: oração subordinada sempre será acompanhada por oração principal.

Isso mesmo. Agora vamos a uma definição que é muito, muito, muito essencial:

As orações subordinadas são assim chamadas porque elas se transformam em um termo constituinte da oração principal.

– Professor, sinto em lhe dizer, mas não entendi absolutamente nada dessa definição em destaque.

Normal. Não se preocupe, em seguida vai entender. Vamos partir primeiro de um período simples e das funções que, no período simples, um substantivo, um adjetivo e um advérbio desempenham. Não pense ainda nas orações.

– Vou tentar.

Vai conseguir. Vamos lá.

+ "O rapaz revelou a verdade."

Você consegue classificar as funções sintáticas dos elementos da frase?

– Sim: sujeito, verbo, objeto direto.

Exato. Organizemos.

+ "O rapaz revelou a verdade."
  sujeito VTD OD

Você deve estar percebendo que o objeto direto apresenta como núcleo um substantivo.

– Sim: "verdade".

Exato. Essa função, de núcleo das funções sintáticas, é geralmente desempenhada por um substantivo. Quando essa função, precípua de substantivos, for desempenhada por uma oração, essa oração inteira equivalerá a um substantivo e será um termo da principal. Daí surgem as orações substantivas.

+ "O rapaz revelou que contaria a verdade."
  oração subordinada substantiva

O segmento sublinhado acima é o objeto direto do verbo "revelar". No entanto, não se trata de um substantivo, e sim de uma oração, ou seja, de uma estrutura verbal. Por isso, ela é chamada de oração substantiva, porque é uma oração a desempenhar a função habitual de um substantivo.

– Captei, professor!

Por que se fala em *se transformar em termo*? Porque é uma oração inteira que, sem ser independente, funciona como objeto direto de um verbo da outra oração, a principal.

– Lindo, lindo, profe.

Agora vamos a mais uma descoberta. Leia a frase abaixo:

+ "O homem bonito comprou o carro ontem."

Você saberia classificar sintaticamente todos os termos presentes no período simples anterior?

– Creio que sim: sujeito, verbo, objeto direto, adjunto adverbial.

Isso mesmo. Vamos organizar para ficar mais fácil:

+ "O homem bonito comprou o carro ontem."
  Sujeito VTD OD A. Adv.

Há, ainda, aquelas funções sintáticas que ficam dentro de outras, lembra?

– Adjunto adnominal e complemento nominal.

Exato. Adjuntos adnominais e complementos nominais são estruturas que acompanham núcleos de outras estruturas. Há três na frase acima.

A. Adn. ↓ (bonito) A. Adn. ↓ (o) A. Adn. ↓ (o)

+ "O homem bonito comprou o carro ontem."
sujeito: O homem bonito | VTD: comprou | OD: o carro | A. Adv.: ontem

Percebe que "bonito" é um *adjetivo* que desempenha a função de *adjunto adnominal* do núcleo "homem"?

– Percebo com clareza, professor. É um adjetivo que caracteriza um substantivo estando dentro da mesma função sintática, portanto é um adjunto adnominal.

Isso. Perfeito. Agora imagine que eu substitua esse adjetivo por uma oração (uma estrutura verbal) que desempenhe rigorosamente a mesma função. Como você acha que se chamaria essa oração?

– Oração adjetiva?

Exatamente.

+ "O homem que tinha grande beleza comprou o carro ontem."
oração subordinada adjetiva: que tinha grande beleza

Nota que o papel desempenhado, no período simples, por um adjetivo, passa a ser desempenhado por uma oração inteira (no caso "que tinha grande beleza") no período composto?

– Noto, sim, professor.

Se nota, está resolvida a questão. Trata-se de uma oração subordinada desempenhando a função precípua de um adjetivo, motivo pelo qual ela vai se chamar – isso mesmo! – oração adjetiva.

– Lindo, lindo, professor!

Por fim, para vermos por que as orações subordinadas adverbiais recebem esse nome, vamos começar pela frase a seguir:

+ "Eu comprarei o carro amanhã."

Você classifica sintaticamente os elementos da frase acima?

– Sim: sujeito, verbo, objeto direto, adjunto adverbial.

Isso mesmo. Organizemos.

+ "Eu comprarei o carro amanhã."
S VTD OD A. Adv.

Você já consegue supor o que farei ao reescrever a frase?

– Eu suporia que o senhor vai substituir o adjunto adverbial por uma oração...

Você supôs muito bem.

+ "Eu comprarei o carro quando receber o salário."
oração subordinada adverbial

Nós temos, agora, uma oração que está desempenhando a função geralmente desempenhada por um advérbio / adjunto adverbial.

Compreendida a lógica? Passo a passo?

– Inacreditavelmente, professor, compreendi.

Por que "inacreditavelmente"? Era assim que deveria ser sempre. ☺

Vamos retomar e aproximar tudo aqui, então.

N ↓ A. Adn. ↓ A. Adn ↓ N ↓

+ "Antigamente, países ricos anunciavam seus planos."
A. Adv. Sujeito VTD OD

Aqui acima temos um período simples, em que os elementos sublinhados têm as funções sintáticas que apontei. Tranquilo?

– Tranquilo, professor.

Pois repare: eu poderia substituir vários desses elementos por orações, quer ver? Vamos fazer primeiro uma a uma as substituições, depois vamos juntar tudo. Antes, tenha em mente que há um advérbio ("antigamente") na função de adjunto adverbial, um adjetivo ("ricos") na função de adjunto adnominal e um substantivo ("planos") na função de núcleo do objeto direto.

– Vejo bem isso, professor.

Ótimo.

1ª substituição:

+ Quando havia dignidade na política, países ricos anunciavam seus planos.
oração subordinada adverbial
↓
Em lugar do advérbio "antigamente"

2ª substituição:

+ Antigamente, países que pertencem ao primeiro mundo anunciavam seus planos.
oração subordinada adjetiva
↓
Em lugar do adjetivo "ricos"

3ª substituição:

+ Antigamente, países ricos anunciavam que tinham grandes planos.
oração subordinada substantiva
↓
Em lugar do núcleo substantivo "planos"

– Professor, essa explicação foi muito, muito elucidativa.

Eu fico muito, muito feliz. ☺

Misturando tudo:

E agora, veja que bacana: podemos juntar, em uma mesma frase, uma oração adverbial, uma oração adjetiva e uma oração substantiva:

+ "Quando notei, países que têm condições anunciavam que ajudariam financeiramente.
Or. sub. adverbial — Or. sub. adjetiva — Or. sub. substantiva

– In-crí-vel!

Alegra meu coração. De verdade. ☺

b) Processo de coordenação:

Aqui, após vermos as orações subordinadas, fica muito fácil compreender a lógica das coordenadas: elas são sintaticamente independentes entre si. Só isso.

– O senhor está dizendo que uma não é um termo da outra?

Isso. A oração coordenada não funciona como um substantivo ou como um adjetivo ou como um advérbio em relação a outra oração. Desse modo, ambas têm independência sintática.

+ Eu gosto de futebol, mas minha esposa detesta esportes.
S VTI OI — S VDT OD
O. C. Assind. — O. C. Sind. Adversativa

– Muito tranquilo, professor. E muito bacana também!

Ótimo!

3. ORAÇÕES COORDENADAS

3.1. Coordenadas sindéticas *x* coordenadas assindéticas

Para diferenciar uma oração "sindética" de uma "assindética", convém saber o que significa o termo síndeto.

– Síndeto?

Isso: "síndeto" nada mais é do que conjunção, conectivo, conector. E isso explica as diferentes nomenclaturas das orações coordenadas.

– Hum...

Facilita, não?

– Facilita sim.

Oração Coordenada Assindética é aquela que não é introduzida por conjunção. "A" é prefixo de ausência: "A" + "sindética" é igual a "sem síndeto", "sem conectivo", "sem conector".

Já a chamada Oração Coordenada Sindética é aquela que é introduzida por síndeto, conjunção, conectivo, conector.

– Mas se é assim é muito tranquilo, professor...

Até é. Mas lembre-se desse par: uma oração coordenada vem sempre junto de outra oração coordenada, ok?

– Ok.

Pode ocorrer de haver duas ou mais orações coordenadas assindéticas postas lado a lado.

+ "João comprou carne, fez o churrasco, serviu os convidados, comeu com os demais."
(João comprou carne = O. C. A.; fez o churrasco = O. C. A.; serviu os convidados = O. C. A.; comeu com os demais = O. C. A.)

Acima há quatro orações assindéticas. Por que as quatro são chamadas assindéticas?

– Porque nenhuma delas é introduzida por síndeto, por conjunção.

Isso mesmo. Também existe a possibilidade de haver uma oração coordenada assindética acompanhada por uma ou mais orações coordenadas sindéticas.

+ "Os homens foram ao evento, porém pouco participaram dos debates."
Or. Coord. Assindética — Or. Coord. Sindética

+ "Saia daqui agora, pois o prédio está em chamas."
Or. Coord. Assindética — Or. Coord. Sindética

– Certo. Estamos indo bem até agora.

Ótimo.

3.2. As orações coordenadas sindéticas

a) Orações Coordenadas Sindéticas Aditivas: "e", "nem", "tampouco", "não só ... mas também", etc.

Indicam adição, soma, acréscimo.

+ "O rapaz saiu cedo e dirigiu-se ao colégio."
Or. Coord. Sind. Aditiva

O segmento sublinhado é uma oração coordenada sindética aditiva, sendo a conjunção "E" uma conjunção coordenativa aditiva.

– Professor, mesmo com as nomenclaturas, difícil não é...

Não é, não. O problema das orações é a quantidade e a variedade. Por isso, é fundamental irmos vendo uma por uma como se todas tivessem exatamente a mesma importância. Vamos a mais exemplos de orações aditivas.

+ "Os rapazes não fazem os deveres, **nem** assumem as suas responsabilidades."
Or. Coord. Sind. Aditiva

Na frase acima, "nem" é a conjunção aditiva. Trata-se de uma conjunção aditiva que tem uma peculiaridade: ela adiciona uma negação à oração anterior, que é também uma negação.

– Oi, professor?

De novo: somente se pode usar o "nem" aditivo para adicionar uma segunda negação a uma negação inicial. A frase começa negativa e o "nem" adiciona uma negação.

– Ah, agora acho que caiu a ficha...

+ "Jamais usei drogas, **nem** aceitei que meus filhos usassem."
Or. Coord. Sind. Aditiva

Interpretando o sentido da frase acima, teremos: "não usei drogas nunca" (1ª oração) + "não aceitei nunca que meus filhos usassem". Ou seja, a conjunção "nem" adiciona uma segunda negação à negação inicial.

– Entendido, profe.

Qual é a conjunção que pode substituir "nem" sem que haja nenhuma outra alteração na frase, mantendo integralmente o sentido original?

– Eu não saberia dizer...

"Tampouco". Assim mesmo, com "m" e tudo junto: "tampouco".

+ "Jamais usei drogas, **tampouco** aceitei que meus filhos usassem."
Or. Coord. Sind. Aditiva

Fica mais erudito, mais rebuscado, mas igualmente certo.

– O senhor falou que "tampouco" é com "m" e "tudo junto" por medo que eu confundisse com "tão pouco"?

Isso: "tão pouco" significa "muito pouco", "pouquíssimo": "Nunca vi ninguém com tão pouco caráter".

– Professor, que juízo o senhor faz de mim? Acha mesmo que eu seria capaz de confundir "tampouco" com "tão pouco"?

Olhe, não é uma questão de mau juízo: o que acho é que, na hora da prova, tudo o que não foi mostrado antes com clareza pode virar atrapalhação...

– Ah, nisso o senhor tem razão...

Pois então. ☺

Há, ainda, uma série de estruturas correlativas que compõem conjunções aditivas e que podem muito, muito nos atrapalhar em frases mais longas e complexas.

– O senhor se importa de explicar o que são "estruturas correlativas"?

Não me importo não. Temos uma estrutura correlativa, nas conjunções, quando uma conjunção é partida em duas partes que formam um todo, mas cada parte aparece em uma oração. Quer ver?

+ "As meninas ***não só*** estudam os conteúdos, **mas também** fazem trabalhos extras."

Or. Coord. Sind. Aditiva

Na frase acima, o segmento sublinhado é uma oração coordenada sindética aditiva. E a estrutura "mas também" forma uma correlação com o segmento "não só": "não só isso, mas também aquilo", ou seja, "isso e aquilo". Entendeu?

– Ah, agora sim. É só o senhor explicar com calma que eu entendo sempre.

Aqui cabe um cuidado: existem algumas estruturas correlativas que podem ter valor aditivo: "não só ... mas também", "não apenas ... como ainda", "não somente ... como também", e por aí vai. Então, cuidado: ao encontrar a segunda parte das correlações, procure pela primeira. Se a encontrar, trata-se de adição.

"As pessoas ***não apenas*** desdenham o conhecimento, **mas ainda** se acham inteligentes."

Or. Coord. Sind. Aditiva

É fundamental você notar que o "mas" da expressão "mas ainda" tem valor aditivo devido ao fato de fazer parte de uma correlação com "não apenas", entende?

– Entendo sim, professor, mas qual o risco?

O risco é você não se dar conta de que há uma outra estrutura correlata, por ela estar um pouco distante, e não perceber que se trata de uma adição. O próprio "mas", mesmo "sozinho" na segunda oração, se fizer correlação com um "não só", por exemplo, será aditivo.

+ "Barack Obama *não só* é inteligente, **mas** fala muito bem."

Or. Coord. Sind. Aditiva

Você acha que reconheceria facilmente se tratar de uma adição na frase acima?

– Antes de o senhor falar, nem pensar. E, mesmo depois, tenho medo.

Então esteja atento. A frase equivale, semanticamente, à frase abaixo:

+ "Obama é inteligente **e** escreve bem."

Or. Coord. Sind. Aditiva

b) Orações Coordenadas Sindéticas Adversativas: "mas", "porém", "todavia", "contudo", "entretanto", "no entanto", etc.

Por algum motivo meio obscuro, sabemos diversas das conjunções adversativas de cor. Se alguém disser "mas", na sequência já emendamos "porém", "todavia", "contudo", não é assim?

– É, professor, mas só com esses; os outros é um "parto" para decorar...

É, sim, mas teremos de decorar. Nas conjunções é importante saber analisar, mas, antes de qualquer outra coisa, é importante saber os nexos assim mesmo: decoradamente.

– Ok.

As conjunções adversativas indicam oposição, contrariedade, antagonismo, adversidade.

+ "Eu gostei da blusa, **mas** ela não coube em mim."
Or. Coord. Sind. Adversativa

Note que a oração sublinhada estabelece com a anterior uma relação de oposição, contrariedade, antagonismo.

– Fácil ver, nesse caso.

Fácil, sim. Os nexos adversativos, quando estiverem no início da oração adversativa, são todos substituíveis uns pelos outros, de modo que, na oração em que couber um deles, devem caber os demais:

+ "Eu gostei da blusa, **porém** ela não coube em mim."
Or. Coord. Sind. Adversativa

+ "Eu gostei da blusa, **todavia** ela não coube em mim."
Or. Coord. Sind. Adversativa

+ "Eu gostei da blusa, **contudo** ela não coube em mim."
Or. Coord. Sind. Adversativa

+ "Eu gostei da blusa, **no entanto** ela não coube em mim."
Or. Coord. Sind. Adversativa

+ "Eu gostei da blusa, **entretanto** ela não coube em mim."
Or. Coord. Sind. Adversativa

– Usar um pelo outro é só questão de escolha, então?

Sim. Quando eles estiverem no início da oração adversativa, sim. Mas cabe salientar algo importantíssimo a respeito dos nexos adversativos: com exceção do "mas", todos os outros aceitam ser deslocados para o meio ou para o final das orações adversativas.

– Isso seria deslocar a oração?

Não. De modo nenhum. Deslocar a oração é outra coisa, que veremos de modo mais aprofundado logo adiante. Aqui se está falando de deslocar o nexo apenas, fazendo com que ele se mova pelo interior da oração de que já faz parte.

– Certo, professor.

Vamos a exemplos de orações adversativas com nexos deslocados. São corretas, por essa razão, as construções seguintes.

conjunção adversativa deslocada ↓

+ "O jogo foi bastante disputado; o nosso time, **entretanto**, perdeu."
Or. Coord. Sind. Adversativa

Repare que a conjunção "entretanto" está deslocada para o meio da oração adversativa, saindo de sua posição habitual, que é o início da oração. Do mesmo modo, ela poderia estar deslocada para o final da oração.

conjunção adversativa deslocada ↓

+ "O jogo foi bastante disputado; o nosso time perdeu, **entretanto**."
Or. Coord. Sind. Adversativa

– E esse deslocamento da conjunção é possível em todos os grupos de conjunções?

Não! Entre todos os que vamos estudar, somente em dois deles é possível deslocar a conjunção: no das adversativas e no das conclusivas. Guarde isso: somente são deslocáveis os nexos adversativos e os conclusivos (que veremos adiante). Os demais não. Vamos a mais alguns exemplos.

conjunção adversativa deslocada ↓

+ "As orações são muitas; é possível, **contudo**, aprendê-las."
Or. Coord. Sind. Adversativa

conjunção adversativa deslocada ↓

+ "As orações são muitas; é possível aprendê-las, **contudo**."
Or. Coord. Sind. Adversativa

Por fim, convém ressaltar que a conjunção "E", em contextos nos quais haja clara relação de oposição, contrariedade, antagonismo, será uma conjunção adversativa.

– Eu achava mesmo que o "E" não era sempre aditivo...

E não é. Mas lembre-se: para ser adversativo, deve haver clara relação de antagonismo, oposição.

+ "Ele bebe um litro de cachaça, **e** não fica bêbado."
Or. Coord. Sind. Adversativa

Aqui, a conjunção "E" equivale a "MAS", dada a clara oposição existente entre as ideias "beber um litro de cachaça" e "não ficar bêbado". Em outros casos, havendo dúvida, considere conjunção aditiva e esteja sempre atento ao sentido que ela assume.

– Registrado.

c) Orações Coordenadas Sindéticas Alternativas: "ou", "ou ... ou", "ora ... ora", "quer ... quer", "seja ... seja", etc.

As conjunções alternativas têm a ver, geralmente, com as ideias de "alternância" ou "alternativa".

+ "A pessoa deve receber um bom salário **ou** precisa ser auxiliada pelo Estado."
Or. Coord. Sind. Alternativa

+ "**Ora** choramos devido à fome, **ora** sorrimos por causa do futebol."
Or. Coord. Sind. Alternativa

+ "Iremos ao médico na próxima semana, **quer** goste da ideia, **quer** a deteste."
Or. Coord. Sind. Alternativa

Sobre essas construções, pouco se pergunta e, quando se pergunta, não há geralmente maiores dificuldades.

– Mesmo?

Mesmo. Talvez, de todas as coordenadas, as alternativas sejam as mais fáceis.

Detalhe significativo é que, nas construções em que temos a conjunção "ou... ou", costuma ficar clara uma noção de exclusão entre ambos os termos.

– Alguma coisinha tinha de haver...

Sempre há. ☺

+ "**Ou** passo as férias em Porto Alegre, ou fico no Rio de Janeiro."
Or. Coord. Sind. Alternativa

Percebe? Nessa frase, mais do que uma noção de alternância ou alternativa, o que ocorre é que os termos se excluem entre si: se passo as férias no Rio, não as passo em Porto Alegre; se as passo em Porto Alegre, não as passo no Rio.

– Maravilha!

d) Orações Coordenadas Sindéticas Conclusivas: "logo", "portanto", "por isso", "por conseguinte", etc.

Eu diria que, juntamente com os adversativos, os conclusivos formam a dupla do que há de mais importante entre os nexos coordenativos.

– E o que é mais importante saber sobre os conclusivos?

Tudo. Aqui, tudo. Comecemos. Eles indicam uma consequência ou uma conclusão em relação ao que se afirmou na oração anterior.

+ "A empresa quebrou, portanto os funcionários não foram indenizados."
Or. Coord. Sind. Conclusiva

A oração "portanto os funcionários não foram indenizados" é uma consequência ou uma conclusão do que se afirma na oração anterior.

– Mas guardo que é conclusão ou consequência?

As duas coisas. É importante guardar ambas as formas, porque em prova se pode cobrar, indistintamente, qualquer uma dessas duas palavras.

– Certo.

As conjunções conclusivas, assim como as adversativas, também aceitam ser deslocadas para o meio ou para o final da oração.

– E, como o senhor já explicou, somente os nexos adversativos e os conclusivos aceitam ser deslocados.

Coisa mais linda! Isso mesmo! Vamos aos exemplos:

conjunção conclusiva deslocada
↓
+ "Haverá temporais devastadores; devemos, **por isso**, ficar dentro de casa."
Or. Coord. Sind. Conclusiva

conjunção conclusiva deslocada
↓
+ "Haverá temporais devastadores; devemos ficar dentro de casa, **por isso**."
Or. Coord. Sind. Conclusiva

– O que está deslocado é o nexo, não a oração?

Isso mesmo. Nas duas orações acima, a conjunção conclusiva está deslocada: para o meio da oração conclusiva, no primeiro caso; e para o fim da oração conclusiva, no segundo.

Há, ainda, mais um detalhe que envolve as conjunções conclusivas.

– Profe, esse grupo não acaba nunca?

Acaba, sim, em seguida. Mas ao menos estamos falando de um grupo importantíssimo. O detalhe de que falei envolve mais particularmente a conjunção "pois".

– Ah, eu lembrava que tem algo envolvendo o "pois"...

Que bom que lembrava. Vamos ver agora que "algo" é esse. **A conjunção "pois", quando estiver deslocada para o meio ou para o final da oração, terá valor conclusivo.** Lembre-se disso. Não se esqueça disso. Guarde isso. Memorize isso. Deslocada para o meio ou para o final da oração, a conjunção "pois" terá valor conclusivo, equivalendo a "portanto".

"pois" deslocado = "pois" conclusivo
↓
+ "Saímos cedo; chegamos, **pois**, a tempo."
Or. Coord. Sind. Conclusiva

"pois" deslocado = "pois" conclusivo
↓
+ "Os pedreiros concluíram o serviço hoje; a casa está pronta, **pois**."
Or. Coord. Sind. Conclusiva

Guardou?

– Guardei.

Então diga para mim o que tem de ser guardado.

– Que o "pois", quando estiver deslocado, vai ser conclusivo.

Isso. Vai ser o quê?

– Conclusivo.

Quando estiver o quê?

– Deslocado.

E estará deslocado quando?

– Quando estiver no meio ou no fim da oração conclusiva.

Uma salva de palmas para você!

e) Orações Coordenadas Sindéticas Explicativas: "porque", "pois", "porquanto", "que", etc.

Olhe, eu vou ser honesto: as orações explicativas não caem muito em prova, mas, quando caem, dão uma trabalheira enorme...

– Sério, profe? Mas por quê?

Porque elas têm as suas particularidades. Não basta decorar os nexos ou decorar a posição dos nexos. É necessário, sempre, fazer uma avaliação semântica da frase, ou seja, atentar a questões relativas ao sentido, para que a classificação seja possível.

– Professor querido: não gosto de ter de fazer avaliações semânticas para classificar nada...

Eu sei que dá trabalho. Mas esse é um dos desejos desse livro: fazer com que você se sinta mais à vontade e mais confiante para analisar frases, desmembrá-las e chegar às conclusões importantes. Acredite em você. Eu acredito. Sem demagogia.

– Juro que vou tentar acreditar em mim também, mas às vezes fica difícil...

Primeiro, vamos ver o mais fácil: teremos uma oração coordenada explicativa quando, na oração assindética (a oração anterior), houver hipótese, ordem, pedido, desejo ou conselho.

– E para saber tudo isso como faço?

Como sempre: repita, repita de novo, repita outra vez, e as coisas vão entrando na sua cabeça. Hipótese, ordem, pedido, desejo, conselho. Ok?

– Ok.

Tem de saber o quê, então?

– Hipótese, ordem, pedido, desejo, conselho.

Uma vez mais.

– Hipótese, ordem, pedido, desejo, conselho.

Só mais uma!

– Hipótese, ordem, pedido, desejo, conselho.

Isso mesmo. Se a oração introduzida pelos nexos "porque" ou "pois" for antecedida por hipótese, ordem, pedido, desejo ou conselho, teremos uma oração explicativa.

Vamos lá.

+ "Talvez Carlos venha à reunião, **porque** ele está aqui na cidade desde ontem."
hipótese — Or. Coord. Sind. Explicativa

Nota? A segunda oração é uma oração coordenada explicativa, mas não simplesmente devido ao fato de ser introduzida pela conjunção "porque". A esse fato se junta o fundamental: a oração é antecedida por uma hipótese, o que nos garante que há uma oração explicativa.

– O que me faz garantir que é explicativa, então, não é ser introduzida por "porque" ou "pois", e sim ser essa oração antecedida por uma hipótese, uma ordem, um pedido, um desejo ou um conselho?

Isso. Nosso primeiro saber vai ser esse: será explicativa quando for antecedida por?

– Hipótese, ordem, pedido, desejo ou conselho.

Ok. A primeira parte, e a mais simples, das explicativas já foi. É bastante possível que você consiga responder a uma questão sobre esse grupo se

souber apenas isso: que elas são antecedidas por hipótese, ordem, pedido, desejo ou conselho, afinal é o que mais cai. Mas tenho uma notícia não muito boa para dar.

– Ai, não me diga...

Eu digo, sim: infelizmente, pode acontecer de uma oração ser explicativa e não vir antecedida por hipótese, ordem, pedido, desejo ou conselho.

– É? Sério?

Sim. E aí o risco de erro é maior. Mas vamos seguir. Quando não forem antecedidas pelos elementos que aprendemos agora, teremos de reconhecer uma oração coordenada explicativa por ela indicar o motivo pelo qual se afirmou o que foi afirmado na primeira oração.

– Acho que ainda não entendi muito bem...

Eu tenho certeza de que ainda não. Mas vai. O que isso quer dizer é que haverá conjunções explicativas quando elas introduzirem a razão pela qual se pode inferir, supor, deduzir o que está na oração antecedente. Vejamos:

+ "Paulo não dormiu em casa hoje, **porque** a sua cama está intocada."
Or. Coord. Sind. Explicativa

Se você prestar atenção, notará que "porque a sua cama está intocada" não é a *causa* de Paulo não ter dormido em casa. Se fosse a causa, iria se enquadrar em outra classificação: a de oração subordinada adverbial causal. Mas, como eu disse, a oração sublinhada não é a "causa" do que consta na oração anterior. Entendeu isso?

– Isso eu entendi.

Então já começamos muito bem. Na verdade, a cama estar intocada é aquilo que me permite inferir, deduzir, supor que Paulo não tenha dormido em casa. É essa a razão pela qual se trata de uma oração coordenada sindética explicativa.

– Compreendi!

Excelente. Vamos a mais uma frase de exemplo:

+ "Choveu, **pois** a estrada está molhada."
Or. Coord. Sind. Explicativa

Mais uma vez, e talvez aqui seja mais fácil de enxergar, a "estrada molhada" não é a causa da chuva, e sim o fato que leva à conclusão de que choveu.

– Perfeito.

Então fechou.

4. ORAÇÕES SUBORDINADAS ADVERBIAIS

Esse é o maior dos grupos de orações que estudaremos: ao todo, são nove os tipos de orações subordinadas adverbiais.

– E as mais importantes são quantas?

Nove.

– Mas nove é o total.

Isso.

– Ah: a brincadeira é que todas são importantes?

Não é uma brincadeira, é um fato. ☺

Todas são importantes. Não há uma única categoria de oração subordinada adverbial que não caia, e com recorrência, em prova.

– Ótimo! Vamos aprendê-las, então...

Com certeza.

4.1. Orações subordinadas + orações principais

As Orações Subordinadas Adverbiais, quando estão em sua forma chamada de desenvolvida, são introduzidas pelas conjunções subordinativas adverbiais. Mais uma vez, serão as conjunções, e os sentidos assumidos pelas conjunções nos contextos de uso, que determinarão a classificação das orações. A oração não introduzida por conjunção que acompanha a oração subordinada adverbial será chamada Oração Principal.

– Como vimos antes, sempre haverá esse par, professor?

Sempre. Jamais haverá uma oração subordinada desacompanhada de uma oração principal e vice-versa. Certo?

– Certo.

+ "Constataremos a falha, **caso** investiguemos a empresa."
Or. Principal — Or. Sub. Adverbial

+ "**Embora** a casa esteja arrumada, há muita sujeira no chão."
Or. Sub. Adverbial — Or. Principal

+ "Saí de casa **assim que** recebi a ligação."
Or. Principal — Or. Sub. Adverbial

– Perfeito.

Ótimo. Temos aqui, então, um par. É importante que nos lembremos dele.

4.2. As orações subordinadas adverbiais desenvolvidas

Agora, vamos a cada um dos grupos de orações subordinadas adverbiais, com os exemplos e as explicações necessárias.

a) **Causais:** "já que", "visto que", "uma vez que", "porque", "como", etc.

As orações causais exprimem circunstância de causa.

– Professor, eu honestamente pensava que era isso mesmo...

Resposta sarcástica, mas correta. ☺

No entanto, há algo importante a se salientar mais uma vez aqui: sempre que houver uma causa, haverá uma consequência; sempre que houver uma consequência, ela terá sido acarretada por uma causa. Ok? Então, saiba que causa e consequência são circunstâncias indissociáveis.

– Saberei.

Combinado. Vejamos as frases.

+ "Ele comparecerá ao tribunal, **já que** foi intimado."
Or. Sub. Adv. Causal

O segmento sublinhado é uma oração subordinada adverbial causal e indica a causa do evento expresso na oração principal ("ter sido intimado" é a causa de "ele comparecer ao tribunal"). A oração principal apresenta, portanto, a consequência daquilo que é indicado na subordinada.

– Até aqui, tudo claríssimo.

Ótimo. Para as demais conjunções causais vale o mesmo.

causa (↓) — consequência (↓)

+ "**Visto que** trabalhei demais, estou exausto."
Or. Sub. Adv. Causal. — Or. Principal

– "Trabalhar demais" é a causa, "estar exausto" é a consequência. Simples assim?

Simples assim.

consequência (↓) — causa (↓)

+ "Ele não consegue pagar as contas, **visto que** está desempregado."
Or. Principal — Or. Sub. Adv. Causal

– E não há nada para dificultar um pouco essa aparente facilidade?

É claro que há. Sempre há. A conjunção "como", para que seja causal, precisa de duas condições particulares. O "como" somente será causal quando:

1ª) equivaler a "já que" ou outra conjunção causal;

2ª) a oração subordinada estiver anteposta à principal ou intercalada na principal.

desl. / = já que (↓)

+ "**Como** estava cansado, resolvi dormir cedo."
Or. Sub. Adv. Causal

Entendeu? Do mesmo modo como ocorre nessa frase, é necessário que haja as duas coisas ao mesmo tempo: o "como" tem de equivaler a "já que" e introduzir uma oração deslocada.

– Entendi.

Então repita quando o "como" é causal.

– Quando equivaler a "já que" e introduzir uma oração que esteja deslocada.

Aêêê. Isso vai ainda ser repetido muitas vezes no futuro próximo.

desl. / = já que
↓
+ "**Como** João temia demais os pais, guardava consigo seus segredos."
Or. Sub. Adv. Causal

– Certo.

b) Conformativas: "conforme", "segundo", "consoante", "como", etc.

As orações conformativas exprimem circunstância, como era de esperar, de conformidade.

– Sempre parece fácil, professor...

Isolado do resto, qualquer conteúdo do português é fácil. Vamos avançando.

+ "Eu agi com serenidade, **conforme** você pediu."
Or. Sub. Adv. Conformativa

A oração sublinhada indica conformidade. O que se quer dizer é que se agiu com serenidade, "de acordo com o que você pediu", "em conformidade ao que você pediu".

– Perfeito.

Voltemos ao exemplo. Na frase acima, poderíamos ter qualquer das outras três conjunções conformativas na mesma posição de "conforme" que nada mudaria em termos de sentido ou correção gramatical:

+ "Eu agi com serenidade, **segundo** você pediu."
Or. Sub. Adv. Conformativa

+ "Eu agi com serenidade, **consoante** você pediu."
Or. Sub. Adv. Conformativa

+ "Eu agi com serenidade, **como** você pediu."
Or. Sub. Adv. Conformativa

– Professor, a conjunção "como" é causal quando equivale a "já que" e introduz uma oração deslocada em relação à principal, certo? E quando o "como" é conformativo?

Para ter valor conformativo, a conjunção "como" deverá, semanticamente, equivaler a "conforme". Só isso.

+ "Entregaremos o projeto no dia 5, **como** combinamos." (= conforme combinamos)
Or. Sub. Adv. Conformativa

– Ok.

c) **Comparativas:** "como", "tal qual", "tanto quanto", "mais... que", "menos... que", "maior... que", etc.

As conjunções comparativas exprimem circunstância de comparação. E já adianto que a principal conjunção comparativa é "como".

– De novo, professor?

Sim! Mas pela última vez. Ao menos, tenho uma notícia boa para dar.

– Ah, então dê logo, que senão a ansiedade me consome...

Para ser comparativo, o "como" terá duas características básicas:

1ª) Deverá equivaler a "igual" / "igual a";

2ª) Unirá duas orações com o mesmo verbo, que geralmente estará implícito na segunda oração.

– Oi?

Já explico. Vamos à frase e vejamos na prática.

+ "O homem gritava **como um louco**."
Or. Sub. Adv. Comparativa

Em primeiro lugar: você reconhece que esse "como" tem valor comparativo?

– Com clareza, professor, porque equivale a "igual a": "o homem gritava *igual a* um louco".

Lindo. Agora, em segundo lugar: antes da explicação dada um pouco antes, você diria que esse "como" está unindo duas orações?

– Não parece, professor, porque parece não haver verbo na segunda...

Mas ele está unindo orações. Nota? O que ocorre é que o verbo da segunda oração está implícito. Essa frase só faz sentido se nós a lermos de que maneira?

– O homem gritava **como** um louco (gritaria).

Viu? O que há é um verbo implícito, subentendido na segunda oração. E, não por acaso, é o mesmo verbo da primeira oração. Sendo assim, não devemos ter dúvidas sobre ser ou não ser uma oração o segmento de que a conjunção faz parte. O segmento é, sim, uma oração, com a particularidade de que o verbo dessa oração é o mesmo da principal e está implícito:

+ "O homem gritava **como** um louco (gritaria)".
  Or. Sub. Adv. Conformativa

– E somente com o "como" o verbo da segunda oração fica implícito?

Não: o verbo estar implícito é uma característica frequente, quase unânime, nas orações comparativas.

+ "A garota trabalha *mais* **que** o pai."
  Or. Sub. Adv. Comparativa

De novo, verbo implícito na segunda oração:

+ "A garota trabalha *mais* **que** o pai (trabalha)".
  Or. Sub. Adv. Comparativa

– Tranquilo. E se fosse "a garota trabalha mais **do** que o pai", com a preposição antes, estaria errado?

Não: tanto faz. Pode ser "mais que" ou "mais do que", "maior que" ou "maior do que", e assim por diante. Ambas certas.

Lembre-se também de que, nas conjunções em que há reticências entre uma parte e outra, a segunda oração começa na segunda parte do nexo, entende?

– Creio que sim.

Por isso, nas frases acima, sublinhei a partir da partícula "que": porque o elemento correlato a ele ("mais", "menos", etc.) faz parte da oração anterior:

+ Ele joga *mais* futebol **que** o pai."
  Or. Sub. Adv. Comparativa

– Perfeito.

d) Consecutivas: "tão... que", "tal... que", "tanto... que", "tamanho... que", etc.

As conjunções consecutivas exprimem circunstância de consequência. Já falamos sobre isso, não?

– Sim: falamos que, se há causa, há consequência; se há consequência, há causa. É isso, profe?

Sim! Segue-se o mesmo raciocínio aqui: já que elas exprimem a consequência, o que vem na oração principal é a causa.

causa ↓ consequência ↓

+ "Joana estava *tão* exausta **que** não conseguia sair da cama."
Or. Principal — Or. Sub. Adv. Consecutiva

Enxerga? "Que não conseguia sair da cama" é a oração subordinada adverbial consecutiva, e nela está a consequência. Sendo assim, "Joana estava tão exausta" é a causa: fecha-se, desse modo, a relação de causa e consequência. Isso é difícil?

– Achei tranquilo, professor.

Que alegria que achou, porque posso dizer, por experiência própria, que as pessoas têm muito mais dificuldade de enxergar causa e consequência com os nexos consecutivos do que com os demais nexos que exprimem a mesma relação.

– E o senhor, que tem tese pra tudo, tem uma tese do porquê de isso acontecer?

Claro que tenho! ☺

Minha tese é que, no caso dos nexos consecutivos, a relação de causa e consequência é mais *fluida*, entende? Ela é menos fixamente marcada do que quando há um nexo conclusivo ou um nexo causal. No caso dos conclusivos e dos causais, a causa fica de um lado deles e a consequência fica de outro. Quer ver?

causa ↓ consequência ↓

+ "Joana estava exausta, **portanto** não saía da cama." (conclusivo)

causa ↓ consequência ↓

+ "Joana não saía da cama, **já que** estava exausta." (causal)

Nas duas frases acima, a primeira conclusiva e a segunda causal, fica muito fácil enxergar relação de causa e consequência. Ainda que eles estejam em "lados opostos" em um e outro caso, fica fácil dividir o que é causa e o que é consequência.

– Fica, sim. Bem tranquilo ver.

Agora voltemos à mesma frase com a conjunção consecutiva.

+ "Joana estava *tão* exausta **que** não conseguia sair da cama."
causa consequência

Não sei se você nota, mas, para mim, é muito claro que a relação de causa e consequência é, nessa frase, menos bruscamente estabelecida que nas duas anteriores. Não que seja mais obscura, mas é menos direta. E isso é o que nos leva a erro em prova.

– Faz sentido, professor.

Na prova, por pura maldade, quando houver uma oração consecutiva (tão ... que, tal ... que, tanto ... que, tamanho ... que), o segmento que virá destacado, sublinhado ou em negrito, será apenas o "que". Caberá a você se dar conta de que há, lá atrás no texto, um "tão", um "tal", um "tanto" ou um "tamanho" que torna esse "que" consecutivo e determina que ele esteja introduzindo uma consequência.

– Ah, faz mais sentido ainda, professor.

Faz muito. Quer ver? Imaginemos a frase seguinte.

+ "O rapaz havia comido *tanto* churrasco nos dias anteriores ao da festa de casamento do seu irmão **que** não conseguia sequer pensar em comida naquela noite."
Or. Sub. Adv. Consecutiva

Em destaque, na frase, vem apenas a partícula "QUE" inicial da segunda oração. Cabe a você ler retroativamente a frase e encontrar o "TANTO" que vem no outro segmento. Aí você deve vincular as duas partes e perceber que se trata do tipo de oração de que estamos falando.

– Entendi. Nessa frase, "não conseguir sequer pensar em comida naquela noite" é a consequência de "o rapaz havia comido muito churrasco nos dias anteriores à festa de casamento", que é a causa. Isso?

Isso. Isso, isso, isso. E a oração introduzida pelo "QUE" é uma oração subordinada adverbial consecutiva, acompanhada por uma oração principal.

Você lembra o que significa haver reticências entre a primeira e a segunda parte de um nexo?

– Lembro sim.

É importante lembrar que, quando há reticências entre as duas partes que compõem o nexo, isso significa que, entre as duas partes, pode haver uma ou mais palavras. Observe:

+ "Chorei *tanto* **que** fiquei inchado."
Or. Sub. Adv. Consecutiva

Nessa frase, não há nada entre o "tanto" e o "que", que ficam lado a lado.

– Sim, eles estão colados.

Isso. Agora leiamos outra:

+ "Choveu *tanto* no domingo **que** a rua alagou."
Or. Sub. Adv. Consecutiva

O segmento "no domingo" fica entre o "tanto" e o "que". Em ambas as frases, porém, há algo comum: o segmento sublinhado é uma oração subordinada adverbial consecutiva. Sendo assim, podemos reafirmar o fato interessante de que, em todas essas conjunções em que há reticências entre as duas partes da conjunção, a segunda oração somente começa na segunda parte do nexo.

– Entendido, reentendido e registrado.

e) Finais: "a fim de que", "para que".

O que a palavra "final" lembra?

– Lembra "fim", não lembra?

Lembra, sim, mas não "fim" no sentido de término, e sim no sentido de finalidade. Se eu eventualmente dissesse a seguinte frase:

+ "Eu escrevi esse livro a fim de que ele auxiliasse as pessoas no estudo do português." Or. Sub. Adv. Consecutiva

Você entenderia o que eu quis dizer?

– Sem dúvida: que o senhor escreveu o livro com a finalidade, com o objetivo de auxiliar as pessoas no estudo do português.

Exato. É essa a linha. As conjunções finais (e, por consequência, as orações finais) exprimem circunstância de finalidade, intenção, objetivo.

+ "Estudaremos toda a matéria, para que tenhamos sucesso na prova."
Or. Sub. Adv. Consecutiva

O segmento sublinhado é uma oração subordinada adverbial final. Deve ser entendida assim: "estudaremos toda a matéria, com a finalidade de que / com a intenção de que / com o objetivo de que tenhamos sucesso na prova". Tranquilo?

– Muito tranquilo, professor.

É bom mesmo que esteja tranquila essa parte da matéria, porque as finais são muito cobradas em prova, assim como a circunstância geral de finalidade.

Cabe ainda aqui, embora não seja algo propriamente relacionado às orações subordinadas adverbiais, e sim à ortografia, estudar a diferença entre "a fim" (separado) e "afim" (junto). Você acha que saberia?

– Acho que sim....

Veremos. Em termos gerais, podemos dizer que se usa "afim" (junto) quando há noção de afinidade, semelhança; por outro lado, usa-se "a fim" (separado) quando a noção é de finalidade, objetivo. Então me diga qual a forma correta entre as duas possibilidades abaixo.

+ "Ela estava AFIM / A FIM de um colega de trabalho?"

– Eu diria que "afim" junto, nesse contexto...

Essa resposta, além de não ser a correta, mostra duas coisas sobre você: a) que você tem um coração puro e bom, por achar que quando nos interessamos em alguém se trata de uma questão de afinidade (antes fosse...); b) que você, justamente por ter esse coração puro e bom, ainda vai sofrer muito na vida...

– Quanto ao sofrimento amoroso e às más escolhas, a vida já tem me dado provas em abundância de que o senhor tem razão, professor, mas a resposta que dei está errada? Isso sim me partiu o coração...

Pois é: sempre que usamos "a fim **de**", "a fim **do**", "a fim **da**", "a fim **d**este", "a fim **d**aquele", ou seja, "a fim" + "prep. DE", a grafia correta é separada. Sempre. Até mesmo no afeto. Quem está "a fim de" alguém tem uma intenção: a fim de namorar, a fim de sair, a fim de beijar, a fim de casar, etc. E quando se usa somente "a fim de" alguém, é como se estivesse implícita a coisa que se quer, entendeu?

– Professor, quem diria... E "afim" tudo junto, quando se usa?

"Afim" junto é adjetivo que equivale a semelhante, parecido, similar. Quando a expressão está no plural (e isso é a imensa maioria das vezes), usa-se "afins", tudo junto.

+ "Nós temos pensamentos afins." (= semelhantes, parecidos)
+ "As formações afins de Carlos e Ana fazem com que eles se deem bem." (= semelhantes, parecidas)

– Expressão no plural, tudo junto.

Já "afim" assim, no singular, vem acompanhado por um complemento nominal introduzido pela preposição "a".

+ "Meu pensamento é afim ao teu."

– Entendido, profe.

f) Proporcionais: "à proporção que", "à medida que", "quanto mais... mais", "quanto mais... menos", "quanto maior... maior", "quanto maior... menor", etc.

Que as conjunções proporcionais exprimem circunstância de proporcionalidade não é muito difícil de entender pela própria nomenclatura, certo?

– Certíssimo.

Mas você saberia dizer com clareza o que é uma relação de proporcionalidade? Ou seja: qual é a relação estabelecida entre dois elementos que são proporcionais um ao outro?

– Professor, quando o senhor fala "saberia dizer" já tendo a tremer as bases por aqui...

Inspire. Expire. Mantenha a calma. O profe está aqui para ajudar. Vamos lá. "Proporcionalidade" seria o mesmo que "equivalência". Então, ao dizer que duas coisas são proporcionais uma à outra, o que estamos dizendo é que há entre elas uma relação de equivalência, seja em que campo for.

– Só isso?

Só. Antes de estudarmos as orações e as conjunções proporcionais, vamos entender essa relação. Imagine que eu diga a seguinte frase:

+ "A inteligência de Paulo é proporcional à riqueza de Antônio."

Perceba que, nessa frase, o que se está afirmando é que a inteligência de um é *equivalente* à riqueza do outro. Agora me diga: há como, nesse enunciado acima, dizer se Paulo é genial, se tem inteligência mediana ou se é pouco inteligente?

– Não há...

Não há mesmo. Somente conseguiremos *quantificar*, por assim dizer, a inteligência de Paulo, se tivermos *quantificada* a riqueza de Antônio, e vice-versa. Ou seja: nessa frase não se está dizendo que Paulo é inteligente ou burro, nem que Antônio é rico ou pobre. O que interessa é saber que entre um e outro elemento há uma relação de equivalência. Entendido?

– Se Antônio é rico, Paulo é inteligente; se Antônio é pobre, Paulo é burro; se Antônio não é nem muito rico nem muito pobre, Paulo não é nem muito inteligente nem muito burro. É isso?

É bem isso. Coisa mais querida! Entendido o que é uma proporção?

– Entendido!

Agora vamos às orações proporcionais e aos nexos proporcionais.

+ "Cresce a possibilidade de conflito, **à proporção que** aumenta a polarização ideológica." Or. Sub. Adv. Proporcional

Nota a relação? Ambos os elementos unidos pela conjunção proporcional variam inter-relacionadamente, ou seja, a variação de um dos polos encontra reflexo na variação do outro.

– Explique-se, professor.

Vamos lá: a intensificação da polarização gera aumento na possibilidade de conflito; a diminuição da polarização diminui a possibilidade de conflito.

– Correto.

Na mesma posição em que cabe "à proporção que" cabe também "à medida que". Ou seja, ambas as conjunções são absolutamente substituíveis uma pela outra.

+ "Cresce a possibilidade de conflito, **à medida que** se intensifica a polarização ideológica no país." Or. Sub. Adv. proporcional

– Onde cabe um cabe o outro, onde cabe o outro cabe o um. É isso?

É isso. Sobre a conjunção "à medida que", cabe uma consideração ortográfica. Essa é a única grafia correta da conjunção proporcional: "à medida que". Não há preposição "em" nem no início, nem no meio. Não se pode grafar a conjunção proporcional de modos desviantes desse, como "na medida que", "na medida em que", "à medida em que" e por aí vai. Guarde isso: "à medida que". Qual a ortografia certa?

– À medida que.

Fechou. Também são conjunções proporcionais "quanto mais... mais", "quanto mais... menos", "quanto maior... maior", e por aí vai.

+ "*Quanto maior* a ansiedade, *maior* a chance de as coisas darem errado."
Or. Sub. Adv. Proporcional

Certo?

– Certo. Tranquilo até aqui.

Ótimo. Então, já que está tudo muito fácil até este ponto nos proporcionais, vamos a uma questão interessante. Você deve lembrar que duas coisas podem ser direta ou inversamente proporcionais. Ou seja, entre elas pode haver uma equivalência direta ou uma equivalência inversa. Lembra?

– Lembro, sim!

Observe a frase a seguir:

+ "*Quanto mais* amo futebol, *mais* odeio basquete."

Os elementos são direta ou inversamente proporcionais?

– Parecem ser inversamente proporcionais.

Viu? Eu sei que parecem, mas não são: a relação aqui é diretamente proporcional. Note: *quanto mais cresce* meu amor por futebol, *mais cresce* meu ódio por basquete. Ou seja: ambos os elementos crescem, portanto se trata de relação direta.

– Bacana. Então é assim: "quanto mais... mais" (direta); "quanto mais... menos" (inversa); "quanto melhor... melhor" (direta); "quanto melhor... pior" (inversa). Isso?

Exatamente isso.

g) **Temporais:** "quando", "antes que", "depois que", "sempre que", "desde que", "até que", etc.

Nexos temporais (acredita?) indicam circunstância de tempo.

– Profe, agora eu que digo: pa-ra-béns! ☺

Siiimmm! Entendo o deboche! Mas vamos lá.

+ "Ela ficou chateada **quando** descobriu a verdade."
Or. Sub. Adv. Temporal

Relação fácil e tranquila de tempo. Agora a questão que mais me importa nos temporais: os tipos de circunstâncias temporais que podem ser expressas por essas conjunções são muito variados: tempo anterior, tempo posterior, limite inicial de tempo, simultaneidade, etc.

– Profe: já estou sentindo certo arrependimento de ter dito "pa-ra-béns"...

Pa-ra-béns! ☺

Relaxe, estou brincando. Vamos às várias diferentes circunstâncias temporais?

– Vamos, professor.

Ok.

→ **Simultaneidade, concomitância:**

+ "Eu arrumava a casa **enquanto** minha mãe preparava o jantar."
Or. Sub. Adv. Temporal

Entendeu? São ações que ocorrem ao mesmo tempo, por isso simultâneas ou concomitantes.

– Entendi, sim. E isso cai muito em prova, não cai, professor?

Cai demais! De todas as circunstâncias temporais específicas, essa é a que mais cai. Então, acostume-se com ela, guarde-a bem e não se esqueça da conjunção "enquanto".

→ **Tempo imediatamente posterior:**

+ "**Assim que** chegamos, começamos a beber."
Or. Sub. Adv. Temporais

+ "As pessoas trancaram-se em casa **logo que** ocorreu o decreto."
Or. Sub. Adv. Temporal

Aqui também se poderia falar apenas em tempo posterior. Mas, se prestarmos bem atenção, veremos que se trata de uma ação que acontece imediatamente depois de outra.

– Sim: é logo depois da chegada que se começa a beber; é logo depois do decreto que as pessoas se trancam em casa.

Exatamente. Por isso, essa particularização: tempo imediatamente posterior.

→ **Tempo habitual, repetitivo:**

+ "Ana fica comovida **toda vez que** assiste àquele filme."
Or. Sub. Adv. Temporal

+ "**Sempre que** pratico exercícios físicos, sinto-me melhor."
Or. Sub. Adv. Temporal

Você já vivenciou essa situação. Alguém, em uma discussão, diz: "Você age dessa maneira *sempre* que falo nesse assunto". E você, indignadamente, responde: "Não é sempre!". Já passou por isso?

– Quem nunca, profe...

Pois então: o uso de "sempre que" e "toda vez que" está necessariamente relacionado com a ideia de algo reiterado, repetitivo, frequente. Quando você se opõe a esse uso, está querendo dizer que não há a noção de "frequência".

– Perfeito.

→ **Limite inicial de tempo:**

+ "Eu estou aguardando na porta **desde que** cheguei à repartição."
Or. Sub. Adv. Temporal

A chegada à repartição é o limite temporal inicial da minha espera.

– Percebo bem. "Desde que" somente pode ser temporal?

Não. Daqui a pouquinho essa mesma conjunção volta com outra classificação possível. Por ora, guarde que "desde que" é conjunção temporal quando equivale a "desde quando":

+ "Eu estou aguardando na porta **desde quando** cheguei à repartição".
Or. Sub. Adv. Temporal

– Guardarei.

→ **Limite final de tempo:**

+ "Ele ficou incomodando, **até que** o pai se irritasse."
Or. Sub. Adv. Temporal

– Professor, essa circunstância eu, honestamente, nem sabia que existia.

Mas existe: a irritação do pai é o limite final da incomodação.

– Ok.

h) Condicionais: "se", "caso", "desde que", "contanto que", "a menos que", "a não ser que", etc.

É evidente que as conjunções condicionais exprimem circunstância de condicionalidade.

+ "O jogo será cancelado, **se** a chuva estiver forte."
Or. Sub. Adv. Condicional

Nota a questão da condição? Estabelece-se uma condição ("a chuva estar forte") para que um evento se realize (nesse caso, "o jogo ser cancelado"). E é isso que é uma condição.

– Isso o quê?

Um requisito para que um evento se realize ou deixe de se realizar. Veja na frase a seguir:

+ "Comprarei uma ilha no Pacífico, **caso** a economia esteja estável."
Or. Sub. Adv. Condicional

Estabelece-se uma condição (a economia estar estável) para que se realize determinado fato (a compra da ilha). Certo?

– Certo.

Pode-se, também, estabelecer uma "condição negativa", ou seja, uma condição que exclua o item condicionado. Calma que eu exemplifico.

+ "Eu caminharei na praia, **a menos que** esteja chovendo."
Or. Sub. Adv. Condicional

Note que, na frase acima, estar chovendo é a condição para que eu "não caminhe": caminho com qualquer outra condição meteorológica, menos com chuva.

– Entendi, profe.

Orgulho meu. As condicionais vão todas nessa linha. ☺

Aqui está o outro "desde que" (que estudamos como temporal há pouco). Tal conjunção poderá ser também condicional, quando equivaler a "caso":

caso
↓
+ "Eu poderia ajudar, **desde que** me pedissem."
Or. Sub. Adv. Condicional

– Se equivaler a "desde quando", é temporal; se equivaler a "caso", é condicional.

Exatamente.

i) **Concessivas:** "embora", "ainda que", "mesmo que", "se bem que", "apesar de que", "conquanto", "posto que", etc.

Conjunções concessivas são essenciais, fundamentais, necessárias.

– São do tipo "muuuuito importante"?

Muito, muito, muito mesmo. Elas exprimem circunstância de *concessão* ou *ressalva*. Guarde isso.

– Concessivas indicam concessão ou ressalva. Guardei.

Ótimo. Nem sempre é muito fácil perceber essas circunstâncias.

+ "Ele gabaritou a prova, **embora** tenha estudado pouco."
Or. Sub. Adv. Concessiva

Percebe que é uma concessão ou ressalva?

– Meio difícil, profe...

Eu sei. Outro modo de dizer o que exprime uma oração concessiva é dizer que ela é uma oposição em relação ao que está explicitado na oração principal, no entanto essa oposição não é suficientemente forte para impedir que se realize o que vem expresso na outra oração. Melhorou?

– Não muito...

De novo a mesma frase.

+ "Ele gabaritou a prova, embora tenha estudado pouco."
Or. Sub. Adv. Concessiva

Nesta frase, "ter estudado pouco" opõe-se a "gabaritar a prova". Mas essa oposição não é suficiente para impedir que o fato de gabaritar a prova se realize. Entendeu?

– Ah, agora sim...

Bem entendido?

– Bem entendido!

Ótimo. É só isso. Não vai ser cobrada essa definição em prova, provavelmente. Mas é importante que a saibamos para que tenhamos uma compreensão desse grupo.

+ "Eu comprarei o carro novo, **ainda que** esteja bastante endividado."
Or. Sub. Adv. Concessiva

O segmento "ainda que esteja bastante endividado" sem dúvida se opõe ao fato de se comprar um carro novo, mas não é suficiente para impedi-lo. Ou seja, o carro novo será comprado, mesmo que haja a questão do endividamento. Certo?

– Muito certo, professor!

Há, no grupo que estamos estudando, uma conjunção concessiva usada com frequência, e de maneira errada, como se fosse causal: "posto que". "Posto que" é nexo concessivo, guarde isso.

+ "O time venceu, **posto que** tenha jogado mal."
Or. Sub. Adv. Concessiva

– Nunca causal, professor?

Nunca. Sempre concessivo.

– Mas se usa muito...

Não você. ☺

→ Parêntese – Correlação de sentido entre Adversativas e Concessivas:

Uma pergunta direta e reta: você lembraria quais são as principais conjunções adversativas e as principais conjunções concessivas?

– Professor, eu morro de medo de responder a perguntas diretas e retas...

Entendo. Então, enfrente o seu medo e me responda...

– Vamos lá. Adversativas: "mas", "porém", "todavia", "contudo", "entretanto". Concessivas: "embora", "ainda que", "mesmo que", "se bem que"...

É isso. É bem isso. Então, primeiro, vamos fazer (ou refazer) uma divisão bem clara: as conjunções adversativas são todas substituíveis umas pelas outras, mantendo-se o sentido geral da frase:

+ "Deitei, **mas / porém / todavia / contudo** não consegui dormir."
Or. Coord. Sind. Adversativa

Também em relação às concessivas, pode-se dizer o mesmo: uma pode ser substituída pelas outras sem que haja alteração no sentido da frase.

+ Não dormi, **embora / ainda que / se bem que / conquanto** tenha deitado."
Or. Sub. Adv. Concessiva

– Certo, professor. Isso é o normal, não? De modo geral, nexos de um grupo podem ser substituídos por outros nexos do mesmo grupo. Certo?

Sim. É o normal. Mas em breve precisaremos falar mais sobre isso. Por enquanto, vejamos mais alguns exemplos para relembrarmos.

+ "O céu estava azul e limpo, **porém** fazia frio em todo o estado."
Or. Coord. Sind. Adversativa

Os demais nexos adversativos poderiam substituir "porém" na frase acima?

– Certamente.

Exato.

+ "O céu estava azul e limpo, **entretanto** fazia frio em todo o estado."
Or. Coord. Sind. Adversativa

+ "O céu estava azul e limpo, **mas** fazia frio em todo o estado."
Or. Coord. Sind. Adversativa

Agora vamos às concessivas.

+ "A decisão foi acertada, **embora** haja pessoas insatisfeitas."
Or. Sub. Adv. Concessiva

Aqui também poderíamos substituir "embora" por outros nexos concessivos?

– Com certeza.

Sim, com certeza

+ "A decisão foi acertada, **ainda que** haja pessoas insatisfeitas."
Or. Sub. Adv. Concessiva

+ "A decisão foi acertada, **mesmo que** haja pessoas insatisfeitas."
Or. Sub. Adv. Concessiva

Até aqui, não há nada de novo. Estamos apenas revisando adversativas e concessivas. Creio que esteja tudo certo.

– Está. Tudo ótimo.

Agora, então, começa o tópico que foi anunciado lá no título: existe, em algum nível, uma proximidade semântica entre as conjunções concessivas e as conjunções adversativas.

– Posso afirmar que há proximidade, professor?

Pode, sim, porque há. No entanto, *não há igualdade*. De novo: *há proximidade*, mas *não há igualdade*. Por definição, conjunções adversativas introduzem orações em que há noção de oposição, contrariedade, antagonismo. Já as concessivas introduzem orações em que há concessão ou ressalva.

– Introduzem coisas *parecidas*, mas não *iguais*.

Exatamente. No fundo de ambos os grupos, existe, em algum nível, a ideia de que são conjunções que conectam ideias entre as quais há contrariedade, tanto as adversativas quanto as concessivas. No entanto, há uma diferença relevante entre elas.

– Algo me diz que esse é o momento fundamental...

Sim, o seu sexto sentido está funcionando bem. Vamos à diferença crucial, fundamental, essencial:

a) Conjunções **adversativas** introduzem o polo ***mais forte*** da oposição;

b) Conjunções **concessivas** introduzem o polo ***mais fraco*** da oposição.

– Professor, medo de que o Tico e o Teco comecem a falhar aqui...

Não tenha medo. Ou melhor: tenha medo, mas o enfrente. No dia a dia, você usa nexos adversativos e concessivos assim como eu falei agora, que ver? Imagine que alguém diga o seguinte:

+ "João é lindo, **mas** é muito burro."
  Or. Coord. Sind. Adversativa

Nessa frase, você acha que o locutor deu mais ênfase (ou seja, considera mais importante, mais determinante) à beleza de João ou à sua burrice?

– Certamente à sua burrice.

Sim! É como se o que estivesse escrito fosse: "João é lindo, mas não há como se relacionar: ele é burro demais!" Concorda?

– Concordo.

Muito bem. Sendo assim, podemos perceber que a conjunção adversativa "mas" está introduzindo o polo *mais forte*. Agora vamos a outra frase:

+ "Ana é linda, embora seja meio burrinha."
  Or. Sub. Adv. Concessiva

Agora, você acha que o locutor dá mais ênfase à beleza ou à burrice de Ana?

– À beleza.

Exatamente. Podemos ver, então, que a conjunção concessiva está introduzindo o polo mais fraco da oposição: nesse caso, a burrice.

– Professor, percebo com absoluta clareza.

Este seria o momento em que se diria "tchãnãnãnããã!", pra anunciar um grande evento.

– Já estou preparado!

Podemos substituir uma conjunção concessiva por uma adversativa e vice-versa, desde que se faça um rearranjo na ordem das orações.

– Rearranjo na ordem?

Isso. Vamos a uma fórmula quase matemática.

"A, mas B" é semelhante a "B, embora A".

– Professor, português às vezes fica tão difícil...

Calma! Simplificando: para substituir uma conjunção adversativa por uma concessiva e vice-versa, precisamos inverter a ordem das orações. Somente assim é possível fazer com que, na reescrita, o polo mais forte da oposição se mantenha mais forte, e o polo mais fraco da oposição se mantenha mais fraco, de modo que o sentido geral da frase fica preservado.

– Professor, é com alegria que digo: eu estou entendendo...

Está, sim. Perceba que ambas as frases abaixo têm o mesmo sentido:

+ "O Brasil é um grande país (A), **mas** os políticos envergonham a população (B)."
+ "Os políticos envergonham a população (B), **embora** o Brasil seja um grande país (A)."

Em ambas, mais forte é o fato de "os políticos envergonharem a população", e mais fraco é o fato de o Brasil ser um grande país.

– Entendido!

Alegria! Vamos a alguns exemplos de transformação de adversativa e concessiva e vice-versa.

Exemplário:

ADVERSATIVA	CONCESSIVA
+ A partida foi equilibrada, mas o técnico ficou insatisfeito.	+ O técnico ficou insatisfeito, embora a partida tenha sido equilibrada.
+ Não há açougues no bairro, mas ele sempre consegue comprar carne.	+ Ele sempre consegue comprar carne, embora não haja açougues no bairro.
+ O governador cometeu erros crassos, mas o eleitorado segue fiel.	+ O eleitorado segue fiel, embora o governador tenha cometido erros crassos.

+ O rapaz era bastante bonito, mas tinha pouca inteligência.	+ O rapaz tinha pouca inteligência, embora fosse bonito.
+ João bebeu uísque a noite inteira, mas Flora não reclamou.	+ Flora não reclamou, embora João tenha bebido bastante.

4.3. Orações subordinadas adverbiais reduzidas

– Medo é a palavra que define o meu sentimento, professor...

Não tenha. ☺

As orações adverbiais reduzidas diferenciam-se das chamadas desenvolvidas por duas características básicas:

1ª) elas não são introduzidas por conjunção (embora possam ser introduzidas por preposições);

2ª) elas apresentam o verbo em uma das formas nominais (infinitivo, gerúndio ou particípio).

Nota que estamos com uma dificuldade extra aqui?

– Noto, professor... Não tenho muita clareza ainda do que se trata, mas noto....

A questão é simples. Reconhecer as orações subordinadas adverbiais desenvolvidas (as que estudamos antes) depende, principalmente, de dominar as conjunções de cada um dos grupos. Excetuando-se aquelas conjunções que podem pertencer a dois diferentes grupos e gerar dúvidas, o domínio dos nexos faz com que acertemos com certeza as questões. Aqui, estamos diante de uma dificuldade nova.

– Não temos mais as conjunções para nos salvar, porque nas reduzidas simplesmente não há conjunções...

Isso mesmo. A ausência de conjunções faz com que a classificação das orações sempre dependa da correta interpretação do sentido da frase.

– Professor, aí é que a vaca foi pro brejo... Se já é difícil decorar as conjunções todas, imagine ter de interpretar as frases.

Não! "A vaca foi pro brejo" nada! Isso é a liberdade no português! Dominar os preceitos gramaticais e, quando eles não forem suficientes, dominar a interpretação a favor da gramática. Quer ver uma coisa?

– Quero muito.

No dia a dia, usamos orações reduzidas o tempo todo e nos comunicamos muito bem com elas.

– Eu diria que não uso, mas se o senhor diz...

Eu provo. Imaginemos uma cena. Você marcou um encontro.

– Quem me dera...

Foco. Você marcou um encontro. Você vai buscar em casa de carro a pessoa com a qual o encontro foi marcado. A pessoa, ansiosa, escreve uma mensagem: "Você já chegou?" E você responde:

+ "Ainda não. Chegando, eu aviso".

Você acha que a pessoa entenderia o que quer dizer a forma verbal "chegando"?

– Certamente: "assim que chegar, aviso"; "quando eu chegar, aviso".

Resposta correta! Por isso, "chegando" tem valor temporal: "quando eu chegar", "assim que eu chegar". Essa situação que eu acabei de projetar e que você acabou de compreender é um uso cotidiano das orações adverbiais reduzidas. Vamos a outra frase.

+ "A depender do meu chefe, eu terminarei sendo demitido."

Como você entenderia o segmento "a depender do meu chefe"?

– "Se depender do meu chefe", "caso dependa do meu chefe".

Isso. E é isso mesmo que a oração quer dizer: ela é condicional, mesmo que não seja introduzida por uma conjunção condicional, como "se" ou "caso".

– Entendido. O problema é que, nas reduzidas, nunca há como ter 100% de certeza sobre se a classificação em que eu pensei está correta, porque sempre vai depender de mim e eu posso ter interpretado errado...

De certo modo, faz sentido a insegurança. Mas com o tempo, com a prática, com a minha ajuda, com a feitura de questões e com um trabalho nessa autoestima um pouco abalada, vamos ficando cada vez mais seguros.

– Mas as coisas podem dar errado...

Podem. Mas estudando direito as coisas tendem a dar certo. É a questão do copo meio cheio ou meio vazio. Vamos estudando e transformando cada vez mais a concepção de que, no conhecimento, o copo está muito mais perto do cheio que do vazio.

– Certo, professor. Senti meu corpo ser tomado por uma onda de positividade... ☺

Vamos agora às classificações das orações reduzidas. Na maioria dos grupos que estudaremos, haverá uma estrutura introduzida por preposição que facilitará a classificação. Mas é importante saber que, em qualquer dos grupos, poderá aparecer apenas a oração reduzida de infinitivo, gerúndio ou particípio sem a ajuda de nenhuma preposição.

a) Causais:

As orações adverbiais causais reduzidas vão indicar uma causa e vão equivaler a uma oração desenvolvida introduzida por "já que", "visto que", "uma vez que", etc. Primeiro, vamos à situação de "fácil" reconhecimento.

+ "Por sentir medo de altura, João não foi ao Pão de Açúcar."
  Or. Sub. Adv. Causal Red.

Não é bem fácil ver que aí a noção é de causa? "Já que sentia medo de altura..."

– Fácil, professor, mas por que é fácil? Pela preposição "por"?

Exatamente. Sempre que a adverbial reduzida for introduzida pela preposição "POR", será causal.

– Assim que eu gosto: quando o senhor diz sempre!

Pois é. Quer ver mais alguns exemplos?

+ "Por detestar viagens longas, nunca foi à Ásia."
  Or. Sub. Adv. Causal Red.

+ "Ana fará uma revisão médica por temer uma doença silenciosa."
  Or. Sub. Adv. Causal Red.

Além dessa estrutura que exemplifiquei acima, a oração causal pode ser constituída sem a presença da preposição facilitadora, apenas com o verbo em uma das formas nominais.

– Quando tudo está bem, sempre há uma dificuldadezinha adicional.

Sim. Vamos a uma frase, para não haver mais erro.

+ "A menina, temendo assaltos, preferia não sair de casa."
Or. Sub. Adv. Causal Red.

– A menina, já que temia assaltos, preferia não sair de casa.

Bem assim. Excelente.

b) Condicionais:

Para os cinco grupos de orações adverbiais reduzidas que veremos, a explicação inicial parte sempre do mesmo ponto. As subordinadas adverbiais condicionais reduzidas indicarão uma condição e equivalerão a uma oração desenvolvida introduzida por "SE", "CASO", etc.

– Na teoria tudo é sempre fácil, não, profe?

Hehehe. Nem sempre. Mas, no caso das condicionais, eu quase arriscaria dizer que virá uma preposição para facilitar a nossa vida na hora da classificação, que pode ser "A" ou "SEM", dependendo do caso.

+ "A se confirmar a previsão do governo, a economia entrará em crise."
Or. Sub. Adv. Condicional Red.

Enxerga?

– "Caso se confirme a previsão do governo, a economia entrará em crise."

Lindo.

+ "Sem fazer a refeição, a criança não poderá sair de casa."
Or. Sub. Adv. Condicional Red.

– Antes que o senhor pergunte: "Se não fizer a refeição / Caso não faça a refeição, a criança não poderá sair de casa."

Coisa mais linda.

– Mas pode acontecer de vir sem a preposição facilitadora, suponho...

Pode, claro que pode. Porém, é mais incomum e certamente dependerá de um contexto maior para que possa ser interpretada. Chance há.

+ "Canceladas as doações, como conseguiremos sustentar o asilo?"
Or. Sub. Adv. Condicional Red.

– Compreendi.

c) Temporais:

As subordinadas adverbiais temporais reduzidas indicarão uma circunstância de tempo e equivalerão a uma oração desenvolvida introduzida por "quando", por exemplo.

Para começo de conversa, como sempre, a situação mais fácil, com a preposição habitual do grupo, que, neste caso, é "AO":

+ "Ao perceber o erro, tentou pedir desculpas às pessoas."
Or. Sub. Adv. Temporal Red.

– Quando a adverbial reduzida for introduzida por "AO", será temporal?

Sim. Será temporal.

+ "Ao chegar ao clube, telefonou para a namorada."
Or. Sub. Adv. Temporal Red.

Também pode, muitas vezes, vir sem a preposição e apenas com uma das formas nominais:

+ "Terminada a carta, assinei-a."
Or. Sub. Adv. Temporal Red.

– Tranquilo, professor. Por incrível que pareça, não estou em pânico e tenho a clara sensação de estar entendendo...

Maravilha! Você está entendendo. Pode ter certeza!

Também pode ter o mesmo sentido com verbo no gerúndio:

+ "Terminando a carta, assinei-a."
Or. Sub. Adv. Temporal Red.

– Perfeito.

d) Finais:

As subordinadas adverbiais finais reduzidas indicarão uma circunstância de finalidade e equivalerão a uma oração desenvolvida introduzida por "para que" ou "a fim de que".

Nesse grupo também se pode dizer, quase sem medo de errar, que as finais reduzidas serão introduzidas pela preposição "para" ou pela locução prepositiva "a fim de".

+ "Para chegar à posição em que está, ele se esforçou muito."
Or. Sub. Adv. Final Red.

Percebe? A oração acima equivale a "para que tenha chegado à posição em que está, ele se esforçou muito". Trata-se, portanto, de uma oração adverbial final reduzida.

– Se, e somente se, ela vier sempre assim, com um "PARA" na frente, é fácil.

Então, tranquilize-se, porque é assim que tende a vir. Mais uma vez, se for uma reduzida sem nenhuma dessas duas estruturas introduzindo, deverá haver um contexto maior e mais claro a identificando como final. Mais um exemplo:

+ "Saí de casa cedo, a fim de não perder a aula."
Or. Sub. Adv. Final Red.

– E tudo vai, graças a Deus, fazendo sentido...

Uma alegria saber! ☺

e) Concessivas:

As subordinadas adverbiais concessivas reduzidas indicarão uma circunstância de concessão / ressalva e equivalerão a uma oração desenvolvida introduzida por "embora", "ainda que", etc.

– Professor amado, diga que há uma daquelas palavrinhas facilitadoras para dar um auxílio à pessoa...

Há. Não só uma. Há algumas: "apesar de + infinitivo", "apesar de + particípio", "mesmo + gerúndio" ou "mesmo + particípio".

– Nossa, professor, quanta coisa!

Não tanta quanto parece. Na verdade, apenas "apesar de" ou "mesmo" + as formas nominais:

+ "Apesar de gostar da namorada, acabou o relacionamento."
Or. Sub. Adv. Concessiva Red.

+ "Apesar de conhecido o criminoso, não houve prisões."
Or. Sub. Adv. Concessiva Red.

+ "Mesmo gostando da namorada, acabou o relacionamento."
  Or. Sub. Adv. Concessiva Red.

+ "Mesmo conhecido o criminoso, não houve prisões."
  Or. Sub. Adv. Concessiva Red.

– Faz todo o sentido.

Faz, sim. Nas frases anteriores, as estruturas sublinhadas equivalem a "mesmo que gostasse da namorada" e "mesmo que se conhecesse o criminoso". Ou seja, ambas têm valor concessivo e equivalem a orações concessivas desenvolvidas.

Percebe? Visualiza? Compreende?

– Sim, professor, até aqui completamente.

Que coisa boa.

– Mas suponho que possa haver uma reduzida sem nenhuma dessas estruturas aí...

Ah, é claro que há. E, neste caso, somente a semântica salva.

+ "João, sendo o mais rico da família, não dá um centavo aos pais."
  Or. Sub. Adv. Concessiva Red.

– "Apesar de ser o mais rico da família, João não dá um centavo aos pais."

Exato. ☺

São só essas cinco as orações adverbiais reduzidas.

– Não são nove como as desenvolvidas?

Não. São só cinco. Vamos repassar?

– Vamos!

➔ Causais ("por"):

"Por gostar de João, eu o auxilio."
Or. Sub. Adv. Causal Red.

→ Condicionais ("a"):

"A persistir o sintoma, procure um médico."
Or. Sub. Adv. Condicional Red.

→ Temporais ("ao"):

"Ao chegar, vi o corpo no chão."
Or. Sub. Adv. Temporal Red.

→ **Finais** ("a fim de" / "para"):

"Para vencer, Carlos se esforçava muito."
Or. Sub. Adv. Final Red.

→ **Concessivas** ("apesar de" / "mesmo"):

"Apesar de ser bonito, ele é antipático."
Or. Sub. Adv. Concessiva Red.

– Gostei!

Fechamos.

5. ORAÇÕES SUBORDINADAS ADJETIVAS

Antes de começarmos o estudo das orações adjetivas, eu tenho uma coisa a dizer sobre elas.

– Diga.

Elas são muito, muito, muito importantes. E, além disso, elas caem muito, muito, muito mesmo em provas.

– Professor, eu não sei se devo confiar no senhor quanto a isso, porque, salvo engano, o senhor disse para todas as orações até aqui: que elas são muito importantes e caem muito...

Olhe, essa acusação que você está me fazendo é uma meia verdade, e só não vou considerar uma mentira por completo porque fico, de fato, salientando a importância das orações, mas isso só porque elas caem muito mesmo. ☺

5.1. Característica essencial – presença de pronomes relativos

A característica fundamental das Orações Subordinadas Adjetivas é que elas são introduzidas pelos **pronomes relativos**. Os principais pronomes relativos são "QUE", "O QUAL", "CUJO", "ONDE" e "QUEM", principalmente.

– E, além de introduzir as orações adjetivas, os pronomes relativos podem introduzir alguma outra coisa?

Não: os pronomes relativos sempre introduzem orações adjetivas. Sendo assim, a presença de um pronome relativo determina, necessariamente, a presença de uma oração adjetiva. Trata-se de uma informação muito importante, pois as demais orações são introduzidas por conjunções. Estamos diante do único grupo de orações em que há um *pronome* que as introduz.

– Orações coordenadas, orações subordinadas adverbiais e orações subordinadas substantivas são todas introduzidas por conjunções, certo? Só as adjetivas são introduzidas por pronomes?

Isso. No caso das adjetivas, em vez de conjunções coordenativas ou subordinativas (adverbiais ou integrantes), o que identificará a presença de uma oração adjetiva será um pronome relativo.

pronome relativo
↓
+ "O prédio **que** desabou estava interditado."
Or. Sub. Adjetiva

Nota que nessa frase temos duas orações? Uma é a oração principal: "O prédio estava interditado"; a outra é oração subordinada adjetiva, introduzida pelo pronome relativo "QUE": "que desabou". Certo?

– Até aqui, certinho.

Pois então, primeiramente, vamos ter de saber associar a presença de um pronome relativo à presença de uma oração adjetiva. Isso tem de ser instintivo e rápido, porque é só o iniciozinho da análise que teremos de fazer. Vamos a mais algumas frases.

pronome relativo
↓
+ "O planeta Terra, **o qual** é relativamente pequeno, faz parte do Sistema Solar."
Or. Sub. Adjetiva

Temos aí um pronome relativo?

– Temos: "o qual".

E o que isso indica, então?

– Que temos uma oração adjetiva: "o qual é relativamente pequeno".

Isso.

pronome relativo
↓
+ "Os países **onde** estivemos na última primavera já foram socialistas no passado."
Or. Sub. Adjetiva

Há pronome relativo? E, se há, o que a presença dele indica?

– Há pronome relativo: "ONDE". E a presença dele indica a presença de uma oração adjetiva: "onde estivemos na última primavera".

Viu que coisa linda? Mais uminha só.

pronome relativo
↓
+ "O policial cuja viatura foi atacada por populares manteve a calma e o profissionalismo."
Or. Sub. Adjetiva

– Nem pergunte, professor. Pode deixar que eu respondo. O pronome relativo é "CUJO". E, já que há pronome relativo, há oração adjetiva: "cuja viatura foi atacada por populares".

É isso mesmo.

5.2. Orações restritivas *x* orações explicativas

As orações subordinadas adjetivas podem ser Restritivas ou Explicativas.

– Professor, isso sempre, sempre, sempre se pergunta.

Sempre! E isso é tão fácil, mas tão fácil, que não dá mesmo para errar.

– Professor, não fale assim porque, quando se fala assim de alguma matéria, aí sim é que eu erro...

Não! Essa você não vai errar nunca, nunca, nunca mais. É uma promessa minha e em seguida vai ser uma combinação nossa.

– Tomara que o senhor esteja certo...

Estou. Palavra (de honra, de escoteiro, do que você quiser). ☺

As orações adjetivas, como eu disse há pouco, poderão ter duas diferentes classificações: restritivas ou explicativas. Vamos a elas.

a) Restritivas:

As orações adjetivas serão restritivas quando restringirem ou limitarem a abrangência do termo anterior.

– Profe, que restritiva tem a ver com restrição eu entendo. Mas tenho muito trabalho de compreender o que isso, de fato, quer dizer...

Não se preocupe. É normal. Vamos destrinchando o conteúdo. Quando uma oração é restritiva, ela diz respeito a apenas uma parte de um todo maior e não é isolada por vírgula(s). Vamos aos fatos (que, no português, são os exemplos):

+ "O aluno que fez a manifestação será expulso."
  Or. Sub. Adj. Restritiva

Note que a oração "que fez a manifestação" não está isolada por vírgulas da oração principal. Se ela não está isolada por vírgulas, ela é restritiva ou explicativa?

– Restritiva. Mas sempre?

Como assim?

– Sempre que não vier isolada por vírgulas *vai ser* restritiva?

Sempre. Temos de acreditar na pontuação da frase na prova. O fundamental é sabermos, a partir da pontuação, classificar a oração. Se a oração com certeza é adjetiva (ou seja, se é introduzida por pronome relativo), não isolada por vírgulas ela será restritiva e, conforme veremos mais adiante, isolada por vírgulas ela será explicativa. Entendido isso?

– Entendido.

Então voltemos à frase que estávamos analisando:

+ "O aluno que fez a manifestação será expulso."
  Or. Sub. Adj. Restritiva

Bem, já vimos que a oração é restritiva, por não estar isolada por vírgulas. Agora vamos ver se conseguimos entender *por que* ela é restritiva. Ao se dizer "o aluno que fez a manifestação", sem isolar a adjetiva por vírgulas da principal, o que se está dizendo é que havia mais alunos além do que fez a manifestação. Ou seja, "que fez a manifestação" é atributo de uma parte de um todo maior (atributo de um aluno entre outros alunos), entende?

– Com o senhor falando assim, entendo, mas às vezes acho que não faz muito sentido...

Excelente colocação: há coisas no português que têm de ser aprendidas e ponto. Esse, por exemplo, é um tópico a se aprender: *sem vírgula* a adjetiva refere *parte do todo*. Só isso. Simples assim. Entendeu?

– Entendi.

Então me diga: quando não estiver isolada por vírgulas, a oração adjetiva será o quê?

– Restritiva.

E estará se referindo ao todo ou a uma parte do todo?

– A uma parte do todo.

Isso. E se ela é restritiva, é com ou sem vírgulas?

– Sem.

E se refere ao todo ou a uma parte?

– A uma parte.

Ok. Então estamos entendidos até aqui. Vamos a mais uma.

+ "Os cães que foram vacinados curaram-se rapidamente."
  (que foram vacinados: Or. Sub. Adj. Restritiva)

Qual é a minha oração adjetiva?

– Que foram vacinados.

E ela é explicativa ou restritiva?

– Restritiva.

Por quê?

– Porque ela não está isolada por vírgulas.

Então, quem foi vacinado foi a totalidade do grupo dos cães ou parte do grupo dos cães?

– Parte.

Coi-sa-mais-a-ma-da-do-mun-do! Vamos à segunda classificação.

b) Explicativas:

As orações adjetivas serão explicativas quando explicarem a significação de um termo anterior, considerando-o em sua totalidade.

– Como é, professor?

Quando a oração é explicativa, ela considera o termo anterior em sua totalidade. Ou seja, se a restritiva se refere a parte de um grupo, a explicativa se refere à totalidade de um grupo. Simples assim. As explicativas são, sempre, isoladas por vírgulas da principal.

+ "Os cachorros, que são animais de estimação, fazem companhia aos tutores."
Or. Sub. Adj. Explicativa

A oração subordinada adjetiva, por estar isolada por vírgulas, é explicativa. Disso não há dúvidas. A isso não há contestações. Essa é uma verdade que a gente deve simplesmente aceitar.

– Entendido.

Agora vejamos: ela é explicativa, porque o elemento anterior (no caso, "cachorros") é considerado em sua totalidade. Mas o que isso quer dizer? Que não se está falando de um cachorro entre outros ou de alguns cachorros entre outros, mas sim da totalidade do grupo dos cachorros. Entendeu bem?

– Acho que sim, professor.

Eu tenho certeza de que sim. Vamos comparar duas frases.

1ª) "Os policiais, que são agentes de segurança, arriscam as próprias vidas."
Or. Sub. Adj. Explicativa

Preciso de ajuda. A oração adjetiva é restritiva ou explicativa?

– Explicativa.

Por quê?

– Porque ela está isolada por vírgulas.

Isso. Então o atributo "que são agentes de segurança" refere-se à totalidade do grupo de policiais ou a parte do grupo de policiais?

– À totalidade do grupo de policiais.

Fechou. Sigamos.

2ª) "Os policiais <u>que participaram do evento</u> estão em casa."
Or. Sub. Adj. Restritiva

Mais uma vez preciso de auxílio. A oração adjetiva é restritiva ou explicativa?

– Restritiva.

Por quê?

– Porque ela não está isolada por vírgulas.

Exato. Então o atributo "que participaram do evento" refere-se à totalidade do grupo de policiais ou a parte do grupo de policiais?

– A parte.

Isso. Você entendeu. Quem participou do evento não foi todo o grupo de policiais considerado, mas uma parte de um grupo maior.

– Perfeito.

5.3. Função sintática da oração adjetiva

Em termos sintáticos, a totalidade da oração adjetiva sempre desempenhará a função de adjunto adnominal.

– Sempre, professor? Sempre é sempre, sempre mesmo?

Sempre, sempre, sempre. E você vai entender por quê.

– Vou?

Vai, sim. A classe de palavras que tradicionalmente desempenha a função de adjunto adnominal é o adjetivo. Lembra?

– Lembro.

Bem, se você se lembra bem disso, então as coisas farão muito sentido. A oração adjetiva nada mais é do que uma espécie de "adjetivo em estrutura oracional", entende? A oração adjetiva, em última instância, cumpre exatamente a mesma função que um adjetivo cumpre.

– O senhor consegue adivinhar o que eu quero?

Que eu dê exemplos.

– Isso.

Eu vou dar. Vamos lá. E vamos vendo.

+ "A moça que tinha muitos bens foi processada pelo irmão."
  Or. Sub. Adjetiva
  ↓
  Adjunto adnominal do substantivo "moça"

Você nota que, na oração acima, "que tinha muitos bens" é uma espécie de qualificação da moça? Poderíamos, inclusive, substituir a oração por um adjetivo. O sentido pode não ficar exatamente o mesmo, mas ficará muito próximo.

+ "A moça rica foi processada pelo irmão."
  adjetivo
  ↓
  Adjunto adnominal do subst. "moça"

Faz sentido?

– Profe, faz sentido!!!

Eu também acho que faz. Vamos a outra.

+ "A polícia prendeu o rapaz que era nascido no Brasil."
  Or. Sub. Adjetiva
  ↓
  Adjunto adnominal do substantivo "rapaz"

Mais uma vez oração adjetiva, então mais uma vez adjunto adnominal, porque mais uma vez ela está cumprindo a função de um adjetivo. Percebe?

– Percebo.

Qual seria o adjetivo que equivaleria à oração adjetiva?

– Brasileiro.

Isso. É como se o que estivesse escrito fosse a frase abaixo:

+ "A polícia prendeu o rapaz brasileiro."

adjetivo
↓
Adjunto adnominal do subst. "rapaz"

Viu? Isso é, resumidamente, a lógica de todas as orações adjetivas. Mesmo que elas sejam maiores, mais complexas e mais difíceis de substituir por um adjetivo, sempre haverá um adjetivo ao menos aproximado que possa substituí-la.

+ "A cadeira que tinha sido fabricada na primeira metade do século XIX foi herdada por mim."

Or. Sub. Adjetiva
↓
Adjunto adnominal do substantivo "cadeira"

Ao fim e ao cabo, a frase acima é próxima da seguinte:

+ "A cadeira antiga foi herdada por mim."

adjetivo
↓
Adjunto adnominal do subst. "cadeira"

– Professor, sendo assim, faz muito sentido que ela seja um adjunto adnominal, não faz?

Faz, sim, e a lógica é sempre essa. E lembrando: ainda que não fizesse tanto sentido assim, você teria de guardar essa informação. A oração adjetiva tem, sempre, função de adjunto adnominal. Ok?

– Ok.

Vamos de novo: eu sugiro uma oração adjetiva e você sugere um adjetivo correspondente ou próximo ao sentido original da oração sublinhada.

+ "Os políticos que desviam verbas públicas prestam um desserviço à sociedade."

Or. Sub. Adjetiva
↓
Adjunto adnominal do substantivo "políticos".

– Ladrões: os políticos ladrões.

Isso. E poderia ser "os políticos corruptos", "os políticos desviadores", etc. Perfeito.

PARALELO ENTRE ADJUNTOS ADNOMINAIS: ORAÇÃO ADJETIVA X ADJETIVO

Oração Adjetiva	Adjetivo
As pessoas que se julgam moralmente superiores carregam grandes culpas.	As pessoas moralistas carregam grandes culpas.
Um homem que trabalha durante cinquenta anos merece a aposentadoria.	Um homem trabalhador merece a aposentadoria.
Ana Carolina sempre detestou pessoas que falavam mal das outras.	Ana Carolina sempre detestou pessoas fofoqueiras.

5.4. Orações adjetivas reduzidas

Assim como ocorre com as demais orações subordinadas, as adjetivas também podem apresentar uma forma reduzida.

– Professor, como tem matéria em orações!...

Sim, há muita matéria. É uma verdade, mas digo a você que essa parte em particular (as orações adjetivas reduzidas) tem pouquíssima incidência em prova, pouquíssima mesmo. Então, iremos vê-las apenas para saber que existem, caso nos defrontemos com uma oração que não saibamos classificar.

– Se o senhor está dizendo que aparece pouco, vou acreditar...

Faz bem. ☺

Na verdade, são estruturas com verbos nas formas nominais que equivalem a uma oração subordinada adjetiva desenvolvida. Vamos aos exemplos:

(que vestia azul)
↓
- "A moça vestindo azul solicitou auxílio médico."
Or. sub. adj. reduzida

(que foi assaltado pela gangue)
↓
- "Eu socorri o rapaz assaltado pela gangue."
Or. sub. adj. reduzida

Difícil?

– Não propriamente...

Eu também não acho. Sigamos, que agora vem outro grupo.

6. ORAÇÕES SUBORDINADAS SUBSTANTIVAS

6.1. Características

As orações substantivas são orações que, além de equivalerem a um substantivo, têm duas características essenciais.

- **1ª característica:** desempenham as funções sintáticas.

– Todas as funções sintáticas?

Não, algumas delas: sujeito, objeto direto, objeto indireto, complemento nominal, aposto e predicativo, basicamente. E esse é o papel essencial das orações substantivas: elas desempenham as funções sintáticas, que tradicionalmente são desempenhadas por substantivos. Quero que você decore as funções sintáticas que podem ser por elas desempenhadas.

– Vou me esforçar...

Comece agora.

– Mas eu já comecei...

Não: comece repetindo para mim quais são.

– Ah, entendi! Sujeito, objeto direto, objeto indireto, complemento nominal, aposto e predicativo.

Isso. Aguarde que daqui a pouco tudo isso volta.

- **2ª característica:** as orações subordinadas substantivas são tradicionalmente introduzidas pelas conjunções subordinativas integrantes "QUE" e "SE".

– Profe, mas como saber que o "QUE" e o "SE" são conjunções integrantes, já que eles podem ser tanta coisa...

Isso é tranquilo. Para testarmos se se trata ou não de uma oração substantiva, devemos fazer o teste de substituir a totalidade da oração por "ISSO". Caso essa substituição seja possível, trata-se de fato de uma oração substantiva. Vejamos.

+ "A menina promete que estará presente."
  Or. Sub. Substantiva

Poderíamos substituir a oração sublinhada por "isso"? "A menina promete isso"?

– Sim, podemos.

Isso mesmo. De fato, podemos. Então se trata de uma oração subordinada substantiva.

– E quanto à função sintática que ela desempenha?

Bem, isso é questão de... funções sintáticas. Entende? Temos de ver se a oração que está desempenhando papel de substantivo tem função de sujeito, ou de objeto direto, ou de objeto indireto e assim por diante. Há uma forma relativamente simples de fazer isso.

– Adoramos "formas simples", professor. Diga lá.

Substituir a oração inteira por "ISSO" pode servir a dois fins: o primeiro, que já vimos, é constatar que estamos mesmo frente a uma oração substantiva; o segundo, importante para esse momento, é que podemos analisar a frase como se, em vez da oração substantiva, tivéssemos de analisar o vocábulo "ISSO".

– Substituir a oração por "ISSO" e analisar a função do "ISSO". Isso?

Isso. ☺

Simples assim. Vamos ver algumas.

+ "É importante que estejamos unidos."
  Or. Sub. Substantiva Subjetiva (= sujeito)

Podemos substituir a oração sublinhada por "ISSO"?

– Podemos: "É importante isso".

Lindo, lindo. Agora, podemos fazer a análise da função sintática da oração substantiva por meio da análise da função sintática do vocábulo "ISSO". Qual seria a função do "ISSO"?

– Ah, pois é...

"Ah, pois é" nada. ☺

Já sabemos (e bem) fazer essa análise. Na análise das funções sintáticas, sempre começaremos pelo sujeito, perguntando por ele e vendo se obtemos resposta. Imagine a frase com "ISSO":

+ "É importante isso." (isso = sujeito)

Qual seria a pergunta do sujeito?

– Que é que é importante?

Resposta "ISSO". Logo, "ISSO" seria o sujeito. Em ordem, teríamos a seguinte frase:

+ "Isso é importante." (Isso = S; é = VL; importante = P.S.)

Se "ISSO" seria sujeito, então a oração que o vocábulo substitui também tem função de sujeito, mas com um nome bem mais complicado: oração subordinada substantiva subjetiva. Entendeu?

– Entendi.

Ótimo, agora, é questão de prática e prática e prática. Vamos a ela.

+ "O homem afirma que não está drogado." (que não está drogado = Or. Sub. Subst. Obj. Direta)

Respondo eu: a oração sublinhada equivale a "ISSO": "O homem afirma isso". Qual a função sintática de "ISSO" nessa frase?

– Objeto direto. Quem é que afirma? Resposta: "o homem", sujeito. Afirma o quê? "ISSO", objeto direto.

Exatamente! Qual a função sintática da oração "que não está drogado", então?

– Objeto direto.

Sim, mas com nome complexo: oração subordinada substantiva objetiva direta. Mais uma só.

+ "Eu precisaria de que alguém me ajudasse."
Or. Sub. Subst. Obj. Indireta

A oração sublinhada equivale a "isso"?

– Não tenho certeza. Equivale, professor?

Equivale sim. Totalmente. O que ocorre é que, por a oração ser antecedida pela preposição "DE", essa preposição vai ter de ser anteposta ao "ISSO": "DE" + "ISSO" = "DISSO". Tranquilo?

– Tranquilo.

Então, temos o seguinte:

+ "Eu precisaria disso".
S VTI OI

Qual a função sintática de "disso"?

– Objeto Indireto. Quem precisaria? Resposta: "EU", sujeito. Precisaria de quê? "DISSO", ou seja, objeto indireto.

Isso, isso, isso. Sempre assim. Parabéns! Nota dez com estrelinha para você.

– Obrigado, professor.

Não há de quê. ☺

6.2. As orações subordinadas substantivas desenvolvidas

As orações subordinadas substantivas, conforme já vimos (e conforme eu pedi que você decorasse), podem ter seis classificações.

– Sujeito, objeto direto, objeto indireto, complemento nominal, aposto e predicativo.

Pelo jeito, já entrou no repertório! Agora vamos a cada uma dessas classificações.

a) Orações Subordinadas Substantivas Subjetivas:

São aquelas que desempenham função de sujeito. Aliás, já tinha pensado alguma vez na vida que "subjetivo" tem a ver com "sujeito"?

– Professor, qual é o ser humano nesse mundo que, estando por aí distraído, vai pensar em uma coisa dessas?

Pois é: acho que poucos, mas vamos adiante. Uma coisa "objetiva" depende do objeto, ou seja, não está sujeita a interferências pessoais na sua avaliação. Já algo que seja "subjetivo" é algo que depende da avaliação pessoal, da interferência do sujeito. Por que se diz que "beleza" é algo subjetivo?

– Porque o que é bonito para um pode não ser bonito para outro?

Sim, porque é uma concepção que varia de sujeito para sujeito, ou seja, é uma concepção subjetiva. Já o fato de o dia ter vinte e quatro horas é algo "objetivo", isto é, excetuando-se uma visão poética, não há como negar esse fato: trata-se de um dado, portanto, objetivo.

– Que interessante, professor...

E não é? Agora espero que você não esqueça mais. ☺

– Não esqueço.

Voltemos: a oração substantiva é aquela que desempenha função de sujeito da oração principal. De todas as orações substantivas, a subjetiva é, sem dúvida, a mais difícil. Por isso, ficaremos mais tempo no estudo dela do que no estudo das demais. Pode ser?

– Pode, professor. Deve. Como eu já disse antes, o senhor é muito bonzinho.

Sou, sim. ☺

Vamos ver com calma as principais estruturas em que pode aparecer uma oração substantiva subjetiva.

1ª) VL + Predicativo + Or. Sub. Subst. Subj.:

+ "É fundamental que a população tenha acesso às informações."
  Or. Sub. Subst. Subjetiva

Consegue desdobrar essa oração e perceber a estrutura que está dita acima?

– "É fundamental ISSO". Em ordem direta, "ISSO é fundamental".

Exato. Então temos a estrutura anunciada:

+ "É fundamental que a população tenha acesso às informações."
VL PS Or. Sub. Subst. Subj.

2ª) VI + Or. Sub. Subst. Subj.:

+ "Basta que todas as pessoas estejam bem."
Or. Sub. Subst. Obj. Subjetiva

– "Basta ISSO". Em ordem direta, "Isso basta".

Verificou? "BASTA" é, nessa frase, verbo intransitivo. E a oração substituída pelo vocábulo "ISSO" desempenha função de sujeito.

+ "Basta que todas as pessoas estejam bem."
VI Os. Sub. Subst. Subj.

– Sim, perfeito.

3ª) Ser + Particípio + Or. Sub. Subst. Subj.:

+ "Foi constatado que os índices educacionais melhoraram muito."
Or. Sub. Subst. Subjetiva

– "Foi constatado ISSO". Em ordem direta, "Isso foi constatado". Logo, o "ISSO" e, por óbvio, a oração que ele substitui, desempenha função de sujeito.

+ "Foi constatado que os índices educacionais melhoraram muito."
Ser Part. Or. Sub. Subst. Subj.

– E essa frase está na voz passiva analítica por apresentar a estrutura "ser + particípio"?

Linda pergunta! Está na passiva analítica, sim. A próxima também estará em uma passiva.

4ª) V + SE + Or. Sub. Subst. Subj.:

+ "Verifica-se que as pessoas estão cada vez mais egoístas."
Or. Sub. Subst. Subjetiva

– "Verifica-se ISSO". Frase na voz passiva sintética: verbo + se + sujeito.

Lindo! Lindo demais! De novo: de todas as orações substantivas, as subjetivas são as mais difíceis, sem nenhuma dúvida.

– Nota-se, professor...

Pois é. Não espero, honestamente, que você consiga saber *agora* na ponta da língua essas quatro estruturas que listei acima, da 1ª até a 4ª. O que quero mesmo, e que é uma das intenções maiores deste livro, é que você já tenha se deparado com a maior quantidade possível de casos que possam aparecer em prova.

– Compreendo!

Eu sempre acho que quanto menos surpresa houver, maior a chance de sucesso. Então, ainda que as coisas às vezes fiquem difíceis, como agora devem estar, você não pode pensar que "isso não é pra mim" ou que "nunca vou saber o suficiente". O conhecimento é assimilado aos poucos. Assim como no basquete, em que não há uma cesta que valha dez pontos, no jogo do conhecimento não há um *aprendizado de dez pontos.* É ponto a ponto, matéria a matéria, tópico a tópico que se vai evoluindo. Ok?

– Ok, obrigado, professor...

Pode parecer que estou fazendo um discurso demagógico para "dar uma força", mas eu só falo aquilo em que acredito. Mesmo. ☺

b) Orações Subordinadas Substantivas Objetivas Diretas:

Em comparação com as subjetivas, as orações substantivas objetivas diretas, apesar do nome gigantesco, são significativamente mais fáceis.

– Graças a Deus, professor.

São mesmo. Vamos lá.

✦ "A pesquisa indicou que os brasileiros têm consciência crítica."
Or. Sub. Subst. Objetiva Direta

Viu como é mais fácil?

– Bem mais!

Pois é. Vamos à análise. Aliás, você já se acostumou a fazer essa análise. Faça para mim.

– "A pesquisa indicou ISSO". "A pesquisa" é sujeito. Indicou o quê? "ISSO". Logo, objeto direto. Sendo assim, a oração que o "ISSO" substitui também tem essa função.

Definitivamente você está chegando ao nível profissional de análise sintática, que, de todas as matérias, é a que eu mais respeito na língua portuguesa. Sim. É uma oração subordinada substantiva objetiva direta.

Há, talvez, uma única coisa não propriamente difícil, mas "diferente" nas orações objetivas diretas.

– Ai, não me diga, professor.

Se não quiser, não digo...

– É maneira de falar: diga sim, professor!

Por favor, tome uma decisão! ☺

Vou dizer sim: de todas as orações substantivas, as objetivas diretas são as mais frequentemente introduzidas pela conjunção integrante "SE". Como estamos acostumados ao "QUE" na posição de conjunção integrante, o meu medo é você, na presença de um "SE", nem cogitar a hipótese de que seja uma conjunção integrante.

– Seria bem possível que eu não cogitasse, professor...

Pois é: quando surge um "SE", costumamos pensar que deve ser conjunção condicional, índice de indeterminação, partícula apassivadora, pronome reflexivo, e por aí vai... E essa é a chance maior que temos de errar. Se cogitarmos a hipótese de ser uma conjunção integrante, facilmente veremos que se trata, sim, de uma conjunção integrante:

+ "A garota perguntou se estávamos satisfeitos com a nota."
Or. Sub. Subst. Objetiva Direta

Percebe? Cogitada a hipótese de ser uma conjunção integrante, vemos que se trata "gritantemente" de uma conjunção integrante.

– "A garota perguntou ISSO".

Exato. E como já vimos e revimos e vimos outra vez, se é "ISSO", é conjunção integrante. Se é conjunção integrante, é oração subordinada substantiva. Se é oração subordinada substantiva, basta ver a função sintática que ela desempenha.

– No caso, objeto direto.

Isso mesmo. Quer mais uma informação sobre as objetivas diretas?

– Não sei se quero, professor... O senhor acha que precisa?

Eu acho. Já vimos tanta coisa. Não há de ser mais uma informaçãozinha que vai nos desestruturar emocionalmente.

– Então dê a informação, professor...

Dou, sim. Também é nas objetivas diretas que surgem orações substantivas introduzidas pelos advérbios interrogativos "ONDE", "QUANDO", "COMO" e "POR QUE".

– Professor do céu: o senhor vai me dizer que as orações substantivas também podem ser introduzidas pelos advérbios interrogativos?

Vou, sim. Já disse, inclusive.

– Mas de onde isso? Desde quando? (Não é a primeira vez que pergunto isso ao senhor, não é?)

Não, não é a primeira vez que você me pergunta "desde quando?". Mas eu estou aqui para responder, e para responder de novo, e para responder outra vez e outra vez mais. Vamos aos fatos: você lembra dos advérbios interrogativos?

– Sim, lembro: são quatro ("ONDE", "QUANDO", "COMO" e "POR QUE") e introduzem interrogações diretas e indiretas.

Você jura para mim que se lembra disso? De que esses são os advérbios e de que é para isso que eles servem?

– Lembro. Tanto lembro que disse quais são eles e para que eles servem.

Olhe, parece que estou vendo você de braços cruzados, meio de lado, me olhando por cima do ombro e com cara de superioridade ao dar essa resposta...

– Pois o senhor imaginou a cena certa!

Acredite, eu não sei nem o que dizer. Porque, se você se lembra bem disso, tudo está esclarecido, pois a situação em que os advérbios interrogativos introduzem as orações subordinadas substantivas objetivas diretas é exatamente nas interrogações indiretas.

+ "O professor perguntou onde estavam as provas."
Or. Sub. Subst. Objetiva Direta

Perceba que o raciocínio é o mesmíssimo que vale para todas as substantivas: "O professor perguntou ISSO".

– Ok, professor, e por que o "ONDE" não é uma conjunção integrante?

Pelo simples fato de que a gramática é normativa e as conjunções integrantes previstas são "QUE" e "SE". "ONDE", "QUANDO", "COMO" e "POR QUE" podem introduzir orações substantivas, mas não são conjunções integrantes: são, acredite, advérbios interrogativos.

+ "Todos questionavam como tínhamos saído ilesos do acidente."
Or. Sub. Subst. Objetiva Direta

– Todos questionavam ISSO. Objeto direto!

Sim! E vale a mesma coisa com todos os outros advérbios interrogativos.

– Professor, eu estou gostando dessa ideia de entender as coisas...

Ah, mas eu tenho certeza de que essa é a única ideia que vale a pena no processo de aprendizado. Agora escute o que eu vou dizer: se você aprendeu que as orações subjetivas podem vir basicamente em quatro diferentes tipos de estruturas frasais e que as objetivas diretas frequentemente são introduzidas pela conjunção integrante "SE" e até pelos advérbios interrogativos, então tudo, tudo, tudo o que vem daqui por diante é fácil.

– Devo acreditar, profe?

Deve. Na verdade, superadas as subjetivas, todas as demais orações são tranquilas. Nas objetivas diretas eu dei uma esticadinha na corda da dificuldade por mostrar as introduzidas pelos advérbios interrogativos, mas, tirando essa questão de nomenclatura (o fato de serem "advérbios interrogativos, e não "conjunções integrantes"), é fácil ver que se trata de orações substantivas objetivas diretas.

– Excelente!

c) **Orações Subordinadas Substantivas Objetivas Indiretas:**

São orações substantivas que desempenham função sintática de objeto indireto. Os objetos indiretos têm duas características básicas, lembra?

– Lembro: complementarem o sentido de um verbo (objetos são sempre complementos verbais) e serem introduzidos por preposição.

Exato. Então, os pressupostos básicos das orações subordinadas substantivas objetivas indiretas são essas:

a) complementarem o sentido de um verbo;
b) serem introduzidas por preposição.

+ "Todos necessitavam de que o homem interviesse na situação."
(necessitavam: verbo; de que o homem interviesse na situação: Or. Sub. Subst. Objetiva Indireta)

– "Todos necessitavam DISSO".

Sim. Então, se a frase fosse essa, teríamos uma análise bem simples:

+ "Todos necessitavam DISSO."
(Todos: Suj.; necessitavam: VTI; DISSO: OI)

Ok? Estamos em mais uma matéria em que, como em quase todas as outras, entendido o pressuposto geral, tudo se torna questão de repetição. Neste momento específico, se eu der mil exemplos, a tendência é de que você acerte mil vezes. Porque, agora, você está atento ao modo como essa parte da matéria funciona.

– Eis o problema, professor: *neste* momento; já nos outros, não sei, não...

Super-razoável o seu medo: você já não aguenta mais entender o conteúdo no momento em que ele é explicado e depois errar as questões na prova. Entendo. Mas estamos aqui para romper esse ciclo. Estamos aqui para construir um conhecimento sólido. Em uma palavra bem simples, estamos aqui para constituir aprendizado. E vamos!

– Tenho certeza de que vamos, profe!

+ "Eu contava com que alguém me ajudasse."
V — Or. Sub. Subst. Objetiva Indireta

Como fica?

– Eu contava COM ISSO.

Exato. Se essa fosse a frase, "com isso" seria objeto indireto. Logo, a oração que o termo "ISSO" substitui vai ser uma oração subordinada substantiva objetiva indireta.

d) Orações Subordinadas Substantivas Completivas Nominais:

Bem, creio que não seja muuuuito difícil imaginar a função que desempenham as completivas nominais.

– Complemento nominal.

Sim. Parabéns, mas sem estrelinha, porque estava fácil. ☺

Quais as duas características básicas do complemento nominal?

– Complementarem o sentido de um nome (substantivo abstrato, adjetivo ou advérbio) e serem antecedidos por preposição.

Resposta linda. Exatamente isso, sem tirar nem pôr.

+ "O rapaz tinha certeza de que venceria a disputa."
Subst. — Or. Sub. Subst. Completiva Nominal

Primeiro, sempre o teste básico: ver se a oração equivale a isso. E, sim, equivale: "O rapaz tinha certeza DISSO". Estamos, portanto, diante de uma oração subordinada substantiva. Essencial, aqui, é se dar conta do seguinte: tanto a oração objetiva indireta quanto a oração completiva nominal são preposicionadas. O que as diferencia?

– A classe do termo que elas estão complementando: verbo ou nome.

Exato. Se a oração preposicionada complementar um verbo, será objetiva indireta; se complementar um nome, será completiva nominal. Na frase em questão ("O rapaz tinha certeza disso), o vocábulo disso complementa o sentido do verbo "ter" ou do substantivo "certeza"?

– Eu diria que do substantivo "certeza", mas não é incomum que eu fique na dúvida nesses casos, professor...

Não se preocupe. A dúvida é normal, mas o caminho para tentar acabar com ela é um só. Teste duas vezes a frase e coloque, em uma, "disso" complementando o verbo "ter"; e, na outra, complementando o substantivo "certeza": "tinha disso" ou "certeza disso"?

– Certeza disso.

Ok. Assim, sabemos que ele está complementando o substantivo "certeza", por isso é complemento nominal. Assim como complementa um substantivo, também pode complementar um adjetivo ou um advérbio.

+ "Ele votou favoravelmente a que o rapaz fosse preso."
Adv. — Or. Sub. Subst. Completiva Nominal

Ele "votou a isso" ou "favoravelmente a isso"?

– Favoravelmente a isso.

Então a oração está complementando o advérbio "favoravelmente", e não o verbo "votar". Agora, por fim, vejamos uma oração completiva nominal complementando um adjetivo.

+ "Eu sou contrário a que ocorra uma demissão em massa."
Adj. — Or. Sub. Subst. Completiva Nominal

Eu "sou a isso" ou "contrário a isso"?

– Contrário a isso.

Logo, a oração está complementando o adjetivo "contrário".

e) Orações Subordinadas Substantivas Predicativas:

As orações subordinadas substantivas predicativas desempenham função sintática de predicativo do sujeito e virão seguindo o verbo "SER".

– Sempre o "SER"?

Sempre o "SER". Não precisa pensar em todos os verbos de ligação (que, se Deus quiser e o meu trabalho for eficaz, você sabe de cor). As orações subordinadas substantivas predicativas seguirão o verbo "SER", formando a estrutura "SER + QUE".

– "Ser + que"?

"Ser + que".

– Sempre? Como um mantra? "Ser + que", "ser + que", "ser + que"?

Com base no que cai em prova, podemos pensar assim. Lembre-se disso. Vamos aos exemplos!

+ "O mais triste é que ele jamais soube a verdade."
Or. Sub. Subst. Predicativa

– O mais triste é ISSO.

Exato, então temos "ser + que": logo, predicativa.

+ "O fundamental era que gostávamos um do outro."
Or. Sub. Subst. Predicativa

– O fundamental era ISSO. Logo, predicativa.

Sensacional.

f) Orações Subordinadas Substantivas Apositivas:

As orações subordinadas substantivas apositivas são aquelas que desempenham função sintática de aposto. Por isso, elas apresentam a característica básica do aposto.

– Serem isoladas por vírgula?

Quase: serem isoladas por sinal de pontuação, que pode ser vírgula (no caso das orações, mais raramente), dois-pontos (quase sempre) ou travessão.

+ "Paulo tinha um grande medo: que seu pai falecesse."
Or. Sub. Subst. Apositiva

– Paulo tinha um grande medo: isso.

Exato. Como o termo "ISSO" (e por consequência, a oração que ele substitui) está explicando ou esclarecendo o sentido de um termo anterior, ele desempenha a função sintática de aposto. Trata-se, portanto, de uma oração subordinada substantiva apositiva.

+ "Foi dominado por uma certeza: que seu pai retornaria!"
Or. Sub. Subst. Apositiva

– Ótimo!

6.3. Orações subordinadas substantivas reduzidas

Todas as orações substantivas, que estudamos anteriormente em sua forma desenvolvida, podem aparecer também em forma reduzida.

– Todas, profe? As seis? Nem uminha fora que possa dar facilitada no trabalho?

Não: todas as seis podem se apresentar em forma reduzida. Lembra quais são as características de uma oração reduzida?

– Lembro, professor. São duas:

a) não ser introduzida por conjunção; e

b) apresentar verbo no infinitivo, no gerúndio ou no particípio.

Sim! Resposta linda. Mas aqui, no caso das substantivas, há um item apenas para facilitar: as reduzidas apresentarão apenas verbo no infinitivo.

– Sempre no infinitivo?

Sempre.

– Nunca no gerúndio, nunca no particípio?

Nunca. Isso facilita bastante. Exemplos:

+ "Estudar muda o futuro das pessoas."
Or. Sub. Subst. Subj. Reduzida

Que é que muda o futuro das pessoas? Resposta: "estudar". Logo, "estudar" é sujeito.

– E mesmo que seja só o verbo no infinitivo vai ser considerado uma oração subordinada substantiva subjetiva?

Sim.

– Não seria sujeito oracional?

Sim.

– Como "sim" e "sim"? Minha cabeça fica atrapalhada.

Vamos entender. *Oração subordinada substantiva subjetiva* e *sujeito oracional* são exatamente a mesma coisa. Sempre. Uma oração subordinada substantiva subjetiva é uma estrutura com verbo que desempenha função de sujeito. Um sujeito oracional é uma estrutura com verbo que desempenha função de sujeito. Ou seja, a mesma coisa.

– O senhor acredita se eu disser que até hoje pensava que eram coisas diferentes?

Eu superacredito. Muita gente pensa. Muita mesmo. Mas é, rigorosamente, a mesma coisa. Acredite. Devido ao fato de elas não serem introduzidas pela conjunção integrante, teremos de reconhecer que se trata de uma oração substantiva introduzida por verbo no infinitivo que desempenha uma determinada função sintática.

– Tranquilo, professor. Eu nunca achei que um dia diria isso na vida, mas já tenho mais segurança para fazer a análise sintática mesmo de frases mais complexas.

Isso é emocionante. De verdade. Vamos só lembrar mais uma coisinha: as orações substantivas reduzidas sempre apresentarão verbos no infinitivo.

– Isso o senhor já tinha dito.

Calma, eu sei. Você lembra que existem dois diferentes infinitivos, o pessoal e o impessoal?

– Olhe, vagamente...

Não: deve-se saber exatamente. O infinitivo impessoal é aquele em que o verbo aparece não conjugado, naquela forma terminada em "-ar", "-er", "-ir". Quer uns exemplos? Eu dou.

+ "Trabalhar é necessário."
Or. Sub. Subst. Subj. Reduzida

+ "Dormir descansa o corpo."
Or. Sub. Subst. Subj. Reduzida

Nas frases acima, ambos os verbos sublinhados estão no infinitivo impessoal, e desempenham função de sujeito.

– Certinho, professor. Acho sempre complexo, mas consigo entender, graças ao senhor, que é uma paixão, e a mim, que sou outra.

Eu concordo com você, até mais em relação à segunda afirmação do que em relação à primeira. ☺

Agora vamos adiante. O infinitivo pessoal é aquela forma do infinitivo que flexiona, a qual encontramos com o auxílio da preposição "para" na conjugação. Lembra?

– Lembrei, sim.

Então conjugue para mim o verbo "comprar" no infinitivo pessoal.

– Para eu comprar, para tu comprares, para ele comprar, para nós comprarmos, para vós comprardes, para eles comprarem.

Corretíssimo. Agora conjugue o verbo "fazer".

– Para eu fazer, para tu fazeres, para ele fazer, para nós fazermos, para vós fazerdes, para eles fazerem.

Isso. Lembrando: a preposição "para" apenas é usada para acharmos a forma correta. Ela não é obrigada a aparecer acompanhando o verbo que está no infinitivo pessoal. Aqui nas substantivas reduzidas, por exemplo, o infinitivo pessoal não virá acompanhado pela preposição.

– Entendi.

Mesmo?

– Acho que mesmo, mas dê uns exemplos só para confirmar.

+ "Trabalharmos é necessário."
Or. Sub. Subst. Subj. Reduzida

+ "Nós dormirmos bem descansa o corpo."
Or. Sub. Subst. Subj. Reduzida

Propositalmente, usei as mesmas frases que no exemplo de infinitivo impessoal, mas agora com os verbos adaptados para o infinitivo pessoal. Se prestarmos atenção, veremos que ambos os verbos das frases acima estão "flexionados", mas a flexão se dá no infinitivo pessoal.

– Perfeito!

Essas são as duas formas como podem se apresentar as orações substantivas reduzidas, que, agora, veremos uma a uma, de maneira relativamente rápida, para fechar as informações gerais a respeito de orações.

a) Orações Subordinadas Substantivas Subjetivas Reduzidas:

Essas são, sem dúvida, as mais frequentes entre todas as reduzidas.

– Logo, é importante meeesmo saber...

Sim: no melhor dos mundos, é importante saber tudo; no mundo real, é imprescindível saber, pelo menos, aquilo que é essencial e frequente.

+ "Ouvir parece cada vez mais raro."
Or. Sub. Subst. Subjetiva Reduzida

Que é que parece cada vez mais raro?

– "Ouvir".

Exato. Então, "ouvir" é sujeito. Como ouvir é verbo, trata-se de uma oração subordinada substantiva subjetiva reduzida. Nesta, o verbo está no infinitivo impessoal.

+ "Ouvires o teu filho parece cada vez mais raro."
Or. Sub. Subst. Subjetiva Reduzida

Que é que parece cada vez mais raro?

– Ouvires o teu filho.

Sim. Logo, sujeito. Toda essa estrutura é o sujeito.

Repare bem: a reduzida poderia tranquilamente ser desenvolvida com o acréscimo da conjunção integrante e a conjugação do verbo:

+ "Parece cada vez mais raro que ouças o teu filho."
Or. Sub. Subst. Subjetiva

– Tão, tão, tão bom saber que o conteúdo é difícil e entender direitinho.

Aprendizado é o nome disso. ☺

b) Orações Subordinadas Substantivas Objetivas Diretas Reduzidas:

Muito mais raras, as substantivas reduzidas também podem desempenhar função de objeto direto.

+ "Os meus parentes dizem amar viagens."
  Or. Sub. Subst. Objetiva Direta Reduzida

Quem é que diz?

– "Os meus parentes"

Isso: é sujeito.

Dizem o quê? "Amar viagens", que responde à pergunta do objeto direto e é, portanto, oração subordinada substantiva objetiva direta reduzida, por apresentar verbo no infinitivo e não ser introduzida por conjunção integrante.

– Professor, aqui também as reduzidas equivalem a "isso", não?

Equivalem, sim, aqui e em todos os outros grupos: "Os meus parentes dizem ISSO".

– Ok. Já é mais um recurso à disposição...

Sem dúvida é.

– E haveria como "desenvolver" a reduzida?

Sempre há. Nesse caso, teríamos a seguinte frase:

+ "Os meus parentes dizem que amam viagens."
  Or. Sub. Subst. Objetiva Direta

c) Or. Sub. Subst. Objetivas Indiretas Reduzidas:

Mais raras ainda do que o grupo anterior, muito eventualmente temos uma oração subordinada substantiva objetiva indireta reduzida:

+ "O rapaz insistiu em fazer a cirurgia."
  Or. Sub. Subst. Objetiva Indireta Reduzida

> – O rapaz insistiu NISSO.

Exatamente. E como a oração não é introduzida por conjunção, apresenta um verbo no infinitivo e complementa o sentido de um verbo, sendo antecedida por preposição, ela será uma oração subordinada substantiva objetiva indireta, mas reduzida.

> – Pode ser meio raro e um pouco estranho, mas difícil não é.

Não é, não. Se cogitarmos a hipótese de uma oração ser substantiva e soubermos o suficiente de funções sintáticas, classificá-la não vai ser a coisa mais difícil do mundo.

> – Aqui também se pode desenvolvê-la.

Claro:

+ "O rapaz insistiu em que fizesse a cirurgia."
  Or. Sub. Subst. Objetiva Indireta

d) Or. Sub. Subst. Completivas Nominais Reduzidas:

Assim como no caso das orações desenvolvidas, as completivas nominais são muito parecidas com as objetivas indiretas, mas apresentam, em relação às anteriores, uma diferença fundamental.

> – Elas complementam o sentido de um nome: substantivo, adjetivo ou advérbio.

Isso mesmo. Vamos a cada uma das três hipóteses.

+ "Ele tem certeza de gastar pouco."
  Or. Sub. Subst. Completiva Nominal Reduzida

> – Ele tem certeza DISSO, com a oração complementando o sentido do substantivo "certeza".

Exato.

+ "Ele está certo de gastar pouco."
  Or. Sub. Subst. Completiva Nominal Reduzida

> – Ele está certo DISSO, com a oração complementando o adjetivo "certo".

Mais uma vez, correto.

+ "Ele posiciona-se favoravelmente a gastar pouco."
Or. Sub. Subst. Completiva Nominal Reduzida

– Ele posiciona-se favoravelmente a ISSO, com a oração complementando o advérbio "favoravelmente".

Perfeito. E todas poderiam ser desenvolvidas.

+ "Ele tem certeza de que gasta pouco."
Or. Sub. Subst. Completiva Nominal

+ "Ele está certo de que gasta pouco."
Or. Sub. Subst. Completiva Nominal

+ "Ele posiciona-se favoravelmente a que se gaste pouco."
Or. Sub. Subst. Completiva Nominal

– Perfeito.

e) Or. Sub. Subst. Predicativas Reduzidas:

Lembra qual a característica das predicativas desenvolvidas?

– SER + QUE?

Exato. Aqui teremos "ser" + "infinitivo" equivalendo a isso:

+ "O fundamental é comer bem."
Or. Sub. Subst. Predicativa Reduzida

– O fundamental é ISSO.

Justamente. E passível de desenvolvimento.

+ "O fundamental é que se coma bem."
Or. Sub. Subst. Predicativa

– Ok.

f) Or. Sub. Subst. Apositivas Reduzidas:

Por fim, temos as orações subordinadas substantivas apositivas reduzidas. Também entre as reduzidas as apositivas são mais fáceis, pois virão isoladas por sinal de pontuação e explicarão um elemento anterior.

+ "Ele tem um grande temor: morrer.
Or. Sub. Subst. Apositiva Reduzida

– Ele tem um grande temor: ISSO.

Excelente. Sendo assim, o verbo no infinitivo "morrer" é o aposto de "temor". E a oração poderia ser desenvolvida:

+ "Ele tem um grande temor: que morra."
Or. Sub. Subst. Apositiva

– Alegria, professor.

7. QUADRO-SÍNTESE

FRASE, ORAÇÃO, PERÍODO

1. Frase	Da maiúscula ao ponto final.	Saída à frente. (frase nominal)
		Eu **detesto** você. (frase verbal)
2. Oração	Núcleo = verbo ou locução verbal	Eu **comprei** o alvejante. (or. absoluta)
		Eu **quero comprar** o alvejante. (or. abs.)
3. Período	Frase com uma ou + orações	Eu **sou** calmo. (1 or. = per. simples)
		Eu **sou** calmo, mas ela não **é**. (2 or. = per. comp.)

ORAÇÕES COORDENADAS

1. Assindéticas	Fui ao bar, paguei a conta, vim embora.
2. Aditivas	Adorei o jantar **e** elogiei o cozinheiro.
3. Adversativas	Ela dança bem, **mas** não tem carisma.
4. Alternativas	Devemos resgatar pássaros **ou** prender pessoas.
5. Conclusivas	As garotas estavam tristes, **portanto** não foram à festa.
6. Explicativas	Talvez haja solução, **porque** ele parece esforçado.

ORAÇÕES SUBORDINADAS ADVERBIAIS DESENVOLVIDAS

→ Introduzidas por conjunção / verbo conjugado	
1. Causais	Iremos ao evento, **já que** fomos convocados.
2. Conformativas	Eles ficaram na rua, **conforme** o guarda solicitou.
3. Comparativas	Todos agiam **como** crianças mimadas.
4. Consecutivas	Haverá *tanto* desconforto **que** não quero estar lá
5. Finais	Venha até aqui, **para que** conversemos um pouco.
6. Proporcionais	Fico mais desesperançado, **à medida que** o tempo passa.

7. Temporais	Sairei de casa **quando** for dispensado por Ana.
8. Condicionais	Posso ficar aqui, **caso** queira companhia.
9. Concessivas	Gosto das pessoas de lá, **embora** elas sejam caladas.

ORAÇÕES SUBORDINADAS ADVERBIAIS REDUZIDAS

→ Não introduzidas por conjunção (pode haver prep.) / verbo no inf., ger. ou particípio

1. Causais	Ele não deporá *por temer uma retaliação.*
2. Finais	Ela ficou em casa *para terminar o trabalho.*
3. Temporais	Fiquei em choque *ao saber dos detalhes sórdidos.*
4. Condicionais	*A depender de nós,* faremos um acordo.
5. Concessivas	A moça deixará o país, *apesar de ser insegura.*

ORAÇÕES SUBORDINADAS ADJETIVAS

1. Introduzidas por pronome relativo	Eu vi a moça **que** chorava. A Terra, **a qual** é imensa, parece pequena. O rapaz **cujo** irmão sumiu está desesperado. As cidades **onde** estivemos estavam calmas. A mulher a **quem** recorri auxiliou bastante.
2. Restritivas (parte / sem vírgula)	O cão **que** latia irritava a vizinhança.
3. Explicativas (todo / com vírgula)	O cão, **que** é companheiro, alivia a solidão.
4. Or. Adj. tem função de adjunto adnominal	O rapaz **que** sorria chegou. (= sorridente)
5. O pronome relativo tem função sintática	Vi o rapaz **que** chegou. (sujeito) Ela viu o rapaz **que** beijei. (OD) Chegou o dinheiro **de** que preciso. (OI)
6. Pode haver prep. antes do relativo	Recebi o dinheiro **com** *que* contava. Adorei o filme **a** *que* assisti. Vi a moça **de** *que* falamos.

ORAÇÕES SUBORDINADAS SUBSTANTIVAS DESENVOLVIDAS

→ Introduzidas por conjunção integrante / verbo conjugado.

1. Subjetivas (= sujeito)	É importante *que ele venha até aqui.*
2. Objetivas diretas (= OD)	Todos juram *que nada fizeram.*
3. Objetivas indiretas (= OI)	Necessito *de que forneças algum auxílio.*
4. Completivas nominais (= CN)	Eu tenho convicção *de que estamos certos.*
5. Predicativas (= Predicativo)	O mais fundamental é *que mantenhamos a união.*
6. Apositivas (= Aposto)	Tem esse grande medo: *que ela te abandone.*

ORAÇÕES SUBORDINADAS SUBSTANTIVAS REDUZIDAS

→ Não introduzidas por conjunção integrante / verbo no infinitivo.	
1. Subjetivas (= sujeito)	É importante *sorrir.*
2. Objetivas diretas (= OD)	Todos juram *serem honestos.*
3. Objetivas indiretas (= OI)	Eu insisto *em pagar a conta.*
4. Completivas nominais (= CN)	Eu tenho convicção *de estar certo.*
5. Predicativas (= Predicativo)	O fundamental é *manter a união.*
6. Apositivas (= Aposto)	Tem esse grande medo: *perder a moça.*

PARTE 9

Pontuação

CAPÍTULO 34

Pontuação

INTRODUÇÃO

Os sinais de pontuação são absolutamente fundamentais para a organização de um texto. Você já parou para pensar em como seria difícil ler qualquer texto se nele não houvesse vírgulas, dois-pontos, pontos-finais, reticências e afins?

– Certamente o texto ficaria bagunçado, profe. Se bem que os meus, mesmo que eu use pontuação, não ficam lá muito claros...

Entendo. ☺

Por isso, é importante dominar os mecanismos de pontuação e os corretos sinais a serem usados em diferentes situações do texto. Pensemos que a única finalidade da pontuação, por incrível que pareça, é essa: organizar o texto, torná-lo mais compreensível, transformá-lo naquilo que o seu autor desejou que ele fosse.

– Perfeito. Vou tentar pensar assim. E, se der, vou tentar, depois dessa aula, organizar melhor os meus textos também...

1. OS SINAIS DE PONTUAÇÃO

São diversos os sinais de pontuação, fato que somente antecipa uma verdade óbvia: conhecê-los e dominá-los não é das coisas mais fáceis da língua portuguesa.

– Ah, isso eu já sabia bem...

Pois então vamos, primeiro, aos sinais de pontuação:

(,) – vírgula

(:) – dois-pontos

(;) – ponto e vírgula
(–) – travessão
(.) – ponto-final
(?) – ponto de interrogação
(!) – ponto de exclamação
(" ") – aspas
(...) – reticências

– E se bem conheço o senhor e já com uma relação familiar com esse livro depois de tantas e tantas e tantas páginas, imagino que veremos várias situações em que devemos usar cada um desses sinais.

Você acertou em cheio. É isso mesmo. E começaremos pelo aparentemente mais simples, mas sem dúvida o mais difícil de todos eles, que é a vírgula. Começa aqui um trajeto longo, mas compensador.

– Vamos a ele, profe.

2. VÍRGULA

Diz a gramática, e ela não está mentindo, que a vírgula assinala uma pausa curta entre dois segmentos do texto. Isso é verdade, pois é uma questão prática. Leiamos a frase a seguir:

+ "A moça comprou flores, vasos, terra."

Ao lermos essa frase, em situação normal, certamente faremos algum tipo de pausa nos locais onde se encontram as vírgulas, concorda?

– Concordo, sim, professor.

Até aqui está tudo certo. Mas trago verdades...

– Não as traga, professor; guarde-as com o senhor...

Certeza?

– Não, professor... Fale logo!

Na verdade, na verdade, o que orienta a colocação ou não de vírgulas (e de sinais de pontuação de modo geral) em certas partes do texto não são as pausas que, na pronúncia, fazemos entre os segmentos. O que orienta a colocação de vírgulas é o domínio sintático da oração e da frase. A vírgula equivale a uma pausa, é fato. Mas nem toda pausa aceita em seu lugar uma vírgula.

> – Professor, não me enlouqueça.

Não quero *enlouquecer* você; eu quero *esclarecer* esse assunto a você. Venha comigo e acredite: dominar a pontuação é dominar estruturas sintáticas. Saber o que é sujeito, adjunto adverbial, aposto explicativo, oração coordenada, oração subordinada adverbial deslocada, enfim: saber tudo sobre sintaxe, porque é na sintaxe (funções sintáticas e orações) que estão contidas praticamente todas as regras de pontuação.

> – Não sei se me alegro, por saber que há um caminho para aprender pontuação, ou se me desespero, por saber que, para dominar a pontuação, terei de saber *sintaxe*...

Eu, se fosse você, iria me alegrar e me tranquilizar, pois estudamos com muita calma e profundidade tanto as funções sintáticas quanto as orações. Ou seja, você vai entender o que vai ser falado nas páginas seguintes. Palavra.

> – Então vamos!

2.1. Situações em que (geralmente) não se usa a vírgula

2.1.1. Entre sujeito e verbo

Não havendo elementos intercalados, não haverá vírgula entre sujeito e verbo:

+ "O rapaz cortou o fio."
  (O rapaz = Sujeito; cortou = V)

Colocar uma vírgula entre esses dois segmentos não seria errado: seria muito errado.

> – Seria, meu caro professor, uma vírgula *criminosa*, digamos assim?

Seria. De todas as vírgulas da nossa língua, a que separa sujeito e verbo é, em condições normais de análise, a mais execrável.

> – "Execrável" é um adjetivo forte, profe... Vou guardar.

Guarde. ☺

Ainda que houvesse inversão na ordem de sujeito e verbo, igualmente não haveria vírgula:

+ "Faltaram alguns esclarecimentos."
VI Sujeito

2.1.2. *Entre verbo e objeto ou predicativo na sequência imediata*

Considerando-se que haja um verbo e, na sua imediata sequência, o seu objeto ou um predicativo do sujeito (no caso do verbo de ligação), não haverá vírgula entre esses dois segmentos:

+ "O policial revelou o resultado da investigação."
VTD OD

+ "Todos os alunos confraternizaram com o professor."
VTI OI

+ "As meninas estão cansadas."
VL Pred. do Suj.

– Certo, professor. "Execrável" essa também?

Não. Mas "condenável", certamente.

Ainda que o objeto ou o predicativo tenham estrutura oracional (orações subordinadas substantivas objetivas ou predicativas), não haverá vírgula entre eles e o verbo:

+ "A professora disse que tinha comprado um belo carro."
VTD Or. Sub. Subst. Obj. Direta

+ "Eu preciso de que as pessoas comentem o resultado."
VTI Or. Sub. Subst. Obj. Indireta

+ "O triste era que ele seguia impune."
VTD Or. Sub. Subst. Predicativa

– Posso pensar que, em termos gerais, não haverá vírgula entre sujeito, verbo e objetos ou predicativo?

Você *deve* pensar rigorosamente isso.

2.1.3. *Entre substantivo e adjunto adnominal ou complemento nominal*

Quando um substantivo é imediatamente seguido por um adjunto adnominal ou por um complemento nominal, não os separaremos por vírgula.

+ "Eu devorei o bolo de chocolate."
  Subst. Adj. Adn.

+ "A constatação dos vários erros motivou as demissões."
  Subst. Compl.Nom.

– Tranquilo. Assim como não há vírgula entre verbo e objetos ou predicativo, também não há vírgula entre substantivo e adjunto adnominal ou complemento nominal.

Perfeito.

Não coloquei no título, para não ficar muito extenso, mas também não haverá vírgula entre adjetivo ou advérbio e complemento nominal subsequente:

+ "Os homens livres foram contrários ao governador."
  Adjetivo Compl. Nominal

+ "O rapaz votou favoravelmente ao imposto."
  Advérbio Compl. Nom.

– Ok, professor. Então não se separa por vírgula o "nome" e o complemento nominal ou adjunto adnominal que venha na sequência.

Isso mesmo.

2.1.4. Entre a locução verbal de voz passiva e o agente da passiva

Você se lembra bem da locução verbal de voz passiva?

– "Ser + particípio"?

A própria. Entre essa locução e o agente da passiva, não haverá vírgula:

+ "As estradas foram destruídas pela chuva."
  Ser + part. Ag. da passiva

– Colocar vírgula aí seria erro? Erro mesmo?

Erro mesmo. Talvez não execrável, mas também condenável. ☺

2.1.5. Entre objeto e predicativo do objeto

Quando um verbo (geralmente transitivo direto) vem acompanhado por predicativo do objeto, não vai se isolar o predicativo do objeto do restante da frase:

+ "O discurso do professor deixou os estudantes exaustos."
  OD Pred. do obj.

– De fato não dá muita vontade de colocar vírgula aí, não, professor.

Ótimo. Ainda que o predicativo do objeto esteja deslocado, ele não será isolado por vírgulas:

+ "O discurso do professor deixou exaustos os estudantes."
(exaustos: Pred. do obj.; os estudantes: VTD)

– Perfeito.

2.1.6. Entre verbos de uma locução verbal

Lembra que locuções verbais são conjuntos de dois ou mais verbos que formam uma unidade?

– Lembro bem, professor.

Ótimo. Entre esses verbos que formam a locução, não havendo nenhum elemento intercalado, não poderá haver vírgula:

+ "A moça deve estar preparando a festa."
(deve estar preparando: Locução verbal)

– Essa vírgula acho que é do tipo *criminosa* se for posta, não?

Totalmente: execrável. ☺

2.2. Situações em que se usa a vírgula

Vamos agora às situações em que a vírgula ocorre.

2.2.1. Enumeração

Esse é talvez o uso mais recorrente, mais comum da vírgula: separar os elementos de uma enumeração.

– E o que é exatamente uma enumeração, professor?

Teremos enumerações sempre que tivermos elementos iguais colocados lado a lado.

– Quaisquer elementos iguais?

Quaisquer.

+ "As pessoas compravam legumes, verduras, temperos."
enumeração

Na frase acima, as vírgulas são utilizadas para separar os elementos de uma enumeração, que, nesse caso, é formada por substantivos.

– Mas poderia ser formada, por exemplo, por adjetivos?

Sim, poderia:

+ "O aluno era esforçado, talentoso, educado, gentil."
enumeração

E também poderia ser formada por advérbios ou por palavras de outras classes. Além de palavras, as enumerações podem ser formadas por estruturas maiores.

– Estruturas maiores? Como assim?

Por exemplo:

+ "Eu preciso de sapatos novos, de roupas caras, de companhias agradáveis."
enumeração

Nesse caso, as vírgulas estão separando uma enumeração que se dá no interior de um objeto indireto, em que três elementos iguais vêm em sequência.

De novo: quaisquer elementos iguais, colocados lado a lado, formam uma enumeração e são separados por vírgula. Esses elementos enumerados podem receber diversas outras nomenclaturas.

– "Diversas outras nomenclaturas" assusta um pouco...

Não se assuste. ☺

Também podemos dizer que essas vírgulas separam elementos coordenados, elementos de mesma classe ou elementos de mesma função sintática. Vamos destrinchar essas nomenclaturas?

– Vamos, professor (seja lá o que for destrinchar...)!

Destrinchar é detalhar, pormenorizar, especificar!

– Ah, bem entendidinho agora. Vamos sim!

Elementos coordenados, aqui, nada mais são do que elementos iguais colocados um ao lado do outro. O termo "coordenado" equivale a dizer que eles têm uma "ordenação comum", ou seja, que são equivalentes. Além disso, os elementos que formam uma enumeração sempre:

a) pertencerão à mesma classe gramatical; e

b) desempenharão uma mesma função sintática.

– Mostre, professor, mostre.

Mostro sim. Sempre mostro.

+ "O homem adquiriu sapatos, camisas, calças."
enumeração

Sobre "sapatos, camisas, calças", pode-se dizer várias coisas.

a) São elementos de uma enumeração ou itens de uma série;

b) por serem elementos de uma enumeração, são elementos coordenados;

c) pertencem à mesma classe gramatical: são três substantivos;

d) desempenham uma mesma função sintática: objeto direto.

– E dar qualquer uma dessas definições seria equivalente a dizer a mesma coisa?

Sim! Todas essas diferentes classificações se referem a um mesmo fenômeno e podem ser usadas indistintamente.

– Ok.

2.2.2. *Adjunto adverbial deslocado*

Antes de dizer qualquer coisa sobre a regra que vamos estudar: você lembra o que são adjuntos adverbiais?

– São estruturas que exprimem circunstância.

Coisa mais querida! E você lembra quais são as principais circunstâncias?

– Tempo, lugar, modo e causa.

Excelente. Mas lembra também que existem várias outras circunstâncias?

> – Sim: condição, meio, companhia, instrumento e outras quase infinitas...

Exatamente. Então, começamos bem. Agora, antes ainda de irmos às regras, vamos lembrar como funciona a questão da posição do adjunto adverbial. Ele estará na sua posição normal quando estiver no fim da oração.

+ "As desembargadoras encaminharam os documentos anteontem."
Adj. adv. de tempo

E o adjunto adverbial estará deslocado quando estiver no início ou no meio da oração de que faz parte.

+ "Anteontem as desembargadoras encaminharam os documentos."
Adj. adv. de tempo deslocado

+ "As desembargadoras encaminharam anteontem os documentos."
Adjunto adverbial de tempo deslocado

> – Professor, e as vírgulas?

Não vêm ao caso agora. Já falo sobre elas. Por enquanto, temos apenas de relembrar a questão de o adjunto adverbial estar ou não estar deslocado. Lembrou bem isso?

> – Sim: estará deslocado quando não estiver no final da oração e não estará deslocado quando estiver no final.

Isso. Agora que já lembramos o que é um adjunto adverbial e qual a posição dele dentro de uma oração, vamos à regra de pontuação que envolve essa estrutura.

Em relação ao **adjunto adverbial**, a vírgula pode haver ou não haver, dependendo da situação.

a) Quando o adjunto adverbial está no final da oração, sua posição normal, geralmente não haverá vírgula o isolando do resto da oração.

+ "João se casou com Antônia no domingo."
Adj. adv. de tempo

+ "O rapaz devolveu o cheque ao chefe com rapidez."
Adj. adv. de modo

+ "Ela assinou o documento por pressão da família."
Adj. adv. de causa

– Adjunto adverbial no final, sem vírgula, então?

Isso. Esse é o padrão muito geral. Mas...

– Não gosto desse "mas..." que o senhor usa às vezes....

Entendo. ☺

Por motivos de ênfase, ou quando for necessário para preservar o sentido pretendido na frase, pode haver vírgula isolando o adjunto adverbial mesmo que ele não esteja no final da frase.

+ "Ele recebeu alta do hospital, felizmente."
Adj. adverbial

Nessa frase, em que está se exprimindo alívio por alguém ter deixado o hospital, a supressão da vírgula certamente mudaria o sentido da frase.

– Sim: pareceria que ele recebeu alta "feliz", e não que ele "graças a Deus" recebeu alta. Seria isso?

Exatamente isso. Então guarde que, quando o adjunto adverbial não está deslocado, geralmente ele não será isolado por vírgula, mas tal isolamento não é proibido.

– Ok.

b) Quando o adjunto adverbial está deslocado, haverá vírgula obrigatória se o adjunto adverbial for longo e ela será opcional se ele for curto! (Mas isso é um Deus nos acuda!)

– Por que "um Deus nos acuda!", professor?

Porque aqui entramos em um debate infinito, em relação ao qual não há nenhuma unanimidade gramatical, acerca do que seja um adjunto adverbial curto ou longo.

– Ah, sim: porque em um desses casos *deve* ter vírgula e no outro *pode* ter vírgula, não é isso? Mas ninguém define bem ao certo o que é curto e o que é longo...

Exatamente. O padrão geral é o seguinte: se o adjunto adverbial deslocado for longo, é obrigatório isolá-lo por vírgula. Por exemplo:

+ "Após o término da partida de futebol, os garotos beberam cerveja."
Adjunto adverbial de tempo (longo) deslocado

Nesse caso, a vírgula seria obrigatória, porque o adjunto adverbial deslocado ("após o término da partida de futebol") é, sem dúvida, longo.

– Claramente, na frase acima.

Isso. Claramente longo. Quem define o adjunto adverbial em termos de extensão costuma dizer que pode ser considerado longo quando tem três ou mais palavras. Mas, ressalto, isso não é absoluto. Haverá, em diversos textos, adjuntos maiores do que isso e não isolados por vírgula.

– Certo, professor. O que o senhor está dizendo é que as "três palavras ou mais" são uma definição meio geral, sem caráter absoluto.

Isso mesmo.

Já se o adjunto adverbial deslocado for curto (pelo menos até duas palavras não há debate: é curto), é opcional isolá-lo ou não por vírgula.

+ "Anteontem os garotos beberam cerveja."
Adjunto adverbial de tempo (curto) deslocado

+ "Anteontem, os garotos beberam cerveja."
Adjunto adverbial de tempo (curto) deslocado

As duas formas acima estão corretas, porque o adjunto adverbial deslocado ("anteontem") é curto.

– Nessa frase acima, não é só curto: é beeem curtinho.

Isso. A esta altura do nosso debate, já falamos qual é a maior dificuldade no que diz respeito à pontuação do adjunto adverbial deslocado.

– O drama é saber quando ele é curto e quando ele é longo.

Exato. Em termos bem objetivos, nenhum gramático estabelece com precisão esse limite. Sendo assim, o que se costuma sugerir, como eu disse antes, é que o adjunto adverbial somente possa passar a ser considerado longo quando tem três ou mais palavras.

– Sim, profe, estou assimilando.

Vejamos.

+ "Com agilidade ele consertou o carro."
Adjunto adverbial de modo (curto) deslocado

+ "Com agilidade, ele consertou o carro."
  Adjunto adverbial de modo (curto) deslocado

"Com agilidade" tende a ser considerado um adjunto adverbial curto, motivo pelo qual a vírgula que o isola seria opcional.

> – Não interessa se ele está deslocado para o início ou para o meio da oração?

Não interessa. Desde que não haja alteração de sentido, tanto faz. Assim, seria também opcional o isolamento na seguinte frase:

+ "Ele consertou com agilidade o carro."
  Adjunto adverbial de modo (curto) deslocado
+ "Ele consertou, com agilidade, o carro."
  Adjunto adverbial de modo (curto) deslocado

> – Certo. Já se ele fosse "longo" (ou assim considerado), seria obrigatório isolá-lo?

Isso. Consideremos a mesma frase, mas mudemos o adjunto.

+ "Com uma incrível precisão cirúrgica, ele consertou o carro."
  Adjunto adverbial de modo (longo) deslocado

Nesse caso, a tendência seria considerar o adjunto adverbial longo e, por isso, isolá-lo do resto da oração. Vale o mesmo para o caso de ele estar não no início, e sim no meio.

+ "Ele, com uma incrível precisão cirúrgica, consertou o carro."
  Adjunto adverbial de modo (longo) deslocado

> – Entendido, professor. Adjunto adverbial no lugar dele, que é o fim da oração, é via de regra sem vírgula; se ele estiver deslocado, depende: curto é com vírgula opcional e longo é com vírgula obrigatória?

Isso, isso, isso.

2.2.3. Aposto explicativo

Lembra do aposto explicativo?

> – Mas é claro: é aquele que explica, esclarece ou explicita o sentido de um termo anterior.

Olhe, eu acho que o nosso trabalho está surtindo efeitos.

– Eu não tenho dúvidas disso.

Fico feliz de saber. Pois então: o aposto explicativo será isolado por vírgulas, independentemente da posição em que esteja na frase.

– Início, meio ou fim. Tanto faz?

Tanto faz. Sendo um aposto explicativo, será isolado por vírgulas (ou por vírgula, se estiver no final).

+ "Silvio Santos, proprietário de uma rede de televisão, tem uma fortuna."
Aposto explicativo

Quem é Silvio Santos?

– É o dono do SBT.

Não, pessoa louca! ☺

Quem é Silvio Santos *na frase*.

– Ah, sim: "proprietário de uma rede de televisão".

Certo. Então, "proprietário de uma rede de televisão" é aposto.

Convém lembrar que as vírgulas que isolam o aposto explicativo podem ser corretamente substituídas por travessões ou parênteses, sem que haja prejuízo para a correção gramatical ou para o sentido da frase.

+ "Silvio Santos – proprietário de uma rede de televisão – tem uma fortuna."
Aposto explicativo

+ "Silvio Santos (proprietário de uma rede de televisão) tem uma fortuna."
Aposto explicativo

Essas duas estruturas também estão corretas.

– E todas as três têm exatamente o mesmo sentido?

Exatamente o mesmo sentido, não muda nada. Também se o aposto estivesse no fim da frase, caberiam as três pontuações citadas acima (vírgula, travessão ou parênteses) e, ainda, dois-pontos.

+ "Eu adoro Silvio Santos, proprietário de uma rede de televisão."
Aposto explicativo

+ "Eu adoro Silvio Santos – proprietário de uma rede de televisão."
Aposto explicativo

+ "Eu adoro Silvio Santos (proprietário de uma rede de televisão)."
Aposto explicativo

+ "Eu adoro Silvio Santos: proprietário de uma rede de televisão."
Aposto explicativo

– Compreendido, professor.

Por fim, cabe salientar que, pela mesma lógica do aposto, também serão isoladas por vírgula expressões de natureza explicativa, como "por exemplo", "ou seja", "isto é" e outras.

+ "Ele é irresponsável, ou seja, desperdiçará toda a fortuna do pai."
Expressão explicativa

– Compreendido.

2.2.4. *Vocativo*

O vocativo também é uma estrutura que sempre, sempre, sempre será isolada por vírgula(s). E o que é mesmo o vocativo?

– É o chamamento, ou, como o senhor prefere, "com quem se fala".

Isso mesmo. O vocativo será sempre, na frase, *com quem se fala.*

+ "Mariana, eu estou furioso com você."
Vocativo

"Mariana" será o vocativo e, por isso, será isolado por vírgula do resto da oração.

– Certo.

O mesmo aconteceria se o vocativo estivesse no meio ou no final da oração:

+ "Eu estou, Mariana, furioso com você."
Vocativo

+ "Eu estou furioso com você, Mariana."
Vocativo

– E vai aceitar a substituição por travessões ou parênteses, como o aposto explicativo?

Não. Diferentemente do que ocorre com as vírgulas do aposto, as vírgulas que isolam o vocativo não poderão ser substituídas por travessões ou parênteses.

– Fechado.

2.2.5. *Orações subordinadas adverbiais*

Você lembra quais são as orações subordinadas adverbiais?

– Estudando com o senhor, é obrigatório lembrar, professor...

Mas você acha que se lembra de todas?

– "Todas" é uma palavra muito forte, mas ao menos as principais creio que sim: causais, condicionais, concessivas, temporais...

Sim. Vamos lembrar todas primeiro.

Classificação	Principal conjunção	Exemplo
1. Causal	Já que	Eu comi bastante, *já que sentia fome.*
2. Conformativa	Conforme	*Conforme eu havia dito,* ela mentiu.
3. Comparativa	Como	Todos agem *como crianças* agora.
4. Consecutiva	Tão ... que	Estou tão chocado *que não consigo falar.*
5. Final	A fim de que	Sairei cedo, *a fim de que não me vejam.*
6. Proporcional	À proporção que	*À proporção que estudo,* aprendo.
7. Temporal	Quando	Ela chora *quando vê o filme.*
8. Condicional	Se	Posso ir, *se fizeres questão.*
9. Concessiva	Embora	*Embora goste dela,* estou magoado

– Amo quadrinhos.

Eu também gosto. Relembradas quais são as orações, vamos às regras que as envolvem.

a) **Quando não estiverem deslocadas,** isto é, quando estiverem pospostas à oração principal, as orações subordinadas adverbiais serão opcionalmente isoladas por vírgula da oração principal.

+ "Ela pode ficar chateada já que gosta muito dele."
Or. Sub. Adv. Causal (não desl.)
+ "Ela pode ficar chateada, já que gosta muito dele."
Or. Sub. Adv. Causal (não desl.)

Ambas as formas estão corretas.

– Ok. A vírgula é opcional quando vier primeiro a principal e depois a subordinada?

Exatamente.

b) **Se a oração estiver deslocada** (anteposta à principal ou intercalada nela), haverá necessariamente presença de vírgula(s) para isolá-la.

+ "Já que gosta muito dele, ela pode ficar chateada."
Or. Sub. Adv. Causal (desl.)
+ "Ela pode, já que gosta muito dele, ficar chateada."
Or. Sub. Adv. Causal (desl.)

Nesses dois casos, seria erro não isolar.

– Anteposta ou intercalada, vírgula obrigatória?

Exatamente.

2.2.6. Orações coordenadas

Vamos lembrar quais são as coordenadas?

– Não custa...

Classificação	Principal conjunção	Exemplo
1. Assindética	–	Comi, bebi, descansei.
2. Aditiva	E	Não gosto de carne *e não como legumes.*
3. Adversativa	Mas	Saí tarde, *mas cheguei a tempo.*
4. Alternativa	Ou	Deves tomar banho, *ou ela fugirá de ti.*
5. Conclusiva	Portanto	Come muito, *portanto engorda.*
6. Explicativa	Porque	Talvez ganhemos, *porque somos bons.*

Após mais um quadrinho para a conta, vamos à regra: tanto as orações coordenadas assindéticas quanto orações coordenadas sindéticas, serão, via de regra, separadas umas das outras por vírgulas.

+ "Ele comprou o carro, viajou à praia, visitou os parentes."
  O. C. Assind. O. C. Assind. O. C. Assind.

+ "A moça adorava trabalhar, entretanto estava com um problema de saúde."
  O. C. Assind. O. C. Sind. Adversativa

Ambas as frases estão corretamente pontuadas. Na primeira, há orações assindéticas lado a lado. Na segunda, a vírgula está separando uma oração coordenada sindética adversativa da oração coordenada assindética. Tranquilo até aqui?

– Muito tranquilo.

Ok. Em situação normal, quando a conjunção estiver no lugar dela e for antecedida por vírgula, ou seja, no início da oração coordenada, *não haverá vírgula após a conjunção*. Leia a frase abaixo.

+ "A moça adorava trabalhar, **entretanto** estava com problema de saúde."
  O. C. Sind. Adversativa

Note que a conjunção "entretanto" está no início da oração coordenada e é antecedida por vírgula. Sendo assim, se eu colocasse uma vírgula após "entretanto", a construção estaria incorreta, porque não haveria motivo para que se colocasse essa vírgula após a conjunção. Tudo certo até aqui?

– Tudo certíssimo.

Ok. Agora vem uma peculiaridade que abrange os nexos adversativos (com exceção do "MAS") e os nexos conclusivos.

– Professor, eu não gosto nada quando o senhor fala em "exceção", "peculiaridade", "caso especial" e afins...

Eu entendo, mas se acostume: são eles que fazem a diferença nas provas mais difíceis. Vamos ver. As conjunções adversativas e conclusivas, quando estiverem no início da segunda oração, *podem ser antecedidas por ponto e vírgula ou ponto-final e sucedidas por vírgula*.

– Todas elas?

Sim. Todas, menos o "MAS".

+ "Carreguei a bateria do telefone; entretanto, ela descarrega rapidamente."
  O. C. Sind. Adversativa
+ "Carreguei a bateria do telefone. Entretanto, ela descarrega rapidamente."
  O. C. Sind. Adversativa
+ "Ana detesta Matemática; portanto, será reprovada na disciplina de Cálculo."
  O. C. Sind. Conclusiva
+ "Ana detesta Matemática. Portanto, será reprovada na disciplina de Cálculo."
  O. C. Sind. Conclusiva

– O senhor falou que o "MAS" é uma exceção?

É. É exceção, sim. Ele pode iniciar a segunda oração e ser antecedido por ponto e vírgula ou ponto-final. Mas particularmente o "MAS" não será seguido por vírgula nessa situação.

+ "Carreguei a bateria do telefone; mas ela descarrega rapidamente."
  O. C. Sind. Adversativa
+ "Carreguei a bateria do telefone. Mas ela descarrega rapidamente."
  O. C. Sind. Adversativa

– Entendido.

Por fim, há um caso especial envolvendo a conjunção aditiva "E".

– Não terminam nunca mais os casos especiais?

Terminam, sim. Já, já.

Quando a conjunção "E" unir orações que apresentem diferentes sujeitos, os gramáticos apregoam, de modo geral, que ela deverá ser antecedida por vírgula.

+ "O homem acordou cedo, e a mesa já estava pronta."
  (O homem: Sujeito; a mesa: Sujeito)

Nota que os sujeitos são diferentes?

– Sim, com clareza. Quem acordou foi "o homem", e quem já estava pronta era "a mesa".

Exato. Nessa condição, de modo geral haverá vírgula antes da conjunção "E". Digo "de modo geral haverá" porque, apesar do que indicam muitos gramáticos, cada vez mais comumente se usa essa estrutura sem a vírgula. Por isso, para efeitos de prova, cabe lembrar que, se houver vírgula antes do "E" unindo orações de diferentes sujeitos, essa é a causa da pontuação.

– Fechado.

2.2.7. *Orações subordinadas adjetivas explicativas*

Estudamos, e bastante detalhadamente, as orações adjetivas. Você deve lembrar. Sim, eu creio que você deve lembrar bem. ☺

– Lembro: existem as Explicativas e as Restritivas.

Ok. Ponto 1 relembrado com sucesso. Agora vamos ao ponto 2: uma delas tem vírgulas, a outra não tem; uma delas se refere ao todo, outra se refere a parte.

– Explicativa, todo, com vírgula. Restritiva, parte, sem vírgula.

Maravilha! Isso deve ser sabido como um mantra: explicativa, todo, com vírgula; restritiva, parte, sem vírgula. De novo: explicativa, todo, com vírgula; restritiva, parte, sem vírgula. Uma vez mais: explicativa, todo, com vírgula; restritiva, parte, sem vírgula. Se isso estiver tranquilo, esta regra está tranquila.

– Eu arriscaria dizer que sim, professor, que está tudo tranquilo.

Então, trata-se apenas de exemplificar. Quando a oração adjetiva for *explicativa*, e estiver, portanto, referindo-se ao *todo*, será *isolada por vírgulas*:

+ "Pessoas sem caráter, que só pensam em si, traem com facilidade."
  Or. Sub. Adj. Explicativa

E se ela for restritiva, e estiver se referindo a parte de um todo, será sem vírgulas:

+ "As pessoas que fugiram pareciam assustadas."
  Or. Sub. Adj. Restritiva

– Mais do que sabido, professor.

Ótimo.

2.2.8. Elementos intercalados ou orações intercaladas (interferentes)

Além dos casos todos que vimos particularmente, há este que estamos vendo agora, um pouco mais amplo: elementos intercalados (também chamados de orações intercaladas ou interferentes ou, ainda, comentários do autor) são isolados por vírgulas das orações em que eles se intercalam.

– Mas o que são propriamente os elementos intercalados?

São isso: elementos intercalados.

– Nossa, profe, que esclarecedor!

Ironia?

– Sim.

Mereci, mas entendi a sua pergunta. ☺

Vários dos elementos que já foram vistos por nós nesse estudo exigem vírgulas e são *espécies* de elementos intercalados. Adjuntos adverbiais deslocados, apostos e vocativos, por exemplo, podem ser considerados elementos intercalados.

+ "O banheiro, na última sexta-feira, sofreu abalos."
  Adjunto adverbial
+ "O banheiro, a melhor parte da casa, sofreu abalos."
  Aposto explicativo
+ "O banheiro, seu Paulo, sofreu abalos."
  Vocativo

Entendeu até aqui?

– Entendi e não entendi: se me perguntassem os motivos das vírgulas nas frases acima, eu deveria dizer que elas se devem a um adjunto adverbial (na primeira), a um aposto explicativo (na segunda) e a um vocativo (na terceira) ou só a um elemento intercalado?

Calma. Tudo o que a gente viu até aqui, nas regras anteriores, segue valendo. Então, a justificativa para as vírgulas que isolam o adjunto adverbial deslocado é o fato de elas isolarem um adjunto adverbial deslocado. A justificativa para as vírgulas que isolam um aposto é o fato de elas isolarem um aposto. E a justificativa das vírgulas que isolam um vocativo é o fato de elas isolarem um vocativo.

– Ok.

De novo: as regras que já vimos estão valendo. Serão chamadas de "orações intercaladas", ou de "elementos intercalados", ou "comentários do autor" aquelas estruturas intercaladas que não se enquadram em nenhuma das categorias já vistas.

+ "A moça, todos sabem, tem problemas de caráter."
Oração intercalada / interferente

O elemento sublinhado é considerado uma oração intercalada. Note que *não é* um aposto, *não é* um vocativo, *não é* um adjunto adverbial, *não é* uma oração adverbial deslocada. Ela é apenas uma oração intercalada e assim ela é classificada.

– Certo, professor. Então, quando eu achar um elemento intercalado que não se enquadre em nenhuma das classificações específicas que estudamos, aí eu vou dizer que é apenas uma oração intercalada, sem classificação específica?

Exatamente. A oração sublinhada na frase acima não é uma oração coordenada, tampouco é uma oração principal ou uma oração subordinada. Ela é, apenas, uma oração intercalada ou interferente (ou um comentário do autor).

+ "Os garotos, eu percebi tempos atrás, tinham características estranhas."
Oração intercalada / interferente

+ "Todos os homens, disse ele, serão julgados e condenados."
Oração intercalada / interferente

– Tudo bem, bem, bem entendidinho.

2.2.9. Supressão do verbo

A supressão do verbo ou da locução verbal também será marcada com vírgula. Essa supressão da estrutura verbal pode também ser chamada de *elipse* do verbo ou *zeugma*.

– Zeugma?

Sim. É uma figura de linguagem. Por ora, somente decore.

– Já que o senhor está falando...

Isso. Acredite. Tenha fé. No estudo sobre "Figuras de Linguagem" haverá tópicos específicos sobre zeugma e elipse.

+ "Eu adoro teatro; ela, cinema."
Supressão do verbo "adorar"

É fácil ver que a vírgula está assinalando a supressão do verbo "adorar" nessa frase, não?

– É fácil, sim.

Pois então: é por isso que existe aquela vírgula. Para marcar que, na posição da vírgula, há um verbo implícito.

+ "João deve estar visitando os tios; Paula, os filhos."
Supressão da locução verbal "deve estar visitando"

Viu o que está implícito?

– A locução verbal inteira?

A locução verbal inteira. Isso mesmo.

3. PONTO E VÍRGULA

Antes de estudarmos as regras que orientam a utilização do ponto e vírgula, vamos fazer um breve comentário introdutório.

– Professor, depois dessa longa convivência, posso dizer que já entendi que às vezes os seus "comentários introdutórios" são mais importantes do que o desenvolvimento posterior...

Exatamente. Na introdução dos conteúdos há sempre uma orientação de raciocínio. E é isso o que faremos aqui.

As gramáticas tradicionais associam a presença da vírgula à presença de uma pausa curta, uma pausa pequena; já o ponto-final é associado a uma pausa longa, uma pausa grande. Agora raciocine comigo: se a vírgula é uma pausa curta e o ponto-final é uma pausa longa, o que seria o ponto e vírgula?

– Uma pausa "média"?

Exato! Mas aí há dois problemas para você.

– Não me diga isso, professor...

Digo. Há dois problemas:

1º) Tentar associar as pontuações a pausas pequenas, médias ou grandes é enlouquecedor e impreciso.

– Concordo...

Pois é, eu quase sempre tenho razão. ☺

Os sinais de pontuação costumam ter justificativas sintáticas, estruturais, e não relacionadas ao ritmo da fala, à pronúncia.

2º) Pensar que o ponto e vírgula é uma pontuação "intermediária" entre a vírgula e o ponto-final induz ao problema bastante comum de achar que ele pode ser posto tanto no lugar da vírgula quanto do ponto, a depender do tamanho da ênfase da pausa que se queira dar....

– Ai, ai, ai...

Sim. Por isso, faço sempre questão de salientar um detalhe: o ponto e vírgula é, em termos de uso, um parente muito mais próximo do ponto-final do que da vírgula.

– Explique-se, profe.

Muitas vezes, muitas vezes, muitas vezes mesmo, ponto-final e ponto e vírgula são sinais de pontuação equivalentes, isto é, podem ser substituídos um pelo outro, são intercambiáveis. Já em relação à vírgula, o que se dá é exatamente o oposto: onde cabe o ponto e vírgula, tende a não caber a vírgula, e vice-versa. Por isso eu disse que o ponto e vírgula se assemelha mais ao ponto-final do que à vírgula.

– Acho que entendi.

Então, neste momento em que vamos entrar nas regras do ponto e vírgula, lembre: o ponto e vírgula é mais similar ao ponto-final do que à vírgula, ok?

– Ok.

Vamos às regras de utilização do ponto e vírgula.

3.1. Antes de orações coordenadas sindéticas adversativas ou conclusivas com o nexo deslocado

Orações coordenadas sindéticas adversativas e conclusivas, quando estiverem com a conjunção deslocada, não poderão ser antecedidas por vírgula. Nesse caso, a pontuação correta será o ponto e vírgula.

conjunção deslocada ↓

+ "A seleção brasileira jogou bem; terminou, **entretanto**, derrotada pela Bélgica."
  Or. Coord. Sind. Adversativa

Há um sinal de ponto e vírgula entre as orações devido ao fato de a conjunção "entretanto" estar deslocada, ou seja, posposta ao verbo da segunda oração.

– Se em lugar do ponto e vírgula houvesse vírgula, a pontuação estaria errada?

Sim: estaria errada. Deve ser ponto e vírgula ou, opcionalmente, ponto-final; jamais vírgula.

conjunção deslocada ↓

+ "Adoro futebol; sempre assisto a jogos, **portanto**."
  Or. Coord. Sind. Conclusiva

conjunção deslocada ↓

+ "Adoro futebol. Sempre assisto a jogos, **portanto**."
  Or. Coord. Sind. Conclusiva

– E, com exceção do "MAS", como o senhor explicou anteriormente, as demais conjunções adversativas e conclusivas podem todas ser deslocadas?

Podem, sim: todas.

Além disso, como você deve ter notado nas frases de exemplo, há vírgulas antes e depois do nexo que está deslocado.

– Além de colocar ponto e vírgula ou ponto-final antes da oração, deve-se isolar a conjunção por vírgulas?

Exatamente.

conjunção deslocada ↓

+ "Houve brigas no estádio; a partida, **por isso**, foi adiada."
  Or. Coord. Sind. Adversativa

Uma vez que a conjunção "por isso" está deslocada, há ponto e vírgula ou ponto-final entre as orações. Além disso, a conjunção deslocada é isolada por vírgula.

– Entendido e registrado.

3.2. Enumerações de elementos em que haja vírgulas no interior de cada um dos itens

Esse sinal de ponto e vírgula é um sinal, por assim dizer, organizador. Em frases nas quais se queira dividir enumerações maiores em grupos menores, usa-se ponto e vírgula entre esses grupos.

– Organizador?

Isso. Aliás, essa é, como eu disse antes, a função básica da pontuação: organizar o discurso, torná-lo mais claro e compreensível, dar ritmo e cadência.

– "Ritmo e cadência" parece verso de pagode, professor.

Não fale de pagode que esse livro se desvirtua. Se citar "Só pra Contrariar", "Raça Negra" e "Katinguelê" não consigo mais sair do assunto.

– Quem diria: um professor de português...

Não seja uma pessoa preconceituosa. ☺

Voltando: é um sinal organizador. Vamos ver.

+ "O hotel oferecia café, almoço, jantar (grupo 1); piscina, sauna, quadra de esportes (grupo 2); hidro, lareira, calefação (grupo 3)."

Nota?

– O senhor se importa de dizer o quê?

Nota que os sinais de ponto e vírgula servem para estabelecer a divisão entre grupos?

– Noto.

"Café da manhã, almoço e jantar" são as refeições. "Piscina, sauna e quadra de esportes" estão relacionadas ao lazer. "Hidro, lareira e calefação" dizem respeito ao conforto do quarto.

– Entendo.

Vamos a mais um exemplo. Você faz compras em supermercado? Digo: você faz as *próprias compras* (ou para a sua família) no supermercado?

– Sim.

Pois então: eu sou um tipo primitivo de pessoa que faz uma "lista" de compras quando vai ao supermercado. Mais do que isso: a minha lista é feita em papel (não no telefone celular) e levo junto comigo uma caneta para ir riscando os itens já adicionados ao carrinho ou ao cesto.

– Professor, me identifico.

Que ótimo. Quem vai ao supermercado e faz uma lista (como eu, como você, como as pessoas do século passado) costuma dividir os itens de acordo com a distribuição deles no próprio supermercado.

– Certo.

Os frios (fiambres) costumam vir juntos. Os produtos de limpeza costumam vir juntos. As verduras e os legumes costumam vir juntos.

– Sim.

Entre cada grupo de itens, podemos usar ponto e vírgula, entende? Imagine uma lista.

- Alface, tomate, rúcula, alho;
- Presunto, queijo, salame;
- Picanha, costela, filé.

Você enxerga? Se entre os elementos houvesse apenas vírgula, haveria apenas uma mera enumeração de nove elementos. Uma vez que há os sinais de ponto e vírgula, criamos subgrupos dentro da enumeração geral. Mesmo se eles estivessem lado a lado, poderiam ser separados por ponto e vírgula:

+ "Eu preciso comprar aface, tomate, rúcula, alho; presunto, queijo, salame; picanha, costela, filé."

– Que lindo isso, professor.

Viu? Ainda nessa mesma linha, pode não haver propriamente uma enumeração, mas uma frase com vários elementos em que, se existisse apenas vírgula, talvez se perdesse a clareza.

– Ai, professor...

Relaxe. É simples. Quer ver um exemplo?

+ "Eu levei carne; Paula, cerveja."

Você enxerga o motivo desse ponto e vírgula? Se fosse uma vírgula, seria possível entender que o que eu levei foram três coisas: carne, Paula e cerveja.

– Mas seria uma frase estranha...

Sim, seria. Porém, temos de acreditar na frase que está escrita, para além do que pensemos. Então, o ponto e vírgula serve para deixar 100% claro que eu levei carne, e Paula levou cerveja. A vírgula assinala a supressão do verbo levar na segunda ocorrência.

– Entendi, professor.

Folgo em saber.

– Folgo também!

3.3. Orações de sentidos opostos não unidas por conjunção

Se há, entre duas orações, sentidos opostos, a conjunção que se costuma usar entre elas é a adversativa.

– Mas, porém, todavia, contudo...

Exatamente. Antes das conjunções adversativas, o sinal de pontuação mais comum é a vírgula.

+ "Eu amo futebol, mas minha esposa detesta esportes."

– Sim. Tranquilo.

Maravilha. Quando, entre duas orações, houver sentido contextual claramente de oposição e não houver entre elas uma conjunção, pode-se usar o sinal de ponto e vírgula.

+ "Eu amo futebol; minha esposa detesta esportes."
Orações de sentidos opostos no contexto

Entre as duas frases, claramente há uma oposição: "amar futebol" e "detestar esportes" são ideias que estão em campos semânticos opostos.

– Com certeza.

Perfeito. Na ausência de conjunção adversativa entre ideias que sejam opostas entre si, sugere-se uso de ponto e vírgula.

– Perfeito.

4. DOIS-PONTOS

Os dois-pontos, basicamente, introduzem citações literais e as mais variadas formas de explicações. Cada uma das explicações vai ter um nome mais particularizado (embora na prova todas elas possam ser chamadas apenas de "explicação").

– Ok.

Então vamos às regras todas.

4.1. Citações literais

São usados os dois-pontos quando há uma citação literal, ou seja, a reprodução, em discurso direto, das palavras de alguém.

+ O homem disse ao policial: "Eu não roubei nada".
Citação literal

– E, nesse caso, além dos dois-pontos, haverá as aspas na sequência, necessariamente?

Aspas ou travessão. Ambos podem cumprir a mesma função de assinalar o discurso direto. O sinal de pontuação anterior, entretanto, deverá ser o sinal de dois-pontos.

– Tranquilo.

4.2. Apostos explicativos

Outra situação em que se usam os dois-pontos é para introduzir apostos explicativos que estejam no final da frase.

– Somente se estiverem no final da frase?

Sim. O aposto somente poderá ser isolado por dois-pontos se estiver em fim de frase. Já vimos anteriormente que essa estrutura pode ser isolada por vírgulas, travessões ou parênteses – sinais que valem tanto para aposto no meio quanto para aposto no fim.

+ "Neymar, o craque da seleção, gosta de festas."
  Aposto explicativo
+ "Neymar – o craque da seleção – gosta de festas."
  Aposto explicativo
+ "Neymar (o craque da seleção) gosta de festas."
  Aposto explicativo

– E essas pontuações, como já vimos, são equivalentes e podem substituir umas às outras sem problemas para isolar um aposto.

Correto. Quando o aposto estiver no final da frase, além dessas pontuações, aceitam-se os dois-pontos para isolá-lo.

+ "Eu conheci Neymar: o craque da seleção."
  Aposto explicativo no fim da frase

– E valem, além dessa pontuação, também as outras de quando ele estava no meio?

Sim: as três já vistas e, *além delas*, os dois-pontos:

+ "Eu conheci Neymar, o craque da seleção."
  Aposto explicativo no fim da frase
+ "Eu conheci Neymar – o craque da seleção."
  Aposto explicativo no fim da frase
+ "Eu conheci Neymar (o craque da seleção)."
  Aposto explicativo no fim da frase

– Ótimo.

4.3. Apostos enumerativos (enumerações)

Também se utilizam os dois-pontos para introduzir um aposto em forma de enumeração.

+ "Eu comprei tudo: bolo, doces, salgados, refrigerantes."
Enumeração / Aposto enumerativo

Na frase acima, os dois-pontos introduzem uma enumeração que explica de que se trata o "tudo" que foi comprado. Por ser uma explicação em forma de enumeração, essa estrutura sintática é chamada de aposto enumerativo.

– Ok, professor. Fácil, parece.

E é. Vamos a outra frase.

+ "Ana entregou o convite a quatro pessoas: Ricardo, Carolina, José e Paula."
Enumeração / Aposto enumerativo

Mais uma vez, temos um aposto em forma de enumeração, ou, em outras palavras, um aposto enumerativo.

– Certo.

4.4. Apostos resumitivos (sínteses ou resumos)

Usamos os dois-pontos para introduzir sínteses ou resumos.

+ "Eu encontrei Paula, Ana, Manuela, Patrícia, João, Ricardo: todos os primos."
Aposto resumitivo

Nessa frase, os dois-pontos são usados para introduzir uma síntese ou resumo, estrutura sintática chamada de "aposto resumitivo".

– Na regra anterior, os dois-pontos introduziam uma enumeração, que tem o nome técnico de *aposto enumerativo*; nesta regra, introduzem um resumo, que tem o nome técnico de *aposto resumitivo*. Simples assim?

Bem simples assim.

4.5. Apostos distributivos

Também poderão os dois-pontos isolarem apostos distributivos.

+ "Eu admiro muito João e José: este um homem digno; aquele um grande exemplo."
Aposto distributivo

– Tranquilo, profe.

Ótimo.

4.6. Apostos oracionais

Para encerrar o ciclo dos diversos tipos de apostos que podem ser isolados por dois-pontos quando estão no fim da frase, veremos os chamados *apostos oracionais* (ou orações subordinadas substantivas apositivas):

+ "Ele tem uma virtude: ser ponderado."
  Aposto oracional

– Professor, resumindo: qualquer tipo de aposto pode ser isolado por dois-pontos?

Pode, desde que esteja no fim da frase. Lembre-se disso.

– Lembrarei!

4.7. Explicações

Pela mesma lógica do isolamento dos diversos tipos de apostos que estudamos, os dois-pontos também são utilizados para introduzir explicações.

+ "Tempos complicados virão: a população cobrará as falhas governamentais."
  Explicação

Nessa frase, os dois-pontos introduzem a explicação do motivo pelo qual se afirmou que "tempos complicados virão".

– Posso fazer uma pergunta?

Deve.

– Qual a diferença mesmo entre os apostos que vimos e uma explicação?

A pergunta é excelente. Os apostos, sejam eles quais forem, são sempre a mesma coisa que o termo que eles explicam ou esclarecem, lembra? Vamos a um exemplo.

+ "A avenida Paulista, ponto turístico de São Paulo, é linda."
  Aposto explicativo

Na frase acima, "a avenida Paulista" é o "ponto turístico de São Paulo" e o "ponto turístico de São Paulo" é "a avenida Paulista". Percebe?

– Percebo sim.

Vamos a mais um:

+ "Eu comprei três cortes de carne: picanha, costela e filé."
Aposto enumerativo

Nota?

– Noto, sim: os "três cortes de carne" são "picanha, costela e filé" e "picanha, costela e filé" são os "três cortes de carne".

Exatamente. Agora retornemos à frase que dei como exemplo de *explicação*:

+ "Tempos complicados virão: a população cobrará as falhas governamentais."
Explicação

Se você prestar atenção, notará que "a população cobrará as falhas governamentais" não equivale diretamente a nenhum termo em particular da oração anterior que esteja sendo explicado. Na verdade, o que o segmento faz é fornecer uma explicação sobre o porquê de se ter afirmado que "tempos complicados virão". Entende?

– Acho mesmo que entendo.

Repare que, quando o que há é uma explicação, e não um aposto de qualquer natureza, semanticamente poderíamos imaginar um "POIS" antes da explicação:

+ "Tempos complicados virão, *pois* a população cobrará as falhas governamentais."
Explicação

– Lindo, lindo, professor!

O mesmo não conseguiríamos fazer se o que houvesse na sequência fosse um aposto.

– Per-fei-to!

5. PONTO-FINAL

O ponto-final é usado em para terminar frases declarativas:

+ "A moça comeu a sobremesa e saiu do restaurante."

– O que eu devo entender por "frase declarativa"?

É a frase em que simplesmente constata, informa ou declara algo. Uma frase declarativa pode ser afirmativa (como a anterior) ou negativa.

+ "Não deveria ser feito esse debate."

– Tranquilíssimo, professor.

6. PONTO DE INTERROGAÇÃO

O ponto de interrogação é usado em algumas situações que convém sabermos.

6.1. Interrogação direta

O ponto de interrogação é muito mais amplamente usado, como você já deveria esperar, para assinalar o término de uma frase diretamente interrogativa (ou seja, terminada em ponto de interrogação):

+ "Qual das pessoas presentes deu esse grito?"

– Sim, eu já esperava.

Ótimo. Nessas frases interrogativas, o ponto de interrogação tanto poderá finalizar perguntas de fato, como a acima escrita, quanto poderá finalizar perguntas retóricas.

– O senhor se importa de dissertar um pouco sobre o que é uma pergunta retórica?

Não, eu não me importo. A pergunta retórica nada mais é do que uma frase que é interrogativa na estrutura, por terminar em ponto de interrogação, mas que, na verdade, traz dentro de si uma afirmação ou uma resposta óbvia.

– Entendi mais ou menos...

Imagine uma situação prática. Há uma discussão sobre trabalho infantil e um dos debatedores diz:

+ "É certo que uma criança que deveria estar brincando seja obrigada a trabalhar?"

Certamente se trata de uma pergunta que dispensa resposta, por trazer em si uma resposta óbvia: não, não é certo que uma criança seja obrigada a trabalhar.

– Agora entendi bem.

Ótimo. Vamos a mais uma situação. Você está discutindo com alguém e, no calor da discussão, você formula a seguinte frase:

+ "Por acaso você acha que eu sou idiota?"

Certamente você não está esperando que a pessoa responda "sim, eu acho você idiota" nem "não, eu não acho você idiota". O que você está fazendo, apesar da forma interrogativa, é uma afirmação: "Eu não sou idiota."

– Perfeito, professor. Com esse último exemplo, mais que entendido.

Fico feliz.

6.2. Combinado com ponto de exclamação

Muitas vezes, em textos literários e, sobretudo, em histórias em quadrinhos, usa-se o ponto de interrogação junto com o ponto de exclamação, para indicar surpresa, raiva, descrença, etc.:

+ "Você acha que eu fiz isso?!"

Note que, na frase acima, juntamente à indagação vem um sentimento de surpresa ou de indignação, como se a pessoa que enuncia a frase não acreditasse que seu interlocutor ache que ela fez aquilo.

– Sim, consigo perceber. Só não sabia que essa estrutura era aceita gramaticalmente.

Questão importante. Você não vai usar essa estrutura, a não ser que esteja escrevendo ficcional ou coloquialmente. Importante é, na hora da prova, diante desse sinal de pontuação, saber o motivo pelo qual ele foi utilizado.

– Ok.

6.3. Recurso discursivo de interação

Aqui não se trata de uma norma de uso, mas de uma razão pela qual esse sinal de pontuação muitas vezes é usado.

Não é raro o título de um texto ser uma frase interrogativa. Imaginem uma crônica de jornal, por exemplo, que tenha o seguinte título.

+ "Teremos salvação no futuro?"

Você imagina a razão pela qual o autor usaria uma interrogação no título?

– Para despertar a curiosidade do leitor?

Certamente! Para gerar curiosidade, interação. Para que o leitor fique curioso para saber a resposta à pergunta ou se sinta impelido a mentalmente dar a sua opinião sobre ela.

– É um recurso de fato útil.

Concordo. ☺

7. PONTO DE EXCLAMAÇÃO

O ponto de exclamação marca o fim de uma frase em que a entonação é exclamativa, ou seja, em que há algum tipo de elevação de voz ou exaltação.

7.1. Indica surpresa, raiva, indignação, assombro, comando, etc.

+ "Que jogada espetacular!"
+ "Eu não acredito que ela disse isso!"
+ "Saia logo daqui!"

Nas três frases acima, o ponto de exclamação está marcando uma exaltação de espírito: surpresa ou admiração na primeira frase; incredulidade na segunda; uma ordem bastante enfática na terceira.

– Sim, professor: em todas elas o *tom* é, por assim dizer, *exaltado*. É isso?

É bem isso. Por isso, em uma dissertação argumentativa para um concurso, por exemplo, é melhor não usar exclamação, porque pode parecer que você está demonstrando uma exaltação, e a argumentação deveria ser conduzida com calma e racionalidade.

– Mas e se eu estiver mesmo exaltado, professor?

Na vida, tudo bem, desde que não haja exageros, mas em uma redação seria melhor esconder esse sentimento. ☺

7.2. Surge em variadas interjeições

Por acaso você se lembra das interjeições?

– Sim, aquelas expressões que indicam sentimento ou sensação.

Exato. É da própria natureza das interjeições serem acompanhadas por algum tipo de pontuação expressiva, como o ponto de exclamação:

- "Bravo!"
- "Minha Nossa Senhora!"
- "Cruzes!"

Percebe com clareza?

> – Creio que sim. Nas três frases, as palavras ou expressões são interjeições: de admiração na primeira; algo como surpresa na segunda; medo, por exemplo, na terceira.

Perfeito!

8. TRAVESSÃO / TRAVESSÕES

O travessão é um sinal de pontuação muito recorrente em provas, tanto em situações nas quais ele substitui outro sinal de pontuação quanto em situações em que se cobra o motivo pelo qual ele é usado. Vamos aos principais usos.

8.1. Indicar a fala de alguém

Em diálogos, o travessão indica que se inicia ali o discurso direto de alguém:

- "Carlos disse:
  – Viajarei à Europa no segundo semestre."

> – Certo. Após os dois-pontos que antecedem o discurso direto, assim como podem ser usadas as aspas, também pode ser usado o travessão.

Maravilha! Isso mesmo. Também em diálogos, o travessão pode marcar a mudança de interlocutor, como na conversa abaixo, travada entre tia Mônica e Clara, personagens do conto "Pai contra Mãe", de Machado de Assis:

- "– Vocês verão a triste realidade, suspirava tia Mônica.
  – Mas as outras crianças não nascem também? perguntou Clara.
  – Nascem, e acham sempre alguma coisa certa que comer, ainda que pouca...
  – Certa como?
  – Certa, um emprego, um ofício, uma ocupação, mas em que é que o pai dessa infeliz criatura que aí vem gasta o tempo?"

> – Perfeito, professor. Cada travessão marca que a fala passa de uma a outra personagem.

Isso mesmo.

8.2. Destacar apostos, comentários e outros elementos intercalados

Nesse caso de uso, os travessões são usados em substituição a outros sinais de pontuação, como vírgulas ou parênteses:

+ "O rapaz – o mais rico da turma – foi xingado pela professora."
  Aposto explicativo

– Tranquilo, professor. Aí também poderia haver duas vírgulas ou dois parênteses, certo?

Certíssimo. Vamos a outra frase:

+ "Aquelas alunas – ninguém sabia à época – eram espiãs."
  Oração intercalada / comentário

– Então, quando há aposto ou oração intercalada (interferente), por exemplo, eu posso usar os travessões para isolá-los?

Exatamente. Aqui, os travessões servem para dar ênfase a esses elementos.

8.3. Isolar apostos, comentários e outros elementos em destaque no fim da oração

O título parece igual ao do item anterior, mas não é. Assim como faz com estes mesmos segmentos quando estão intercalados, o travessão pode também os isolar quando eles estão no final. A diferença é que, quando o elemento a ser isolado está no fim, põe-se travessão antes, mas não depois. Ou seja, o fechamento do termo isolado é feito por ponto-final.

+ "Eu observei o rapaz – o mais rico da turma."
  Aposto explicativo
+ "Todos estão exaustos – disse ele."
  Comentário ou oração interferente

– Ok, professor. Eu achava que a oração interferente poderia estar somente no meio...

Não: ela pode estar também no final. Guarde isso.

– Guardarei.

Além disso, o travessão pode ser usado para apenas destacar um elemento que esteja no fim da frase, dando ênfase a ele:

+ "Eu olhei no fundo dos olhos de um ladrão assustador – assustador mesmo."
  termo em destaque

– E, colocando o travessão assim, o elemento que ele introduz fica mesmo bastante destacado!

8.4. Demarcar siglas

Os travessões podem ser usados para isolar a sigla, após a escrita completa de um nome:

+ "O reitor da Universidade Federal do Rio Grande do Sul – UFRGS – pronunciou-se."
  Sigla

– Feito, professor.

Nesse caso, mais habitual é o uso de parênteses.

9. PARÊNTESES

Destacam apostos, comentários e outros elementos intercalados:

Os parênteses servem para a maioria das situações em que podemos usar travessões.

+ "O Beira-Rio (estádio do Internacional) passará por uma remodelagem."
  Aposto explicativo

– De fato, é a mesmíssima coisa que vimos para vírgulas e travessões.

Nesse caso, sim.

+ "Os impostos (quem de nós desconfiaria?) foram sonegados."
  Oração intercalada / comentário

– Professor amado, na pontuação há bastante, bastante, bastante coisa, mas esse mundaréu de informações vai se encaixando e, sobretudo, fazendo sentido.

É para isso que estudamos. Fico muito feliz. ☺

10. ASPAS

As aspas são usadas para fins diversos, sempre com a intenção de salientar uma palavra ou segmento do texto. Vamos aos principais usos.

10.1. Citações literais

Como já vimos, o discurso direto, que é a fala de alguém, ou citações textuais literais podem ser isoladas por aspas:

+ Carlos disse: "Sairei cedo".

+ "Não te irrites se te pagarem mal um benefício; antes cair das nuvens que de um terceiro andar", escreveu Machado de Assis.

Entendido?

– Creio que sim, profe. Esse é o sinal que se usa para marcar a fala de alguém ou para se fazer uma citação, longa ou curta, do que foi dito ou escrito por alguém.

Só isso. Bem assim.

10.2. Estrangeirismos

As aspas são usadas para marcar o uso de um termo estrangeiro na escrita da língua portuguesa:

+ "Muitas vezes um 'happy hour' alegra a vida da pessoa."

– Termo estrangeiro é termo que mantenha a sua grafia tal qual a estrangeira, certo?

Isso mesmo. A palavra tem de manter a sua grafia original estrangeira:

+ "Carlos frequentava o 'shopping' antes da pandemia."

Uma vez que o termo tenha sido "abrasileirado", ou seja, a partir do momento em que ele ganha uma grafia de acordo com os parâmetros da nossa língua, ele deixa de ser estrangeirismo:

+ "O bufê tinha um serviço maravilhoso." (e não "buffet")

– Perfeito, professor.

10.3. Gírias, regionalismos e expressões em sentido figurado

As gírias (que são expressões informais próprias de um grupo social); os regionalismos (que são palavras ou locuções próprias de uma região); e as expressões de sentido figurado ou conotativo (que indicam a ampliação do sentido básico ou imediato de um termo) também são assinaladas com aspas no uso escrito.

+ "Broto" (gíria), você está um "estouro" (gíria)!

– Professor, isso parece uma frase que vem não de outra época, mas sim de outra vida.

Eu sei. As duas expressões da frase eram comuns na época da Jovem Guarda, ou seja, em meados da década de 1960: "broto" significava uma pessoa bonita, enquanto "estouro" era qualquer coisa que merecesse muitos elogios.

– Isso na época em que o Roberto Carlos era ainda jovem, professor...

Sim! E não ouse falar mal de Roberto Carlos, porque sou fã! Está no meu "top 3" de compositores. Assisto aos especiais de fim de ano, escuto em casa, já fui a mais de um show...

– E aos poucos o professor vai se confessando: ouvia pagode dos anos 1990, ouve Roberto Carlos, já citou Marília Mendonça...

Pois é: sigamos! ☺

Agora vamos a um regionalismo:

+ "Eles ficaram de 'galinhagem' um com o outro."
regionalismo

No Rio Grande do Sul, "galinhagem" é o mesmo que "brincadeira", "deboche" ou afins. O que essa frase quereria dizer é que eles ficaram debochando um do outro, brincando um com o outro.

– Mas quem diria, professor, que o sentido é esse...

Expressões de sentido figurado são várias, que às vezes se misturam, em termos de definição e aplicação, às gírias e aos regionalismos, afinal de contas, gírias e regionalismos também são modalidades de linguagem figurada.

Por fim, um termo em sentido figurado:

+ "Carlos era um 'anjinho' quando era criança."
sent. figurado

Ora, fica fácil ver que a palavra "anjinho", aqui, não significaria "mensageiro celeste"; a palavra é usada significando algo distinto disso.

– Sim, o que se quer dizer é que ele era "comportado", isso?

Exatamente. Se não se tratar de um deboche, é isso mesmo.

10.4. Ironia

Pode-se dizer que a ironia consiste basicamente em enunciar algo que queira dizer exatamente o oposto do que se disse, mas com a intenção de que o interlocutor entenda o que se quis dizer, e não o que se disse.

– Nossa, professor, que definição bem fácil essa...

Eu sei que parece complicada, mas não é: acredite. ☺

A ironia consiste em dizer o contrário do que se quer dizer. Simples assim. Imagine que uma mãe diz a um filho:

+ Que "bonito" quebrar o vidro da vizinha com a bola!

É fácil perceber que, certamente, o que a mãe quis dizer foi: "Que feio quebrar o vidro da vizinha!", não?

– Sim, é fácil.

Pois então. No entanto, a ironia somente se concretiza de fato se o interlocutor também entender que se trata de uma ironia.

– Faz sentido.

Que bom! A ironia é mais detalhada no capítulo acerca das "Figuras de Linguagem".

10.5. Nomes de obras, de jornais, de mídias, etc.

Digamos que, em um texto escrito, você vá citar o nome de uma obra literária, por exemplo, ou artística de modo geral: ficaria estranho simplesmente pôr o nome da obra solto no meio da frase, não? Então, colocamos aspas para marcar esse nome:

+ Eu li "Dom Casmurro", de Machado de Assis, e amei.

– Sim, as aspas estão isolando o nome da obra.

Simples assim. Também se você fosse citar o nome de um veículo jornalístico, deveria colocá-lo entre aspas:

+ Foi noticiado, pela "Folha de S.Paulo", que haverá prisões massivas.

– E por "mídias", que devo entender, professor?

"Google", "Facebook", "Instagram", "Linkedin" e afins:

+ O "Facebook" garante que combaterá perfis falsos na rede social.

– Tranquilo...

11. RETICÊNCIAS

As reticências, que são os famosos "três pontinhos", são usadas em diversas situações da língua. Inclusive, como veremos a seguir, há situações em que nenhum outro sinal de pontuação seria capaz de exprimir o que as reticências exprimem, de modo que, sem elas, a compreensão do sentido global da frase, conforme pretendido pelo autor, sairia prejudicada.

– Se o senhor me mostrar, eu juro que acredito!

Mostrarei, sim.

11.1. Suspensão do pensamento

É frequente o uso de reticências quando, após iniciar uma frase, não podemos ou não queremos terminá-la:

- "Eu acho que você devia... Bem, melhor deixar pra lá."

Percebeu?

– Percebi, sim: o autor da frase se arrependeu de dizer o que achava que o outro deveria fazer. Então, vieram as reticências.

Exatamente. É o que acontece, por exemplo, quando estamos fazendo uma narrativa a alguém em um restaurante e, chegando à mesa o garçom, suspendemos o discurso para nos dirigirmos a ele:

- "Foi então que a gente começou a se beijar e... Opa, tudo bem?"

– Ah, isso é comum, professor. Também quando se começa a falar de alguém que entra no ambiente bem no meio da fofoca...

Isso. Essa é outra situação comum. ☺

11.2. Supressão de partes de um texto (geralmente entre parênteses)

As reticências são usadas, também, para assinalar que uma parte de um texto – pode ser uma palavra, uma frase, um parágrafo, um longo trecho – foi suprimida:

- "Um grito atravessa o sono de Rodrigo, que acorda sobressaltado. (...) Não tem coragem para abrir os olhos porque sabe que o quarto está às escuras. Com o punhal nas mãos e as mãos apertadas entre as pernas, encolhido e meio trêmulo, ele escuta."

O trecho acima foi escrito por Erico Veríssimo. Percebeu por que foram usadas as reticências?

– Percebi, professor. Esse sinal de reticências significa que uma parte do trecho foi retirada, ou seja, que havia mais coisas ali antes de se iniciar a frase que vem na sequência do texto.

Perfeito. Às vezes se quer reproduzir partes de um texto e, por fidelidade ao original, indica-se assim que houve outras partes que não foram reproduzidas.

11.3. Hesitação, titubeio, dúvida

Não é raro que, quando estamos falando, passemos por hesitações, dúvidas, titubeios acerca da palavra certa a usar, do sentimento certo a exprimir:

- "Ele estava... parecia... era como se... enfrentava uma verdadeira tormenta!"

– Claramente perceptível, professor: nesta frase, é como se quem falasse estivesse procurando a "melhor expressão" para o que quer dizer.

Maravilha! E perceba que nenhum outro sinal de pontuação seria capaz de passar essa impressão. Ou seja, nesse caso as reticências são fundamentais.

– Percebo com clareza.

12. QUADRO-SÍNTESE

VÍRGULA

Regra	Exemplos
1. Enumeração	Compramos **canetas, borrachas, estojos.**
2. Adjunto Adverbial	**Após o controle do incêndio**, saímos.
3. Aposto	O rapaz, **líder da turma**, falou com a direção.
4. Vocativo	**Débora**, eu preciso falar com você.
5. Or. Sub. Adverbiais	Sairei, **já que chegaste**. (em ordem / opcional)
	Já que chegaste, sairei. (deslocada / obrigat.)
6. Or. Coordenadas	Gostei dele, **mas não conversamos.**
7. Or. Adj. Explicativa	Saturno, **que é gigante**, tem anéis.

8. Elementos interferentes	A escola, **eu avisei**, será fechada.
9. Supressão do verbo	Eu como muito; ela, pouco.

PONTO E VÍRGULA

Regra	Exemplos
1. Conj. Adversativa ou Conclusiva Deslocada	Não bebo muito; gosto, **porém**, de cerveja.
2. Grupos / enumerações com vírgulas	Eu trarei amigos; Ana, salgadinhos.
4. Or. de sentidos opostos sem conj.	Amo a noite; ela detesta.

DOIS-PONTOS

Regra	Exemplos
1. Citações	João disse: "**Desisto**".
2. Apostos explicativos	Eu conheci Carlos: **um grande homem**.
3. Apostos enumerativos	Levei tudo: **cerveja, carne e salada**.
4. Apostos resumitivos	Comprei cerveja, uísque, vinho: **muita coisa.**
5. Apostos distributivos	Adoro Ana e Zé: **ela pela simpatia**, **ele pelo humor**.
6. Apostos oracionais	Ele tem uma insegurança: **ser demitido.**
7. Explicações	Pretendo pedir demissão: **detesto a empresa**.

PONTO FINAL

Regra	Exemplo
Frases declarativas, afirmativas ou negativas.	Gosto dela. Não falarei nada a respeito.

PONTO DE INTERROGAÇÃO

Regra	Exemplos
1. Interrogações diretas	Quem concorrerá a esse prêmio?
2. Com exclamação (interjetivo)	Ela me acusou?!
3. Recurso de reflexão / interação	É certo agirmos com egoísmo?

PONTO DE EXCLAMAÇÃO

Regra	Exemplos
1. Indignação, raiva, surpresa	Saia agora da minha frente!
2. Em interjeições	Bravo! Meu Deus! Salve!

TRAVESSÃO / TRAVESSÕES

Regra	Exemplos
1. Indica a fala de alguém	– Eu não irei, disse ela.
2. Destaca elementos intercalados	Antônio – **um bom homem** – sorria sempre.
3. Aposto e comentário em fim de oração.	Eu admiro Caetano – **o maior cantor do país.**
4. Siglas	A Organização das Nações Unidas – **ONU** – calou.

PARÊNTESES

Regra	Exemplos
1. Comentários e elementos intercalados	O rapaz (**desconfiávamos**) era violento.
2. Aposto	A moça (**proprietária do carro**) sumiu.

ASPAS

Regra	Exemplos
1. Citações literais	Ele disse: "**Viajarei amanhã**".
2. Estrangeirismos	O rapaz sobre "**bullying**".
3. Gírias, regionalismos, sentido figurado	O menino é uma "**porta**".
4. Ironia	O "**gênio**" errou todas as questões.
5. Nomes de obras, jornais, etc.	"**O Globo**" pertence à família Marinho.

RETICÊNCIAS

Regra	Exemplos
1. Suspensão do pensamento	Ele é um... Sigamos.
2. Supressão de partes de texto.	Era forte. (...) Sobreviveu sempre.
3. Hesitação, titubeio	Estou... assim... parece que... deprimido.

PARTE 10

Matérias Complementares de Gramática

CAPÍTULO 35

Vozes Verbais

INTRODUÇÃO

Chegou a hora de mais uma matéria que eu adoro, que eu acho que faz todo o sentido e que pode ser dada em dez minutos ou em dez horas, dependendo do nível de profundidade a que se quer chegar.

> – Suponho que o senhor queira aprofundar, então acho que vai ser longo o trajeto...

Parabéns! É isso mesmo. Vamos ver, vamos exemplificar, vamos analisar, vamos correlacionar, vamos fazer a matéria render e tirar dela tudo, tudo, tudo o que é possível. Para começo de conversa, você lembra quais são as vozes verbais?

> – Voz ativa e voz passiva. E talvez voz reflexiva, que eu não tenho muita certeza se é exatamente diferente da voz passiva...

Vamos indo. Estamos no caminho certo.

1. AS VOZES VERBAIS

As vozes verbais são três:

→ voz ativa;

→ voz passiva (analítica ou sintética);

→ voz reflexiva (pura ou recíproca).

Como você pôde ver, se fizermos as subdivisões que são aceitas por dois desses três grupos, chegaremos a cinco diferentes vozes verbais, uma vez que a passiva pode ser analítica ou sintética, e a reflexiva pode ser pura ou recíproca.

> – E o senhor quer que eu me lembre das três genéricas ou das cinco, com as subdivisões?

Adivinhe.

– Das cinco...

Isso! Definir se um verbo está na voz ativa, na voz passiva ou na voz reflexiva depende de observar qual a *postura do sujeito* em relação à ação expressa pela forma verbal.

– Repita...

Definir a voz de um verbo depende de observar a *posição*, a *postura do sujeito* em relação à ação expressa pela estrutura verbal. Quer ver as hipóteses?

a) Voz ativa: o sujeito é *agente* (quem pratica a ação).

+ "O homem rebateu a bola."
Suj. ação verbal

É fácil enxergar que o sujeito, que é "o homem", está realizando a ação de rebater a bola, não?

– É fácil.

Então se trata de uma estrutura que está na voz ativa, pois apresenta um sujeito que pratica a ação.

b) Voz passiva: o sujeito é *paciente* (quem sofre a ação).

+ "A bola foi rebatida pelo homem."
Suj. ação verbal

Que é que foi rebatido? Resposta: "a bola". Então, "a bola" é sujeito. Tranquilo, não?

– Sim, muito. Demais até...

Não, não: não é demais. Até aqui as coisas são simples assim mesmo. Nessa frase, o sujeito está realizando a ação de rebater ou sofrendo a ação de ser rebatido?

– Sofrendo a ação de ser rebatido.

Ok. Então a frase está na voz passiva, porque o sujeito sofre a ação de ser rebatido, motivo pelo qual ele é um sujeito paciente.

– E as duas subdivisões da voz passiva?

Mais tarde as veremos. Não se preocupe. Por enquanto, estamos apenas aprendendo a lógica de funcionamento das vozes. Em seguida, todas, sem exceção, serão estudadas detalhadamente.

c) Voz reflexiva: o sujeito é a um só tempo agente e paciente (quem realiza E quem sofre a ação).

+ "O homem se penteou."
Suj. ação verbal

Nota?

– Noto, sim.

O que é que você nota?

– Que o sujeito, que é "o homem", está tanto realizando a ação de pentear quanto sofrendo a ação de ser penteado.

É isso: então, temos a voz reflexiva.

– São essas?

São essas, sim. Mais um detalhezinho: frequentemente se pergunta se uma *frase* está na voz ativa ou na voz passiva. Na verdade, quem estará na ativa ou na passiva, será o *verbo* ou a *locução verbal*, ou seja, a oração. Entende?

– Mais ou menos.

Cada uma das formas verbais da frase (verbo ou locução verbal) pode estar na voz ativa, na voz passiva ou na voz reflexiva.

+ "João cortou-se com uma faca, Paulo fez o jantar e Ana foi beijada pelo noivo."
voz reflexiva voz ativa voz passiva

Nessa estrutura, há apenas uma frase, concorda?

– Totalmente, porque a frase vai até o ponto-final.

Isso. E se eu perguntasse se essa frase está na voz ativa ou na voz passiva, o que você me diria?

– Eu não saberia o que dizer.

Que ótimo, porque, se você me desse uma resposta direta a essa pergunta, ela estaria errada. Na frase acima, nós temos três estruturas verbais independentes (as estruturas sublinhadas). Cada uma delas se encontra em uma voz verbal. Vejamos oração a oração.

1ª) "João cortou-se com uma faca." → Nessa oração, o verbo se encontra na *voz reflexiva*, pois o sujeito "João" realiza a ação de cortar e sofre a ação de ser cortado, no caso, por ele mesmo.

– Então ele é um sujeito agente e paciente ao mesmo tempo.

Exato.

2ª) "Paulo fez o jantar" → Aqui, o verbo se encontra na *voz ativa*, pois o sujeito, "Paulo", realiza a ação de fazer o jantar.

– Portanto, sujeito agente.

Isso mesmo.

3ª) "Ana foi beijada pelo noivo." → Por fim, temos uma locução verbal na *voz passiva*, pois nela o sujeito, "Ana", sofre a ação de ser beijada pelo noivo.

– Então, sujeito paciente. Profe, até aqui, 1000% compreensão.

Excelente.

2. PRÉ-REQUISITO PARA QUE UMA FRASE POSSA IR PARA A VOZ PASSIVA – OD NA ATIVA

Você já notou que algumas frases vão para a voz passiva e outras não?

– Acho que já notei, profe, mas certeza, certeza mesmo, não tenho.

Vamos fazer uma brincadeirinha de aquecimento. Eu vou dizer a frase na voz ativa e quero que você me responda com a correta voz passiva. Pode ser?

– Pode, claro.

Desde o início, ou seja, desde esse primeiro exerciciozinho, já preste atenção ao tempo verbal das frases, que vai ser um dos aspectos nucleares do nosso estudo. Vamos lá.

+ "O homem costurou a roupa." (ativa)

– A roupa foi costurada pelo homem. (passiva)

Muito bem.

+ "As sacolas abrigaram os produtos." (ativa)

– Os produtos foram abrigados pelas sacolas. (passiva)

Isso.

+ "O policial constataria o erro." (ativa)

– O erro seria constatado pelo policial. (passiva)

Maravilha.

+ "Paulo morreu." (ativa)

– ...

Não sai nada? Não sai. Em uma frase como essa, a passagem para a passiva trava. Vamos ver outra em que ocorre o mesmo:

+ "O rapaz estava lindo." (ativa)

– Também não consigo...

Pois é. Foi ótimo que você não tenha conseguido passar nenhuma das duas últimas frases para a voz passiva, porque elas simplesmente não têm voz passiva. Não haveria como construir "Foi morrido Paulo" ou "Lindo estava sido o rapaz". Percebe?

– Percebo, profe. Ficaria horrível.

Pois é. Mas por que isso? Vamos ver.

O <u>pré-requisito</u> geral para que uma frase possa ter voz passiva *é apresentar objeto direto na voz ativa*. Esse é o pensamento que deve nos orientar. Entendeu? Então me diga: qual o pré-requisito para que uma frase tenha voz passiva?

– Ter objeto direto na voz ativa.

De novo.

– Ter objeto direto na voz ativa.

Ok? Se você prestar atenção, verá que, nas frases acima, que tentamos passar para a voz passiva, as que aceitaram a passagem têm objeto direto:

+ "O homem costurou a roupa."
  Suj. VTD OD
+ "As sacolas abrigaram os produtos."
  Suj. VTD OD
+ "O policial constataria o erro."
  Suj. VTD OD

– Sim, sim, sim. E as que eu não consegui passar não tinham objeto direto, isso?

Sim: isso e só isso. Quer ver?

+ "Paulo morreu."
  Suj. VI
+ "O rapaz estava lindo."
  Suj. VL PS

– Compreendido, profe.

Ótimo. Mas veja bem: o que a frase deve ter é objeto direto. São dois os tipos de verbo que aceitam voz passiva.

– VTD e VTDI?

Isso: tanto os verbos transitivos diretos quanto os verbos transitivos diretos e indiretos aceitarão voz passiva. Antes de estudarmos a passagem da voz ativa para a passiva, vamos ver um exemplo de VTDI sendo passado para a voz passiva.

+ "O homem revelou o segredo aos policiais."
  Suj. VTDI OD OI

Saberia construir a voz passiva?

– O segredo foi revelado pelo homem aos policiais?

Exatamente. Gostou?

– Muito.

Eu também. Agora me diga: você acha que há exceções?

– Ah, certamente, profe...

Sim, há. Mas não nos desesperemos. O fato de haver exceções não deve fazer com que pareça não haver uma lógica nos conteúdos. Há uma lógica e ela orienta o uso geral. Em algumas matérias, há exceções. Dominar as exceções deve servir para ampliar nosso repertório, e não para fazer parecer que não sabemos nada, ok?

– Professor, vou tentar escutar o senhor e não deixar o desespero tomar conta de mim...

Ok. Vou dar aqui de exemplo os dois verbos que já foram cobrados em prova como sendo verbos que não aceitam a voz passiva, embora sejam verbos transitivos diretos: "haver" (impessoal, no sentido de existir) e "ter" (indicando posse). Vejamos.

+ "Havia (VTD) pessoas revoltadas (OD)." (ativa)

Na frase acima, que tem sujeito inexistente, devido ao fato de o verbo "haver" ser impessoal, há objeto direto. Ainda assim, não há passagem possível para a voz passiva.

– Sim, seria impossível construir "pessoas revoltadas foram havidas".

Isso. Agora o verbo "ter":

+ "O rapaz (Suj.) tem (VTD) dificuldades afetivas (OD)."

Ficou com vontade de dizer "Dificuldades afetivas são tidas pelo rapaz"?

– Honestidade? Fiquei um pouquinho...

Mas não pode. Guarde esses dois verbos.

– Ok.

3. PASSAGEM: VOZ ATIVA → VOZ PASSIVA ANALÍTICA

Como você costuma passar uma frase da voz ativa para a voz passiva?

– Por instinto...

Na verdade, antes de perguntar, eu já sabia a resposta. O que você faz (e muita gente faz também) é ler a frase na voz ativa e tentar transpor "de ouvido" para a voz passiva, não?

– Mais ou menos por aí...

Pois é: o problema é que, no instinto, não há como ter certeza. O instinto não dá garantias. Quantas vezes o seu instinto disse a você, equivocadamente, que você tinha escolhido a pessoa certa?

– Professor, o senhor foi bastante convincente no seu exemplo de que devo desconfiar do meu instinto...

A intenção era essa. ☺

Então, façamos assim: aprendamos os passos certos e não dependamos mais do instinto.

– O senhor vai ensinar esses passos também para escolher a pessoa certa?

Infelizmente, não. Apenas para encontrar a correta voz passiva mesmo...

– Já é alguma coisa.

Vamos aos **quatro passos** que eu domino e posso ensinar, que são aqueles que dizem respeito à transposição de uma frase *da voz ativa para a voz passiva*.

1º) O Objeto Direto da voz ativa transforma-se em Sujeito da voz passiva;

+ **OD → SUJ.**

2º) Surge o verbo "SER", conjugado no mesmo tempo e modo do verbo principal da voz ativa;

+ **SER (tempo verbal)**

3º) O verbo principal da voz ativa vai para o particípio;

+ **V → PART.**

4º) O Sujeito da voz ativa, quando determinado, transforma-se em Agente da Passiva, antecedido pela preposição "POR".

+ **SUJ. → A.P. (por, pelo, pela)**

– Professor, não parece muito fácil saber esses quatro passos, não...

Como qualquer informação teórica, talvez essa também assuste um pouco. Mas calma, porque a questão é menos dramática do que aparenta em um primeiro momento. O que ocorre é uma inversão de polos e o surgimento do verbo "SER".

– Inversão dos polos?

Sim: o que estava no início vai para o fim e o que estava no fim vai para o início. Além disso, surge o verbo "SER" antes do verbo principal, que vai para o particípio. Vamos à prática.

- O homem comprou o carro.
  Suj. VTD OD

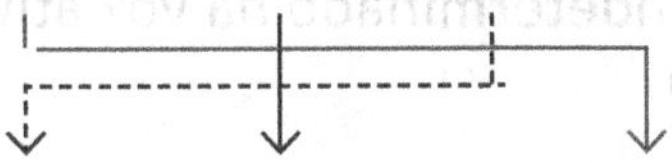

1 2 3 4

- O carro **foi** comprado pelo homem.
  Suj. SER Praticípio Agente da Passiva

Certo?

– Certo.

Estude, estude, estude esses passos, porque eles nos levarão ao acerto na imensa maioria das questões sobre vozes verbais. Vamos a mais alguns exemplos:

- "O rapaz consertará os eletrodomésticos." (ativa)
  Sujeito VTD OD
- "Os eletrodomésticos serão consertados pelo rapaz." (passiva analítica)
  Sujeito SER Part. Agente da Passiva

- "A menina carrega bugigangas." (ativa)
  Sujeito VTD OD
- "Bugigangas são carregadas pela menina." (passiva analítica)
  Sujeito SER Part. Agente da Passiva

- "As autoridades constatariam ilegalidades?" (ativa)
  Sujeito VTD OD
- "Ilegalidades seriam constatadas pelas autoridades?" (passiva analítica)
  Sujeito SER Part. Agente da Passiva

– Perfeito!

4. QUANDO NÃO HAVERÁ AGENTE DA PASSIVA EM UMA VOZ PASSIVA ANALÍTICA

Os três primeiros passos citados anteriormente ocorrem sempre. Ou seja, havendo voz passiva, necessariamente ocorre o seguinte:

1º) O objeto direto se torna sujeito paciente (OD → SUJ.);

2º) Surge o verbo "SER", mantendo o tempo verbal original da frase (SER / tempo verbal);

3º) O verbo principal vai para o particípio (OD → SUJ).

– Certo. E o quarto passo?

O quarto passo não ocorrerá sempre. Caso o sujeito seja indeterminado na voz ativa, não haverá, na voz passiva analítica, a estrutura "agente da passiva". De novo: se o sujeito for indeterminado na voz ativa, não haverá agente da passiva. Repita para mim.

– Sujeito indeterminado na voz ativa = não há agente da passiva. Respondi sem saber se propriamente entendi. ☺

Vai entender. Antes disso, pensemos no seguinte: quando o sujeito é indeterminado na voz ativa? Você lembra?

– Creio que sim...

Ok, se você não lembra, eu relembro aqui. Existem algumas situações em que o sujeito pode ser indeterminado, porém somente uma delas nos interessa agora: quando o verbo estiver conjugado na terceira pessoa do plural e o sujeito não for explícito nem determinável pelo contexto.

– Bem lembrado!

Tenho certeza de que lembrou. Vejamos a frase seguinte:

+ "[______] Roubaram o livro." (voz ativa)
  Ind. / VTD / OD

Nessa frase, o sujeito é indeterminado, pois o verbo "roubar":

a) está na terceira pessoa do plural ("roubaram");

b) não é possível identificar na frase nem no contexto quem realizou o roubo (não há sujeito explícito nem é possível encontrá-lo pelo contexto).

– Consigo ver com clareza, professor.

Ótimo. O fato de o sujeito ser indeterminado, entretanto, não faz com que não haja voz passiva. Já que a frase tem objeto direto ("o livro"), haverá voz passiva. Por isso, ocorrem os três primeiros passos:

1º) O objeto direto "o livro" transforma-se em sujeito na passiva;

2º) O verbo "ser" surge conjugado no pretérito perfeito, assim como estava conjugado o verbo "roubar";

3º) O verbo "roubar" vai para o particípio.

Assim, teremos a seguinte voz passiva:

+ "O livro (Suj.) foi (SER) roubado (Part.) [________ (Não há)]." (voz passiva)

Agora, basta prestar atenção à frase acima: o quarto passo não ocorreu. E isso faz todo o sentido: se não sabíamos quem era o sujeito na voz ativa (pois ele era indeterminado), não saberemos quem é o agente da passiva na voz passiva.

– Faz muitíssimo sentido.

Eu também acho. Já que quem assume a posição de agente da passiva é a estrutura que era sujeito na voz ativa, não sabendo quem é um, não há como saber quem é o outro, e vice-versa. Vamos a mais um exemplo:

+ "[________ (Ind.)] Enganarão (VTD) as pessoas (OD)." (voz ativa)
+ "As pessoas (Suj.) serão (SER) enganadas (Part.) [________ (Não há)]." (voz passiva)

– Certo!

Mas é fundamental que você se lembre do seguinte: isso somente ocorre se o sujeito for *indeterminado* na voz ativa. Havendo sujeito determinado (explícito ou oculto, tanto faz), ocorrem os quatro passos normais. Veja a voz ativa abaixo:

+ "Eles (Suj.) roubaram (VTD) o livro (OD)." (ativa)

Há passiva?

– Há, porque há objeto direto.

E há agente da passiva?

– Há, porque há sujeito determinado ("eles").

Certíssimo. A frase acima, que estava na ativa, transforma-se na seguinte voz passiva:

+ "O livro foi roubado por eles." (passiva)
Suj. Ser Part. A. P.

O mesmo ocorreria se o sujeito fosse oculto:

+ "Comprei o carro." (ativa)
VTD OD

Sabe-se quem comprou?

– Sim: "eu".

Perfeito. Então, haverá agente da passiva, para que o sentido da frase seja mantido:

+ "O carro foi comprado por mim." (passiva)
Suj. Ser Part. A. P.

– Entendi bem.

5. OS DEMAIS ELEMENTOS DA VOZ ATIVA

Quando existem mais elementos na voz ativa, além daqueles que são diretamente envolvidos na passagem para a voz passiva (sujeito, verbo, objeto direto), esses elementos adicionais deverão também estar presentes na voz passiva. Vamos a um exemplo:

+ "O filho de Paulo comprará o apartamento na próxima segunda-feira." (ativa)
Sujeito VTD OD Adj. Adv.

Na frase acima, além dos elementos que de alguma maneira sofrerão alterações na passagem para a voz passiva, há o adjunto adverbial de tempo "na próxima segunda-feira". Você acha que eu poderia simplesmente "excluir" esse adjunto adverbial, ao trocar a frase de voz?

– Certamente não...

Muito bem! É importante lembrar que todos os elementos da voz ativa terão de estar também na passiva, para que as duas vozes tenham exatamente o mesmo significado. Vejamos uma passiva possível para a frase acima:

+ "Na próxima segunda-feira, o apartamento será comprado pelo filho de Paulo." (passiva)
Adj. Adv. Suj. Ser Part. A. P.

– Certo, professor. Mas esse adjunto adverbial, que estava no final na ativa e veio para o início na passiva, tem obrigatoriamente de mudar de posição?

Excelente pergunta. A resposta: não. A posição desses elementos extras (o lugar da frase em que estarão) não é relevante, desde que não haja alteração do sentido original da frase. A passiva da frase proposta poderia ser, além da que escrevi, qualquer uma das seguintes:

+ "O apartamento, na próxima segunda-feira, será comprado pelo filho de Paulo." (passiva)
Suj. Adj. Adv. Ser Part. A. P.

+ "O apartamento será, na próxima segunda-feira, comprado pelo filho de Paulo." (passiva)
Suj. Ser Adj. Adv. Part. A. P.

+ "O apartamento será comprado, na próxima segunda-feira, pelo filho de Paulo." (passiva)
Suj. Ser Part. Adj. Adv. A. P.

+ "O apartamento será comprado pelo filho de Paulo na próxima segunda-feira." (passiva)
Suj. Ser Part. A.P. Adj. Adv.

– Compreendi perfeitamente.

Ma-ra-vi-lha!

6. FORMAS VERBAIS COMPOSTAS (LOCUÇÕES VERBAIS)

Quando houver formas verbais compostas (as chamadas "locuções verbais", aquelas estruturas que apresentam dois ou mais verbos) na voz ativa, quase nada mudará em relação ao que teremos de fazer. No entanto, se um aluno ou uma aluna enxergar uma voz ativa com dois, três, quatro verbos em sequência, certamente ficará com medo da passagem para a voz passiva.

– "Certamente" não: com certeza!

Entendo. E há mesmo cuidados especiais a serem tomados. Vamos ver tudo aquilo que importa. ☺

Em primeiro lugar, cabe salientar que o primeiro e o último passo seguirão inalterados, mas haverá mudanças relevantes nos passos intermediários. Antecipando, teremos agora cinco passos, que serão os seguintes:

1º) O objeto direto transformar-se em sujeito;

2º) Todos os *verbos auxiliares devem ser copiados* na voz passiva, exatamente como estavam;

3º) Surge o verbo "ser", no infinitivo, no gerúndio ou no particípio;

4º) O verbo principal (o último) vai para o particípio;

5º) O sujeito transforma-se em agente da passiva.

– Bastante coisa.

Bastante, sim, mas não é difícil. Venha comigo.

Antes de mais nada, façamos a passagem da voz ativa para a passiva de uma frase com locução verbal:

+ "O menino deveria estar estudando o conteúdo." (ativa)
  Suj. Aux. 1 Aux. 2 Princ. OD

+ "O conteúdo deveria estar sendo estudado pelo menino." (passiva)
  Suj. Aux. 1 Aux. 2 Ser Part. A. P.

Tínhamos três verbos na voz ativa. Quantos temos na voz passiva?

– Quatro.

Nota?

– Não sei. Acho que noto.

Nota, sim: *a voz passiva sempre terá um verbo a mais que a voz ativa*, e esse verbo será o verbo "ser". Mais uma vez: *a voz passiva sempre terá um verbo a mais do que a voz passiva*, e esse verbo será o "ser".

– Compreendido: se a ativa tem um verbo, a passiva tem dois; se a ativa tem dois, a passiva tem três; se a ativa tem três, a passiva tem quatro; e assim sucessivamente. E esse *verbo a mais* é sempre o verbo "ser".

Exatamente isso. É importante essa informação para sabermos que todos os verbos presentes na voz ativa deverão estar presentes também na voz passiva, na qual haverá o acréscimo do verbo "SER" imediatamente antes do verbo principal no particípio. Vamos a outros exemplos:

+ "João estava compreendendo a matéria." (ativa)
  Suj. Aux. 1 Princ. OD

+ "A matéria estava sendo compreendida por João." (passiva)
  Suj. Aux. 1 Ser Part. A. P.

+ "A menina não podia ter tirado o vestido." (ativa)
  Suj. Aux. 1 Aux. 2 Princ. OD

+ "O vestido não podia ter sido tirado pela menina." (passiva)
  Suj. Aux. 1 Aux. 2 Ser Part. A. P.

– Estou conseguindo acompanhar bem, professor.

Que bom! Agora você vai compreender ainda melhor.

Há algumas informações essenciais que temos de guardar, no que diz respeito a passarmos para a passiva uma locução verbal.

1ª) O verbo "ser" será sempre o penúltimo, seguido pelo verbo principal, que vai para o particípio (se o verbo principal da ativa já estiver no particípio, ele simplesmente se mantém na mesma forma).

+ "O compositor estará executando a canção." (ativa)
  executando = Principal

+ "A canção estará sendo executada pelo compositor." (passiva)
  sendo = Ser; executada = Part.

+ "O marceneiro deve medir a área total." (ativa)
  medir = Princ.

+ "A área total deve ser medida pelo marceneiro." (passiva)
  ser = Ser; medida = Part.

+ "O professor tinha ensinado a matéria." (ativa)
  ensinado = Princ.

+ "A matéria tinha sido ensinada pelo professor." (passiva)
  sido = Ser; ensinada = Part.

Nota?

– Sim: a locução verbal na passiva sempre terminará por "ser" + particípio.

Isso. Desse modo, podemos concluir que o verbo "ser" que surge é encaixado sempre, sempre, sempre antes do último verbo na locução da voz passiva.

– Acho que estou conseguindo acompanhar bem, professor.

Vamos à próxima informação essencial.

2ª) os verbos auxiliares da voz passiva (sejam quantos forem) devem ser apenas "copiados" na voz passiva. Ou seja, eles ocuparão a mesma posição e serão conjugados no mesmo tempo verbal. Vou repetir as frases acima, somente mudando o foco.

+ "O compositor estará executando a canção." (ativa)
  estará = aux.

+ "A canção estará sendo executada pelo compositor." (passiva)
  aux.

+ "O marceneiro deve medir a área total." (ativa)
  aux.

+ "A área total deve ser medida pelo marceneiro." (passiva)
  aux.

+ "O professor tinha ensinado a matéria." (ativa)
  aux.

+ "A matéria tinha sido ensinada pelo professor." (passiva)
  aux.

– Certo: os verbos auxiliares são os mesmos e mantêm os seus tempos e modos verbais.

Isso. Sabendo essas duas informações, acerta-se a transposição para a voz passiva de qualquer frase que apresente locução verbal na ativa.

– Os verbos auxiliares devem ser somente baixados. Depois deles, encaixa-se "ser" + particípio. Só isso?

Só isso. Quanto à forma que assumirá o verbo "ser", ele se torna mais fácil quando temos locução verbal do que quando temos uma forma verbal simples.

– Por que "mais fácil"?

Por um motivo bem simples: o verbo principal (o último) de uma locução verbal sempre estará no infinitivo, no gerúndio ou no particípio. Sempre. Seja qual for a locução verbal. Quer ver? Vamos escrever frases na ativa e apenas assinalar a forma que assume o verbo principal:

+ "O rapaz deve revelar o segredo."
  infinitivo

+ "O rapaz estava revelando o segredo."
  gerúndio

+ "O rapaz tinha revelado o segredo."
  particípio

– Sempre, sempre, sempre o principal estará em uma dessas três formas?

Sempre, sempre, sempre. Como o verbo "ser" assume na passiva a mesma forma que o principal tinha na ativa, ele somente poderá estar, também, no infinitivo, no gerúndio ou no particípio: "ser", "sendo", "sido". Vamos passar as três frases acima para a passiva e observar o que ocorre com o "ser":

- "O rapaz deve revelar o segredo." (ativa) — revelar: infinitivo
- "O segredo deve ser revelado pelo rapaz." (passiva) — ser: infinitivo
- "O rapaz estava revelando o segredo." (ativa) — revelando: gerúndio
- "O segredo estava sendo revelado pelo rapaz." (passiva) — sendo: gerúndio
- "O rapaz tinha revelado o segredo." (ativa) — revelado: particípio
- "O segredo tinha sido revelado pelo rapaz." (passiva) — sido: particípio

– Sim, professor, tranquilo.

Por isso eu disse que era mais fácil até do que quando há uma forma verbal simples. Não havendo locução verbal, o verbo pode estar em qualquer tempo tanto do indicativo quanto do subjuntivo. Havendo locução verbal, ele estará no infinitivo ("ser"), no gerúndio ("sendo") ou no particípio ("sido").

– Perfeito!

7. VOZ PASSIVA SINTÉTICA

A voz passiva sintética ocorre quando temos a seguinte estrutura:

- "VERBO + partícula SE + SUJEITO paciente". — partícula SE: partícula apassivadora

Os verbos que, quando unidos à partícula "SE", transformam-na em "partícula apassivadora" são aqueles que, na voz ativa, apresentam objeto direto: os transitivos diretos e os transitivos diretos e indiretos. Vejamos a seguinte frase:

- "Compram-se carros usados". (voz passiva sintética) — Compram: verbo; se: part. apassivadora; carros usados: suj. paciente

Nessa frase, temos a estrutura citada, pois, mesmo que não pareça, "carros usados" é o sujeito (paciente) do verbo "comprar".

– De fato não tem "cara" de sujeito...

Eu sei, mas é. Trata-se de um sujeito paciente, pois os "carros usados" sofrem a ação de serem comprados. Para se certificar de que está diante de uma voz passiva sintética, você deve – sempre! – passar a mesma frase para a voz passiva analítica:

+ "Carros usados (suj.) são (Ser) comprados (particípio)." (voz passiva analítica)

Entendeu?

– Creio muito que sim.

Ótimo. Vamos a mais uma frase que está na voz passiva sintética:

+ "Fazem (verbo) -se (part. apassivadora) fretes (suj. paciente)". (voz passiva sintética)

– Porque tem "verbo + SE + sujeito paciente". E, além disso, posso passar para a passiva analítica para confirmar: "Fretes são feitos".

Isso mesmo. Note que, nesse caso, o verbo varia para fins de concordância, uma vez que é da natureza do verbo concordar com o seu sujeito, que, na passiva sintética, sempre existe.

Já a partícula "SE" que acompanha o verbo é classificada como "partícula apassivadora" ou "pronome apassivador".

– Perfeito. Mas, caso haja a partícula "SE" e não seja uma passiva sintética, o que essa partícula será? O senhor poderia relembrar?

Claro. ☺

Se o que vier acompanhando um verbo intransitivo, um verbo transitivo indireto ou um verbo de ligação, a frase estará na voz ativa, e a partícula "SE" será "índice de indeterminação do sujeito". Vejamos:

+ "Precisa (VTI) -se (Índice de indet. do sujeito) de carros usados (OI)".

Nesse caso, "de carros usados" não pode ser sujeito, pois se trata de um elemento preposicionado, e sabemos que o núcleo do sujeito não poderá ser antecedido por preposição. Sabemos?

– Sim, sabemos.

Excelente. O segmento "de carros usados" é, portanto, objeto indireto. O sujeito é indeterminado, e a partícula "SE" é "índice de indeterminação do sujeito". Como não há sujeito na frase, o verbo não flexiona e fica no singular.

Você por acaso conseguiu entender tudo o que estou falando?

– Olhe, professor: eu entendi. A questão difícil agora é, como o senhor fala, transformar esse entendimento em conhecimento, em aprendizado efetivo...

Sim. É essa a trajetória. Vamos indo com calma. Teremos, então, de acordo com o que vimos, duas possibilidades básicas, quando o verbo vier acompanhado por uma partícula "SE" que tenhamos de classificar como *partícula apassivadora* ou *índice de indeterminação.*

a) Partícula apassivadora:

Verbo + SE + sujeito paciente

+ "Revelaram-se os planos futuros." (Revelaram: V; se: SE; os planos futuros: Suj. Pac.)

Para nos certificarmos de ser uma passiva sintética, passaremos para a passiva analítica:

+ "Os planos futuros foram revelados." (Os planos futuros: Suj.; foram: Ser; revelados: Particípio)

Na passiva sintética, há sujeito e o verbo concorda com ele.

– Ótimo.

b) Índice de indeterminação do sujeito:

Verbo + SE + não sujeito

+ "Necessita-se de planos futuros." (Necessita: VTI; se: SE; de planos futuros: OI)

"De planos futuros" não tem como ser o sujeito, porque é estrutura preposicionada. Aqui, o sujeito é indeterminado, de modo que o verbo fica sempre na terceira pessoa do singular (visto que não há um sujeito para concordar).

– Perfeito, professor.

PARTÍCULA APASSIVADORA	ÍNDICE DE INDETERMINAÇÃO
• Fazem-**se** fretes. V SE Suj. Pac. ↓ Analítica: "Fretes são feitos".	Assistiu-**se** a filmes. V SE OI Conta-**se** com os amigos. V SE OI
• Aluga-**se** casa mobiliada. V SE Suj. Pac. ↓ Analítica: "Casa mobiliada é alugada".	Discorda-**se** de muitas afirmações. V SE OI
• Devolveram-**se** os trabalhos. V SE Suj. Pac. ↓ Analítica: "Os trabalhos foram devolvidos".	Discute-**se** por bobagens. V SE A. A. Causa Obedeceu-**se** às ordens superiores. V SE OI
• Constatou-**se** um erro matemático. V SE Suj. Pac. ↓ Analítica: "Um erro matemático foi constatado".	Falava-**se** de diversos assuntos. V SE A. A. Assunto
• Revelavam-**se** os planos. V SE Suj. Pac. ↓ Analítica: "Os planos eram revelados".	Morre-**se** rapidamente. V SE A. A. Modo Resiste-**se** a mudanças bruscas. V SE OI

8. PASSAGEM DA PASSIVA SINTÉTICA PARA A ATIVA

Quando se fala em passagem de uma voz verbal a outra, costuma-se apenas falar da passagem da voz ativa para a voz passiva analítica.

– É verdade...

Eu sei. Mas vamos seguir vendo aqui as demais passagens que podem ser feitas de uma para outra voz verbal. Agora, veremos a passagem da voz passiva sintética para a voz ativa. Não é simples: é muuuuito simples, mas muuuuito simples mesmo.

– Promete, professor?

Juro de pé junto, como dizia a minha avó. ☺

Uma vez constatado que uma frase está na passiva sintética, para a passarmos dessa voz para a voz ativa, bastam dois passos:

1) O verbo vai para a terceira pessoa do plural (se ele já estiver na terceira pessoa do plural, não precisa ser alterado);

2) Desaparece a partícula "SE".

– Só isso? Tira o "SE" e põe o verbo na terceira do plural?

Só isso. Só. Simples assim. Mesmo. Vamos ver na prática.

+ "Observou-se a cena." (passiva sintética)
  V — SE — Suj. Pac.

+ "[_______] Observaram a cena." (ativa)
  Indet. — VTD — OD

– Professor, não pode ser assim tão simples.

É assim tão simples. A frase acima estava na voz passiva sintética, pois tínhamos:

"Verbo + SE + sujeito paciente"

Sempre que uma frase tiver passiva, ela terá ativa. O contrário nem sempre vale, pois, como vimos, uma frase pode ter ativa e não ter passiva. Qual é o pré-requisito para que uma frase tenha passiva, lembra?

– Ter objeto direto na ativa.

Isso mesmo. ☺

Pois bem, retomando: para passarmos a frase para a voz ativa, o que fizemos foi passar o verbo para a terceira pessoa do plural, mantendo o tempo verbal (observou → observaram), e retirar a partícula "SE".

– Parece mesmo bastante fácil.

E é. Vamos a mais exemplos.

+ "Constataram-se erros." (passiva sintética)
  V — SE — Suj. Pac

+ "[_______] Constataram erros." (ativa)
  Indet. — VTD — OD

+ "Notava-se certa lentidão." (passiva sintética)
  V — SE — Suj. Pac

+ "[_______] Notavam certa lentidão." (ativa)
  Indet. — VTD — OD

+ "Alugam-se fantasias." (passiva sintética)
V SE Suj. Pac

+ "[________] Alugam fantasias." (ativa)
Indet. VTD OD

Note que, se o verbo já está na terceira do plural, ele se mantém na terceira do plural. No entanto, se o verbo está na terceira do singular, ele vai para a terceira do plural. Além disso, suprimimos a partícula "SE".

– Professor, é simples mesmo.

Muito. Se a pessoa se lembrar do que deve fazer, não há como errar.

Por fim, cabe salientar, como talvez você tenha notado pelos exemplos dados, que uma frase somente poderá ter passiva sintética se, na ativa, o sujeito for indeterminado.

– É verdade...

É, sim. ☺

Então, para que se tenha passiva sintética, na ativa, além de objeto direto, deve haver sujeito indeterminado.

– Ok.

9. PASSAGEM DA VOZ PASSIVA SINTÉTICA PARA A VOZ PASSIVA ANALÍTICA

A passagem de uma frase da voz passiva sintética para a voz passiva analítica também é bastante simples. Basta mantermos o sujeito paciente e transformarmos a estrutura "verbo + SE" em "SER + particípio".

– Como assim?

Vejamos.

+ "Roubaram-se os colares." (passiva sintética)
V SE Suj.

+ "Os colares foram roubados." (passiva analítica)
Suj. Ser Part.

– Entendi!

Sempre assim. Manteremos o sujeito na condição de sujeito e, depois dele, colocaremos "SER + particípio".

- "Fez-se um acordo." (passiva sintética)
  V SE Suj.
- "Um acordo foi feito." (passiva analítica)
  Suj. Ser Part.

- "Doaram-se mantimentos." (passiva sintética)
  V SE Suj.
- "Mantimentos foram doados." (passiva analítica)
  Suj. Ser Part.

- "Notam-se falhas." (passiva sintética)
  V SE Suj.
- "Falhas são notadas." (passiva analítica)
  Suj. Ser Part.

– Bem tranquilo, professor, mesmo!

10. VOZ REFLEXIVA

A voz reflexiva é aquela em que o sujeito pratica a ação ao mesmo tempo que a sofre, de modo que ele será agente e paciente ao mesmo tempo.

- "O menino **cortou-se** com uma faca."

Nota? Nessa frase, "o menino" é ao mesmo tempo quem realiza a ação de cortar e quem sofre a ação de ser cortado.

– Entendi, querido professor!

Ótimo.

A voz reflexiva poderá ser "pura" ou "recíproca".

a) Pura: será "pura" quando um ser praticar sobre si mesmo determinada ação:

pron. reflexivo
↓
- "Ana se odeia."
  Suj.

Nessa frase, Ana é quem odeia e é quem é odiada por ela mesma. Assim, a voz reflexiva é pura. Nesse caso, *o pronome tem função reflexiva.*

– Entendi: o sujeito pratica a ação e sofre a ação que é praticada por ele mesmo. Mas como seria se não assim?

Se assim não fosse, teríamos a outra voz reflexiva.

b) Recíproca: a voz reflexiva recíproca ocorre quando um determinado ser executa uma ação sobre outro e recebe a mesma ação, mas executada pelo outro, sobre si. Imaginemos a estrutura seguinte:

pron. recíproco
↓
+ "Ana e Paula odeiam-se".
Sujeito

Imaginemos que nessa frase o que está dito é que Ana odeia Paula e Paula odeia Ana. Nesse caso, a ação é recíproca, e o *pronome também tem função recíproca.*

– Sim! Entendi: se A age sobre A, a voz é reflexiva; se A age sobre B e B age sobre A, a voz é recíproca.

Isso mesmo. Resposta lindamente elaborada.

– Obrigado, professor!

Observação: Nome da partícula "SE" e função sintática:

Quando uma frase estiver na voz reflexiva (pura ou recíproca), o pronome, que poderá ser "ME", "TE", "SE", "NOS" ou "VOS", será chamado pronome reflexivo ou pronome recíproco e desempenhará a função sintática de objeto.

pron. reflexivo
↓
+ "Ana **se** odeia."
Suj. OD VTD

– Então, nesse caso, o "SE" tem função sintática?

Exatamente. A partícula apassivadora e o índice de indeterminação do sujeito não desempenham função sintática. Já o pronome reflexivo e o pronome recíproco desempenharão a função de objeto do verbo que acompanharem.

– Perfeito!

pron. recíproco
↓
+ "Ana e Paula odeiam-se."
Suj. VTD OD

11. QUADRO-SÍNTESE

AS VOZES VERBAIS

Classificação	Característica	Exemplos
Ativa	Sujeito agente	O menino roubou o carro.
Passiva analítica	Sujeito paciente (ser + part.)	O carro foi roubado pelo menino.
Passiva sintética	Sujeito paciente (V + SE + Suj.)	Roubou-se um carro.
Reflexiva pura	Suj. pratica e sofre (A → A)	A menina se arranhou.
Reflexiva recíproca	Suj. pratica e sofre (A ↔ B)	A menina e o rapaz se soquearam.

PASSAGEM: ATIVA → PASSIVA ANALÍTICA (UM VERBO)

→ Somente ocorrerá se na voz ativa houver objeto direto.

Os quatro passos	Exemplos
1º) OD → Sujeito paciente 2º) Surge "ser" (mantém tempo) 3º) Verbo princ. → Particípio 4º) Suj. → Agente da passiva	O homem (Suj.) xingou (VTD) o filho (OD). O filho (Suj.) foi (Ser) xingado (Part.) pelo homem (Ag. da passiva).

PASSAGEM: ATIVA → PASSIVA ANALÍTICA (LOCUÇÃO VERBAL)

Os cinco passos	Exemplos
1º) OD → Sujeito paciente 2º) Copiar verbo(s) auxiliar(es) 3º) Surge "ser" (ser, sendo, sido) 4º) Verbo princ. → Particípio 5º) Suj. → Agente da passiva	O homem (Suj.) estava (Aux.) xingando (VTD) o filho (OD). O filho (Suj.) estava (Aux.) sendo (Ser) xingado (Part.) pelo homem (Ag. da Passiva).

A VOZ PASSIVA SINTÉTICA

→ Somente ocorrerá se na ativa houver OD E sujeito indeterminado.

Característica	Exemplos
V + se + Sujeito paciente	Comprou-se um carro.
Há passiva analítica correspondente	Um carro foi comprado.

PASSAGEM: PASSIVA SINTÉTICA → ATIVA

Os dois passos	Exemplos
1º) elimina-se o "SE" 2º) Verbo vai para a 3ª pessoa do plural	Observou-se um erro. (passiva) Observaram um erro. (ativa)

PASSAGEM: PASSIVA SINTÉTICA → ATIVA

Os dois passos	Exemplos
1º) Mantém-se o sujeito 2º) "V + SE" torna-se "ser + part."	Observou-se um erro. (sintética) V SE Suj. Um erro foi observado. (analítica) Suj. SER Part.

A VOZ REFLEXIVA

Partícula "SE" desempenha função sintática de objeto.

Subclassificação	Classificação "SE"	Exemplo
Pura	Pronome reflexivo	O homem se observou.
Recíproca	Pronome recíproco	O homem e a mulher se observaram.

CAPÍTULO 36

Discurso Direto e Indireto

INTRODUÇÃO

Tanto se fala a respeito de discurso direto e discurso indireto, mas, muitas vezes, sequer se pensa a respeito do que seja a matéria que, genericamente, chamamos de "discurso".

> – Professor, com toda a honestidade, até este livro era muito, mas muito raro eu pensar no que era uma matéria ou no modo como ela funcionava.

Folgo em saber. ☺

> – Agora já sei: o senhor fica feliz em saber!

Isso mesmo. Então, vamos à questão importante: de que trata essa matéria?

O que chamamos de discurso direto e de discurso indireto são as diferentes formas como podemos reproduzir as palavras de alguém. Note: em ambos os casos, o que temos é uma reprodução. Ao reproduzir aquilo que foi dito por alguém, podemos fazê-lo de duas diferentes maneiras.

> – Certo.

a) **Discurso direto:** quando fazemos uma reprodução em discurso direto, reproduzimos exatamente o que foi dito por alguém.

> – O que foi dito por um terceiro?

Não necessariamente, porque, como veremos, é possível que uma pessoa reproduza, em uma nova situação comunicativa, as suas próprias palavras, por exemplo.

> – Então é possível, sem problemas, que eu reproduza o que foi dito por mim mesmo.

Sim. Você poderia dizer o seguinte:

+ "Foi neste momento que eu gritei: 'Saiam daqui!'."

– Entendi.

b) **Discurso indireto:** quando fazemos uma reprodução em discurso indireto, fazemos algumas adaptações – que geralmente envolvem verbos, pronomes e adjuntos adverbiais –, para que o sentido global da sentença que foi proferida por alguém seja mantido.

– Resuma, professor...

Pedindo assim, com tamanha delicadeza, é claro que eu resumo: o discurso direto é uma reprodução exata; o discurso indireto é uma reprodução adaptada.

– Só isso, assim, preto no branco?

Assim mesmo. Vamos, para garantir, às características de um e de outro discurso.

1. CARACTERÍSTICAS DOS DISCURSOS DIRETO E INDIRETO

Por incrível que pareça, uma primeira habilidade que temos de ter em uma questão sobre tipos de discurso é reconhecer as características de um e de outro discurso, para que identifiquemos o que o examinador nos cobra.

– Mesmo? Mas isso não seria óbvio, professor?

Mesmo, mesmo. E não: nem sempre é tão óbvio. É comum que se diga, por exemplo: "Assinale a alternativa em que há uma correta transposição para o discurso indireto da frase abaixo". Então, entre as alternativas, há frases que misturam as características dos dois discursos e, por isso, não podem ser consideradas a alternativa correta.

– Ok, professor, o senhor me convenceu.

Adoro quando consigo convencer.

– Então sinta-se um vitorioso, porque o senhor consegue me convencer sempre.

Excelente. ☺

1.1. Características do discurso direto

Vejamos, na abertura, uma frase e, a partir dela, cheguemos às características desse discurso.

+ João disse: "Entregarei o trabalho".

Há nessa frase três "marcas" que você terá de saber reconhecer.

– Pode mandar.

a) Reprodução literal das palavras de alguém:

No discurso direto, aquilo que saiu da boca do falante é reproduzido integral e exatamente.

– Letra por letra, palavra por palavra?

Sim. A característica central do discurso direto é ser um retrato fiel, muito fiel, fidelíssimo daquilo que foi enunciado por alguém. Por isso, há o esforço para que não haja alteração em relação à fala original.

– Entendo.

Você já deve ter passado por essa situação: alguém está fazendo um relato sobre algo que você julga importante e esse alguém vai reproduzir uma fala importante. Então, você diz para a pessoa: "Diga o que ele disse usando e-xa-ta-men-te as mesmas palavras".

– Ah, professor, faço isso seguido, senão a angústia me consome...

Sei bem como é. ☺

Quando você faz isso, está pedindo que a pessoa não mude nenhuma palavra, não altere absolutamente nada. Lembre-se de que isso é característica do discurso direto.

– Lembrarei.

b) Presença de sinais de pontuação introduzindo o discurso:

O discurso direto vai ser introduzido por sinal de pontuação. Esse sinal tende a ser o sinal de dois-pontos seguido por aspas ou travessão.

– E esse é o único sinal de pontuação que pode haver na frase inteira?

Não! De jeito nenhum. O que estou dizendo é que é característica do discurso direto ter sinal de pontuação entre o verbo "dicendi" (aquele que introduz o discurso) e o discurso em si.

– Ok.

Vamos à situação. Nada impede que, em um discurso direto, tenhamos uma estrutura como a que se encontra abaixo.

+ "Paulo, falando mais alto que o normal, disse: 'Eu estou, como sempre, desconfiado'."

– E nessa frase há, além dos dois-pontos que introduzem o discurso, também uma série de vírgulas.

Isso mesmo. E essas vírgulas estão apenas isolando elementos intercalados. Nada têm a ver com a construção do discurso em si.

– Perfeito.

c) Verbo do discurso em qualquer uma das pessoas gramaticais (primeira, segunda ou terceira pessoa do singular ou do plural):

Qual verbo eu disse que pode estar em qualquer das pessoas?

– O verbo do discurso.

Que verbo é esse?

– O verbo que está dentro do discurso direto propriamente dito.

Esse mesmo: o do interior do discurso. "Eu entregarei o trabalho"; "Tu entregarás o trabalho"; "Ele entregará o trabalho"; "Nós entregaremos o trabalho"; "Vós entregareis o trabalho"; "Eles entregarão o trabalho".

Todas as formas acima são possíveis, obviamente, dependendo do contexto.

– Entendi.

Ótimo. Constatemos agora, em uma frase apenas, as características que listamos.

+ "A moça confessou: 'Eu adoro o interior'."

Temos presentes na frase acima as três características citadas anteriormente:

a) A reprodução foi feita sem adaptações;

b) Os dois-pontos e as aspas introduzem o discurso;

c) O verbo do discurso está conjugado na primeira pessoa do singular (poderia, em outra frase, ser outra pessoa).

– Ótimo.

1.2. Características do discurso indireto

Já as características do discurso indireto serão, basicamente, quatro.

– Ih, uma coisinha a mais ainda para saber...

Sim, mas não se preocupe que vai fazer sentido. Vamos a elas, começando pela frase.

+ "João disse que entregaria o trabalho."

a) Reprodução adaptada das palavras de alguém:

Você nota que existe grande possibilidade de ter havido uma adaptação nessa frase?

– Acho que noto.

Digo isso porque o que certamente saiu da boca de quem a enunciou, a não ser que tenha havido um outro contexto muito específico, deve ter sido o seguinte: "Entregarei o trabalho".

– Sim, entendo bem. E profe: sempre, sempre, sempre vai haver alguma alteração na passagem do discurso direto para o indireto?

Na verdade, como vai ficar mais fácil de ver quando estudarmos as questões relacionadas aos tempos verbais, nem sempre. Você sabe que a palavra "sempre" e a língua portuguesa não são muito amigas.

– Tristemente, sei bem...

Em relação a isso, no entanto, tenho uma tese (uma boa tese): se não houver nenhuma mudança na passagem de um discurso ao outro, não há por que cair em prova, já que não se estaria testando nenhuma habilidade do candidato.

– É verdade...

Então acreditemos que, na questão da prova, haverá ao menos uma mudança, sutil que seja, na passagem de um discurso a outro.

b) Ausência de sinais de pontuação introduzindo o discurso:

– Mais uma vez, o que o senhor quer dizer é que, entre o verbo "dicendi" e o início do discurso, não haverá os dois-pontos?

Ah, assim eu choro de emoção! É exatamente isso o que estou dizendo.

– Chorou?

Quase.

– Que pena! Queria levar o senhor às lágrimas, como o senhor faz comigo...

c) Verbo do discurso geralmente conjugado na terceira pessoa (do singular ou do plural):

A tendência imensíssima do verbo do discurso, independentemente da pessoa em que ele esteja no discurso direto, é ir para a terceira pessoa no discurso indireto.

– Professor, se o senhor falou em tendência imensíssima, é porque deve haver situação em que não é assim...

Há, mas agora não é a hora de pensar nela. Leia a frase abaixo, que está em discurso direto. De novo: está em discurso direto.

+ "Paulo revelou: 'Eu *adoro* pastel'."

Note que o verbo do discurso está na primeira pessoa ("adoro"). Ao passar a frase para o discurso indireto, o verbo vai para a terceira pessoa:

+ "Paulo revelou que ele *adorava* pastel."

– Mas por que isso acontece?

Porque o "EU" que estava falando na frase original torna-se um "ELE" quando a frase é reproduzida por um terceiro.

– Que coisa linda!

Isso. Simples assim.

Observação: O verbo não irá para a terceira pessoa no discurso indireto quando ele estiver na primeira pessoa do plural no discurso direto ("NÓS") e a pessoa que enuncia a frase estiver inserida no grupo abrangido pelo "NÓS".

– Ai, professor, ficou difícil...

Vamos indo. Imagine uma situação real em que Paulo se aproxime de João e João diga a ele, em discurso direto:

+ "Precisamos sair daqui porque corremos perigo."

Conseguiu imaginar?

– Perfeitamente.

Note que Paulo está inserido no "nós" para quem, segundo João, há perigo.

– Notei, professor.

Então você vai entender o que vem agora. Ao passar a frase dita por João, se ela fosse reproduzida *por Paulo*, teríamos certamente uma construção como a abaixo.

+ "João disse que *precisávamos* sair de lá porque *corríamos* perigo."

– Sim, professor! "Precisávamos" porque Paulo faz parte do grupo de quem precisava; e "corríamos" porque também ambos corriam o risco.

Resposta linda, linda, linda. Esse é o caso, apenas para constar, em que o verbo do discurso indireto não fica na terceira pessoa.

d) Discurso introduzido pelas conjunções integrantes "QUE" e "SE":

No discurso direto havia os dois-pontos e, logo depois deles, começava o discurso. No discurso indireto desaparecem os dois-pontos e aparecem as conjunções integrantes "QUE" ou "SE". Lembra quando "QUE" e "SE" serão conjunções integrantes?

– Quando equivalerem a "isso".

Mais uma vez, uma lágrima de emoção aqui. ☺

É isso mesmo. E olhe que, nesse momento do estudo, nem precisaríamos saber particularmente isso. Fiz a pergunta só para você saber responder e me deixar orgulhoso. Mas vamos à prática. Primeiro, como sempre, a frase em discurso direto:

+ "Paulo disse: 'Os produtos estão disponíveis'."

Passe essa frase para o discurso indireto.

– Paulo disse **que** os produtos estavam disponíveis.

Viu que surgiu a conjunção integrante "QUE"?

– Vi sim.

Outra frase em discurso direto:

+ "Ana Paula perguntou: 'Maria está dormindo?'."

Qual é o discurso indireto?

– Ana Paula perguntou **se** Maria estava dormindo.

Viu que agora surgiu uma partícula "SE"?

– Vi, sim: "QUE" na primeira e "SE" na segunda.

E você se deu conta do motivo pelo qual é "QUE" na primeira frase e "SE" na segunda?

– Não...

No discurso indireto, haverá conjunção integrante "QUE" quando a frase, no discurso direto, for afirmativa; e haverá a conjunção integrante "SE" quando, no direto, ela for interrogativa.

– Professor, sabe que nunca tinha pensado nisso nesses termos?

Eu não sabia que você nunca tinha pensado, mas, se me perguntassem se eu achava que você já tinha pensado, eu suporia que não. Não porque não acredite em você ou na sua capacidade de pensar, mas porque quase ninguém pensa nisso. Acho que sou das poucas pessoas que fica conversando sobre conjunções integrantes em casa, com a minha esposa, por exemplo...

– Professor, não deve ser fácil a vida da sua esposa...

Concordo plenamente com você. Mas torço para que ela discorde de nós. ☺

Agora vamos juntar tudo o que vimos sobre o discurso indireto em uma frase só.

+ "João disse que entregaria o trabalho."

Na frase acima, temos todas as quatro características citadas:

a) Houve uma adaptação daquilo que foi enunciado, já que o tempo verbal utilizado pela pessoa na frase original não foi, certamente, o futuro do pretérito;

b) Não há sinais de pontuação marcando o início do discurso;

c) O verbo está conjugado na terceira pessoa do singular ("ELE" entregaria);

d) O discurso é introduzido pela conjunção integrante "QUE".

– Perfeito.

Nenhuma dúvida até aqui?

– Nenhuma, nenhuma.

Coisa bem boa. Convém ainda salientar que o chamado verbo "dicendi", aquele que introduz o discurso, não sofre alterações na transposição do discurso direto para o discurso indireto. Ou seja, ele não varia em tempo nem em modo (e muito menos se altera o verbo). Entendeu?

– Acho que entendi.

Estou dizendo que, caso o verbo "dicendi" esteja no pretérito perfeito no discurso direto, ele seguirá no pretérito perfeito no discurso indireto; caso ele esteja no presente no direto, continuará no presente no indireto; e assim por diante. Preste atenção, nas frases abaixo, somente no verbo "dicendi":

+ "João <u>disse</u>: 'Estou cansado'."

+ "João <u>disse</u> que estava cansado."

O verbo "dicendi" se mantém inalterado em ambos os discursos.

– Ok.

Indo ainda um pouco além, pode-se dizer que tudo aquilo que está *fora do discurso* não sofre alteração alguma. Assim, se antes do início do discurso tivermos "Ana, apertando os olhos, gritou", na transposição para o discurso indireto o início será "Ana, apertando os olhos, gritou que...".

– Certo. Entendi.

O máximo que pode acontecer é uma mudança de ordem nos elementos de fora do discurso, desde que o sentido geral não se altere: "Apertando os olhos, Ana gritou que...", "Ana gritou, apertando os olhos, que...", e assim por diante.

– Tranquilo, professor.

Ótimo.

2. A TRANSPOSIÇÃO DOS TEMPOS VERBAIS

Aqui está, quase com certeza, a parte mais difícil da transposição dos discursos.

– Mesmo?

Mesmo. O que vimos até agora é relativamente extenso, mas fácil, de certo modo. Agora, para sabermos a transposição dos tempos e modos verbais, teremos de dominar... os tempos e modos verbais!

– Eu já imaginava...

Eu imaginei que você já imaginasse...

– Obrigado pela confiança...

De nada. ☺

Ao passar uma frase do discurso direto para o discurso indireto, é comum que algumas formas verbais sofram alteração.

– Todos os tempos verbais sofrem alteração?

Pergunta excelente. Não todos. Isso ocorre sempre com quatro tempos verbais, que veremos a seguir, primeiro em uma tabela, depois explicadinhos um por um.

– O senhor vai primeiro mostrar uma tabelinha e depois explicar um por um?

Isso mesmo.

– Que pessoa boa o senhor é...

Concordo! ☺

TRANSFORMAÇÃO DOS TEMPOS VERBAIS

Discurso Direto	Discurso Indireto
Presente do Indicativo João disse: "Amo vegetais".	**Pretérito Imperfeito do Indicativo** João disse que amava vegetais.
Pretérito Perfeito João disse: "Amei o jantar".	**Pretérito Mais-que-Perfeito** João disse que amara / tinha amado / havia amado o jantar.
Futuro do Presente do Indicativo João disse: "Amarei o filme".	**Futuro do Pretérito do Indicativo** João disse que amaria o filme.
Imperativo João ordenou à filha: "Limpe a casa".	**Pretérito Imperfeito do Subjuntivo** João ordenou à filha que limpasse a casa.

– Agora, que o senhor mostrou a tabela, entendi o alerta que foi feito um pouco antes: só há como ter certeza sobre a transposição correta se a gente souber direitinho cada um desses tempos verbais que aparecem na tabela.

Exatamente. Agora, como sou um professor muito bacana, vou explicar em detalhes cada uma dessas quatro transposições.

– Ó, que pessoa abençoada!

Agradeço. ☺

a) Presente do Indicativo → Pretérito Imperfeito do Indicativo:

Quando há verbo no presente do indicativo no discurso direto, ele passa ao pretérito imperfeito do indicativo no discurso indireto:

+ O homem assumiu: "Detesto políticos". (discurso direto)
  Pres. do Ind.

+ O homem assumiu que detestava políticos. (discurso indireto)
  Pret. Imp. do Ind.

Note uma coisa: podemos sempre pensar que o discurso direto, entendido como o próprio ato de falar de quem enunciou algo, sempre está no passado em relação à sua reprodução em discurso indireto, certo?

– Como assim, professor?

Se o discurso indireto é a reprodução da fala de alguém, significa que a fala em si foi feita antes, concorda?

– Ah, concordo.

Pois então: essa compreensão cria toda uma lógica mais instintiva (no bom sentido) na transposição do discurso direto para o indireto. Pensemos.

– Ai, professor, pensar dá sempre trabalho, não?

Dá. Exercício mental cansa mais que exercício físico, mas é necessário. Vamos pensar: se, no passado, a pessoa enunciou algo no presente (eu gosto, ele trabalha, nós fazemos), ao reproduzi-la em discurso indireto, essa fala vai para o pretérito imperfeito do indicativo. Quer ver?

– Quero ver.

Mostro. Imagine que, no dia primeiro de março de 1994, eu estava conversando com João. No meio da nossa conversa, ele diz o seguinte:

+ "Adoro animais."

Veja que ele colocou o verbo no presente do indicativo: "adoro". Certo?

– Certíssimo.

Agora imagine que se passaram já mais de vinte e cinco anos e, por algum insondável motivo, eu resolvo revelar à minha esposa o que João falou na longínqua conversa. O verbo naturalmente iria para o pretérito imperfeito, não?

Sabe, meu amor, muitos anos atrás, enquanto conversávamos sobre assuntos variados, "João me contou que *detestava* animais".

– Profe, eu tenho duas perguntas.

Faça.

– Primeira: o senhor chama sua esposa de "meu amor"?

Chamo.

– Que romântico!

Sim: as aparências enganam: pareço um viking, mas sou um amor. ☺

– Segunda: para dar certo eu tenho de imaginar que o discurso direto ocorreu em 1994?

Não! Mas escute: você deve imaginar que o discurso direto ocorreu tempos atrás, em um lugar distante daquele em que você está atualmente. De novo: tempo antigo e lugar distante. Repita.

– Tempo antigo e lugar distante.

Adoro quando peço para fazer algo e você faz. ☺

– Não seja debochado, professor.

Não sou. Falo sério. E isso funciona. Quer ver? Passe para o discurso indireto a frase abaixo utilizando o recurso do tempo antigo e do lugar distante.

+ "Paulo disse: 'Ana ama animais'."

– Muitos anos atrás, enquanto conversávamos em um Safári pela África, "Paulo disse que Ana *amava* animais".

Perfeito! O verbo foi para o pretérito imperfeito do indicativo. Só lembre, por favor, que essa frase toda que criamos sobre o tempo antigo e lugar distante é apenas um recurso. No momento de se reescrever, de fato, o discurso, mantém-se originalmente o que foi escrito pelo autor fora do discurso.

+ Paulo disse que amava animais.

– Perfeito.

b) Pretérito Perfeito → Pretérito Mais-que-Perfeito:

Quando há verbo no pretérito perfeito do indicativo no discurso direto, ele passa ao pretérito mais-que-perfeito do indicativo (simples ou composto, tanto faz) no discurso indireto:

+ "O homem assumiu: 'Detestei a sobremesa'." (discurso direto)
Pret. Perf.

+ "O homem assumiu que detestara / tinha detestado / havia detestado a sobremesa." (discurso indireto) Pret. Mais-que-Perf.

Vamos ao mesmo raciocínio?

– Qual?

O do tempo antigo e do lugar distante.

– Vamos.

Imagine que, no dia primeiro de março de 1994, João estava em um estádio de futebol e, após uma discussão, agrediu uma pessoa com um tapa no rosto.

– Imaginado.

Eu não estava presente no estádio e não vi o tapa. Encontrei João uma semana depois, ou seja, em oito de março de 1994. Na conversa, João me diz:

+ "Dei um tapa na cara de uma pessoa".

Ok?

– Ok.

De novo: passam-se mais de vinte e cinco anos e, por algum motivo, resolvo desabafar com a Manu e revelar a conversa que tive com João mais de vinte e cinco anos antes.

– Aí o senhor começa: "Sabe, meu amor..."

Isso.

Sabe, meu amor, mais de vinte e cinco anos atrás, enquanto conversávamos lá em Brasília, o João encheu os olhos d'água e me contou que tinha dado / que havia dado / que dera um tapa na cara de uma pessoa.

– Noto, professor. Pensar em tempo antigo e lugar distante facilita muito.

Pois é: facilita, sim! Então faça isso sempre.

– Farei.

E, além de fazer isso, decore que o pretérito perfeito do indicativo vai para o pretérito mais-que-perfeito do indicativo. Isso é, sem dúvida, o que mais cai em prova, então deve ser automático para você fazer essa transição:

+ "Comprou → tinha comprado / havia comprado / comprara"
+ "Amei → tinha amado / havia amado / amara"

– Certo, profe.

c) Futuro do Presente → Futuro do Pretérito:

Quando há verbo no futuro do presente do indicativo no discurso direto, ele passa ao futuro do pretérito do indicativo no discurso indireto:

+ "O homem assumiu: 'Mentirei aos eleitores'." (discurso direto)
  Fut. do Pres.
+ "O homem assumiu que mentiria aos eleitores." (discurso indireto)
  Fut. do Pret.

Você já deve ter adivinhado o que vou fazer.

– Sim: o senhor vai lembrar de quando estava conversando com o famoso João, no distante ano de 1994...

Exatamente. Em 1994, diante do Congresso Nacional, conversávamos eu e João. Então, João disse:

+ "No futuro, venderei a fazenda."

Agora, que você já se acostumou com a linha de raciocínio, diga você como eu reproduziria para a Manu o que nós conversamos.

– Sabe, meu amor...

Sim, começou certinho!

– Sabe, meu amor, mais de vinte e cinco anos atrás, enquanto conversávamos diante do Congresso Nacional, João me disse que no futuro *venderia* a fazenda...

Exatamente. Viu como faz sentido?

– Faz muito e todo o sentido.

Agora você vai ver que se trata, apenas, de treinar e se acostumar. É claro que não quero apenas que você faça por instinto, mas acredito mesmo que esse modo de pensar facilite muito.

d) Imperativo → Pretérito Imperfeito do Subjuntivo:

Quando há verbo no imperativo no discurso direto, ele passa ao pretérito imperfeito do subjuntivo no discurso indireto:

+ "O homem ordenou ao filho: '<u>Limpe</u> a casa'." (Discurso direto)
  Imperativo
+ "O homem ordenou ao filho que <u>limpasse</u> a casa." (Discurso indireto)
  Pret. Imperf. do Subj.

Vamos?

– Vamos.

Pois então: lá estávamos João e eu.

– Em frente ao Congresso?

Pode ser.

– Na viagem de 1994, suponho.

Isso. De repente, do nada, João me olhou e fez mais uma revelação. Disse ele o seguinte. "Ordenei ao meu filho: 'Desapareça'." Fez já tudo o que tinha de fazer?

– Fiz.

E o que você encontrou como resposta?

– Sabe, meu amor, aproximadamente vinte e cinco anos atrás, enquanto conversávamos bem diante do Congresso Nacional, "João disse que ordenou ao filho que ele *desaparecesse*".

Pronto. Você pegou o jeito. Mas não pode nunca se esquecer do essencial: tempo antigo e lugar distante.

– Tempo antigo e lugar distante.

Isso: tempo antigo e lugar distante.

e) Os demais tempos verbais:

Para sua sorte, os demais tempos verbais geralmente serão mantidos ao serem transpostos do discurso direto para o discurso indireto.

– Estava na hora de a sorte me favorecer, professor...

Se bem que eu costumo pensar que sorte de aluno estudioso é questão difícil, não questão fácil...

– Concordo...

Então você se decida!

– É aquele antigo conflito entre o desejo e a realidade...

Entendo. ☺

Voltemos: os demais tempos verbais tendem a não sofrer alterações.

+ "O homem comentou: 'Ana detestaria o trabalho'." (discurso direto)
  Fut. do Pret.

+ "O homem comentou que Ana detestaria o trabalho." (discurso indireto)
  Fut. do Pret.

– Nesses casos, o correto é isso mesmo? A manutenção do tempo verbal?

Isso. Veja outra.

+ "Carlos disse: 'Naquela época Ana estava adoentada'." (discurso direto)
  Pret. Imperf. do Ind.

+ "Carlos disse que naquela época Ana estava adoentada." (discurso indireto)
  Pret. Imperf. do Ind.

– Certo.

3. A TRANSPOSIÇÃO DE OUTRAS PARTÍCULAS

Agora vem mais um tópico falando daquilo que muda, ou seja, mais um tópico essencial, porque ele fala sobre o que você vai ter de lembrar que muda.

– Assim como eu vou ter de lembrar dos verbos?

Isso.

– E de tudo o mais que o senhor fala?

Isso, isso, isso. Além das já citadas alterações ocorridas com os verbos, há uma série de outros elementos que sofrem transformações ao serem passados do discurso direto para o discurso indireto. Veremos algumas dessas estruturas por meio de frases.

a) Este, esta, isto → aquele, aquela, aquilo:

+ "O rapaz disse: 'Adoro este chocolate'." (discurso direto)
+ "O rapaz disse que adorava aquele chocolate." (discurso indireto)

– Funciona ainda pensar em tempo antigo e lugar distante?

Funciona muito. Imagine que estamos eu e João.

– Sim! Em 1994, diante do Congresso Nacional, falando sobre variados assuntos!

Exato! É quando João, diante do prédio do Supremo Tribunal Federal, diz: "Este é o prédio mais bonito do país".

– Então o tempo passa e o senhor resolve, mais de vinte e cinco anos depois, contar para a Manu, chamando-a de "meu amor", essa opinião do João...

Mas que maravilha. É exatamente isso. E aí a transformação fica, mais uma vez, natural, sem que seja necessária nenhuma decoreba. Como ficaria a minha fala?

– Mais de vinte e cinco anos atrás, João, diante do prédio do STF, disse que *aquele* era o prédio mais bonito do país.

Coi-sa-mais-a-ma-da-des-te-mun-do! É bem isso. Se fizéssemos o mesmo caminho em todas as frases abaixo, todas as vezes veríamos com a mesma clareza a transformação.

b) Agora → naquele instante / momento:

+ "O rapaz disse: 'Agora estou lesionado'." (discurso direto)
+ "O rapaz disse que naquele instante / naquele momento estava lesionado." (discurso indireto)

c) Meu → seu / dele:

+ "O rapaz disse: 'Meu cachorro está ferido'." (discurso direto)
+ "O rapaz disse que seu cachorro / o cachorro dele estava ferido." (discurso indireto)

d) Hoje → naquele dia:

+ "O rapaz disse: 'Hoje viajarei para São Paulo'." (discurso direto)

- "O rapaz disse que naquele dia viajaria para São Paulo." (discurso indireto)

e) Amanhã → no dia seguinte / posterior:

- "O rapaz disse: 'Pretendo estar de volta amanhã'." (discurso direto)
- "O rapaz disse que pretendia estar de volta no dia seguinte." (discurso indireto)

f) Ontem → no dia anterior:

- "O rapaz disse: 'Ontem bebi até cair'." (discurso direto)
- "O rapaz disse que no dia anterior bebera até cair." (discurso indireto)

g) Aqui → lá:

- "O rapaz disse: 'Sou feliz aqui'." (discurso direto)
- "O rapaz disse que era feliz lá. (discurso indireto)

h) Me → se / o (a depender do contexto):

- "O rapaz disse: 'Eu me feri'." (discurso direto)
- "O rapaz disse que ele se ferira. (discurso indireto)
- "O rapaz disse: 'Ela me feriu'." (discurso direto)
- "O rapaz disse que ela o ferira." (discurso indireto)

– Certo, professor.

4. DISCURSO INDIRETO LIVRE

Além dos discursos direto e indireto, já citados, há ainda uma terceira forma de discurso, que é o discurso indireto livre.

– Profe, não estou muito bem lembrado de ouvir falar desse discurso.

Pois é. Ele é mais raro mesmo, mas não menos importante. Nesse tipo de discurso, a voz do narrador e a voz da personagem misturam-se sem que haja uma marcação clara sobre onde termina a fala de um e onde começa a fala de outro. *Caracteriza-se por não apresentar verbo dicendi nem sinais de pontuação.* Por isso, é o discurso mais difícil de ser classificado.

– Mas se não há divisão clara entre a fala de um e a fala de outro, nem verbo dicendi ou sinal de pontuação para me orientar, como faço para identificar com clareza?

Ele é mesmo um discurso mais difícil de ser identificado que os outros. O que teremos de fazer é estarmos atentos para, caso surja entre as alternativas a hipótese *discurso indireto livre*, procurarmos identificá-lo.

– Ok.

Vejamos o exemplo abaixo, extraído do romance "Vidas Secas", de Graciliano Ramos.

> "Seu Tomás da Bolandeira falava bem, estragava os olhos em cima de jornais e livros, mas não sabia mandar: pedia. Esquisitice de um homem remediado ser cortês. Até o povo censurava aquelas maneiras. Mas todos obedeciam a ele. *Ah! Quem disse que não obedecia*?" (grifo nosso)

Perceba-se que todo o primeiro segmento do texto, que vai do início até antes do "Ah!" exclamativo, é uma fala do narrador, ou seja, de alguém que está contando algo sobre um terceiro. Percebe?

– Percebo, sim.

Ótimo. No entanto, o último segmento ("Ah! Quem disse que não obedecia?") não é uma fala do narrador, e sim uma fala do próprio personagem. "Ah! Quem disse que não obedecia?" é uma tentativa de reprodução da fala do próprio Seu Tomás da Bolandeira.

– Entendi!

Só isso. Esse é o Discurso Indireto Livre. Difícil, mas existente. Logo, temos de saber.

5. QUADRO-SÍNTESE

CARACTERÍSTICAS DOS DISCURSOS

Discurso	Característica
1. Discurso Direto	– Reprodução literal – Sinal de pontuação – Verbo em qualquer pessoa
2. Discurso Indireto	– Reprodução adaptada – Sem sinal de pontuação – Verbo na 3ª pessoa – "QUE" ou "SE"

TRANSFORMAÇÃO DOS TEMPOS VERBAIS

Discurso Direto	Discurso Indireto
1. Presente do Indicativo João disse: "Amo vegetais".	**Pretérito Imperfeito do Indicativo** João disse que amava vegetais.
2. Pretérito Perfeito João disse: "Amei o jantar".	**Pretérito mais-que-perfeito** João disse que amara / tinha amado / havia amado o jantar
3. Futuro do Presente do Indicativo João disse: "Amarei o filme".	**Futuro do Pretérito do Indicativo** João disse que amaria o filme.
4. Imperativo João ordenou à filha: "Limpe a casa".	**Pretérito Imperfeito do Subjuntivo** João ordenou à filha que limpasse a casa.

TRANSFORMAÇÃO DE OUTRAS PARTÍCULAS

Discurso Direto	Discurso Indireto
1. Este, esta, isto	Aquele / aquela / aquilo
2. Agora	Naquele momento / instante
3. Meu	Seu / dele
4. Hoje	Naquele dia
5. Amanhã	No dia seguinte / posterior
6. Ontem	No dia anterior
7. Aqui	Lá
8. Me	Se

CAPÍTULO 37

Colocação Pronominal

INTRODUÇÃO

Você deve se lembrar dessa matéria, com seus nomes pouco amistosos: próclise, mesóclise e ênclise.

– Lembro sim, professor. Lembro bem.

Pois então: debater colocação pronominal é debater sobre a posição dos pronomes pessoais oblíquos átonos em relação ao verbo. Primeiro, vamos lembrar que pronomes são esses:

+ me, te, se, o, a, os, as, lhe, lhes, nos, vos

Esses pronomes podem ser posicionados antes do verbo, em posição que chamamos de *próclise*; no meio da estrutura verbal, que é a chamado *mesóclise*; ou após o verbo, em posição de *ênclise*.

+ "Ela jamais **me** enganou."
  Próclise

+ "Enganar-**me**-ia, se pudesse."
  Mesóclise

+ "Enganava-**me** sem nenhum pudor."
  Ênclise

– É bastante coisa, não, professor?

Pouca coisa não é. O que teremos de saber aqui são as situações em que cada uma dessas colocações é obrigatória.

1. COLOCAÇÃO PRONOMINAL NAS FORMAS VERBAIS SIMPLES

Veremos primeiro a colocação pronominal em relação a uma forma verbal simples (um verbo só). Na sequência, trabalharemos o encaixe dos pronomes em relação às locuções verbais.

– Certo!

1.1. Próclise

Próclise é a colocação do pronome antes do verbo. Em algumas situações, ela será obrigatória.

– E nós vamos estudar todos os casos de obrigatoriedade?

Todos.

a) Advérbio antes do verbo:

Advérbios imediatamente antepostos ao verbo, desde que não isolados por vírgula, atraem para antes do verbo o pronome:

+ "Ontem **nos** revelaram o plano."
  (Ontem: adv.)

+ "Rapidamente **se** dissipou a dúvida."
  (Rapidamente: adv.)

– Qualquer advérbio? De todas aquelas categorias?

Sim, tanto faz: tempo, lugar, modo, afirmação, etc.

+ "Ele nota que aqui **se** cumprem as leis."
  (aqui: adv.)

– Perfeito.

E lembre-se de que "não", "nunca" e "jamais" sempre vão atrair o pronome. São algumas das partículas mais atrativas da língua:

+ "Não **me** trate assim."
  (Não: adv.)

+ "Ela jamais **se** sentiu inferior."
  (jamais: adv.)

– Não se preocupe que não vou esquecer que "não", "nunca" e "jamais" atraem sempre.

Ótimo.

b) Conjunção subordinativa antes do verbo:

As conjunções subordinativas (tanto as adverbiais quanto as integrantes) atraem também o pronome:

+ "Ana não conseguia dizer isso, embora **me** adorasse."
  (embora: conj. subord. adverbial)

+ "O diretor disse que **te** entregou os envelopes."
  (que: conj. subord. integrante)

– Mais uma vez, todas elas? Causais, condicionais, concessivas, etc.? E ainda as integrantes "QUE" ou "SE" quando equivalem a "isso"?

Exato. Todas elas:

- "Ela ficou feliz, quando **se** deu conta do ocorrido."
  conj. subord. adverbial

- "Carlos perguntou se **nos** encontraríamos."
  conj. subord. integrante

c) Pronomes relativos antes do verbo:

Os pronomes relativos também chamam para perto de si os pronomes oblíquos átonos.

- "As pessoas que **nos** agrediram foram soltas."
  pron. relativo

- "Esta é a cidade onde **o** conheci."
  pron. relativo

– Posso pensar que a partícula "QUE" sempre atrai?

Deve. Se você somente tivesse espaço para guardar *uma* informação, seria que o "QUE" atrai. Porque, seja qual for a classificação que tenha, inclui-se entre as partículas atrativas.

– Perfeito.

d) Pronomes indefinidos antes do verbo:

Você se lembra dos pronomes indefinidos, que são aqueles pronomes que se referem à terceira pessoa do discurso e que eu disse que são muito, muito, muito importantes?

– Olhe, professor, pelo menos dos principais eu me lembro sim.

Ótimo: "alguém", "ninguém", "todos", "todas", "muitos", "poucos" etc.

- "Até agora, ninguém **lhe** devolveu o dinheiro emprestado."
  pronome indefinido

- "Na empresa, muitos **me** enxergam como antipático."
  pronome indefinido

– Tranquilo.

- "Na verdade, tudo **se** resolverá em breve."
  pronome indefinido

e) Pronomes interrogativos antes do verbo:

Quais são os pronomes interrogativos?

– O "quais" que o senhor usou é pronome interrogativo. ☺ São os quatro começados com "Q": "que", "quem", "qual", "quanto".

Exatamente. Quando houver pronome interrogativo antes do verbo, ele traz para perto de si o pronome.

+ "Quanto **nos** cobraram a cerveja?"
  pron. ind.
+ "Quem **te** disse um absurdo desses?"
  pron. ind.

– Tranquilo. Não são muitos e sempre atraem.

Sempre, sempre.

+ "Que **te** falta nesta casa?"
  pron. ind.

f) Algumas conjunções coordenativas antes do verbo:

Sei que dizer "algumas conjunções" deve atemorizar bastante *e* gerar insegurança.

– O senhor acertou em cheio: atemoriza E gera insegurança. ☺

Tranquilo, eu já esperava. Na verdade, as que atraem são as aditivas correlativas ("não só... mas também", "não apenas... mas ainda" etc.) e as alternativas de modo geral ("ou", "ou... ou", "ora... ora", etc.)

– Aditivas correlativas e alternativas?

Isso mesmo.

+ "Ora **me** afaga, ora **me** xinga."
  conjunção coordenativa

+ "Não só **te** oriento nas dificuldades, mas também **te** abraço nas alegrias."
  conjunção aditiva correlativa

– Fechado, professor.

g) Na estrutura cristalizada "EM + SE + gerúndio":

+ "Em **se** tratando de medidas econômicas, esse político é ágil."
  EM SE gerúndio

Já usou essa estrutura na vida?

– Muito, muito, profe.

Pois então. Jogar o pronome para depois do verbo em expressões assim é errado. Ele tem de estar em posição de próclise:

+ "Em **se** observando melhor a cena, nota-se o absurdo de tudo."
  EM SE gerúndio

– Perfeito.

h) Frases optativas:

– O senhor fica muito magoado se eu disser que não lembro o que seja uma frase optativa?

Nem um pouco. *Frase optativa* é aquela que exprime *desejo*:

+ "Deus **te** guarde!"

– O nome disso é "frase optativa"?

Isso. Brinco que as optativas são as frases de vó em momentos de despedida:

+ "Bons ventos **o** levem!"

Um bom teste é o seguinte: nas frases optativas, cabe antes da frase a partícula "QUE" (é apenas um teste, para ver se é mesmo frase optativa):

+ "(Que) Deus te guarde!"
+ "(Que) bons ventos o levem!"

– Entendi! Frases optativas. Frases optativas. Frases optativas. Mais um conceito para o repertório.

Excelente.

1.2. Mesóclise

É o nome que se dá ao encaixe do pronome *no meio* da forma verbal. Trata-se de uma estrutura usada com recorrência antigamente, mas quase em desuso no português atual.

a) Verbo no futuro do presente sem palavra atrativa antes:

Caso o verbo esteja no futuro do presente e for necessário juntá-lo a um pronome, será caso de mesóclise, a não ser que haja uma palavra que atraia antes.

+ "Revelar-**se**-á na próxima sexta-feira o resultado do pleito."
  futuro do presente

– Certo. E, se houvesse caso de próclise (palavra atrativa), ela prevaleceria sobre a mesóclise?

Isso mesmo.

+ "Não **se** revelará na próxima sexta-feira o resultado do pleito."

Próclise, portanto, sobrepõe-se à mesóclise.

– Registrado.

b) Verbo no futuro do pretérito sem palavra atrativa antes:

Assim como no item "a", se o verbo estiver no futuro do pretérito e não houver palavra atrativa antes, ocorrerá mesóclise:

+ "Constatar-**se**-iam erros grosseiros na consultoria."
futuro do pretérito

– Ocorre mesóclise, então, nos dois tempos futuros do indicativo?

Exatamente. E, de novo: ocorre mesóclise *somente se* não houver palavra atrativa antes. Se houver, a próclise vence:

+ "Ele disse que **se** constatariam erros grosseiros na consultoria."

– Fechado, profe.

1.3. Ênclise

A "ênclise" ocorre quando o pronome pessoal oblíquo átono é encaixado após o verbo. Ela se torna obrigatória em algumas situações específicas.

a) Verbo em início de frase:

Ocorrerá a ênclise quando o verbo estiver no início de frase e não for caso de mesóclise, ok?

+ "Relatou-**me** o grave problema que enfrenta."
início de frase

– Se for caso de mesóclise (verbo no futuro do presente ou no futuro do pretérito) predomina a mesóclise?

Exato:

+ "Relatar-**me**-á o grave problema que enfrenta."
futuro do presente

Então pense que, entre as três colocações pronominais, há uma hierarquia:

Próclise > Mesóclise > Ênclise

– A próclise ganha da mesóclise e a mesóclise ganha da ênclise?

Lindo: simples assim.

b) Verbo logo após sinal de pontuação:

Após pausa marcada por pontuação, cria-se um caso de ênclise:

+ "Já que estás cansado, sinto-**me** na obrigação de trabalhar por ti."
  após pontuação

1.4. Casos opcionais

Podemos, genericamente, pensar que, quando não houver obrigatoriedade de próclise, mesóclise ou ênclise, a colocação pronominal será feita de modo opcional antes ou depois do verbo, sem que isso acarrete incorreção à frase.

– Se não for obrigatório, será opcional?

Isso mesmo. Parece até tosco, não? Mas é isso mesmo. Vamos a alguns exemplos:

+ "O rapaz **me** confidenciou o crime."
  próclise

+ "O rapaz confidenciou-**me** o crime."
  ênclise

Nas frases acima, há palavra obrigatoriamente atrativa, que exija próclise?

– Não, não há.

Correto. O verbo está em início de frase ou imediatamente após pontuação?

– Não está.

Ótimo. Sendo assim, pode estar o pronome antes ou depois, sem problemas. Vamos a outra:

+ "A moça redigiu o trabalho e **me** entregou a cópia."
  próclise

+ "A moça redigiu o trabalho e entregou-**me** a cópia."
ênclise

– Mais uma vez, não é caso obrigatório nenhum que tenhamos visto...

Bem isso. Logo, a colocação é opcional e está correta em ambas as frases.

1.5. Um caso opcional importantíssimo

Quando houver infinitivo impessoal (aquele que não flexiona) antecedido de palavra atrativa, será opcional a próclise ou a ênclise.

palavra atrativa ↓

+ "Ele jurou não **me** observar de modo esquisito."
infinitivo impessoal

palavra atrativa ↓

+ "Ele jurou não observar-**me** de modo esquisito."
infinitivo impessoal

– Professor amado, não acredito: mesmo que antes do verbo no infinitivo impessoal venha "NÃO" ou "QUE", que são as estruturas mais atrativas do mundo, a colocação é opcional?

Sim, acredite!

palavra atrativa ↓

+ "Ele xingará o primeiro que **o** importunar."
infinitivo impessoal

palavra atrativa ↓

+ "Ele xingará o primeiro que importuná-**lo**."
infinitivo impessoal

– Ambas certas...

Ambas. Ponha, ponha, ponha no seu repertório.

– Porei.

2. COLOCAÇÃO PRONOMINAL NAS LOCUÇÕES VERBAIS

Você acredita que tudo isso que nós já vimos se aplica às formas verbais simples e que, agora, nós teremos de ver como funciona a colocação desses pronomes na presença de locuções verbais?

– Nossa, professor, que notícia boa... Só que não. ☺

Que notícia boa mesmo, só que sim! Você vai aprender e não vai mais se atrapalhar. Garanto. Antes vamos entender algo fundamental, que vai facilitar todas as explicações posteriores. Olhe os exemplos subsequentes comigo:

+ "A moça pode **me** explicar o conteúdo."
  locução verbal

Eu afirmo a você que o pronome acima destacado está em posição de próclise em relação ao verbo principal, e não de ênclise em relação ao verbo auxiliar. Você saberia me dizer por que afirmo isso categoricamente?

– Professor, o senhor quer acabar com o resto de dignidade que ainda me resta? Como saber, se ele está exatamente no meio dos dois?

Seus problemas acabaram: *sempre que um pronome estiver em posição de ênclise, ele será unido por hífen ao verbo ao qual ele se liga.* Isso é o que acontece na frase abaixo. Acompanhe comigo.

+ "A moça pode-me explicar o conteúdo."

Entendeu?

– Acho que sim. Sempre que um pronome estiver em posição de ênclise, vai se ligar ao verbo por hífen. Se não houver hífen, significa que não está em ênclise.

E-xa-ta-men-te. Vamos a mais dois exemplos:

– Vamos, sim.

+ "O rapaz estava **me** observando com desconfiança."
  pronome em próclise ao principal

+ "O rapaz estava-**me** observando com desconfiança."
  pronome em ênclise ao auxiliar

– Compreendido, profe amado.

Ótimo.

Agora, mais uma questão: a regra de colocação pronominal nas locuções vai depender de duas variáveis:

a) A forma em que estiver o principal: infinitivo, gerúndio ou particípio;
b) Haver ou não haver palavra atrativa.

– Certo.

2.1. Verbo principal no infinitivo ou no gerúndio

a) Locução não antecedida por palavra atrativa:

Nesse caso, o pronome pode estar em qualquer uma das quatro posições: próclise ou ênclise em relação ao auxiliar; próclise ou ênclise em relação ao principal.

+ "A menina **me pode atender** no escritório." (certo)
  pronome em próclise ao auxiliar
+ "A menina **pode-me atender** no escritório." (certo)
  pronome em ênclise ao auxiliar
+ "A menina **pode me atender** no escritório." (certo)
  pronome em próclise ao principal
+ "A menina **pode atender-me** no escritório." (certo)
  pronome em ênclise ao principal

Percebe?

– Não sei se percebo.

Não havendo palavra atrativa antes da locução verbal, o verbo pode vir antes ou depois tanto do verbo auxiliar quanto do principal.

– Compreendido, profe. Isso se o principal estiver no infinitivo ou no gerúndio e *não* houver palavra atrativa.

Isso mesmo. Veja abaixo, com verbo no gerúndio:

+ "O rapaz **me estava auxiliando** com as tarefas."
  pronome em próclise ao auxiliar
+ "O rapaz **estava-me auxiliando** com as tarefas."
  pronome em ênclise ao principal
+ "O rapaz **estava me auxiliando** com as tarefas."
  pronome em próclise ao principal
+ "O rapaz **estava auxiliando-me** com as tarefas."
  pronome em ênclise ao principal

– "Vale tudo", como na música do Tim Maia!

Aqui vale!

b) Locução antecedida por palavra atrativa:

Se houver, antes da locução, palavra atrativa, muda um pouquinho, mas a pequena mudança faz sentido.

– Não gosto de mudanças, mesmo que pequenininhas...

Mantenha a calma. Pense comigo. Não se pode colocar o pronome após o verbo se, antes dele, houver palavra atrativa. Essa é a regra geral, lembra?

– Lembro.

Pois então: havendo palavra atrativa antes da locução, a palavra atrativa estará, na verdade, antes do verbo auxiliar. Faz sentido?

– Todo.

Então fechou. Se há palavra atrativa antes do auxiliar, há uma posição só em que o pronome não poderá estar: em ênclise ao auxiliar, ou seja, depois do auxiliar. Nas outras três posições, tranquilo.

+ "A menina não **me pode atender** no escritório." (certo)
  pronome em próclise ao auxiliar
+ "A menina não **pode me atender** no escritório." (certo)
  pronome em próclise ao principal
+ "A menina não **pode atender-me** no escritório." (certo)
  pronome em ênclise ao principal

Há palavra atrativa antes de um verbo? Há. Então, o pronome não pode estar em ênclise a ele:

+ "A menina não **pode-me atender** no escritório." (ERRADO)
  pronome em ênclise ao auxiliar

Isso seria impossível, porque estaríamos colocando o pronome em posição de ênclise a um verbo que tem palavra atrativa antes.

– Profe, acho muito que entendi.

Entendeu, sim. Fico felicíssimo.

Vamos ao gerúndio, em que vale o mesmo:

+ "O rapaz que **me estava auxiliando** com as tarefas chegou." (certo)
  pronome em próclise ao auxiliar

+ "O rapaz que estava **me** auxiliando com as tarefas chegou." (certo)
  pronome em próclise ao principal

+ "O rapaz que estava auxiliando-**me** com as tarefas chegou." (certo)
  pronome em ênclise ao principal

– Captei, professor, captei.

Diga-me agora qual seria a única posição não aceita para o pronome.

O rapaz que estava-me auxiliando com as tarefas chegou. (ERRADO)
pronome em ênclise ao auxiliar

Exatamente. Lindo, lindo.

2.2. Verbo principal no particípio

Quando o verbo principal está no particípio, teremos de nos lembrar de uma informação básica e fundamental: *é impossível ênclise em relação a um verbo no particípio.*

– Proibida totalmente? Jamais?

Sim. Proibida. Jamais. Guardada essa informação, valem as mesmas regras que estudamos para as outras locuções verbais, com o acréscimo desse impedimento: não faremos ênclise ao principal, porque ele está no particípio.

a) Locução não antecedida por palavra atrativa:

Não havendo palavra atrativa antes da locução, valem todas as posições do pronome, exceto a ênclise ao particípio (proibida):

+ "O rapaz **me** tinha oferecido bombons." (certo)
  pronome em próclise ao auxiliar

+ "O rapaz tinha-**me** oferecido bombons." (certo)
  pronome em ênclise ao auxiliar

+ "O rapaz tinha **me** oferecido bombons." (certo)
  pronome em próclise ao principal

– Ou seja, só se proíbe a ênclise ao particípio.

Exatamente:

+ "O rapaz tinha oferecido-**me** bombons." (ERRADO)
  pronome em ênclise ao principal

– Perfeito.

b) Locução antecedida por palavra atrativa:

Aqui, são duas as proibições: ênclise ao verbo antes do qual há palavra atrativa (o auxiliar) e ênclise ao particípio (o principal).

– Só o que pode, então, são as duas próclises, ao auxiliar e ao principal.

Perfeito:

+ "O rapaz não **me** tinha falado nada." (certo)
  pronome em próclise ao auxiliar

+ "O rapaz não tinha **me** falado nada." (certo)
  pronome em próclise ao principal

– Nunca em minha vida tinha conseguido aprender isso, professor!

Fico tão feliz de saber que você nem imagina. Não podem, com palavra atrativa antes de locução com verbo no particípio, nenhuma das duas ênclises:

+ "O rapaz não tinha-**me** falado nada." (ERRADO)
  pronome em ênclise ao auxiliar

+ "O rapaz não tinha falado-**me** nada." (ERRADO)
  pronome em ênclise ao principal

– Perfeito, profe. É muita, muita coisa. Mas entendi bem a lógica do raciocínio.

Alegria! Então, agora, é só guardar para nunca mais esquecer.

3. QUADRO-SÍNTESE

FORMAS VERBAIS SIMPLES

Próclise	
Advérbio antes do verbo	*Agora* **se** sente mais calmo.
Conjunção subordinativa antes do verbo	*Quando* **nos** viu, ficou assustado.
Pronome relativo antes do verbo	O rapaz *que* **te** olhava parece estranho.
Pronome indefinido antes do verbo	*Ninguém* **se** sentiu ofendido.
Pronome interrogativo antes do verbo	*Quem* **nos** contava aquelas coisas?
Algumas conj. coord. antes do verbo	*Ou* **me** amas, *ou* **me** deixas.
Em + se + gerúndio	*Em* **se** *tratando* de futebol, sou indiferente.

FORMAS VERBAIS SIMPLES

Frases optativas	Deus **te** guie!
Mesóclise	
→ Ocorre se não for caso de próclise.	
Futuro do presente	**Observar-se-á** a situação.
Futuro do pretérito	**Constatar-se-iam** erros.
Ênclise	
→ Ocorre se não for caso de mesóclise.	
Verbo em início de frase	**Optou-se** por um novo carro.
Logo após sinal de pontuação	Desse modo, **fez-se** a inimizade.

FORMAS VERBAIS COMPOSTAS

Verbo no Infinitivo ou no Gerúndio	
Sem palavra atrativa antes da locução	O chefe **me** pode explicar. (próclise ao auxiliar) O chefe pode-**me** explicar. (ênclise ao auxiliar) O chefe pode **me** explicar. (próclise ao principal) O chefe pode explicar-**me**. (ênclise ao auxiliar)
Com palavra atrativa antes da locução	Ele *não* **me** pode explicar. (próclise ao auxiliar) Ele *não* pode **me** explicar. (próclise ao principal) Ele *não* pode explicar-**me**. (ênclise ao principal)
Verbo no Particípio	
→ Nunca há ênclise ao particípio.	
Sem palavra atrativa antes da locução	O chefe **me** havia xingado. (próclise ao auxiliar) O chefe havia-**me** xingado. (ênclise ao auxiliar) O chefe havia **me** xingado. (próclise ao principal)
Com palavra atrativa	Ele *não* **me** havia xingado. (próclise ao auxiliar) Ele *não* havia **me** xingado. (próclise ao principal)

CAPÍTULO 38

"QUE" e "SE"

INTRODUÇÃO

Certamente você sabe que, dentre todos os elementos existentes na língua portuguesa, talvez não haja nenhum outro tão difícil em termos de classificação quanto as partículas "QUE" e "SE".

– Sei, sim...

Então, chegou a hora de vermos as várias classificações das partículas "QUE" e "SE" de uma só vez. Antes que você se preocupe, já aviso: não é tão difícil assim. Estudaremos todo o necessário e saberemos o que há para saber.

– Tomara, professor!

Vamos sim. Eu garanto. ☺

1. CLASSIFICAÇÕES DO "QUE"

Como você reagiria se eu dissesse que veremos quase quinze diferentes classificações para a partícula "QUE"?

– Eu acho que eu teria um infarto!

Espero que seja um modo de falar, pois, caso contrário, você vai precisar chamar ajuda agora! ☺

De quantas dessas muitas classificações você lembraria?

– Olhe, professor, de saber identificar mesmo acho que só duas: pronome relativo e conjunção integrante. O resto, creio que saberia mais de nome...

Fique feliz, porque os seus problemas acabaram! Veremos agora uma a uma, bem direitinho, e você vai sair deste capítulo sabendo bastante (bastante mesmo) sobre as classificações do "QUE".

1.1. Pronome relativo

Se você me dissesse que não consegue reconhecer quando o "QUE" é pronome relativo, eu ficaria, muito, mas muito, mas muito chateado mesmo.

– Nem se preocupe, que eu sei: quando equivale a "o qual", "a qual", "os quais", "as quais".

Isso!

+ "Os homens **que** chegaram são truculentos."
pronome relativo (= os quais)

Como a frase equivale a "os homens *os quais* chegaram são truculentos", o "QUE" é pronome relativo. Quando temos um pronome relativo, você lembra que tipo de oração ele introduz?

– Oração subordinada adjetiva.

Para as necessidades do momento, está excelente! Parabéns!

– Agradeço.

Vamos a mais alguns exemplos:

+ "Os cães, **que** são sensíveis, sempre acompanham os donos."
pronome relativo
(= "os quais" / introduz a oração adjetiva "que são sensíveis")

+ "Eu persegui a mulher **que** roubou o dinheiro."
pronome relativo
(= "a qual" / introduz a or. adj. "que roubou dinheiro")

– Perfeito.

1.2. Conjunção integrante

Como você disse que sabia também as conjunções integrantes, nem me preocupo, mas, por via das dúvidas, diga-me quando a partícula "QUE" é conjunção integrante.

– Quando toda a oração introduzida pelo "QUE" pode ser substituída por "ISSO".

Exatamente. Simples assim.

+ "Ele afirma **que** está sóbrio."
conjunção integrante (Ele afirma "isso")

Na oração acima, temos uma estrutura que equivale a "ele afirma *isso*", portanto trata-se de conjunção integrante. Quando a partícula "QUE" é conjunção integrante, como se chama a oração que essa partícula introduz?

– Oração subordinada substantiva.

Perfeito. Vamos a mais uns exemplos:

+ "Percebe-se **que** o motor perdeu desempenho."
  conjunção integrante (Percebe-se "isso")

+ "O fundamental é **que** encontremos uma solução."
  conjunção integrante (O fundamental é "isso")

Daqui por diante, embora já tenhamos visto em outros momentos muitos dos casos que serão estudados, começam as classificações do "QUE" nas quais costuma haver dificuldade.

– E por que isso acontece, ó meu querido professor?

Quer a minha opinião sincera, sincera mesmo?

– Quero.

Porque eu acho que estamos acostumados a saber somente até um limite. E estamos acostumados a não passar desse limite. Achamos que só é importante saber pronome relativo e conjunção integrante (e é de fato importante). Mas e se, eventualmente, aparecer qualquer outro "QUE"? Se decidirmos não saber, estaremos colocando a nossa chance de acertar ou errar uma questão nas mãos da "sorte" ou do "destino". Já se você botar na sua cabeça que vai dominar *todas* as classificações do "QUE", acertar a questão dependerá apenas de você.

– Palavras fortes, professor.

Reconheço que sim, mas às vezes é necessário. ☺

– Concordo.

1.3. Conjunção adverbial consecutiva

Para reconhecer o "QUE" conjunção consecutiva, teremos de estar atentos a uma estrutura correlativa.

– O senhor poderia repassar o conceito de "estrutura correlativa"?

Sim, é claro. Falamos que há "estrutura correlativa" quando um elemento vem *apoiado* em outro que está na outra oração, ou seja, quando a presença de um determinado elemento acarreta a presença de outro, lembrou?

– Sim!

Pois bem, se não lembrou, vai lembrar agora. A partícula "QUE" será conjunção adverbial consecutiva quando fizer parte de uma das seguintes estruturas: "tão ... que", "tal ... que", "tanto ... que", "tamanho... que".

+ "Havia tanto lixo na casa **que** o cheiro era sentido do corredor."

– Agora recordei com certeza.

Ótimo. Quando você achar que existe um "que" conjunção consecutiva, você deve voltar à oração anterior e encontrar "tão", "tal", "tanto" e "tamanho".

– Certo.

Dois detalhezinhos sobre a conjunção "QUE" com valor consecutivo.

1º) Quando há conjunção consecutiva, há relação de causa e consequência entre a oração principal e a oração subordinada:

+ "Sinto tamanho desprezo por João **que** sequer consigo olhar para ele."
Or. Princ. = causa — Os. Sub. Adv. Consec. = consequência

– E a conjunção consecutiva "QUE" sempre introduzirá a consequência?

Sempre.

2º) A oração consecutiva tem início justamente no "QUE":

+ "Ele bebeu tanto **que** desmaiou."
O. P. — O. S. A. Consec.

– A tal estrutura correlativa ("tão", "tal", "tanto" e "tamanho") faz parte da oração principal?

Exatamente! Parabéns!

1.4. Conjunção adverbial comparativa

Mais uma vez, aqui, para reconhecer essa classificação do "QUE", teremos de perceber que ele faz parte de uma estrutura correlativa.

– Com isso o senhor quer dizer que o "QUE" conjunção comparativa vem *apoiado* em alguma outra estrutura que deve estar presente na outra oração.

Coi-sa-mais-lin-da-do-mun-do! O "que" será conjunção comparativa em estruturas similares a "mais ... (do) que", "menos ... (do) que", "maior ... (do) que", "menor ... (do) que", "melhor ... (do) que" e "menor ... (do) que".

+ "A menina estudava *mais* os contratos **que** as disciplinas da escola."
  Oração principal / Or. Sub. Adv. Comparativa

– Professor, o senhor pode só lembrar rapidamente o que significa mesmo aquele "DO" entre parênteses que aparece nas estruturas correlativas.

Claro que posso. O que se quer dizer com esses parênteses é que pode ou não, opcionalmente, haver o "DO" em todas as estruturas acima. Sendo assim, estariam certas as duas formas a seguir:

+ "Ele é melhor mecânico **que** os tios."
  O. P. / O. S. A. Comp.

+ "Ele é melhor mecânico do **que** os tios."
  O. P. / O. S. A. Comp.

Ambas as frases, inclusive, têm exatamente o mesmo sentido.

– Ok, relembrado.

1.5. Conjunção adverbial causal

Esta é uma das classificações não tão comuns do "QUE", se a compararmos com as anteriores.

– Mas, como o senhor disse, se existe, temos de saber.

Ah, é assim que eu gosto. A partícula "QUE" é conjunção causal quando equivale a "PORQUE" e introduz a causa de determinado evento:

+ "Estudou muito a matéria, **que** tinha prova no dia seguinte."
  Or. Principal / Or. Sub. Adv. Causal

Percebe a noção de causa? A causa "ter prova no dia seguinte" acarreta a consequência "estudar muito a matéria".

– Como senhor já disse e redisse, e eu não esqueço, sempre que houver causa, haverá consequência; sempre que houver consequência, haverá causa.

Lindo, lindo. É isso mesmo. Se temos a causa em uma oração, temos a consequência na outra:

+ "Estudou muito a matéria, **que** tinha prova no dia seguinte."
Consequência — Causa

– Ok.

1.6. Conjunção coordenativa explicativa

A distinção entre o "QUE" causal e o "QUE" explicativo é às vezes difícil. Isso, no entanto, não é um problema das classificações do "QUE", e sim da dificuldade de distinção entre as conjunções causais e as explicativas (a mesma dificuldade ocorre com "PORQUE" e "POIS", por exemplo, que podem pertencer a ambos os grupos).

– É aquele caso em que nós vamos ter de saber que, para que tenhamos uma conjunção explicativa, na outra oração deverá haver hipótese, ordem, pedido, desejo ou conselho.

Para que eu saiba que não estou sonhando, repita quais são as ideias que devem anteceder o "QUE" explicativo.

– Hipótese, ordem, pedido, desejo ou conselho.

Eu estou comovido aqui. É este caso mesmo.

+ "Saia logo daqui, **que** esse prédio pode desabar."
Ordem — Or. Coord. Sind. Explicativa

A partícula "QUE" da frase acima tem valor explicativo, visto que a oração assindética é representada por uma ordem.

– Quem está sentindo orgulho agora sou eu.

É merecido o sentimento! ☺

1.7. Partícula expletiva

Eis uma das possibilidades de classificação do "QUE" da qual todo mundo já ouviu falar bastante, mas que, quando aparece em um texto, quase ninguém consegue classificar.

– Acho que o senhor tem razão...

Quando surge em aula um "QUE" expletivo, faço questão de perguntar qual é a classificação dele. Via de regra, ninguém (eu disse "ninguém") consegue classificar corretamente.

– Se eu estivesse nessa aula, faria parte dessa triste estatística, professor...

Até agora, faria. A partir de agora, não fará mais. A partícula "QUE" será expletiva quando for apenas uma partícula de realce, podendo ser retirada sem acarretar prejuízo à correção ou ao sentido da frase:

+ "O rapaz quase **que** foi demitido por causa da falta."
  part. expl.

Nota que, na frase acima, sem nenhuma outra alteração e sem prejuízo nenhum de sentido, o "QUE" poderia ser simplesmente suprimido?

– Sim: "O rapaz quase foi demitido por causa da falta".

Lindo. Aqui precisamos de um cuidadinho a mais. Quando o "QUE" é expletivo, ele pode ser acompanhado pelo verbo "SER", que, nesse caso, também será expletivo e, portanto, dispensável.

+ "A menina **é que** cometeu erros em excesso."
  part. expl.

– Sério que nessa frase o verbo "SER" é também expletivo?

Bem sério. Nessa frase, toda a estrutura pode ser suprimida:

+ "A menina (~~é que~~) cometeu erros em excesso."
  estrutura expletiva

Lembre-se de que só teremos uma partícula expletiva quando ela puder ser suprimida sem acarretar outras transformações e mantendo o sentido da frase.

– Perfeito.

1.8. Pronome indefinido

Este "QUE" é muito, muito usual na fala, mas, caso se peça a classificação dele a cem pessoas que estudam bastante, noventa e nove vão ter dificuldades.

– Difícil?

Não. Na verdade, não. A questão é só que não se costuma classificá-lo assim. Ele acompanha sempre um substantivo, desempenhando a função de adjunto adnominal.

+ "**Que** alegria!"
  pronome indefinido

– É simplesmente isso? Vir junto a um substantivo na condição de adjunto adnominal?

É isso:

+ "**Que** pessoa maravilhosa ele se revelou."
  pronome indefinido

– Ótimo.

1.9. Pronome interrogativo

Este faz parte daquele quarteto de pronomes interrogativos, lembra?

– "Que", "quem", "qual" e "quanto".

Exatamente esses. Quando é pronome interrogativo, o "que" equivale a "qual" ou a "qual coisa". Fará parte, naturalmente, de frases interrogativas diretas ou indiretas:

+ "**Que** lei estão comentando que será revogada?"
  pron. int.

+ "**Que** fizeste nas últimas noites?"
  pron. int.

– Tranquilo, professor.

Pode vir acompanhado por um "O" de valor expletivo:

+ "O **que** pretendes comprar com esse dinheiro?"
  pron. int.

– Perfeito.

1.10. Advérbio

"QUE" é advérbio quando intensifica adjetivos ou outros advérbios.

– Então ele desempenha bem função de advérbio mesmo?

Que loucura isso, não?

– Muito engraçadinho.

Obrigado. ☺

Mas é isso mesmo: ele é propriamente um advérbio.

+ "**Que** rápido foi o evento".
adv.

Percebe? Equivaleria a "muito rápido foi o evento". A função sintática dele é qual?

– Adjunto adverbial de intensidade?

Isso mesmo. Orgulho é a palavra que me define.

+ "**Que** bela camisa!"
adv.

– Seria algo como "muito bela camisa" ou "belíssima camisa".

Isso mesmo.

1.11. Preposição acidental

Há as chamadas preposições essenciais, lembra?

– "A", "ante", "após", "até" e por aí vai...

Isso. Além dessas, há as chamadas preposições acidentais, que são aquelas palavras que, embora não listadas entre as preposições, podem desempenhar função de preposição, a depender do uso.

– Pois é, profe: dessas já lembro um pouco menos...

Tranquilo. Elas são menos importantes mesmo. Não há problemas. No entanto, para o estudo de agora, lembremos que o "QUE", em algumas ocasiões, pode ser preposição acidental.

– E são ocasiões fáceis essas em que ele equivale a preposição?

Sim, muito fáceis. "QUE" será preposição acidental quando equivaler às preposições "DE" (principalmente), "A" ou "PARA".

+ "Nós tínhamos **que** conversar mais".
preposição acidental

– Profe, essa é uma estrutura bem usual, não é? Comum mesmo.

Bastante. Note que na frase acima, o "QUE" não é nem conjunção integrante equivalente a "ISSO", nem pronome relativo equivalente a "O QUAL". O que ele é, na verdade, é uma preposição que une dois verbos de uma locução verbal:

+ "tínhamos **que** conversar" = "tínhamos **de** conversar".
prep. acidental — prep. essencial

– Lindo, profe.

Ótimo. Mais raramente, pode corresponder às preposições "A" ou "PARA".

+ "Temos muitas coisas **que** debater." (equivale a "A" / "PARA")
preposição acidental

– Feliz de entender!

Fico feliz igualmente!

1.12. Substantivo

– O senhor me jura que até substantivo a partícula "QUE" pode ser?

Eu juro. E ela é substantivo quando *representa algo* e é antecedida por um determinante. Nesse caso, equivale a "qualquer coisa" ou "alguma coisa" e tem acento circunflexo.

+ "Ela tem um **quê** de antipática".
substantivo

Percebe?

– Percebo. "Ela tem *qualquer coisa* de antipática". Por isso, é substantivo.

Exato. Também o nome da décima sétima letra do alfabeto é substantivo e é grafada assim:

+ A letra "**quê**" vem depois da letra "pê".
  substantivo — também substantivo

1.13. Interjeição

Já aconteceu de, no meio de uma discussão, alguém acusar você de algo que você julga que não é responsabilidade sua e você responder à pessoa, em um tom de espanto:

+ "Quê?!"

– Já aconteceu muito, professor...

Pois então. Repare bem: você não está fazendo uma pergunta. Você está exprimindo um sentimento, concorda?

– Concordo.

É por isso que esse "QUÊ" é interjetivo, ou seja, uma interjeição.

– Entendi, professor.

Ele aparece em contexto geralmente exclamativo, acompanhado por ponto de interrogação ou exclamação, e é acentuado:

+ "**Quê**? Você acha que fui eu que fiz isso?"
  interjeição

– Fácil.

Ótimo. Sobre a partícula "QUE", é isso o que temos de saber. ☺

2. CLASSIFICAÇÕES DO "SE"

2.1. Conjunção condicional

Talvez seja esse o uso mais "fácil" da partícula "SE".

– Por que o senhor acha?

Porque, nesse caso, não há muito como confundi-lo com outra estrutura: ele introduz uma condição e equivale semanticamente a "CASO":

+ "**Se** chegarmos a um acordo, eu pagarei imediatamente a dívida."
conjunção condicional

Nota que na frase acima não há como ficar na dúvida se ele é "índice de indeterminação do sujeito" ou "partícula apassivadora", por exemplo? Seria impossível ele ser uma coisa ou outra dessas duas. A frase equivale à que vem abaixo:

+ "**Caso** cheguemos a um acordo, eu pagarei imediatamente a dívida."
conjunção condicional

Ou seja: quando ele é conjunção condicional, ele só pode ser conjunção condicional.

– Ok, entendi.

Não é menos importante do que nenhum outro. Aliás, é certamente o "SE" que mais é cobrado em prova.

+ "Ela poderia auxiliar, **se** tivéssemos pedido ajuda."
conjunção condicional

– Equivale a "Ela poderia auxiliar, **caso** tivéssemos pedido ajuda".

Isso mesmo.

2.2. Conjunção integrante

Lembra como fazemos para identificar o "QUE" (e também o "SE") como conjunção integrante?

– Vemos se a oração por eles introduzida pode ser substituída por "ISSO".

Exato, é só o que precisamos fazer. A totalidade da oração introduzida pela conjunção integrante equivale a "ISSO". Nesse caso, o "SE" introduz orações subordinadas substantivas:

+ "Ele perguntou **se** faremos o jantar".
conjunção integrante

A frase acima equivale a "ele perguntou **isso**". Então o "SE" é uma conjunção integrante. Fácil ou difícil?

– Aqui, ao menos, parece fácil.

E é. Mas cuidado: estamos mentalmente preparados para que a conjunção integrante seja "QUE", e não "SE". Então, meu medo é que sequer nos ocorra, na prova, que essa estrutura possa ser uma conjunção integrante. Caso você coloque essa possibilidade no seu repertório, será tranquilo identificar.

– Já coloquei no repertório!

Ótimo.

+ "Questionamos <u>se</u> havia provas acerca do crime."
conjunção integrante

– Equivale a "Questionamos isso". Daí a certeza de ser conjunção integrante.

Exato.

2.3. Partícula apassivadora

O "SE" será partícula apassivadora em frases que estejam na chamada voz passiva sintética. Você se lembra dela bem?

– Quando a questão é a partícula "SE", professor, a impressão que tenho é de que não lembro bem *mesmo* de quase nada...

Relaxe, pois é só uma impressão. A estrutura "SE" será partícula apassivadora quando tivermos a seguinte estrutura:

VERBO + SE + SUJEITO PACIENTE

– Lembrei!

Excelente. Isso acontece, como detalhei antes, quando, acompanhando o verbo e a partícula "SE" há um sujeito paciente.

+ "<u>Observaram</u>-<u>se</u> <u>brigas homéricas</u>."
V — SE — Suj. Pac.
↓
Partícula apassivadora

Lembre-se de duas coisas:

a) Nessa situação, a frase deve ter sujeito explícito com valor paciente: "brigas homéricas".

b) Necessariamente a frase que está na passiva sintética tem uma voz passiva analítica (ser + particípio) correspondente: "Brigas homéricas foram observadas".

– Entendidíssimo!

Assim no superlativo mesmo?

– Assim mesmo.

Então vamos testar.

+ "Percebe-**se** certa desconfiança popular."
V — SE — Suj. Pac.
↓
Partícula apassivadora

Há sujeito explícito de valor paciente?

– Há: "Certa desconfiança popular".

Exato. Também há uma voz passiva analítica correspondente?

– Também há: "Certa desconfiança popular é percebida".

Assim mesmo! Orgulho é a palavra que define. Lembre-se de que, quando o "SE" for partícula apassivadora, sempre haverá sujeito; o verbo, portanto, concordará com ele.

2.4. Índice de indeterminação do sujeito

Vimos o item anterior, que é, na minha opinião, o primeiro uso do "SE" um pouquinho mais difícil. Agora veremos o segundo uso difícil, que pode ser confundido com o anterior.

– Sim: a dificuldade é sempre saber se é "partícula apassivadora" ou "índice de indeterminação do sujeito".

Isso. A dificuldade é sempre essa, então temos de sempre e sempre e sempre saber diferenciar um caso do outro.

– Mas não é fácil...

Claro que não! Aprovação em um concurso tem um custo: enfrentar provas que separam aqueles que acertam mais daqueles que acertam menos...

> – Verdade...

Pois então. ☺

Quando é índice de indeterminação, a partícula "SE" acompanha verbos na terceira pessoa do singular em frases em que não há sujeito explícito:

+ "Precisa-**se** de suprimentos saudáveis".
  V SE OI
  ↓
  Índice de indeterminação do sujeito

Na frase acima, "de suprimentos saudáveis" não pode ser sujeito, pois é uma estrutura preposicionada. Trata-se, apenas, de um objeto indireto do verbo "precisar". O sujeito é, nesse caso, indeterminado.

> – Lembro, professor.

Excelente.

+ "Assistiu-**se** a filmes estrangeiros."
  V SE OI
  ↓
  Índice de indeterminação do sujeito

> – Ocorre a mesma coisa: "a filmes estrangeiros" não pode ser sujeito porque é uma estrutura preposicionada. Então o sujeito é indeterminado, e o "SE" é índice de indeterminação do sujeito.

Perfeito.

2.5. Pronome reflexivo

Você deve se lembrar da voz reflexiva, não?

> – Mas é claro: é aquela em que o sujeito pratica e sofre a ação expressa pelo verbo.

Exatamente. E é essa a voz que tem o "SE" pronome reflexivo.

+ "A menina se penteou."
  ↓
  Pronome reflexivo

Note que, na frase, o "SE" está indicando que, além de praticar a ação de pentear, a menina sofre a ação que foi praticada por ela mesma.

– Noto, sim.

Então o "SE" é um pronome de valor reflexivo.

Quando a partícula "SE" indica que A pratica a ação sobre B e B pratica a mesma ação sobre A, o "SE" terá valor recíproco:

- "Ana e Paulo beijaram-**se** com paixão."
  ↓
  Pronome recíproco

– Ana beijou Paulo e Paulo beijou Ana. A age em B e B age em A. Logo, pronome recíproco.

E-xa-ta-men-te!

– Lindo, lindo, como o senhor diz.

2.6. Parte integrante do verbo

Chegamos a uma classificação quase desconhecida.

– Verdade.

Mas é hora de reconhecê-la (porque já a estudamos no estudo dos verbos).

– Certeza?

Certeza.

– Se o senhor diz...

A *parte integrante do verbo* ocorre quando a partícula "SE" acompanha os verbos pronominais, mas sem ter valor reflexivo:

- "O homem queixava-**se** da vida sem parar."
  ↓
  Parte integrante do verbo

– Professor, fico sempre em dúvida em uma frase como esta: fico tentado a achar que tem valor reflexivo...

Não se preocupe: é uma dúvida comum e, mais do que isso, bastante plausível. Mas observemos. Você diria que nesta frase "o homem queixou a si próprio da vida sem parar"?

> – Ok, acho que nesta frase não, mas em outras sim...

Certo. Então tente lembrar: o verbo vem acompanhado de um pronome que é *parte integrante* somente em determinados verbos, nos quais não há valor reflexivo. É o caso de "precaver-se", "suicidar-se", "lembrar-se" e "esquecer-se", entre outros:

+ "Os empresários **se** precaviam de eventuais processos."
  ↓ Parte integrante do verbo
+ "Muitos jovens suicidam-**se** sem motivo aparente."
  ↓ Parte integrante do verbo
+ "O rapaz **se** lembra de toda a infância."
  ↓ Parte integrante do verbo

> – Certo, professor. Esses são os mais importantes?

São, sem dúvida: "queixar-se", "suicidar-se", "lembrar-se" e "esquecer-se".

> – Ótimo.

2.7. Partícula expletiva

Vale para o "SE" expletivo exatamente o mesmo raciocínio que fizemos para o "QUE" expletivo: ele é apenas uma partícula de realce, que pode ser retirada sem que haja prejuízo à frase.

> – Será expletiva somente se pudermos retirar a partícula sem mudar mais nada, nada, nada na frase.

Isso.

+ "Vão-**se** os anéis, ficam os dedos".
  ↓ Partícula expletiva

> – Equivale perfeitamente a "vão os anéis, ficam os dedos".

Isso: perfeitamente. Detalhe: geralmente o "SE" expletivo acompanha verbos intransitivos.

+ "João **se** ria das piadas que contavam"
↓
Partícula expletiva

– Porque o "SE" é totalmente dispensável: "João ria das piadas que contavam".

Isso. Simples assim.

2.8. Conjunção causal

Aqui é um uso bastante mais raro e um pouco mais difícil. Convém, entretanto, que tenhamos esse caso no repertório, para a eventualidade de que nos cobrem essa classificação.

– Vamos lá.

Trata-se de um "SE" que equivale a "JÁ QUE" e indica a causa do evento presente na oração principal:

+ "**Se** você estava brigada com ele, não deveria ter ido até lá."
↓
Conjunção causal

Nota?

– Agora noto.

O que está escrito na frase tem sentido idêntico ao que encontramos na frase abaixo:

+ "**Já que** você estava brigada com ele, não deveria ter ido até lá."
↓
Conjunção causal

– Perfeito, profe!

Sempre precisaremos desse viés semântico, ou seja, da análise do sentido para concluirmos que ele é causal.

3. QUADRO-SÍNTESE

QUE

Classificação	Característica	Exemplo
1. Pron. relativo	= o qual / a qual	A garrafa **que** comprei é linda.
2. Conj. integrante	= isso	Afirmei **que** sou inocente.
3. Conj. consecutiva	Tão / tal / tanto / tamanho... que	Bebo *tanto* **que** caio na rua.
4. Conj. comparativa	Mais / menos... que	Ele reclama *mais* **que** a esposa.
5. Conj. causal	= já que / causa	Deitei-me cedo, **que** estava exausto.
6. Conj. explicativa	Ordem / hipótese	Talvez chova, **que** está nublado.
7. Part. expletiva	Suprimível (que / é que)	Ela **que** quebrou o vaso.
8. Pron. indefinido	Junto de substantivo	**Que** pergunta!
9. Pron. interrogativo	Introduzindo interrogação	**Que** queres de mim?
10. Advérbio	Junto de adjetivo ou advérbio	**Que** linda garota.
11. Prep. acidental	= de / a / para	Eles tinham **que** explicar melhor.
12. Substantivo	Qualquer coisa / acento	Tem um "**quê**" misterioso.
13. Interjeição	Sentimento ("?" ou "?!")	**Quê**?! Está desconfiada de João?

SE

Classificação	Característica	Exemplo
1. Conj. condicional	= caso	Ela vencerá, **se** jogar bem.
2. Conj. integrante	= isso	Ele questiona **se** iremos.
3. Part. apassivadora	V + se + suj. paciente	Alugam-**se** casas na praia.
4. Índ. de ind. do sujeito	V + se + não sujeito	Necessita-**se** de paciência.
5. Pron. reflexivo	Suj. pratica e sofre	A garota **se** odeia.
6. Parte int. do verbo	Não é ação reflexa	A moça queixou-**se** do golpe.
7. Part. expletiva	Suprimível	Foi-**se** embora cedo.
8. Conj. causal	= já que	**Se** ele sempre bebe, baterá o carro.

CAPÍTULO 39

Estrutura e formação de palavras

INTRODUÇÃO

O conteúdo estrutura e formação de palavras diz respeito, basicamente, aos elementos constituintes das palavras e aos procedimentos de formação de novas palavras da nossa língua.

– Então é uma matéria quase infinita, professor?

Sim. O tamanho dessa matéria é, na verdade, o tamanho do léxico da língua portuguesa, ou seja, estende-se por todas as palavras existentes no nosso idioma.

– E o senhor quer que eu saiba tudo?

Não, porque *tudo*, nesse caso, é impossível saber. Mas eu quero que você entenda que as palavras têm os seus elementos constituintes básicos, por meio dos quais é possível desmembrar a palavra já existente e, também, criar novas palavras.

– O senhor quer que eu entenda vários *procedimentos*, seria isso?

Isso. Eu quero que você tenha as bases para aplicar os conhecimentos que veremos a toda e qualquer palavra da língua.

– E o senhor confia que é possível aprender isso?

Não, eu não confio: eu tenho certeza. É da natureza da maneira como eu encaro o meu trabalho acreditar que as pessoas podem – e vão – aprender. Acho muito triste quando um professor pensa: "Não vou nem dar esse tópico porque essa turma não vai conseguir acompanhar...". Eu sempre acho que a turma vai, sim, aprender. E se o tópico for ser trabalhoso, for fazer com que a pessoa tenha de fritar seu cérebro estudando, melhor ainda. Simples assim.

– Professor, assim eu também acho que eu posso aprender.

Você vai aprender. ☺

1. ESTRUTURA DAS PALAVRAS

Palavras são formadas por alguns elementos básicos: radical, prefixo, sufixo, desinências e vogal temática, principalmente.

– E vá nomenclatura.

Como eu disse lá na introdução do livro, é por meio de nomes que organizamos o mundo. Do mesmo modo, é por meio de nomes que dominaremos a gramática.

– Certo.

1.1. Morfema

O morfema é cada uma das menores partes que constituem uma palavra.

– Se dividir uma palavra em várias partezinhas, cada uma das menores partes que forem encontradas será um morfema?

É bem isso: morfema é cada uma das menores partes significativas de uma palavra. Quando temos uma palavra, podemos desmembrá-la em segmentos menores: cada um desses segmentos é um morfema. Vamos a um exemplo:

morfema
↓
DES + LEAL + DADE
↑ ↑
morfema morfema

Nesta palavra, temos três partes, três pedaços, entendeu?

– Entendi: então, temos três morfemas?

Isso, isso, isso. Simples assim.

a) Morfema lexical (radical):

De todos os morfemas existentes em uma palavra, o morfema lexical (ou radical) é o mais importante, porque é aquele que carrega o núcleo de sentido da palavra. Além disso, ele é a base à qual se juntam outros elementos para formar outras palavras. O morfema lexical nada mais é do que o radical da palavra. Não vou perguntar se você lembra; mas, sim, acredito que você lembre.

– Sim, eu lembro...

Pois então: o radical (ou morfema lexical) é a menor parte de uma palavra. Essa menor parte, por ser a menor, não pode ser decomposta, separada. Além disso, o radical (ou morfema lexical) está presente em todas as palavras que pertençam a uma mesma família.

– Eu poderia dizer que o radical é a base de uma palavra?

Você deve dizer! Sem radical, não há palavra. E é a partir dele que se formam as muitas outras palavras da nossa língua. Vamos a exemplos:

+ "Mesa" (rad.: Mes)

Nessa palavra, o radical (ou morfema lexical) é "mes-". Nele está contido o núcleo de sentido da palavra. É a partir dele que se formam outras palavras, como "mesário", "mesinha", etc.

– Certo, professor.

+ "Pedra" (rad.: Pedr)

Aqui o radical (ou morfema lexical) é "pedr-". Ao lermos as palavra "pedrada" ou "pedrinha", é em "pedr-" que está contido o núcleo geral de sentido do termo.

– Bem tranquilo até aqui.

b) Morfema derivacional (prefixos e sufixos):

Os morfemas derivacionais são os chamados afixos: prefixos e sufixos. "Afixos" são termos "não fixos". Esses termos não fixos (ou seja, móveis) são acrescidos antes ou depois do radical e formam novas palavras na língua, geralmente a partir de um termo preexistente.

– O senhor quer dizer que, quando falamos em "novas palavras", estamos falando do acréscimo de morfemas derivacionais a um morfema lexical, ou, em outras palavras, do acréscimo de prefixos e sufixos a um radical?

Exatamente! A palavra tem uma "base". Como ela se chama?

– Morfema lexical ou radical.

Isso: a ele unimos morfemas derivacionais.

– Prefixos e sufixos.

Maravilha! E aí vamos formando novas palavras.

- Sabor + oso = saboroso (oso: sufixo)
- cruel + dade = crueldade (dade: sufixo)
- belo + eza = beleza (eza: sufixo)
- des + amor = desamor (des: prefixo)
- ante + projeto = anteprojeto (ante: prefixo)

Se você observar com atenção, verá que houve mudança de classe em três das cinco palavras acima quando elas foram unidas a afixos: "sabor" é substantivo, "saboroso" é adjetivo; "cruel" é adjetivo, "crueldade" é substantivo; "belo" é adjetivo, "beleza" é substantivo. Nas duas últimas palavras, mantém-se a classe gramatical original: "amor" é substantivo, do mesmo modo que "desamor"; e "projeto" é substantivo, assim como "anteprojeto".

– E eu posso dizer que, quando se acrescenta um afixo a um radical, pode haver mudança de classe?

Pode, sim. Não é certo que vá haver mudança de classe, mas ela pode ocorrer.

c) Morfema Flexional (desinências):

Ocorrerá um morfema flexional quando uma palavra apenas flexionar.

– Isso eu imaginava, professor.

Ah, é? Então me diga o que significa flexionar, aqui.

– Exatamente o que é eu não saberia dizer...

Eu imaginei. ☺

Não se preocupe, eu digo: uma palavra flexiona quando não há acréscimo nem de prefixo nem de sufixo, além de não haver troca de radical. Ou seja: algo muda na palavra, mas não é o acréscimo de um prefixo, não é o acréscimo de um sufixo, não é uma mudança de radical.

– E o que é, professor querido?

É o uso de uma desinência! Quando temos nomes, as desinências indicam o gênero (masculino ou feminino) e o número (singular ou plural). Já quando temos verbos, as desinências indicam o modo, o tempo, o número e a pessoa. Ok?

– Ok.

Sintetizando o que vimos até agora:

- **Morfema lexical** = radical.
- **Morfema derivacional** = prefixo e sufixo.
- **Morfema flexional** = desinência de gênero e número (nos nomes); desinência de modo, tempo, número e pessoa (nos verbos).

– Certo. É bastante conteúdo, mas está dando para entender.

Ótimo.

1.2. Parêntese – tipos de palavras, família de palavras e alomorfia

a) Palavras indivisíveis e divisíveis:

São indivisíveis as palavras que apresentam como único elemento constituinte o radical:

+ ar / sol / luz

Divisível é a palavra que, além do radical, apresenta outros elementos mórficos constituintes:

+ "ar-e-s", "luz-inha"

– Ok, profe.

b) Palavras divisíveis simples e compostas:

Palavras simples são as que têm um radical apenas.

+ Cadeira / livrinho / parede

Composta é a que apresenta dois ou mais radicais.

+ "Hora-aula", "beija-flor"

– Vale a mesma lógica dos substantivos simples (aqueles que têm apenas um radical) e dos substantivos compostos (aqueles que têm dois ou mais radicais)?

Exatamente. Creio que, até aqui, está tudo bem, tudo sereno.

– Sim!

c) Palavras primitivas e derivadas:

Chamaremos de "primitiva" a palavra simples que não resulta de outra:

+ Estante / real / mesa

Por outro lado, chamaremos de derivada a palavra simples que deriva de outra:

+ "Livrinho" (vem de "livro")

+ "Belamente" (vem de "belo")

– Tanto palavras primitivas quando palavras derivadas serão palavras simples.

Isso. Quando a palavra apresentar dois ou mais radicais, ela vai se chamar sempre palavra "composta".

d) Família de palavras:

Na língua portuguesa, existem as chamadas famílias de palavras. Pertencerão à mesma família palavras que tenham um mesmo radical, ou seja, um mesmo morfema lexical.

+ **am**or, **am**ável, **am**oroso, des**am**or, **am**orosamente

Você sabe como são chamados os termos que pertencem a uma mesma família?

– Termos parentes?

Faria todo o sentido, mas não. ☺

Os termos de mesma família são chamados "termos cognatos" ou "vocábulos cognatos" ou "palavras cognatas". Mais um conceito para nós sabermos. Note que, para que pertençam à mesma família e sejam, portanto, cognatos, dois termos devem apresentar o mesmo radical. Mas o radical não se resume apenas à forma, à aparência do termo: é importante que haja também uma mesma raiz de sentido, ou seja, que sejam palavras que estejam dentro de um mesmo campo semântico.

– Como assim?

Assim: eu listei acima as seguintes cinco palavras, da mesma família:

+ amor amável amoroso desamor amorosamente

O que mais obviamente há em comum entre elas é o radical "am". Minha pergunta simples é a seguinte: você diria que pertence a essa mesma família a palavra "amanhã"?

– Certamente não, professor.

Graças a Deus que essa seria a sua resposta, porque não faz mesmo. Ou seja: não basta a palavra apresentar a sequência de letras "am-" para que possa ser apontada como pertencente à mesma família que as anteriores. É preciso que "am-" seja o radical que tenha, além da semelhança ortográfica (de grafia), também a indicação de que se trata de palavras com sentidos com raiz comum.

– Perfeito.

Você deve tomar especial cuidado com apenas uma coisinha quando for avaliar se palavras pertencem a uma mesma família.

– Ai, ai, ai...

Relaxe: é um detalhe que vai, inclusive, ajudar você.

e) Alomorfia

Calma. É tranquilo. Por motivos variados, alguns radicais podem sofrer pequenas alterações de uma palavra para outra. Mas não se preocupe: são pequenas alterações, pequenas mesmo. Esse fenômeno é chamado "alomorfia". Mas não é o nome o importante, e sim o fenômeno em si. Veja as palavras abaixo:

- Pedra, pedreiro, pedrinha, pétreo, petrificado

Têm todas o mesmo radical?

> – Têm? Não têm?

Têm, sim. O que aconteceu foi apenas uma pequena variação no radical, relacionada à origem primitiva da palavra. É esse o fenômeno chamado "alomorfia".

> – Há coisas mais difíceis no mundo, profe.

Sem dúvida nenhuma há. ☺

- Sujeito / Subjetivo
- Árvore / Arborizado

> – Tranquilizei meu coração.

1.3. Desinências nominais

Desinências nominais são aquelas que se aplicam aos "nomes", ou seja, aos "não verbos". Elas podem ser classificadas como de gênero e de número. Vamos a elas:

a) **Desinência de gênero:** a desinência de gênero de fato é o "-a" que marca o feminino de um termo. Nas palavras em que existe um feminino com a desinência "a", no entanto, tende-se a considerar o "o" final do masculino também uma desinência de gênero. Aqui o incluiremos como desinência. Essas desinências servem para indicar o sexo do ser. Elas podem aparecer em substantivos, adjetivos, pronomes e numerais:

- Aluno, aluna; médico, médica (substantivos)
- Bonito, bonita; simpático, simpática (adjetivos)
- Nosso, nossa; vosso, vossa (pronomes)
- Segundo, segunda; décimo, décima (numerais)

– O "a" final só é desinência de gênero quando se trata do feminino de uma palavra que tenha também a forma masculina? Seria isso?

Seria exatamente isso. Não é qualquer "A" final que é desinência de gênero: somente o "A" da palavra que está no gênero feminino em oposição ao gênero masculino:

+ "Professora" (feminino de "professor")
  desinência de gênero
+ "Pedra"
  vogal temática (estudaremos a seguir)

b) Desinência de número: a desinência de número é "-s". Ela serve para indicar que se trata de mais de um ser. Como desinência nominal que é, também é aplicável a substantivos, adjetivos, pronomes e numerais.

+ Alunos, alunas; médicos, médicas (substantivos)
+ Bonitos, bonitas; simpáticos, simpáticas (adjetivos)
+ Nossos, nossas; vossos, vossas (pronomes)
+ Segundos, segundas; décimos, décimas (numerais)

– Estamos indo com tranquilidade até aqui, professor.

Que coisa boa. Algumas palavras, como as terminadas em "R" e em "Z", exigem, antes da desinência de plural, a presença de uma vogal temática "E":

+ Amor / amores; feliz / felizes
  VT VT

1.4. Desinências verbais

Dentre as desinências verbais, existem as chamadas "modo-temporais" e as chamadas "número-pessoais".

– A matéria está com cara de que vai ficar mais complicada.

Olhe, eu até poderia dizer que sim. No entanto, essa complexa nomenclatura e os segmentos específicos que vêm na sequência pouco são cobrados. Para nossa sorte, o que mais aparece são os procedimentos de formação de palavras, que veremos mais adiante e que são bastante fáceis.

– Bom saber, professor.

a) **Desinências modo-temporais:** servem para indicar se o verbo está no indicativo ou no subjuntivo (modo) e para indicar se o verbo está no passado, no presente ou no futuro.

Tempo	Modo Indicativo	Modo Subjuntivo	Formas nominais
Presente (1ª conjugação)	–	E	**Infinitivo**
Presente (2ª e 3ª conjugação)	–	A	R
Pret. Perfeito	–	–	
Pret. Imperfeito (1ª conjugação)	va (ve)	sse	**Gerúndio**
Pret. Imperfeito (2ª e 3ª conj.)	a (e)	sse	NDO
Pret. Mais-que-perfeito	ra (re) átonos	–	
Futuro do Presente	ra (re) tônicos	–	**Particípio**
Futuro do Pretérito	ria (rie)	–	ADO / IDO
Futuro do Subjuntivo	–	r	

– Professor amado, é muita coisa...

Bastante. Vejamos alguns exemplos (sublinhadas, as desinências modo-temporais):

- Verbo "cantar":
  - Presente do Subjuntivo: cante, cantes, cante, cantemos, canteis, cantem.
  - Pretérito Imperfeito do Indicativo: cantava, cantavas, cantava, cantávamos, cantáveis, cantavam.
  - Pretérito Mais-que-perfeito: cantara, cantaras, cantara, cantáramos, cantáreis, cantaram.

– Ai, ai, ai, profe...

Não se apavore. Não é tão difícil. Aqui se trata mais de saber que existe do que propriamente de decorar ou querer saber tudo.

– Se o senhor diz, acredito!

b) **Desinências número-pessoais:** marcam a flexão do verbo para marcar a noção de quantidade e se se está diante da primeira, da segunda ou da terceira pessoa. As desinências número-pessoais vêm depois das desinências modo-temporais.

Tempo	Singular	Plural
Presente do Indicativo	1ª p.: o 2ª p.: s	1ª p.: mos 2ª p.: is 3ª p.: m
Pretérito Perfeito do Indicativo	1ª p.: i 2ª p.: ste 3ª p.: u	1ª p.: mos 2ª p.: stes 3ª p.: ram
Futuro do Presente do Indicativo	1ª p.: i 2ª p.: s	1ª p.: mos 2ª p.: is 3ª p.: o
Futuro do Subjuntivo e Infinitivo Flexionado	2ª p.: es	1ª p.: mos 2ª p.: des 3ª p.: em
Imperativo Afirmativo	–	1ª p.: mos 2ª p.: I, de

– Mais uma vez, um montão de coisas...

Isso. Mas cai muito, muito, muito pouco em prova. Não se preocupe. Mesmo.

Verbo "cantar":

- Presente do Indicativo: canto, cantas, canta, cantamos, cantais, cantam.
- Pretérito Perfeito do Indicativo: cantei, cantaste, cantou, cantamos, cantastes, cantaram.
- Futuro do Presente do Indicativo: cantarei, cantarás, cantará, cantaremos, cantareis, cantarão.

– Vamos indo, profe...

Não se preocupe em decorar. Não conseguiremos decorar tudo e essa "decoreba" serviria somente para os verbos regulares, que não são os mais importantes.

– Certo!

1.5. Vogal temática

A vogal temática vem imediatamente após o radical para ligá-lo à desinência de número ou aos sufixos. A ideia da vogal temática é deixar a palavra pronunciável.

a) Vogais temáticas nominais:

Os segmentos "-a", "-e" e "o", quando são átonos e finais, são vogais temáticas nominais.

- "Cama" (a = VT)
- "Parede" (e = VT)
- "Teto" (o = VT)

O conjunto formado por "radical + vogal temática" é chamado de "tema":

- "livr + o" = "livro" (livr = rad.; o = V.T.; livro = tema)

– Tema?

Tema. Radical mais vogal temática é o mesmo que tema.

– Ok.

Quando presente a vogal temática, as desinências que indicam o plural e o sufixo, no caso de existirem, ligam-se a ela.

– Parece difícil...

Não é tanto. Tomemos as seguintes palavras:

- casa / breve / povo

Os radicais são, respectivamente, os seguintes:

- "cas-", "brev-", "pov-".

A eles se junta a vogal temática, formando as palavras acima:

- casa / breve / teto (a, e, o = VT)

– E esses são os temas? "Casa", "breve" e "povo"?

Exatamente. Às vogais temáticas unem-se as desinências de plural, caso elas existam:

+ casas / breves / povos
des. des. des.

Também a elas unem-se os eventuais sufixos:

+ casa**rão** / breve**mente** / povo**ado**
suf. suf. suf.

– Professor, uma dúvida: como saber se o "-a" final é desinência de gênero ou vogal temática?

Pergunta excelente!

– Obrigado.

O "-a" somente é desinência de gênero quando serve para diferenciar o masculino e o feminino:

+ médico / médica (des. de gên.) advogado / advogada (des. de gên.)

– Então nem sempre haverá vogal temática?

Exato. Nem sempre. Nos casos acima, temos desinência de gênero, mas não vogal temática.

A primeira informação que dei sobre as vogais temáticas verbais foi que elas são os segmentos "-a", "-e" e "o" *átonos* e *finais*.

– Eu já não lembrava mais...

Certo. Agora lembre. Sendo assim, também não haverá vogal temática quando o nome terminar em vogal tônica (de novo: somente as átonas podem ser vogal temática) ou consoante.

+ Saci / Grajaú / sofá / acarajé / cafundó / juiz / banal / caráter

Em todas essas palavras, não há vogal temática.

– E como fica o "tema", nesse caso?

Não fica: se não há vogal temática, não há tema. Repita isso para mim.

– Isso o quê?

Se não há vogal temática, não há tema.

– Se não há vogal temática, não há tema.

Ótimo.

b) Vogais temáticas verbais:

Nos verbos, as vogais temáticas são as letras "-a", "-e", "-i" que vêm imediatamente após o radical. Mais uma vez, a junção do radical com a vogal temática produz o tema, proporcionando que a pronúncia da palavra fique agradável.

+ Amar (VT: a; tema: Ama)   Debater (VT: e; tema: Debate)   Sorrir (VT: i; tema: Sorri)

– Havendo vogal temática, há tema, que é a junção do radical com essa vogal?

Exatamente.

– E nos verbos sempre há vogal temática ou existem situações em que não há, como nos nomes?

Não: nem sempre haverá. Na primeira pessoa do singular do Presente do Indicativo e em todas as flexões do subjuntivo, por exemplo, a vogal temática se faz ausente.

+ "Eu canto sempre." (O "O" é desinência número-pessoal)
1ª p. sing. do pres. do ind.

+ "Tomara que ele cante sempre." (O "E" é desinência modo-temporal")
3ª p. sing. do pres. do subj.

– Entendi.

Mas não se preocupe tanto com isso: há vogal temática na maioria das formas verbais:

+ "Tu cantas bonitas canções." (a: VT; s: des. de núm.)

– Certíssimo, professor.

Vamos a alguns exemplos de vogais temáticas verbais.

- "Cantar":
  VT

  + Eu canto, tu cantas, ele canta,
    VT VT
  + nós cantamos, vós cantais, eles cantam.
    VT VT VT

Ocorre alomorfia (alteração) na vogal temática somente na primeira e na terceira pessoas do Pretérito Perfeito:

  + Eu cantei*, tu cantaste, ele cantou*,
    VT VT VT
  + nós cantamos, vós cantastes, eles cantaram.
    VT VT VT

- "Correr":
  VT

  + Eu corro, tu corres, ele corre,
    VT VT
  + nós corremos, vós correis, eles correm.
    VT VT VT

Ocorre alomorfia (alteração) em todas as pessoas do Pretérito Imperfeito do Indicativo e no Particípio:

  + Eu corria*, tu corrias*, ele corria*,
    VT VT VT
  + nós corríamos*, vós corríeis*, eles corriam* / corrido*.
    VT VT VT

- "Dormir":
  VT

  + Eu dormi, tu dormiste, ele dormiu,
    VT VT VT
  + nós dormimos, vós dormistes, eles dormiram.
    VT VT VT

Ocorre alomorfia (alteração) na segunda pessoa do singular e na terceira pessoa do singular e do plural do presente do indicativo:

- Eu durmo, tu dormes*, ele dorme*,
  (VT: e, e)
- nós dormimos, vós dormis, eles dormem*.
  (VT: i, i, e)

– Conteúdo denso...

Muito. Mas aqui estamos encerrando a parte mais árida desse tópico. E essa parte mais difícil é, como eu havia dito antes, a que cai menos. Daqui por diante, veremos o que mais aparece em provas, e você verá que as informações subsequentes fazem muito mais sentido do que as que estamos vendo até aqui. Não se preocupe.

– Ótimo, profe!

2. PROCESSOS DE FORMAÇÃO DE PALAVRAS

2.1. Derivação

A "derivação" é um processo de formação de palavras em que um vocábulo dá origem a novos vocábulos basicamente pelo acréscimo de prefixos e de sufixos, de modo que, no vocábulo resultante, há apenas um radical. (Apesar disso, existem processos de formação de palavras considerados derivação em que não há acréscimo nem de prefixo, nem de sufixo: trata-se da derivação imprópria e a derivação regressiva, que serão vistas logo adiante).

– Sempre há exceções, professor.

Sempre. Mas por ora não pensemos nelas. Pense no que eu falei: antes de virem as exceções, derivação é o processo pelo qual uma palavra dá origem a novas palavras pelo acréscimo de prefixos e/ou sufixos, de modo que, na nova palavra, há apenas um radical.

– E/ou?

Sim: às vezes só se acrescenta um prefixo, às vezes só se acrescenta um sufixo e às vezes se acrescentam os dois.

– Correto.

a) Derivação prefixal / Prefixação:

Lembra o que é um prefixo?

– É um acréscimo que se faz antes.

Maravilha! A derivação prefixal ocorre quando se acrescenta um prefixo a uma palavra primitiva, dando origem a uma nova palavra:

+ ante + projeto = "anteprojeto"
+ i + moral = "imoral"
+ pre + ver = "prever"

– Des + fazer = desfazer?

Isso. A lista seria infinita. E mais tarde veremos uma listagem de vários prefixos. Por ora, o que vale é saber reconhecer o procedimento de formação.

– Certo, isso é fácil (ao menos até aqui).

É, sim.

b) Derivação sufixal / Sufixação:

Prefixo é algo que se acrescenta antes. E sufixo?

– Algo que se acrescenta depois.

Exato. Derivação sufixal ocorre quando se acrescenta um sufixo a uma palavra primitiva, dando origem a uma nova palavra:

+ sutil + mente = "sutilmente"
+ municipal + (i)dade = "municipalidade"

– Amor + oso = amoroso?

Que exemplo mais fofo.

– Sou uma pessoa fofa. É que a vida às vezes nos embrutece...

Sei bem... Também sou vítima desse processo. ☺

Pois então: "amoroso" também é derivação sufixal. Parabéns.

– Concordo, professor...

- admirar + vel = "admirável"
- esnobe + ismo = "esnobismo"

c) Derivação prefixal e sufixal / Prefixação e sufixação:

– Deve ser quando se acrescenta um prefixo E um sufixo a uma palavra...

Sim, mas há um detalhe fun-da-men-tal: na *derivação prefixal e sufixal* ocorre o acréscimo não simultâneo de um prefixo e um sufixo a uma palavra primitiva, dando origem a uma nova palavra:

- des + leal + mente = "deslealmente"

– Vejo o prefixo e vejo o sufixo. Mas como assim *não simultâneo*?

Quando é este o processo de formação, o acréscimo do prefixo e o do sufixo podem ocorrer em diferentes momentos. "Como assim, professor?" De modo bem simples. Imagine que há uma palavra primitiva. A ela acrescenta-se um sufixo. Forma-se uma nova palavra. Depois, acrescenta-se o prefixo. Pronto: há derivação prefixal e sufixal.

– Hum...

Peguemos o exemplo de "deslealmente", dado acima. Qual o termo primitivo ao qual foram acrescidos um prefixo e um sufixo?

– Leal.

Muito bem. Se eu acrescentasse apenas o sufixo, teríamos uma palavra existente?

– Sim: lealmente.

E a essa palavra poderíamos, depois, acrescentar o prefixo, formando "deslealmente".

– Entendi!

Então, funciona assim: quando uma palavra tiver prefixo E sufixo, caso ela siga existente apenas com a presença do sufixo, ela é formada por derivação prefixal e sufixal.

– Certo. Faço o teste sempre apenas com o sufixo para testar?

Sempre. Com o sufixo é infalível:

+ In + estimar + vel = "inestimável"

Tomando a palavra "inestimável", caso fizéssemos o teste apenas com o sufixo, restaria uma palavra existente?

– Sim: "estimável", que é aquilo que se pode "estimar".

Exato. Então, é derivação prefixal e sufixal.

d) Derivação parassintética / Parassíntese:

Na derivação parassintética, também há tanto a presença de prefixo quanto de sufixo. Por essa razão, podemos confundir o procedimento anterior com este.

– Suponho que o senhor vá tranquilizar a minha alma atormentada mostrando como é que eu reconheço uma ou outra...

Sim, eu vou. ☺

Na derivação parassintética, há o acréscimo simultâneo de um prefixo e de um sufixo a uma palavra primitiva, dando origem a uma nova palavra:

+ en + velho + ecer = "envelhecer"

– Por acréscimo simultâneo eu devo entender que...?

Você deve entender que a palavra que se forma somente existe por meio do acréscimo tanto do prefixo quanto do sufixo *ao mesmo tempo*, ou seja, se retirarmos um ou outro, a palavra que resta simplesmente não existe.

Não existe "envelho"; também não existe "velhecer".

– Ok.

É assim que faremos a diferenciação. Vamos a mais um exemplo:

+ em + pacote + ar = empacotar.

Teste só com o sufixo.

– "Pacotar". Não existe.

Exato. Então, parassintética. Ok? Teste com o sufixo. Não se esqueça.

e) Derivação regressiva / Regressão:

Ocorre quando um verbo que indica ação dá origem a um substantivo abstrato que igualmente indica uma ação ou o resultado de uma ação.

+ Voar → o voo

– Regressiva?

Isso. Essa derivação se chama regressiva porque há perda estrutural e fonética na palavra primitiva. O termo "regressiva" está aqui no sentido de "diminuição": o termo que se forma é "menor" do que o termo original.

+ "Atrasar" → "o atraso";
+ "Escolher" → "a escolha";
+ "Pescar" → "a pesca";
+ "Perder" → "a perda";
+ "Sobrar" → "a sobra".

– Então sempre diminui em tamanho?

Isso: a regressiva é o único dos procedimentos de formação de palavras em que o novo vocábulo se forma por perda de elementos, ou seja, diminuição do tamanho do vocábulo original.

– Ok, guardarei.

Ótimo.

f) Derivação imprópria / Conversão:

Ocorre quando uma palavra, pelo seu uso contextual, "muda" sua classe gramatical primitiva, sem que haja absolutamente nenhuma mudança ortográfica. Qual seria a classe gramatical original do termo "amanhã", por exemplo?

– Advérbio.

Isso. Vamos, entretanto, ler a frase a seguir:

+ "O amanhã será melhor"
  subst.

Aqui "amanhã" não é advérbio.

– Não é. Aqui ele é substantivo, porque o termo foi substantivado pelo artigo "O".

Exatamente. Aliás, lindíssima essa resposta. ☺

Esse é o procedimento que se chama derivação imprópria.

2.2. Composição

A "composição" é o processo de formação de palavras em que temos, na palavra formada, dois ou mais radicais. Isso quer dizer que a composição é, via de regra, feita pela junção de duas ou mais palavras já existentes que, unidas, dão origem a uma nova palavra.

– A palavra que se forma por derivação tem apenas um radical e a que se forma por composição tem dois?

Isso.

– Alegria! Então, é fácil.

É, sim. Vamos ver agora quais são os dois procedimentos de composição.

a) Composição por justaposição:

Ocorre quando *não há perda* de elementos nas palavras que se unem. "Justapor" dois elementos é o mesmo que os colocar lado a lado.

– Sério?

Sério. "Justapor" é "pôr com justeza", digamos assim, ou seja, colocar um bem ao ladinho do outro:

- Vai + vem = vaivém
- Guarda + chuva = guarda-chuva

– Por que há hífen em uma e não há em outra?

Isso é complexo. Ocorre porque algumas palavras formadas por composição, na evolução da língua, terminam se unindo sem o hífen, mas outras não. O importante é você saber que palavras que apresentam hífen são formadas por composição. Algumas poucas (como "vaivém") não o terão.

– Ok. Podemos ver mais alguns exemplozinhos?

Claro.

+ Cachorro + quente = cachorro-quente
+ Porta + luvas = porta-luvas

– Ótimo.

b) Composição por aglutinação:

Ocorre quando há perda de elementos em ao menos uma das palavras que se unem.

+ Água + ardente = aguardente
+ Lobo + homem = lobisomem

Notou?

– Notei. Em "aguardente" desapareceu um "a"; em "lobisomem", tanto "lobo" quanto "homem" não mantêm a grafia original.

Exatamente. Nesse tipo de composição, jamais haverá hífen.

– Certo.

Então resuma para mim o que temos de saber sobre a possibilidade de presença do hífen em palavras formadas por composição.

– Se *há hífen*, tem de ser *composição por justaposição*; na *composição por aglutinação nunca haverá hífen.*

Exato. E convém ainda lembrar que há algumas poucas palavras formadas por composição por justaposição em que não há hífen.

3. OUTROS PROCESSOS

Há, ainda, outros processos secundários de formação de palavras, além de derivação e composição. Vamos aos principais deles:

a) Hibridismo:

Ocorre quando o termo que se forma é formado a partir da junção de elementos provenientes de línguas diferentes:

- "Automóvel" → auto (grego) + móvel (latim)
- "Burocracia" → buro (francês) + cracia (grego)
- "Sociologia" → socio (latim) + logia (grego)

Lembra o que significa o termo híbrido?

> – Misturado?

Isso! Um carro híbrido, por exemplo, tem uma fonte de energia elétrica e uma geralmente de gasolina.

> – Mas, para saber que um elemento é formado por hibridismo, eu tenho de saber a origem de cada um dos elementos que o compõem?

Sim.

> – E quem garante que eu saberei?

Não há como garantir. Você tem de se familiarizar com algumas, como as acima.

> – Ok.

b) Neologismo:

Ocorre quando se cria um novo termo na língua, ainda não dicionarizado. Naturalmente, quando esse termo passa a ser dicionarizado, ele deixa de ser um neologismo.

> – Sim, porque, quando está dicionarizado, ele passa a "existir".

Exato. Exemplo clássico de neologismo é o termo "nonada", usado por Guimarães Rosa na abertura do romance "Grande Sertão: Veredas":

- "Nonada. Tiros que o senhor ouviu foram de briga de homem não."

"Nonada" seria a junção das negações "não" e "nada", dando origem a um novo termo.

> – Interessante!

Muito! Caso seja cobrado em uma prova se o termo é um "neologismo", lembre-se de que ele somente o será caso tenha sido inventado ou reproduzido pelo autor sem que tenha existência prévia na língua.

– Lembrar-me-ei!

Com mesóclise fica mais bonito! ☺

c) Estrangeirismo:

Você saberia definir um estrangeirismo?

– Um termo de outra língua que não o português?

Isso. Mas, para que a palavra seja considerada um estrangeirismo, deve manter a grafia original usada na língua da qual provém:

+ *show-room*; *teen*; *shopping-center*, *happy-hour*, *bullying*.

Quando o termo passa a ter uma grafia na língua portuguesa, ele deixa de ser considerado um estrangeirismo, passando a ser parte do léxico (do vocabulário) da língua portuguesa. Veja as palavras abaixo:

+ "Caubói", "esqui", "chique", "coquetel".

– Essas são consideradas palavras brasileiras?

Sim. Elas eram estrangeirismos quando mantinham sua grafia original:

+ *cowboy*, *ski*, *chic*, *cocktail*.

– Entendidinho.

d) Siglonimização:

– De todos os nomes, o mais feio, professor.

Certamente. Mas também o mais óbvio. Ocorre quando uma nova palavra é formada a partir das partes iniciais das palavras de uma expressão:

+ MARGS (Museu de Arte do Rio Grande do Sul);
+ FCC (Fundação Carlos Chagas).

– O processo de siglonimização é aquele que forma uma... sigla?

Isso mesmo. Simples assim.

e) Abreviação:

É um processo parecido com aquele que forma siglas, mas tem uma pequena diferença: ocorre quando a nova palavra se forma a partir da redução de uma palavra que originalmente era maior:

+ "Adj." é uma abreviação de "adjetivo", por exemplo.

Tranquilo?

– Muito!

Então sigamos.

f) Onomatopeia:

Ocorre quando uma nova palavra se forma a partir da reprodução de um som: pingue-pongue; reco-reco, etc.

– "Tique-taque" também?

Isso.

Agora, não resta outra solução: teremos de fazer tabelas e mais tabelas com os principais sufixos da língua portuguesa. Se fôssemos nos deter em cada um deles para uma explicação mais detalhada, faríamos um livro inteiro somente com esse conteúdo.

– Acho que não precisa, professor...

Com certeza não precisa. ☺

Vamos a eles. Seguiremos a lista feita por Evanildo Bechara na sua *Gramática escolar da língua portuguesa.*

4. SUFIXOS

4.1. Formadores de substantivos

4.1.1. Para a formação de nomes de agente, instrumento e lugar

-tor, -dor, -sor, -or	Narrador, genitor, ascensor, cantor
-nte	Estudante, requerente, ouvinte
-ista	Dentista, jornalista
-eira, -eiro	Lavadeira, padeiro, vendeiro
-ária, ário	Bibliotecário, secretário

4.1.2. Para formação de nomes de ação ou resultado de ação, estado, qualidade, semelhança, composição, instrumento, lugar

a) Derivados de verbo:

-ame	Gravame
-ção, -são	Coroação, perdição, compreensão, ascensão
-mento	Casamento, descobrimento
-ura, -dura, -tura	Feitura, mordedura, formatura
-ança (ância), -ença (ência)	Mudança, esperança, parecença, abundância, convalescença (ou convalescência)
-ata	Passeata
-ada	Estada
-ida	Acolhida, partida
-agem	Vadiagem
-ário	Lapidário

b) Derivados de substantivo:

-ada	Laçada, braçada, pousada
-ura	Cintura
-astro	Poetastro
-estre	Silvestre, campestre
-ato	Orfanato
-aço, -aça	Vidraça
-cínio	Patrocínio

c) Derivados de adjetivo:

-ismo	Charlatanismo, civismo
-tude, -dão	Amplitude, amplidão, solidão
-ura	Doçura, brancura
-eza, -ez	Beleza, viuvez
-ácia	Audácia, falácia
-dade, -idade	Dignidade, idoneidade, seriedade
-mônia	Acrimônia

4.1.3. Para significar lugar, meio, instrumento

-douro, -doura	Bebedouro, manjedoura

-tério	Necrotério,
-tório	Dormitório
-aria, -eria	Tesouraria, sorveteria
-bulo	Turíbulo
-or	Corretor
-il	Covil (referente a lugar onde se recolhem animais)
-anco	Barranco
-cro	Simulacro, ambulacro

4.1.4. Para significar abundância, aglomeração, coleção

-aria, -ario, -eria	Cavalaria, infantaria, casario
-al	Laranjal, cipoal
-edo	Arvoredo, passaredo
-eira	Desgraceira
-io	Mulherio
-ama, -ame, -ume, -um	Mourama, velame, ervum, negrume
-agem	Folhagem
-ada	Boiada
-aço	Chumaço
-alha	Parentalha
-ardo	Moscardo
-ana, -aina	Andaima

4.1.5. Para significar causa produtora, lugar onde se encontra ou se faz a coisa denotada pela palavra primitiva

-ário	Relicário, herbanário
-eiro, -eira	Açucareiro, chocolateira
-aria, -eria	Livraria, mercearia, borracharia, sorveteria

4.1.6. Para formar nomes de naturalidade

-aco	Austríaco
-ano, -ão	Pernambucano, coimbrão
-ense, -ês	Cearense, português
-enho	Estremenho
-eno	Madrileno, chileno
-eu, -éu	Caldeu, hebreu, ilhéu
-engo	Flamengo
-ico	Brasílico
-ista	Paulista
-ol	Espanhol
-oto	Minhoto
-ato	Maiato (Maia)
-ino	Platino, bragantino
-eiro	Brasileiro
-eta	Lisboeta
-aico	Hebraico

4.1.7. Para formar nomes que indicam maneira de pensar, doutrina que alguém segue; seitas; ocupação relacionada com a coisa expressa pela palavra primitiva

-ismo	Cristianismo, classicismo
-ista	Socialista, espiritista
-ano	Maometano, anglicano

4.2. Principais sufixos formadores de nomes aumentativos e diminutivos, muitas vezes tomados pejorativa ou afetivamente

4.2.1. Aumentativos

-ão, -zão	Caldeirão, homenzão
-anço	Falhanço, copianço
-arro, -arrão, -zarrão, -arraz	Naviarra, bebarro, santarrão, coparrão, homenzarrão, pratarraz

-aço, -aça	Ricaço, barcaça, copaço, fumaça
-astro	Poetastro, politicastro, padrasto, madrasta
-alho, -alha, -alhão	Politicalho, muralha, grandalhão
-ama	Ourama, poeirama
-anzil	Corpanzil
-ázio	Copázio
-uça	Dentuça
-eima	Guloseima
-anca	Bicanca
-asco	Penhasco
-az	Fatacaz, famanaz
-ola	Beiçola
-orra	Cabeçorra
-eirão	Vozeirão
-ento	Farturento

4.2.2. Diminutivos

-inho, -zinho, -im	Livrinho, livrozinho, espadim
-ito, -zito	Copito, amorzito
-ico	Namorico, veranico
-isco	Chuvisco, petisco
-eta, -ete, -eto	Saleta, diabrete, livreto, saberete
-eco	Livreco, padreco
-ota, -ote, -oto	Ilhota, caixote, perdigoto
-ejo	Lugarejo, animalejo
-acho	Riacho, fogacho
-el, -ela, -elo	Cabedelo, magricela, donzela, donzel
-íola	Arteríola
-ola	Camisola (aumentativo também para roupa de dormir), rapazola
-ucho	Gorducho, papelucho
-ebre	Casebre
-ula, -ulo, -cula, -culo	Nótula, glóbulo, radícula, corpúsculo

-alho, -elho, -ilho, -olho, -ulho	Ramalho, rapazelho, pesadilho, ferrolho, bagulho
-iça, -iço	Nabiça, caniço
-el	Cordel

4.3. Principais sufixos para formar adjetivos

-(d)io, -(d)iço	Fugidio, movediço
-vel, -bil	Notável, crível, solúvel, flébil, ignóbil
-ento, -(l)ento	Cruento, corpulento
-oso, -uoso	Bondoso, primoroso, untuoso, espirituoso
-onho	Medonho, risonho
-az	Mordaz, voraz
-udo	Barrigudo, cabeçudo
-ício, -iço	Acomodatício, enfermiço
-ário, -eiro	Diário, ordinário, verdadeiro, costumeiro
-ano	Humano
-asco	Pardavasco
-esco, -isco	Dantesco, principesco, mourisco
-ático	Problemático, aromático
-eno	Terreno
-áceo	Rosáceo, galináceo
-acho	Verdacho
-aco	Demoníaco
-ado	Barbado
-ardo	Felizardo
-al	Vital, boçal
-âneo, -anho	Sucedâneo, estranho
-átil	Portátil, volátil
-ino, -im	Bailarino, paladino, paladim, latino
-bundo	Furibundo
-undo, -ondo	Fecundo, redondo
-eo	Róseo
-timo	Marítimo

-urno	Diurno
-iano	Camoniano, virgiliano
-ico	Público
-engo, lengo	Mulherengo, avoengo
-al, -ar	Anual, escolar
-aico	Prosaico
-estre	Campestre
-este	Celeste
-douro	Vindouro, imorredouro
-tório	Expiatório, satisfatório
-ivo	Afirmativo, lucrativo
-ácea, -áceo	(em família de plantas): liliáceas, papilionáceos
-ndo	graduando, venerando, doutorando

Por fim, mais uma lista, agora com os radicais gregos e latinos, que estão na base de muitas, muitas, muitas palavras da nossa língua.

5. RADICAIS GREGOS E LATINOS

5.1. Radicais gregos

1º ELEMENTO DA COMPOSIÇÃO:

Forma	Sentido	Exemplos
aero-	ar	Aeronave
agro-	campo	Agronegócio
antropo-	homem, ser humano	Antropologia
arqueo-	antigo	Arqueologia
astro-	corpo celeste	Astronomia
auto-	por / de si mesmo	Autoajuda
biblio-	livro	Biblioteca
bio-	vida	Biologia
caco-	feio, desagradável	Cacofonia
cali-	belo	Caligrafia
cardio-	coração	Cardiologia
cine-, cinemato-	movimento	Cinematografia
cosmo-	universo	Cosmogênese
cromo-	cor	Cromogravura
crono-	tempo	Cronologia

1º ELEMENTO DA COMPOSIÇÃO:

deca-	dez	Decaedro
demo-	povo	Democracia
eco-	casa, habitat	Ecossistema
etio-, étimo-	origem	Etimologia
etno-	raça, nação	Etnocentrismo
filo-	amigo, amante	Filosofia
fono-	som	Fonologia
foto-	luz	Fotografia
gastro-	estômago	Gastrite
geo-	terra	Geografia
hélio-	sol	Heliocentrismo
hemo-	sangue	Hemorragia
hetero-	outro, diferente	Heterossexual
hidro-	água	Hidrofobia
hipo-	cavalo	Hipopótamo
homeo-, homo-	semelhante	Homossexual
lito-	pedra, rocha	Litografia
macro-	grande	Macrocosmo
meso-	meio	Mesopotâmia
micro-	pequeno	Microfone
miso-	ódio, aversão	Misantropia
mito-	fábula, história	Mitologia
mono-	um só	Monobloco
morfo-	forma	Morfologia
necro-	morto	Necrofilia
neo-	novo	Neologismo
odonto-	dente	Odontologia
oftalmo-	olho	Oftalmologia
oligo-	pouco	Oligopólio
orto-	reto, justo	Ortografia
paleo-	antigo	Paleontologia
pan-	tudo, todos	Panteísmo
pato-	doença	Patologia
piro-	fogo	Pirotecnia
poli-	muitos, vários	Poliglota
potamo-	rio	Mesopotâmia

1º ELEMENTO DA COMPOSIÇÃO:

pseudo-	falso	Pseudônimo
psico-	alma, espírito	Psicologia
quilo-	mil	Quilômetro
rizo-	raiz	Rizotônico
taqui-	rápido	Taquicardia
tele-	distância	Telefone
teo-	deus, divindade	Teocentrismo
termo-	calor, temperatura	Termômetro
topo-	lugar	Topônimo
xeno-	estranho, estrangeiro	Xenofobia
zoo-	animal	Zoologia

2º ELEMENTO DA COMPOSIÇÃO:

Forma	Sentido	Exemplos
-agogo	que conduz	Pedagogo
-algia	dor	Fibromialgia
-arca	que comanda	Patriarca
-cracia	poder	Democracia
-cosmo	mundo, universo	Microcosmo
-doxo	crença, opinião	Ortodoxo
-dromo	lugar para correr, caminho	Hipódromo
-fagia	ato de comer	Autofagia
-fago	que come	Antropófago
-filo, -filia	amizade, apreço	Cinefilia, bibliófilo
-gamia	casamento, união	Monogamia
-gino	relativo à mulher	Misógino
-glota	língua	Poliglota
-grafia	escrita, descrição	Ortografia
-latra, -latria	culto, veneração	Idolatria
-lito	pedra, rocha	Aerólito
-logia	discurso, estudo, coleção	Biologia, arqueologia
-logo	que fala ou trata	Monólogo
-mania	loucura	Ninfomania

-morfo, morfia	que tem a forma	Zoomorfo
-onimo	nome	Sinônimo
-pedia	educação, ensino	Enciclopédia
-pólis, pole	cidade	Metrópole
-scopia	ato de ver	Macroscopia
-scópio	instrumento para ver	Microscópio
-sofia, sofo	sabedoria, sábio	Filosofia, filósofo
-tanásia	morte	Eutanásia
-teca	lugar onde se guarda	Biblioteca
-terapia	cura	Musicoterapia

5.2. Radicais latinos

1º ELEMENTO DA COMPOSIÇÃO:

Forma	Sentido	Exemplos
agri-	campo	Agricultura
ambi-	ambos	Ambidestro
duo-	dois	Duelo
equi-	igual	Equidistante
morti-	morte	Mortífero
multi-	muito	Multiforme
oni-	todo	Onipotência
pisci-	peixe	Piscicultor
pluri-	muitos, vários	Pluriforme
quadri-, quadru-	quatro	Quadrúpede
reti-	reto	Retilíneo
semi-	metade	Semicírculo
tri-	três	Tricolor

2º ELEMENTO DA COMPOSIÇÃO:

Forma	Sentido	Exemplos
-cida	que mata	Homicida
-cola	que cultiva, habita	Vinícola
-cultura	ato de cultivar	Piscicultura

-fero	que contém ou produz	Aurífero
-fico	que faz ou produz	Benéfico
-forme	que tem forma de	Uniforme
-paro	que produz	Ovíparo
-voro	que come	Carnívoro

6. QUADRO-SÍNTESE

ESTRUTURA DE PALAVRAS

Parte	Característica	Exemplos
1. Radical	Núcleo de sentido da palavra	**mes**a, **pared**e, **port**a
2. Prefixos	Antes do radical	**im**popular, **re**ver
3. Sufixos	Depois do radical	amor**oso**, louvá**vel**
4. Desinências nominais	De Gênero (-a, -o)	Médic**a**, médic**o**
	De Número (-s)	aluno**s**
5. Desinências verbais	Modo-temporais	Canta**va**, canta**sse**
	Número-pessoais	Canta**mos**, canta**m**
6. Vogais temáticas	Nominal (-a, -e, -o)	cadeir**a**, red**e**, livr**o**
	Verbal (-a, -e, -i)	am**a**r, debat**e**r, sent**i**r

PROCESSOS DE FORMAÇÃO DE PALAVRAS

Processo	Característica	Exemplos
1. Derivação	Prefixal	**co**operar, **pre**ver
	Sufixal	bel**eza**, nasci**mento**
	Prefixal e sufixal	**ir**reali**dade**
	Parassintética	**a**noite**cer**
	Regressiva	o **canto**
	Imprópria	O **simpático** sorriu.
2. Composição	Justaposição	porta-luvas
	Aglutinação	plan*alto*
3. Hibridismo	Línguas diferentes	Auto*móvel*
4. Neologismo	Palavra "nova"	Messista (admirador de Messi)

5. Estrangeirismo	Grafia de origem	Shopping
6. Siglonimização	Letras iniciais	ONU (Organização das Nações Unidas)
7. Abreviação	Trecho de palavra	Or. (oração)
8. Onomatopeia	Som	Plaft (tapa)

PARTE 11

Interpretação de Textos

CAPÍTULO 40

Introdução à interpretação de textos

1. SOBRE A "MATÉRIA" INTERPRETAÇÃO

É impossível começar o estudo de análise e interpretação de textos sem fazer uma pergunta: você gosta de questões de interpretação?

– Não é questão de gostar ou de não gostar, professor... É que interpretação sempre deixa a pessoa com medo: pode estar fácil, pode estar difícil; pode se ter acertado a questão, pode se ter errado...

Sabe que o que você pensa não está muito distante do que aquilo que a maioria pensa sobre este tipo de questão? A visão geral sobre a interpretação é de que é algo subjetivo, que depende muito mais do humor de quem elabora a questão do que de uma técnica nossa que nos permita ter confiança na hora de enfrentar a leitura.

– E o senhor, pessoa maravilhosa que é, vai me dizer que não é assim e que há um caminho seguro para fazer essas questões com mais convicção?

Exatamente! Se as questões forem bem feitas, se o elaborador das questões não estiver equivocado, ou seja, se tudo estiver no seu devido lugar, há sim métodos, procedimentos e conhecimentos que podem ser mobilizados a nosso favor para melhorar substancialmente o nosso desempenho.

– Resisto a acreditar, mas quero acreditar...

Acredite, que aqui se inicia uma caminhada menos árdua do que se supõe.

2. QUESTÕES DE LEITURA E ANÁLISE DE TEXTO

Existe um primeiro tipo de questão envolvendo este conteúdo que você não pode errar de maneira nenhuma: são as questões que envolvem apenas leitura e análise de texto.

> – Professor, não diga que eu NÃO POSSO errar, porque daí é que as chances de eu errar crescem assustadoramente...

Relaxe, criatura, relaxe. Você não pode errar por um motivo bem simples: quando as questões envolvem "leitura e análise de texto", a informação cobrada *está* no texto. Você não precisa interpretar, você não precisa inferir, você não precisa concluir nada. Você precisa, simplesmente, *ler* e *encontrar* a informação que está sendo buscada.

> – Mas e se mesmo assim eu não conseguir encontrar?

Bem, aí nós vamos ter de trabalhar isso até que você consiga encontrar, porque se trata de uma informação que está na superfície do texto, que está visível.

3. QUESTÕES DE INTERPRETAÇÃO DE TEXTO

Aqui está a real dificuldade do tópico que estamos estudando...

> – Professor, não anuncie assim que já sinto taquicardia, visão turva e dormência no braço esquerdo...

Calma, que, embora não seja fácil, não é também tão difícil assim. ☺

Eu faço sempre esta diferenciação: questões de *leitura e análise de textos* cobram do candidato informações explícitas no texto; questões de *interpretação* cobram a capacidade do candidato ou da candidata de, partindo das informações fornecidas pelo texto, chegar a conclusões razoáveis e nem sempre explícitas no texto.

> – Pois então professor: aqui é que "a porca torce o rabo" ou "a vaca vai pro brejo", como o senhor preferir...

Vamos mudar o tempo verbal: aqui é que "a porca *torcia* o rabo" ou "a vaca *ia* pro brejo". Se Deus quiser, vamos mudar essa situação.

O primeiro passo importante é você se dar conta de que está diante de uma questão que envolve efetiva *interpretação* do texto.

– E como faço para "me dar conta"?

Ora, é simples: você vai até o texto, relê o trecho relevante e percebe que a informação cobrada não está dita, não está explicitada ali. É este o momento em que você deve redobrar a atenção e pensar: "Opa, vou ter que botar minha cabeça a funcionar para tenta concluir, deduzir, inferir algo a partir do texto!"

– Ah, estava demorando...

Estava demorando para quê?

– Para virem à tona palavras como "inferência" e outras que me apavoram.

Ah, sim, mas eu estou trazendo estes conceitos justamente para podermos debatê-los e superá-los. Trata-se de uma questão lógica: se está sendo cobrada uma informação que não está explicitada no texto, então caberá a nós começar a pensar no que se pode deduzir, inferir, concluir – sempre tendo como ponto de partida aquilo que foi de fato dito pelo autor. Vamos aos conceitos.

4. A TÃO TEMIDA INFERÊNCIA

Vamos ao dicionário, que sempre nos ajuda a compreender conceitos a partir da sua definição. Segundo o Dicionário Houaiss, temos o seguinte:

- **Inferir:** "Concluir pelo raciocínio, a partir de fatos, sinais; deduzir".

Vamos também à definição do termo "inferência", retirada do mesmo dicionário:

- **Inferência:** "ação ou efeito de inferir; dedução, conclusão".

Você leu com atenção as definições?

– Li, sim...

Você compreendeu bem o que está dito nelas?

– Já não posso afirmar com a mesma certeza...

Pode, sim! Ambas as definições repetem as ideias de "concluir/conclusão", "deduzir/dedução", mas isso não é, talvez, o essencial. O mais importante é um outro segmento que costuma ficar em segundo plano: "a partir de fatos, sinais".

– "Fatos" tudo bem, professor, mas "sinais"? Eu tenho que notar "sinais"?

Isso mesmo. Se a questão for bem feita, ainda que se cobre uma inferência, deverá haver no texto "fatos" ou "sinais" que sejam capazes de indiciar a presença de algo, de permitir que algo se conclua a partir dali. Você se lembra do refrão da música "Anunciação", de Alceu Valença?

– Mas é claro que lembro, professor! Quem não lembra não tem coração: "Tu veeeeens, tu veeeeens, eu já escuto os teus sinais...".

Exatamente. Venha comigo para uma leitura bem simples desses versos. Perceba que o eu-lírico da canção (aquele que "fala" dentro da música) não está *vendo* que a pessoa esteja vindo: ele escuta sinais, e são esses sinais que fazem concluir que o destinatário dos versos esteja vindo. É como se se estivesse dizendo: "Tu virás, tu virás! E eu sei disso porque eu escuto os teus sinais, eu percebo os indícios da tua vinda". Compreende?

– Compreendo, sim, professor...

Então, acredite: não se trata de um delírio meu associar as questões de uma prova objetiva a uma música famosa (e linda) como "Anunciação". A nossa capacidade de inferir, como faz aquele que se manifesta na canção, é amplamente exercitada no nosso dia a dia, no entanto é bloqueada quando aparece em uma prova ou em relação à análise de um texto. Vamos a um exemplo cotidiano?

– Vamos sim, pelo amor de Deus, professor!

Eventualmente encontramos alguém em uma situação social e depois comentamos com outra pessoa: "Eu *senti* que João não estava bem hoje". Se você diz que *sentiu*, então certamente não se trata de uma confissão de João. Excetuando-se a hipótese de você ter dons místicos, é provável que você tenha percebido alguns "sinais" vindos de João e, a partir deles, concluído que ele não estava bem. Pode ser que ele estivesse mais quieto do que o habitual, que a expressão dele estivesse triste ou preocupada, que a sua linguagem corporal denunciasse algum incômodo. De qualquer maneira, nós nos sentimos plenamente capazes de chegar a certas conclusões *a partir de certos fatos*. Pode ser que erremos, mas, em tese, nós nos baseamos na realidade.

– Entendo, professor. O que não entendo é como eu, que sou tão sensível para os outros, consigo ter tamanha cegueira na hora de um texto...

Acalme o coração. O tempo traz tranquilidade.

5. O QUE SE PODE INFERIR *X* O QUE SE PODE AFIRMAR

Vejamos o exemplo abaixo, extraído do conto "Missa do Galo", de Machado de Assis. Para que você entenda a cena, explico rapidamente o contexto em que ela se dá. Nogueira, jovem de 17 anos vindo do interior e espécie de agregado da família, está, na noite da missa do galo, conversando com d. Conceição, mulher de 30 anos casada com o escrivão Meneses. O escrivão está ausente, porque uma vez por semana dormia na casa de uma amante, sob a justificativa de ir ao teatro. Conceição sabe a verdade sobre a ausência do marido. A mãe de Conceição, que também mora com eles, está dormindo. É neste contexto que se dá a cena abaixo, narrada em primeira pessoa por Nogueira.

"Pouco a pouco, [Conceição] tinha-se inclinado; fincara os cotovelos no mármore da mesa e metera o rosto entre as mãos espalmadas. Não estando abotoadas, as mangas, caíram naturalmente, e eu vi-lhe metade dos braços, muitos claros, e menos magros do que se poderiam supor. A vista não era nova para mim, posto também não fosse comum; naquele momento, porém, a impressão que tive foi grande. As veias eram tão azuis, que apesar da pouca claridade, podia contá-las do meu lugar. A presença de Conceição espertara-me ainda mais que o livro. Continuei a dizer o que pensava das festas da roça e da cidade, e de outras coisas que me iam vindo à boca. Falava emendando os assuntos, sem saber por quê, variando deles ou tornando aos primeiros, e rindo para fazê-la sorrir e ver-lhe os dentes que luziam de brancos, todos iguaizinhos. Os olhos dela não eram bem negros, mas escuros; o nariz, seco e longo, um tantinho curvo, dava-lhe ao rosto um ar interrogativo. Quando eu alteava um pouco a voz, ela reprimia-me:

– Mais baixo! Mamãe pode acordar.

E não saía daquela posição, que me enchia de gosto, tão perto ficavam as nossas caras. Realmente, não era preciso falar alto para ser ouvido; cochichávamos os dois, eu mais que ela, porque falava mais; ela, às vezes, ficava séria, muito séria, com a testa um pouco franzida. Afinal, cansou;

trocou de atitude e de lugar. Deu volta à mesa e veio sentar-se do meu lado, no canapé. Voltei-me, e pude ver, a furto, o bico das chinelas; mas foi só o tempo que ela gastou em sentar-se, o roupão era comprido e cobriu-as logo. Recordo-me que eram pretas. Conceição disse baixinho:

– Mamãe está longe, mas tem o sono muito leve; se acordasse agora, coitada, tão cedo não pegava no sono."

Você leu com atenção a cena acima?

– Li, sim senhor.

E o que você *viu* na cena lida?

– Uma conversa do rapaz de 17 anos com a moça de 30 anos...

Exato. Isso é o que há na superfície do texto, ou seja, aquilo que é explicitado. Vamos, primeira, às questões que podemos afirmar com base na leitura.

a) Conceição conversa com Nogueira com o rosto apoiado nas mãos espalmadas;

b) os braços de Conceição eram muito claros e menos magros do que Nogueira supunha; além disso, tinham veias muito azuis que ficavam visíveis apesar da pouca luz;

c) Nogueira disse a Conceição o que pensava sobre as festas da roça e da cidade;

d) Conceição tinha olhos escuros e nariz seco e longo e um tantinho curvo;

e) há em Conceição a preocupação de não acordar sua mãe, que dormia;

f) ambos estavam com os rostos próximos e, por isso, cochichavam;

g) Conceição troca de lugar e vai sentar-se ao lado de Nogueira;

h) quando Conceição, que estava de roupão, senta-se, Nogueira vê os bicos pretos das chinelinhas que ela usava.

Você concorda que tudo o que eu elenquei acima está no texto?

– Concordo...

Sim: não havia como não concordar, pois todas as informações por mim listadas estão explicitadas e bem explicitadas no texto. ☺ Isto quer dizer que elas não são passíveis sequer de *interpretação*. Elas são questões de leitura. Se lemos o texto e acreditamos que o que se narra é verdadeiro, não há como discordar de nenhum dos itens elencados acima.

– Mas então eu não tenho o direito de discordar?

Não, não tem. Ao menos não daquilo que está escrito. Você não teria como dizer que ela não apoia o rosto nas mãos, ou então que ele não fala das festas da roça e da cidade. Do mesmo modo, seria impossível dizer que ela não está trajando um roupão ou que ambos não estão falando baixo. Tudo isso são informações inegáveis, não sendo plausíveis, sequer, de interpretação.

– Ok, ok. Eu aceito, então...

Ótimo! Mas e se eu dissesse a você que há toda uma cena não visível que se desenrola simultaneamente a essa? Que por trás desse diálogo há frustração, erotismo convenções sociais e outras coisas mais?

– Ai, meu Deus do céu... Eu não sei se eu acreditaria. Ainda assim, gostaria muito de ouvir o que o senhor tem a dizer sobre isso...

Então sigamos! ☺

Vou fazer uma leitura interpretativa, juntando elementos passíveis de inferência, ou seja, que podem ser deduzidos a partir dos "fatos" ou "sinais" expressos pelo texto. Posso começar?

– Deve!

Certo! Vamos a eles!

a) O marido de Conceição – o escrivão Meneses – não está ausente devido a um motivo de trabalho, por exemplo. Ele está ausente porque, uma vez por semana (isto é, com alta frequência), ele dorme na casa de uma amante. O caso extraconjugal é conhecido por Conceição, fato que pode, sem dúvida, gerar nela grande tristeza e frustração. Ou, até mesmo, um "desejo de vingança";

b) O fato de a mãe de Conceição estar recolhida ao quarto e de Meneses estar ausente faz com que estejam na sala somente Nogueira e Conceição. O que temos, portanto, é um diálogo entre uma mulher de 30 anos, casada, mas traída pelo marido, trajando roupão e conversando com um adolescente de 17 anos de idade. A conversa se dá em tom de cochicho, porque os rostos de ambos estão muito próximos. Não seria talvez demais supor que Nogueira esteja no auge do seu transbordamento hormonal adolescente;

c) Embora seja Nogueira quem fala e fala e fala, emendando assuntos uns nos outros, o "domínio da situação" parece ser de Conceição, uma vez que é ela quem decide o local onde fica (primeiro à mesa, depois no canapé ao lado de Nogueira) e é ele quem fica tentando, de toda maneira, manter a atenção dela voltada para si.

Você está me acompanhando até aqui?

– Ai, ai, ai, professor, eu estou acompanhando sim e estou notando o rumo que que o senhor está dando a essa cena...

Que maravilha! Não sou eu quem está dando esse rumo; são os elementos fornecidos (propositalmente) pelo narrador que me permitem *inferir* algumas coisas.

Em primeiríssimo lugar, creio que haja, em toda a cena descrita, um clima de forte erotismo e de sedução. Você pode estar pensando: "Professor, não é possível que o senhor tenha visto erotismo e sedução nessa conversa...".

– Era mais ou menos o que eu estava pensando...

Eu acredito. ☺

Sigamos. Conceição está em "trajes íntimos", digamos assim, como denuncia o roupão que veste e as mangas da camisola que, por não estarem abotoadas, caem e mostram-lhe metade dos braços. Se virmos a cena pelo viés de um diálogo à meia luz (não havia luz elétrica na época), ocorrido entre um adolescente de 17 anos de idade e uma mulher bela de 30 anos de idade, mulher esta sem o marido em casa devido ao fato de ele estar passando a noite com uma amante – se pensarmos por este viés, a cena pode começar a ser ressignificada, concorda?

– Tenho de admitir que concordo um pouco sim, professor...

Que ótimo!

O clima de erotismo é certamente reforçado pelo fato de ambos estarem com os rostos muito próximos, de conversarem bastante baixo, de haver certo clima de cumplicidade explicitado no fato de preservar o sono da senhora que dorme, e por aí vai. A minha pergunta essencial é a seguinte: "Você acha que alguma das conclusões que eu tirei a partir da cena é um total *delírio* meu?

– Olhe, professor: assim, bem explicadinho, não parece um delírio não...

Que ótimo, porque tudo o que eu disse até aqui (frustração por parte de d. Conceição, atração física por parte de Nogueira, clima de erotismo e sedução) são inferências possíveis *a partir do texto*. O texto me dá alguns fatos e sinais. Usando-os como ponto de partida, eu faço as minhas inferências, que podem ser algumas mais válidas e outras menos, mas sempre obedecendo aos limites daquilo que o texto permite concluir.

– Mas quem garante que eu vou concluir as coisas certas, professor?

Tristemente, ninguém. Este é um risco que sempre corremos: o de fazermos más leituras e, em consequência delas, más inferências. Por exemplo: se você concluísse que Conceição e Nogueira se odeiam, você certamente estaria extrapolando o limite daquilo que o texto permite supor. Já se você concluísse que há elementos na cena que permitam perceber elementos de sedução, você não estaria extrapolando o texto. Entendeu?

– Entendi bem.

Ótimo!

CAPÍTULO 41

Definição de texto

Não há como debater "interpretação" sem que se discuta, antes, o que é um texto. Você saberia me dizer?

– Um conjunto de palavras?

Não. Mais algum palpite?

– Um conjunto de frases, de parágrafos?

Também não. Pode ser facilmente compreendida a resposta que você deu. É inconcebível tentar definir um texto sem que se pense na noção de conjunto. Mas um texto não é só isso. Quer ver? Leiamos o que vem a seguir.

"Ontem comi peixe no almoço. Porto Alegre é a capital do Rio Grande do Sul. Barack Obama era jovem quando foi eleito presidente dos Estados Unidos pela primeira vez. Os livros apresentavam capas duras antigamente. Uma vizinha de José Carlos tinha varrido toda a calçada."

Você acha que estamos diante de um "texto"?

– Eu diria que não...

Parabéns! Você tem toda a razão. Há um conjunto de palavras, há um conjunto de frases. Poderia haver um conjunto de parágrafos, inclusive. No entanto, a não ser que imaginássemos algum contexto muito específico de produção, não poderíamos chamar de texto o que lemos.

– Entendi por que minhas definições não serviram...

Ótimo. Sabemos, então, o que *não é* um texto. Vejamos, agora, quais são as duas características básicas, essenciais de um texto:

1. Em um texto, o significado de uma parte não é autônomo, porque sempre depende das outras partes com que se relaciona;

2. O sentido de um texto não é apenas a soma das suas partes, e sim uma combinação entre as várias partes, capaz de gerar um sentido.

– Professor, acho que estou começando a entender o que o senhor quer que eu entenda...

Tomara que esteja! ☺

O que estou querendo estabelecer é que

1º) não basta juntarmos palavras e frases para que tenhamos um texto; as palavras têm de se relacionar umas com as outras, assim como as frases e todas as suas partes constituintes;

2º) o sentido de um texto não se faz apenas por *soma*, mas por relações bem mais complexas; o aparente sentido de uma frase pode ser ampliado ou desfeito pela frase seguinte.

Entende?

– Prossiga, professor...

Prossigo! Vejamos a tirinha a seguir:

No primeiro quadrinho, ponto de partida da leitura do texto, a professora pede ao personagem Manolito que diga uma palavra começada com a letra "P". Mafalda, no quadrinho dois, usa a interjeição "chi", supondo que o colega vai dizer "aquele palavrão" iniciado por essa letra. Nós, na condição de leitores, imediatamente pensamos nos palavrões com "P" que conhecemos. Até aqui, tudo bem?

– Tudo excelente.

Certo! Nos dois últimos quadrinhos, há os elementos que tornam fácil analisarmos por que *em um texto uma parte depende da outra* e por que *o significado não é dado apenas pela soma, mas pela relação que estabelecem entre si essas partes.*

– Diga!

No terceiro quadrinho, a fala de Manolito frustra a expectativa do leitor, que tende a não associar a palavra "política" a um palavrão. No entanto, descobrimos, no último quadrinho, que a palavra dita pelo colega era exatamente aquela que Mafalda tinha suposto: "política". Desse modo, a primeira característica de um texto da qual falamos fica muito, muito, muito evidente, não?

– A questão de serem partes não autônomas, que dependem do que vem antes e do que vem depois? Muito, muito evidente.

Maravilha. Agora atente à segunda das características que vimos: a compreensão da tira (do texto) não se dá por meio de uma soma das partes. Se fosse esperando por isso (por essa relação de soma) que lêssemos a sequência, nem muito lógica ela pareceria ter, porque não colocamos o termo "política" na categoria dos palavrões e tendemos a pensar que Mafalda, ao considerar isso, comete um equívoco, concorda?

– Concordo, sim, professor.

Ótimo. Entretanto, como estamos diante de um texto, temos de saber que, quando se trata de um texto, além de apenas somarmos as suas partes, temos de analisar como elas se relacionam e o sentido final que elas produzem. E elas produzem, você deve perceber, determinado sentido geral.

– Percebo, profe. Percebo? Creio que percebo...

Percebe sim. ☺

Analisadas as relações mais profundas estabelecidas entre as partes e também a intenção do autor, o que temos é uma crítica: Mafalda nos conta que a "política" (mais do que a *palavra* "política", a *coisa* "política") pode ser considerada um palavrão. A que associamos um palavrão?

– A coisas feias, de baixo calão, reprováveis... É isso?

É isso. Esta é, certamente, a crítica de Quino, autor da tirinha e criador da personagem Mafalda: fazer uma crítica à política, à corrupção, aos políticos. Se não entendermos a historinha contada por um viés crítico, não a teremos entendido. Simples assim. Você entendeu?

– Com absoluta clareza.

Fico muito, muito feliz. Para que um texto seja considerado um texto, ele deve apresentar coerência de sentido, ou seja, um sentido que faça sentido.

– Professor amado, posso fazer uma pergunta?

Quantas quiser.

– O senhor não vai ficar chateado comigo?

Não vou. Prometo.

– Está bem. Então, vamos lá: quem garante que eu vá conseguir *entender* o texto de acordo com aquilo que foi pretendido pelo autor?

Pergunta excelente! Adorei. Já a resposta talvez não agrade você: ninguém garante. A questão fundamental é que, se o autor tem uma intenção que não é alcançada pelo leitor ou se o leitor alcança um sentido diferente do pretendido pelo autor, um texto pode simplesmente não se realizar enquanto estrutura comunicativa, pois ele é sempre algo que envolve pelo menos dois entes: *aquele que fala* e *a quem se fala.* Sem que ambos cumpram de modo adequado a sua função, não há uma comunicação efetiva.

– Entendo.

Se eu escrevo um texto com a intenção de que o leitor compreenda aquilo que nele está escrito e o leitor não o compreende, a comunicação não se concretiza, entende?

– Perfeitamente.

Ótimo. Do mesmo modo, imaginemos outra situação. Eu tenho uma amiga, a Paulinha, que eu não via há muito tempo. Quando tornamos a nos ver, eu a acho magra, e digo em tom (de acordo com a minha intenção) elogioso: "Nossa! Como você está magrinha!". De minha parte, trata-se de um elogio. Este é, ao menos, o meu intuito. Mas me diga: e se Paulinha tiver algum problema com a própria magreza, se ela estiver se achando magra demais, o que você acha que acontece?

– Ih, professor, a situação fica complicada. O senhor tentou fazer um elogio, mas ela vai entender como uma crítica. Daí por diante, até explicar que nariz de porco não é tomada, é possível que as coisas não corram bem...

Isso mesmo! Eu concordo plenamente com você. Pode ser criado, inclusive, um mal-estar entre nós. Nesse caso, terá acontecido algo ainda pior do que a "não compreensão": haverá ocorrido uma "má compreensão". Por isso, *é fundamental que o texto tenha uma unidade de sentido e que essa unidade de sentido seja captada pelo leitor.*

– Não querendo ser redundante, isso faz todo o sentido!

Faz sim! E aqui nós podemos já esboçar uma ideia que aparecerá, em maior ou em menor escala, ao longo de toda esta parte livro: o leitor não é livre para compreender um texto do modo como ele bem entender.

– Acompanhando o seu raciocínio, eu tendo a concordar plenamente com o senhor...

Muito bem: adoro quando concordam comigo! ☺

Como já foi dito antes, um texto é sempre uma atividade interativa entre dois seres. O receptor, no entanto, não é absolutamente livre para interpretar um texto sem levar em conta o que está escrito nele, por quem ele foi produzido, qual a intenção de quem o produziu, em que contexto ele foi feito, e assim por diante.

– Compreendo, profe, mas qual o limite para a liberdade de compreensão de um texto?

O próprio texto. Ele é o ponto de partida da análise. Quando você for analisá-lo, nada mais justo do que levá-lo em conta. Tendo como base um texto, haverá sobre ele interpretações mais aceitáveis ou menos aceitáveis.

– Mas não haverá apenas uma interpretação possível, de modo geral...

Com certeza! Excetuando-se o caso de ser um texto de caráter muito técnico ou objetivo, a maioria dos textos fornecerá mais de uma hipótese interpretativa. O que temos de fazer, sempre, é nos acercarmos da melhor interpretação possível, aquela mais razoável, mais plausível, mais aceitável.

– Se o senhor está dizendo, eu acredito...

Acredite! É para isso que estamos aqui, juntos: para irmos nos aprofundando e nos especializando na difícil tarefa de interpretar um texto com segurança. Quanto mais preparados estivermos, menores serão as inseguranças. Quanto maior a nossa bagagem, mais ínfimas as chances de fazermos uma leitura equivocada.

– Deus lhe ouça, professor!

Há de ouvir! ☺

CAPÍTULO 42

Contexto

Você já deve ter ouvido de alguém que, ao lermos um texto, devemos sempre levar em consideração o contexto.

– Sim, eu já ouvi...

E você já deve ter errado uma questão porque não se deu conta de que o contexto permitia afirmar algo ou o contrário, não?

– Sim, professor, me acontece com frequência...

Eu já imaginava.

– O senhor é uma espécie de profeta?

Não, eu sou uma espécie de professor. ☺

Vamos começar pelo início. Você saberia explicar ou compreender com clareza o que é o contexto?

– Olhe, professor, clareza não é o meu forte...

Compreendo. Então, torçamos para que seja o meu! ☺

O contexto é tudo aquilo que vem *antes* ou *depois* do texto, ou seja, é o *entorno* do texto, o *ao redor* do texto, o que *não está* no texto, mas *com ele se relaciona*.

– Achei difícil...

Calma, que não é. Pensemos em progressão.

O contexto de uma palavra são as palavras que a antecedem e a sucedem. Quer ver?

– Claro que quero!

Vejamos. O que significa a palavra "claro"?

– Depende...

Do quê?

– Do contexto?

Sim! Depende do contexto. Vamos ler as frases abaixo.

a) O dia ainda estava **claro** àquela hora.

b) Ao contrário de Paulo, que tem um texto confuso, Paulo escreve um texto **claro**.

c) É **claro** que as coisas serão postas em ordem.

Percebe que, em cada um dos exemplos, a palavra "claro" tem um sentido particular?

– Perfeitamente!

Ótimo. O que permite que isso aconteça é o contexto.

Na frase "A", o termo "claro" está associado a "claridade": o dia tinha "claridade", não estava "escuro".

Na frase "B", tem o sentido associado a "clareza": "texto claro" é aquele "dotado de clareza", ao contrário do texto "confuso".

Na frase "C", a palavra claro equivale a "óbvio", "evidente": "é claro", "é óbvio", "é evidente" que as coisas serão postas em ordem.

– Ficou bastante simples de entender, professor.

Fico feliz de saber. Note que, nos exemplos, falávamos apenas de palavras. Agora sigamos. O contexto de uma frase são também as frases que a antecedem e seguem. Leia a frase abaixo:

+ "A polícia age corretamente ao agredir os manifestantes."

Você diria que se trata de um elogio ou de uma crítica à atitude dos policiais?

– Eu diria que é um elogio.

Em uma primeira leitura, eu diria o mesmo. Seria a interpretação correta em uma sequência como a que vem a seguir.

+ "A polícia age corretamente ao agredir os manifestantes. Uma vez que eles estavam armados e assumiam postura ameaçadora, não havia outro meio para contê-los."

No entanto, a mesma frase poderia significar exatamente o contrário, se o contexto assim determinasse. Leio comigo o trecho a seguir.

+ "A polícia age corretamente ao agredir os manifestantes. Ainda mais se levarmos em conta que eles faziam uma manifestação pacífica e estavam desarmados, havendo, inclusive, idosos e crianças entre eles. Não é isso o que se espera das forças do Estado? Não é a postura mais certa agredir irresponsável e sadicamente cidadãos que estavam exercendo seu direito?"

É perceptível a diferença?

– Brutalmente perceptível, profe...

Ótimo! A ideia era essa mesma. ☺

Compreendida a lógica do contexto, podemos avançar para aquilo que mais nos atemoriza: o contexto que não está colocado antes ou depois do texto, e sim o que é representado por aquelas circunstâncias, fatos, ideias que se relacionam com o texto, ou que são relacionáveis a ele, mas que se encontram fora dele.

– Este, professor, é o meu drama. Como saber se o contexto permite ou não afirmar algo? Como ter certeza sobre se posso ou não extrapolar os limites do texto escrito? E se eu posso extrapolar, qual o limite da extrapolação? Isso me desespera!

Eu entendo, mas peço que você não se desespere. Vamos indo aos pouquinhos. A premissa básica deve ser a seguinte: todo e qualquer texto é uma atividade comunicativa. Compreende bem isso? Um texto é escrito *por* alguém, é escrito *para* alguém e tem uma *intenção*, que pode estar mais ou menos explícita, a depender do modo como ele foi composto. Você concorda comigo?

– Em tese, concordo sim.

Há, então, alguns pontos de partida dos quais não teremos como fugir. Devemos nos perguntar sempre algumas coisas, sem as quais estaremos considerando que o texto foi escrito *de ninguém para ninguém*.

a) quem é o autor do texto;

b) em que veículo ele foi publicado?

c) a quem ele se destina?

d) quais o tipo e o gênero textuais a que ele pertence?

e) quais as intenções e os limites interpretativos deste tipo e deste gênero?

f) qual tipo de linguagem foi utilizado pelo autor?

Essas são algumas das muitas perguntas que, ao ler um texto, devemos fazer.

– Mas, professor, e se não houver resposta a essas perguntas ou se eu não souber responder a elas, foi tudo por água abaixo?

Não, certamente não. Pode ser que não tenhamos todas as respostas à mão, ou que as dominemos apenas parcialmente. Ainda assim, a cada resposta que tivermos, maiores são as nossas chances de interpretar corretamente um texto.

Quem garante a você que vai ensinar um modo infalível de interpretar um texto certamente está faltando com a verdade. Diferentes pessoas apresentam diferentes níveis de capacidade de interpretação. Isso depende de muitos fatores: da bagagem cultural, da familiaridade com a leitura, do conhecimento (ou não) do autor do texto e da circunstância em que ele foi escrito etc.

– Entendo, professor...

E veja bem: o que estou dizendo não deve desestimular você; bem pelo contrário. Faço questão de ter essa conversa justamente para que você não se sinta *incapaz* quando tem dificuldade em determinada questão que cobre aspectos interpretativos. Ter dificuldade é normal. Sentir insegurança é normal. O que temos e tentar *naturalizar* é o enfrentamento das dificuldades e das inseguranças.

– Se Deus quiser, vamos naturalizar, professor...

Vamos sim! ☺

CAPÍTULO 43

Coerência e progressão textual

1. O QUE É COERÊNCIA TEXTUAL

A "coerência" de um texto é basicamente aquilo que nós chamamos, de modo mais geral, de "sentido". Quando alguém fala algo que nos parece lógico e dizemos "faz sentido", estamos dizendo o mesmo que "tem coerência", "é aceitável", concorda?

– Plenamente.

A coerência de um texto diz respeito às relações de sentido estabelecidas entre as partes. Quanto mais lógicas forem essas relações, quando mais plausíveis elas nos parecerem, maior coerência terá o texto, que será, mais e mais, encaminhado para a compreensão por parte de quem o lê. Deve haver, entre as partes, uma continuidade semântica para que compreendamos o que estamos lendo e, sobretudo, para que aceitemos o conteúdo da leitura.

– Continuidade semântica = uma lógica de sentido?

Muito bem! Eu costumo dizer uma coisa em tom de brincadeira, mas que, no fundo, é séria: a realidade pode ser incoerente, mas um texto, que é uma criação do homem, não pode.

– Explique-se melhor, professor.

Pedindo assim, com tamanha delicadeza, é claro que eu explico. ☺

No campo da realidade, do que chamamos de "mundo histórico", este no qual vivemos, algo pode acontecer sem explicação prévia nem posterior. Pensemos: uma pessoa que aparenta ser calma e pacífica pode matar outra e depois se matar, sem que jamais venha a ser descoberto o motivo pelo qual isso aconteceu. Pode ser que a pessoa tenha tido uma crise de loucura jamais manifestada, pode ser que ela fosse na intimidade diferente do que aparentava, pode ser que sequer houvesse um motivo para o fato. Entende?

– Entendo...

Em um texto, porém, para que ele seja considerado coerente, para que seu sentido seja apreendido pelo leitor, há de se ter uma continuidade de ideias, de modo que determinados elementos acarretem outros, ou seja, gerem outros como sua consequência.

– Compreendo. O que o senhor está dizendo é que, no campo da realidade, algo pode ser incompreensível, mas no interior de um texto, não.

Uma salva de palmas para você. É isso mesmo. E sabe por que isso acontece? Porque a realidade não necessariamente quer *comunicar* algo. A realidade é a realidade: ela acontece, quer a entendamos, quer não. Vamos a um exemplo. Eu digo: "O espaço é infinito". Você responde:

– Professor, eu não entendo isso...

Eu posso tentar explicar, mas, se você não entender, essa realidade não se modifica. E não há problemas nisso: o espaço não quer *se comunicar* com você, ele não quer ser *entendido*.

– Ok.

Por outro lado, a intenção básica de um texto é estabelecer comunicação, isto é: o sujeito "A" enuncia algo que deve ser compreendido pelo sujeito "B". Para isso, deve haver coerência. Em outras palavras: o texto deve ser construído de modo que faça sentido.

– Faz sentido!

Faz muito! ☺

Sabe quando um filme termina e pensamos: "Esse final não tem nada a ver com o resto do filme..."?

– Sei bem. Isso me irrita.

Isso o quê?

– Filme que termina assim, sem pé nem cabeça...

Ah, pois é... A mim também irrita. Nesse caso, o que faltou foi coerência. Mesmo quando nos surpreende, o final de um filme precisa nos convencer, ou seja, necessita mostrar-se válido. No filme "E. T. O extraterrestre", de Steven Spielberg, há uma cena antológica no final em que uma bicicleta que carrega o garoto protagonista e o E. T. sai voando. No contexto do filme, embora surpreendente, a cena não é incoerente. Dado todo o contexto que envolve a história até ali, faz muito sentido que a cena seja assim. Entende?

– Bem entendidinho!

Ótimo!

2. NÍVEIS DE COERÊNCIA

Há diversos níveis em que a coerência de um texto pode, ou não, ser estabelecida. Lidamos, de modo geral, instintivamente com o domínio desses níveis. Vamos detalhá-los.

– Vamos sim.

a) Coerência narrativa

Quando se trata de um texto narrativo (aquele que conta uma história com início, meio e fim), é necessário que haja lógica entre as diferentes partes de uma narrativa.

– E o que seria a lógica entre as partes, ó meu professor amado?

É fácil. Imaginemos que, para salvar-se do naufrágio de um navio, um personagem tenha de enfrentar a nado uma tempestade em alto-mar e percorrer nadando uma distância de quinze quilômetros.

– Seria difícil, profe...

Sem dúvida, mas consideremos que, mesmo improvável, essa missão não seja impossível. O que seria necessário para que acreditássemos nesse salvamento?

– Seria necessário que o personagem que se salva nadasse muito, muito, muito bem e tivesse imensa resistência e autocontrole...

Concordo com você em gênero, número e grau! Agora pensemos que quem conta esta história coloque, como protagonista desta fuga, uma criança de dois aninhos, ou um idoso de 98 anos com graves problemas de saúde. O que você pensaria?

– Que se trata de algo completamente impossível!

Justamente. O que faltou? Coerência narrativa. Não acreditaríamos no que é narrado, porque nos pareceria que faltou coerência, sentido, aceitabilidade do que se conta.

– Perfeito.

Do mesmo modo, se, em uma narrativa, um personagem que demonstrou, em toda a sua história pregressa, grande dificuldade de articular com qualidade palavras e ideias, torna-se um professor brilhante, qual a tendência?

– Não acreditarmos...

Isso mesmo. Isso ocorreria, mais uma vez, por falta de coerência narrativa.

b) Coerência argumentativa

Por coerência argumentativa, devemos considerar, principalmente, se são respeitadas as relações de causa e consequência estabelecidas entre determinados pressupostos e as conclusões que deles advêm.

– Seria a lógica argumentativa?

Seria exatamente isso. Se eu afirmo: "O homem que cometeu o homicídio deve ser punido, visto que assassinou o enteado devido a uma discussão boba." Haveria lógica na argumentação empreendida na frase, ao menos em tese?

– Muita!

Concordo com você! Se uma pessoa mata outra em decorrência de uma simples discussão, é lógico racionalmente que essa pessoa deva ser punida. Não haveria motivo, portanto, para que você julgasse incoerente o que se disse.

– Certo.

Por outro lado, imaginemos que eu diga o seguinte: "O homem deveria ser condenado à prisão perpétua, já que urinou em uma via pública durante a madrugada." Excetuando-se a hipótese de eu estar sendo irônico, faria sentido a argumentação empreendida?

– Com certeza, não!

Por quê?

– Porque seria desproporcional condenar alguém à prisão (ainda mais perpétua) devido a um fato tão pueril como ter urinado na rua de madrugada...

Mais uma vez, concordamos! A argumentação empreendida termina se demonstrando falha.

c) Coerência temporal

A coerência temporal deve respeitar a necessária linearidade das ações no tempo. Ou seja: os fatos devem se suceder em determinada ordem que faça sentido. Imaginemos que eu sinta vontade de tomar um café. Em relação às ações subsequentes, elas têm de se dar na ordem seguinte: primeiro esquento a água, depois passo o café, depois ainda o bebo. Concorda?

– Demais!

Excelente! Então concordamos quanto à cronologia dos fatos relacionados à feitura de um café. ☺

Não faria sentido eu primeiro tomar o café e somente depois esquentar a água.

– Não faria.

É claro que em algumas situações poderia haver debate sobre o que deveria acontecer antes ou depois: primeiro duas pessoas começam a namorar e depois dizem que se amam ou primeiro dizem que se amam e depois começam a namorar?

– Isso depende muito, profe...

Concordo, mas aqui estamos diante de uma situação subjetiva, em relação à qual não há uma ordem lógica necessária de ocorrência dos fatos. Em relação a uma série de outros fatos, entretanto, há uma sucessão de ocorrências esperadas em determinada ordem: na cobrança de uma falta no futebol, primeiro a bola deve ser chutada, depois deve entrar no gol, depois o gol deve ser comemorado; em uma luta, primeiro alguém deve desferir um golpe, depois o outro deve ser atingido, depois deve cair. Os exemplos seriam infinitos.

– Tudo completamente entendido, professor.

Assim que eu gosto.

d) Coerência espacial

Aqui se focaliza a coerência em relação à localização dos elementos no espaço. Em um filme, por exemplo, deve haver continuidade na posição dos elementos em cenas imediatamente subsequentes. Por exemplo: se, em uma cena, um personagem atende a um telefonema na sala de casa dizendo "alô" e, logo após o interlocutor dizer "É da casa de João?", ele se encontra no jardim, houve quebra da coerência espacial.

– Porque se dentro de casa ele estava, dentro de casa ele deveria continuar...

Sim, ao menos no curto espaço de tempo entre atender a um telefonema e o interlocutor dizer a sua primeira palavra.

– Perfeito.

e) Coerência figurativa

A coerência figurativa diz respeito à combinação de elementos (ou figuras) que aparecem em certa cena.

– Creio que não tenha entendido ainda, professor...

Não se preocupe: vai entender logo, logo. Imaginemos uma cena em que se retrate uma zona inexplorada da Amazônia. Ao descrever-se o que se vê ao adentrar na mata, surgem uma índia, um índio, árvores altas, uma onça-pintada e um homem de terno. Que tal?

– Homem de terno?

Isso: um homem de terno, segurando uma garrafa de Coca-cola.

– Seria um absurdo!

Sim, seria. Sabe por quê? Pela quebra da coerência figurativa! ☺

– Compreendi.

f) Coerência linguística

Um texto deve apresentar compatibilidade entre os vocábulos e as estruturas sintáticas utilizadas e a variante linguística escolhida no relato.

– Mas como saber que *há* essa coerência linguística?

Pois é: de fato se trata de algo um pouco subjetivo. Mas temos de ir analisando o texto e percebendo que há um vocábulo, uma expressão, uma estrutura discordante do nível linguístico escolhido. Por exemplo: não caberia um palavrão em um discurso formal, concorda?

– Concordo plenamente.

Menos mal. ☺

Do mesmo modo, um vocábulo super-raro e erudito ficaria deslocado se pronunciado por um personagem de baixo nível instrucional e vocabular. Concorda também?

– Concordo.

Então, chegamos a um acordo, porque é somente disso que se trata. Imaginemos uma dissertação de vestibular ou de concurso. Para escrevê-la, é exigido o nível culto escrito formal da linguagem. Leiamos juntos.

+ "Não é admissível que as autoridades públicas ajam em proveito próprio, ignorando as necessidades da população. Caso elas assim procedam, *vai ser um Deus nos acuda.*"

Creio que dê para perceber.

– A inadequação de "vai ser um Deus nos acuda"? Dá muito para perceber!

Ótimo. Até aqui está tudo bem, bem, bem entendidinho?

– Nos mínimos detalhes, profe.

Excelente.

Pode surgir, agora, um novo problema. Ainda que você saiba conceituar a coerência, ainda que você a estude, ainda que você tente estabelecê-la e reconhecê-la nos textos, é possível que você me faça a seguinte pergunta: "Quem estabelece se um texto é ou não é coerente? Não é possível que, a mim, um texto pareça coerente e na verdade não o seja?"

– É bem o tipo da pergunta que eu faria e da dúvida que eu teria, professor...

Fico feliz de ter acertado. ☺

Note bem: estamos falando de textos, de produção de sentidos, de captação de sutilezas semânticas. Aqui, não estamos no campo da objetividade, como quando falamos de aspectos gramaticais e normativos.

– Entendo.

Sendo assim, não é benéfica a angústia da "certeza". Interpretação se aprende por meio da interpretação. Vamos trabalhando, vamos aos poucos analisando e ampliando conceitos. Com o tempo, vem a confiança. Não se preocupe em demasia.

– Está bem.

3. COERÊNCIA INTERNA E COERÊNCIA EXTERNA

Quando falamos em coerência, há basicamente dois níveis de "verdade" que o texto deve respeitar:

a) Coerência intratextual (não contradição entre os enunciados):

Para que acreditemos em um texto, necessário é que não haja contradições entre aquilo que se enuncia antes e aquilo que se enuncia depois, no interior do texto.

– Lógica entre o que se diz antes e o que se diz depois? Só isso?

Lógica entre o que se diz antes e depois em todas as partes de um texto e, em última instância, entre as partes todas de um texto. Por exemplo: se é dito que determinado personagem detesta crianças, o leitor estranhará (a não ser que isso seja muito bem explicado) que ele trate de modo protetor e cuidadoso uma criança vizinha. Entende?

– Demais.

Maravilha!

b) Coerência extratextual (adequação do que foi dito à realidade):

Também para que acreditemos naquilo que consta em um texto, é fundamental que ele seja coerente com a realidade, que pode ser a realidade histórica ou a realidade criada internamente no texto.

– Realidade histórica ou realidade criada?

Exato. Parece difícil, mas não é. Quando um texto segue parâmetros de verossimilhança, ou seja, quando ele não foge da realidade como a concebemos por meios racionais, é importante que haja coerência com essa realidade, que chamei, em outro momento, de "realidade histórica". Em termos mais básicos e objetivos, um dia deve ter 24 horas, após um dia claro de sol deve haver a noite, o Brasil precisa estar localizado na América do Sul, Barack Obama é um homem negro, e assim por diante.

– Sim: é importante que o leitor *reconheça* que o que se está dizendo é coerente com o mundo. Tranquilo.

Ótimo. Ainda no campo da realidade, haverá elementos menos objetivos, como ideias e afirmações mais aceitáveis e consideradas, por isso, mais coerentes. Se eu faço a seguinte enunciação: "Todos os políticos, mesmo os mais bem-intencionados, cometem erros". Você tenderia a concordar?

– Creio que sim.

E por quê?

– Porque errar é humano, porque achamos que todo mundo erra em algum momento, não?

Exatamente. No entanto, seu eu disser o seguinte: "Lula e Bolsonaro jamais cometeram erros ao longo de toda a sua atuação como pessoas públicas". Parece uma afirmação coerente?

– Não parece, não...

Ótimo. E coloquei Lula e Bolsonaro nas frases de modo proposital. Independentemente do nosso posicionamento ideológico, não parece coerente o que eu disse, devido ao fato de a afirmação certamente discordar da realidade, devido ao fato de todos cometermos erros.

– Bem entendido, profe.

Maravilha.

4. INCOERÊNCIAS APARENTES

Existem ideias e situações que, se postas em um texto, podem parecer incoerentes em um primeiro momento, quando na verdade não o são.

– Eu poderia afirmar quase com certeza absoluta que não entendi...

Eu posso dizer, com certeza absoluta, que em seguida você vai entender.

– Isso me tranquiliza.

Fico feliz em saber. ☺

Vejamos algumas situações em que possa haver alguma aparente incoerência:

a) Contexto

Algumas informações extratextuais podem auxiliar na resolução de aparentes incoerências de alguns enunciados. Digamos que eu intitule um texto "A Europa fica no Rio Grande do Sul". Em uma primeira leitura, o que você pensaria?

– Que se trata de uma incoerência, porque a Europa fica... na Europa.

Exato. No entanto, pensemos que, na sequência do texto, você descubra que ele consiste em um elogio à cidade de Gramado, localizada na serra gaúcha, que, pelo clima e pela arquitetura, além da limpeza e da beleza das ruas, é comparada às cidades europeias, você me diria que a "incoerência" reconhecida no título se mantém?

– Certamente não...

Isso porque o título passa a fazer sentido, a ser coerente com o contexto de que ele faz parte.

b) Situação comunicativa:

Quando vamos declarar o nosso sentimento a um amigo, em que espécie de palavra se costuma pensar?

– Palavras afetivas, doces, afáveis?

Coi-sa-mais-que-ri-da! Sim, é o que se espera. Mas imaginemos a seguinte sequência de palavras: "Canalha! Cretino! Bandido!" Parece, à primeira vista, uma declaração afetiva? Parecem palavras "afetivas, doces, afáveis"?

– Nem um pouco, professor!

Ok. Agora imagine que dois amigos se reencontram depois de muito tempo. Então, dá-se o seguinte diálogo:

+ – Mas então o senhor resolveu voltar ao Brasil!?

– O bom filho a casa torna.

– Canalha! Cretino! Bandido! Que saudade! Dá cá um abraço!

Faria sentido?

– Faria total. É um jeito bruto de declarar afeto, mas ainda assim é uma declaração de afeto. ☺

Ótimo! Desse modo, o contexto explica o que não seria muito explicável sem ele.

c) Regras do gênero textual

Cada gênero textual tem as suas características básicas. Sendo assim, existem situações que seriam coerentes em um gênero, mas não o seriam em outro.

– Exemplos?

Claro! Imagine que, em uma reportagem acerca da produção de leite em fazendas no interior de São Paulo, um dos entrevistados pelo jornalista é uma vaca da propriedade, que diz: "Sou muito bem tratada e fico feliz de, com a minha produção, ajudar na minimização da fome no país".

– Não precisa nem perguntar: seria um absurdo completo, professor!

Que bom que você também acha. ☺

No gênero "reportagem" não caberia uma vaca que falasse, a não ser que se tratasse de uma passagem fantasiosa ou bem-humorada previamente explicada ao leitor. Caso contrário, não é coerente, não é lógico, não faz sentido que uma vaca dê uma declaração verbal articulada sobre si.

– Certo.

No entanto, se estivéssemos diante de uma fábula, por exemplo, que é geralmente protagonizada por animais que apresentam características e aptidões humanas, seria muito plausível que uma vaca falasse, assim como qualquer outro animal.

– Ah, entendi...

Excelente!

d) Intertextualidade

Um texto pode ganhar coerência, ou ter sua coerência ampliada, pela relação que ele estabelece com outros textos.

– E essa relação tem de ser "explícita"?

Não necessariamente. Pode ser explícita ou implícita, conforme estudaremos no tópico referente à "intertextualidade". Há uma canção composta por Chico Buarque chamada, "Bom conselho", em que há, entre outros, os seguintes versos:

+ "*Quem espera nunca alcança.*"
+ "*Faça como eu digo, faça como eu faço.*"
+ "*Aja duas vezes antes de pensar.*"
+ "*Devagar é que não se vai longe.*"
+ "*Eu semeio o vento na minha cidade.*"

O que há de particular em todas as frases escritas abaixo?

– Elas remetem a ditados populares? Mas não sei se todas...

Isso mesmo. Todas. Vamos aos ditados populares aludidos pelos versos de Chico Buarque:

+ "Quem espera sempre alcança."
+ "Faça o que eu digo, não faça o que eu faço."
+ "Pense duas vezes antes de agir."
+ "Devagar se vai ao longe."
+ "Quem semeia vento colhe tempestade."

O que temos de perceber é que, pela subversão ou pela ampliação do sentido das frases originais, o texto amplia seu sentido e cria-se para ele uma nova coerência.

– Entendo, professor!

Que ótimo!

CAPÍTULO 44

Elementos da comunicação

Você não vai acreditar no que eu vou dizer.

– Professor, não comece assim que já me dá uns cinco tipos de tremores...

Calma, pessoa! Não faça drama. ☺

– Então diga logo e me acalme.

Digo sim: para que se estabeleça a comunicação entre duas pessoas, haverá sempre seis elementos presentes:

- Emissor;
- Receptor;
- Referente
- Canal de comunicação;
- Código;
- Mensagem.

– Os seis ao mesmo tempo?

Eu disse que você não ia acreditar.

– Eu acredito, mas estranho um pouco...

Não estranhe, que em breve tudo fica claríssimo. Quando você diz: "Oi! Tudo bem?", há todos esses elementos. Quando você se comove ouvindo "Evidências", há todos esses elementos. Quando você escreve um *e-mail* a alguém, estão presentes todos esses elementos: emissor, receptor, referente, canal de comunicação, código e mensagem. Repita para mim.

– Emissor, receptor, referente, canal de comunicação, código e mensagem.

Muito bem!

> – Não tenho ainda ideia do que signifique, mas vou tentar guardar...

Vamos em seguida a cada elemento da comunicação. Antes, vamos ler juntos um bilhete deixado por mim à Manu em um *post-it* colado no espelho do banheiro em um dia no qual eu saí de casa antes que ela acordasse:

> Oi, Manu, tudo bem?
>
> Deixo este bilhetinho apenas para dizer mais uma vez que sou muito, muito, muito feliz desde que nos conhecemos.
>
> Te amo muito!
>
> Um beijo,
>
> Marcello.

> – Professor, o senhor deixou mesmo este bilhete no espelho do banheiro?

Deixei. Por quê?

> – O senhor é romântico assim?

Sou!

> – Que amor!

Concordo com você! ☺

a) Emissor

O **emissor** é o sujeito enunciador, aquele que tem algum comunicado a fazer ao outro.

– "Emissor" é aquele que emite o conteúdo de uma comunicação.

Exatamente. No bilhete do espelho do banheiro citado antes, o "emissor" é Marcello (no caso eu), que é quem comunica algo a alguém. Tranquilo?

– Muito.

b) Receptor

O **receptor** é o destinatário do comunicado, ou seja, aquele a quem o conteúdo que se pretende comunicar é dirigido.

– Profe, se fosse apenas isso, seria facílimo: *emissor* é quem comunica; *receptor* é a quem se comunica. Simples.

No bilhete, quem é o receptor (ou receptora)?

– Manu, sua esposa, por quem o senhor é apaixonado.

Maravilha! Tudo lindo até aqui!

c) Referente

O **referente** é o conteúdo que o emissor pretende comunicar ao receptor. Mas cuidado: o referente não são as palavras escritas, e sim o assunto tratado.

– Medo.

Não sinta medo. As palavras utilizadas, aquilo que é dito, também têm uma classificação, que aparecerá em seguida. Referente (vou repetir mais uma vez) é o assunto, o tema da comunicação.

– Que, no caso do bilhete, seria qual?

Uma declaração de amor. Tranquilo?

– Creio que sim.

Ótimo! Uma vez mais, que não custa insistir: o referente é o assunto. Poderia ser o relato sobre uma viagem, o modo de preparar um alimento, uma tese acadêmica. É o assunto. Que, no caso do bilhete que deixei escrito à Manu, é uma declaração amorosa.

– Perfeito.

d) Canal de comunicação

O **canal de comunicação** é o meio material utilizado pelo emissor para comunicar algo ao receptor. O canal pode ser a fala, pode ser a escrita, pode ser a imagem, pode ser o gesto, e por aí vai. No caso da escrita, pode ser uma redação escolar, uma carta, um bilhete, entre outros.

– Posso dizer, então, que é o *meio físico* pelo qual a comunicação é feita?

Não só pode como deve, pois ele é isso mesmo, sem tirar nem pôr.

– No caso do bilhete escrito para a Manu, o canal de comunicação é o próprio bilhete?

Ele mesmo. O canal de comunicação é a escrita; mais especificamente, a escrita de um bilhete.

e) Código

O **código** é o conjunto padronizado de sinais que deve, necessariamente, ser dominado tanto pelo emissor quanto pelo receptor para que tenhamos de fato uma comunicação efetiva.

– Ai, meu Deus do céu!...

Não se assuste. Vamos voltar ao bilhetinho que foi o nosso ponto de partida.

– Aquele em que o senhor (o emissor), dirige à Manu (o receptor) uma declaração de amor (o referente) por meio de um bilhete (canal de comunicação).

Esse mesmo! ☺

Nele, o código foi a língua portuguesa escrita, que, para que haja um comunicado de fato, deve ser conhecida por ambos os envolvidos na situação comunicativa. Faz sentido, não faz?

– Faz muito sentido.

Excelente. Se tivéssemos a comunicação entre dois deficientes auditivos, o código poderia ser a língua brasileira de sinais.

– Entendi bem, professor!

Fico felicíssimo de saber.

f) Mensagem

A **mensagem** é a informação efetivamente transmitida. Agora sim: a mensagem é, no caso do bilhete, as palavras que eu utilizei para me declarar à Manu.

– Seria, então: "Oi Manu, tudo bem? Deixo este bilhetinho apenas para dizer mais uma vez que sou muito, muito, muito feliz desde que nos conhecemos! Te amo muito! Um beijo, Marcello". É isso?

É isso.

– E não há o risco de eu confundir o *referente* e a *mensagem*?

Há, mas estamos trabalhando para que esse risco seja minimizado ao máximo. É simples. Escute bem: um mesmo referente (um mesmo assunto) pode ser expresso por mensagens bastante diferentes. Quer ver?

Referente: declaração de amor (assunto).

- **Mensagem 1:** "Eu te amo".
- **Mensagem 2:** "Sou loucaço por você".
- **Mensagem 3:** "Toda vez que nos vemos sinto borboletas na minha barriga".

Entendeu?

– Entendi, sim!

Excelente! Vamos rever o *post-it* com os elementos agora destacados.

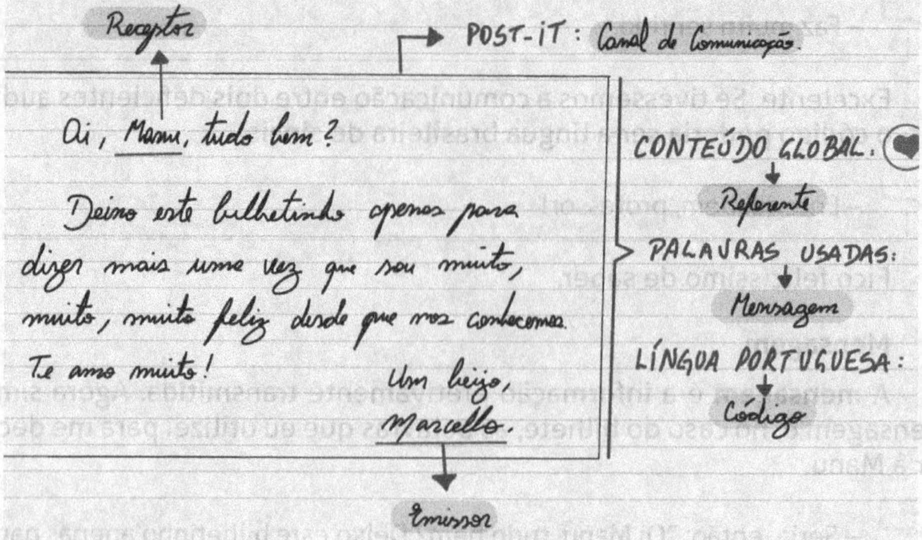

É possível que agora você esteja se perguntando: "Por que eu tenho de saber quais são esses elementos todos"? Não?

> – Sim, profe, é muito possível! ☺

Vamos à resposta. Ao usarmos a linguagem, em qualquer das suas possibilidades, fazemos com que alguns desses elementos destaquem-se em relação aos outros. Por isso, a cada um dos elementos da comunicação corresponde uma função da linguagem. E é justamente as funções da linguagem o que estudaremos logo a seguir.

> – É feio dizer que não entendi?

Nem um pouco. Antes de eu esclarecer mais isso, vamos a um quadrinho resumitivo do que estudamos até aqui.

Elemento da comunicação	Descrição
Emissor	Aquele que comunica algo por meio da linguagem.
Receptor	Aquele a quem a comunicação se destina; o destinatário.
Referente (contexto)	O assunto a ser comunicado; o conteúdo a ser informado.
Canal	O meio físico pelo qual a comunicação se dá.
Código	O sistema de comunicação compartilhado por emissor e receptor.
Mensagem	A forma dada; o fragmento que chega ao destinatário.

CAPÍTULO 45

Funções da linguagem

O que eu quero que você tenha entendido até aqui é o seguinte: nas diferentes comunicações que podemos fazer, damos destaque a algum dos elementos da comunicação estudados anteriormente. Quando um desses elementos é posto em destaque, ele faz funcionar uma das funções da linguagem. Sendo assim, se são seis os elementos da comunicação, serão seis as funções da linguagem:

- Emotiva (ou Expressiva);
- Conativa (ou Apelativa);
- Referencial (ou Informativa ou Denotativa);
- Fática, (ou de Contato);
- Metalinguística
- Poética.

– Bastante coisa, professor.

Sempre bastante! Vamos a elas.

a) Função emotiva (ou expressiva)

A **função emotiva** ou expressiva é aquela que coloca em destaque o emissor. Desse modo, o processo comunicativo é voltado para o próprio emissor, que expressa *seus sentimentos, suas emoções, sua interioridade.* A linguagem é mais subjetiva, pois se volta à expressão daquilo que diz respeito ao sujeito.

– Sintetizando, pode-se dizer que é uma função da linguagem em que o que predomina são as emoções do emissor?

Isso! As emoções e a sua própria expressão (por isso "emotiva" ou "expressiva"). É a linguagem predominante em textos líricos, como poemas.

– Qualquer poema?

Boa pergunta! Não. Na verdade, somente aqueles em que o que se faz é externar a intimidade de quem se expressa. Nesse tipo de texto predomina a 1ª pessoa do singular, além de palavras que expressem sentimento. Vamos a um exemplo.

+ "De tudo, ao *meu* amor *serei* atento
Antes, e com tal zelo, e sempre, e tanto
Que mesmo em face do maior encanto
Dele se encante mais *meu* pensamento.

Quero vivê-lo em cada vão momento
E em louvor *hei* de espalhar meu canto
E rir *meu* riso e derramar *meu* pranto
Ao seu pesar ou seu contentamento.

E assim, quando mais tarde *me* procure
Quem sabe a morte, angústia de quem vive
Quem sabe a solidão, fim de quem ama

Eu possa *me* dizer do amor (que *tive*):
Que não seja imortal, posto que é chama
Mas que seja infinito enquanto dure."

Percebeu que acabamos de ler um texto que põe em evidência os sentimentos do eu-lírico, que é aquele que se manifesta dentro do poema?

– Não há como não perceber, profe.

Ótimo. Então, está claro o que é a função emotiva ou expressiva da linguagem.

b) Função conativa (ou apelativa)

A **função conativa (ou apelativa)** é aquela que coloca em destaque o receptor da mensagem. Ela se faz presente em textos nos quais se pretende persuadir, convencer, interferir no campo da ação ou do pensamento do interlocutor. A ideia principal é fazer com que ele realize ou deixe de realizar algo.

– Ou pense ou deixe de pensar algo?

Exatamente. Quando está em ação a função conativa da linguagem, é comum o uso de vocativos e de verbos no imperativo.

– Isso porque se está orientando alguém a fazer algo. Então, usam-se vocativos para chamar a pessoa e verbos no imperativo para fazer com que ela faça algo.

A sua resposta mais linda não teria como ser! ☺

Esta linguagem é comum em textos instrucionais (como receitas ou manuais de montagem de equipamentos, por exemplo) e em textos publicitários, exemplificados a seguir.

+ **RECEITA DE FEIJOADA**

Ingredientes:

- 2 copos de feijão (cerca de 500 g)
- Água a gosto
- 1 dente de alho picado
- 1 xícara de cebola bem picadinha
- Calabresa a gosto
- Bacon a gosto
- Sal a gosto

Modo de preparo:

- Separe e lave o feijão. Deixe-o de molho em uma bacia com água de um dia para o outro. Se estiver com pressa pode ferver 1 litro de água e deixar o feijão de molho nessa água por cerca de 2 horas.
- Despeje o feijão amolecido em uma panela de pressão e complete com água até a metade da panela.
- Tampe a panela e deixe em fogo alto. Quando pegar pressão conte 20 minutos.
- Passados os 20 minutos, deixe a panela de pressão esfriar por uns 10 minutos e depois abra a tampa.
- Corte a calabresa e o bacon em cubinhos. Coloque ambos em uma panela e deixe fritar por alguns minutos, acrescente o alho picado e a cebola. Depois junte o feijão.
- Adicione o sal, se você colocou a calabresa e o bacon, diminua no sal, pois eles já são salgados.
- Deixe o feijão no fogo alto até abrir fervura e vá mexendo aos poucos, até o caldo engrossar.

c) Função referencial (ou informativa ou denotativa)

A **função referencial (ou informativa ou denotativa)** é aquela em que o referente (ou seja, o conteúdo, o assunto) é posto em primeiro plano.

– Se põe em primeiro plano o referente, está pondo em primeiro plano o assunto, o conteúdo, e não as palavras exatamente usadas. Isso?

Perfeito! É exatamente disso que temos de lembrar. Aqui, o foco do emissor é informar sobre fatos ou sobre ideias. O conteúdo é colocado em relevo em relação à forma, motivo pelo qual a linguagem predominante é a denotativa (a literal) e o texto tem teor informativo.

– Pretende-se informar, utilizando-se, para isso, uma linguagem objetiva e direta?

Exato. É o que se encontra, geralmente, em notícias de jornal ou em textos científicos os mais variados.

+ "No encerramento da 15ª rodada, o **Inter** venceu o Athletico-PR por 2 a 1 no Beira-Rio, gols de Thiago Galhardo e Abel Hernández, e se manteve na segunda posição do campeonato brasileiro. Com um jogo a mais, o time gaúcho está a dois pontos do **Atlético-MG**."

d) Função fática (de contato)

A **função fática (ou de contato)** é aquela sem conteúdo propriamente dito, que visa ao estabelecimento ou à ruptura da comunicação entre emissor e receptor. O elemento da linguagem que ganha relevo, portanto, é o canal de comunicação, que é aberto ou fechado.

– "Canal de comunicação é aberto ou fechado"? Creio não ter entendido bem ainda.

Mas vai entender bem logo em seguida. Quando cumprimentamos alguém, com expressões como "olá", "oi", "tudo bem?", "boa tarde", estamos abrindo um canal de comunicação, concorda?

– Concordo plenamente e começo a entender, professor.

Ótimo. Do mesmo modo, quando nos despedimos, por meio de expressões como "tchau", "adeus", "até mais" e várias outras, estamos fechando o canal de comunicação. Há, ainda, palavras e expressões de contato que usamos para manter o canal com o receptor, como "sim", "claro", "aham", "né", "ok?" e muitas outras. Tente sintetizar para mim o que expliquei neste tópico.

– A função fática da linguagem tem a ver com o canal de comunicação. Abre-se um canal, testa-se se o canal está mantido ou fecha-se o canal. E não há de fato um conteúdo sendo comunicado.

Resposta lindíssima.

– Obrigado.

De nada. ☺

e) Função metalinguística

A **função metalinguística** é aquela em que determinada linguagem é utilizada para informar algo sobre si mesma.

– Ai, ai, ai, professor!

Calma, calma. É tranquilo. Quando um texto escrito se volta para a análise de outro texto escrito, temos um texto sobre um texto, concorda?

– Concordo.

Perfeito: nesse caso, a função da linguagem é a metalinguística.

Leiamos um trecho do poema "A bomba suja", de autoria de Ferreira Gullar.

"Introduzo na poesia
A palavra diarreia.
Não pela palavra fria
Mas pelo que ela semeia

Quem fala em flor não diz tudo
Quem fala em dor diz demais
O poeta se torna mudo
Sem as palavras reais"

– Poema forte...

Sim, bastante forte, como quase tudo o que Ferreira Gullar escreve. Você percebe que, no poema, o que é tematizado é a própria poesia?

– Percebo claramente.

Ótimo. A função metalinguística é aquela em que determinada linguagem (seja ela qual for) fala sobre si mesma. Por isso, uma reportagem de jornal que tematize o jornalismo, um filme que tematize o cinema, o dicionário (no qual usamos a língua portuguesa para explicar a língua portuguesa), tudo isso é exemplo de função metalínguística. Entendeu?

– Tudinho.

Tudinho, tudinho?

– Sim!

Ótimo!

f) Função poética (ou estética ou conotativa)

A **função poética (ou estética ou conativa)** é aquela que privilegia a *forma* como algo vai ser dito.

– Como assim "a forma"?

Quando algo vai ser dito, escrito, comunicado, há o que se vai comunicar (o conteúdo) e a forma como isso vai ser comunicado (as palavras que serão utilizadas, o tom, etc.). Esta função da linguagem é aquela que explora a tentativa de dizer algo de modo belo, inusitado, criativo.

– O que vale *mesmo*, então, é modo como se diz?

Exatamente. Para isso, o que se faz é fugir ao lugar-comum e ao modo habitual de dizer as coisas. É a função da linguagem que predomina em textos literários de modo particular e na arte de modo geral.

Vejamos o modo como o narrador Bentinho descreve os olhos de Capitu, no romance "Dom Casmurro", de Machado de Assis:

> "Retórica dos namorados, dá-me uma comparação exata e poética para dizer o que foram aqueles olhos de Capitu. Não me acode imagem capaz de dizer, sem quebra da dignidade do estilo, o que eles foram e me fizeram. **Olhos de ressaca? Vá, de ressaca.** É o que me dá ideia daquela feição nova. **Traziam não sei que fluido misterioso e enérgico, uma força que arrastava para dentro, como a vaga que se retira da praia, nos dias de ressaca. Para não ser arrastado, agarrei-me às outras partes vizinhas, às orelhas, aos braços, aos cabelos espalhados pelos ombros, mas tão depressa buscava as pupilas, a onda que saía delas vinha crescendo, cava e escura, ameaçando envolver-me, puxar-me e tragar-me.**"

Você percebeu que Bentinho não diz apenas "olhos castanhos" ou "olhos grandes", por exemplo?

– Percebi, professor. Inclusive, essa é uma das descrições mais famosas da literatura brasileira, não? Os famosos "olhos de ressaca".

Exatamente. São diversos os recursos utilizados para que esta função da linguagem prevaleça: figuras de linguagem, sentido conotativo, polissemia. Aqui, são exploradas em sua plenitude as potencialidades da linguagem.

Para finalizar o tópico, mais um quadrinho-resumo, agora aproximando o elemento da comunicação e a função da linguagem que corresponde a ele:

Função	Elemento	Objetivo
Emotiva	Emissor	Expressar os sentimentos e as emoções de quem fala.

Conativa	Receptor	Persuadir o interlocutor a fazer ou deixar de fazer.
Referencial	Referente	Transmitir conhecimentos, informar algo.
Fática	Canal	Abrir, testar, manter ou fechar o canal de comunicação.
Metalinguística	Código	Falar sobre a linguagem por meio da mesma linguagem.
Poética	Mensagem	Construir a mensagem de modo criativo e gerar prazer estético.

CAPÍTULO 46

Variedades linguísticas

1. O QUE SÃO E DE ONDE VÊM AS VARIEDADES LINGUÍSTICAS

Você já deve ter percebido que as pessoas, quando se comunicam, usam linguagens diferentes, certo?

– Creio que sim...

Mas é possível que você nunca tenha pensado que essas linguagens aparentemente diferentes são, na verdade, variações de uso de uma mesma língua, que é a língua portuguesa...

– Assim nesses termos acho que nunca pensei...

Pois então vamos pensar! Se rapidamente prestarmos atenção às comunicações que se dão ao nosso redor, notaremos que as pessoas se expressam, enquanto se comunicam, de maneiras muito distintas, isto é, nem todas as pessoas falam como nós falamos ou falaríamos em uma determinada situação.

– Sem dúvida nenhuma!

Tal fato fica muito fácil de ser percebido quando lemos um texto antigo, escrito em linguagem bem diferente da nossa; ou quando viajamos para outros lugares e temos a impressão de estarmos entrando em contato com uma outra língua, em muito diferente da nossa; ou ainda quando observamos pessoas de outras camadas sociais ou em determinados contextos fazendo uso de uma linguagem que dificilmente usaríamos. Isso acontece, é inegável. Mas por que isso acontece?

– Porque as pessoas são diferentes?

Sim, porque as pessoas são diferentes em muita, muita, muita coisa. Elas são de épocas diferentes, nasceram e se criaram em lugares diferentes, frequentam círculos sociais diferentes, tiveram níveis de instrução diferentes. Quando dizemos que duas pessoas são diferentes entre si, não estamos falando apenas de altura, cor do cabelo, formato do rosto, estrutura física. Estamos falando, na verdade, que são seres humanos completamente distintos entre si e que, por isso, comunicam-se de maneiras diferentes.

– Professor, a sua reflexão ficou meio filosófica, mas faz todo sentido!

Que bom que você acha que faz! ☺

Tais diferenças no uso da língua, motivadas por esses vários fatores, são o que chamamos de "variedades linguísticas", um tópico interessantíssimo que passaremos a estudar agora. Venha comigo.

– Vou sim! Na verdade, já estou.

2. AS VARIEDADES LINGUÍSTICAS

2.1. Variação diastrática

Você saberia me dizer o que significa, em grego, "stratos"?

– Se não parecer uma resposta muito simplesinha, eu diria que tem a ver com "estrato"...

Muito bem, e você teria acertado na mosca a resposta!

– Eu acertar "na mosca" uma resposta é algo que sempre me surpreende...

Ah, de novo a autoestima maltratada de quem estuda... ☺

"Stratos" quer dizer "estrato", assim mesmo, com "S", que é o mesmo que "camada", "nível".

A variação diastrática diz respeito aos modos de falar que correspondem a códigos de comportamento e comunicação de determinados grupos sociais. As gírias e os jargões, por exemplo, constituem um exemplo desta variação linguística.

– Posso dizer então que é uma variação "social", por assim dizer?

Pode sim. Pode e deve. Ela é uma variação social e pertence a um grupo de pessoas, que é aquele no qual ela é usada. Vamos ver alguns exemplos abaixo.

+ **Exemplo:** trecho do conto "Feliz Ano Novo", de Rubem Fonseca.

> "Vi na televisão que as lojas bacanas estavam vendendo adoidado roupas ricas para as madames vestirem no réveillon. Vi também que as casas de artigos finos para comer e beber tinham vendido todo o estoque. "Pereba, vou ter que esperar o dia raiar e apanhar cachaça, galinha morta e farofa dos macumbeiros." "Pereba entrou no banheiro e disse, que fedor." "Vai mijar noutro lugar, tô sem água." Pereba saiu e foi mijar na escada. "Onde você afanou a TV?", Pereba perguntou. "Afanei porra nenhuma. Comprei. O recibo está bem em cima dela. Ô Pereba! você pensa que eu sou algum babaquara para ter coisa estarrada no meu cafofo?" "Tô morrendo de fome", disse Pereba. "De manhã a gente enche a barriga com os despachos dos babalaôs", eu disse, só de sacanagem. "Não conte comigo", disse Pereba. "Lembra do Crispim? Deu um bico numa macumba aqui na Borges de Medeiros, a perna ficou preta, cortaram no Miguel Couto e tá ele aí, fudidão, andando de muleta." Pereba sempre foi supersticioso. Eu não. Tenho ginásio, sei ler, escrever e fazer raiz quadrada. Chuto a macumba que quiser. Acendemos uns baseados e ficamos vendo a novela. Merda. Mudamos de canal, prum bangue-bangue. Outra bosta."

Antes que você pense: "De onde o professor tirou um texto desses, escrito desse jeito tão descuidado, tão chulo", eu vou esclarecer uma coisinha. Rubem Fonseca é um dos maiores escritores brasileiros do século XX. Ele revolucionou a literatura brasileira ao lançar, na década de 1970, o volume de contos "Feliz Ano Novo", do qual faz parte o trecho em questão.

– Se o senhor diz, então eu acredito...

Digo e sustento. ☺

O que chamou a atenção neste livro do autor foi justamente o clima de violência e conflito entre as classes sociais.

– Imaginei...

E agora eu pergunto: você percebe que o meio de que o autor se utiliza para indicar a classe social a que os personagens pertencem é a maneira como eles falam?

– Certamente...

Há o uso de diversas palavras e expressões que não são comuns na linguagem culta, seja escrita, seja falada. Elementos como "mijar", "tô", "porra nenhuma", "babaquara" e "cafofo", entre outros, além do apelido do personagem ("Pereba"), são um recurso expressivo potente para indicar que estamos falando de um "estrato" específico, que usa um código também específico para se comunicar.

– Maravilha! Claríssimo!

Ótimo!

2.2. Variação diatópica

Comecemos, de novo, pelo grego.

– Ai, meu Deus do céu...

Acalmemos o coraçãozinho ansioso e inseguro e vamos adiante. O que significa "topos" em grego"?

– Lugar?

Isso mesmo! Uma salva de palmas para você, que não confia em si, mas muito mais acerta do que erra!

– Muito obrigado!

Em grego, "topos" significa "lugar". "TOPOgrafia" é a descrição minuciosa de um lugar; "TOPÔnimo" é o nome do próprio lugar.

A variação "diaTÓPICA" está relacionada a fatores geográficos que influenciam a comunicação.

– Resumindo, é aquela variação que se deve aos diferentes lugares onde a comunicação ocorre?

Exatamente. A variação diatópica pode dizer respeito a diferenças de pronúncia, a diferentes sentidos de um termo de uma para outra região, a expressões ou construções típicas de determinado local, etc.

– Entendido.

Vamos a um exemplo.

+ **Exemplo:** trecho do conto "Trezentas Onças", de Simões Lopes Neto
"Eu tropeava, nesse tempo. Duma feita que viajava de escoteiro, com a guaiaca empanzinada de onças de ouro, vim varar aqui neste mesmo

passo, por me ficar mais perto da estância da Coronilha, onde devia pousar. Parece que foi ontem!... Era por fevereiro; eu vinha abombado da troteada.

Olhe, ali, na restinga, à sombra daquela mesma reboleira de mato, que está nos vendo, na beira do passo, desencilhei; e estendido nos pelegos, a cabeça no lombilho, com o chapéu sobre os olhos, fiz uma sesteada morruda. Despertando, ouvindo o ruído manso da água tão limpa e tão fresca rolando sobre o pedregulho, tive ganas de me banhar; até para quebrar a lombeira... e fui-me à água que nem capincho! Debaixo da barranca havia um fundão onde mergulhei umas quantas vezes; e sempre puxei umas braçadas, poucas, porque não tinha cancha para um bom nado. E solito e no silêncio, tornei a vestir-me, encilhei o zaino e montei."

Ao ler, você consegue perceber algumas "particularidades" no modo como o autor se expressa?

– "Algumas" não, professor: muitas!

Pois é: Simões Lopes Neto é um autor do início do século XX, nascido em Pelotas, no interior do Rio Grande do Sul, e autor de uma obra célebre, chamada "Contos Gauchescos", da qual foi extraído o trecho reproduzido acima. Ao longo de toda a sua obra, Simões Lopes Neto tentou retratar a realidade E A LINGUAGEM do homem da região do interior do estado, com seu modo típico de viver e, também, de se expressar.

– Então ele é um autor do interior que quis registrar a maneira de falar de quem era do interior?

Exato! E ele quis retratar mais especificamente o modo de falar do homem *do interior do Rio Grande do Sul*. Porque os interiores também são muito diferentes entre si. Sendo assim, caso fosse retratado um homem do interior de São Paulo, a linguagem já obedeceria a outros códigos; do mesmo modo, se se tratasse de um homem do interior da Bahia a sua expressão linguística variaria; e assim por diante. Entendeu até aqui?

– Entendi bem entendidinho!

Ótimo!

2.3. Variação diacrônica

– Eu posso quase apostar que o senhor vai começar perguntando qual o significado em grego de alguma coisa...

Você... acertou! ☺

O que significa, em grego, "kronos".

– Eu apostaria, quase sem medo de errar, que significa "tempo"...

Muito bem! E eu, mais uma vez orgulhoso, responderia que você acertou a resposta! A variação diacrônica é aquela que se deve aos diferentes usos feitos da linguagem em diferentes tempos ou épocas. Você já passou pela experiência de ler textos ou poemas antigos e achá-los difíceis, pelo vocabulário utilizado?

– Professor, minha relação com a Literatura durante a vida escolar consistiu, basicamente, em ler textos que eu achava complicados e dos quais muitas coisas eu não entendia...

Pois então: eu sei disso. E não precisa se preocupar, porque, certamente, você não foi a única pessoa que passou por isso. Sem dúvida, textos antigos são muitas vezes difíceis de entender, devido ao fato de usarem uma série de termos que, com o tempo, caíram em desuso. Sabe quando você se perguntava: "Meu Deus, por que Machado de Assis escrevia assim"?

– Ah, sei bem!

Então eu respondo a você, ainda que tardiamente: Machado de Assis escrevia do modo como escrevia porque, na época de seus escritos, suas palavras eram usuais para o público leitor, ou seja, aquilo que nos causa estranheza hoje não causava estranheza ao seu tatatatatataravô, assim como hoje não nos causa estranheza o que vai causar estranheza aos nossos tatatatatataranetos! Simples assim.

– Faz sentido, professor...

Quase tudo faz sentido. ☺

Vamos a um exemplo.

+ **Exemplo:** crônica "Antigamente", de Carlos Drummond de Andrade.

"ANTIGAMENTE, as moças chamavam-se *mademoiselles* e eram todas mimosas e muito prendadas. Não faziam anos: completavam primaveras, em geral dezoito. Os janotas, mesmo não sendo rapagões, faziam-lhes pé-de-alferes, arrastando a asa, mas ficavam longos meses debaixo do balaio. E se levavam tábua, o remédio era tirar o cavalo da chuva e ir pregar em outra freguesia. As pessoas, quando corriam, antigamente, era para tirar o pai da forca e não caíam de cavalo magro. Algumas jogavam verde para colher maduro, e sabiam com quantos paus se faz uma canoa. O que não impedia que, nesse entrementes, esse ou aquele embarcasse em canoa furada. Encontravam alguém que lhes passasse a manta e azulava, dando às de vila-diogo. Os mais idosos, depois da janta, faziam o quilo, saindo para tomar fresca; e também tomavam cautela de não apanhar sereno. Os mais jovens, esses iam ao animatógrafo, e mais tarde ao cinematógrafo, chupando balas de alteia. Ou sonhavam em andar de aeroplano; os quais, de pouco siso, se metiam em camisa de onze varas, e até em calças pardas; não admira que dessem com os burros n'água."

Talvez fosse até desnecessário, mas vou perguntar mesmo assim: você entendeu tudo o que leu no texto acima?

– Vixe, professor! Eu entendi foi muito pouco do que li!

Ok, eu já sabia. ☺

Na crônica "Antigamente", Carlos Drummond de Andrade brinca (como se percebe já no título) com o modo como falavam as pessoas de "antigamente", ou seja, de antes ainda da época dele. Trata-se de um recurso proposital, de trazer para dentro de uma crônica uma série de palavras, expressões e modos de dizer que soam como se pertencentes a outra era, e que eram, na verdade, expressões usadas corriqueiramente pelos antepassados do escritor.

– De fato fica difícil de compreender...

Sim: para compreender essa linguagem "antiga", uma pessoa do nosso tempo precisa quase fazer uma "tradução" de vários trechos. Vou colocar um pequeno glossário abaixo. De posse dele, você poderá voltar no texto e compreendê-lo com muito mais clareza.

- "Madamoiselles": "senhorita, forma de tratamento usada para mulheres solteiras e jovens".
- "Mimosas": "queridas, simpáticas".
- "Prendadas": "que possuem boas qualidade, dotadas de muitas prendas, aptidões ou dotes".
- "Completavam primaveras": "faziam aniversário"
- "Janotas": "pessoa que exagera a elegância no modo de vestir, que se veste de modo afetado".
- "Faziam-lhes pés de alferes": "tentativa de conquista".
- "arrastando a asa": "insinuar-se junto a alguém, com intuito de sedução".
- "debaixo do balaio": "ficar à espreita, não tomar atitude, ficar apático".
- "Levavam tábua": "levar um fora, receber um não".
- "Tirar o cavalo da chuva": "desistir de algo, abandonar pretensões".

+ "Pregar em outra freguesia": "deixar de incomodar, desistir".
+ "Tirar o pai da forca": "estar com muita pressa".
+ "Caíam de cavalo magro": "dar-se mal em algo, perder tempo com o que não vale a pena".
+ "Jogavam verde para colher maduro": "direcionar a conversa em certo sentido para descobrir a verdade".
+ "Com quantos paus se faz uma canoa": "fazer as coisas de modo correto".
+ "Nesse entrementes": "nesse espaço de tempo".
+ "Embarcasse em canoa furada":
+ "Passava manta": "enganava".
+ "Azulava": "fugir, desaparecer".
+ "Dando às de Vila Diogo": "fugir, afastar-se, debandar".
+ "Faziam o quilo": "cochilo, descanso após a refeição".
+ "Tomar a fresca": "pegar um vento em dias quentes".
+ "Tomavam cautela de não apanhar sereno": "tomar o cuidado de não se expor ao sereno, à aragem da noite".
+ "Animatógrafo": sinônimo de cinematógrafo".
+ "Cinematógrafo": "cinema".
+ "Balas de Alteia": "planta usada na fabricação de medicamentos".
+ "Aeroplano": "aeronave".
+ "De pouco siso": "sem bom senso, sem juízo".
+ "Se metiam em camisa de onze varas": "ficavam em dificuldade"
+ "Calças pardas": "estar em dificuldades".
+ "Dessem com os burros nágua": "falhassem, fossem mal-sucedidos".

2.4. Variação diafásica

Adivinhe por onde começaremos.

– Pelo grego?

E-xa-ta-men-te. O que você acha que significa, em grego, "phasis"?

– Professor, dessa vez eu não sei...

Tudo bem, não tem problema. Em grego, "phasis" significa "fala". Por isso, a variação diafásica diz respeito à variação relacionada com as diferentes situações de comunicação, pois, dependendo do contexto, um falante varia o seu registro de fala, adaptando-o às circunstâncias.

– Ah, agora sim começam a se esclarecer as coisas...

Que bom. Imaginemos um advogado, por exemplo, que, antes de sair de casa pela manhã, dirige-se com as seguintes palavras à esposa: "Meu amorzinho, vou trabalhar. Já estou com saudade da minha coisinha mais preciosinha do mundo!" Imaginou?

– Imaginei sim, professor, e achei um pouco meloso demais...

Ok. Não tem problema. Foquemos na linguagem.

Esse mesmo advogado, ao chegar ao tribunal para trabalhar, pode dirigir-se ao porteiro da seguinte maneira: "Ô, seu Paulo, meu querido! Como está o senhor? E o nosso time, hein? É vergonha atrás de vergonha!" Certo?

– Sim, tranquilamente.

Por fim, ao encontrar-se com um juiz em uma audiência, o advogado em questão poderia dizer: "Vossa Excelência, as testemunhas de acusação estão prontas para serem inquiridas." Concorda?

– Concordo sim.

Pois então: você nota com clareza que uma mesma pessoa interage verbalmente com três diferentes pessoas, em três distintas situações comunicativas, e consegue adequar a sua linguagem a cada uma delas. Qual a variação linguística em voga aqui?

– A variação diafásica!

Exatamente! Com essas conclusões, fechamos o nosso capítulo!

CAPÍTULO 47

Tipologias textuais

Os tipos textuais são classificados de acordo com sua estrutura e as suas características linguísticas.

– Explique melhor...

Pedindo com tamanha delicadeza, é claro que explico! ☺

O que fará com que um texto pertença a um ou a outro tipo textual são elementos como os tempos verbais utilizados, as escolhas vocabulares feitas, as relações estabelecidas entre as partes que o compõem, a intenção do texto etc.

– Ok! Mas há tipos textuais determinados ou eles são infinitos?

Os tipos textuais são, em tese, fixos: há cinco tipos textuais unânimes, que apresentarei inicialmente, e dois tipos textuais complementares (pois nem todos os consideram de fato "tipos"), que apresentarei na sequência.

– Certo. Vamos adiante, então!

1. OS TIPOS TEXTUAIS ESSENCIAIS

1.1. Tipo narrativo

Você se lembra dos romances clássicos que lemos (ou deveríamos ter lido) na época do colégio, como "Dom Casmurro", de Machado de Assis, "Iracema", de José de Alencar, e "O Cortiço", de Aluísio Azevedo, por exemplo?

– Olha, professor, me lembro mais de nome do que de memória *memória* mesmo...

Não tem problema! Citei esses livros apenas para dizer que o tipo textual narrativo não nos é estranho. Quer dizer: convivemos com ele ao longo de toda a nossa vida escolar. Quando produzíamos redações, elas costumavam ser do tipo dissertativo; quando líamos as obras de literatura indicadas, elas costumavam ser do tipo narrativo.

– Se o senhor está falando, acredito... ☺

Acredite sem medo!

O texto narrativo é aquele no qual se relata um fato, fictício ou real. É aquele texto em que *se conta uma história*.

– Posso pensar que texto narrativo é aquele em que se conta uma história com início, meio e fim?

Você pode e deve pensar assim. Se o texto for bem escrito, ao menos, e obedecer aos requisitos de um texto narrativo, ele é exatamente isso.

- **Características**

Há alguns elementos que caracterizam os textos narrativos.

– E eu suponho que o senhor queira que eu as decore...

Não, eu quero que você as aprenda...

– Ok, usei a palavra errada: o senhor quer que eu aprenda todas as características de um texto narrativo.

Isso mesmo! Vamos a elas.

a) o tempo verbal predominante é o passado

Narrar um evento é contar uma história, certo?

– Certo.

Para que uma pessoa possa contar uma história, ocorrida com ela própria ou com um terceiro, essa história já tem de ter ocorrido, concorda?

– Sim, faz muito sentido.

Pois então. Quando se narra algo, o tempo predominante é o passado, mais especificamente o pretérito perfeito, que é o tempo verbal por excelência da narração.

Exemplo: início do conto "Divagações de uma marquesa", de Caio Fernando Abreu.

"A marquesa *tomou* seu chá às cinco horas. Depois, como de hábito, *colocou* a xícara sobre a mesa e *ficou* olhando pela janela."

b) presença de narrador (quem conta a história)

Para que uma história possa ser contada, alguém tem de contá-la.

– Certamente.

Quando assistimos a um filme ou a uma peça de teatro, não costuma haver narrador. As cenas desenvolvem-se diante de nós sem que alguém as conte. São os atores que realizam as ações, de modo que elas não precisam ser contadas. Quando *lemos* uma história, no entanto, alguém tem de contá-la.

– Com certeza!

E quem vai contá-la?

– O narrador?

Isso! O "alguém" que conta a história é a figura que chamamos de narrador.

Um texto pode ser narrado em primeira pessoa (o narrador participa da história) ou em terceira pessoa (o narrador não participa da história).

– Ai, meu coração...

Calma, calma, calma. Vamos adiante e tudo vai ficar bem simples.

- **Texto em primeira pessoa:**

Um texto é narrado em primeira pessoa quando o narrador é *também* um personagem da história.

– E se fala que é em primeira pessoa porque ele está contando a história dele próprio?

Exato! Ele pode ser o protagonista, que é o personagem principal, ou um personagem secundário. Mas, se ele relata uma história da qual participa, temos uma narração em primeira pessoa.

- **Texto em terceira pessoa:**

Já um texto é narrado em terceira pessoa quando *aquele que narra não é personagem* da história que relata. Por isso, diz-se que o livro é narrado em terceira pessoa.

> – Porque, quando ele se refere aos personagens, nunca pode usar a primeira pessoa ("eu"), já que ele nunca participa das ações, usando sempre a terceira pessoa...

Isso mesmo!

c) há também um enredo; um ou mais personagens; um tempo

Para que uma narrativa possa ser a tal história com início meio e fim, é necessário que haja um enredo, ou seja, os eventos a serem narrados, a história em si.

> – Em outras palavras, é fundamental que se conte *alguma coisa*, isso?

Exato. Os eventos narrados, a sucessão de fatos, isso faz o enredo de um livro. Imaginemos um resumo brevíssimo de "D. Casmurro", de Machado de Assis: "É narrada a história de Bentinho, jovem abastado que se apaixona, ainda na adolescência, pela vizinha, Capitu. Na vida adulta, eles se casam e têm um filho. Com o tempo, o ciúme que Bentinho sente corrói a relação do casal a ponto de ele mandar a esposa e o filho para uma viagem da qual nunca mais voltariam. Bentinho envelhece solitário e rancoroso."

O que eu acabei de fazer acima?

> – O senhor contou em linhas gerais o que o livro conta.

Foi isso mesmo que eu fiz: eu resumi o *enredo* do livro.

Dando um passo adiante, teremos a seguinte consequência lógica: os fatos narrados, que compõem o enredo de uma obra, têm de ser realizados por personagens, ou seja, há de haver os seres (geralmente seres humanos, mas às vezes animais humanizados, por exemplo, nas fábulas), que realizem as ações.

– No próprio resumo que o senhor fez acima, "Bentinho" e "Capitu" são personagens...

São sim. Aqueles que realizam as ações são os personagens. Em "Dom Casmurro", além dos protagonistas Bentinho e Capitu, há muitos outros: d. Glória, José Dias, Escobar, Ezequiel e outros tantos também são responsáveis pela condução das ações do romance. Entendido até aqui?

– Entendido.

Ótimo. Seguimos então. ☺

Por fim, em uma narrativa é necessário que haja um tempo, que é a duração da trama, o quanto se prolongam as ações expostas pelo narrador.

– Tem que ter um tempo? Obrigatoriamente?

Obrigatoriamente. Em uma narrativa, deve haver uma progressão cronológica de eventos. Ou seja, aquilo que se conta, que se narra deve necessariamente prolongar-se no tempo, evoluir no tempo.

– Perfeito.

d) o texto narrativo é apresentado em prosa, mas pode aparecer também em versos

Você saberia me dizer o que é um texto em prosa?

– Um texto literário?

Não. Sei que essa é a impressão que passa: a de que um texto "em prosa" é aquele composto por escritores, aqueles textos mais elevados, mas não é isso.

– Então, eu errei...

Sim, você errou.

– Que triste.

Não, não há de ser nada. ☺

Atenção aqui: o texto em prosa é aquele que não é dividido em versos.

– Só isso?

Só isso. Texto em versos é aquele em que há "quebra de linha". Já o texto em prosa é o estilo mais natural de escrita, é a escrita "corrida", "sequencial". As dissertações escritas no colégio, no vestibular e no Enem; os romances e os contos; as crônicas e as reportagens jornalísticas – tudo isso são textos escritos em prosa.

– Então "prosa" é tudo aquilo que não é verso?

Isso mesmo. Só isso. Simples assim.

– Ok.

Os textos narrativos em versos são muito mais raros, mas também existem. Há obras imensas, como "Os Lusíadas" de Luís de Camões, que tem nada menos do que 8816 versos (ou seja, 8816 linhas escritas), nas quais se conta boa parte da história de Portugal até então. Você leu "Os Lusíadas"?

– Não li, professor...

Não se preocupe: nem você, nem quase ninguém. ☺

Mas certamente você lembra ao menos do nome da obra, que é uma das mais célebres da literatura de língua portuguesa.

– Do nome, lembro sim...

Ótimo! Muitos autores escreveram poemas narrativos, ou seja, obras estruturadas em versos que "contam uma história".

+ Exemplo de texto narrativo: conto "Noite de Almirante", de Machado de Assis.

NOITE DE ALMIRANTE

Deolindo Venta-Grande (era uma alcunha de bordo) saiu do arsenal de marinha e enfiou pela rua de Bragança. Batiam três horas da tarde. Era a fina flor dos marujos e, de mais, levava um grande ar de felicidade nos olhos. A corveta dele voltou de uma longa viagem de instrução, e Deolindo veio à terra tão depressa alcançou licença. Os companheiros disseram-lhe, rindo:

- Ah! Venta-Grande! Que noite de almirante vai você passar! ceia, viola e os braços de Genoveva. Colozinho de Genoveva...

Deolindo sorriu. Era assim mesmo, uma noite de almirante, como eles dizem, uma dessas grandes noites de almirante que o esperava em terra. Começara a paixão três meses antes de sair a corveta. Chamava-se Genoveva, caboclinha de vinte anos, esperta, olho negro e atrevido. Encontraram-se em casa de terceiro e ficaram morrendo um pelo outro, a tal ponto que estiveram prestes a dar uma cabeçada, ele deixaria o serviço e ela o acompanharia para a vila mais recôndita do interior.

A velha Inácia, que morava com ela, dissuadiu-os disso; Deolindo não teve remédio senão seguir em viagem de instrução. Eram oito ou dez meses de ausência. Como fiança recíproca, entenderam dever fazer um juramento de fidelidade.

- Juro por Deus que está no céu. E você?

- Eu também.

- Diz direito.

- Juro por Deus que está no céu; a luz me falte na hora da morte.

Estava celebrado o contrato. Não havia descrer da sinceridade de ambos; ela chorava doidamente, ele mordia o beiço para dissimular. Afinal separaram-se, Genoveva foi ver sair a corveta e voltou para casa com um tal aperto no coração que parecia que "lhe ia dar uma coisa". Não lhe deu nada, felizmente; os dias foram passando, as semanas, os meses, dez meses, ao cabo dos quais, a corveta tornou e Deolindo com ela.

Lá vai ele agora, pela rua de Bragança, Prainha e Saúde, até ao princípio da Gamboa, onde mora Genoveva. A casa é uma rotulazinha escura, portal rachado do sol, passando o cemitério dos Ingleses; lá deve estar Genoveva, debruçada à janela, esperando por ele. Deolindo prepara uma palavra que lhe diga. Já formulou esta: "Jurei e cumpri", mas procura outra melhor. Ao mesmo tempo lembra as mulheres que viu por esse mundo de Cristo, italianas, marselhesas ou turcas, muitas delas bonitas, ou que lhe pareciam tais. Concorda que nem todas seriam para os beiços dele, mas algumas eram, e nem por isso fez caso de nenhuma. Só pensava em Genoveva. A mesma casinha dela, tão pequenina, e a mobília de pé quebrado, tudo velho e pouco, isso mesmo lhe lembrava diante dos palácios de outras terras. Foi à custa de muita economia que comprou em Trieste um par de brincos, que leva agora no bolso com algumas bugigangas. E ela que lhe guardaria? Pode ser que um lenço marcado com o nome dele e uma âncora na ponta, porque ela sabia marcar muito bem.

Nisto chegou à Gamboa, passou o cemitério e deu com a casa fechada. Bateu, falou-lhe uma voz conhecida, a da velha Inácia, que veio abrir-lhe a porta com grandes exclamações de prazer. Deolindo, impaciente, perguntou por Genoveva.

- Não me fale nessa maluca, arremeteu a velha. Estou bem satisfeita com o conselho que lhe dei. Olhe lá se fugisse. Estava agora como o lindo amor.

- Mas que foi? que foi?

A velha disse-lhe que descansasse, que não era nada, uma dessas coisas que aparecem na vida; não valia a pena zangar-se. Genoveva andava com a cabeça virada...

- Mas virada por quê?

- Está com um mascate, José Diogo. Conheceu José Diogo, mascate de fazendas? Está com ele. Não imagina a paixão que eles têm um pelo outro. Ela então anda maluca. Foi o motivo da nossa briga. José Diogo não me saía da porta; eram conversas e mais conversas, até que eu um dia disse que não queria a minha casa difamada. Ah! meu pai do céu! foi um dia de juízo. Genoveva investiu para mim com uns olhos deste tamanho, dizendo que nunca difamou ninguém e não precisava de esmolas. Que esmolas, Genoveva? O que digo é que não quero esses cochichos à porta, desde as aves-marias... Dois dias depois estava mudada e brigada comigo.

- Onde mora ela?

- Na praia Formosa, antes de chegar à pedreira, uma rótula pintada de novo.

Deolindo não quis ouvir mais nada. A velha Inácia, um tanto arrependida, ainda lhe deu avisos de prudência, mas ele não os escutou e foi andando. Deixo de notar o que pensou em todo o caminho; não pensou nada. As idéias marinhavam-lhe no cérebro, como em hora de temporal, no meio de uma confusão de ventos e apitos. Entre elas rutilou a faca de bordo, ensangüentada e vingadora. Tinha passado a Gamboa, o Saco do Alferes, entrara na praia Formosa. Não sabia o número de casa, mas era perto da pedreira, pintada de novo, e com auxílio da vizinhança poderia achá-la. Não contou com o acaso que pegou de Genoveva e fê-la sentar à janela, cosendo, no momento em que Deolindo ia passando. Ele conheceu-a e parou; ela, vendo o vulto de um homem, levantou os olhos e deu com o marujo.

- Que é isso? exclamou espantada. Quando chegou? Entre, seu Deolindo. E, levantando-se, abriu a rótula e fê-lo entrar. Qualquer outro homem ficaria alvoroçado de esperanças, tão francas eram as maneiras da rapariga; podia ser que a velha se enganasse ou mentisse; podia ser mesmo que a cantiga do mascate estivesse acabada. Tudo isso lhe passou pela cabeça, sem a forma precisa do raciocínio ou da reflexão, mas em tumulto e rápido. Genoveva deixou a porta aberta, fê-lo sentar-se, pediu-lhe notícias da viagem e achou-o mais gordo; nenhuma comoção nem intimidade. Deolindo perdeu a última esperança. Em falta de faca, bastavam-lhe as mãos para estrangular Genoveva, que era um pedacinho de gente, e durante os primeiros minutos não pensou em outra coisa.

- Sei tudo, disse ele.

- Quem lhe contou?

Deolindo levantou os ombros.

- Fosse quem fosse, tornou ela, disseram-lhe que eu gostava muito de um moço?

- Disseram.

- Disseram a verdade.

Deolindo chegou a ter um ímpeto; ela fê-lo parar só com a ação dos olhos. Em seguida disse que, se lhe abrira a porta, é porque contava que era homem de juízo. Contou-lhe então tudo, as saudades que curtira, as propostas do mascate, as suas recusas, até que um dia, sem saber como, amanhecera gostando dele.

- Pode crer que pensei muito e muito em você. Sinhá Inácia que lhe diga se não chorei muito... Mas o coração mudou... Mudou... Conto-lhe tudo isto, como se estivesse diante do padre, concluiu sorrindo.

Não sorria de escárnio. A expressão das palavras é que era uma mescla de candura e cinismo, de insolência e simplicidade, que desisto de definir melhor. Creio até que insolência e cinismo são mal aplicados. Genoveva não se defendia de um erro ou de um perjúrio; não se defendia de nada; faltava-lhe o padrão moral das ações. O que dizia, em resumo, é que era melhor não ter mudado, dava-se bem com a afeição do Deolindo, a prova é que quis fugir com ele; mas, uma vez que o mascate venceu o marujo, a razão era do mascate, e cumpria declará-lo. Que vos parece? O pobre marujo citava o juramento de despedida, como uma obrigação eterna, diante da qual consentira em não fugir e embarcar: "Juro por Deus que está no céu; a luz me falte na hora da morte". Se embarcou, foi porque ela lhe jurou isso. Com essas palavras é que andou, viajou, esperou e tornou; foram elas que lhe deram a força de viver. Juro por Deus que está no céu; a luz me falte na hora da morte...

- Pois, sim, Deolindo, era verdade. Quando jurei, era verdade. Tanto era verdade que eu queria fugir com você para o sertão. Só Deus sabe se era verdade! Mas vieram outras coisas... Veio este moço e eu comecei a gostar dele...

- Mas a gente jura é para isso mesmo; é para não gostar de mais ninguém...

- Deixa disso, Deolindo. Então você só se lembrou de mim? Deixa de partes...

- A que horas volta José Diogo?

- Não volta hoje.

- Não?

- Não volta; está lá para os lados de Guaratiba com a caixa; deve voltar sexta-feira ou sábado... E por que é que você quer saber? Que mal lhe fez ele?

Pode ser que qualquer outra mulher tivesse igual palavra; poucas lhe dariam uma expressão tão cândida, não de propósito, mas involuntariamente. Vede que estamos aqui muito próximos da natureza. Que mal lhe fez ele? Que mal lhe fez esta pedra que caiu de cima? Qualquer mestre de física lhe explicaria a queda das pedras. Deolindo declarou, com um gesto de desespero, que queria matá-lo. Genoveva olhou para ele com desprezo, sorriu de leve e deu um muxoxo; e, como ele lhe falasse de ingratidão e perjúrio, não pôde disfarçar o pasmo. Que perjúrio? que ingratidão? Já lhe tinha dito e repetia que quando jurou era verdade. Nossa Senhora, que ali estava, em cima da cômoda, sabia se era verdade ou não. Era assim que lhe pagava o que padeceu? E ele que tanto enchia a boca de fidelidade, tinha-se lembrado dela por onde andou?

A resposta dele foi meter a mão no bolso e tirar o pacote que lhe trazia. Ela abriu-o, aventou as bugigangas, uma por uma, e por fim deu com os brincos. Não eram nem poderiam ser ricos; eram mesmo de mau gosto, mas faziam uma vista de todos os diabos. Genoveva pegou deles, contente, deslumbrada, mirou-os por um lado e outro, perto e longe dos olhos, e afinal enfiou-os nas orelhas; depois foi ao espelho de pataca, suspenso na parede, entre a janela e a rótula, para ver o efeito que lhe faziam. Recuou, aproximou-se, voltou a cabeça da direita para a esquerda e da esquerda para a direita.

- Sim, senhor, muito bonitos, disse ela, fazendo uma grande mesura de agradecimento. Onde é que comprou?

Creio que ele não respondeu nada, não teria tempo para isso, porque ela disparou mais duas ou três perguntas, uma atrás da outra, tão confusa estava de receber um mimo a troco de um esquecimento. Confusão de cinco ou quatro minutos; pode ser que dois. Não tardou que tirasse os brincos, e os contemplasse e pusesse na caixinha em cima da mesa redonda que estava no meio da sala. Ele pela sua parte começou a crer que, assim como a perdeu, estando ausente, assim o outro, ausente, podia também perdê-la; e, provavelmente, ela não lhe jurara nada.

- Brincando, brincando, é noite, disse Genoveva.

Com efeito, a noite ia caindo rapidamente. Já não podiam ver o hospital dos Lázaros e mal distinguiam a ilha dos Melões; as mesmas lanchas e canoas, postas em seco, defronte da casa, confundiam-se com a terra e o lodo da praia. Genoveva acendeu uma vela. Depois foi sentar-se na soleira da porta e pediu-lhe que contasse alguma coisa das terras por onde andara. Deolindo recusou a princípio; disse que se ia embora, levantou-se e deu alguns passos na sala. Mas o demônio da esperança mordia e babujava o coração do pobre diabo, e ele voltou a sentar-se, para dizer duas ou três anedotas de bordo. Genoveva escutava com atenção. Interrompidos por uma mulher da vizinhança, que ali veio, Genoveva fê-la sentar-se também para ouvir "as bonitas histórias que o Sr. Deolindo estava contando". Não houve outra apresentação. A grande dama que prolonga a vigília para concluir a leitura de um livro ou de um capítulo, não vive mais intimamente a vida dos personagens do que a antiga amante do marujo vivia as cenas que ele ia contando, tão livremente interessada e presa, como se entre ambos não houvesse mais que uma narração de episódios. Que importa à grande dama o autor do livro? Que importava a esta rapariga o contador dos episódios?

A esperança, entretanto, começava a desampará-lo e ele levantou-se definitivamente para sair. Genoveva não quis deixá-lo sair antes que a amiga visse os brincos, e foi mostrar-lhos com grandes encarecimentos. A outra ficou encantada, elogiou-os muito, perguntou se os comprara em França e pediu a Genoveva que os pusesse.

- Realmente, são muito bonitos.

Quero crer que o próprio marujo concordou com essa opinião. Gostou de os ver, achou que pareciam feitos para ela e, durante alguns segundos, saboreou o prazer exclusivo e superfino de haver dado um bom presente; mas foram só alguns segundos.

Como ele se despedisse, Genoveva acompanhou-o até à porta para lhe agradecer ainda uma vez o mimo, e provavelmente dizer-lhe algumas coisas meigas e inúteis. A amiga, que deixara ficar na sala, apenas lhe ouviu esta palavra: "Deixa disso, Deolindo"; e esta outra do marinheiro: "Você verá." Não pôde ouvir o resto, que não passou de um sussurro.

Deolindo seguiu, praia fora, cabisbaixo e lento, não já o rapaz impetuoso da tarde, mas com um ar velho e triste, ou, para usar outra metáfora de marujo, como um homem "que vai do meio caminho para terra". Genoveva entrou logo depois, alegre e barulhenta. Contou à outra a anedota dos seus amores marítimos, gabou muito o gênio do Deolindo e os seus bonitos modos; a amiga declarou achá-lo grandemente simpático.

- Muito bom rapaz, insistiu Genoveva. Sabe o que ele me disse agora?

- Que foi?

- Que vai matar-se.

- Jesus!

- Qual o quê! Não se mata, não. Deolindo é assim mesmo; diz as coisas, mas não faz. Você verá que não se mata. Coitado, são ciúmes. Mas os brincos são muito engraçados.

- Eu aqui ainda não vi destes.

- Nem eu, concordou Genoveva, examinando-os à luz. Depois guardou-os e convidou a outra a coser. - Vamos coser um bocadinho, quero acabar o meu corpinho azul...

A verdade é que o marinheiro não se matou. No dia seguinte, alguns dos companheiros bateram-lhe no ombro, cumprimentando-o pela noite de almirante, e pediram-lhe notícias de Genoveva, se estava mais bonita, se chorara muito na ausência, etc. Ele respondia a tudo com um sorriso satisfeito e discreto, um sorriso de pessoa que viveu uma grande noite. Parece que teve vergonha da realidade e preferiu mentir.

Coloquei um conto inteiro de propósito, para estimular você a ler uma boa história.

– Percebi...

Ótimo. Percebeu também que o texto é, predominantemente, narrativo?

– Creio que sim..

Com certeza sim. O que o texto faz é narrar a história da paixão de Deolindo Venta-Grande pela moça Genoveva e a posterior decepção do marinheiro com ela.

– Sim, percebi com clareza.

Então, está exemplificado que estamos diante de uma narração, com todos os seus elementos: há um narrador, há um enredo, há personagens, há um tempo – há tudo.

– Há sim!

Então, entendemos tudo o que tínhamos de entender.

1.2. Tipo descritivo

O objetivo básico da descrição é fazer uma espécie de retrato, objetivo ou não, de algo ou alguém.

– Professor, quanto a "fazer um retrato" de algo ou alguém eu entendo bem. Mas quanto a ser "objetivo ou não" não sei se entendi bem...

Não se preocupe que vamos indo com calma e compondo os conhecimentos de que precisamos.

Em relação a "fazer um retrato", trata-se de dar ao leitor a condição de formar uma imagem mental daquilo que se descreve. É importante que ele "enxergue", na sua cabeça, a pessoa ou o ambiente que está sendo composto. De fato, é uma definição simples e de fácil compreensão.

– Concordo plenamente...

Quanto a esse retrato ser "objetivo ou não", a conceituação não é tão facilzinha, mas também não é tão difícil. Vamos lá.

Uma descrição objetiva é aquela que se prende aos traços físicos de algo ou alguém. Consiste em descrever, fisicamente, um objeto, uma pessoa, um lugar. A ideia é fazer com que o leitor possa formar uma imagem mental objetiva do que se descreve. Entendido até aqui?

– Entendido.

Já uma descrição subjetiva é aquela que busca descrever algo imaterial, algo subjetivo, algo não passível de ser imaginado de maneira objetiva.

– Mas o que seria uma coisa assim tão "vaga", professor?

Muitas coisas: um sentimento, um estado de espírito, uma condição anímica, e por aí vai. Se é descrito o sofrimento emocional de alguém, temos uma descrição subjetiva. Se é descrito o clima de desolação de uma população atingida por uma guerra, temos uma descrição subjetiva.

– Entendo, professor, mas fica mais fácil se o senhor mostrar...

Mostro sim.

+ **Exemplo de descrição objetiva:** trecho do romance "Iracema", de José de Alencar, em que se descreve a protagonista.

"Iracema, a virgem dos lábios de mel, que tinha os cabelos mais negros que a asa da graúna, e mais longos que seu talhe de palmeira. O favo da jati não era doce como seu sorriso; nem a baunilha recendia no bosque como seu hálito perfumado. Mais rápida que a corça selvagem, a morena virgem corria o sertão e as matas do Ipu, onde campeava sua guerreira tribo, da grande nação tabajara. O pé grácil e nu, mal roçando, alisava apenas a verde pelúcia que vestia a terra com as primeiras águas."

Você percebe que, predominantemente, há a descrição de elementos objetivos que caracterizam Iracema?

– Olhe, professor, não sei se foi porque o senhor me influenciou, mas acho que percebo sim...

Que ótimo! Ao ler o trecho, ficamos sabendo que Iracema tem os cabelos longos e negros, que tem o hálito perfumado, que é veloz ao deslocar-se correndo, que seu pé é gracioso e costuma andar descalço. Há alguns elementos subjetivos também, mas saímos da descrição com a possibilidade de formar uma imagem mental da personagem.

– Sim, com certeza.

Maravilha! Então, sigamos.

+ **Exemplo de descrição subjetiva:** trecho do romance "Dom Casmurro", de Machado de Assis, em que se descreve a personagem Capitu.

"Olhos de ressaca? Vá, de ressaca. É o que me dá ideia daquela feição nova. **Traziam não sei que fluido misterioso e enérgico, uma força que arrastava para dentro, como a vaga que se retira da praia, nos dias de ressaca. Para não ser arrastado, agarrei-me às outras partes vizinhas, às orelhas, aos braços, aos cabelos espalhados pelos ombros, mas tão depressa buscava as pupilas, a onda que saía delas vinha crescendo, cava e escura, ameaçando envolver-me, puxar-me e tragar-me."**

Percebe?

– O quê?

Que terminamos a descrição de Capitu sem que haja NENHUM traço físico destacado?

– Agora que o senhor falou, percebo...

Não sabemos se ela é alta ou baixa, bonita ou feia, se tem cabelos castanhos ou louros. Ao terminarmos a descrição, sabemos apenas que o olhar de Capitu é fortemente sedutor. E se o olhar dela é sedutor, ela deve ser uma pessoa sedutora, porque o olhar, como dizia a nossa avó, é o espelho da alma...

– Exato, professor! O olhar diz muito sobre uma pessoa!

Pois então: diz tanto que o narrador optou por nem descrever fisicamente a personagem, pois sabia que a força da descrição subjetiva que fez bastava para que a conhecêssemos.

– Perfeito.

- **Características:**

Há algumas características básicas do tipo textual descritivo.

– E eu vou ter de decorá-las; ou melhor, de aprendê-las.

Isso mesmo, sem tirar nem pôr. Viu como você vai se acostumando?

– A gente se acostuma com tudo nessa vida, professor...

Eu sei que é assim mesmo. ☺

Vamos às características.

a) presença de adjetivos, locuções adjetivas e orações adjetivas, por sua função caracterizadora

Você há de convir que será muito difícil descrever qualquer coisa sem atribuir a essa coisa elementos de caráter adjetivo.

– Sim, sim, eu concordo.

Falo em "elementos de caráter adjetivo" porque, além dos próprios adjetivos, há também orações e locuções que cumprem essa mesma função. Observe:

+ A mulher bonita correu. (adjetivo)
+ A mulher de grande beleza correu (locução adjetiva)
+ A mulher que tinha muita beleza correu. (oração adjetiva)

Caso fosse suprimido o segmento adjetivo, ficaria difícil imaginar qualquer coisa sobre essa mulher que corre. Com o uso desses elementos, podemos saber algo sobre ela.

– Que ela é bonita, que ela é de grande beleza, que ela tem grande beleza.

E-xa-ta-men-te.

b) não há sequenciação temporal

Você lembra que falamos há pouco, quando estudávamos o tipo narrativo, sobre o fato de haver nele sequência cronológica de ações, ou seja, ações que se sucedem no tempo?

– Lembro, sim. Lembro bem.

Perfeito. No texto do tipo descritivo, existe uma noção de simultaneidade.

– Como assim, professor do céu?

Quando se descreve um objeto, uma pessoa ou um ambiente, por exemplo, as características expostas são simultâneas, concomitantes, estão presentes ao mesmo tempo. Não se trata de desenvolver ações no tempo.

– Não há uma ordem em que as coisas aconteçam? É tudo ao mesmo tempo?

Digamos que sim. Imaginemos o seguinte segmento, que é um trecho do capítulo "Ana Terra", por sua vez parte do romance "O Continente", de Erico Veríssimo.

+ "O rancho não era grande. Constava duma só peça quadrada com repartições de pano grosseiro. A maior das divisões era a em que se achavam todos agora. Ali faziam as refeições e ficavam nas noites frias, antes de irem para a cama: era ao mesmo tempo refeitório e cozinha, e a um canto dela estava o fogão de pedra e uma talha com água potável. O mobiliário era simples e rústico: uma mesa de pinho sem verniz, algumas cadeiras de assento e respaldo de couro, uma arca também de couro, com fechos de ferro, um armário meio desmantelado e, sobre um estrado, a velha roca de d. Henriqueta. Numa das outras repartições, ficava a cama do casal, sobre a qual, na parede, pendia um crucifixo de madeira negra, com um Cristo de nariz carcomido; ao pé da cama ficava um mosquete carregado, sempre pronto para o que desse e viesse. Na divisão seguinte estavam os catres de Antônio e Horácio; e no quarto de Ana mal cabia uma cama de pernas de tesoura, debaixo da qual se via o velho baú de lata, onde a moça guardava suas roupas."

Note que, na descrição do rancho, não há um "antes" e um "depois": as características do rancho "coexistem". A organização dos elementos é *espacial*, e não *temporal*.

– Noto sim, professor.

Ótimo.

c) usam-se verbos de ligação e outros equivalentes;

Você deve se lembrar dos verbos de ligação, não?

– Lembro sim: "ser", "estar", "parecer", "permanecer", "continuar", etc.

Exatamente. Os verbos de ligação são aqueles verbos relacionados a estados: estados aparentes, estados permanentes, estados transitórios, mudanças de estado, e assim por diante. Por isso, faz sentido que eles sejam usados em descrições.

– Porque, partindo-se do pressuposto de que eles atribuem estados, não deixa de ser correto dizer que eles atribuem, de certo modo, características...

Exatamente isso. Assim eu fico muito orgulhoso!

– Eu agradeço, professor, e acho o seu orgulho merecido...

Com certeza. ☺

Vamos a alguns exemplos:

+ "A rua *era* larga e movimentada."
+ "O terreno *estava* coberto por galhos e folhas secas."

+ "As sobrancelhas *pareciam* permanentemente arqueadas em uma contínua tristeza."

Em todas as frases acima, temos segmentos descritivos.

– Nos quais há verbos de ligação.

Isso mesmo.

d) é geralmente uma parte de um texto narrativo;

É muito, muito, muito raro que um texto seja descritivo em sua *totalidade*.

– Se o senhor disse que é "muito, muito, muito *raro*", é porque às vezes pode acontecer...

Olhe, eu diria que é praticamente impossível acontecer, exceto em livros como este, nos quais há alguns exemplos, pela questão didática, que são completamente descritivos.

– Entendi.

Em um romance, por exemplo, o predomínio será, sem dúvida, da narração, isto é, da história que se conta. No entanto, em um romance, é necessário que sejam descritos os personagens, os ambientes, o clima, etc. Sendo assim, segmentos descritivos vão sendo intercalados com os segmentos narrativos.

+ Exemplo: um segmento descritivo presente no romance "Os Maias", de Eça de Queirós.

  "O que surpreendia logo era o pátio, outrora tão lôbrego, nu, latejado de pedregulhos – agora resplandecente, com um pavimento quadrilhado de mármores brancos e vermelhos, plantas decorativas, vasos de Quimper, e dois longos bancos feudais que Carlos trouxera de Espanha, trabalhados em talha, solenes como coros de catedral. Em cima, na antecâmara, revestida como uma tenda de estofos do Oriente, todo o rumor de passos morria: e ornavam-na divãs cobertos de tapetes persas, largos pratos mouriscos com reflexos metálicos de cobre, uma harmonia de tons severos, onde destacava, na brancura imaculada do mármore, uma figura de rapariga friorenta, arrepiando-se, rindo, ao meter o pezinho na água."

– Fácil ver, professor.

Ótimo.

1.3. Tipo injuntivo

Eis um tipo textual menos habitual, menos conhecido do que os anteriores, não?

– Muito menos conhecido, professor... Eu, por exemplo, não tenho intimidade nenhuma com ele...

Não se preocupe, porque eu já imaginava isso. Para acalmar este coraçãozinho nervoso, posso dizer, sem medo de me enganar, que estamos diante de um tipo textual fácil, fácil, fácil, que não merece um minuto de preocupação. Basta estudar o tipo direitinho que não o erramos mais.

– Promete, professor? O senhor me dá a sua palavra?

Dou sim. Confie.

– Confio.

Graças a Deus. ☺

Aqui temos um tipo textual em que se indica como realizar uma ação, instruindo, aconselhando ou impondo um modo de agir ao interlocutor.

– Pode-se inclusive impor, professor?

Isso mesmo. No tipo Injuntivo ou Instrucional, o que se quer é levar o destinatário da mensagem a realizar uma ação. Este tipo de texto é geralmente composto por frases curtas e objetivas e apresenta verbos de comando (imperativo). Surge em gêneros textuais diversos, como receitas gastronômicas, manuais de instruções e livros de autoajuda, por exemplo.

– Só, só, só isso?

Só. Garanto. Dou minha palavra.

– Então eu acredito.

Ótimo. Vamos exemplificar que fica mais fácil.

+ **Exemplo:** receita de um pudim de leite condensado.

Preparo da calda:
Em uma panela de fundo largo, derreta o açúcar até ficar dourado. Junte a água quente e mexa com uma colher. Deixe ferver até dissolver os

torrões de açúcar e a calda engrossar. Forre com a calda uma forma com furo central e reserve.

Preparo do pudim:
Em um liquidificador bata todos os ingredientes do pudim e despeje na forma reservada. Cubra com papel alumínio e leve ao forno em temperatura média por cerca de noventa minutos. Depois de frio, leve para geral por cerca de seis horas. Desenforme e sirva a seguir.

1.4. Tipo expositivo

Se eu falar uma coisa sobre este tipo de texto, você jura que acredita?

– Vou tentar...

Fico feliz. Então, vamos lá: o texto expositivo é aquele que... expõe algo.

– Ah, professor, não me diga? Nossa, que surpresa!

Eu sei que neste momento você está usando uma figura de linguagem chamada ironia, para insinuar que o que eu afirmei é excessivamente óbvio.

– Parabéns, professor! O senhor percebeu a minha intenção. ☺

Tudo bem. Eu desculpo você, porque eu entendo que parece muito evidente – e de fato é. No entanto, é isso mesmo o que temos de guardar. Texto expositivo é aquele no qual um assunto é apresentado ou informações são acrescentadas sobre determinado assunto.

– Mas o autor tem que defender uma tese, um ponto de vista?

Pergunta ma-ra-vi-lho-sa! Resposta: não. Trata-se de um texto de caráter informativo. O que se faz é elencar dados verídicos e comprováveis para construir algum nível de conhecimento sobre aquilo que se apresenta.

– É uma espécie de texto didático?

É mais do que "uma espécie" de texto didático: é um texto didático. Este livro inteiro que você está lendo, por exemplo, é do tipo expositivo.

Também em um dicionário, quando se dão os significados possíveis de um termo, o que se está fazendo é uma exposição.

– Se é mesmo isso, é fácil...

É mesmo isso, e é fácil sim. ☺

Vamos a um exemplo, retirado deste mesmo livro que você está lendo, mas de outro capítulo.

- **Definição de fonema e de letra:**

O **fonema** é a menor unidade sonora da língua. Trata-se de uma unidade mínima (porque não pode ser dividida) e distintiva entre diferentes palavras. Imaginemos que as seguintes palavras sejam pronunciadas por um falante:

+ **"mala"** + **"sala"** + **"tala"**

+ **"bala"** + **"cala"**

O que as diferencia foneticamente (e o que faz com que saibamos diferenciá-las umas das outras e diferenciar os sentidos que elas têm quando as escutamos) é o "fonema" inicial de cada uma delas, ou seja, o som pelo qual cada uma delas é iniciada.

A **letra**, por sua vez, é a representação gráfica do fonema. A fala, como se disse, é anterior à escrita; por isso, as letras buscam representar graficamente os sons da fala.

1.5. Tipo dissertativo

O tipo de texto dissertativo consiste no debate acerca de um tema, por meio do levantamento dos seus aspectos principais ou pertinentes à análise feita.

– Dissertar sobre algo é falar sobre algo?

Quase isso. No caso do chamado tipo textual dissertativo, o autor do texto assume um ponto de vista em relação àquilo que está expondo.

– É obrigatório ter o ponto de vista?

Neste tipo textual, sim. O ponto de vista também pode ser chamado de tese ou posicionamento. O que o autor pretende é fazer com que o leitor reconheça que aquele ponto de vista é o mais válido, o mais razoável.

– E no texto dissertativo vai haver aquela estrutura com que estávamos habituados no colégio?

Vai sim! O tipo dissertativo é, via de regra, composto por introdução, desenvolvimento e conclusão.

A introdução serve para apresentar o tema a ser discutido no texto. Geralmente, já nesta primeira parte o autor costuma explicitar o ponto de vista que defenderá ao longo do desenvolvimento.

– Ué, o ponto de vista não teria de vir na conclusão?

Na conclusão, o ponto de vista costuma ser reafirmado. Pense em uma discussão qualquer que se dê no dia a dia. Você concorda que, na maioria dos casos, já deixamos bem claro o ponto de vista no momento em que começa o debate? Quem considera Romário um centroavante superior a Ronaldo, já tende a iniciar a exposição deixando bem clara qual é a sua tese. Concorda que a seguinte frase poderia muito bem ser a primeira em um tema como este? "Romário é dez vezes melhor do que Ronaldo! Não tem nem comparação!"

– Concordo, professor.

Ótimo! ☺

Depois da introdução, vem o desenvolvimento, que é o local do texto no qual o tema vai ser aprofundado. Nesta parte, haverá argumentos, exemplificações, citações, opiniões de especialistas e por aí vai.

– Esta é a maior parte do texto, não?

Se tudo estiver no seu lugar, sim. O normal é a introdução ser curta, assim como a conclusão, com o desenvolvimento ocupando a maior parte do espaço, até mesmo pela função que tem.

– A função de "desenvolver" e aprofundar o tema...

Exato!

Por fim, vem a conclusão, parte na qual se faz um breve resumo do debate empreendido e se reafirma o ponto de vista, agora já *amparado* por aquilo que se demonstrou no desenvolvimento.

– Perfeito

A progressão que já no texto dissertativo (ou seja, aquilo que faz com que ele *avance*) diz respeito à relação lógica estabelecida entre as partes.

– Como assim "relação lógica"?

O que foi apresentado na introdução deve ser aprofundado no desenvolvimento. O desenvolvimento deve ter como objetivo ampliar o debate e comprovar o ponto de vista defendido no texto. A conclusão, sendo o término da discussão empreendida, deve ser a consequência lógica do desenvolvimento.

– Sim, sim: como sempre, faz sentido.

Concordo com você. ☺

+ Exemplo: redação escolar.

Em sua canção "Pela Internet", o cantor brasileiro Gilberto Gil louva a quantidade de informações disponibilizadas pelas plataformas digitais para seus usuários. No entanto, com o avanço de algoritmos e mecanismos de controle de dados desenvolvidos por empresas de aplicativos e redes sociais, essa abundância vem sendo restringida e as notícias, e produtos culturais vêm sendo cada vez mais direcionados – uma conjuntura atual apta a moldar os hábitos e a informatividade dos usuários. Desse modo, tal manipulação do comportamento de usuários pela seleção prévia de dados é inconcebível e merece um olhar mais crítico de enfrentamento.

Em primeiro lugar, é válido reconhecer como esse panorama supracitado é capaz de limitar a própria cidadania do indivíduo. Acerca disso, é pertinente trazer o discurso do filósofo Jürgen Habermas, no qual ele conceitua a ação comunicativa: esta consiste na capacidade de uma pessoa em defender seus interesses e demonstrar o que acha melhor para a comunidade, demandando ampla informatividade prévia. Assim, sabendo que a cidadania consiste na luta pelo bem-estar social, caso os sujeitos não possuam um pleno conhecimento da realidade na qual estão inseridos e de como seu próximo pode desfrutar do bem comum – já que suas fontes de informação estão direcionadas –, eles serão incapazes de assumir plena defesa pelo coletivo. Logo, a manipulação do comportamento não pode ser aceita em nome do combate, também, ao individualismo e do zelo pelo bem grupal.

Em segundo lugar, vale salientar como o controle de dados pela internet vai de encontro à concepção do indivíduo pós-moderno. Isso porque, de acordo com o filósofo pós-estruturalista Stuart-Hall, o sujeito inserido na pós-modernidade é dotado de múltiplas identidades. Sendo assim, as preferências e ideias das pessoas estão em constante interação, o que pode ser limitado pela prévia seleção de informações, comerciais, produtos, entre outros. Por fim, seria negligente não notar como a tentativa de tais algoritmos de criar universos culturais adequados a um gosto de seu usuário criam uma falsa sensação de livre-arbítrio e tolhe os múltiplos interesses e identidades que um sujeito poderia assumir.

Portanto, são necessárias medidas capazes de mitigar essa problemática. Para tanto, as instituições escolares são responsáveis pela educação digital e emancipação de seus alunos, com o intuito de deixá-los cientes dos mecanismos utilizados pelas novas tecnologias de comunicação e informação e torná-los mais críticos. Isso pode ser feito pela abordagem da temática, desde o ensino fundamental – uma vez que as gerações estão, cada vez mais cedo, imersas na realidade das novas tecnologias –, de maneira lúdica e adaptada à faixa etária, contando com a capacitação prévia dos professores acerca dos novos meios comunicativos. Por meio, também, de palestras com profissionais das áreas da informática que expliquem como os alunos poderão ampliar seu meio de informações e demonstrem como lidar com tais seletividades, haverá um caminho traçado para uma sociedade emancipada.

2. TIPOS TEXTUAIS COMPLEMENTARES

Vamos agora aos tipos textuais "complementares".

– "Complementares"?

Isso mesmo! Os dois tipos que veremos agora (Dialogal e Preditivo) não são considerados de fato "tipos" por muitos dos gramáticos e linguistas. Ainda assim, como são nomenclaturas às vezes cobradas por algumas bancas examinadoras (como a FGV, por exemplo), não custa os estudarmos.

– Concordo.

Com o quê?

– Concordo com que não custa dar uma estudada, já que estamos estudando taaaanta coisa.

Ótimo!

2.1. Tipo dialogal

Este tipo geralmente surge dentro de um texto narrativo, materializando o intercâmbio verbal entre os personagens.

– O "intercâmbio verbal", professor? O senhor quer me matar com esses termos?

Não, pessoa ansiosa! Caaalma! ☺

O intercâmbio verbal nada mais é que a troca de falas entre eles.

– "Troca de falas" é mais fácil...

Sim. Então, guarde que é a troca de falas. ☺

No tipo dialogal, ocorrem, frequentemente, marcadores conversacionais, como "pois é", "veja bem", "não é?", etc.

É basicamente isso.

– Simples assim?

Simples assim.

+ **Exemplo:** capítulo 3, intitulado "A denúncia", do romance "Dom Casmurro", de Machado de Assis.

Ia entrar na sala de visitas, quando ouvi proferir o meu nome e esconder-me atrás da porta. A casa era a da Rua de Mata-cavalos, o mês novembro, o ano é que é um tanto remoto, mas eu não hei de trocar as datas à minha vida só para agradar às pessoas que não amam histórias velhas; o ano era de 1857.

– D. Glória, a senhora persiste na idéia de meter o nosso Bentinho no seminário? É mais que tempo, e já agora pode haver uma dificuldade.

– Que dificuldade?

– Uma grande dificuldade.

Minha mãe quis saber o que era. José Dias, depois de alguns instantes de concentração, veio ver se havia alguém no corredor; não deu por mim, voltou e, abafando a voz, disse que a dificuldade estava na casa ao pé, a gente do Pádua.

– A gente do Pádua?

– Há algum tempo estou para lhe dizer isto, mas não me atrevia. Não me parece bonito que o nosso Bentinho ande metido nos cantos com a filha do Tartaruga, e esta é a dificuldade, porque se eles pegam de namoro, a senhora terá muito que lutar para separá-los.

– Não acho. Metidos nos cantos?

– É um modo de falar. Em segredinhos, sempre juntos. Bentinho quase que não sai de lá. A pequena é uma desmiolada; o pai faz que não vê; tomara ele que as cousas corressem de maneira, que... Compreendo o seu gesto; a senhora não crê em tais cálculos, parece-lhe que todos têm a alma candida...

– Mas, Sr. José Dias, tenho visto os pequenos brincando, e nunca vi nada que faça desconfiar. Basta a idade; Bentinho mal tem quinze anos. Capitu fez quatorze à semana passada; são dous criançolas. Não se esqueça que foram criados juntos, desde aquela grande enchente, há dez anos, em que a família Pádua perdeu tanta cousa; daí vieram as nossas relações. Pois eu hei de crer?...Mano Cosme, você que acha? Tio Cosme respondeu com um "Ora!" que, traduzido em vulgar, queria dizer: "São imaginações do José Dias os pequenos divertem-se, eu divirto-me; onde está o gamão?"

– Sim, creio que o senhor está enganado.

– Pode ser minha senhora. Oxalá tenham razão; mas creia que não falei senão depois de muito examinar...

– Em todo caso, vai sendo tempo, interrompeu minha mãe; vou tratar de metê-lo no seminário quanto antes.

– Bem, uma vez que não perdeu a ideia de o fazer padre, tem-se ganho o principal. Bentinho há de satisfazer os desejos de sua mãe e depois a igreja brasileira tem altos destinos. Não esqueçamos que um bispo presidiu a Constituinte, e que o Padre Feijó governou o Império...

– Governo como a cara dele! atalhou tio Cosme, cedendo a antigos rancores políticos.

– Perdão, doutor, não estou defendendo ninguém, estou citando O que eu quero é dizer que o clero ainda tem grande papel no Brasil.

– Você o que quer é um capote; ande, vá buscar o gamão. Quanto ao pequeno, se tem de ser padre, realmente é melhor que não comece a dizer missa atrás das portas. Mas, olhe cá, mana Glória, há mesmo necessidade de fazê-lo padre?

– É promessa, há de cumprir-se.

– Sei que você fez promessa... mas uma promessa assim... não sei... Creio que, bem pensado... Você que acha, prima Justina?

– Eu?

– Verdade é que cada um sabe melhor de si, continuou tio Cosme- Deus é que sabe de todos. Contudo, uma promessa de tantos anos... Mas, que é isso, mana Glória? Está chorando? Ora esta pois isto é cousa de lágrimas?

Minha mãe assoou-se sem responder. Prima Justina creio que se levantou e foi ter com ela. Seguiu-se um alto silêncio, durante o qual estive a pique de entrar na sala, mas outra força maior, outra emoção... Não pude ouvir as palavras que tio Cosme entrou a dizer. Prima Justina exortava: "Prima Glória! Prima Glória!" José Dias desculpava-se: "Se soubesse, não teria falado, mas falei pela veneração, pela estima, pelo afeto, para cumprir um dever amargo, um dever amaríssimo... "

2.2. Tipo preditivo

É um tipo textual no qual são feitas previsões acerca do futuro.

– Previsões mesmo, professor? Coisa místicas?

Não, não. Não precisa, necessariamente, apresentar caráter místico.

– Mas como se poderia prever o futuro *sem* caráter místico?

Ora, de várias maneiras: alguém pode prever o tempo para a semana seguinte, pode prever a inflação para o ano seguinte, pode prever as condições climáticas para o século seguinte, por exemplo.

– Faz sentido.

Faz sim. Vamos ao exemplo.

+ Exemplo: previsão do tempo feita pelo meteorologista Cléo Kuhn.

"Imagem de satélite do começo da manhã desta segunda destaca nuvens que dominam os estados da região sul do País. Entre o PR e SC teremos pancadas de chuva, aqui no RS a chance de chuva fica para o litoral sul. Amanhã e depois pancadas de chuva atingem o sul do País como um todo."

CAPÍTULO 48

Gêneros textuais

Como sempre, quando iniciamos o estudo de um tópico, é importante fazermos uma breve tentativa de definição teórica.

– Isso porque o senhor acredita que saber a teoria é fundamental para que depois consigamos desenvolver a prática...

Muito bem! Estrelinha para você! É isso mesmo! ☺

Os gêneros textuais são textos que cumprem determinada função social em certa situação comunicativa específica.

– Função social? Situação comunicativa específica? Professor, assim o senhor desmancha qualquer resquício de confiança que eu ainda pudesse ter...

Acalme esse coração. Conforme vimos, os tipos textuais são os responsáveis pela estrutura, pelo objetivo e pela finalidade dos textos: são características teóricas e existem em quantidade limitada.

– Certo.

Os gêneros são diferentes configurações que os tipos podem assumir na prática social da comunicação, ou seja, nas situações específicas em que interagimos com outros seres humanos. Resumindo: os tipos são características gerais teóricas, são propriedades que um texto vai ter; já os gêneros estão sempre relacionados a uma situação comunicativa e a um contexto cultural. Ao contrário dos tipos, os gêneros existem em quantidade infinita, pois toda e qualquer situação comunicativa vai estar colocando em prática algum gênero textual.

– Tipos textuais são finitos; gêneros textuais são infinitos. Isso?

Exato. Na verdade, uma receita de bolo, uma piada, um e-mail, um ensaio científico, uma bula de remédio, um dicionário, um manual de montagem de um móvel – tudo constitui um gênero textual. Se fôssemos tentar estudar todos eles, o livro não terminaria mais. Por isso, escolhi os dez gêneros textuais que me parecem mais relevantes para os vermos um a um.

1. PRINCIPAIS GÊNEROS TEXTUAIS

1.1. Crônica

A crônica é, entre os gêneros textuais, um dos que tem definição menos clara. Ainda assim, há neste gênero algumas características mais comuns.

– Graças a Deus!

Concordo! Primeiro, a crônica costuma ser produzida para ser publicada em jornais, revistas e afins, podendo, mais tarde, ser editado um livro que seja a reunião de várias crônicas.

– Por isso as crônicas nunca são muito longas?

Exatamente por isso. Por ocupar uma coluna de jornal ou revista, geralmente, a crônica tende a ser um texto breve. Além disso, o fato de ser um gênero voltado para os periódicos explica, além desta, algumas outras observações que vêm na sequência.

– Tipo?

Devido ao fato de ser acessável por imensa quantidade de pessoas dos mais diferentes níveis culturais e formacionais, a linguagem das crônicas costuma ser simples, comunicativa. É raro que alguém leia uma crônica e diga: "Não entendi este texto".

– Professor, não fale isso, porque me conheço e sou capaz de não entender a coisa mais simples do mundo em um momento de pressão...

Foi por causa dessas "situações de pressão" que eu falei que "é raro" que isso aconteça. É raro, mas sempre pode acontecer. ☺

Pode-se também dizer que a crônica vem associada a assuntos cotidianos, mas isso é uma definição ampla...

– Não gostamos de "definições amplas", professor...

Eu sei bem, mas me sinto obrigado a fazer essa ressalva. Em nenhum outro gênero a definição de assunto relacionado ao cotidiano é tão amplo. Sabe por quê?

– Nem imagino!

Eu explico. Uma crônica pode falar sobre a queda de um avião e a comoção que foi gerada por este fato logo depois de ele ocorrer. Isso é um assunto do dia a dia, concorda?

– Concordo. Não é habitual, mas é algo que está na esfera do nosso cotidiano.

Exatamente. Uma crônica também pode falar sobre assunto muito mais amplo, como o amor e suas contradições. Isso é um assunto atual?

– O amor ser contraditório? Atualíssimo, professor, mas prefiro me resguardar o direito de não abrir meu coração com o senhor e não inundar de lágrimas este livro tão bem cuidadinho que o senhor fez e que eu estou lendo...

Certo, eu entendo e respeito. ☺

E aqui nós já começamos a nos acercar daquilo que me parece essencial no debate que estamos fazendo: quase todos os assuntos estão ligados à nossa realidade cotidiana, no sentido de que quase todos os assuntos, direta ou indiretamente, nos afetam. Mesmo assuntos antiquíssimos podem ser associados à nossa realidade. Entende?

– Creio que sim...

Tem de ter certeza de que sim! ☺

Uma crônica pode tematizar os posicionamentos políticos do artista Nelson Rodrigues enquanto ele era vivo comparando esses posicionamentos com os posicionamentos atuais. Uma crônica pode relembrar a Revolução Francesa para debater questões relativas à liberdade (ou à falta dela) que nos sejam importantes. Sendo assim, qualquer assunto pode ser considerado um assunto "contemporâneo", dependendo da abordagem que dele se faça. E, se a crônica pode falar de qualquer assunto contemporâneo, ela pode falar sobre quase qualquer coisa.

– Entendi!

Ótimo! Por isso eu disse, no início deste tópico, que a crônica é um gênero que tem definição pouco clara. Ela pode ser narrativa, contando uma história breve acontecida com o autor ou mesmo com algum personagem real ou fictício; pode ser dissertativa, defendendo uma tese acerca de um qualquer assunto; pode ser lírica, enfocando os afetos, as sensações e os sentimentos do homem em geral, com carga poética forte; e assim por diante.

– Deus meu, professor: uma crônica pode ser quase tudo!

Pode, sim! Há, como eu falei, algumas características comuns: crônicas são curtas, têm linguagem quase sempre simples, debatem assuntos que dizem respeito à atualidade (direta ou indiretamente). De resto, pode quase tudo!

Exemplos de "Crônica".

+ **"Amigos na praia" – Rubem Braga**

Éramos três velhos amigos na praia quase deserta. O sol estava bom; e o mar, violento. Impossível nadar: as ondas rebentavam lá fora, enormes, depois avançavam sua frente de espumas e vinham se empinando outra vez, inflando, oscilantes, túmidas, azuis, para poucar de súbito na praia. Mal a gente entrava no mar a areia descaía de chofre, quase a pique, para uma bacia em que não dava pé; alguns metros além havia certamente uma plataforma de areia onde o mar estourava primeiro. Demos alguns mergulhos, apanhamos fortes lambadas de onda e nos deixamos ficar conversando na praia; o sol estava bom.

Éramos três velhos amigos e cada um estava tão à vontade junto dos outros que não tínhamos o sentimento de estar juntos, apenas estávamos ali. Talvez há 10 ou 15 anos atrás tivéssemos estado os três ali, ou em algum outro lugar da praia, conversando talvez as mesmas coisas. Certamente éramos os três mais magros, nossos cabelos eram mais negros... Mas que nos importava isso agora? Cada um vivera para seu lado: às vezes um cruzara com outro em alguma cidade e então possivelmente teria perguntado pelo terceiro. Meses, talvez anos, podem haver passado sem que os três se vissem ou se escrevessem; mas aqui estamos juntos tão à vontade como se todo o tempo tivéssemos feito isso.

Falamos de duas ou três mulheres, rimos cordialmente das coisas de outros amigos ("aquela vez que o Di chegou de S. Paulo"... "o Joel outro dia me telefonou de noite...") mas nossa conversa era leve e tranquila como a própria manhã, era uma conversa tão distraída como se cada um estivesse pensando em voz alta suas coisas mais simples. Às vezes ficávamos sem dizer nada, apenas sentindo o sol no corpo molhado, olhando o mar, à toa. Éramos três animais já bem maduros a entrar e sair da água muito salgada, tendo prazer em estar ao sol. Três bons animais em paz, sem malícia nem vaidade nenhuma, gozando o vago conforto de estarem vivos e estarem juntos respirando o vento limpo do mar – como três cavalos, três bois, três bichos mansos debaixo do céu azul. E tão sossegados e tão inocentes, que, se Deus se nos visse por acaso lá de cima, certamente murmuraria apenas – "lá estão aqueles três" – e pensaria em outra coisa.

+ **"A grama do vizinho" – Martha Medeiros**

Ao amadurecer, descobrimos que a grama do vizinho não é mais verde coisíssima nenhuma. Estamos todos no mesmo barco.

Há no ar certo queixume sem razões muito claras.

Converso com mulheres que estão entre os 40 e 50 anos, todas com profissão, marido, filhos, saúde, e ainda assim elas trazem dentro delas um não-sei-o-quê perturbador, algo que as incomoda, mesmo estando tudo bem.

De onde vem isso? Anos atrás, a cantora Marina Lima compôs com o seu irmão, o poeta Antonio Cícero, uma música que dizia:

"Eu espero/ acontecimentos/ só que quando anoitece/ é festa no outro apartamento".

Passei minha adolescência com esta sensação: a de que algo muito animado estava acontecendo em algum lugar para o qual eu não tinha convite. É uma das características da juventude: considerar-se deslocado e impedido de ser feliz como os outros são, ou aparentam ser. Só que chega uma hora em que é preciso deixar de ficar tão ligada na grama do vizinho.

As festas em outros apartamentos são fruto da nossa imaginação, que é infectada por falsos holofotes, falsos sorrisos e falsas notícias. Os notáveis alardeiam muito suas vitórias, mas falam pouco das suas angústias, revelam pouco suas aflições, não dão bandeira das suas fraquezas, então fica parecendo que todos estão comemorando grandes paixões e fortunas, quando na verdade a festa lá fora não está tão animada assim.

Ao amadurecer, descobrimos que a grama do vizinho não é mais verde coisíssima nenhuma. Estamos todos no mesmo barco, com motivos pra dançar pela sala e também motivos pra se refugiar no escuro, alternadamente.

Só que os motivos pra se refugiar no escuro raramente são divulgados.

Pra consumo externo, todos são belos, sexys, lúcidos, íntegros, ricos, sedutores.

"Nunca conheci quem tivesse levado porrada/ todos os meus conhecidos têm sido campeões em tudo".

Fernando Pessoa também já se sentiu abafado pela perfeição alheia, e olha que na época em que ele escreveu estes versos não havia esta overdose de revistas que há hoje, vendendo um mundo de faz-de-conta. Nesta era de exaltação de celebridades – reais e inventadas – fica difícil mesmo achar que a vida da gente tem graça. Mas, tem. Paz interior, amigos leais, nossas músicas, livros, fantasias, desilusões e recomeços, tudo isso vale ser incluído na nossa biografia. Ou será que é tão divertido passar dois dias na Ilha de Caras fotografando junto a todos os produtos dos patrocinadores? Compensa passar a vida comendo alface para ter o corpo que a profissão de modelo exige? Será tão gratificante ter um paparazzo na sua cola cada vez que você sai de casa? Estarão mesmo todos realizando um milhão de coisas interessantes enquanto só você está sentada no sofá pintando as unhas do pé? Favor não confundir uma vida sensacional com uma vida sensacionalista.

As melhores festas acontecem dentro do nosso próprio apartamento.

Você percebeu que as duas crônicas são bastante diferentes entre si?

– Percebi, sim, professor...

A primeira fala de um assunto mais universal, relatando a experiência de amizade de pessoas que se conhecem há muito, muitos anos. É uma temática atemporal e, por isso mesmo, também atual. Já a segunda aborda um assunto mais diretamente contemporâneo, visto que é um debate atualíssimo este de as pessoas parecerem sempre felizes e realizadas (nas redes sociais, por exemplo), enquanto nós, que vivemos a "vida real", tendemos a nos sentirmos incompletos e comuns.

– Realmente são temáticas bem diferentes e abordagens bem diferentes também...

Exato. Ainda assim, ambas são crônicas. E é isso o que temos de guardar.

1.2. Notícia

Aqui se trata de um gênero jornalístico com um objetivo informativo.

– "Notícia" como as notícias que vemos no jornal?

Sim, essas mesmas. A intenção é noticiar ou relatar um fato. Para que seja *verdadeiramente* uma notícia, ela tem de dar a saber algo que não era até então sabido. Além disso, uma notícia sempre tenta responder a seis perguntas.

– Seis é muito, professor...

Eu sei que é muito, mas pode manter a calma, porque faz sentido. As perguntas são "quem?", "o quê?", "quando?", "onde?", "como?" e "por quê?".

– O senhor disse que fazia sentido, professor...

Acho que faz. Alguém ("quem") faz algo (o que) em um tempo (quando) e em um lugar (onde) de algum modo (como) e por alguma razão (por quê).

– Falando assim, parece mesmo muito simples...

Obrigado. ☺

É simples mesmo.

+ **Exemplo de Notícia:** leiamos o texto de Letícia Mendes, publicado no jornal "Zero Hora" de 12/10/2020.

Polícia Civil segue buscas por dentista desaparecida na Região Central

Bárbara Machado Padilha, 32 anos, foi vista pela última vez em Santa Maria na noite de sábado

A Polícia Civil segue tentando localizar a dentista Bárbara Machado Padilha, 32 anos, desaparecida desde a noite de sábado (10), na Região Central. Ela foi vista pela última vez em Santa Maria – a cerca de cem quilômetros de Tupanciretã, município onde mora.

Na manhã desta segunda-feira (12), foram feitas buscas com auxílio do Corpo de Bombeiros em uma área junto à BR-392, em Santa Maria, no trajeto a Itaara. Além disso, 12 policiais civis estão atrás de informações que possam levar ao paradeiro da dentista.

Segundo a polícia, a procura realizada pelos investigadores seguirá nesta terça-feira (13). Já o trabalho com auxílio de bombeiros só será retomado caso haja alguma pista mais concreta do local onde Bárbara possa estar. A dentista teria saído de casa somente com dinheiro e telefone celular, mas o aparelho está desligado.

Conforme a investigação, Bárbara deixou Tupanciretã em um táxi executivo, e foi vista pela última vez em um posto de combustíveis no acesso a Santa Maria. A Polícia Civil divulgou na manhã desta segunda imagens da câmera de monitoramento do posto – o registro é das 19h29min de sábado.

Pelas imagens, é possível ver que a dentista desembarca de um carro (que seria o táxi) e entra na loja de conveniência, sozinha. Ela pagou em dinheiro por uma água mineral e um doce – saiu do estabelecimento às 19h53min caminhando. Depois disso, não foi mais vista.

Bárbara teria saído de Tupanciretã sem avisar ninguém, deixando documentos e cartões. As imagens indicam, segundo os investigadores, que ela partiu do município por conta própria. No domingo, a mãe de Bárbara, Magda Padilha, disse a GZH que a filha não tinha motivos para desaparecer.

– Ela está muito bem, no casamento, no trabalho. É muito amada, inteligente. Não demonstrou nenhum indício de depressão, nada. Passamos a noite inteira procurando por ela, só quero a minha filha de volta – desabafou.

O delegado regional, Sandro Meinerz, relatou que o marido da dentista – última pessoa da família com quem Bárbara teria tido contato antes de sumir – disse ter percebido que nos últimos dias a esposa estava mais em silêncio, desmotivada, e até pensou em procurar ajuda de um psicólogo para a ela. Bárbara esteve no escritório de advocacia do marido antes de seguir para a residência deles na tarde de sábado. O advogado contou que ao chegar em casa encontrou somente os pertences da mulher.

A investigação descobriu que na sexta-feira (9) Bárbara teria tentado pegar outro táxi executivo para leva-la até Santa Maria. No entanto, ela teria usado outro nome e, por temer que fosse um golpe, o motorista não aceitou a corrida. Meinerz diz ainda que, nos últimos dias, a dentista teria se informado sobre o trajeto, valores e transporte entre os municípios.

– No fim de setembro, ela já havia consultado motorista e perguntado quanto ele cobraria, numa viagem só de ida até Santa Maria. Fica bem evidente que ela tinha essa intenção. Que ela havia planejado deixar Tupanciretã e vir para Santa Maria. A motivação precisa ser esclarecida – afirmou o delegado.

Outras imagens estão sendo procuradas para tentar definir outro possível trajeto feito pela dentista. Qualquer informação pode ser repassada para a Delegacia de Polícia de Pronto Atendimento (DPPA) de Santa Maria, pelo telefone (55) 3221-2809. Também é possível repassar informações pelo Disque Denúncia: 181.

1.3. Resenha crítica

A resenha crítica tem o escopo de estabelecer comentários crítico-avaliativos acerca de temas ligados, no mais das vezes, à arte e à cultura. A resenha crítica faz uma análise do tema enfocado, procurando estabelecer sobre ele um ponto de vista apreciativo ou depreciativo.

– É o que lemos em um jornal, em uma revista ou em um site, por exemplo, sobre um livro ou um filme?

Isso. Ou sobre um show, uma exposição de artes plásticas, um espetáculo de música ou de dança. Muitas vezes, antes de ir ao cinema ou de comprar um livro, você não procura informar-se acerca da receptividade da obra?

– Certamente, sim.

+ **Exemplo de Resenha:**

Livro "Torto arado" revela o drama do interior do país

Vencedor do Prêmio LeYa 2018 com o romance "Torto arado", o baiano Itamar Vieira Júnior é o segundo brasileiro a conquistá-lo, após dez anos de "O rastro do jaguar", do mineiro Murilo Carvalho, ter sido escolhido. Obteve a unanimidade do júri do mais importante certame literário português (no valor de 100 mil euros), cuja atribuição o escolheu "pela solidez da construção, o equilíbrio da narrativa e a forma como aborda o universo rural do Brasil, colocando ênfase nas figuras femininas, na sua liberdade e na violência exercida sobre o corpo num contexto dominado pela sociedade patriarcal".

Concorrendo com outros 347 inéditos de autores dos países de língua portuguesa, Itamar reafirma uma trajetória literária já vitoriosa, iniciada com os livros de contos "Dias" (vencedor do XI Projeto de Arte e Cultura) e "A oração do carrasco" (que conquistou o Prêmio Humberto de Campos da UBE/RJ em 2016, obteve o 2º lugar no Prêmio Bunkyo de Literatura 2018, sendo ainda finalista do Prêmio Jabuti 2018).

"Torto arado" percorre a dramática realidade vivenciada em muitos rincões do Nordeste brasileiro, como a seca, a violência contra as mulheres, as práticas escravocratas ainda presentes nas relações laborais e outros tipos de opressão no campo. Uma obra construída meticulosamente com densidade e tensão narrativas, numa linguagem de inflexão reflexiva, que mapeia as nuances e signos de um país que, paradoxalmente, ainda oscila entre o arcaísmo e a modernidade.

Publicado em Portugal no ano passado pela Ed. LeYa, saudado com efusivo reconhecimento pela mídia e crítica, "Torto arado" possibilitou ao autor visitar o país para uma série de eventos e compromissos literários. Chega ao leitor brasileiro pela Ed. Todavia (SP) num momento em que o Brasil volta a sofrer os abalos de um onda conservadora, com seus discursos de ódio e racismo, quando os avanços e marcos civilizatórios das políticas sociais e de proteção das minorias, conquistados a duras penas nas últimas décadas após a redemocratização, vêm sofrendo duro ataque e ameaças de revogação.

"Torto arado", obra instigante que atualiza nossas demandas por sanar os fossos aviltantes que se agudizam, separam e agridem, é narrada sob a perspectiva feminina, conduzida pelas irmãs Belonísia e Bibiana, personalidades contrastantes em seu modo de viver e reagir, mas igualmente fortes no enfrentamento de seus (des)caminhos.

Por meio delas, deslinda-se toda uma mitologia ligada aos valores de um Brasil que ainda sofre os refluxos dos tempos coloniais. Nascidas no seio de uma família de trabalhadores rurais no sertão baiano, Belonísia e Bibiana têm ascendência escrava e vivem sob o influxo de um quotidiano ainda estigmatizante mesmo depois de quase dois séculos da abolição.

É o sentido da subserviência que nunca se desvinculou do imaginário de uma gente condenada ao atraso, a partilhar sempre na escassez as migalhas de um sistema que os aparta e aliena.

O gatilho da história é detonado a partir da descoberta de uma mala albergada sob a cama da avó e o contato com o mistério que ela esconde será um marco divisor em suas vidas. Um pequeno acidente (que deixará emudecida para sempre uma das irmãs) será determinante nos atalhos que bifurcarão seus caminhos e seus modos de enfrentar as vicissitudes comuns, a que muitos estão atados desde sempre na fazenda "onde enterrávamos os restos do parto e o umbigo dos nascidos. Onde enterrávamos os restos de nossos corpos. Para onde desceríamos algum dia. Ninguém escaparia".

Belonísia, de personalidade conformista e resignada, permanece ao lado do pai, Zeca Chapéu Grande, enquanto Bibiana, mais arrojada, sensível e refratária àquele mundo de injustiças que os rodeia, segue outro rumo. Passa a compreender a necessidade de uma luta coletiva pela posse da terra e contra as desigualdades e a servidão impostas aos trabalhadores ao conhecer o primo Severo, recém-chegado à fazenda, antenado com os conflitos da região, por ele se apaixona e empreende a fuga que irá desviar sua vida daquela rotina imutável de sofrimento e degredo, pois "nunca havia conhecido ninguém que me dissesse ser possível uma vida além da fazenda".

No microcosmo da fazenda Água Negra, sertão da Bahia, onde vivem Salu e Zeca Chapéu Grande, descendentes de escravos e pais das meninas, as famílias que ali trabalham são sempre exploradas, coexistem num sistema de convivência marcada pelos fortes laços com as matrizes africanas e se identificam com seus ritos, como o Jarê, vertente religiosa do Bantu e Nagô, em que mesclam elementos das culturas negras, portuguesas e indígenas, que culminam na prática do Encantado, incorporada pelos seus mentores espirituais.

Nesse particular, o pai de Belonísia e Bibiana é visto como uma liderança mítica naqueles rincões, uma espécie de conselheiro e pacificador dos assuntos que chegam ao seu conhecimento, desde contendas no trabalho e quizílias familiares a problemas de saúde. Sua mãe, a avó Donana, parteira, é uma daquelas criaturas alegóricas que povoam a tradição sertaneja, uma quase entidade dotada de poderes com seus braços "capazes de entrar no ventre de uma mulher para virar com destreza uma criança atravessada, mal-encaixada, crianças com os movimentos errados para nascer".

No cerne desse belo romance, está a metáfora de um país que nunca conseguiu resolver seus passivos sociais e históricos e continua a repetir os mesmos erros que o deslocam na contramão do avanço dos povos e nações. É um livro sobre um destino nacional que parece nunca ser revogado, onde a pobreza, a concentração de renda, o predomínio do baronato e do monopólio da força de trabalho e dos latifúndios ainda persistem intocáveis por conta da força de suas elites, cada vez mais impermeáveis às mudanças, à mobilidade social e à alteridade, manipulando, com suas algemas psicológicas, o corpo e a consciência de muita gente.

Nessa atmosfera em que a aridez nunca parece sair de cena, Itamar espelha com uma sedutora beleza narrativa em Torto arado o eterno embate com nossos antagonismos. Um romance denso, tenso, contundente e sensivelmente poético, com sua carga de oralidade, verossimilhança e dimensão humana, que dá vez e protagonismo aos que nunca os tiveram ou perderam por conta de nossas tragédias individuais ou coletivas. E a voz autoral sobressai como um raro facho renovador clareando a cena da atual literatura brasileira.

Você deve ter notado que a resenha crítica acima faz uma análise detalhada sobre o romance "Torto Arado".

– Notei sim, professor...

Ótimo! Para isso, o autor fala acerca da premiação atribuída à obra, das principais virtudes dela e também da importância que ela passa a ter para a literatura e para a cultura brasileiras. Trata-se de uma opinião expressa pelo autor, mas embasada nas características por ele vistas no livro em questão.

– Tranquilo, professor.

1.4. Editorial

É um gênero jornalístico por excelência.

– Quer dizer que estará sempre em jornais?

Jornais, revistas ou sites.

– Ok.

O editorial sempre tem um caráter opinativo acerca de algum assunto relevante, geralmente da atualidade. Ele *expressa o ponto de vista do veículo* em que está sendo veiculado e não é, via de regra, assinado.

– Então, mesmo sendo um texto jornalístico, não procura ser imparcial como o jornalismo é (ou deveria ser)?

Exato! No editorial, não há a obrigação de neutralidade. Há, obviamente, alguma informação veiculada em um editorial, mas ele expõe uma opinião e uma interpretação sobre os fatos.

– É jornalístico, não assinado e traz a opinião do veículo (jornal, revista, site). Isso?

Isso, isso, isso.

+ **Exemplo de Editorial:** editorial do jornal "Gaúcha ZH" de 8/11/2021.

O 5G e seus benefícios

Finalizado o leilão da tecnologia móvel 5G, na sexta-feira, o país agora espera que sejam cumpridos os cronogramas previstos no edital para a implantação do serviço, entre meados do próximo ano e 2029. O prazo é exíguo, especialmente para as Capitais, onde o serviço tem de estar disponível até julho de 2022. Sem contratempos, portanto, em breve ao menos parte da população brasileira poderá começar a usufruir das infinitas possibilidades que se abrem graças às conexões de altíssima velocidade que serão possíveis pela quinta geração da internet.

Uma verdadeira disrupção está a caminho. O 5G, presente em poucos países, como EUA, China e nações da Europa, possibilitará a expansão da internet das coisas (IOT), com várias máquinas e aparelhos, inclusive domésticos, conectados e trocando informações. Procedimentos cirúrgicos delicados poderão ser realizado a distância. Veículos autônomos terão melhores condições de trafegar com segurança. A indústria 4.0 terá mais condições de se desenvolver. As cidades poderão ser verdadeiramente inteligentes, com serviços urbanos como monitoramento, regulação do trânsito e iluminação interligados. Mesmo com mais de um ano de atraso, devido ao cancelamento do leilão no ano passado, por força da pandemia, é o futuro que começa a chegar.

O 5G tem ainda um papel de inclusão a cumprir, incorporado ao edital do certame. Como o de levar internet às escolas e a pontos longínquos com baixa qualidade de sinal, como rodovias e comunidades que sequer hoje dispõem do 4G. No caso das instituições de ensino básico, especialmente da rede pública, a conexão de qualidade é uma exigência dos tempos atuais. É condição essencial para permitir uma formação à altura dos desafios do país e do mercado de trabalho. Afinal, as atividades são cada vez mais digitais e muitos serviços oferecidos pelo poder público à população também migram aceleradamente do físico e presencial para o virtual. Mas o leilão da frequência de 26 GHz, onde estava contemplada esta contrapartida, não teve os resultados esperados. Arrecadou-se pouco mais de R$ 3 bilhões, metade do inicialmente estimado, o que não exime o governo de buscar alternativas para cumprir o compromisso.

Dos quase R$ 47 bilhões que o certame movimentou, a maior parte se refere a obrigações de investimentos. Um volume vultoso, sem dúvida.

Criar infraestrutura é sempre um fator dinamizador da economia, pela demanda de produtos e serviços que cria, junto à geração de empregos. Há também este benefício mais do que bem-vindo neste momento de economia vacilante e interrogações à frente.

A possibilidade de desfrutar do 5G da maneira mais prosaica pelos cidadãos será por meio dos aparelhos celulares. Hoje, porém, a grande maioria dos smartphones compatíveis tem preços inacessíveis para a maior parte da população. É de se esperar que, com uma demanda maior e, no futuro, com a normalização da oferta de insumos para os dispositivos, como os chips, os valores possam recuar para custos mais módicos, permitindo a verdadeira popularização da tecnologia. O mesmo vale para os planos de serviços. A internet móvel de quinta geração deve ser um instrumento de inserção, não de exclusão. Ao menos no edital de leilão das frequências, seguiu-se corretamente por este caminho. Disseminar e democratizar os benefícios da nova tecnologia significa incluir economicamente e assegurar cidadania.

Note que o editorial acima não tem a assinatura de um jornalista, de um autor individual. Ele é assinado pelo próprio veículo "Gaúcha ZH".

– Ou seja, a *opinião* veiculada é a opinião da "Folha de S.Paulo"?

Exatamente. O que nós temos é o jornal "Gaúcha ZH" opinando acerca dos benefícios da tecnologia 5G..

– Perfeito

1.5. Artigo de opinião

O artigo de opinião, assim como o editorial, é também um gênero por excelência jornalístico.

– Jornais, revistas, sites?

Principalmente. No entanto, nada impede que alguém mantenha um blog pessoal ou resolva publicar um livro com os seus artigos de opinião, fato que não faria sentido em relação a editoriais de um veículo.

– Ok, entendi!

O artigo de opinião, como o nome sugere, é opinativo. O ponto de vista, no entanto, é do articulista, isto é, de quem o escreve. E o artigo de opinião é assinado por uma pessoa.

– O editorial não é assinado por uma pessoa, é assinado por um veículo; já o artigo de opinião é assinado por uma pessoa, e não necessariamente expressa a visão do veículo em que ele foi publicado. É isso?

É exatamente isso. Sem tirar nem pôr. ☺

+ **Exemplo de Artigo de Opinião: "Energia sustentável", de Daniel Random.**

Inovar não se limita a desenvolver novos produtos ou serviços. Inicia no modo de pensar e se materializa em efetivas atitudes de cidadãos e de empresas conscientes. É preciso assumir, de verdade, a pauta mundial de energia sustentável, especialmente na mobilidade. O transporte se apresenta como uma das prioridades na agenda de países desenvolvidos que buscam a descarbonização, um tema que tem lenta evolução em território nacional.

Há pouco mais de 40 mil automóveis, caminhões e ônibus eletrificados e híbridos circulando nas ruas e estradas brasileiras, segundo o 1º Anuário Brasileiro da Mobilidade Elétrica, elaborado pela Plataforma Nacional de Mobilidade Elétrica (PNME). Um tímido número diante da frota total brasileira superior a 45 milhões de unidades, considerando apenas os últimos 20 anos, pelo acompanhamento da Anfavea.

A posição tende a permanecer acanhada, por inúmeras dificuldades, quando comparada a outros países. Projeções do Boston Consulting Group atestam que até 2030 a venda de veículos elétricos no Brasil deverá representar apenas 10% do total. Nos Estados Unidos chegará a 79%, na União Europeia 88% e na China 96% das vendas, confirmando que o mundo caminha na direção das soluções elétricas em se tratando de mobilidade.

O fato é que o futuro é colaborativo e passa pela adoção de compromissos focados nas questões ambientais, sociais e de governança (ESG), única alternativa para o alcance de nossos propósitos e princípios, enquanto organizações. Estamos convictos disto. Nas Empresas Randon, nos alinhamos aos Objetivos de Desenvolvimento Sustentável da Organização das Nações Unidas (ONU). Nos comprometemos, agora publicamente, a reduzir 40% da emissão de gases de efeito estufa até 2030 e zerar a disposição de resíduos em aterro industrial e no lançamento de efluentes até 2025.

Com vasta extensão e diferenciais em clima e solo, o Brasil pode se destacar no cenário mundial utilizando, com inteligência e em favor da vida, a abundância de sol, vento e água disponíveis na natureza. Recursos que podem ser transformados em energia renovável e limpa. Sem mencionar o uso da tecnologia brasileira, o etanol, como combustível e como fonte de hidrogênio para as células de combustível – fuel cell.

Cientes da importância econômica e social do setor do transporte, precisamos de ação rumo à neutralidade climática, fator determinante para o futuro de um planeta sustentável.

Aqui, a opinião expressa é de Daniel Random, e não do jornal "Gaúcha ZH".

> – Ok! Em termos de conteúdo expresso, um artigo de opinião e um editorial poderiam ser idênticos; o que os diferencia é o fato de um ser *individual* e de o outro ser *institucional*; de um ter a *assinatura de uma pessoa* e de o outro ter a *assinatura de um veículo.*

Perfeito! Uma salva de palmas para você!

1.6. Gênero publicitário

Os textos publicitários podem ser veiculados impressos ou nos mais variados meios de comunicação, como rádio, televisão, cinema, internet.

Se eu perguntasse a você para que serve um texto publicitário, o que você me responderia?

> – Para vender um produto?

Muitas vezes sim. Na maioria das vezes, sim.

> – Se é "muitas vezes" ou na "maioria das vezes", já deu para perceber que não é em todas as vezes...

Isso! ☺

Na verdade, a publicidade visa à adesão do público a algo, mas esse algo pode ser um produto (que foi o que você citou na resposta), um serviço ou uma ideia.

> – Então não errei, só que a resposta correta é um pouquinho mais ampla do que aquela que eu dei...

Sim. Além disso, há uma *divisão* de conceitos: a publicidade pode ser comercial ou institucional.

a) Publicidade comercial:

A publicidade comercial tem a intenção expressa de persuadir o público-alvo a adquirir um produto ou serviço, por meio de uma série de técnicas e estratégias que visam a esse fim.

– Na publicidade comercial, o que se quer é vender um produto ou serviço? Minha resposta anterior foi quase perfeita para a publicidade comercial...

Exato! Quando se propagandeia um veículo, o que se pretende é fazer com que o público sinta o desejo de comprá-lo e, mais do que isso, efetivamente o compre. O mesmo ocorre com o anúncio de um telefone celular, de um produto de limpeza, de uma bebida. Quer alguns exemplos?

– Exemplo sempre ajuda...

Concordo. Vamos a eles.

+ "Hyundai Azera: testado e aprovado também pelo "The New York Times."
+ "O iPhone 6 não é só maior. Ele é grande em todos os sentidos. Maior, porém mais fino. Mais poderoso, mas com consumo de energia menor. É uma nova geração de iPhone."
+ "Omo Lavagem Perfeita: remove manchas, cuida das roupas, não deixa resíduos. Mais poderoso. Rende muito."
+ "Jack Daniel's: esse presente não vem do Polo Norte, vem do Tennessee. Boas festas."

Ficou bem claro que, em todos os exemplos anteriores, o anúncio publicitário pretende que o receptor da mensagem *compre* um Azera, *compre* um iPhone 6, *compre* um Omo, *compre* um Jack Daniel's?

– Ficou, professor!

Alegria imensa! Nos quatro exemplos, a *venda* diz respeito a um produto. Somos, entretanto, diariamente "bombardeados" pela venda de serviços.

– Exemplifique, professor...

É claro que sim!

+ "Colégio São Miguel Arcanjo: educação de excelência para grandes conquistas. Projeto pedagógico moderno e inovador."
+ "Unimed: para cada história, para todas as fases da vida, existe um serviço Unimed. Centro de integração à saúde, laboratório Unimed, Hospital Unimed, Serviço de Medicina Preventiva".

Há venda nos anúncios do colégio São Miguel Arcanjo e da Unimed?

– Certamente...

Concordo. Agora pergunto: é palpável o que esses anúncios vendem? São produtos?

– Não: são serviços.

Uma salva de palmas para você. Está se vendendo o *serviço* da educação, no primeiro caso, e o *serviço* de assistência médica, no segundo.

– Compreendidíssimo.

+ **Exemplo de Publicidade Comercial:**

Está clara a intenção da Lacta ao fazer o anúncio acima?

– Claríssima: vender um dos cinco produtos mostrados na parte de baixo...

Isso mesmo. Simples assim.

b) Publicidade institucional:

A publicidade institucional visa a alertar a população ou um segmento dela sobre questões de interesse social ou comunitário.

– Seria a "venda" de uma ideia?

Você fez um comentário ma-ra-vi-lho-so! Quando o governo lança uma campanha de prevenção a uma doença, por exemplo, o intuito é fazer com que as pessoas percebam a importância daquilo que é veiculado.

– A intenção é vender a *ideia* de proteção...

Lindo, lindo. Vejamos alguns exemplos.

- "Dengue mata: prevenir é uma responsabilidade de todos."
- "A vida é melhor sem AIDS. Proteja-se. Use sempre camisinha. Sem proteção, um resfriado passa, já a AIDS não."
- "Lugar de negro é no esporte e em todo lugar."

Nas três propagandas, o que temos é um alerta.

– Sim, um alerta sobre algo importante, inclusive.

Certamente. Quando uma instituição se presta a fazer determinada publicidade, o assunto tende a ser de interesse geral.

– Como o senhor diz, tranquilo e sereno.

- **Exemplo de Publicidade Institucional:**

Neste exemplo, não há um destinatário individual daquilo que é veiculado: a ideia é alertar a sociedade como um todo sobre a violência sexual contra crianças e adolescentes.

– Ótimo!

1.7. Charge

A charge é um estilo de ilustração que tem por fim satirizar algo ou alguém, sempre em função de um acontecimento ou atual ou diretamente relacionado à atualidade.

– É um quadrinho só? E há sempre imagem e texto?

Resposta à primeira pergunta: é sempre um quadrinho apenas. Agora, resposta à segunda pergunta: pode haver mistura de linguagem verbal e não verbal ou uso apenas de linguagem não verbal.

– Por "linguagem não verbal" aqui posso compreender que estamos falando de desenho?

Exatamente: pode ser *apenas* um desenho ou um desenho *acompanhado* por texto.

– Ok.

+ **Exemplo de charge:**

Primeiro, tentemos observar o que está objetivamente colocado na charge. O conteúdo simbólico expresso por ela é tão claro que talvez seja difícil nos atermos apenas àquilo que está *de fato* desenhado. Mas tentemos. O que há no desenho?

– Uma menina triste sentada em uma cadeira, um globo terrestre enfaixado, um frasco de remédios.

Exato. Estes são os elementos objetivos colocados no desenho. No entanto, sabemos que seria inócuo enfaixar um globo terrestre ou mesmo medicá-lo, concorda?

– Completamente.

Como dito antes, a charge é uma sátira, é uma caricatura de algo, com finalidade crítica. E este é o viés pelo qual esta e qualquer outra charge deve ser analisada. Fica fácil perceber que há um conteúdo simbólico e bastante crítico sendo posto em primeiro plano.

– Professor, para minha e sua alegria, percebo a crítica presente.

Ótimo. O que temos na charge é, por um viés lúdico, uma forte crítica: Mafalda, triste, enfaixou o globo e o acaricia. Isto quer dizer que ela sabe que o mundo está doente, e tenta de algum modo cuidar dele.

– É *fofo* e ao mesmo tempo é forte...

Concordo com você. E é justamente por isso que esta charge é tão boa.

1.8. Quadrinhos

O gênero quadrinhos é uma narrativa visual, composta por dois ou mais quadros, em que há uma história contada, com início, meio e fim, via de regra com a mistura de desenhos e diálogos.

– É, então, em alguma medida, uma narrativa?

É completamente uma narrativa. Mesmo que não exista linguagem verbal, as imagens irão encarregar-se de promover o avanço da narrativa. De modo geral, os quadrinhos promovem, ao final, uma quebra de expectativa. Assim, o seu sentido somente é complementado no último quadrinho.

– Mais ou menos como em uma piada?

Mais ou menos por aí. No entanto, o humor das tirinhas costuma ser mais refinado.

+ **Exemplo de Quadrinhos:**

No primeiro quadro da tirinha, Mafalda, que é uma criança, encontra outra criança muito, muito, muito pequenina, e pergunta a ela qual é o seu nome. Poderia se tratar de um acontecimento trivial, comum, se não houvesse o segundo quadrinho, no qual, supreendentemente, a pequena responde que se chama "liberdade".

– É neste momento que o caráter simbólico e crítico, mais uma vez, se torna claro...

Perfeito! Aquilo que poderia ser apenas um diálogo entre duas crianças mostra-se uma crítica do autor da tirinha acerca da falta de liberdade.

– Completamente compreendido, profe.

Excelente.

1.9. Fábula

A fábula é um gênero textual destinado inicialmente ao público infantil com características bastante particulares, motivo pelo qual é fácil a reconhecermos, caso nos deparemos com uma.

– O fato de não ser difícil de reconhecer uma fábula é uma notícia boa, professor...

Sem dúvida. Vamos às características essenciais deste gênero.

A fábula é geralmente uma narrativa breve, curta, que pode ser composta tanto em prosa (ou seja, em "texto corrido") quanto em versos (aquele tipo de texto em que há uma "quebra de linhas", com cada nova linha constituindo um novo verso).

– Textinho curto em prosa ou em verso. Até aqui, é só isso...

Exato! ☺

Os protagonistas de uma fábula são animais, vegetais ou minerais falantes. Esses seres apresentam características humanas e servem basicamente para apresentar uma história de caráter moralizante, da qual se tire uma conclusão ético-moral.

– Caráter moralizante? Conclusão ético-moral?

Isso mesmo. Pode manter a calma, que tudo vai ficar muito claro. A ideia da fábula é sempre representar algo que tenha uma "moral da história", sabe? Isto quer dizer que, a partir da narrativa apresentada, é veiculado um caráter moral, uma conclusão ética que quem escuta ou lê a fábula deve (ou deveria) assimilar.

– Então é um gênero textual que serve para que se *aprenda* alguma coisa...

Exatamente. E a tal "moral da história" pode ficar a cargo do próprio leitor, quando ela não vem "dita" ao fim do texto, ou pode ser *explicitada* pelo autor. Vamos a um exemplo?

– Com certeza!

Ótimo. Segue abaixo uma fábula de Esopo, talvez o mais célebre autor de fábulas da história:

+ **Exemplo:** "A tartaruga e a lebre", de Esopo.

"Uma tartaruga e uma lebre queriam disputar para ver quem era mais veloz. Então, fixaram um tempo e um percurso e deram a largada. A lebre, ligeira por natureza, encarou a corrida com displicência e, deitando-se à margem do caminho, adormeceu. E a tartaruga, consciente da sua própria lentidão, não parou de correr. Assim, ultrapassou a lebre, que ficou dormindo, e alcançou o prêmio da vitória.
Moral da história: A fábula mostra que muitas vezes o esforço vence uma natureza relapsa."

Percebeu?

– O quê?

Que todas as características da qual falamos estão presentes na fábula "A tartaruga e a lebre"?

– Ah, percebo sim!

Maravilha! A história é protagonizada por animais falantes e tem um claro ensinamento ético-moral: por meio da história da tartaruga e da lebre, o que se pretende é que o leitor aprenda que "muitas vezes o esforço vence uma natureza relapsa". Ou seja: ser esforçado é uma virtude que deve ser salientada no texto e buscada na vida.

– Compreendido!

1.10. Poema

O poema é uma composição literária que tem, como característica essencial, ser dividido em versos.

– O senhor se importa de dar uma relembrada em relação a que seria um verso, professor?

Mas é claro que não me importo! Estamos aqui para isso. O verso nada mais é do que cada uma das linhas de um poema.

– Só isso? Um verso = uma linha do poema? Então, se o poema tiver 10 linhas, é porque tem 10 versos; se tiver 30 linhas, é porque tem 30 versos; e assim por diante?

Isso mesmo! Na esteira da definição do que seja um verso, convém também saber o que é uma estrofe.

– Acho que lembro: uma estrofe não é um conjunto de versos?

Mas que beleza: lembrança perfeita! O verso é cada uma das linhas do poema. E cada conjunto de versos forma uma estrofe. Vamos a um primeiro exemplo para deixar tudo mais claro.

+ **"Presságio", de Fernando Pessoa**

O amor quando se revela,
Não se sabe revelar.

Sabe bem olhar p'ra ela,
Mas não lhe sabe falar.

Quem quer dizer o que sente
Não sabe o que há de dizer.
Fala: parece que mente...
Cala: parece esquecer...

Ah, mas se ela adivinhasse,
Se pudesse ouvir o olhar,
E se um olhar lhe bastasse
P'ra saber que a estão a amar!

Mas quem sente muito, cala;
Quem quer dizer quanto sente
Fica sem alma nem fala,
Fica só, inteiramente!

Mas se isto puder contar-lhe
O que não lhe ouso contar,
Já não terei que falar-lhe
Porque lhe estou a falar.

– Que poema mais bonitinho, professor!

Também acho muito, muito, muito fofo! Em termos interpretativos, é um poema de fácil leitura: fala sobre a descoberta do amor e sobre a dificuldade de comunicar esse sentimento à pessoa amada, temática universal por excelência, pois não há quem não se identifique com ela. ☺

Agora vamos às questões técnicas que estamos estudando: quantos versos e quantas estrofes há no poema "Presságio", que lemos há pouco?

– O poema apresenta 20 versos, divididos em 5 estrofes de 4 versos cada uma.

Perfeito! É um poema com 20 linhas; portanto, tem 20 versos. Estes 20 versos estão agrupados de 4 em 4, ao longo de 5 estrofes de mesma extensão. Ou seja, você entendeu perfeitamente.

– Fico feliz de ter entendi!

Eu também! Por você, que entendeu, e por mim, que me fiz entender! ☺

Os versos de um podem apresentar ou não rima.

– E "rima" é o que exatamente?

Rima é a semelhança ou igualdade sonora entre palavras que se encontram no final dos versos. Por exemplo: "canto" rima com "pranto"; "amor" rima com "sabor"; "pensamento" rima com "momento"; e assim por diante.

– Certo! Não é difícil não...

Não é. Quando os versos apresentam rimas entre si, eles são chamados de versos rimados. Vamos a um exemplo extraído do poema "Soneto de fidelidade", de Vinicius de Moraes:

\+ De tudo ao meu amor serei at**ento**,
Antes e com tal zelo e sempre e ta**nto**,
Que mesmo em face do maior enc**anto**,
Dele se encante mais meu pensam**ento**.

Você percebe?

– Acho que percebo: o primeiro verso rima com o quarto, e o segundo verso rima com o terceiro.

Justamente! Nós dizemos que nesta estrofe existe um esquema de rimas "ABBA", que quer dizer exatamente o que você afirmou: o primeiro verso (terminação "A" = "-ento") rima com o quarto (terminação "A" = "-ento"); e o segundo verso (terminação "B" = "-anto" rima com o terceiro (terminação "B" = "-anto). Entendeu bem?

– Entendi sim. Tudo certinho até aqui.

Ótimo. ☺

Quando os versos do poema não rimam entre si, eles são chamados de versos "brancos".

– "Brancos"?

Isso mesmo! Versos brancos são aqueles que não rimam entre si. Vamos a um exemplo de um trecho do famoso "Poema de sete faces", de Carlos Drummond de Andrade.

Quando nasci, um anjo torto
Desses que vivem na sombra
Disse: Vai, Carlos! Ser gauche na vida.

As casas espiam os homens
Que correm atrás de mulheres
A tarde talvez fosse azul
Não houvesse tantos desejos.

O bonde passa cheio de pernas
Pernas brancas pretas amarelas
Para que tanta perna, meu Deus, pergunta meu coração
Porém meus olhos
Não perguntam nada.
(...)

Você deve perceber que, embora dividido em versos e estrofes, o poema acima não apresenta rima.

– Percebo, sim.

Maravilha! Dizemos, portanto, que o trecho acima apresenta 12 versos (12 linhas), divididos em três estrofes que apresentam, respectivamente, 3, 4 e 5 versos cada uma. Como os versos não são rimados, dizemos que eles são versos brancos.

Ao longo da história, houve muitas formas poéticas que apresentavam estrutura formal fixa: "trova", "rondó", "balada", "haikai" e muitas outras.

– E eu vou ter de saber qual a estrutura de cada uma delas, professor?

Não! ☺

Como o propósito do livro não é fazer um estudo aprofundado das formas poéticas, vou querer que você saiba a estrutura de apenas uma dessas estruturas: o soneto.

– Professor, já ouvi muitas vezes falar em "soneto" na minha vida, mas não saberia dizer exatamente do que se trata...

Soneto é uma forma poética fixa que consiste em 14 versos, divididos em dois quartetos iniciais (duas estrofes de quatro versos) e dois tercetos finais (duas estrofes de três versos). Em outras palavras, é um poema que apresenta quatro estrofes, que têm a seguinte distribuição de versos: 4, 4,

3, 3. Vamos a um exemplo que sempre ajuda. O soneto abaixo é de autoria de Luís de Camões.

> Amor é fogo que arde sem se ver;
> É ferida que dói, e não se sente;
> É um contentamento descontente;
> É dor que desatina sem doer.
>
> É um não querer mais que bem querer;
> É um andar solitário entre a gente;
> É nunca contentar-se de contente;
> É um cuidar que se ganha em se perder.
>
> É querer estar preso por vontade;
> É servir a quem vence, o vencedor;
> É ter com quem nos mata, lealdade.
>
> Mas como causar pode seu favor
> Nos corações humanos amizade,
> Se tão contrário a si é o mesmo Amor?

Viu que tudo o que comentamos está aí?

– Vi, sim: são quatorze versos, com dois quartetos e dois tercetos.

Exatamente. De todas as formas poéticas, a única de que quero que você se lembre na ponta da língua é essa, porque ela pode ser citada.

– Certo, professor! Não esqueço mais!

Ótimo!

CAPÍTULO 49

Níveis de vocabulário

Você saberia me explicar, com precisão, o que é "vocabulário"?

> – Olhe, professor, a simples presença de "com precisão" na sua pergunta já acaba com qualquer resquício de confiança que eu pudesse ter na resposta...

Tente.

> – Seria o vocabulário as palavras que uma pessoa usa, ou domina, ou conhece, ou algo desse tipo?

Sim! Este é o caminho. Mas o termo é um pouco mais amplo. No dicionário "Pequeno dicionário Houaiss da língua portuguesa", há as seguintes definições:

- "**1** conjunto de vocábulos de uma língua **2** esse conjunto com suas definições; dicionário **3** conjunto de termos de dado campo do conhecimento ou atividade, com ou sem definições; glossário **4** conjunto de vocábulos conhecidos ou utilizados por alguém."

> – Quando se fala em vocabulário, portanto, pode-se estar falando de muitas coisas distintas que, embora parecidas, não são iguais...

Justamente! Vamos a exemplos de cada uma das definições acima.

- "O **vocabulário** da língua portuguesa é muito amplo." (definição 1)
- "No minidicionário que comprei, há um **vocabulário** expressivo." (definição 2)
- "O **vocabulário** médico é muitas vezes inacessível aos leigos." (definição 3)
- "João tem um **vocabulário** muito pequeno; ele precisaria ler mais." (definição 4)

Você percebe que, a cada frase, o termo destacado tem alguma variação de sentido?

– Com absoluta clareza. Na primeira definição, vocabulário é toda e qualquer palavra que exista. Na segunda, são os termos que estão em um dicionário e as suas explicações. Na terceira, são as palavras de uma área específica (Medicina, Direito, Arquitetura, Engenharia, etc.). Na quarta, são as palavras que uma pessoa efetivamente domina.

Ótimo: é isso, exatamente isso. Nas provas, somos, em muitas questões, testados pelo vocabulário que dominamos. É a definição "4" das que vimos anteriormente.

– Pois então, professor: sem o *Google* para pesquisar, sem um dicionário por perto, diante de uma prova, com a autoestima completamente despedaçada, meu vocabulário, que já é curto, esvai-se de vez...

Concordo com tudo, sobretudo com a miserável autoestima de quem é exposto a provas constantemente. Escrevo este capítulo, no entanto, para que você saiba que, via de regra, domina o vocabulário suficiente para as questões de prova.

– O senhor não me conhece...

Ah, eu conheço. Por isso, digo e repito: confie no seu vocabulário, porque, se bem-utilizado, ele é capaz de fazer você acertar questões. Acredite em mim.

– Vou tentar...

Vai tentar e vai conseguir. Vamos conversar um pouco sobre os níveis de vocabulário.

1. NÍVEIS DE VOCABULÁRIO

Você acreditaria se eu dissesse que todo ser humano alfabetizado domina pelo menos quatro níveis de vocabulário?

– Olhe, professor: eu sou uma pessoa que já se atrapalha com o único vocabulário que conhece. Então, tenderia a não acreditar nessa sua afirmação...

Certo. Eu já esperava por isso, mas reafirmo: temos quatro níveis de vocabulário: o de escrita, o de fala, o de leitura e o de contato.

– Eu tenho certeza de que o senhor vai explicar melhor e exemplificar tim-tim por tim-tim cada um deles. Não vai?

Vou sim. Vamos ao detalhamento.

a) **Vocabulário de fala**

É o menor dos nossos vocabulários.

– Como assim "o menor"?

É aquele que compreende menor quantidade de palavras, o mais reduzido de todos em termos de quantidade.

– Quer dizer que eu acabo não só de descobrir que tenho quatro tipos ou níveis de vocabulário, mas também que eles são maiores ou menores um em relação ao outro?

Exatamente isso. ☺

O vocabulário de fala é aquele que usamos nas conversas cotidianas, no nosso dia a dia. Devido à informalidade que costuma dominar esse tipo de comunicação e ao fato de não estarmos sendo *tão* avaliados pelo outro, costumamos repetir várias vezes uma palavra sem maiores preocupações de substituí-la por outra.

– Professor, repetição de palavra é comigo mesmo!

Não se preocupe: isso acontece com você, comigo e com todas as pessoas normais (se é que alguma pessoa é bem, bem, bem normal). Você concorda comigo que a fala abaixo seria 100% possível e aceitável em uma situação de conversa?

"Eu não deveria ter falado com ela, **mas** falei. **Mas** hoje, se você me perguntasse, eu diria que não deveria. **Mas** não tive esse controle no dia. Falei? Falei. **Mas** me arrependo? Me arrependo."

– Sim, profe, seria uma fala bastante possível.

Nela, a conjunção "MAS" é usada quatro vezes, em um trecho curtíssimo de texto. Isso seria talvez mais grave devido ao fato de haver muitas palavras disponíveis na língua portuguesa capazes de substituir aquela que foi usada em excesso. Tudo perfeito até este ponto?

– Tudo perfeito! Na hora de constatar o erro, entendo tudo e enxergo tudo, até porque me identifico! Quando chega o momento de *consertar* o erro, aí é que o bicho pega...

Relaxe. Até aqui, não há acerto nem erro. Neste primeiro momento, o que estamos fazendo é simplesmente verificar algo que ocorre, que é assim, ou seja: estamos analisando algo que é somente passível de *constatação*.

É incomum (e talvez fosse até inadequado) ficarmos, durante a fala, procurando sinônimos para certas palavras. Isso certamente *truncaria* a comunicação. Imagine o mesmo discurso acima com as alterações propostas.

+ "Eu não deveria ter falado com ela, **mas** falei. **No entanto** hoje, se você me perguntasse, eu diria que não deveria. **Todavia**, não tive esse controle no dia. Falei? Falei. **Contudo**, me arrependo? Me arrependo."

O que você acharia?

– Eu acharia estranho e um pouco forçado...

Concordamos plenamente: na fala, no discurso coloquial, as substituições não fariam sentido. Tornariam, inclusive, a conversa pouco espontânea.

– Exatamente.

Ótimo.

b) Vocabulário de escrita

O vocabulário de escrita é o segundo nível vocabular que estudaremos. Ele é maior do que o de fala, estudado há pouco.

– Isso se deve ao fato de, quando escrevemos um texto, tentarmos (mesmo que não consigamos) não repetir de modo desnecessário ou excessivo uma palavra...

Isso mesmo! Quando vamos escrever uma redação em um concurso ou no vestibular, ficamos tensos por vários motivos: medo de fugir do tema solicitado, medo de ter argumentos ruins, medo de o texto ser avaliado por um corretor que esteja em um mau dia...

– "Medo" é palavra que sempre se aplica adequadamente a mim, professor, ainda mais na hora de escrever uma redação...

Ah, eu sei disso, e sei muito bem. Há, no entanto, quando nos pomos a escrever uma dissertação, um medo mais básico que talvez nem percebamos: ao redigir um texto, temos de *simular* um vocabulário ao qual não estamos assim tão acostumados, porque jamais o usaríamos na fala, concorda?

– Plenamente!

Pois então! Escrevemos palavras que não falaríamos. Um exemplo seria a conjunção adversativa "todavia", que foi usada em um exemplo anterior; ela é comum na escrita, mas raríssima na fala:

+ "O país enfrenta problemas políticos; **todavia**, eles não são responsabilidade somente dos gestores públicos."

Você escreveria "todavia"?

– Talvez sim.

E você usaria essa palavra em uma fala do dia a dia?

– É certo, mas certo mesmo, que não.

Eu concordo. O mesmo acontece com muitas, muitas, muitas palavras, bastante usuais em textos escritos, mas quase completamente ausentes da linguagem falada: "conquanto", "porquanto", "posto que" e muitas outras, para ficarmos apenas nas conjunções. Entendeu a linha de raciocínio?

– Entendi bem.

Excelente! Então, sigamos.

c) Vocabulário de leitura

Um terceiro nível de vocabulário engloba aquelas palavras que, caso lidas em um texto, seriam compreendidas pelo leitor, mas não seriam utilizadas por ele nem na fala nem na escrita.

– E imagino, pelo avanço dos tópicos, que este vocabulário seja ainda maior do que os anteriores...

Exato! Ao lermos um texto, há palavras que entendemos e sabemos o que significam, mesmo que jamais a usemos na fala ou a escrevamos.

+ "A faca deixou alguns **sulcos** na tábua de madeira."

Você sabe o que são "sulcos"?

– Uma marca, suponho...

Isso: é "marca estreita e mais ou menos profunda; ranhura". Não haveria, certamente, dúvidas aqui, mas creio que a palavra não seria usada pela maioria de nós, nem mesmo na escrita. Vamos a outro exemplo.

+ "O rapaz permanecia **teso** sob as cobertas, sem mover-se."

Saberíamos o que é "teso"?

– Duro?

Isso: é "imóvel, parado, duro". Sabemos que a palavra existe, tendemos a compreender o significado que ela tem, mas não a usamos. Ainda assim, de algum modo, ela *está* no nosso vocabulário, em algum deles.

– Compreendi.

Fico muito, muito feliz de saber!

d) Vocabulário de contato

O vocabulário de contato é aquele que abrange palavras já lidas ou ouvidas por nós, mas cujo sentido exato não dominamos. Ainda assim, conseguimos colocá-las em um determinado campo semântico, ou seja, por aproximação, sabemos *mais ou menos* o que ela significa.

+ "Apresentava grande **parcimônia** na condução dos negócios da família."

É bastante possível que você já tenha ouvido essa palavra.

– É. É possível.

Igualmente, há grande chance de você não saber bem o que ela significa.

– Sem dúvida, essa chance é imensa.

Pois então: estamos diante de um dos termos que fazem parte do nosso vocabulário de contato. "Parcimônia" significa "ação ou hábito de fazer economia; moderação". Ou seja, o que se afirmou é que a pessoa conduzia os negócios da família com responsabilidade.

– Perfeito.

+ "O céu plúmbeo prenunciava aquilo que os fazendeiros já esperavam há bastante tempo: a chuva."

– Plúmbeo?

Isso.

– Creio que não trabalhamos com essa palavra...

Mas é possível que ela já tenha sido escutada. E, mesmo que não seja o caso, você deve, pelo contexto, imaginar o que ela significa.

– Talvez sim. Mas não posso garantir.

Ótimo: "talvez sim" não é uma resposta de todo má. "Plúmbeo" é "o que é relativo ao chumbo ou tem a sua cor". Ou seja, é algo cinza-escuro. Como quando dizemos que havia um "céu de chumbo".

Compreendido?

– Bem compreendido.

Maravilha.

2. O VOCABULÁRIO EXIGIDO EM AVALIAÇÕES

Pensemos juntos: em uma prova, dificilmente vai ser cobrado de maneira mais específica nosso domínio acerca de algum termo pertencente ao vocabulário de fala ou ao de escrita. Eles são importantes, sem dúvida; podem até mesmo aparecer em algumas questões, como naquelas em que se pede a substituição de uma conjunção por outra ("embora" por "ainda que", "portanto" por "logo", etc.).

– Essas questões são importantes, mas são relativamente tranquilas...

Sim, são importantíssimas. E são mesmo acessíveis, pois tratam de elementos que acessamos sem maiores dificuldades. Entretanto, nas questões especificamente de vocabulário, que exigem a substituição direta de um termo por outro ou a reescrita de uma frase que mantenha o seu sentido original, mas com a troca de algumas palavras, somos obrigados a recorrer aos nossos vocabulários de leitura ou mesmo de contato.

– E é justamente nesta exata situação que a porca torce o rabo, professor, ou que a vaca vai pro brejo, com o perdão das palavras utilizadas...

A porca *torcia* o rabo; a vaca *ia* pro brejo: agora isso não ocorrerá mais. Você tem de botar na sua cabeça que, quando se usa uma palavra que você não falaria nem escreveria, não necessariamente se está usando uma palavra *ausente* do seu vocabulário. Na maioria das vezes, é uma palavra que está aí dentro da sua cabecinha, mas em algum lugar não tão facilmente acessável quanto os termos mais simples e usuais.

– Acho que o senhor confia demais no meu saber, professor...

Confio demais mesmo, mas não no sentido de "em excesso", e sim no sentido de "bastante". Digo isso principalmente porque, no momento da prova, não se vai cobrar o sentido de uma palavra que esteja escrita sozinha, solta em meio a uma página em branco: a palavra estará em uma frase; a frase tende a estar inserida em um parágrafo, em meio a outras frases. Ou seja: caso você não saiba com exatidão o sentido de uma palavra, você poderá encontrá-lo aproximativamente, observando o contexto e comparando as alternativas disponíveis.

– O senhor me dá a sua palavra de que não vai se pedir o sentido de uma palavra fora de um contexto?

Dou a minha palavra e dou sem medo! Pode confiar.

– Menos mal...

Sem dúvida!

CAPÍTULO 50

Figuras de linguagem

INTRODUÇÃO

As figuras de linguagem são diversos recursos empregados com a finalidade de gerar determinados efeitos na frase, que não seriam possíveis apenas pelo uso de uma linguagem literal e denotativa. Imaginemos que eu escreva o seguinte:

+ "Você é uma mala sem alça!"

O que eu estaria querendo dizer?

– Que a pessoa é chata.

Ou mais: que a pessoa é muito chata, muito mesmo. Mas a questão relevante é a seguinte: sabemos que a pessoa não é, literalmente, uma "mala sem alça". O que está fazendo é utilizar um recurso expressivo que comunica com ainda mais força do que se eu escrevesse, apenas "você é uma pessoa chata", percebe isso?

– Percebo, sim. E na frase original há uma figura de linguagem, isso?

Exatamente. Lançamos mão de uma linguagem figurada (também podemos dizer que as figuras de linguagem são, via de regra, diferentes modalidades de linguagem figurada) para dar maior expressividade ao texto. No cotidiano, usamos estas figuras sem nem nos darmos conta:

+ "Você está agindo como um louco."
+ "Ela é a santa do pau oco."
+ "Eu já falei isso mais de mil vezes."

– Em todas as frases acima há figuras de linguagem?

Em todas. Foram usadas, respectivamente, uma comparação, uma metáfora e uma hipérbole. Mas não se assuste que agora estudaremos, calmamente, uma a uma dessas figuras.

1. FIGURAS DE PALAVRAS

Nas figuras de *palavras*, o que ocorre é uma ampliação ou uma alteração do sentido das palavras em um novo contexto de uso. Trata-se, portanto, de dar a uma palavra ou expressão uma carga semântica diversa da que ela normalmente expressaria.

1.1. Perífrase (antonomásia ou circunlóquio)

Consiste na substituição de um termo ou de uma expressão curta por uma expressão mais longa que transmite a mesma ideia. Como eu poderia aludir a Pelé sem usar essa palavra nem Edson Arantes do Nascimento?

– O "rei do futebol".

Nota? Se eu falasse "rei do futebol", você saberia que estou falando do Pelé. Essa é uma perífrase quase universalmente conhecida. Trata-se de uma figura de linguagem que é muito comumente usada para substituir nomes de personalidades muito conhecidas em razão de algo particular. Você saberia me dizer quem é a "rainha dos baixinhos"?

– A Xuxa...

Sim, e mesmo quem não era nem nascido quando ela trabalhava com os baixinhos sabe... Outros exemplos:

- "O poeta dos escravos faleceu aos 24 anos de idade." (Castro Alves)
- "A terra da garoa concentra boa parte do Produto Interno Bruto nacional." (São Paulo)

– Perfeito.

1.2. Catacrese

Consiste no uso de uma palavra com um sentido diferente do literal para suprir a falta de um termo adequado. Geralmente, por força do uso, costuma não se perceber que se trata de um empréstimo.

- "O bico da chaleira estava fervendo."

Você saberia que outro termo poderia significar a mesma coisa?

– Nem ideia, profe... Qual?

Nem ideia também! Quase se poderia dizer que esse é "o nome" disso, por não haver termo melhor. Entende? É importante notar que não se trata de usar um termo mais coloquial para algo que pode ser designado por um termo amplamente conhecido. Catacrese é quando *a coisa* se transforma nesse termo emprestado.

+ "Todos notaram a vermelhidão da maçã do rosto de Ana."

Se não estou enganado, o nome mais técnico da maçã do rosto é "seio maxilar", mas, cá entre nós, é termo que ninguém usa.

– "Ana estava com o seio maxilar vermelho" ficaria estranhíssimo...

Concordo. Por isso o uso da figura.

1.3. Comparação (símile)

Consiste no estabelecimento de uma relação de aproximação, de comparação explícita entre palavras, marcada pela presença de uma conjunção comparativa ou de um termo que explicite essa comparação.

+ "Aquela cidade é como um oásis em meio a um deserto."

– Mas qual é a chave para a identificação da comparação?

O nexo comparativo, a conjunção comparativa. Quando fazemos uma comparação, reconhecemos que uma coisa não é outra, mas aproxima-se dela por algum motivo.

– E é obrigatório o nexo comparativo?

Cem por cento. Tem de ter "como", "tal qual", o coloquial "que nem", e por aí vai.

+ "Ela sempre agiu tal qual uma criança nessas situações."

– Ok.

1.4. Metáfora

Eis a "mãe" de todas as outras figuras de linguagem, a mais importante, aquela que está para as figuras de linguagem como Madonna para a música pop ou Marilia Mendonça para o sertanejo.

– Ah, o senhor ouve Marília Mendonça... Vira e mexe cita a moça...

Não muito, mas não há com fugir. ☺

Voltemos à metáfora. Consiste em uma aproximação comparativa entre dois termos, mas sem a presença da conjunção que explicita essa comparação.

Grosseiramente, podemos dizer que a metáfora é a comparação sem o "COMO" ou outro elemento que estabeleça a comparação. A metáfora ocorre quando *uma coisa é transformada em outra*, sem nexo comparativo ou conjunção comparativa.

+ "Ela é uma rainha: ama ser servida."

Percebe que ela não é exigente *como* uma rainha, arrogante *como* uma rainha? O que se está dizendo é que ela *é* uma rainha.

– Sim, ela é a própria rainha, ela tem o rei na barriga...

E aí já veio outra metáfora: "tem o rei na barriga". Se fosse comparação, seria "como se tivesse um rei na barriga", notou?

– Sim, professor!

O que é mais potente em termos de recurso expressivo, a comparação ou a metáfora?

– A metáfora!

E por quê?

– Aí eu não sei...

Porque uma metáfora transforma uma coisa em outra, o que aumenta em muito a capacidade expressiva da figura.

+ "Meu pensamento é um mar agitado e revolto."

Nota? Meu pensamento não é *como se fosse* um mar agitado e revolto; ele *é o próprio* mar agitado e revolto.

– Noto, sim. Excelente.

1.5. Metonímia

Consiste no uso de uma palavra em lugar de outra com a qual ela tem uma relação de semelhança. Entre as palavras deve haver uma associação de ideias facilmente perceptível.

– Professor, eu me embanano com a diferença entre metáfora e metonímia...

Vamos lá: uma metáfora transforma uma coisa em outra, como acabamos de ver. Já a metonímia consiste em usar um termo em lugar de outro, por uma relação de contiguidade, de proximidade, de semelhança. *É uma figura relacionada à substituição.* Guarde isso.

– Vamos ver nos exemplos se fica bem claro...

Vamos! As substituições de um termo pelo outro podem se dar de várias diferentes formas:

a) Autor pela obra:

+ "Adoro escutar Caetano Veloso."

Nesta frase, o que eu gosto de ouvir não é propriamente Caetano Veloso, e sim o quê?

– As músicas de Caetano Veloso...

Sim. Quer outros exemplos?

– Sim, profe! Por mim eu bebo exemplos, eu como exemplos com farinha...

Pois então: sábia postura. O Português não se realiza sem exemplos. Vamos lá:

+ "Eu adoro ler Drummond." (= poemas de Drummond)
+ "Sempre gostei de Tarantino." (= filmes de Quentin Tarantino)

b) Marca pelo produto:

+ "Precisamos comprar bombril para ariar essa panela."

– Usar uma gilete para fazer a barba?

Sim! O produto seria lâmina de barbear. Gilete é a apropriação da marca. No caso de Bombril, trata-se da marca de uma lã de aço. Entretanto, devido à força da marca, a palavra passou a designar qualquer lã de aço.

– Ok.

c) Continente pelo conteúdo:

- "João ama cerveja: bebeu duas garrafas apenas no jantar".

– Ô, definiçãozinha difícil essa, hein?

Acho também: na verdade, trata-se de substituir o que é o próprio conteúdo, a substância, pelo continente, pelo entorno, por aquilo que o abriga, entende?

– Entendo...

Não se bebem duas garrafas. O que se bebe é o conteúdo de duas garrafas, seja do que for: cerveja, água, refrigerante, uísque.

– É como em "bebi um copo"?

Exato. E como em "comi um prato". Isso mesmo.

– Entendi bem.

d) Parte pelo todo:

– Pois então: eu achava que a metonímia era a figura de linguagem em que se substituía a parte pelo todo e só...

Pois é: essa talvez seja a mais comum definição de metonímia, e a mais simplificadora. Mas, como estamos vendo, de modo muito mais amplo, a metonímia é a figura de linguagem em que uma coisa é substituída por outra. Tranquilo?

– Acho que sim.

Então vamos aos exemplos:

- "O bonde passa cheio de pernas: / pernas brancas, pretas amarelas."

Você imagina, diante de uma frase como essa, extraída do "Poema de Sete Faces", do mineiro Carlos Drummond de Andrade, que ele estava diante de um bonde dentro do qual havia só pernas, separadas do resto do corpo?

– É claro que não, professor...

Sim, é claro que não: na verdade ele está substituindo o todo (pessoas) por uma parte (pernas), em um procedimento típico de metonímia. Lindo, não?

– Muito!

Outro exemplo seria o seguinte:

+ "O homem está cada vez mais solitário."

Nessa frase, não é "um homem", e sim a humanidade de modo geral, ou, pelo menos, muitos homens. Entende?

– Perfeito.

e) Objeto simbolizado pelo símbolo:

– Oi?

Calma, calma, "não priemos cânico"! Olhe a frase seguinte:

+ "Somente cadernos e canetas podem vencer as armas."

Como você a entenderia?

– Que somente por meio da educação é possível combater a violência.

Achou essa compreensão natural? Quero dizer: achou uma conclusão óbvia?

– Achei, sim.

Coisa boa, porque aí há uma metonímia agindo: substituiu-se o objeto simbolizado (nesse caso, "educação" e "violência") pelo símbolo ("cadernos e canetas" e "armas").

– Professor, estudando essas coisas "por dentro", eu as acho geniais...

E são mesmo! ☺

1.6. Sinestesia

Consiste na atribuição de estímulos a um dos sentidos que geralmente não seria o responsável por captá-lo. Mais amplamente, pode-se dizer que se trata da união de vários diferentes sentidos.

– E tome definição difícil...

Também acho. Na prática fica mais fácil:

uma cor é captada pela "visão"
↓
+ "Ela adorava roupas de cores quentes."
↑
uma temperatura é captada pelo "tato"

Notou?

– Talvez procurando, sim, mas, sem me perguntarem, não notaria que há uma sinestesia aí...

Mas há. Captamos que algo é quente, originalmente, por meio de qual dos cinco sentidos: audição, olfato, tato, paladar ou visão?

– Tato.

Justamente. Mas, quando se diz que uma cor é "quente", com qual dos sentidos a "quentura" da cor está sendo captada?

– Com a visão.

Ok, então acabou: eis a sinestesia. Trata-se, apenas, de misturar os sentidos de captação de estímulos. Vamos a outro exemplo:

uma voz é captada pela "audição"
↓
+ "Ele tem uma voz doce que costuma cativar os demais."
↑
"doçura" é captada pelo "paladar"

O estímulo "doce" deveria ser captado pelo paladar. No entanto, quando o que é classificado como dotado de "doçura" é a voz, está se fazendo com que esse estímulo seja captado com a audição. Há, mais uma vez, uma alteração da lógica no sentido de captação de um estímulo.

– Bacana.

Mesmo?

– Muito.

Agradecido. ☺

2. FIGURAS DE SOM

Nas figuras de *som* ou *fonéticas*, o que se explora é a sonoridade das palavras para que, por meio de efeitos fonéticos, aumente a carga comunicativa do discurso.

2.1. Aliteração

Consiste na repetição de sons consonantais, a fim de que sejam obtidos efeitos sonoros. Tais sons podem ser idênticos ou parecidos. Serve basicamente para marcar um ritmo ou intensificar, por alguma razão, o sentido do que está sendo dito.

+ Vozes veladas, veludosas vozes,
  Volúpias dos violões, vozes veladas,
  Vagam nos velhos vórtices velozes
  Dos ventos, vivas, vãs, vulcanizadas.

  ("Violões que choram", Cruz e Sousa)

Que se nota aqui?

– Que há muitas letras "V"...

E há que se deve esse recurso?

– Só estando na cabeça do Cruz e Sousa para saber...

Talvez sim, talvez não... Poesia é algo bastante subjetivo e altamente interpretativo, mas vamos tentar... Devido às "vozes", tantas vezes aludidas nesses quatro versos, talvez a repetição do fonema representado pela letra "V" tente representar um acúmulo de vozes, um vozerio...

– O senhor acha mesmo?

Acho, sim, mas estou falando em hipóteses. Talvez a ideia seja passar uma ideia de velocidade, como quando uma criança fala "vummm", com o som do "V"...

– Profe, o senhor é muito poético para o meu gosto...

Deus está vendo o fundo de deboche do seu comentário... ☺

Quer um exemplo mais "chão", mais claro? Eu dou. Agora vamos de Chico Buarque:

+ Rato
Que rói a roupa
Que rói a rapa do rei do morro
Que rói a roda do carro
Que rói o carro, que rói o ferro,
Que rói o barro, rói o morro,
Rato que rói o rato,
Ra-rato, ra-rato
Roto que ri do roto
Que rói o farrapo
Do esfarra-rapado
Que mete a ripa, arranca rabo
Rato ruim
Rato que rói a rosa
Rói o riso da moça
E ruma rua arriba
Em sua rota de rato

("Ode aos ratos", de Chico Buarque)

Pelamordedeus: notou?

– Apesar do deboche embutido na sua pergunta, ó benevolente professor, notei sim que o "R" se repete o tempo todo...

E por quê?

– Para representar a ação do rato que rói tudo que está ao alcance?

Exatamente! Orgulho é a palavra que define o que sinto neste momento.

– Viu? O senhor acha que só o senhor sabe interpretar poesia? Tome!

Oxe, calma! ☺

É isso mesmo!

2.2. Assonância

Consiste na repetição de sons vocálicos, também com a finalidade de se obterem efeitos sonoros. É muito menos cobrada que a aliteração como recurso estilístico, até pelo fato de as vogais serem apenas cinco, o que faz com que elas naturalmente se repitam bastante:

+ **Berro pelo aterro, pelo desterro**
Berro por seu berro, pelo seu erro
Quero que você ganhe, que você me apanhe
Sou o seu bezerro, gritando mamãe
("Qualquer coisa", de Caetano Veloso)

Nessa frase se misturam aliterações (muito mais facilmente perceptíveis) e assonâncias, que marquei em negrito.

– Sim. E tem de saber?

Como conceito, sim, mas a chance de ser figura cobrada em uma prova é pequena.

– Ótimo.

2.3. Paronomásia

Consiste na aproximação de palavras de sonoridades parecidas, mas de sentidos diferentes. Você conhece a música "Tocando em frente", de Almir Sater?

– Almir Sater?

O Saracura, ou Pirilampo, da dupla Pirilampo e Saracura de "O Rei do Gado", novela das oito?

– Professor, o senhor está ficando velho ou louco ou os dois...

Se você não conhece pare agora e vá escutar a música. Não é tão clássica quanto "Evidências", mas é uma música *necessária*. Segue abaixo um trechinho.

+ "Conhecer as manhas e as manhãs
O sabor das massas e das maçãs"

Enxergou? Manhas / manhãs; massas / maçãs?

– Enxerguei.

Então dê outro exemplo.

– Retificar erros e ratificar acertos.

Lindo! É isso mesmo essa figura!

2.4. Onomatopeia

A onomatopeia consiste na criação de palavras que tentem reproduzir sons do cotidiano.

– Tique-taque? Toc-toc?

Sim! Trata-se de uma palavra que tem a finalidade de reproduzir sons não reprodutíveis por meio das palavras já existentes que compõem o vocabulário da língua.

– E aí se não tem se inventa?

Isso, isso. Você já deve ter visto que criança usa muito esse recurso, de, em vez de palavras, usar onomatopeias:

+ "Um carro veio vindo, passou assim 'vuuuummmmm' e 'blumpt' no muro!"

Por que isso ocorre? Já pensou nisso?

– Na verdade não. Aliás, o senhor sempre me pergunta se eu já pensei numas coisas que nunca pensei.

Peço até desculpa. É um hábito meu: pensar, pensar, pensar até no que ninguém pensa. Minha tese: criança usa esse recurso porque sobra emoção e falta vocabulário, entende?

– Exemplifique...

Exige certo domínio linguístico dizer: "Um carro vinha por essa rua em alta velocidade e, quando o condutor tentou fazer a curva, perdeu o controle e chocou-se contra o muro". Então o que diz uma criança? A frase acima.

– Ah, isso é verdade...

Pois então: mesmo nós, adultos, às vezes, em vez de dizer que alguém deu uma bofetada em outra pessoa, dizemos o quê?

– Fulano foi lá e "plaft!" na cara do chefe!

Exatamente. E, em uma situação real de comunicação, não há ser humano que não entenda esse "plaft!" como uma bofetada. Ou seja, a capacidade expressiva da onomatopeia é imensa.

– Perfeito!

3. FIGURAS DE SINTAXE

Nas figuras de *sintaxe* ou de *construção*, o que se faz é a alteração de algum dado estrutural comum da frase. Pode ocorrer a supressão de um termo, a repetição, a alteração da ordem dos termos, como sempre visando a um maior efeito comunicativo.

3.1. Assíndeto

Consiste na omissão dos conectivos entre as palavras, expressões e orações. Lembra o que é "síndeto"?

– Conjunção.

Isso. E o que significa o prefixo "a-"?

– Ausência?

Isso. Aí fica óbvio:

+ "Vim, vi, venci"

Não havendo conector, faz-se uso do que se chama de assíndeto.

3.2. Polissíndeto

Sabe o que é "poli-"?

– Vários?

Isso. E "síndeto"?

– Conjunção, conectivo, conector.

"Exato: "E" é um síndeto, "OU" é um síndeto, "MAS" é um síndeto, e por aí vai. Entendido? O que é polissíndeto, então?

– São vários síndetos, várias conjunções.

Isso, mas não lado a lado. Na verdade, em sequência. O polissíndeto consiste na repetição de um conectivo entre palavras, expressões ou orações, para aumentar o efeito expressivo que se quer gerar. Vejamos.

+ Enquanto os homens exercem seus podres poderes
Índios **e** padres **e** bichas, negros **e** mulheres
E adolescentes fazem o Carnaval.
("Podres poderes", Caetano Veloso)

Por que será que Caetano Veloso usou quatro vezes a conjunção "E" em apenas dois versos? Porque ele não se deu conta de que estava usando repetidamente uma mesma estrutura? Porque faltou criatividade ou vocabulário?

– É com tristeza que, mais uma vez, digo que não sei por quê.

Não tem de ser com tristeza. Estamos aqui para explorar, desmembrar, aprender. Caetano Veloso tem absoluto domínio dos mecanismos da língua portuguesa. Inclusive, eu arriscaria dizer que, de todos os compositores brasileiros que conheço, nenhum tem tanta competência linguística quanto ele. Por isso, reluto em dizer que ele não tenha usado intencionalmente o acúmulo das conjunções.

– Mas pra quê, então, meu professor amado?

Certamente para ficar mais clara e expressiva a lógica de soma, de acúmulo de pessoas ou categorias que fazem um Carnaval, consegue ver? Compare com os versos originais a seguinte construção: "Índios, padres, bichas, negros, mulheres e adolescentes fazem o Carnaval". Nota como se perde a força expressiva?

– Agora que o senhor falou eu noto bem...

Que bom, é pra isso que estamos juntos aqui.

3.3. Zeugma

– Profe, "zeugma" parece nome de doença...

Também acho: "Está com zeugma, o pobrezinho..."

– Pois parece mesmo...

Mas, na realidade, zeugma é muito mais fácil do que o nome faz supor: consiste apenas na omissão de palavras ou expressões *anteriormente explicitadas na frase*. De novo: para que haja zeugma, o termo suprimido *tem de ter sido apresentado anteriormente*. Com a repetição subentendida, o sentido da sentença é preservado:

+ "O rapaz comeu frutas no café da manhã e massa no almoço."

Está subentendido, na segunda oração, o verbo "comer", *já explicitado* na primeira. Sem a supressão do verbo, teríamos o seguinte:

+ "O rapaz comeu frutas no café da manhã e comeu massa no almoço."

– Eu achava que isso, de suprimir um elemento antes apresentado, era o que se chamava de elipse...

Não só você pensa isso, e esse pensamento é bastante lógico: em realidade, muitas vezes é chamada de elipse uma situação em que o que ocorre é zeugma.

– Mas qual a diferença?

Ela é mínima e nem sempre respeitada. Vamos à elipse, para que ambas as classificações fiquem claras.

3.4. Elipse

A elipse consiste na omissão de um termo que fica subentendido na oração, *sem ter sido explicitado anteriormente*, não prejudicando a compreensão do seu sentido.

+ "Comprarei o perfume naquela loja."

Há, nessa frase, um pronome "EU", que desempenha função de sujeito do verbo "comprar". Esse pronome é facilmente perceptível pelo contexto e não está presente na frase nem apareceu antes. Ou seja, ele está *elipsado*.

– Sempre será um sujeito que é detectável pelo verbo?

Não. Pode ser um verbo.

+ "Sobre a mesa, vinhos e queijos."

Nota a elipse de um verbo?

– Sim. Algo do tipo: "sobre a mesa, havia vinhos e queijos".

Perfeito. E por que aqui há "elipse", e não "zeugma"?

– Porque o termo suprimido não tinha aparecido anteriormente.

Exato.

3.5. Anáfora

Consiste na repetição de uma ou mais palavras no início de orações, períodos ou versos sucessivos.

+ O meu pai era paulista
  Meu avô, pernambucano
  O meu bisavô, mineiro
  Meu tataravô, baiano
  Meu maestro soberano
  Foi Antonio Brasileiro

("Paratodos", de Chico Buarque)

Percebe?

– Percebo, sim.

Então, está tranquilo. Também é um recurso enfático. No caso dos versos em questão, certamente a repetição do possessivo "meu" confere mais ênfase à ideia de "posse" que ele sente em relação às pessoas citadas: "meu pai", "meu avô", etc.

– Compreendido.

3.6. Hipérbato

O Hipérbato nada mais é do que a inversão sintática dos termos de uma oração, levando-se em consideração a ordem habitual deles.

– E a "ordem habitual", qual seria?

A tradicional:

Sujeito + Verbo + Objetos / Predicativo + Adjuntos

Retirados dessa ordem, temos um hipérbato:

+ "Ao rapaz o homem entregou o pacote."
  OI Suj. VTDI OD

– Há hipérbato porque o objeto indireto, em vez de vir após o objeto direto, foi deslocado para o início da frase.

Isso mesmo. Houve inversão sintática, houve hipérbato. Simples assim.

+ "Fazia o homem muitos trabalhos artesanais."
  VTD Suj. OD

– Verbo anteposto ao sujeito, então hipérbato.

Perfeito. Só isso.

3.7. Anacoluto

Consiste na quebra da estrutura de uma oração ou de um período, de modo que um termo que parecia essencial à sentença termina ficando "solto", "perdido", "disfuncional".

+ "Eu, quando vejo o que os outros falam, as pessoas são lamentáveis."

– Não é o mesmo que chamamos há pouco de inversão sintática?

Não.

– Ué?

A inversão sintática consiste apenas na troca de ordem dos termos de uma oração. Por exemplo:

+ "Ao professor o aluno contava os segredos".
  OI Suj. VTD OD

Nessa frase o que se fez foi deslocar o objeto indireto do fim para o início da oração. Percebeu?

– Percebi.

Note que o deslocamento não prejudica a compreensibilidade da frase nem faz com que os termos percam a sua função. O que quero dizer é que, apesar do deslocamento, todos os elementos cumprem uma função dentro da frase.

– Ok.

Já no anacoluto, o que ocorre é que um termo fica "solto", "perdido" na frase. É como se uma ideia que estava sendo desenvolvida fosse abandonada e se iniciasse uma outra estrutura que faz com que a primeira perca a sua função. Vamos de novo à frase que apresentei há pouco.

+ "Eu, quando vejo o que os outros falam, as pessoas são lamentáveis."

Na frase acima, todo o primeiro segmento, representado por "eu, quando vejo o que os outros falam", fica solto, incompleto e perdido em relação à oração subsequente. Nota?

– Profe, eu noto que a frase é estranha, mas não saberia identificar a razão da estranheza.

Não saberia identificar até agora. Agora saberá. Quer ver? Digamos que eu inicie uma frase da seguinte maneira:

+ "Eu, quando vejo o que os outros falam, ..."

O que você esperaria que viesse na sequência?

– Algo sobre o "EU" que está no início, não?

Sim! O que se espera são estruturas como a que está abaixo:

+ "Eu, quando vejo o que os outros falam, fico decepcionado."

Nessa frase, "EU" é o sujeito do verbo "FICAR" e "quando vejo o que os outros falam" é uma oração adverbial temporal.

– Maravilha.

Na frase em que há um anacoluto, entretanto, não há a complementação esperada. Uma ideia é, simplesmente, "quebrada ao meio", sem que seja completada de maneira adequada.

– Compreendido. Aparece muito?

Rarissimamente.

– Sorte nossa.

Concordo.

3.8. Pleonasmo

O pleonasmo consiste no emprego de expressões que terminam por ser redundantes, repetitivas.

– Como "subir pra cima" e "descer pra baixo".

Sim, exatamente. Esses são inclusive certamente os dois mais famosos pleonasmos da língua. Há, nos pleonasmos, uma espécie de subdivisão que os categoriza.

– Subdivisão? Não é, sempre, uma redundância?

É, mas essa redundância pode aparecer de duas maneiras.

a) Pode ser simplesmente algo desnecessário, que está no texto por desatenção ou inabilidade de quem escreve. Nesse caso, há o que se classifica como *pleonasmo vicioso*:

+ "Ele teve uma hemorragia de sangue no estômago."

Ora, uma "hemorragia" sempre é "de sangue". Está na própria palavra: não há como uma hemorragia ser de outra coisa.

– Elo de ligação?

Sim: elo de ligação é, também, um exemplo de pleonasmo vicioso.

b) Por outro lado, o pleonasmo pode ser usado como um recurso estilístico de reforço ou um recurso poético. Assim, inclusive, ele é usado por muitos artistas.

+ "Me sorri um sorriso pontual e me beija com a boca de hortelã." (Chico Buarque)
+ "E rir meu riso e derramar meu pranto." (Vinicius de Moraes)

Aqui, a "repetição" é certamente proposital, para reforçar um determinado caráter do trecho.

– Então, Chico Buarque pode usar, Vinicius de Moraes pode usar, mas a gente não pode usar?

Isso.

– Mas por quê?

Porque eles são o Chico Buarque e o Vinicius de Moraes, e a gente é só a gente mesmo... ☺

Entendido? Dei essa explicação e fiz essa divisão somente para você não guardar, erradamente, que o pleonasmo é *sempre* uma inadequação. Considera-se que ele é um recurso que, bem utilizado, pode ser útil, tanto que o objeto direto pleonástico e o objeto indireto pleonástico, que estudamos lá atrás, são considerados gramaticalmente corretos.

– Certo.

3.9. Silepse (concordância ideológica)

– Mais uma figura com nome que lembra doença...

Concordo. Essa até mais que "zeugma", não? Acho algo parecido com "epilepsia": "A coitadinha sofre de silepse já faz tempo..." E me parece também que quem tem silepse é siléptico...

– Faz todo sentido, profe!

Quanta bobagem, né? Só pra descontrair. Deixemos a doença hipotética de lado e voltemos à figura de linguagem. ☺

A silepse consiste no fato de uma palavra deixar de concordar gramaticalmente (em gênero, número ou pessoa) com outra para concordar com a noção que essa outra palavra exprime. Assim, a concordância sai do campo gramatical e entra no campo das ideias.

– Preciso dizer que a definição é difícil?

Não. Preciso dizer que português sem exemplos não funciona?

– Não.

Então estamos acertados.

Vamos começar pelo exemplo:

+ "São Paulo é rica em restaurantes e museus."

Você nota que nessa frase o adjetivo "rica" não concorda com o gênero de "São Paulo", que seria uma expressão masculina, e sim com a noção implícita de "cidade"? É como se o que estivesse entendido nessa frase fosse:

+ "(A cidade de) São Paulo é rica em restaurantes e museus."

– Entendi, profe! Faz sentido.

Agora podemos de novo tentar esclarecer melhor a definição dada acima. Quando há silepse (ou concordância ideológica), o verbo não concorda em gênero, em número ou em pessoa com um termo, como apregoa a gramática, e sim com a noção expressa por um termo, esteja ele explícito, esteja ele implícito na frase.

– Acho que aos poucos vai indo, profe...

Vai, sim. Vamos lá. Há três tipos de silepse: de gênero, de número e de pessoa.

a) Silepse de gênero: ocorre quando um elemento não concorda com o gênero gramatical do termo que o acompanha, e sim com o gênero de algum termo subentendido:

Há, em Porto Alegre, uma avenida chamada "Erico Veríssimo", em homenagem ao escritor gaúcho que se celebrizou por escrever a trilogia "O tempo e o vento". Qualquer pessoa, ao se referir a essa avenida, diz:

+ "A Erico Veríssimo está interditada."

Percebeu?

– Percebi.

O quê?

– O artigo "a" e o termo "interditada" estão concordando com a noção implícita de "avenida".

Coisa linda! Isso mesmo.

b) Silepse de pessoa: ocorre quando um elemento não concorda em pessoa com o termo que o acompanha, e sim com a pessoa de algum termo subentendido:

+ "Os gaúchos somos, de modo geral, vaidosos de nossa origem."
  (Os gaúchos = 3ª p. pl.; somos = 1ª p. pl.)

– Frase estranha...

Ah, no português tem muita coisa estranha e certa... Mas nessa, se você achou a frase esquisita, é porque percebeu o que ocorreu, não?

– Profe, é possível, mas não garanto...

Ô autoestima prejudicada a de um concurseiro! ☺

Percebeu, sim! O segmento "os gaúchos" exigiria, em termos gramaticais, um verbo na terceira pessoa do plural: "os gaúchos são..." No entanto, o verbo ficou na primeira pessoa do plural ("somos"), como se o sujeito fosse "nós". Por que o autor da frase faria isso?

– Por ser ele também gaúcho?

Certamente. É como se o autor estivesse dizendo "Nós, os gaúchos, somos..." Mais uma vez, temos um elemento concordando com uma noção, e não com um termo gramatical.

– Certo!

c) **Silepse de número:** ocorre quando um termo concorda com a noção de número expressa por outro, e não com o seu número gramatical. Atenção redobrada, porque essa silepse é a mais comum:

+ "O povo (singular) saiu massivamente à rua; reivindicavam (plural) ética na política."

Percebe? O verbo "reivindicar" está no plural, enquanto o seu referencial gramatical é singular: "o povo". Mas por que fazer isso?

– Porque "povo" passa uma ideia de grupo, de coletividade, de pluralidade, não?

Comovido, de novo.

– Eu também, professor, coisa linda aprender! Não sei nem como agradecer!

Não precisa. ☺

4. FIGURAS DE PENSAMENTO

Nas figuras de *pensamento*, o que vale mais são as ideias. Não se trata de um jogo de palavras, ou de grafias, ou de colocação na frase. O que interessa ao autor é movimentar as ideias, as impressões, os pensamentos de quem lê o que se escreve.

4.1. Antítese

Consiste na aproximação de palavras que expressam ideias opostas entre si.

✦ Nasce o Sol, e não dura mais que um dia,
Depois da Luz se segue a noite escura,
Em tristes sombras morre a formosura,
Em contínuas tristezas a alegria.

("Nasce o Sol e não dura mais que um dia", de Gregório de Matos)

Enxergou as oposições que há na estrofe acima?

– Estrofe?

Sim, em um poema, cada linha é um verso, e cada conjunto de versos é uma estrofe.

– Não lembrava.

Pois agora lembra. Enxergou as oposições?

– Sim: Sol *versus* noite, nasce *versus* morre, tristeza *versus* alegria...

Exatamente. Temos uma antítese quando são colocadas em oposição palavras que contrastam entre si. Simples assim. Fácil de guardar?

– Fácil.

Que bom, porque em seguida voltaremos a esse conceito. Por enquanto, guarde que as antíteses são formadas por palavras ou expressões opostas.

4.2. Paradoxo

Vamos primeiro a uma definição teórica: o paradoxo consiste em fundir conceitos opostos em um mesmo enunciado; assim, noções que geralmente seriam excludentes são postas em relação ou incidem sobre um mesmo referencial.

– Profe, eu não entendi nadinha, nadinha, nadinha da definição que o senhor deu...

Pois é, eu já esperava.

– Então por que deu?

Porque eu precisava dela para fazermos uma comparação entre antítese e paradoxo, porque os dois lidam, de algum modo, com o conceito de oposição, e isso é a) muito difícil; b) muito cobrado em prova.

– Ih, professor, se o senhor dividiu em itens pra valorizar, deve ser complicado...

É, sim. Vamos a um exemplo.

+ "Quando estou na serra, durmo acordado, tamanho o medo que sinto de um assalto."

O que está sublinhado na frase acima é um paradoxo, não uma antítese. Você teria segurança para marcar isso?

– Talvez não...

Talvez?

– Certamente não...

Ah, pois é! Há tanta, tanta dificuldade quanto a isso que você nem imagina. Ou melhor, talvez você imagine.

– Imagino, sim!

Mas vamos lá: por que "durmo acordado" é um paradoxo? Porque, mais que uma oposição, o que temos aí é uma contradição lógica de termos. Entende?

– Continue...

Na frase que citei, a pessoa "dorme acordada", ou seja, ela está ao mesmo tempo dormindo e acordada: isso é uma contradição, é uma inviabilidade. Se a pessoa está acordada, não está dormindo; se está dormindo, não está acordada.

– Hum...

Só isso. Mais do que uma oposição, o paradoxo é uma contradição. Vamos a mais exemplos. Agora um Chico Buarque menos conhecido ("Outros sonhos").

+ Sonhei que o fogo gelou
+ Sonhei que a neve fervia

Ele poderia apenas opor "fogo" e "neve", ou "gelar" e "ferver". No entanto, na música, o que há é um "fogo gelado" ou uma "neve fervente". Não há como o fogo estar gelado ou a neve estar fervendo, então é paradoxo.

– Professor, acho que estou entendendo...

Quando eu oponho termos que se afastam ou contradizem semanticamente (em termos de sentido), eu construo uma antítese:

+ "Durmo cedo e acordo tarde." (antítese)

Aí há a oposição entre "dormir" e "acordar" e "cedo" e "tarde". Mas não há uma contradição lógica: uma pessoa pode muito bem "dormir cedo" e "acordar tarde". Mas olhe a frase abaixo:

+ "Sonhei que ao meio-dia
Havia intenso luar
(...)
De noite raiava o sol."

Não há como o luar brilhar intensamente ao meio-dia, logicamente falando, assim como não há como, à noite, o sol raiar, ou seja, nascer. Logo, do que se trata?

– Sem dúvida, de um paradoxo.

Coisa linda!

– Folga em saber, professor?

Folgo, sim!

4.3. Prosopopeia (personificação ou antropomorfismo)

Consiste na atribuição de atitudes ou sentimentos humanos a seres inanimados, fenômenos da natureza, etc.

+ "O arado da fazenda estava já exausto do trabalho que desempenhava."

Não há como o "arado" sentir "exaustão". Uma pessoa pode sentir exaustão, mas não um arado.

– É uma espécie de humanização de algo não humano?

Não é *uma espécie* de humanização. É *exatamente* uma humanização.

– Então eu não só acertei? Na verdade, eu acertei em cheio?

Isso! Vamos a outro exemplo, agora de um poeta simbolista brasileiro chamado Alphonsus de Guimaraens.

+ "Hão de chorar por ela os cinamomos,
Murchando as flores ao tombar do dia."

Mais uma vez: não há como os cinamomos (que são árvores, para quem não sabia do que se tratava) "chorarem". Se eu os ponho a chorar, tenho uma prosopopeia.

– Perfeito.

4.4. Hipérbole

Consiste no exagero de uma ideia, com o fim de atribuir a ela maior intensidade e maior valor expressivo. Diga-me um exagero comum no cotidiano que utilizemos.

– Eu já falei mil vezes.

Isso. E também, por exemplo, quando uma mãe, para chantagear um filho, diz:

+ "Eu nunca mais vou fazer nada que você pedir."

Até pode ser que essa mãe renegue esse filho e nunca mais, até o dia da sua morte (da mãe ou do filho, tanto faz) nunca mais faça nada do que ele pedir, mas é muito improvável, concorda?

– Concordo.

É certamente um exagero expressivo. Usa-se muito em poemas e textos literários, além do nosso uso cotidiano.

+ "Há menos peixinhos a nadar no mar
Do que os beijinhos que eu darei na sua boca."
("Chega de saudade", de Vinicius de Moraes)

– Aqui o poeta diz que pretende dar mais beijos na amada do que a quantidade de peixes que há no mar... Ou seja, difícil...

Mais do que isso: impossível. Portanto, hipérbole.

4.5. Ironia

Essa é a figura de linguagem que somente pessoas inteligentes conseguem entender.

– Professor, não diga isso!

Por quê?

– Porque se eu não entender vou me sentir a pessoa mais burra do mundo.

Se você não entender o que é uma ironia?

– Isso.

Não! É certo que você vai entender o que é uma ironia. Certo: eu garanto e dou minha palavra. O que eu disse é que, no dia a dia, quando alguém usa uma ironia, o interlocutor tem de entender que se trata de uma ironia, porque, caso contrário, a figura de linguagem não se realiza.

– Ah, bom...

Acalme esse coração.

– Acalmei.

A ironia consiste em afirmar o oposto do que se quer dizer, com a intenção de que o interlocutor compreenda o que se quis dizer, e não o que foi dito:

- "Ana, *simpática como sempre*, entrou no ambiente sem cumprimentar ninguém."

Percebeu? Na frase acima, o segmento "simpática como sempre" exprime exatamente o contrário do que está escrito. A comunicação somente se daria de maneira adequada caso o interlocutor entendesse esse trecho como "antipática como sempre".

– Entendi, professor!

Viu? Vamos a outra ironia comum na vida cotidiana. Imagine um casal discutindo. O homem está acusando a mulher de ter cometido um erro. A mulher se defende dizendo que não errou. O homem responde:

+ "Sim, sim: você não errou. Aliás, você nunca erra. Acho que é uma característica genética, porque a tua mãe também não erra nunca! É a família das perfeições que nunca erram!"

Caso esse discurso fosse direcionado a você, você o consideraria elogioso ou crítico?

– Altamente crítico, professor...

Pois então: certamente essa seria mesmo a intenção do discurso, entende? Nesse segundo exemplo, dá para notar que a ironia não depende, necessariamente, de ser algo "bem-humorado". A ironia, no caso da discussão que mencionei acima, seria, inclusive, uma espécie de agressão, uma tentativa de, verbalmente, agredir a interlocutora.

– Entendidíssimo, professor. Como sempre, a sua explicação deixou tudo bem claro.

Isso é uma ironia?

– Não!

Ufa! ☺

Outro exemplo: uma criança chuta uma bola e a bola explode contra uma vidraça, que se desfaz em pedaços. A criança olha para o pai, e o pai, balançando a cabeça negativamente, diz:

+ "Que bonito isso que você fez!"

Você acha que a criança deveria compreender essa frase como um elogio?

– Acho que não...

Então você entendeu tudo direitinho. E a comunicação humana é tão rica e complexa que uma criança, ainda que bastante nova, entenderia que o pai estava sendo irônico. Ou seja, ela compreenderia as palavras com o sentido oposto daquele que elas aparentam ter.

4.6. Eufemismo

Consiste na utilização de uma palavra ou expressão que visa a suavizar uma determinada mensagem.

+ "O menino nunca foi dos mais inteligentes."

Essa frase seria, com certeza, menos agressiva do que se a pessoa dissesse: "O menino sempre foi burro", não?

– Certamente.

Sendo assim, a expressão "nunca foi dos mais inteligentes" suaviza a mensagem.

– "Fulano passou dessa para uma melhor" também é eufemismo?

Se Fulano morreu, sim. É bem isso.

– Ótimo.

5. QUADRO-SÍNTESE

Figuras de palavras		
1. Perífrase	Substituição de termo por expressão.	O rei do futebol jogou no Santos.
2. Catacrese	Uso de palavra por falta de outra.	O pé da mesa quebrou.
3. Comparação	Comparação explícita (com nexo).	Ela é bonita como uma flor.
4. Metáfora	Comparação implícita (sem nexo).	Ela é uma flor.
5. Metonímia	Substituição de uma coisa por outra.	Eu leio Machado de Assis.
6. Sinestesia	Mistura de sentidos.	Ouvi um som áspero.
Figuras de som		
1. Aliteração	Repetição de sons consonantais.	Um som suave que sai das salas.
2. Assonância	Repetição de sons vocálicos.	Polo Sul, meu azul.
3. Paronomásia	Palavras de sons próximos.	Retificar falhas, ratificar virtudes.
4. Onomatopeia	Reprodução de sons.	A bomba fez "bum"!
Figuras de sintaxe		
1. Assíndeto	Ausência de conjunção.	Fui, vi, voltei, dormi.

2. Polissíndeto	Repetição de conjunção.	Fui, e vi, e voltei, e dormi.
3. Zeugma	Supressão de termo explicitado antes.	Eu sou chato; ela, simpática.
4. Elipse	Supressão de termo não explicitado.	No canto da sala, uma cadeira velha.
5. Anáfora	Repetição de palavras no início.	Ela canta, ela ri, ela dança.
6. Hipérbato	Inversão sintática.	Ao pai ele entregou o dinheiro.
7. Anacoluto	Quebra total de estrutura sintática.	Essa história, eu detesto o governo.
8. Pleonasmo	Repetição.	Ria um riso aberto e franco.
9. Silepse	Concordância com "noção".	Os brasileiros estamos exaustos.
Figuras de pensamento		
1. Antítese	Oposição.	Dia claro, noite escura.
2. Paradoxo	Contradição.	Ferida que dói e não se sente.
3. Prosopopeia	Humanização.	As árvores choram a morte dela.
4. Hipérbole	Exagero	Eu comi trezentos salgadinhos.
5. Ironia	Afirmação do contrário.	Que bela atitude é roubar os outros.
6. Eufemismo	Suavização.	João foi morar na casa de Deus.

CAPÍTULO 51

Semântica

INTRODUÇÃO

Agora estudaremos uma série de conceitos relacionados à semântica. Lembra bem o que é?

– Não posso garantir.

OK. Estamos aqui para isso. "Semântica" é a parte do português que estuda os aspectos mais relacionados aos sentidos. Ou seja, entramos nos aspectos relacionados à compreensão de um texto e das relações que são, em termos de ideias, estabelecidas entre as partes. De nada adianta dominar as questões gramaticais e não dominar os aspectos semânticos.

– Eu tenho certeza de que o senhor está certo...

Ótimo. Vamos estudar as relações que podem ser estabelecidas entre as palavras, entre segmentos de um texto e até mesmo entre textos.

1. SINONÍMIA

Dois termos são sinônimos quando se trata de diferentes palavras que, em determinado contexto, têm sentidos iguais ou, pelo menos, bastante semelhantes. Veja as frases abaixo:

- "A política econômica é uma questão importante."
- "A política econômica é uma questão relevante."

As duas palavras são sinônimas no modo como foram usadas, concorda?

– Completamente, professor. Eu diria que o sentido delas, nas frases acima, é rigorosamente o mesmo.

Perfeito. Tendo a concordar com você. No entanto, lembre que nem todo termo tem um sinônimo perfeito. Nas questões de prova, por exemplo, quando se pede para escolher qual alternativa tem o termo que *melhor substitui* um outro, temos de procurar aquele mais adequado, mais próximo dentre os que foram sugeridos.

– Então, guardo que sinônimos são vocábulos que têm semelhança de significação, similaridade de sentido?

Exatamente! Guarde que, ao substituir um termo por seu sinônimo, o sentido global da sentença não sofre grave alteração, mantendo-se, em linhas gerais.

– Compreendido, profe.

Então, pensemos assim: se duas palavras têm sentidos próximos, semelhantes, similares e mantêm o sentido geral da frase caso sejam substituídas uma pela outra, elas são sinônimas.

- "O governo construiu mais de trezentas casas populares."
- "O governo construiu mais de trezentas habitações populares."

Na frase acima, os termos sublinhados são sinônimos.

– Sim, porque, se substituídos um pelo outro, não mudam o sentido geral da frase.

Vamos a mais exemplos:

- "A cópula entre o touro e a vaca resultou em um belo terneiro."
- "O coito entre o touro e a vaca resultou em um belo terneiro."

"Cópula" e "coito" são termos sinônimos.

– Posso fazer um comentário?

Pode.

– Acho "coito" uma palavra horrível, professor!

Eu também acho, mas supere isso! Importante aqui é ver que é sinônimo de "cópula".

– Percebido.

Ótimo!

2. ANTONÍMIA

A relação de antonímia é estabelecida entre palavras que, no contexto, têm sentidos opostos, antagônicos, contrários.

+ "João é bonito desde que nasceu; Paulo sempre foi feio."

"Bonito" e "feio" são termos antônimos.

> – Tranquilíssimo de enxergar.

Ótimo. Dois termos podem ser antônimos em um contexto e não o serem em outro.

+ "O dia foi claro, mas a noite foi escura."

Nesse caso, o oposto de "claro" está relacionado à escuridão, à falta de claridade, concorda?

> – Sim, e é essa ideia que o termo "escura" carrega, certo?

Certo. Agora veja a frase abaixo:

+ "O texto de João é claro, mas o de Paulo é confuso".

Na frase acima, o antônimo de "claro" não é relacionado à falta de "claridade", e sim à falta de "clareza".

> – Concordo plenamente. Sendo assim, "claro" e "confuso" são antônimos nesse contexto.

Exatamente.

3. HOMONÍMIA

Homônimos são termos que apresentam idêntica grafia e/ou pronúncia, mas sentidos diferentes.

+ "Todos os dias eu acordo cedo." (advérbio de tempo)
+ "Ele pede, e eu sempre cedo." (verbo "ceder")

> – Nas frases acima, as duas palavras têm mesma grafia e mesma pronúncia, é isso?

Sim. Além de casos como esse, para que duas palavras sejam homônimas, elas podem ser, por exemplo, idênticas na pronúncia, mas com grafias diferentes.

- "O conserto do carro custou uma fortuna." (verbo "consertar")
- "Eu assisti a um belo concerto da orquestra sinfônica." (apresentação musical)

– Entendido.

E elas podem, por último, ser idênticas na grafia, mas diferentes na pronúncia.

- "Após o exercício físico, eu sinto sede." (vontade de ingerir líquido)
- "A sede da empresa fica em Fortaleza." (local onde fica o principal estabelecimento)

– E só pra confirmar: nos três casos (mesma grafia / mesma pronúncia; mesma grafia / diferentes pronúncias; diferentes grafias / mesma pronúncia) são palavras homônimas?

Exatamente. Os três casos de que você falou e que serviram de base aos exemplos acima, inclusive, têm nomes distintos: existem os homônimos homógrafos, os homônimos homófonos e os homônimos perfeitos.

– E nós, suponho, veremos cada um deles em separado.

Supôs certo. ☺

a) Homônimos homógrafos: ocorrem quando duas palavras apresentam mesma grafia, mas pronúncias diferentes.

– "Homo" significa "igual" e "grafo" diz respeito a "grafia"? "Homógrafo" é com mesma grafia?

Lá vem você querendo me deixar feliz – e conseguindo! É isso mesmo! Parece fazer bastante sentido e, quando é assim, costuma fazer sentido mesmo.

- "Para que se coma sopa, é necessário usar uma colher." (utensílio)
- "Colher frutas e verduras é um exercício de paz de espírito." (verbo "colher")

Você nota que as palavras sublinhadas são iguais em um aspecto (grafia), mas diferentes no outro (pronúncia)?

– Com clareza, professor: temos "e" aberto no primeiro exemplo (é); e "e" fechado no segundo (ê).

Bem isso: dizemos que o "timbre" da vogal é aberto no primeiro caso (pronuncia-se "é", mesmo que não seja acentuado) e que o "timbre" é fechado no segundo caso (pronuncia-se "ê", ainda que não haja acento).

– "Timbre aberto" e "timbre fechado", dependendo da pronúncia da vogal. Mais uma informaçãozinha para o repertório.

Perfeito.

b) **Homônimos homófonos:** ocorrem quando duas palavras apresentam mesma pronúncia, mas grafias diferentes.

– Para deixar o professor com lágrimas nos olhos: "homo" significa "igual" e "fono" diz respeito à pronúncia, ao som?

Isso, isso, isso. ☺

- "Ele deseja acender o fogo." (colocar fogo)
- "Ele deseja ascender socialmente." (subir, ter ascensão)

Creio que nos exemplos acima, mais uma vez, seja fácil notar o que se falou antes: que há igualdade em um campo (pronúncia), mas diferença em outro (grafia).

– Sim!

c) **Homônimos perfeitos (ou "homógrafos e homógrafos"):** ocorrem quando duas palavras apresentam mesma grafia e mesma pronúncia. Por isso, essas palavras são chamadas homônimas perfeitas: porque há coincidência, igualdade em tudo.

– Faz todo o sentido.

- "Hoje eu pretendo ficar em casa." (moradia)
- "Se depender de mim, Ana casa com Paulo." (verbos "casar")

Você viu como os termos muitas vezes fazem sentido e não precisam sequer serem decorados?

– Com certeza.

Melhor assim.

4. PARONÍMIA

Parônimos são termos que são parecidos na grafia e na pronúncia, mas não são iguais nem em um campo nem em outro.

– Repita, professor.

Parônimos são parecidos. Parônimos são parecidos. Parônimos são parecidos. Repita você.

– Parônimos são parecidos.

Isso: parecidos, mas nunca iguais.

- "A banca examinadora vai ratificar os gabaritos." (confirmar)
- "A banca examinadora vai retificar os gabaritos." (alterar)

Nota?

– Noto!

"Ratificar" e "retificar" têm praticamente a mesma grafia e praticamente a mesma pronúncia. No entanto, não há igualdade nem em um nem em outro campo.

– Parecidas na grafia, parecidas na pronúncia, mas *não iguais* nem em uma nem em outra.

Exato. Exato. Lindo, lindo.

5. POLISSEMIA

É polissêmico um mesmo vocábulo que, em diferentes contextos, apresenta diferentes sentidos.

– Professor, diferenciar "homônimos" e "parônimos" estava até fácil, mas agora ocorreu um embaralhamento completo na minha cabeça...

Calma. É assim mesmo. Daqui a pouquinho "desembaralha" (se tudo correr bem).

– Tomara que tudo corra bem.

Tomara. Vamos lá: quando há polissemia, temos um mesmo vocábulo, uma mesma palavra que apresenta mais de um sentido a depender do contexto ("poli" = "vários"; "semia" = "sentido"). De novo: é a mesma palavra com diferentes sentidos.

+ "Eu assisti ao engarrafamento do vinho." (ato de engarrafar)
+ "O engarrafamento da Avenida Paulista é incrível." (congestionamento)

Nas duas frases acima, temos uma mesma palavra, com uma mesma origem, pertencendo a uma mesma família de palavras, mas que apresenta sentidos diferentes devido a dois diferentes contextos.

– Professor do céu, mas como saber se é uma mesma palavra com mais de um sentido ou se são diferentes palavras com mesma grafia? Deu pra entender a minha pergunta?

Deu sim! A sua dúvida é: como saber se é um caso de *homonímia perfeita* ou de *polissemia*.

– Exato.

Tenho uma boa notícia!

– Estou precisando de uma boa notícia...

Há uma dica que tende muito, muito, muito a resolver essa questão: se as palavras de grafias idênticas pertencem a diferentes classes gramaticais, é homonímia, e não polissemia. OK?

– Isso significa dizer que palavras de diferentes classes gramaticais são sempre consideradas diferentes palavras?

Isso mesmo! Bem assim. Repita a informação para mim.

– Se as palavras pertencerem a diferentes classes, será caso de homonímia.

Perfeito.

– Mas posso confiar "cegamente"?

Não. "Cegamente" é uma palavra forte, mas venha comigo: palavras de classes diferentes sempre serão consideradas palavras diferentes; já palavras de mesma classe *tendem muitíssimo* a ser polissêmicas. Mas assim: tendem muito, muito mesmo. No entanto, podem, eventualmente, serem homônimas perfeitas, desde que pertençam a diferentes famílias, fato que, infelizmente, ocorre algumas vezes.

– Aí é que o medo me aflige, professor...

Não deveria. Relaxe. É uma dificuldade real. Para você e para todos. Olhe os exemplos abaixo:

- "A pata dianteira do cavalo estava ferida." (membro)
  (pata: subst.)
- "A pata chocava os ovos com paciência e resignação." (fêmea do pato)
  (pata: subst.)

Vê que ambas as palavras pertencem à mesma classe gramatical?

– Vejo sim, professor.

Ainda assim, não se trata da mesma palavra. Você pode testar, inclusive, e ver que uma delas flexiona em gênero ("pata", feminino de "pato") e a outra não, provando que não se trata da mesma palavra, pois, caso fosse a mesma, o que valesse em termos de flexão para uma valeria também para a outra.

– Sim. Quando se trata do animal em si, tem masculino e feminino: "A pata e o pato andavam alegremente pelo jardim". Quando se trata do "membro", não flexiona, não há um "masculino". Interessante.

Isso mesmo. Outra vez: classes diferentes, homônimas; mesma classe, imensa chance de serem polissêmicas, salvo exceções, que existem, mas são poucas.

6. HIPERONÍMIA E HIPONÍMIA

Convém ressaltar, primeiro, que esses dois processos (hiperonímia e hiponímia) são interdependentes. Ou seja, para que haja um hiperônimo, deve haver um hipônimo; para que haja um hipônimo, deve haver um hiperônimo.

– Professor, explique-se!

Não se preocupe, porque é nesse caminho que estamos indo. ☺

a) **Hiperônimo:** é o termo que caracteriza um grupo mais amplo em relação a um grupo mais específico. Trata-se de uma palavra que abrange dentro de si várias outras.

b) **Hipônimo:** é o termo que caracteriza um grupo mais específico em relação a um grupo mais amplo. É, de fato, o contrário de hiperônimo.

– Professor, posso afirmar categoricamente que estou confuso...

Não fique. Os exemplos vão tornar mais clara a relação que quero explicitar.

+ "Flor" é um hiperônimo de "azaleia", "begônia", "crisântemo", "gérbera" e assim por diante.

Compreendido?

– Acho que sim: isso se dá porque dentro da categoria "flor" cabem várias outras subcategorias, que são os tipos de flores, isso?

Exatamente. O mesmo raciocínio vale em sentido contrário: "azaleia", "begônia", "crisântemo" e "gérbera" são hipônimos de "flor".

– Sim! É tranquilo de entender.

Pois isso é tudo: a lógica é sempre essa: "esporte" é hiperônimo de "futebol", "vôlei", "basquete", "tênis", etc.

– E "futebol", "vôlei", "basquete", "tênis" são hipônimos de "esporte"!

Simples assim! Uma salva de palmas para você!

7. AMBIGUIDADE

A ambiguidade é um fenômeno que se verifica quando uma palavra, uma expressão ou uma frase apresentam duplo sentido, ou seja, mais de uma interpretação possível.

+ "A diretora comunicou à gerente a sua demissão."

Você nota que a frase acima é ambígua, ou seja, apresenta duplo sentido?

– Com certeza, professor: não há como saber se quem foi demitida foi a diretora ou a gerente.

Exato. Isso se deve ao uso do pronome possessivo, que deixa a frase muitas vezes ambígua de fato. É a mesma que se verifica, por exemplo, em "O rapaz entregou à moça a sua carteira" (carteira do rapaz ou da moça?).

– OK, profe.

Imagine a seguinte frase:

+ "O rapaz tirou uma foto do quarto".

Você nota que essa frase pode ter, pelo menos, três diferentes sentidos, dependendo do modo como a lermos?

– Três, professor? Com esforço chego, creio, a dois.

Três. Pelo menos. Vamos outra vez à frase:

+ "O rapaz tirou uma foto do quarto".

1º) O rapaz pode ter fotografado o quarto.

– OK, a primeira que me veio à cabeça.

Tranquilo.

2º) O rapaz pode ter fotografado algo estando ele, o rapaz fotógrafo, no quarto.

– Bem menos óbvia do que a primeira hipótese. Mas ok, consigo chegar nela. E a terceira, Deus meu?

3º) O rapaz pode ter retirado do quarto e levado para outro lugar qualquer uma fotografia.

– Oi?

Como se fosse o seguinte:

+ "O rapaz tirou (retirou) uma foto do quarto e a levou para o carro".

– Sim! Captei!

Pois então! Isso é o necessário quando há uma ambiguidade: perceber que a frase tem mais de um sentido possível, de acordo com o modo como for lida. Mas, para perceber uma ambiguidade, é necessário "desconfiar" da primeira leitura que fizemos.

Uma loja que é uma gigante do varejo no Brasil fez o inacreditável anúncio abaixo, para noticiar que os móveis estavam em promoção:

+ "Móveis por esse preço não vão durar nada!".

Pegou a ambiguidade?

– Peguei, professor. Tanto pode querer dizer que os móveis logo seriam todos vendidos quanto pode querer dizer que os móveis têm má qualidade. Por isso o senhor disse "inacreditável"!

Sim! A opção da loja deve ter sido pelo humor do anúncio, pois, na prática, não seria um bom anúncio...

8. INTERTEXTUALIDADE

A intertextualidade é uma relação estabelecida entre dois textos caracterizada por um citar, de modo direto ou de modo indireto, o outro.

– Citar de modo direto ou de modo indireto? Algo a ver com a questão do discurso direto e do discurso indireto?

Não exatamente. Na verdade, o que acontece é que um texto pode fazer uma referência explícita ou implícita a outro. Essa referência pode se dar por vários caminhos: pode ser uma alusão temática, pode ser o uso de palavras e expressões iguais ou semelhantes, pode ser o uso de estruturas, e por aí vai. Na chamada intertextualidade, um autor não cita que está citando outro, entende? Ele simplesmente confia que o leitor tenha, no seu próprio repertório, a alusão feita.

– E se eu não tiver no repertório a alusão?

Você, infelizmente, não vai ser capaz de perceber a intertextualidade. ☺

Vamos ler juntos o trecho inicial de dois poemas bastante distantes no tempo. Ambos se chamam "Meus oito anos". O que vem logo abaixo é de autoria de Casimiro de Abreu, poeta romântico do século XIX:

+ "Oh! Que saudades que eu tenho
Da aurora da minha vida
Da minha infância querida
Que os anos não trazem mais!
Que amores, que sonhos, que flores,
Naquelas tardes fagueiras

À sombra das bananeiras
Debaixo dos laranjais!".

Agora veja o trecho inicial do poema de mesmo nome escrito por Oswald de Andrade, poeta modernista do século XX:

"Oh! Que saudades que eu tenho
Da aurora da minha vida
Das horas
De minha infância
Que os anos não trazem mais
Naquele quintal de terra
Da Rua de Santo Antônio
Debaixo da bananeira
Sem nenhum laranjais".

Nota semelhanças? Nota que há, por parte de Oswald de Andrade, uma "retomada" do poema de Casimiro de Abreu não só no título, mas também no poema em si?

– Noto muito, professor. Não há como não notar. E também porque "Meus oito anos" é certamente um dos poemas mais conhecidos do Brasil.

Sim, isso sem dúvida facilita. Aqui estamos diante de um caso de intertextualidade. Está claro?

– Claríssimo!

Ótimo. A intertextualidade se dá por meio de dois recursos principais: a paráfrase e a paródia. Muitas vezes, os termos são considerados sinônimos, mas não o são, então vamos diferenciá-los.

a) **Paráfrase:** é uma espécie de reescrita, de alusão, de retorno a um texto anterior que mantém, por assim dizer, a ideia central do texto retomado. A ideia da paráfrase é confirmar sentimentos, pensamentos, aquilo que embasa o original.

Vamos ler uma estrofe retirada da "Canção do exílio", de Gonçalves Dias:

"Nosso céu tem mais estrelas,
Nossas várzeas têm mais flores,
Nossos bosques têm mais vida,
Nossa vida mais amores."

Agora vejamos um trecho do hino nacional brasileiro, de autoria de Joaquim Osório Duque Estrada, escrito mais de cinquenta anos depois da "Canção do exílio":

+ "Do que a terra mais garrida
Teus risonhos, lindos campos têm mais flores
Nossos bosques têm mais vida,
Nossa vida no teu seio mais amores."

– "Nossos bosques têm mais vida / Nossa vida mais amores" aparece, inclusive, igualzinho nos dois.

Exatamente. É claramente uma retomada de um texto por outro. E note que ambos estão na mesma linha, de exaltação da pátria.

– Noto sim.

Por isso, é uma paráfrase.

b) Paródia: é uma espécie diferente de reescrita, em que um texto cita outro com a finalidade de fazer a ele uma crítica ou distorcer e inverter as ideias nele contidas.

Vamos ver juntos os dois trechos selecionados adiante. O primeiro segmento tem o início e o fim da "Canção do exílio", de autoria de Gonçalves Dias, publicada em 1846:

+ "Minha terra tem palmeiras,
Onde canta o sabiá;
As aves, que aqui gorjeiam,
Não gorjeiam como lá.
(...)
Não permita Deus que eu morra,
Sem que volte para lá;
Sem que desfrute os primores
Que não encontro por cá;
Sem qu'inda aviste as palmeiras,
Onde canta sabiá".

Agora veja os trechos inicial e final do poema "Canto de regresso à pátria", de Oswald de Andrade, publicado em 1925:

+ "Minha terra tem palmares
Onde gorjeia o mar
Os passarinhos daqui

Não cantam como os de lá
(...)
Não permita Deus que eu morra
Sem que volte pra São Paulo
Sem que veja a Rua 15
E o progresso de São Paulo".

Bem, que há semelhança entre os dois você deve enxergar bem.

– Sim, professor, muito claramente. Mas não sei se eu perceberia que é uma "paródia"...

Tranquilo, mas é. O poema de Gonçalves Dias é típico do nacionalismo romântico, de exaltação da natureza, de retorno a um passado idealizado, exaltado. Certo?

– Certo.

Já o poema de Oswald de Andrade, ao contrário, começa afirmando que a terra dele tem "palmares", que é o nome do mais famoso quilombo (local de refúgio de escravos) do Brasil. Ou seja, a primeira alusão que se faz à "terra" diz respeito à escravidão, um dos traumas do passado nacional.

Além disso, no final, ele pede a Deus que permita que ele volte para São Paulo, que veja o progresso de São Paulo. Ou seja, em vez da natureza, o que o poeta quer é o progresso, basicamente urbano, da cidade de São Paulo.

– Professor, com essa análise fica tão, mas tão óbvio que é uma paródia, que tem um caráter contestador... A questão é como eu faria para saber isso sozinho...

Eu entendo. Aí é uma questão de repertório, que nós temos de ir sempre e sempre ampliando.

– Está bem.

9. DENOTAÇÃO E CONOTAÇÃO

Uma palavra pode ser usada em seu *sentido denotativo* ou em seu *sentido conotativo.*

a) **Sentido denotativo:** é o sentido mais literal, mais objetivo e mais direto de uma palavra. É o seu sentido primário:

+ "A ponte Rio-Niterói tem alguns quilômetros de extensão".

Veja que ponte está em seu sentido denotativo, ou seja, em seu sentido de *dicionário*, que é "construção que liga dois pontos separados por curso de água ou depressão do terreno".

– Perfeito: "ponte" é, na frase acima, "ponte" mesmo, a própria construção.

Isso mesmo.

b) **Sentido conotativo:** é o sentido figurado, não literal de um termo. Ou seja, é uma estilização pela qual o sentido do termo passou ao longo do tempo:

+ "Eu fiz a ponte entre Antônio e Ricardo".

Nota que aqui o sentido é figurado? Que eu não construí algo sobre um rio ou um buraco?

– Sim: aqui ponte é algo como "contato", "ligação".

Exatamente. Eis a diferença entre conotação e denotação. Agora vamos a mais exemplos.

+ "O príncipe Charles foi casado com a princesa Diana."
+ "Aquele aluno é um príncipe em termos de educação."

Na primeira frase, "príncipe" está em sentido denotativo, porque identifica um membro da família real, um herdeiro do trono. Já na segunda, "príncipe" foi usado em sentido conotativo, querendo dizer que o aluno tem educação acima da média.

– Perfeito, professor.

10. QUADRO-SÍNTESE

ELEMENTOS LIGADOS À SEMÂNTICA

Conceito	Característica	Exemplos
1. Sinonímia	Sentidos próximos	• Estava **bem-vestido** / estava **elegante**
2. Antonímia	Sentidos opostos	• Porta **alta**, mas janela **baixa**
3. Homonímia	Diferentes palavras com mesma grafia e/ou pronúncia	• Usou a **colher** / precisava **colher** • **Acender** o fogo / **ascender** a Deus • Fiz uma **casa** / **casa** amanhã
4. Paronímia	Grafia e pronúncia parecidas	• **Ratificar / retificar**
5. Polissemia	Mesma palavra com diferentes sentidos contextuais	• A **avenida** estava cheia de carros. • Havia uma **avenida** para o diálogo.
6. Hiperonímia e Hiponímia	Hiperônimo (+ amplo) Hipônimo (+ específico)	• Tenho um **gatinho**. O **animal** vive perto de mim (gatinho / animal)
7. Ambiguidade	Duplo sentido	• Ela deu a João **seu** colar (de quem?)
8. Intertextualidade	Relação entre dois textos	• Paráfrase: **mantém** a ideia central • Paródia: **subverte** a ideia central
9. Denotação e conotação	Sent. denotativo = literal Sent. conotativo = figurado	• O leão é uma **fera** (feroz / denotativo) • Ele é **fera** em cálculo ("expert")

CAPÍTULO 52

Análise da música "Evidências"

Quando eu digo que deixei de te amar
É porque eu te amo
Quando eu digo que não quero mais você
É porque eu te quero

Eu tenho medo de te dar meu coração
E confessar que eu estou em tuas mãos
Mas não posso imaginar o que vai ser de mim
Se eu te perder um dia

Eu me afasto e me defendo de você
Mas depois me entrego
Faço tipo, falo coisas que eu não sou
Mas depois eu nego
Mas a verdade é que eu sou louco por você
E tenho medo de pensar em te perder

Eu preciso aceitar que não dá mais
Pra separar as nossas vidas
E nessa loucura de dizer que não te quero
Vou negando as aparências
Disfarçando as evidências
Mas pra que viver fingindo
Se eu não posso enganar meu coração
Eu sei que te amo
Chega de mentiras
De negar o meu desejo
Eu te quero mais que tudo
Eu preciso do seu beijo
Eu entrego a minha vida
Pra você fazer o que quiser de mim
Só quero ouvir você dizer que sim

Diz que é verdade, que tem saudade
Que ainda você pensa muito em mim
Diz que é verdade, que tem saudade
Que ainda você quer viver pra mim

"Evidências" é, no Brasil, o clássico dos clássicos. Mesmo que você tenha resistência à música de caráter mais popular e seja fã de *rock*, de bossa nova ou de *heavy metal*, por exemplo, é bastante possível que, diante do clássico composto por José Augusto e interpretado por Chitãozinho e Xororó, suas resistências naturais ao gênero fraquejem e você, talvez, até cante junto ao menos algum trecho da música.

– Professor, não existe roqueiro quando toca "Evidências"!

Eu concordo absolutamente com você! Mais do que uma música, "Evidências" é um hino! ☺

Vamos analisá-la?

– Mas é claro que vamos! Analisar "Evidências" é analisar o coração do brasileiro! ☺

Não sei se de todo e qualquer brasileiro, mas deste aqui (e de muitos outro) com certeza! ☺

Os quatro primeiros versos mostram um homem cindido, dividido entre polos opostos:

+ "Quando eu digo que deixei de te amar
É porque eu te amo
Quando eu digo que não quero mais você
É porque eu te quero"

É de contradição, portanto, o início do relato: o eu-lírico diz que deixou de amar a pessoa, mas faz isso justamente porque ainda a ama; diz que não a quer mais, no entanto isso é resultado justamente de a querer excessivamente.

– Um conflito básico que todo aquele que respira sobre a terra já viveu um dia...

O próprio!

Na sequência, vêm quatro versos em que se esboça a confissão que, mais tarde, será reiterada e aprofundada:

+ "Eu tenho medo de te dar meu coração
E confessar que eu estou em tuas mãos
Mas não posso imaginar o que vai ser de mim
Se eu te perder um dia"

Neles, as contradições anteriores são explicadas: há no eu-lírico medo de que, confessando seus sentimentos e entregando-se a eles, fique vulnerável, por "estar nas mãos" do objeto do seu amor. Apesar do temor representado pela fragilidade, há uma verdade inescapável: ele não consegue imaginar a própria vida sem a presença da pessoa amada.

– Mas isso é o próprio amor, professor!

Estamos juntos nessa ideia! ☺

É daí, suponho, que vem a força, a universalidade e, certamente, o sucesso histórico da música. Além, é óbvio, de ela ser interpretada em primeira voz por Xororó, marido da Noely, pai da Sandy e do Júnior e coisa mais querida que existe nesse mundo!

– Já quero ouvir e cantar em voz alta, profe!

Espere um pouquinho! Vamos até o fim antes. ☺

Depois, há mais seis versos que vão aprofundando a autoanálise e indicando a aceitação posterior:

+ "Eu me afasto e me defendo de você
  Mas depois me entrego
  Faço tipo, falo coisas que eu não sou
  Mas depois eu nego
  Mas a verdade é que eu sou louco por você
  E tenho medo de pensar em te perder"

Afastar-se é defender-se: é o medo de sofrer que impede a entrega. "Fazendo tipo", dissimulando a própria verdade, o eu-lírico fala coisas que não é e depois as nega.

– Quem nunca, professor?

Eu já!

– Eu também!

Eu também queria ouvir a música agora!

– Agora termine a análise antes.

Termino! ☺

Após o trecho "não posso imaginar o que vai ser de mim / se eu te perder um dia", reconfessa-se aquilo de que não se pode fugir, e a palavra que surge é aquela que, em última análise, embasa a canção. A verdade é que, sendo louco pela pessoa, até mesmo apenas "pensar" em perdê-la já gera o quê?

– Medo.

Isso mesmo! O "medo" é o pano de fundo da música toda: o medo da perda da própria autonomia, medo da entrega, medo do sofrimento. Nos dois versos seguintes, a confissão das confissões:

+ "Eu preciso aceitar que não dá mais
Pra separar as nossas vidas"

A quem o eu-lírico se dirige neste ponto?

– À pessoa amada, a mim, ao senhor, a todo mundo! ☺

Certamente! Mas creio que ele se refira sobretudo a si mesmo. Temos aqui uma fala que aquele que se declara dirige a ele próprio: "*Eu* preciso aceitar que não dá mais / pra separar as nossas vidas". Aqui está também outra das chaves da universalidade de "Evidências": quando pensamos no que os outros vão pensar, certamente estamos nos debatendo com o que nós mesmos pensamos.

– Professor, pare que senão eu choro!

Não chore! Sigamos. ☺

Confessada de si para si a impossibilidade da separação das duas vidas (daquele que ama e daquele que é amado), está aberto o caminho para o primeiro longo refrão, com treze versos, de alta voltagem emocional. Este primeiro momento do primeiro refrão é composto pelos seis primeiros versos:

+ "E nessa loucura de dizer que não te quero
Vou negando as aparências
Disfarçando as evidências
Mas pra que viver fingindo
Se eu não posso enganar meu coração
Eu sei que te amo"

– Professoooooorrrrrr!!!!

Calma, calma, muita calma nessa hora. ☺

Neste ponto, dizer que não quer o outro é já uma *loucura*, é *negar as aparências*, é *disfarçar as evidências*. Ou seja, é, além de falso, descabido. Já entregue, não mais dividido, o eu-lírico se interroga e se responde: "Mas pra que viver fingindo / se eu não posso enganar meu coração / eu sei que te amo". Precisamente aqui, desfaz-se a divisão do início: é o momento da aceitação daquilo que se sente, da rendição ao amor, apesar do perigo de sofrimento que ele representa. É um momento de coragem.

– "Rendição" é a palavra, profe! É como se ele dissesse: "Ok, eu me rendo! Não há mais como fugir"!

Não é apenas "*como se* ele dissesse": ele *de fato* diz. E os sete versos subsequentes são de confissão, de desejo imperativo de "abrir o coração" e "viver" o sentimento:

+ "Chega de mentiras
  De negar o meu desejo
  Eu te quero mais que tudo
  Eu preciso do seu beijo
  Eu entrego a minha vida
  Pra você fazer o que quiser de mim
  Só quero ouvir você dizer que sim"

Chega de mentiras e de negação do desejo; a pessoa quer a outra mais que tudo; precisa do seu beijo, metonímia do corpo e de tudo no outro. E então vem o trecho que, em uma música normal ("Evidências" não é uma música "normal"), seria o auge da declaração: "Eu entrego a minha vida / pra você fazer o que quiser de mim / Só quero ouvir você dizer que sim". Percebe o giro semântico?

– Percebo!

Pois é! As contradições iniciais, o medo, a insegurança, nada mais existe. "Eu entrego a minha vida / pra você fazer o que quiser de mim". É a entrega plena, absoluta, completa: qualquer coisa para ouvir do outro um "sim".

– Que momento, professor! Tão eu!

E tão eu também e todo mundo! ☺

Mas eu disse há pouco que "Evidências" não é uma música "normal": após um refrão muito impactante, que provoca um abalo emocional dos maiores, que esgota os mais sensíveis, como eu e você, vem um segundo refrão:

+ "Diz que é verdade, que tem saudade
  Que ainda você pensa muito em mim
  Diz que é verdade, que tem saudade
  Que ainda você quer viver pra mim"

Já confessados o amor, a necessidade, a dependência do outro, vem a súplica: diz que é verdade, (diz) que tem saudade, (diz) que pensa muito em mim e (diz) que quer viver pra mim! É como se ele dissesse: "Pelo amor de Deus, diz isso tudo pra mim! Olha tudo o que eu já disse!".

– Profe, se eu fosse a outra pessoa, eu gritava: "Siiiiiiimmmm!".

Ah, eu também, mas sem nenhuma dúvida! ☺

Depois, o que se faz é apenas repetir versos já explicitados antes. Ou seja, o outro não responde aos apelos, não se manifesta. Por que isso?

– Ah , eu não saberia dizer...

Porque não é sobre isso a música: ela não é sobre "o outro; é sobre o próprio eu-lírico, seus conflitos, seus avanços, sua entrega ao amor, essa força universal que arrebata, em maior ou menor grau, com maior ou menor intensidade, a todos.

– Achei lindo, professor!

A música ou a análise? ☺

– Os dois!

Que bom! Acho que pensar um pouco sobre "Evidências" ajuda a explicitar por que um clássico é um clássico e por que ele se estabelece, mesmo que em um gênero para o qual muitos torcem o nariz.

ANOTAÇÕES

EDITORA JusPODIVM
www.editorajuspodivm.com.br

JUS3100